古柏行

孔明廟前

제11권 두보기주시기시역해 4

두보전집

정본완 역

정본완역 두보전집

제11권 두보기주시기시역해4

초판 1쇄 발행 2024년 7월 10일

역해자 강민호·김성곤·김준연·박홍준·이석형·이영주·이창숙·임도현

펴낸곳 서울대학교출판문화원
주소 08826 서울 관악구 관악로 1
도서주문 02-889-4424, 02-880-7995
홈페이지 www.snupress.com
페이스북 @snupress1947
인스타그램 @snupress
이메일 snubook@snu.ac.kr
출판등록 제15-3호

ISBN 978-89-521-3212-3 94820
978-89-521-1189-0 (세트)

제11권 두보기주시기시역해 4

두보전집

정본완역

강민호

김성곤

김준연

박홍준

이석형

이영주

이창숙

임도현

서울대학교출판문화원

An Annotated Translations of Du Fu's Poems from His Kuizhou Period 4

Translated and Annotated by Minho Kang, Seongkon Kim,
Joonyoun Kim, Hongjun Park, Seokhyoung Lee,
Yeongju Lee, Changsook Lee, and Dohyun Lim

Seoul National University Press

머리말

이 책은 한국두시학회 두시독회의 열한 번째 역해서이다. 그동안 본 모임에서는 두보의 시를 창작 시기별로 일정한 분량을 묶어 《두보 초기시 역해 1》, 《두보 초기시 역해 2》, 《두보 위관시기시 역해》, 《두보 진주동곡시기시 역해》, 《두보 성도시기시 역해》, 《두보 재주낭주시기시 역해》, 《두보 2차 성도시기시 역해》, 《두보 기주시기시 역해 1》, 《두보 기주시기시 역해 2》, 《두보 기주시기시 역해 3》을 번역 출간해 왔다. 본서는 그 뒤를 이어 《두보 기주시기시 역해 4》라는 이름을 붙였다.

두보는 대력(大曆) 원년(766) 늦은 봄에 기주(夔州)에 도착하여 대력 3년(768) 초봄에 기주를 떠났다. 본래 배를 타고 장강을 따라 계속 내려가려다가 건강상의 이유 등으로 기주에 체류하였다. 기주는 지금의 중경시(重慶市) 봉절현(奉節縣)에 해당하며 장강의 협곡인 삼협 속에 위치한 곳으로 험준한 산이 겹겹이고 평지가 협소한 궁벽한 지역이다. 기주는 풍광이 특이하고 역사 유적도 풍부한 곳이다. 자신의 꿈이 거의 좌절된 노년의 두보는 이곳에서 더욱 왕성한 창작열을 불태우며 개성적이고 뛰어난 시를 다량 창작하였다. 두보가 기주에 머문 기간은 2년이 채 못 되지만 이때 지은 시는 총 433수에 해당한다. 이는 두시 전체의 1/3에 육박하는 많은 양이다. 그래서 기주시기 시를 대상으로 총 4권의 역서를 기획하였는데, 본서는 그중 네 번째 책이다.

기주시기는 두보의 시가 가장 원숙한 때이면서 다채롭고 새로운 실험작도 많다. 그래서 기주시기 시에 대해서는 역대로 칭송과 폄하가 공존하며 평가가 상반되고 있다. 두보는 일찍이 성도시기에 "늙어감에 시 짓는 것을 모두 대충한다(老去詩篇渾漫與)"라고 겸손하게 말한 적이 있는데, 기주시기에 도리어 "만년이 되어 점차 시율에 세밀해졌다(晚節漸於詩律細)"라고 하였다. 기주시기 시에는 이 '혼만여(渾漫與)'와 '시율세(詩律細)'의 특징이 병존하며 상호 융합된 작품이 많다. 즉 거리낌 없이 즉흥적으로 쓴 것 같으면서도 내면적으로 시율이 더욱 엄정한 작품을 창작하여 새로운 시 세계를 펼쳤다.

《두보 기주시기시 역해 4》에서는 대력 2년(767) 가을부터 대력 3년(768) 봄 기주를 떠나 강릉에 도착하기 전까지 지은 시 95제 134수를 역해하였다. 이 책에서는 기주의 풍경과 생활을 핍진하게 묘사한 시가 두드러진다. 특히 매일 바라보는 경물의 변화나 하루 중에도 시각마다 달라지는 경물의 변화에 주목하여 자신의 감개를 펼쳐낸 시가 많다. 〈8월 15일 밤의 달 2수(八月十五夜月二首)〉, 〈16일 밤 달을 감상하다(十六夜玩月)〉, 〈17일 밤에 달을 마주하다(十七夜對月)〉 등은 보름 이후 사흘에 걸쳐 달밤에 느낀 감개를 담아 연속적으로 지은 시이다. 또 〈새벽에 바라보다(曉望)〉, 〈저물녘(日暮)〉, 〈어둠(暝)〉, 〈저녁(晚)〉, 〈밤(夜)〉은 하루 중 시각이 변화하면서 달라지는 경물의 모습에 따라 새롭게 생겨나는 느낌을 순차적으로 적은 것이다. 〈대력 2년 9월 30일(大曆二年九月三十日)〉과 〈10월 1일(十月一日)〉은 각 날을 가을이 끝나는 날과 겨울이 시작하는 날로 구별하여 이틀에 걸쳐 지은 시로, 사소한 변화에도 민감하게 반응하는 시인의 본능이 잘 발현된 작품이다.

두보는 기주에서 과수원을 경영하고 벼농사를 지었다. 그때 생긴 여러 가지 일과 과수원의 모습을 자세하고 진솔하게 읊은 시도 있다. 〈하인 아이를 시켜 집 북쪽 과수원을 정리하게 하다. 가지며 덩굴, 너저분한 것들이 깨끗해져서 평상을 옮겨 놓다 3수(課小豎鋤斫舍北果林枝蔓荒穢淨訖移牀三首)〉, 〈띠집에서 수확한 벼를 살피다 2수(茅堂檢校收稻二首)〉, 〈벼 베기를 마치고 감회를 읊다(刈稻了詠懷)〉, 〈작은 과수원(小園)〉, 〈찬비 내린 아침에 가서 과수원 나무를 살피다(寒雨朝行視園樹)〉 등이 그것이다. 이러한 시에는 체험에서 나온 핍진한 묘사와 가을에 벼와 귤 등을 수확하면서 느낀 감회가 곁들여져 있다.

형식적으로는 고체시를 다소 많이 지었다. 이 중에 〈공손대낭 제자의 〈검기〉 춤을 보고 지은 노래 – 서를 아울러 쓰다(觀公孫大娘弟子舞劍器行並序)〉와 〈감회를 쓰다 2수(寫懷二首)〉 등은 두보의 명작으로 평가받고 있다. 가행체의 고체시로 〈호아의 노래(虎牙行)〉와 〈비단 나무의 노래(錦樹行)〉, 〈전고한행 2수(前苦寒行二首)〉와 〈후고한행 2수(後苦寒行二首)〉 등은 두보의 특색이 돋보이는 작품이다. 이러한 시는 두 편의 시가 연작시와 유사한 형식을 취하고 있다는 점에서 두보의 독특한 실험 정신을 엿볼 수 있다. 〈반조(返照)〉와 〈해 질 무렵(向夕)〉, 〈동둔의 달밤(東屯月夜)〉과 〈동둔 북쪽 산언덕(東屯北崦)〉, 〈밤 2수(夜二首)〉와 〈아침 2수(朝二首)〉도 유사 연작시의 형식을 보이고 있다.

이 시기에는 이채롭고 뛰어난 율시도 적지 않다. 역대 칠언율시에서 최고의 명작으로 꼽히는 〈등고(登高)〉도 이때 지었다. 배가 고파 대추를 몰래 따 가는 이웃집 아낙네를 불쌍히 여기는 내용으로 애민 정신이 돋보이는 〈다시 오랑께 드리다(又呈吳郞)〉, 귀가 먹어가는 자신을 유머러스하게 읊은 〈귀가 먹다(耳聾)〉 등도 이채로운 작품이다. 〈백제성 누각(白帝城樓)〉에는 "푸른 병풍은 저물녘에 대하니 좋다(翠屛宜晩對)"라는 구절이 있는데, 안동 병산서원의 만대루(晩對樓)는 두보의 이 구절을 딴 것이다. 두보의 시가 우리나라에 끼친 영향과 두시에 대한 우리 선조의 애호를 새삼 다시 느낄 수 있다.

본 두시독회 모임은 1994년부터 현재까지 약 29년 동안 두보 시에 대한 완정한 번역을 추구한다는 목표하에 지속되어 왔다. 예전에는 직접 모였지만 근래에는 화상으로 매주 한 번 모여 두보 시의 원문은 물론 다양한 주석에 대한 번역을 모두 검토하고 치열하게 토론하며 정리하고 있다. 앞으로도 수년의 시간을 더 투자해야 두보 시 전체의 완역을 기대할 수 있을 것이다. 본 연구 번역은 고전시가 전공자뿐만 아니라 두보 시를 정확하게 이해하고자 하는 일반 독자들에게도 큰 도움이 될 것이라 믿는다.

서울대학교출판문화원은 한국두시학회의 성과물인 두시 역해서를 연속해서 출간해주고 있다. 이 책을 꼼꼼히 교정하고 정성껏 편집해서 출간해주는 서울대학교출판문화원에 깊은 감사의 마음을 전한다.

2024년 5월

역해자 일동

차 례

일러두기

1. 이 책은 한국두시학회 두시독회의 열한 번째 역해서로서 두보가 기주에 머물던 시기 중 대력 2년 가을에서 대력 3년 봄까지 지은 것이다. 시의 배열순서는《두시상주》를 따랐다.

2. 이 책은《두시상주杜詩詳註》(청淸 구조오仇兆鰲 주注, 북경北京: 중화서국中華書局, 1989)를 저본으로 하고, 각종 주석서를 참고하였다.
   1) 주요 주석서는 다음과 같다.
      《구가집주두시九家集注杜詩》 (송宋 곽지달郭知達)
      《두공부초당시전杜工部草堂詩箋》 (송宋 채몽필蔡夢弼)
      《보주두시補注杜詩》 (송宋 황희黃希, 황학黃鶴)
      《분문집주두공부시分門集註杜工部詩》 (송宋)
      《두억杜臆》 (명明 왕사석王嗣奭)
      《두시해杜詩解》 (청淸 김성탄金聖歎)
      《두시설杜詩說》 (청淸 황생黃生)
      《두시상주杜詩詳註》 (청淸 구조오仇兆鰲)
      《독두심해讀杜心解》 (청淸 포기룡浦起龍)
      《두시경전杜詩鏡銓》 (청淸 양륜楊倫)
      《두시전주杜詩錢注》 (청淸 전겸익錢謙益)
      《두공부시집집주杜工部詩集輯注》 (청淸 주학령朱鶴齡)
      《독두시설讀杜詩說》 (청淸 시홍보施鴻保)
      《두시언해杜詩諺解》 (조선朝鮮)
      《두율계몽杜律啟蒙》 (청淸 변련보邊連寶)
      《두보전집교주杜甫全集校注》 (근인 소척비蕭滌非)
   2) 그 외의 주석서들은 해당 부분에서 밝혔다.

3. 주석서를 인용하면 다음과 같은 원칙을 따랐다.
   1) 주석서 편찬자 자신의 주注를 인용할 경우에는 편찬자의 이름을 따로 밝히지 않았다. 단, 편찬자가 인용한 주를 재인용할 경우에는 그 주석자의 이름이나 서명을 밝혔다.

2) 《구가집주두시》를 인용한 경우 왕수王洙 주注는 이름을 따로 밝히지 않았다.
3) 《보주두시》를 인용한 경우 황희 주는 이름을 밝혔으나 황학 주는 이름을 따로 밝히지 않았다.
4) 《두시언해》를 인용한 경우 현토懸吐는 생략하였다.
5) 《두억》은 현전하는 판본이 완전하지 않아 필요한 경우 다른 주석서에 인용된 것을 재인용하였다.

4. 이 책은 다음과 같은 체재와 방식으로 편찬하였다.
1) 원문은 《두시상주》의 원문을 따랐다. 판본에 따른 원문의 차이에 대해서는 《두시상주》에서 지적한 것을 위주로 하여 주석에서 밝혔다.
2) 시의 역문은 원시原詩의 뜻을 그대로 살리기 위해 직역을 위주로 하였다. 단 직역으로는 의미 전달이 모호하다고 여겨질 경우 해당 주석에서 보충하여 자세히 풀어 설명함으로써 의미 전달이 명료하게 되도록 하였다. 그리고 《두시상주》의 분단分段에 따라 단락을 나누어 번역하였다.
3) 이전 주석서의 주석을 번역할 때에 원칙적으로 직역을 하여 원문을 해독하고자 하는 독자의 편의를 도모하였다.
4) 설명 부분에서는 작품의 대체적인 내용과 저작 시기를 밝히고, 제목에 대한 주석을 더하였다. 관련된 이전 주석은 아래에 따로 번역하여 수록함으로써 독자들이 참고할 수 있도록 하였다.
5) 시의 주석은 구 단위로 번호를 붙였다.
6) 2구 이상에 대한 설명은 [ ] 표시를 하여 구별하였다.
7) 한 단락이나 연작시의 매 수에 대한 종합적인 설명과 주석은 # 표시를 하였다.
8) 작품 전체와 관련된 주석이 있을 경우 ## 표시를 하여 해당 시 끝에 수록하였다.
9) 연호를 표시할 때 '…년'으로 통일하였다.

5. 각 시의 끝에 초고 집필자의 이름을 밝혔다.

1. 秋日寄題鄭監湖上亭三首
가을날 정감의 호수 정자에 띄우다 3수

碧草違春意[1]　沅湘萬里秋[2]　池要山簡馬[3]　月淨庾公樓[4]
磨滅餘篇翰[5]　平生一釣舟[6]　高唐寒浪減[7]　髣髴識昭丘[8]

푸른 풀이 봄뜻을 저버렸으니
원수와 상수에는 만 리가 가을빛일 터인데,
호수는 산간山簡의 말을 맞이하고
달은 유량庾亮의 누각에 말쑥하겠습니다.
마멸된 세월에 글은 남아 있고
평소 낚싯배 한 척 있습니다.
고당에 차가운 물결 잦아들면
강릉江陵 땅 초소왕楚昭王의 무덤도 어렴풋이 볼 수 있겠지요.

이 시는 대력 2년 가을에 기주를 떠날 생각을 하면서 정심鄭審에게 부친 것이다. 비서소감秘書少監을 지낸 정심은 당시 강릉江陵으로 폄적貶謫되어 호숫가에 거처를 마련하여 지내고 있었다. 두보는 이 시에서 호숫가 정자의 경관과 그곳에서의 즐거운 일을 상상하여 그리고, 아울러 그곳에 가서 정심을 만나려고 하는 뜻을 표현하였다. 정심의 정자가 협주峽州에 있었다는 설도 있지만, 잘못이다. '기제'는 '부쳐 보내어 제시題詩하다'의 뜻이다.

《보주두시》 정감은 바로 정심이다. 호수는 협주에 있었고 공은 기주에 있었다. 그래서 '기제'라고 한 것이다. 의당 대력 원년에 지었으리라.(鄭監卽鄭審. 湖在峽州, 而公在夔, 故云寄題. 當是大曆元年作.)

《두시상주》 이 시는 의당 대력 2년 가을에 지었을 것이다. 제1수에서 "무협에 차가운 물결 잦아들면, 강릉 땅 초소왕의 무덤도 어렴풋이 볼 수 있을 듯하다"라고 하였으니. 당시 아마도 기주를 떠나려고 하였을 것이다.(此當是大曆二年秋作. 首章云, 高唐寒浪減, 髣髴識昭丘, 時蓋將去夔矣.)

《두시상주》에 인용된 《두시논문》 정자는 형주(강릉)에 있었다. '원상', '산간', '유공', '고당', '소구'는 모두 형주의 일을 인용한 것이다.(亭在荊州. 沅湘山簡庾公高唐昭丘, 皆引荊州事.)

주 석

1 違(위) – '逢'으로 된 판본도 있다. 春意(춘의) – 봄기운. 이 구는 풀이 시들었음을 말한다.

2 沅湘(원상) – 원수와 상수. 모두 강 이름이다. 두 강 모두 동정호洞庭湖에 유입한다.

3 要(요) – 부르다. 맞이하다. 山簡(산간) – 진晉나라 사람. 정남장군으로 양양에 진수하였는데, 늘 말을 타고 고양지에 가서는 만취하여 돌아왔다고 한다.

《진서晉書·산간전山簡傳》 여러 습씨는 형 땅의 호족이었는데, 못이 있는 아름다운 정원을 가지고 있었다. 산간이 나가 놀 때마다 그 못에 가는 경우가 많았는데 술을 차려놓고 번번이 취하였다. 그리고 그 못을 '고양지'라고 이름하였다. 당시 아이들의 노래에 "산간공은 어디로 나가나? 고양지에 간다네. 해 지면 거꾸로 실려 돌아오는데, 만취하여 아무것도 모른다네. 때로는 말을 타기도 하지만,

흰 접리를 뒤집어 쓰고, 채찍 들어 갈강에게 '병주의 아이와 비교하여 어떤가?'라고 말한다네"라고 하였다.(諸習氏, 荊土豪族, 有佳園池, 簡每出嬉遊, 多之池上, 置酒輒醉, 名之曰高陽池. 時有童兒歌曰, 山公出何許, 往至高陽池. 日夕倒載歸, 茗艼無所知. 時時能騎馬, 倒著白接䍦. 擧鞭向葛彊, 何如幷州兒.)

4 淨(정)— '靜'으로 된 판본도 있다. 庾公樓(유공루)— 진나라 사람 유량劉亮이 강형예주자사江荊豫州刺史로 무창武昌에 진주하였을 때 부하 막료들이 남루南樓에서 달구경을 하는 자리에 참석한 적이 있었다.

[池要 2구] 정감을 산간과 유량에 견주고, 호수 정자를 산간이 놀던 못과 유량이 놀던 누대에 견주어 정감의 풍류와 호수 정자의 풍취를 미화하였다.

5 磨滅(마멸)— 세월이 가는 것을 뜻한다. 篇翰(편한)— 죽간과 붓. 시문을 뜻한다.

《두시상주》 이 시에서 '마멸'은 '세월을 보내다'라는 말과 같다.(此詩磨滅, 猶云歲月銷磨.)

6 釣舟(조주)— 낚싯배.

[磨滅 2구]

《두시경전》 두 구는 공 자신에 대해 한 말인데, 바로 '기제'한 까닭이다.(二句屬公自言, 乃所以寄題之故.)

7 高唐(고당)— 고당관. 고당관은 원래 운몽 지역에 있었지만, 세간에는 무산신녀의 고사로 인해 무산에 있는 것으로 알려졌다. 이 구에서도 무협을 대칭代稱한다. 減(감)— '滅'로 된 판본도 있다.

《두시상주》 〈고당부〉의 서에서 "초 양왕이 송옥과 함께 운몽의 누대에 올라 고당관을 보았다"라고 하였는데, 《한서》의 주에 의하면 고당은 운몽 화용현에 있었다. 주학령 주에서 "후인이 무산신녀로 인하여 마침내 무협에 있다는 이야기를 전하였다. 이 시의 "고당한랑감, 방불식소구" 및 〈기주가십절구夔州歌十絶句〉의 '중간에 있는 고당관은 천하에 없는 것이다'는 모두 무협에 있는 것을 가리켜 말한다"라고 하였다.(高唐賦序, 楚襄王與宋玉遊於雲夢之臺, 望高唐之觀. 漢書注, 高唐在雲夢華容縣. 朱注, 後人因巫山神女, 遂傳在巫峽. 此詩, 高唐寒浪減, 髣髴識昭丘, 及夔州歌, 中有高唐天下無, 皆指在巫峽者言之.)

8 髣髴(방불)－ 어렴풋하다. ~인 듯하다. 昭丘(소구)－ 무덤 이름. 춘추시대 초나라 소왕의 무덤으로 호북성 당양현 동남쪽에 있다. 이 구는 소구가 실제로는 보이지 않지만 느낌으로는 보일 것 같다는 뜻이다.

《문선·등루부登樓賦》 '西接昭丘'의 이선 주에 인용된 《형주도기荊州圖記》 당양 동남 70리에 초소왕의 묘가 있다. (왕찬이 형주에 있을 때 올랐던) 누대에 오르면 보이는데, 이른바 소구이다.(當陽東南七十里有楚昭王墓, 登樓則見, 所謂昭丘.)

[高唐 2구]

《두율계몽》 물결이 잦아들자 초소왕의 무덤이 보이는 듯한 것은 마음이 이미 호수 정자에 갔기 때문이리라.(浪減而如見昭丘, 蓋已神往湖亭也.)

#《두시상주》: 제1수는 가을날 호수 정자의 승경勝景을 상상하였다. 그래서 시를 지으며 마음이 그곳으로 향해 갔다. 위 4구는 사경寫景이고, 아래 4구는 서정抒情이다. 풀이 봄뜻이 아니니, 초 땅은 모두 가을이 된 것이다. 산간의 못은 호수의 이야기와 들어맞고 유량의 누각은 정자와 들어맞아, 고사를 사용한 것이 교묘하게 부합한다. 글이 아직 남아 있으니 부쳐서 쓸 수 있고, 낚싯배를 평소 준비하고 있으니 가서 놀게 될 것이다. 황생의 주에서 "제1구는 시점을 보여주

고 다음 구에서 장소를 보여준다. 그가 폄적되었기에 가을 풀에 기탁하여 흥을 일으켰다. 말머리를 일으키는 묘함이 〈송가각로출여주送賈閣老出汝州〉 시에서 "서액오동수" 한 구로 시상을 일으키는 것과 견줄 수 있다"라고 하였다.(首章, 想秋日湖亭之勝, 故題詩而神往也. 上四景, 下四情. 草非春意, 則楚地皆秋矣. 山池切湖, 庾樓切亭, 用事工貼. 篇翰猶存, 能寄題也. 釣舟素具, 將往遊也. 黃生注, 首句見時, 次句見地. 因其謫官, 故託秋草以起興, 發端之妙, 可比西掖梧桐樹一起矣.)

《독두심해》: 제1, 2구는 때와 장소를 분명히 제시하였다. 제3, 4구는 호수 정자와 들어맞는다. 그러나 산간과 유공 이야기에 이미 정감을 곁들여 말하였으니, 판에 박힌 듯한 사경이 아니다. '글이 남아 있기에' 나누어 시 읊조리는 것을 기약하게 되고, '낚싯배 한 척'이 있으니 행구가 충족되었다. 제7, 8구는 시상을 맺으면서 본뜻을 드러낸 것으로, 물결이 평온해지기를 좀 기다렸다가 바로 찾아가야 할 것이라는 말이다.(一二, 提清時地. 三四, 切湖亭. 然山簡庾公, 已帶鄭監, 不呆寫景也. 餘篇翰, 期分賦也. 一釣舟, 足行具也. 七八, 結出本意, 言稍俟浪平, 便當相訪耳.)

其二

新作湖邊宅　還聞賓客過[1]　自須開竹逕[2]　誰道避雲蘿[3]
官序潘生拙[4]　才名賈傅多[5]　捨舟應卜地[6]　鄰接意如何[7]

새로 호숫가에 집을 지어

손이 찾아온다는 이야기를 또 들었는데,
스스로 대나무 길을 여셔야 할 터
구름 속 여라女蘿에 피해 있다고 누가 말합니까?
벼슬살이는 반악潘岳처럼 서툴러도
재명은 가의賈誼처럼 훌륭하신 분.
배를 버리고 응당 살 곳을 점쳐
이웃하고자 하는데 의향이 어떠십니까?

주 석

1 賓客過(빈객과) – 빈객이 들르다. 이 구의 의미를 정당시鄭當時의 고사와 연관 지어 보기도 한다.

《두시상주》《한서·정당시전》에서 "장안의 여러 교외에 늘 역마를 두어, 빈객을 맞이하고 보내기를 밤낮으로 하였다"라고 하였는데, 이 구절은 그 고사를 넌지시 사용하였다.(鄭當時傳, 嘗置驛馬長安諸郊, 請謝賓客, 夜以繼日. 此暗使其事.)

2 竹逕(죽경) – 대나무를 심은 오솔길. 장후蔣詡의 고사나 도잠의 시구를 활용한 어휘로 보인다.

조기趙岐《삼보결록三輔決錄·도명逃名》 장후는 향리로 돌아와서, 가시나무로 문을 막아버렸다. 집 안에 세 오솔길이 있었다. 집을 나서지 않았고 오직 구중과 양중이 그를 따라 놀았다.(蔣詡歸鄉里, 荊棘塞門, 舍中有三徑, 不出, 唯求仲羊仲從之遊.)

도잠陶潛〈귀거래사〉 세 오솔길이 황폐해졌지만 소나무와 국화는 여전히 남아 있다.(三徑就荒, 松菊猶存.)

《두시상주》에 인용된《삼보결록》 장후는 대나무 아래에 세 오솔길을 열었다.(蔣詡竹下開三徑.)

3 道(도) – 말하다. 雲蘿(운라) – 등라藤蘿. 흔히 은거하는 곳을 뜻한다.

[自須 2구]

《구가집주두시》 조차공 주 대나무 길을 열고 나면 그 길이 훤하게 드러날 것이니, 어찌 운라 사이에 은거한 사람이겠는가?(既開竹逕, 則其逕顯豁, 豈是隱避于雲蘿之間者乎.)

4 官序(관서) – 관리의 등급. 潘生(반생) – 서진西晉시대 문인인 반악潘岳을 말한다. 이 구는 반악이 관직 생활을 서툴게 하였다는 뜻이다.

반악 〈한거부閒居賦〉의 서序 스무 살 때부터 쉰 살 때까지 여덟 차례 관직 이동이 있었는데, 한 차례 승진하고 두 차례 그만두고 한 차례 제명되고 한 차례 관직을 배수하지 못하였으며, 관직을 옮긴 것은 세 차례일 뿐이다. 비록 벼슬길이 통하고 막힘에 운수가 있지만 그래도 역시 어리석었다는 사실을 드러내준다.(自弱冠涉乎知命之年, 八徙官而一進階, 再免, 一除名, 一不拜職, 遷者三而已矣. 雖通塞有遇, 抑亦拙者之效也.)

5 才名(재명) – 재주와 명성. '재주가 있다는 명성'으로 풀이할 수도 있다. 賈傅(가부) – 한나라의 문인인 가의賈誼를 말한다. 그가 장사왕의 태부太傅를 지냈기에 '가부'라고 한다. '傅'가 '誼'로 된 판본도 있다.

《두시상주》에 인용된 《한서·가의전》 나이 열여덟에 글 외우고 문장 짓기를 잘하여 군에서 이름이 났다. 하남태수 오공이 그가 빼어난 재목이라는 소문을 듣고 그를 불러 문하에 두고는 총애하였다. 후에 지방으로 나가 장사왕의 태부가 되었다.(年十八, 以能誦書屬文稱於郡中, 河南守吳公聞其秀材, 召置門下, 甚愛幸, 後出爲長沙王太傅.)

[官序 2구] 반악과 가의의 이야기가 모두 정심을 비유한다. 반악은 두보 자신을 비유한다는 설이 있지만 이는 잘못이다.

《두시상주》 옛 주에서는 반생이 두보 자신을 비유하는 것이라 하였는데, 고신이 그 잘못을 이미 따져 밝혔다.(舊注以潘生自喻, 顧氏已辯其非.)

《두억》 반생은 자신을 말하고 가의는 정씨를 말한다.(潘生自謂, 賈誼謂鄭.)

《두공부시집집주》 정씨가 당시 강릉에 폄적되어 살고 있었다. 그래서 반악과 가의로 그를 비유하였다.(鄭時謫居江陵, 故以潘岳賈誼比之.)

6 卜地(복지)－ 땅을 점치다. 살 곳을 정하는 것을 말한다. '卜'이 '轉'으로 된 판본도 있다.

7 鄰接(인접)－ 이웃이 되어 사는 것을 뜻한다.

#《두시상주》: 제2수는 호수 정자 이야기에서 정심 이야기로 들어갔으니, 가서 그와 살고 싶었던 것이다. 집을 지은 후 과객이 놀러 오니 응당 대나무 길을 열어 빈객을 맞이해야 한다. 그러니 어찌 운라에 의탁하여 세속을 피하겠는가? '환문'이라 하고, '자수'라 하고, '수도'라 한 것은 모두 부쳐 보낸 말에 속한다. 벼슬살이는 서툴러도 재주는 많다는 것은 영화와 공명에 담담하고 풍아를 숭상할 수 있음을 말한다. 그래서 빈객이 기쁘게 들르고 두보 자신도 이웃이 되기를 원한다. '의하여'는 그에게 의사를 묻는 것이다.(次章, 從湖亭說入鄭監, 欲往與之居也. 作宅之後, 過客來遊, 應開竹逕以迎賓, 豈託雲蘿以避俗. 曰還聞, 曰自須, 曰誰道, 俱屬寄題語. 官拙才多, 言能淡榮名而尙風雅, 故賓客喜過, 而己願爲鄰, 意何如, 問之也.)

《독두심해》: 제2수는 정심의 정자에 빈객이 왕래하는 일이 많을 것을 멀리서 추정하여, 그 자신이 이웃이 되고자 한다는 이야기를 이끌어 내는 단서로 삼았다. 제3구와 제4구는 객을 좋아하는 그의 정의情誼를 추정하여, 반드시 맞이하지 결코 깊숙이 피하지 않을 것임을 말하였다. 제5구와 제6구는 앞뒤 시상 전환에 있어서의 관건이다. 그의 벼슬살이에 대한 마음은 담담하고 시흥은 풍부하여, 우아한 사람의 심원한 정취가 이와 같으니, 그래서 객이 들르면 매번 기뻐하고 내가 오는 것도 거절하지 않는다. '의여하'라 한 것은 그가 반드시 받아들일 것임을 보여주는데, 말은 완곡하나 정신은 약여躍如하다.(次章, 遙擬鄭亭賓客過從之多, 作自家卜鄰引子. 三四, 擬其愛客之誼, 言定應相迎, 決弗深避也. 五六, 上下轉關, 惟其宦情淡而詩興饒, 雅人深致若此, 故客過輒喜, 而我來不拒. 曰意如何, 見其必能延納, 語婉而神躍矣.)

其三

暫阻蓬萊閣[1] 終爲江海人[2] 揮金應物理[3] 拖玉豈吾身[4]
羹煮秋蓴滑[5] 杯凝露菊新[6] 賦詩分氣象[7] 佳句莫頻頻[8]

잠시 봉래각과 떨어지시더니
마침내 강해의 사람이 되셨습니다.
황금을 뿌리는 것이 응당 일의 이치
패옥을 끄는 것이 어찌 본인의 몸에 맞겠습니까?
매끄러운 가을 순채로 국을 끓이시고
이슬 맞은 새 국화가 잔에 맺힐 터인데,
시를 지어 그곳 기상을 나누어 표현하리니
아름다운 구절이 자주 나오지 않겠습니까?

주 석

1 阻(조) – 떨어지다. '住'로 된 판본도 있다. 蓬萊閣(봉래각) – 후한 때 궁중에서 서적을 보관하던 동관을 '도가봉래'라고 한 것에서 유래한 말로, 당나라 때에는 비서성秘書省을 가리킨다. 이 구는 잠시 비서소감 직을 그만두더니 끝내는 재야의 사람이 되었다는 뜻이다. '조'를 '막히다'의 뜻으로 보고 "잠시 봉래각 때문에 장애를 받다가 마침내 강해의 사람이 되었다"로 풀이할 수도 있는데, 이는 잠시 벼슬살이를 하느라 재야 사람이 되지 못하다가 결국은 재야의 사람이 되었음을 말한다.

《후한서後漢書·두장전竇章傳》 이때 학자들이 동관을 '노씨장실', '도가봉래산'이라 칭하였다.(是時學者稱東觀爲老氏臧室, 道家蓬萊山.)

《두시상주》 공에게 〈추일기부영회봉기정감심이빈객지방일백운秋日夔府詠懷奉寄鄭監審李賓客之芳一百韻〉 시가 있는데 "봉래각은 한나라 궁전 누각과 이어졌다"라고 하였다. 조차공이 이에 대해 "정씨가 바로 비서소감이어서 봉래각의 고사를 썼다"라고 하였는데, 이 시와 상호 검증할 수 있다. 화교의 《한후서漢後書》에 의하면 학자들이 동관을 칭하여 '노씨장실', '도가봉래'라고 하였다.(公有夔府詠懷寄鄭審詩云, 蓬萊漢閣連. 趙次公注, 鄭乃秘書少監, 故用蓬萊閣事, 可互證. 華嶠後漢書, 學者稱東觀爲老氏藏室道家蓬萊.)

2 江海人(강해인) – 강과 바다에서 마음대로 노니는 사람. 재야에 사는 사람을 뜻한다.

3 揮金(휘금) – 금을 뿌리다. 한나라 소광疏廣의 고사와 연관된다. 그는 관직이 태자태부太子太傅에 이른 뒤 "공을 이루었으니 지금 물러나지 않으면 나중에 후회할 것이다"라고 하고는 소부少傅 벼슬을 하던 조카 소수疏受와 함께 사직하였다. 고향에 내려와서 황제와 황태자로부터 받은 금을 고향 사람들과 함께 즐기느라고 다 써버렸다. 어떤

사람이 그에게 자손들을 위하여 재물을 남겨두라고 하자, 그렇게 하면 자손을 태만하게 만들 뿐이라며 거절하였다. 應(응)- 응당. 物理(물리)- 사리. 사물의 이치. 이 구는 재물에 초연하여 그것을 남기지 않고 써버리는 것이 사리에 맞는 행위라는 뜻이다. '금은 사용하는 것이 그 속성에 맞다'라는 뜻으로 풀이하는 설도 있으나 무리한 것으로 보인다.

《독두심해》에 인용된 《한서·소광전》 소광은 향리에 돌아온 뒤, 그의 집에 하사받은 금이 아직도 얼마나 남아 있는지 자주 물었다. 그리고 술과 밥을 갖추기를 재촉하고는 일족과 지인을 청하여 즐겼다.(疏廣歸鄕里, 數問其家所賜金餘尙有幾, 趣具酒食, 請族人故舊娛樂.)

장협張協 〈영사詠史〉 (소광과 소수는) 금을 뿌려 당년에 즐겼으니, 만년에는 남겨둔 게 없었다. 사방 자리의 빈객을 돌아보며 말하기를, 많은 재물은 어리석은 이에게 누가 된다고 하였다.(揮金樂當年, 歲暮不留儲. 顧謂四座賓, 多財爲累愚.)

《두율계몽》 금이라는 물질은 움직이길 좋아하고 가만있기를 좋아하지 않으니 그것을 뿌리는 것이 그 물질의 이치에 부합한다. 수전노는 바로 이 이치를 알지 못하는 것이다.(金之爲物, 喜動不喜靜, 故揮之乃合物理, 守財虜正不解此理耳.)

4 拖玉(타옥)- 옷에 옥패玉佩를 드리운 것을 뜻하며, 부귀한 사람의 차림새를 말한다. 吾身(오신)- 정심을 가리킨다.

5 羹煮(갱자)- 국을 끓이다. 蓴(순)- 순채. 滑(활)- 부드럽다. '弱'으로 된 판본도 있다. 이 구는 서진西晉의 문인인 장한張翰의 고사를 연상하게 한다.

《두시상주》 진나라 제왕 경이 장한을 불러 대사마 동조연으로 삼았다. 가을바람이 일어나자 오 지역의 줄풀과 순챗국 그리고 농어회가 생각나서, "인생이란 마음에 흡족하게 사는 것이 귀중한 것이다. 어찌 명예와 작위를 추구할 수 있겠느냐?"라 하고는 마침내 수레를 몰아 돌아갔다. 얼마 뒤 경이 망하게 되자 사람들은 그가 일의 기미를 볼 줄 안다고 하였다.(晉齊王冏辟張翰爲大司馬東曹掾, 因秋風起, 思吳中菰菜蓴羹鱸魚鱠, 曰人生貴適意, 何能要名爵乎, 命駕歸. 俄而冏敗, 人謂見幾.)

6 凝(응)－ '迎'으로 된 판본도 있다. 이 구는 술잔에 국화의 꽃잎 또는 그 향기가 맺힌다는 뜻으로, 동진의 시인인 도잠의 시구를 연상하게 한다.

도잠 〈음주이십수飮酒二十首〉 가을 국화에 아름다운 빛이 있는데 이슬 맺힌 그 꽃잎을 따서, 이 망우물에 띄워 마시니 세속을 버린 나의 마음을 고원하게 한다.(秋菊有佳色, 裛露掇其英. 泛此忘憂物, 遠我遺世情.)

7 分氣象(분기상)－ 여기서는 정감의 호수 및 정자의 기상을 나누어 표현하는 것을 뜻한다. 정심이 두보의 기상을 나누어 가진다는 뜻으로 풀이하는 설도 있으나 합당하지 않다.

8 莫(막)－ 이 구절에서는 추측의 뜻을 나타낸다. 頻頻(빈빈)－ '辭頻'으로 된 판본도 있다.

《구가집주두시》 조차공 주 이 '막' 자는 (〈우부절雨不絶〉 시의) "행운막자습선의(흘러가는 구름이 절로 선녀의 옷을 적시지 않으랴)"의 '막' 자와 같다.(此莫字, 與行雲莫自濕僊衣之莫同.)

[賦詩 2구]

《구가집주두시》 조차공 주 "정군이 시를 지을 때 나의 읊는 기상을 나누어 가지면 아름다운 구절이 자주 나오지 않겠는가"라고 공이 말한 것이다.(公言, 鄭君賦詩, 分得我吟咏之氣象, 則佳句莫也頻頻有之乎.)

#《두시상주》: 제3수는 정심 이야기에서 정자 이야기로 돌아왔으니, 거

듭 그 승경을 쓰고 싶었던 것이다. 예전에는 봉래각에 있었는데 지금은 강해에 있으니 정씨의 통달한 식견을 알 수 있다. 금을 뿌리는 것은 바로 사리가 응당 그러하니, 강해에서 실제로 행락할 수 있을 것이다. 그리고 옥을 끄는 것은 자신과 상관없는 일이니, 봉래각에 오래 머물 필요가 없을 것이다. '순채'와 '국화'는 호수 정자에서 먹는 물품을 상상한 것이다. '부시'는 도착 후 시를 지을 것을 예상한 것이다. 주학령 주에서 "'분기상'은 호수 정자의 기상을 나누어 읊는 것이다"라고 하였다. 조차공 주에서 "'막빈빈'은 '아름다운 구절이 자주 있지 않겠는가'라는 말이다"라고 하였고, 《두억》에서는 "'정씨의 아름다운 구절이 자주 먼저 나와서 나로 하여금 따라 화답하기 어렵게 하지 않겠는가'라는 말이니, 대체로 놀린 것이다"라고 하였는데, 전자의 설을 따르는 것이 순통하다.(三章, 從鄭監說歸湖亭, 欲重題其勝也. 昔蓬閣而今江海, 可見鄭之達識. 揮金乃物理應然, 則江海正可行樂. 拖玉於吾身無預, 則蓬閣不必久居矣. 蒓菊, 想湖亭食品. 賦詩, 擬到後題詩. 朱注, 分氣象, 分咏湖亭之氣象. 趙注, 莫頻頻, 言莫不頻頻有佳句乎. 杜臆云, 鄭之佳句, 莫頻頻先出, 使我不能追和, 蓋戱之也. 從前說爲順.)

《독두심해》: 마지막 수는 앞의 4구에서 두 사람의 지향이 똑같음을 보여주어 크게 시상을 마무리해낸다. '휘금' 구와 '타옥' 구는 피차가 긴밀하게 연결된다. 아래 부분은 모두 예측하는 말이다. '순채를 끓이다'와 '국화 향기가 맺히다'는 도착 후의 친밀함을 말한다. '부시' 구와 '가구' 구는 잔치하면서 수창하는 것을 말하니, 바로 제1수의 '여편한', 제2수의 '재명다'와 서로 호응한다. '분기상'은 함께 읊으면서 기상을 나누어 드러내는 것이다. '막'은 '~하지 않을 수 있겠는가'라고 말하는 것과 같다.(末章, 上四見兩人志趣正同, 大堪作合. 揮金拖玉, 彼此牽搭緊湊. 下皆預擬之詞. 煮蒓凝菊, 到後款洽也. 賦詩佳句, 宴遊酬和也.

正與首章餘篇翰, 次章才名多相應. 分氣象, 聯吟而分呈氣象也. 莫, 猶云得毋.)

##《두시상주》: 두보 시에서 3수를 연작으로 지은 것 중에는 제1수를 중심으로 하고 뒤의 2수를 나누어 이에 조응시킨 것이 있으니, 예를 들어 〈강촌삼수羌村三首〉, 〈자랑주령처자각부촉산행삼수自閬州領妻子却赴蜀山行三首〉 및 〈추일기제정감호상정삼수秋日寄題鄭監湖上亭三首〉 같은 시는 은미한 흔적 속에서 그 장법의 묘를 볼 수 있다. (杜詩三章疊詠, 有首章爲主, 後二首分應者, 如羌村, 如領妻子赴蜀及湖亭詩, 於草蛇灰線中, 見其章法之妙.)

《독두심해》: 호수 정자는 강릉에 있고 공은 아직 거기에 도착하지 않았다. 따라서 3수의 시는 전부 정자의 경치를 실제로 그린 게 아니고, 모두 빈객 벗과의 글 짓는 잔치 모임에서 착상하여 즉시 협곡을 나서고 싶은 마음을 표현한 것이다. 단지 한 통의 짧은 편지로 간주된다. 옛 설은 범연하게 호수 정자의 승경에 따라 이를 풀이하여 그 주지를 잃게 되었다.(湖亭在江陵, 公尙未到, 故三詩全不實寫亭景, 都就賓朋文宴上結想, 以致卽欲出峽之情, 直作一封尺牘看. 舊說泛從湖亭之勝着解, 失其旨矣.)

《독두심해》: 제1수에서는 '초소왕의 무덤이 어렴풋이 보인다'고 하였고, 제2수에서는 '살 곳을 점쳐' '이웃하여 접하겠다'는 말을 하였고 제3수에서는 '순채'와 술을 먹고 '시 짓는' 것을 말하였으니, 층차가 심도에 따라 질서정연하다.(首章云, 髣髴昭丘, 次章言卜地鄰接, 末章言蓴酒賦詩, 層次淺深秩然.)

《두시설杜詩說》: 제2수의 미련은 제1수 제6구의 뜻을 거듭 말하였고, 제3수의 미련은 제1수 제5구의 뜻을 거듭 말하였다.(第二首結聯申六句之意, 第三首結聯申第五句之意.)

(**이영주**)

2. 秋野五首

가을 들녘 5수

秋野日疏蕪[1]　寒江動碧虛[2]　繫舟蠻井絡[3]　卜宅楚村墟

棗熟從人打[4]　葵荒欲自鋤[5]　盤飧老夫食　分減及溪魚[6]

가을 들녘은 날로 황량해지고
찬 강물엔 푸른 허공이 일렁인다.
남방 오랑캐 정수井宿 구역에 배를 매어두고
초 땅 마을에 살 곳을 정하였다.
대추 익어 남들이 털어가게 놔두고
아욱 밭 거칠어져 몸소 호미질하련다.
소반의 밥이 늙은이 먹을거리인데
나누어 덜어서 시내 물고기에게 준다.

이 시는 대력 2년 양서에서 지은 것이다. 5수의 연작시로 각각의 시는 가을 들녘의 경물과 흥취, 조용히 사는 즐거움과 남방에 오래 머물 수밖에 없는 상황에 대한 감정 등 다양한 내용을 담고 있다. 시제는 시의 첫 구에서 따온 것이다.

《두시상주》에 인용된 황학 주　마땅히 대력 2년 양서에서 지은 것이다.(當是大曆二年瀼西作.)

《독두심해》　시 첫머리를 따서 제목으로 삼았다.(摘篇首爲題.)

《두시경전》　5수는 모두 가난을 편안히 여기고 뜻을 즐기는 말이다.(五首, 皆安貧樂志之詞.)

주 석

1 疏蕪(소무)－ 쓸쓸하고 황량하다. '疏'는 '荒'으로 된 판본도 있다.
《두시상주》 ('소疏'는) 옛날에 '蔬'로 되어 있었는데 틀린 것이다. 어떤 판본에는 '荒'으로 되어 있다.(舊作蔬, 非. 一作荒.)

2 碧虛(벽허)－ 푸른 하늘. 푸른 물을 가리키는 것으로 볼 수도 있다.

3 蠻(만)－ 장강 중류 및 그 이남 지역의 소수 민족을 가리킨다. 井絡(정락)－ '정'은 별자리 이름으로 '정수井宿'를 말한다. '정락'은 정수의 구역이란 의미인데 민산岷山을 가리킨다. 여기서는 남만에 속하는 기주를 가리킨다. '絡'은 '路' 또는 '落'으로 된 판본도 있다.
《두시경전》 좌사 〈촉도부〉에 "민산의 정기는 위로 올라가 정락이 되었다"라고 하였는데 주에 "민산의 땅은 위로 동정의 구역이 된다"라고 하였다.(左思, 蜀都賦, 岷山之精, 上爲井絡. 注, 岷山之地, 上爲東井維絡也.)
《두시상주》 기주는 초에 속하니 바로 형만의 땅이다.(夔州, 屬楚, 卽荊蠻地.)

4 從(종)－ 따르다. 내버려두다. '行'으로 된 판본도 있다.

5 葵荒(규황)－ 아욱 밭에 풀이 많이 난 것을 말한다. 自(자)－ '且'로 된 판본도 있다.

6 分減(분감)－ 나누어 덜다. 자신의 몫을 덜어내는 것이다. 及溪魚(급계어)－ 시내 물고기에 미치다. '溪'는 '樵'로 된 판본도 있다.
《독두심해》 살펴보건대 '급계어'는 먹고 남은 것으로 물고기를 먹이는 것이다.(按, 及溪魚, 以食餘飼魚也.)

#《두시상주》: 첫째 수는 가을 들녘의 경치와 일을 기록하였다. '계주'는

'강'을 이었고 '복택'은 '야'를 이었다. '대추가 익고' '아욱 밭이 거칠어짐'은 살 집을 정하고 나서의 일이고, '먹을 것을 덜어 물고기를 먹이는 것'은 배를 매어둔 상황에서의 흥취이다. 이 아래 여러 수는 대부분 첫 2구를 위주로 하고 있다. '소무'는 수확이 이미 끝나 들녘의 모습이 쓸쓸함을 의미한다. '벽허'는 물결의 빛이 서로 출렁거려 강과 하늘이 하나의 모습이란 것이다. 《두억》에 "배를 매어두고 살 집을 정하였으니 떠나고 머무는 것이 오히려 스스로 결정하기 어려운 것이다. 대추를 다른 사람이 털도록 내버려두니 남과 자신을 하나로 본 것이요, 아욱을 스스로 호미질하려 하니 귀하고 천한 것을 하나로 본 것이요, 먹을 것이 시내의 물고기에게까지 미치니 외물과 나를 하나로 본 것이다. 이것들은 모두 도를 터득한 말이다"라고 하였다.(首章, 記秋野景事. 繫舟承江, 卜宅承野. 棗熟葵荒, 卜居之事. 減食飼魚, 繫舟之興. 此下數章, 多以首二句爲主. 疏蕪, 收穫已畢, 野色蕭疏也. 碧虛, 波光相盪, 水天一色也. 杜臆, 繫舟卜宅, 去住尙難自決也. 棗從人打, 則人己一視. 葵欲自鋤, 則貴賤一視. 食及溪魚, 則物我一視. 此皆見道語.)

《독두심해》: 양서에 오래 머물러 있으니 생활이 무료하여 이 시를 지은 것이다. 첫째 수의 위 4구는 그가 살고 있는 땅을 서술한 것으로, 곧바로 마지막 수의 맺는 부분과 서로 조응하고, 아래 4구는 바로 이곳에 살면서 하는 일을 말한다. 이 수는 대체로 목전의 상황을 범연하게 묘사하였다. 남만의 땅, 초의 마을이라 말하였으니 그가 살 곳이 아닌 곳에 살고 있음을 알 수 있다. 배를 매어두고 집을 정하였다고 하였으니 체류하면서 떠나지 못함을 알 수 있다. 그가 평소에 하는 일을 말하였는데 본래는 심히 무료한 것이지만 도리어 지극히 편안해하고 있다. 뜻이 높고 넓지 않고서는 이런 시가 있을 수 없다.(久寓瀼西, 俯仰無聊, 而作是詩. 首章, 上四述所處之地, 直與末章結處相照, 下四乃處此之所事也. 此章蓋泛寫當前之況. 曰蠻絡楚

墟, 則處非其地可知. 曰繫舟卜宅, 則留滯不去可知. 其言平日所事, 本甚無聊, 卻極恬適, 非襟期高曠, 不能有此.)

其二

易識浮生理　難敎一物違[1]　水深魚極樂　林茂鳥知歸
衰老甘貧病[2]　榮華有是非　秋風吹几杖　不厭北山薇[3]

덧없는 삶의 이치 쉽게 알 수 있으니
한 사물도 어긋나게 하기 어렵다.
물 깊어서 물고기가 지극히 즐거워하고
숲이 우거져 새가 돌아갈 줄 안다.
노쇠하여 가난과 병을 달게 받아들임은
영화에는 시비가 있기 때문이니,
가을바람이 안석과 지팡이에 불어도
북산의 고사리를 싫증내지 않는다.

주 석

1 違(위)― 어긋나다. 이 구는 어떠한 사물도 본성에 어긋나지 않는다는 말이다.
《보주두시》에 인용된 왕수 주 사물은 그 본성에 어긋날 수 없다.(物不可違其性也.)

[易識 2구] 만물이 삶의 이치에 어긋나지 않는다는 의미이다.

2 衰(쇠) – '吾'로 된 판본도 있다.

[衰老 2구]

《두시상주》에 인용된 조방 주 가난과 병을 달게 받아들이는 것은 시비를 피하기 위함이다. 아래 구는 위 구를 거듭 말하였다.(甘貧病者, 爲避是非也. 下句申上句.)

3 北(북) – '此'로 된 판본도 있다.

#《두시상주》: 둘째 수는 가을 들녘이 세상을 피할 수 있음을 말하였다. 덧없는 삶의 이치를 알고자 한다면 바로 물정을 살피면 알 수 있으니, 물고기나 새가 몸을 감추는 것 등은 물정이 이치에 가까운 것이다. 이제 또한 다만 산림에 자취를 맡겨 덧없는 삶의 이치를 따를 따름이다. 3, 4구는 제2구를 이었고, 5, 6구는 첫 구를 이었다. 맥락은 본디 그러하지만 3, 4구가 여전히 사물을 빌려 자신을 일으킨다는 사실을 알아야만 어기가 비로소 융합 관통함을 볼 수 있다. 조방은 생을 달관한 자세로 자기 처신을 하고 사물의 본성을 이루어주는 것으로 외물을 대한다고 말하여 두 구를 나누어 설명하였는데 말뜻에 부합하지 않는다. 이 삶을 덧없는 것과 같이 본다면 가난과 병에도 편안할 수 있으니 영화는 부러워할 게 못 된다.《두억》에서는 "'궤장'은 늙었음을 말하고 '산미'는 가난함을 말한다"라고 하였다.(次章, 言秋野可以避世. 欲識浮生之理, 卽觀物情可見, 如魚鳥藏身, 此物情之近理者, 今亦惟託迹山林, 以順浮生之理而已. 三四承次句, 五六承首句. 脉絡固然, 須知三四仍是借物興己, 語氣方見融貫. 趙汸謂以達生處己, 以遂性待物. 將兩句開說, 不合語意. 視此生若浮, 則貧病可安, 而榮華不足羨矣. 杜臆, 几杖, 言老. 山薇, 言貧.)

《독두심해》: 둘째 수는 여기에 사는 이유가 세상을 피할 수 있기 때문임을 말하였다. 첫 구는 본 뜻을 제기하였는데 따로 시상이 한 번 멈추게 되었으니 바로 시 뒷부분의 바탕이 된다. 다음 구는 비유의 뜻으로 끌고 들어갔다. 물고기와 새가 몸을 감추는 것은 바로 사물의 본성이 어긋나게 하기 어렵다는 것을 비유한 곳이요, 곧 산의 고사리로 노년을 보낼 것이라는 것의 복선이다. 덧없는 삶의 이치란 본시 응당 이와 같은 것이다. 이런 까닭에 달가워하며 싫증 내지 않으니, 저 영화의 시비가 내게 무슨 문제가 되겠는가?(次章, 言所以居此者, 避世故也. 首句提出正意, 另作一頓, 乃下半首之根. 次句引入喩意, 魚鳥藏身, 正物性難違處, 卽投老山薇影子也. 浮生之理, 故應如此, 是以甘而不厭也. 彼榮華是非, 何有於我哉.)

其三

禮樂攻吾短[1] 山林引興長 掉頭紗帽側[2] 曝背竹書光[3]
風落收松子[4] 天寒割蜜房[5] 稀疏小紅翠 駐屐近微香

예악이 나를 다스리는 것은 짧고
산림이 흥을 이끄는 것은 길다.
머리를 흔드니 사모가 기울고
등에 볕을 쬐니 죽서가 빛난다.
바람이 잦아들어 잣을 거두고
날이 추워져 꿀 든 벌집을 벤다.
드문드문 붉은 꽃 푸른 잎이 작으니
걸음 멈추고 미미한 향기를 가까이한다.

주 석

1 禮樂(예악) – 예와 악. 예악지사를 가리키는 것으로 볼 수도 있다. 攻(공) – 다스리다. 공격하다. '예악'을 예악지사로 보면 '공'은 공격하다의 의미이다. 이 구는 예악이 나를 다스려주는 것이 별로 없다는 말이다. 이와 달리 '예악이 나의 단점을 다스려주다', '예악지사가 내 단점을 공격하다'로 풀이하는 설도 있다.

《두시상주》 '공'은 '다스리다'이다.(攻, 治也.)

[禮樂 2구] 자신이 예악에 구속되지 않고 천성이 자연을 좋아하였다는 말이다.

2 掉頭(도두) – 머리를 흔들다. 시를 읊조리는 모습이다.

3 竹書(죽서) – 죽간으로 된 책. 여기서는 일반적인 책을 가리킨다.

《두시상주》에 인용된 조차공 주 '죽서'는 죽간으로 된 책이다.(竹書, 竹簡之書.)

4 風落(풍락) – 바람이 그치다. '바람이 이곳에 불어오다', '바람이 떨어뜨리다'의 의미로 볼 수도 있다. 松子(송자) – 솔방울. 잣. 여기서는 식용으로 거두어들이는 것이므로 잣을 가리킨다. 이 구는 바람이 그치자 잣을 거두어들인다는 말이다. 이와 달리 바람이 솔방울을 떨어뜨려서 그것을 줍는다는 의미로 볼 수도 있다.

당唐 이자경李子卿 〈부시수의부府試授衣賦〉 산 고요하고 바람 그치니, 하늘은 높고 기운은 서늘하다.(山靜風落, 天高氣涼.)

《두시상주》에 인용된 《열선전列仙傳》 악전은 잣나무 열매 먹는 것을 좋아하여 잣을 요에게 주었는데 요는 그것을 복용할 겨를이 없었다. 당시 받아서 복용한 사람은 모두 2, 3백 세까지 살았다.(偓佺好食松實, 以松子遺堯, 堯不暇服也. 時受服者, 皆至二三百歲.)

5 蜜房(밀방) – 벌집.

《보주두시》에 인용된 왕수 주 '밀방'은 벌집이다.(蜜房, 蜂房也.)

#《두시상주》: 셋째 수는 가을 들녘이 스스로 즐길 만함을 보였으니 앞 수의 '북산미'를 이어서 온 것이다. 수련은 전체를 이끌고 있으며, '단', '장' 두 글자는 따로 읽는다. '도두' 2구는 자신을 단속함이 서툰 것을 말하였으니 이른바 예악에 있어서 짧은 것이다. '풍락' 4구는 들녘에 사는 것의 편안함을 말하였으니 이른바 산림의 흥이 긴 것이다. 혹자는 '산림'으로 아래 6구를 이끈다고 하였는데 그러면 첫 구는 조응이 없게 된다. '사모측'은 사모의 그림자가 비스듬히 기운 것을 가리킨다. '죽서광'은 책에 햇빛이 비친 것이다. 두 구는 관례대로 보면 절로 분명해진다.(三章, 見秋野可以自娛, 承上北山薇來. 首聯總提, 短長二字另讀. 掉頭二句, 言檢身之疏, 所謂短於禮樂也. 風落四句, 言野居之適, 所謂山林興長也. 或將山林領下六句, 則起句無照應矣. 紗帽側, 指帽影斜側. 竹書光, 謂書映日光. 兩句例看自明.)

《독두심해》: 셋째 수는 내가 여기를 달가워하는 이유는 산림의 흥취가 흥을 이끌어 바야흐로 길기 때문임을 말하였다. 이 제2구가 핵심이고 첫 구는 덧대어 말한 것이다. 대체로 영화의 길은 이미 멀어졌으니 예악지사 역시 소원해졌다. 머리 흔들며 홀로 시를 읊조리고 등에 볕을 쬐며 홀로 즐기는 것은 바로 단점을 드러내는 일에 개의치 않기 때문이다. 아래 4구는 흥을 이끄는 것이 길다는 것을 상세히 말하였다.(三章, 言吾所以甘此者, 以山林之趣引興正長耳. 此句是主, 首句陪說. 蓋榮華之途旣遠, 則禮樂之士亦疏, 掉頭而獨吟, 曝背而獨樂, 正不妨於見短也. 下四, 詳言引興之長.)

其四

遠岸秋沙白　連山晩照紅　潛鱗輸駭浪[1]　歸翼會高風[2]

砧響家家發　樵聲箇箇同　飛霜任靑女[3]　賜被隔南宮[4]

먼 강둑에 가을 모래 하얗고
연이은 산에 저녁 햇빛이 붉은데,
잠긴 물고기는 놀란 물결에 옮겨 가고
돌아오는 새는 높은 바람을 만났다.
다듬이질 소리 집집마다 나고
나무꾼 노랫소리 하나하나 똑같은데,
서리 날리는 청녀를 내버려둔 채
이불 하사하는 남궁과 떨어져 있다.

주 석

1 輸(수) – 보내다. 옮기다. 이와 달리 '밀리다'의 뜻으로 보는 설도 있다. 駭浪(해랑) – 놀란 파도. 거칠게 출렁거리는 파도. 이 구는 물속의 물고기가 세찬 파도에 옮겨감을 말한다.

《문선·(장형張衡의)남도부南都賦》"長輸遠逝"의 이선李善 주 '수'는 '옮기다'이다.(輸, 寫也.)

《두율계몽》 '수'는 마땅히 '수영'의 '수'와 같아야 한다. 물러나고 막힌다는 뜻이 있어야 비로소 '해' 자와 부합한다.(輸, 當如輸贏之輸, 有退阻意, 才與駭字對針.)

2 會(회)– 만나다. 高風(고풍)– 높이 부는 바람. 세찬 바람. 가을바람을 말한다.

3 靑女(청녀)– 서리와 눈을 주관하는 천신. 이 구는 내리는 서리는 청녀에게 맡겨둔다는 의미이다.

《두시상주》《회남자》에 "가을 석 달은 청녀가 나와서 서리를 내린다"라고 하였고, 고유 주에 "청녀는 천신으로 서리와 눈을 주관한다"라고 하였다.(淮南子, 秋三月, 靑女出以降霜. 高誘注, 靑女, 天神, 主霜雪.)

4 賜被(사피)– 이불을 하사하다. 한나라 때 낭관에게 비단이불을 공급하여 추위를 견디게 하였다. 이후 '사피'는 낭관의 전고로 사용되었다. 南宮(남궁)– 상서성尙書省의 별칭. 여기서는 조정을 말한다.

《두시상주》에 인용된 《한구의漢舊儀》 낭관에게는 푸른 합사비단에 흰 무늬를 넣은 이불을 공급하였고 어떤 경우는 채색 문양 비단이불을 주었다.(郎官給靑縑白綾被, 或錦被.)

#《두시상주》: 넷째 수는 가을 들녘에 공명과 이록利祿을 부러워함이 없음을 보였으니 위 '산림흥'을 이어서 온 것이다. 첫 구는 가을 경치이고 다음 구는 저녁 경치이다. 3, 4구는 각각 내려다본 것과 올려다본 것이고 5, 6구는 각각 멀리서 들은 것과 가까이서 들은 것이다. 매구가 각각 '추'와 '만' 두 뜻을 겸하고 있다. 마지막은 추운 경색이 싸늘한데 산림이 조정과 멀리 떨어져 있음을 탄식하고 있다. '수'는 '수송'의 '수'와 같으니 물결을 따라가는 것이요, '회'는 '제회'의 '회'와 같으니 바람을 따라 돌아오는 것이다. 《두억》에서는 "남궁의 하사한 이불과 이미 멀리 떨어져 있으니 날리는 서리는 청녀가 하는 대로 내버려둘 뿐이다"라고 하였다.(四章, 見秋野無羨於榮祿, 承上山林興來. 首句秋景, 次句晚景. 三四俯仰所見, 五六遠近所聞. 每句各兼秋晚兩意. 末嘆寒色淒涼, 山林與廊廟判隔矣. 輸, 如輸送之輸, 是逐浪而去.

會, 如際會之會, 是順風而回. 杜臆, 南宮之賜被已隔, 則飛霜聽之靑女而已.)

《독두심해》: 넷째 수는 오직 산림이 흥을 이끄는 것이 길어서 이 때문에 깊은 곳에 투신하고 멀리 가며, 가서는 돌아오지 않을 것이니 지난날 관직은 내가 사모하는 바가 아니라는 말이다. '가을이 하얗다', '저녁이 붉다'는 것은 '산림이 흥을 이끈다'는 것을 반복하여 거론한 것이다. '수'는 세찬 물줄기에 내맡겨 가는 것이고 '회'는 기세를 타고 나는 것이다. 2구는 또한 비체이다. '기기', '개개'라고 하였으니 내 몸 역시 '다듬이질 소리', '나무꾼 노랫소리' 가운데 뒤섞여 있는 것이다. '임청녀'라는 것은 찬 기운이 닥쳐옴을 그냥 내버려두는 것이다. 아마도 낭관을 이미 그만누었으니 하사한 이불이 오래 떨어져 있는 것이리라. 분수를 편하게 여기는 가운데 감개의 뜻이 담겨 있다. 둘째 수에서의 "물이 깊어 물고기가 즐거워한다", "숲이 우거져 새가 돌아간다"는 오직 이 깊은 구역이 참으로 살면서 몸을 의탁할 만하다고 말한 것으로 노년을 보내겠다는 말을 이끌어냈다. 이 수의 "잠긴 물고기가 물결에 옮겨 가다", "돌아가는 새가 바람을 만났다"는 원래의 야성이 느긋하고 한가로움을 추구하는 것과 부합함을 말한 것으로 '흥을 이끌다'와 서로 이어진다. 구법이 한 번은 바뀌고 한 번은 뒤집어지면서 각각 또한 조리를 이루었으니 말은 서로 닮아 있으나 의미는 겹치지 않는다.(四章, 言惟其引興之長, 是以深投遠逝, 往而不返, 而嚮時官職, 非所戀也. 秋白晩紅, 複擧山林引興. 輸, 縱瀉而去也. 會, 乘勢而翔也. 二句亦比體. 家家箇箇, 則我身亦混於砧響樵聲中. 任靑女者, 一任寒氣之逼. 蓋郞官旣罷, 賜被久隔也. 安分中有寓慨意. 次章, 水深魚樂, 林茂鳥歸, 謂惟此奧區, 眞堪棲託, 爲投老作引. 此章潛鱗輸浪, 歸翼會風, 謂由來野性, 合趁寬閒, 與引興相承, 句法一顚一倒, 各還湊理, 語相類而意不複.)

其五

身許麒麟畫[1]　年衰鴛鷺群[2]　大江秋易盛　空峽夜多聞
逕隱千重石　帆留一片雲[3]　兒童解蠻語　不必作參軍

이 몸 기린각에 그려질 것을 기대하였는데
원추와 해오라기의 무리 속에서 늙어버렸다.
큰 강엔 가을에 물이 쉬이 불어나고
빈 협곡엔 밤에 들리는 소리 많다.
길은 천 겹의 바위에 숨었고
돛은 한 조각 구름에 머물렀다.
아이들이 남만의 말을 할 줄 아니
굳이 참군이 될 필요는 없겠다.

주 석

1 身許(신허)－ 자부하다. 스스로 기대하다. 麒麟畫(기린화)－ 기린각의 그림. 한 선제 때 기린각에 명신들의 초상화를 그려 그들의 공을 기렸다. 이 구는 국가에 큰 공을 세우겠다는 두보의 젊은 날의 포부를 말한 것이다.

2 年衰(연쇠)－ 연로하다. 鴛鷺群(원로군)－ 원추鵷雛와 해오라기의 무리. '鴛'은 '鵷'과 통한다. 원추와 해오라기 무리는 차례로 날아가기 때문에 조정에서 지위에 따라 차례로 서 있는 조정의 관료들을 비유

하는 말로 사용된다. 이 구는 두보가 공부원외랑의 신분으로 낭관 정도의 보통 관리 수준에서 늙어 감을 농담조로 말한 것이다. 이와 달리 노쇠한 두보가 산림에서 원앙, 해오라기와 함께 지내는 실제 사실을 표현한 것으로 보는 설도 있으나 일반적으로 두보의 시에서 '원로鴛鷺'를 조정 관료들과 연관 지어 묘사한 것을 볼 때 적절하지 않다.

[身許 2구]

《두억》 이 몸이 기린각에 그려질 것이라 기대하였는데 오늘에 와서는 결국 원추, 해오라기와 무리를 이루었다는 말이다. 이는 스스로 농담하는 말인데 유신옹은 실제 그런 것이라고 여겼으니 잘못이다.(言此身許畫麒麟, 今日果羣鴛鷺. 此自謔之詞, 而須溪以爲實然, 誤矣.)

3 帆留(범류) 구— 강의 배가 하늘에 떠 있는 구름 한 조각 아래 가만히 놓여 있다는 말이다.

[兒童 2구] 남만어를 써서 시를 지었던 학륭郝隆의 고사를 빌려 농담조로 남쪽 지역에 오래 머물러 있음을 슬퍼하고 있다.

《두시상주》에 인용된 《세설世說》 학륭이 만부참군이 되었을 때 상사일에 시를 지어 "추우가 푸른 못에서 뛰어오른다"라고 하였다. 환온이 "무슨 동물인가?" 물으니 "남만에서는 물고기를 추우라고 합니다"라고 대답하였다. 환온이 "어째서 남만어를 썼는가?"라고 하니 학륭은 "천 리 먼 곳에서 공께 의지하여 비로소 만부참군을 얻었는데 어떻게 남만어를 쓰지 않겠습니까?"라고 하였다.(郝隆爲蠻府參軍, 上巳日作詩曰, 娵隅躍靑池. 桓溫問, 何物. 答曰, 蠻名魚爲娵隅. 溫曰, 何爲作蠻語. 隆曰, 千里投公, 始得蠻府參軍, 那得不蠻語也.)

#《두시상주》: 마지막 수는 자신이 가을 들녘에 있으면서 체류하고 있음을 스스로 슬퍼하였으니 위 시의 '격남궁'을 이어서 온 것이다. 위 2구는 기주에 객거하는 까닭이고, 아래는 모두 경치를 마주하여 드는

감정을 써낸 것이다. 늙어서 조정반열과 떨어져 있으면서 자부하였던 처음 뜻을 헛되이 등지고 다만 강과 협곡에서 병들어 누워 있을 뿐이다. '추이성'은 파도가 높고 물이 불어난 것이요, '야다문'은 바람이 사납게 불고 짐승이 소리 지르는 것이다. '길이 바위에 숨었다'는 것은 피신한 땅이 이미 깊숙하다는 것이요, '돛의 조각구름'은 돌아갈 배가 보인다는 말이다. 5, 6구는 '협'과 '강'을 나누어 잇고 있는데 뜻은 도리어 아래로 흘러들고 있다. 《두억》에서는 "마지막은 파 땅에 객거한 날이 오래됨을 탄식하였는데 말이 농담조를 띠고 있다"라고 하였다.(末章, 身在秋野, 而自傷留滯也 承上隔南宮來. 上二, 客夔之故, 下皆對景述情. 老別鴛班, 徒負許身初志, 唯有臥病江峽而已. 秋易盛, 浪高水漲. 夜多聞, 風怒獸號. 徑隱石, 避地已深. 帆片雲, 歸航在望. 五六, 分頂峽江, 而意却注下. 杜臆, 末歎客巴日久, 語帶謔詞.)

《독두심해》: 마지막 수는 '격남궁'을 이어 거듭 말하면서 오래 체류함을 자조하고 있으니 첫째 수의 시작하는 곳과 서로 호응한다. 자부한 뜻을 늙어서 이룰 수 없고 다만 강과 협곡 사이를 바라보는데 가을이 높아 온갖 시내가 세차게 흐르고 밤이 고요하여 자연 속의 온갖 소리가 사납게 소리친다. 기주의 경내가 대체로 이와 같았다. 이하는 양수가의 살고 있는 곳을 긴박하게 노래하였다. '경은'은 '복택'에 호응하고, '범류'는 '계주'에 호응한다. 맺는 부분은 '남만 오랑캐의 구역', '초 땅의 마을'에 호응한다. 대체로 오래 머물며 그럭저럭 이로써 조롱을 해명하고 있으니 또한 번용고어법이다.(末章, 接隔南宮申說, 而自嘲留滯之久, 與首章起處相應. 言許身之志, 老而不遂, 惟見江峽之間, 秋高而百川奔赴, 夜靜而萬籟怒號. 夔境大概如此. 以下拍緊瀼上所處. 徑隱, 應卜宅. 帆留, 應繫舟. 結應蠻絡楚墟. 蓋久稽而聊以解嘲, 亦翻用古語法.)

##《두시상주》: 앞 세 수는 낮 동안의 경치와 일을 서술하였고, 넷째

수는 낮에서부터 저녁까지, 마지막 수는 저녁에서 밤이 된 것을 서술하였다. 무릇 두시 가운데 몇 수를 연이어 쓴 것에는 반드시 안배한 층차가 있다.(前三章, 敍日間景事. 第四章, 則自日而晩. 末一章, 則自晩而夜矣. 凡杜詩連敍數首, 必有層次安頓.)

《독두심해》: 다섯 수의 시가 모두 가난을 편안히 여기고 뜻을 즐기는 기상을 보여주고 있으니 이는 변풍의 바른 소리이다.(五詩, 俱見安貧適志氣象, 此變風之正聲.)

(**이석형**)

3. 課小豎鋤斫舍北果林枝蔓荒穢淨訖移牀三首

하인 아이를 시켜 집 북쪽 과수원을 정리하게 하다. 가지며 덩굴, 너저분한 것들이 깨끗해져서 평상을 옮겨 놓다 3수

病枕依茅棟[1]　荒鋤淨果林[2]　背堂資僻遠[3]　在野興清深
山雉防求敵[4]　江猿應獨吟[5]　洩雲高不去[6]　隱几亦無心[7]

병자의 침석이 초가집에 기대었는데
잡초 매는 호미가 과수원을 깨끗하게 하였구나.
집을 뒤로하여 외지고 먼 땅을 얻었고
들에 있어 흥이 맑고 깊도다.
산 꿩은 적을 찾는 상대를 막아서고
강가 원숭이는 홀로 우는 소리에 응답하네.
구름은 피어올라 높이 떠 흘러가지 않으니
안석에 기대어 나 역시 무심하여라.

이 시는 대력 2년 가을 기주 양서에 살 때 지은 것으로, 하인 아이를 시켜 집 북쪽에 있는 과수원을 정리한 후에 느낀 감회를 적었다. 가지를 치고 덩굴을 정리하여 깨끗해진 과수원에 평상을 옮겨 놓으니 외진 땅의 자연이 주는 맑고 깊은 흥취를 온전히 느낄 수 있게 되었다. 부박한 타향에서 병든 몸으로 살아가는 쓸쓸한 노년이지만 무구한 자연 속에서 심신이 편안해진 한 가을날의 소묘이다. 제목이 '秋日閒居三首'로 된 판본도 있다. '과課'는 '시키다',

'소수小竪'는 '어린 종', '서작鋤斫'은 '뽑고 잘라 없애다', '지만枝蔓'은 '가지와 덩굴', '황예荒穢'는 '잡초 따위의 너저분한 것들'을 의미한다.

《보주두시》 시에서 "집을 등지고서 외지고 먼 땅을 얻었고, 들에 있어 흥이 맑고 깊다"라고 하였고, 또 "차가운 강물에 비치는 햇빛은 어룽거리고, 가을 산 울리는 소리는 쉬이 슬퍼진다"라고 하였으니 의당 대력 2년 양서에서 지은 것이다.(詩云, 背堂資僻遠, 在野興淸深, 又云, 寒水光難定, 秋山響易哀, 當是大曆二年在瀼西作.)
《두억》 '상'은 명아주로 만든 평상이니, 공의 시 〈한우조행시원수寒雨早行視園樹〉에 "노쇠한 얼굴로 걸핏하면 명아주 평상을 찾아 앉는다"라고 한 구절이 있다.(床謂藜床, 公有詩, 衰顔動覓藜床坐.)

주 석

1 病枕(병침) – 병자의 침석枕席. 혹은 병들어 눕다. 茅棟(모동) – 초가집.

2 荒鋤(황서) – 잡초를 제거하는 호미. 혹은 잡초를 매다.

3 背堂(배당) – 집을 등지다. 평상을 옮긴 과수원이 집의 뒤쪽에 있기에 한 말이다. 資(자) – 취하다. 기대다. 僻遠(벽원) – 외지고 멀다.
《두시조차공선후해집교》 (이 구절은) 과수원이 집의 뒤쪽에 있음을 말한다.(言果林在堂之後也.)

[病枕 4구] 1, 2구는 두보가 병이 들어 집 안에서만 생활하다가 과수원이 말끔히 정리되어서 평상을 옮기게 되었다는 말이고, 3, 4구는 평상을 옮긴 뒤에 느끼는 한적하고 맑은 정서를 표현한 것이다. 그런데 '모동茅棟'을 과수원 안에 있는 구조물로 이해하여, 1, 2구를 두보가 과수원

가까이에 있는 초가로 침상을 옮기기 위해 하인을 시켜 과수원을 깨끗이 정리하게 하였다는 의미로 풀이하기도 한다.

《두율계몽》 병자의 침석이 오직 초가집에 기대고 있을 뿐 과수원에 이를 수가 없었다. '황서'는 잡초를 매는 호미로 '병침'과 짝을 이룬다. 과수원이 깨끗해지니 평상을 옮길 수 있게 되었다. '배당'은 평상을 남쪽을 등지고 북쪽을 향하도록 한 것이다. '외지고 멀다', '맑고 심원하다'라고 하였으니 평상을 이미 옮겨놓은 것이다. 아래 4구는 모두 외지고 멀며, 맑고 심원한 경물의 정취이다.(病枕但依茅棟, 不得至果林也. 荒鋤者, 除荒之鋤, 與病枕對. 果林淨, 則可以移床矣. 背堂者, 床背南而向北也. 僻遠淸深則床已移矣. 下四, 皆僻遠淸深景趣.)

《두시천杜詩闡》 내가 병들어 누워 초가집에 의지해야 하니 어찌 서둘러 침상을 옮길 계획을 실행하지 않을 수 있는가. 집 북쪽 과수원에 가지와 덩굴, 잡초가 무성하니 어찌해 볼 수가 없다. 그 계획은 말끔히 정리하지 않고는 불가능하다. 집 북쪽이므로 집을 등져 있으니 그곳으로 침상을 옮기면 외지고 먼 땅을 취할 수 있고, 집 북쪽이므로 들에 있게 되니 그곳으로 침상을 옮기면 흥이 더욱 맑고 깊어진다.(我病枕須依茅棟, 安得不亟爲移牀計, 其奈舍北果林旣枝蔓又荒穢何, 計非鉏斫淨訖不可. 舍北則背堂, 移牀其處, 可資僻遠, 舍北則在野, 移牀其處, 興益淸深.)

4 求敵(구적)－ 적을 찾다. 도전하다. 이 구절은 산 꿩이 자신을 적으로 여겨 싸움을 걸어오는 다른 꿩을 막아선다는 말이다. 이와 달리 과수원을 깨끗하게 정리함으로써 짝을 구하며 다투는 산 꿩이 깃들이지 않도록 미리 방지한다는 뜻으로 보기도 한다.

반악 〈사치부射雉賦〉 "厲耿介之專心兮, 奓雄豔之姱姿"에 대한 서원徐爰 주 꿩은 적을 만나면 반드시 싸우니 다른 꿩이 섞이는 것을 용납하지 않는다.(雉見敵必戰, 不容他雜.)

《독두심해》 '구적'은 도전한다는 말과 같다.(求敵, 猶言索戰.)

5 應(응) – 응답하다. 또는 응당. 獨吟(독음) – 홀로 읊조리다. 이 구절은 강가의 원숭이들이 홀로 떨어져 울고 있는 다른 원숭이의 소리에 응답하여 운다는 말이다. 이와 달리 과수원의 가지를 잘라 정리한 탓에 찾아오는 원숭이가 적어진 상황을 서술한 것으로 보기도 한다. 또 시인이 홀로 시를 읊조리는 것으로 보기도 한다.

《두시상주》 '독음'은 원숭이를 가리킨다. 장재의 〈서행부〉에 "검은 원숭이의 밤 울음소리를 듣다"라는 표현이 있다.(獨吟, 指猿. 張載敍行賦, 聽玄猿之夜吟.)

[山雉 2구]

《두시조차공선후해집교》 과수원 가지와 덩굴이 무성하고 잡초가 우거지면 꿩이 깃들이게 되어 적과 싸우는 곳이 생긴다. 꿩은 성미가 강하고 싸움을 잘한다. 반악潘岳의 〈사치부〉에서 "출중한 수꿩이 영역을 장악하여 두 마리를 끼고 있다"라고 한 것은 영역 한 곳만 차지하는 데 그치지 않고 두 마리 암컷을 거느리고 있음을 말하는데, 바로 이 작품에서 말한 꿩이 적을 찾는다는 것이다. 옛 주석에서는 《시경·국풍·포유고엽匏有苦葉》의 "암꿩이 울어 수꿩을 찾는다"라는 구절을 인용하고 있는데, 이것은 외려 짝을 구한다는 뜻이니 어찌 (이 시에서 말한) '구적'의 뜻이겠는가. "강원응독음"에서 '응'은 평성자이다. 이 또한 과수원의 잡초를 제거하고 가지와 덩굴을 정리한 탓에 찾아오는 원숭이가 적어 응당 원숭이 혼자 우는 경우가 생기게 된 것이다.(果林枝蔓荒穢, 則藏雉而有鬪敵之處. 雉性强而善鬪, 潘安仁射雉賦云, 逸群之俊, 擅場挾兩. 言不但欲專一場而已, 又挾兩雌, 乃所謂雉之求敵也. 舊注引詩雉鳴求其牡, 却是求偶, 豈求敵之義邪. 江猿應獨吟, 應字平聲, 亦以鋤斫果林荒穢, 淨其枝蔓, 則猿來者少, 應有獨吟者而已.)

6 洩雲(설운) – 피어오르는 구름.

7 隱几(은궤) – 안석에 기대다.

《장자·제물론齊物論》 남곽자기가 안석에 기대어 앉아 하늘을 우러러 깊이 숨을 쉬더니 멍하니 자신을 잃은 듯하였다.(南郭子綦隱几而坐, 仰天而噓, 荅焉似喪其耦.)

도잠 〈귀거래사〉 구름이 무심히 산봉우리에 피어오른다.(雲無心而出岫.)

#《두시상주》: 첫 수는 집 북쪽 과수원의 일을 적었는데 정과 경이 어우러져 있다. 황생의 주에 "제목이 길어도 김을 매고 평상을 옮긴 두 가지 일을 적은 것일 뿐이다"라고 하였다. 위 4구는 제목의 문면을 묘사하였고 아래 4구는 제목의 속뜻을 펼친 것이다. 평상이 북쪽을 향해 있어 그 외지고 멂을 취하게 된 것이고, 잡초를 다 없앴으므로 흥이 맑고 심원해짐을 느끼게 된 것이다. 꿩을 보고 원숭이 울음소리를 듣는 것, 안석에 기대어 구름을 마주하는 것 모두가 고요하고 쓸쓸하며 그윽하고 한가로운 정취를 드러낸다. 꿩은 성질이 싸우길 좋아하여 적을 찾는 상대를 보면 막아선다. 원숭이는 본시 무리 지어 울기 때문에 혼자 우는 소리를 들으면 응답한다.(首章, 敍舍北果林之事, 情與景會. 黃生注, 題雖長, 只是鋤荒移牀二事. 上四寫題面, 下四發題意. 牀北向, 取其僻遠. 穢盡除, 興覺淸深矣. 看雉聽猿, 憑几對雲, 總見靜寂幽閒之趣. 雉性善鬪, 見求敵則防. 猿本群嘯, 聞獨吟則應.)

《두억》: 모두 시속의 각박함으로 인한 것이니, 사람을 끊고 세상을 피하려는 마음이 담겨 있다. 산 꿩은 성미가 강하고 싸우길 좋아하나 나는 사람과 다투지 않으니 꿩이 적을 찾는 것도 아울러 막아버린다. 짝이 없이 홀로 읊조렸어도 강가 원숭이가 절로 응답하니 동조한 것이나 다름없다. 피어난 구름이 높이 떠서 떠나가지 않으니 이는 도잠 〈귀거래사〉의 "구름이 무심히 산봉우리에 피어오른다"와 같은 것으로 안석에 기대어 있는 사람 역시 함께 무심한 것이다.(總是因時俗薄惡, 有絶人辟世之意. 山雉耿介善鬪, 己不與人爭, 倂防雉之求敵.

獨吟無侶, 自有江猿應之, 猶同調也. 溲雲高而不去, 此無心而出岫者, 隱几者同一無心也.)

《독두심해》: 첫 수는 위에서 제목의 내용을 서술하였고 아래서 뜻을 써냈다. 제목의 내용을 서술한 곳은 풀을 뽑고 가지를 쳐낸 일은 간단하게 서술하였고 평상을 옮긴 정취를 많이 썼다. 대개 3수의 정경은 모두 평상을 옮겼을 때 느낀 내면의 생각이다. 첫 수의 뜻을 쓴 부분의 '방적'과 '독음'은 둘째 수를 위한 복선이고, '운'과 '무심'은 마지막 수를 위한 복선이다.(首章, 上敍題, 下寫意. 其敍題處, 敍鋤斫之事簡, 敍移牀之趣多. 蓋三首情景, 都就移牀時領會也. 其寫意處, 防敵獨吟, 爲次章張本. 雲共無心, 爲末章張本.)

其二

衆壑生寒早　長林卷霧齊　青蟲懸就日[1]　朱果落封泥[2]
薄俗防人面[3]　全身學馬蹄[4]　吟詩重回首[5]　隨意葛巾低[6]

뭇 골짜기에 추위가 일찍 찾아오고
긴 수풀에 안개가 나란히 걷혀 있구나.
푸른 벌레는 매달려 햇빛으로 나아가고
붉은 열매는 떨어져 진흙에 묻혀 있네.
각박한 풍속은 사람 얼굴을 경계하게 하나니
내 몸 보전하려 말발굽의 글을 배우노라.
시를 읊으며 거듭 고개를 돌리노라니
갈건이 멋대로 아래로 처지는구나.

주 석

1 就日(취일) – 햇빛을 향해 나아가다.

2 封泥(봉니) – 진흙에 묻히다. 과실수를 봉할 때 사용한 진흙을 가리키는 것으로 보기도 하나 취하지 않는다. '封'을 '成'으로 쓴 판본도 있다.

《두시조차공선후해집교》 "주과락봉니"는 실제 그 일을 말한 것이다. 과수원 농가에서는 좋은 과실을 아껴서 진흙으로 봉해둔다. '주과'라고 한 것은 익어서 색이 붉어진 것이요, '낙봉니'라고 한 것은 봉하였던 진흙이 오래되어서 저절로 떨어진 것이다.(朱果落封泥, 實道其事. 園家愛惜好果, 以泥封之. 言朱果, 則其熟而色赤. 落封泥, 則所封之泥久而自落也.)

[青蟲 2구]

《두시상주》 옛 사서(여기서는《사기·오제본기五帝本紀》를 가리킨다)에 '그에게 나아감이 해를 향하는 것과 같다'라는 말이 있는데 이 시에서 쓴 '취' 자의 근원이다.《서경잡기》에 "자색 진흙으로 봉인하다"라는 말이 있는데 이 시에서 쓴 '봉' 자의 근원이다.(古史, 就之如日, 此就字所本. 西京雜記用紫泥封印, 此封字所本.)

3 人面(인면) – 사람 얼굴. 인면수심人面獸心의 뜻을 담고 있다. '人'을 '狸'로 쓴 판본도 있다.

《두시상주》에 인용된《노사도집盧思道集》 집에 있을 때는 인면수심이니 불효하고 불의하다.(居家則人面獸心, 不孝不義.)

《두시조차공선후해집교》 "박속방인면"은 인면수심의 뜻을 사용하였으니 대개 부박한 속세는 방지할 수 있음을 말한 것이다. 옛 주에서는《좌전》의 "사람 마음이 다름은 그 얼굴이 다름과 같다"라는 말을 인용하고 있는데, 단지 얼굴이 다른 것으로 그치게 되니 '방' 자의 의미가 없게 된다.(薄俗防人面, 使人面獸心之義, 蓋言薄俗之可防也. 舊注引左傳人心不同, 如其面焉, 止是面之不同耳, 於防字無義.)

4 全身(전신) – 몸을 보전하다. 馬蹄(마제) – 《장자》 외편外篇의 편명. 이 구절은 말이 자신의 참된 본성을 따라 살 때 온전하게 살아갈 수 있는 것처럼 자신도 진실된 성정을 따라 몸을 보전하며 온전한 삶을 영위하고자 한다는 말이다.

《두시상주》에 인용된 《장자·마제편》 말은 발굽이 있어 서리와 눈을 밟을 수 있고 털이 있어 바람과 추위를 막을 수 있다. 풀을 뜯고 물을 마시며 발을 들어 올려 뛰는 것, 이것은 말의 참된 본성이다. 하지만 사람에게 제어를 받게 되면 죽는 것이 절반이 넘는다.(馬, 蹄可以踐霜雪, 毛可以禦風寒, 齕草飮水, 翹足而陸, 此馬之眞性也. 及受制於人, 則死者過半矣.)

[薄俗 2구]

《두시상주》에 인용된 황생 주 《양자법언》에서 말하기를 "모습은 사람이지만 마음은 짐승이다"라고 하였다. 《장자·마제편》에서 이르기를 "지덕의 세상에서는 사람이 금수와 함께 살고 만물과 함께 무리를 이루었으니 어찌 군자며 소인을 따졌겠는가"라고 하였다. 여기서는 부박한 속인들의 마음을 헤아리기가 어려워 오직 혼동의 도로써 처신하여야만 몸을 보전하고 해를 멀리할 수 있을 것이라는 말이다. 위 구에서는 인면으로써 수심을 반영하였고, 아래 구에서는 편의 제목을 가지고 편의 뜻을 개괄하였으니 이와 같은 전고의 운용은 가히 신묘한 경지에 든 것이다.(揚子法言云, 貌則人, 心則獸. 莊子馬蹄篇云, 至德之世, 同與禽獸居, 族與萬物並, 惡乎知君子小人哉. 此言薄俗人心叵測, 惟以渾同之道處之, 庶可全身遠害. 上句以人面影獸心, 下句以篇題括篇意, 如此用事, 眞出神入化矣.)

《두시경전》 이른바 〈희작배해체견민이수戲作俳諧體遣悶二首〉에서 "생계를 꾸리며 잠시 밭 갈고 우물 파니 다만 그들과는 상관하지 않을 뿐이다"라고 한 것이다.(卽所謂治生且耕鑿, 只有不關渠也.)

5 重回首(중회수) – 거듭 고개를 돌리다. '重'을 '坐'로 쓴 판본도 있다.

'重'에 대해 《두시상주》에서는 "뜻은 평성을 따르지만 읽을 때는 거성으로 쓴다(義從平聲, 讀用去聲)"라고 하였다.

6 隨意(수의) – 제멋대로. 葛巾(갈건) – 갈포로 만든 두건. 이 구절은 머리에 두른 두건이 아래로 처지는 것을 개의치 않는다는 말이다.

#《두시상주》: 둘째 수는 집 북쪽의 아침 풍경을 말한 것으로 사람과 단절하고 세상을 피하는 뜻을 담고 있다. 골짜기는 가을이 되었기에 추위가 일찍 찾아온 것이며, 새벽이 곧 개려고 하니 안개가 걷힌 것이다. 벌레가 매달리고 과일이 떨어진 것은 모두 과수원을 정리한 후에 보게 된 것이다. 《두억》에서는 "'방인면'은 허물을 불러올까 걱정함이요, '학마제'는 오직 진실한 성정을 따른다는 것이다. 갈건이 처진다는 것은 거닐면서 시를 읊으며 자적하니 매인 바가 없음을 말한 것이다"라고 하였다. 나무에 매달린 벌레는 햇빛을 향해 나아가고, 떨어진 과일은 진흙에 묻혀 있다. '봉'으로 '취'를 짝하였으니 모두 활자이다. 혹자는 '봉니'를 흙을 높게 '(쌓아) 올리는' 것으로 생각하고 혹자는 나무를 접붙일 때 진흙을 써서 봉한 것으로 여기기도 하는데 모두 틀렸다.(次章, 言舍北朝景, 有絶人避世之意. 壑當秋, 故寒早. 曉將晴, 故霧捲. 蟲懸果落, 俱從穢淨後見之. 杜憶, 防人面, 恐招尤也. 學馬蹄, 唯率眞也. 葛巾低, 謂行吟自適, 無所係累. 蟲之懸樹者, 向就日光. 果之隕落者, 封埋泥土. 以封對就, 俱係活字. 或以封泥爲高土, 或謂接樹者用泥封, 俱誤.)

《두억》: 앞 4구는 과수원의 거친 모습을 드러낸다. 부박한 세속은 오직 남의 환심을 잃을까 걱정하지만, 몸을 보전하자면 오직 그 진실된 성정을 따르는 것일 뿐이다.(前四句見果林荒穢之象. 薄俗則唯恐失人之歡, 全身則唯率其眞性而已.)

《독두심해》: 둘째 수 위 4구에 대해 구조오는 '집 북쪽의 아침 풍경'이라고 하였다. 살펴보건대 이 부분은 바로 평상을 옮겨서 얻은 것이다.

아래 4구는 첫 수 5, 6구의 뜻을 거듭 말한 것이다. 사람 얼굴을 경계하고 《장자·마제편》을 배우는 것은 (첫 수 제5구의) '구적'을 거울삼을 수 있었던 것이며, 고개를 돌리고 갈건이 낮게 처지는 것은 (첫 수 제6구의) '독음'하며 애오라지 자적하는 것이다.(次章上四, 仇云, 舍北朝景, 愚按, 此正移牀所得者. 下四, 申首章五六意. 防面學蹄, 求敵其可鑒也. 回首巾低, 獨吟聊自適也.)

其三

籬弱門何向[1] 沙虛岸只摧[2] 日斜魚更食[3] 客散鳥還來
寒水光難定[4] 秋山響易哀[5] 天涯稍曛黑[6] 倚杖獨徘徊[7]

울타리가 부실하여서 문은 어느 쪽을 향하는지
모래땅도 약하여서 강 언덕은 그저 무너진다네.
해는 기울어 물고기 다시 먹을 것을 찾고
손님이 흩어지니 새는 또 돌아온다네.
차가운 강물에 비치는 햇빛은 어룽거리고
가을 산 울리는 소리는 쉬이 슬퍼지는데,
하늘 끝 황혼이 점점 어두워질 무렵
지팡이 기대어 홀로 배회한다네.

주 석

1 門何向(문하향) – 문이 어디로 향하는가. 울타리가 견고하지 못하다 보니 출입문이 틀어져서 원래의 방향과 달라졌다는 말이다. 이와 달리 문을 어느 방향으로 세워야 할지 모르겠다는 말로 보기도 한다.

2 岸只摧(안지최) – 강 언덕이 그저 무너지다. '只'를 '自'로 쓴 판본도 있다.

3 魚更食(어갱식) – 물고기가 다시 먹이를 먹다.

《두시상주》 물고기가 다시 먹이를 먹는다는 것은 바로 〈추야오수秋野五首〉에서 "음식을 나누어 덜어서 시내 고기에게 준다"는 뜻이다. (魚更食, 卽分減及溪魚意.)

4 光難定(광난정) – 햇빛이 안정되기 어렵다. 물결이 출렁거려서 물에 비치는 햇빛이 물결과 함께 요동한다는 말이다.

5 響(향) – 여기서는 낙엽이 지는 소리를 가리킨다.

6 稍(초) – 점점. 曛黑(훈흑) – 노을빛이 어두워지다.

7 獨(독) – 홀로. '更'으로 된 판본도 있다.

#《두시상주》: 셋째 수는 집 북쪽의 저물녘 풍경을 말하였는데 거처에 만족하며 편안히 살아가는 뜻을 담고 있다. 3, 4구는 저물녘 근경이요, 5, 6구는 깊은 가을의 원경이다. 《두억》에서는 "울타리와 문이 정돈되지 못하고 모래 언덕은 멋대로 허물어지며 물고기와 새는 기심을 잊고 산수가 그윽한 정취를 이루었으므로 그것을 즐거워하며 피곤을 잊은 것이다"라고 하였다. '다시 먹는다'라고 한 것은 물고기가 주려서 다시 먹음이요, '또 온다'는 것은 해 저물어 새가 돌아옴이다. 해가 물에 출렁거리니 빛이 안정되기 어려우며, 바람이 나뭇잎을 떨어뜨리니 소리가 쉬이 슬퍼진다.(三章, 言舍北晚景, 有隨寓而安之意. 三四,

薄暮近景. 五六, 深秋遠景. 杜憶, 籬門不整, 沙岸任頹, 魚鳥忘機, 山水成趣, 故樂之而不知倦. 更食, 魚飢再食也. 還來, 日夕歸鳥也. 日漾水, 故光難定. 風落樹, 故響易哀.)

《두시상주》에 인용된 황생 주: '이약' 구는 '사허' 구 때문이니 위 구절이 아래 구절로 인한 것이다. 지팡이를 짚는 시각 저물녘 풍경이 사람을 만족스럽게 하므로 배회하며 차마 그만두지 못하는 것이다. '의장'은 '이'와 '문'에 호응하고, '훈흑'은 '일사'에 호응한다.(籬弱門何向, 以沙虛岸只摧也, 上句因下句. 倚杖之際, 晩色可人, 故徘徊而不忍舍. 倚杖, 應籬門. 曛黑, 應日斜.)

《두억》: 깨끗해져서 평상을 옮기고 스스로 만족해하는 정취를 적었다. 울타리와 문이 반듯하지 않으며 모래 언덕은 제멋대로 무너지는데, 물고기와 새는 기심을 잊어 친압하여 짝이 되었음을 말하였다. 차가운 강물의 햇빛을 대하고 가을 산의 울림을 듣는다. 거닐며 정취를 이루고 즐거워서 돌아갈 것을 잊는다. 산 꿩이 적을 찾는 것을 방지한다거나 각박한 세속의 인면수심을 경계한다거나 하는 일들은 외려 괜한 일인 듯한 생각이 든다. 물고기가 다시 먹는다는 것은 사람을 피하지 않음을 말한 것이다.(寫淨訖移床, 自得之趣. 言籬門不整, 沙岸任頹, 魚鳥忘機, 狎而爲侶. 對寒水之光, 聽秋山之響. 涉而成趣, 樂以忘歸. 防山雉之求敵, 防薄俗之人面, 猶覺多事矣. 魚更食, 言其不避人也.)

《독두심해》: 마지막 수에 대해 구조오는 집 북쪽의 저녁 풍경이라고 하였다. 살펴보건대 큰 뜻은 여전히 첫 수 7, 8구의 뜻을 거듭한 것이다. 울타리는 문을 따라 향하고, 모래는 강 언덕을 따라 무너져 내린다. 물고기는 스스로 먹이를 잦고 새는 스스로 놀아온다. 물빛이 요동하고 산 메아리 절절하다. 이러한 때에 그저 지팡이를 짚고 배회하며 하늘 끝이 가까운지 먼지도 모르나니 진실로 피어나는 구름이 무심한 것과 같다. 첫 수에서 '외지고 먼 땅을 취한다', '흥이 맑고 깊다'라고 한 것은 또한 세 수의 전체적인 흥취이다.(末章, 仇云, 舍北晩景. 愚按, 大旨乃申首章七八意. 籬隨門向, 沙聽岸摧, 魚自食而鳥自來, 水光搖而山響切, 此時惟倚杖徘徊, 不知天涯之爲近歟爲遠歟. 眞同於洩雲之無心矣. 首章所云資僻遠興清深, 又是三詩總趣.)

《두시상주》에 인용된 황생 주: 앞의 두 수에서 제목에서 말한 일이 다 끝났으니, 이 수는 또 들판이 주는 맑고 깊은 흥취의 여운이다. 정리를 다 마친 후에 지팡이를 짚고 한가로이 거닌다. 작자의 생활과 성정이 지금도 마치 보는 듯하다.(前二詩, 題事已訖, 此首又野興清深之餘意也. 掃除旣畢, 倚杖閒行, 作者起居性情, 至今如見.)

##《두시상주》에 인용된 고신顧宸 주: 첫 수는 들이 후미지고 구름이 높음을 말하였고, 둘째 수는 안개가 걷히고 날이 갠 것을 말하였고, 셋째 수는 빛이 차고 해가 어두움을 말하였으니 이것이 경치를 서술하는 장법이다. 첫 수는 무심을 말하였고, 둘째 수는 제멋대로임을 말하였고, 셋째 수는 배회를 말하였으니 이것이 정회를 서술하는 장법이다. 첫 수는 안석에 기대어 바라본 것을 말하였고, 둘째 수는 시를 읊으며 거니는 것을 말하였고, 셋째 수는 지팡이에 기대어 서 있는 것을 말하였으니 이것이 일을 서술하는 장법이다. 세 수는 들어갈수록 점점 깊어지니 절대로 옥상옥이 아니다.(一章, 言野僻雲高, 二章, 言霧收日霽, 三章, 言光寒日黑. 此敍景章法也. 一章, 言無心, 二章, 言隨意, 三章, 言徘徊. 此敍情章法也. 一章, 言隱几而望, 二章, 言吟詩而行, 三章, 言倚杖而立. 此敍事章法也. 三詩漸入漸深, 絶不疊牀架屋.)

《독두심해》: 세 시는 모두 중상을 걱정하고 비난을 두려워하며 자신을 보전하고자 세상을 피하려는 뜻이 담겨 있다.(三詩俱有憂讒畏譏, 全身避世之想.)

(**김성곤**)

4. 返照
반조

反照開巫峽[1] 寒空半有無[2] 已低魚復暗[3] 不盡白鹽孤[4]
荻岸如秋水[5] 松門似畫圖[6] 牛羊識僮僕[7] 既夕應傳呼[8]

되비추는 햇빛이 무협을 여니
찬 하늘 반은 있고 반은 없다.
어복포는 이미 낮아 어둡고
백염산은 아직 남아 외롭다.
갈대 언덕은 가을 물 같고
소나무 문은 그림 같구나.
소와 양은 목동을 알아서
저문 뒤 부르는 소리에 반응하네.

무협에 날이 저물고 석양이 비추자 협곡이 다시 열리고, 어복현은 낮아서 이미 어둠에 잠겼으나 백염산은 높아서 홀로 드러난다. 강 언덕에 바람이 불자 무성한 갈대가 출렁이니 가을 물결 같고, 송문협도 그림인 듯하다. 차가운 하늘 아래 경물이 어둠에 잠겨가니 반은 보이고 반은 보이지 않는다. 산에서 내려오는 소와 양은 어둠 속에서 각각 자신들의 목동이 부르는 소리를 알아서 따라간다. 날 저무는 기주의 풍경화이다. 대력 2년에 양서에서 지었다.

《보주두시》 시에서 "되비추는 햇빛이 무협을 연다"라고 하였고,

또 "소와 양은 목동을 알아서 저문 뒤 부르는 소리에 반응한다"라고 하였으니 대력 2년에 양서에서 지었음에 틀림없다.(詩云反照開巫峽, 又云牛羊識童僕, 旣夕應傳呼, 當是大曆二年在瀼西作.)

주 석

1 反照(반조) – 되비추는 저녁 햇빛. 석조夕照. 開巫峽(개무협) – 무협을 열다. 이 구는 석양이 서쪽에서 동쪽의 무협을 비추어 무협이 환히 열린다는 뜻이다.

《구가집주두시》 조차공 주 양 원제의 《찬요》를 살펴보건대 "해가 떨어져 서쪽에서 빛나면 거꾸로 동쪽을 비추므로 '반경'이라고 한다"라고 하였다. '개무협'은 무협이 동쪽에 있기 때문이다. '개'는 '개활'의 뜻이다.(按梁元帝纂要曰, 日落西光, 反照於東, 謂之反景. 開巫峽, 則巫峽在東故也. 開, 則開豁之義.)

2 寒空(한공) – 찬 하늘. 半有無(반유무) – 반은 있고, 반은 없다. 하늘이 반은 어두워 보이지 않고 반은 아직 빛이 남아 보임을 말한다.

3 已低(이저) – 이미 낮아졌다. 반조가 벌써 낮아졌음을 말한다. 이와 달리 지세가 낮다고 보는 설도 있다. 魚復(어복) – 기주에 속한 옛 현 이름. 暗(암) – 어둡다.

《보주두시》에 인용된 왕수 주 어복은 현 이름이다.(魚復, 縣名.)

《두시상주》 '이저'는 지세가 낮음을 말한다.(已低, 謂地勢低下.)

4 不盡(부진) – 다하지 않다. 반조가 완전히 사라지지 않았음을 말한다. 이와 달리 백염산이 완전히 어둠에 묻혀 사라지지는 않았다고 보는 설도 있다. 白鹽(백염) – 산 이름. 孤(고) – 다른 산은 모두 어둠에 묻히고 백염산만 남아서 보인다는 뜻이다.

《두시상주》 '부진'은 산꼭대기가 아직 보여서 완전히 어둠에 묻히지 않았음을 말한다.(不盡, 謂山尖猶見, 未盡暗沒也.)

[已低 2구]

《보주두시》 어복포와 백염산은 모두 기주에 있다. 기주는 옛 어국이며, 어복이라는 이름은 여기에서 나왔다. 《구당서》에서 "봉절현은 한나라 어복현이며 파군에 속하였고, 지금 현 북쪽 3리 적갑성이 그곳이다"라고 하였다.(魚復浦與白鹽山, 皆在夔州. 夔, 古魚國, 魚復之名本此. 舊史云, 奉節縣, 漢魚復縣, 屬巴郡. 今縣北三里赤甲城是也.)

5 荻岸(적안) – 갈대가 핀 언덕.

《구가집주두시》 조차공 주 "적안여추수"는 아마 갈대꽃이 빽빽이 퍼져 있으니 가을 물의 출렁이는 파도 같다는 말이리라.(荻岸如秋水, 豈荻花密布, 如秋水之翻波乎.)

6 松門(송문) – 지명. 기주에 있다.

《구가집주두시》 '송문'은 지명이다.(松門, 地名.)

《두공부초당시전》 송문의 산빛이 그림의 단청 같다. 《십도지》에서 "송문은 기주에 있다"라고 하였다.(松門山色如畵圖之丹靑也. 十道志, 松門, 在夔州.)

7 識(식) – 알다. 인지하다. 소와 양이 각각 자신을 돌보는 목동의 목소리를 인지한다는 뜻이다. 僮僕(동복) – 아이 종. 소와 양을 치는 아이들, 즉 목동을 말한다.

8 旣夕(기석) – 이미 저물다. 應(응) – 반응하다. 응답하다. 傳呼(전호) – 전하여 부르다, 즉 큰 소리로 부르다. 목동들이 각자 자신의 소와 양을 부른다는 말이다.

《두시상주》 '전호'는 소와 양을 치는 사람이 소와 양을 모는 소리이다.(傳呼, 牧人之驅叱牛羊之聲.)

[牛羊 2구]

《시경·군자우역君子于役》 해가 지니 소와 양이 내려온다.(日之夕

矣, 牛羊下來.)

#《두시상주》: 조방의 주에 "'찬 하늘 반은 있고 반은 없다'라고 하였으니 이는 반조의 빛이다"라고 하였다. 첫 구는 시제를 내세우고, 다음 구는 아래를 이끈다. 어복포는 낮아서 완전히 어두우니 이는 반이 없는 것이고, 백염산은 높아서 홀로 드러났으니 이는 반이 있는 것이다. 갈대 언덕은 망망하여 가을 물 같으니 이는 반이 없는 것이고, 송문협은 비쳐서 그림 같으니 이는 반이 있는 것이다. 이런 때에 소와 양이 내려와서 각각 목동의 소리를 알아차려서 큰 소리로 부르자 반응한다. 이는 또 석조가 어두워지려는 때이다. 무산이 저물려 할 때 반조를 얻어 경색이 다시 펼쳐진 것이니 시작하는 말이 탁월하다.(趙汸注, 寒空半有無, 此返照之景. 首句出題, 次句攝下. 魚復卑而全暗, 是半無. 白鹽高而孤露, 是半有. 荻岸茫如秋水, 是半無. 松門映若畫圖, 是半有. 此時, 牛羊下山, 各識僮僕之聲, 而傳呼則應. 此又夕照將暝之候也. 巫山將暮, 得返照而景色重開, 起語卓然.)

《두시상주》: 일설에는 "'암', '고', '여', '사'라고 한 것은 모두 반은 없고 반은 있다는 경색이다. 이는 합쳐 보아서 그 뜻을 이해해야지 나누어서 그 형상을 찾아서는 아니 된다"라고 하였다.(一說, 曰暗, 曰孤, 曰如, 曰似, 皆半無半有景色. 此宜合看以會其意, 不當分析以求其狀.)

《두억》: 무협은 가장 높으며 따라서 반조가 그것을 열 수 있다. '반유무' 석 자는 아래위를 총괄한다. '어복'은 포구 이름이며, 낮아서 먼저 어두워진다. '백염'은 산 이름이며, 높아서 빛이 다 사라지지 않아 홀로 솟았다. 갈대 언덕은 아득하여 가라앉은 가을 물인 듯하다. '송문'은 협곡 이름이며, 걸린 그림 같다. 이런 때에 소와 양이 내려와 각각 동복의 소리를 알아서 소리 질러 부르니 응답한다. 가운데 4구는 반은 있고 반은 없음으로 각각 나뉘고, 끝구는 유와 무의 사이에 있다. 정밀하기가 이와 같으니 참으로 시 속에 그림이 있다. 동복이

소와 양을 알아본다고 하지 않고 소와 양이 동복을 알아본다고 하였으니 그 세심함이 이 정도에 이르렀다.(巫峽最高, 故返照能開之. 半有無三字, 總括上下. 魚復, 浦名, 低故先暗. 白鹽, 山名, 高故光不盡而孤出. 荻岸, 茫然, 如沈秋水, 松門, 峽名, 如懸圖畫. 此時, 牛羊下來, 各識童僕之聲, 而傳呼則應也. 中四句, 半有半無各分, 而尾句在有無之間. 工緻如此, 眞詩中之畫. 不云童僕認牛羊, 而云牛羊識童僕, 其細心至此.)

《두시설》: 둘째 구로 뜻을 세웠고, 가운데 두 연이 '유'와 '무'를 나란히 받아 말하였으며, 결구에서 '기석'이라고 하였으니 완전히 '무'가 되었다. 제3, 4구에서 시제를 설명하고, 제5, 6구에서 한 걸음 나아갔고, 마지막에 한두 자만 써서 묶어 맺었으니 〈초월〉, 〈희우〉 시의 장법과 같다. (〈배배사군등악양루陪裴使君登岳陽樓〉 시의) "누고속만청" 구와 "부진백염고" 구에서 두 '고' 자는 모두 신의 경지에 들었다. '적안여추수'는 갈대가 바람에 누웠다 일어났다 하는 움직임을 형용하여 (빛이) 없는 곳을 묘사한 것도 역시 정밀하니 가을 물빛이 투명하기 때문이고, "송문사도화"는 그 있는 곳이 절로 사람들에게 마음으로 깨닫게 한다. 모두가 전신의 필치이다. '기석' 두 자가 더욱 교묘하니 전편의 뜻을 수합한다. 이때는 이미 모습을 구분할 수 없지만 그 목소리를 알아서 부르는 소리에 바로 반응하여 다다르니 그 묘사가 새겨 넣은 듯하다. 조씨는 동복의 모습을 알아보는 것이 반조가 밝기 때문이라고 하였으니 주석가들의 멍청함이 왕왕 이와 같다. 아름다운 구절과 아름다운 뜻이 이 때문에 묻혀버리는 경우가 많다.(以次句立意, 中二聯幷分承有無說, 結云既夕, 則全無矣. 三四粘題, 五六開一步, 結處只用一兩字綰合, 與初月喜雨章法幷同. 樓孤屬晚晴, 不盡白鹽孤, 二孤字幷入神. 荻岸如秋水, 狀其拜風之勢. 寫無處亦精, 秋水色白故也. 松門似畫圖, 其有處自令人意會, 皆傳神之筆. 既夕二字尤工, 收合一篇之意. 此時已不辨色, 但熟其聲音, 卽應傳呼而至, 模寫刻入. 趙

謂識童僕之狀, 由返照明故. 注家癡夢, 往往如此. 佳句佳意, 因之汨沒者多矣.)

《독두심해》: 이 시는 (반조) 한 가지 주제만 읊어서 칠언율시 〈반조〉와는 다르다. '반유무'는 가운데 4구를 이끈다. 단 옛 설에 4구는 모두 유와 무로 나뉜다고 하였지만 오히려 오해이다. '이저'와 '부진'은 하나는 '무'이고 하나는 '유'이니 나누어 묘사한 것이고, '여수'와 '사도'는 '유'와 '무' 사이에 있으니 반드시 합쳐서 보아야 한다. 결련은 다시 뒤의 한 층으로 스며들었다. 이미 저물었으니 빛이 모두 사라졌다. '식동복'은 각각 그 목동의 소리를 아는 것이지 그 모습을 아는 것이 아니다. 그러므로 '응전호'라고 하였다.(此, 專詠也, 與七律反照不同. 半有無, 領中四. 但舊說四句俱以有無劈分, 尙是混解. 蓋已低不盡, 則一無一有, 是分寫. 如水似圖, 乃在有無之間, 須合看. 結更透後一層. 旣夕則光全斂矣. 識童僕, 各識其牧豎之聲, 非識其狀也. 故曰應傳呼.)

(이창숙)

5. 向夕

해 질 무렵

畎畝孤城外[1] 江村亂水中[2] 深山催短景[3] 喬木易高風

鶴下雲汀近[4] 雞棲草屋同[5] 琴書散明燭[6] 長夜始堪終[7]

논밭은 외로운 성 바깥에 있고
강촌은 어지러운 물 가운데 있네.
깊은 산이 짧은 해를 재촉하고
높은 나무는 세찬 바람을 쉬이 받는구나.
학은 구름 낀 물가에 내려와 가깝고
닭은 초옥에 깃들여 함께하네.
금과 책에 밝은 촛불이 비치니
긴 밤도 비로소 지샐 수 있겠구나.

이 시는 대력 2년 겨울 양서에서 지은 것이다. 해 질 무렵 거처 주변의 경물을 담담하게 그리는 가운데 시인의 쓸쓸한 마음을 담았다.

> 《보주두시》 시에서 "논밭은 외로운 성 바깥에 있고, 강촌은 어지러운 물 가운데 있다"라고 하였으니, 마땅히 대력 2년 양서에서 지은 것이다.(詩云, 畎畝孤城外, 江村亂水中, 當是大曆二年在瀼西作.)
> 《두시상주》 이 시는 대력 2년 겨울 양서에서 지은 것이다.(此是大曆二年冬瀼西作.)

주석

1 畎畝(견무) – 전야田野. 논밭. 원래 '견'은 도랑이고, '무'는 농지인데, 합쳐서 농지의 뜻으로 사용된다. 孤城(고성) – 외로운 성. 여기서는 기주성夔州城을 가리킨다.

《두시조차공선후해집교》 '견', '수', '구', '혁'은 밭도랑의 이름이다. '견무'는 곧 도랑이 있는 밭이므로 '강촌'과 대가 된다.(畎遂溝洫, 田水之名也. 畎畝, 則畎之畝也, 故對江村.)

2 江村(강촌) – 강 마을. 기주 양서瀼西를 가리킨다. 亂水中(난수중) – 어지러운 물 가운데 있다.

3 短景(단경) – 짧은 해. '景'은 '影'과 같다.

[深山 2구]

《두시경전》에 인용된 《두억》 겨울 해는 매우 짧은데 깊은 산이 그것을 가리니 그 시간이 더욱 빠르다. 추운 겨울은 바람이 많은데 높은 나무가 그것을 맞으니 그 소리가 더욱 슬프다.(冬日苦短, 深山蔽之, 其晷更促. 歲寒多風, 喬木值之, 其聲更悲.)

《두시해》 이 구절은 경물을 그린 것이 아니니 이 10자 아래에 바로 '초옥'이 바짝 붙어 있음을 알아야 한다. '초옥'은 바로 외로운 성 어지러운 물 가운데, 논밭과 강촌 사이에 있는 것이다.(此非寫景, 要知此十字下, 便緊接草屋. 草屋正在孤城亂水中, 畎畝江村中也.)

[畎畝 4구]

《두시해》 3, 4구가 갑자기 1, 2구 아래에 붙어 마침내 이런 곳에서 늙으리라고 평소 생각하지 않았음을 말한다. 노인의 몸에는 항시 특별한 노화 현상이 생겨나는데, 다른 사람도 알지 못하고 자신도 또한 생각지 못한 것이어서 '세찬 바람을 쉬이 받는다'라고 하였다.(三四忽接于一二之下者, 言平生不意遂向此間老也. 老人身中, 每有

異樣衰敗, 非他人所知, 亦非自己所料, 易高風也.)

4 雲汀(운정) — 구름 낀 물가. '정'은 물가의 평지이다. '汀'은 '河'로 된 판본도 있다. 近(근) — 가까이 있다. 학이 사람에 가깝다는 뜻이다. 혹은 '운정'이 가까운 곳에 있다는 뜻으로 볼 수도 있다.

5 同(동) — 함께하다. 닭이 두보와 함께 지낸다는 뜻이다. 혹은 닭이 (서로) 함께 지낸다는 뜻으로 볼 수도 있다.

[鶴下 2구]

《두시설》 '근'은 사람을 가까이한다는 것이고, '동'은 사람과 함께 한다는 것이다. 곧 '사슴과 함께 어울려 무리를 이룬다'는 뜻이다.(近, 近人. 同, 同人. 卽麋鹿共爲群矣.)

《두시해》 '학하운정'은 어찌 그리 운치 있고, '계서초옥'은 어찌 그리 초라한지. 큰 인재가 몰락한 고통을 다 그렸다.(鶴下雲汀, 何等意思. 鷄棲草屋, 何等卑屈. 寫盡大才淪落之苦.)

6 琴書(금서) — 금과 책. 散(산) — 흩어지다. 흩다. 이 구는 촛불의 불빛이 금과 책에 비쳐 퍼진다는 뜻이다. 혹은 금과 책을 밝은 촛불 아래 펼쳐 놓는다는 뜻으로 볼 수도 있다.

《두시상주》 촛불의 불빛이 금과 책에 퍼져 비친다는 것으로 도치구이다.(燭光散射於琴書, 句用倒裝.)

《두시설》 '산'이라는 것은 옆으로 펼친다는 뜻이다. 한 글자로 두 가지 일을 포괄할 수 있다.(散者, 橫展之意. 一字可該二事.)

7 長夜(장야) — 긴 밤.

[琴書 2구]

《두시상주》 금과 책에 의지하여 긴 밤을 보낸다는 것인데, '시' 자 하나를 가지고 본뜻을 드러내게 되었다.(藉琴書以消長夜, 拈一始字, 方露本意.)

《두보전집교주》에 인용된 왕원汪瑗 주 마지막에는 이미 저녁이 된 후의 일을 말하였다. 황량하고 외딴 시골집에서 적막한 저녁 경치를 마주하였으니, 금과 책을 빌려 시름을 달래지 않는다면 어떻게 이 긴 밤을 보낼 수 있겠는가.(結言旣夕之事也. 居田舍之野僻, 對夕景之荒寂, 苟不假琴書以消憂, 其何以終此長夜邪.)

《두시해》 '초옥'이 '계서'와 다름이 없으니 참으로 금과 책이 아니라면 밤을 보낼 수 없다. 오직 금과 책에 촛불을 밝혀야만 '운정'의 자태를 드러낼 수 있고 마침내 좌절로 무너지지 않을 수 있는 것이다.(草屋與鷄棲無異, 眞非琴書無以度夜. 然只須有琴書明燭, 便已足見雲汀之姿, 終不爲屈折所壞也.)

#《두시상주》: 황생은 "이 시는 나그네살이의 쓸쓸함을 아파하여 경물 중에 감정을 실었다"라고 하였다.(黃生曰, 此詩傷客居寥落, 情寓景中.)

《독두심해》: (앞 시와) 마찬가지로 나그넷길에서의 노쇠함과 외로운 거처의 적막함에 대한 감회이다. 상반은 '향' 자로부터 붓을 대었다. 3, 4구는 본래 해가 저물어가는 모습을 그린 것이지만, 경물 가운데 감정이 실렸으니 '재촉한다'고 하고 '쉬이'라고 한 것은 살날이 얼마 남지 않고 모년이 위태한 것이다. 5, 6구는 '석' 자를 바로 대한 것이며, 7, 8구는 금과 책을 펼쳐 밤을 지낼 계책을 미리 세운 것이다. '시' 자 하나를 잘 감상하면, 깊은 마음이 다 드러난다.(亦是客路衰遲, 孤居岑寂之感. 上半從向字着筆. 三四, 本寫將夕, 而景中有情, 曰催, 曰易, 來日促而暮途危也. 五六, 夕字正面. 七八, 鋪列琴書, 乃預爲度夜之計. 玩一始字, 深情畢露.)

《두시설》: 이 시는 애매한데 다만 '시' 자 하나에 그 뜻을 대략 드러내었으니, 대개 그 뜻을 모두 경물을 묘사하는 가운데 담아내었기 때문이다. 3, 4구는 늙고 병든 비애이고, 5, 6구는 쓸쓸히 사는 감회이니 금과 책으로 자적하지 않으면 어떻게 이 긴 밤을 보낼 수 있겠는가. 서두에서 비록 현재 거처하는 땅을 밝혔으나, 견딜 수 없는 황량함과 적막함은 또한 언외에 드러나 있다.(此詩渾渾, 止一始字略露意. 蓋其意皆寓寫景中故也. 三四衰疾之悲, 五六離索之感, 非琴書自適, 何以消此長夜哉. 起雖見地, 其荒寂難堪, 亦在言外.)

《두억》: 조차공 주에서 "처음 두 구는 황량함을 표현한 말이고, 3, 4구는 감개함을 표현한 말인데 비록 경물을 그렸으나 비흥이 갖춰져 있다. 5, 6구는 적막한 느낌의 말이고, 결구는 스스로 위로하는 말이다. '닭은 초옥에 깃들여 함께한다'는 말은 어찌 그리 궁색하며, '금과 책에 밝은 촛불이 비친다'는 말은 어찌 그리 여유로운지 그 사람을 진실로 예측할 수 없다"라고 하였다.(趙註云, 起句荒涼語, 三四感慨語, 雖寫景而比興具矣. 五六寂寞語, 結句自遣語. 鷄棲草屋同, 何等跼蹐, 琴書散明燭, 何等逍遙. 其人眞不可測.)

《두보전집교주》에 인용된《두시증주杜詩增注》: 매 구가 각각 하나의 뜻을 그렸지만 한 기운으로 서로 연결되어 천의무봉과 같으니 이는 격률의 밖으로 초연한 작품이어서 잘 음미하지 않으면 그 맛을 느낄 수 없다.(每句各寫一意, 而一氣相承, 如無縫天衣, 此乃超然於格律之外者, 非含咀不辨其味也.)

(박홍준)

6. 天池
천지

天池馬不到[1] 嵐壁鳥纔通[2] 百頃靑雲杪[3] 層波白石中[4]
鬱紆騰秀氣[5] 蕭瑟浸寒空[6] 直對巫山峽[7] 兼疑夏禹功[8]
魚龍開闢有[9] 菱芡古今同[10] 聞道奔雷黑[11] 初看浴日紅[12]
飄零神女雨[13] 斷續楚王風[14] 欲問支機石[15] 如臨獻寶宮[16]
九秋驚雁序[17] 萬里狎漁翁[18] 更是無人處 誅茅任薄躬[19]

하늘 못은 말이 가지 못하고
산 기운이 피는 절벽은 새만 겨우 지나간다.
백 이랑의 물은 푸른 구름 끝이요
출렁거리는 물결이 하얀 바위 가운데 있다.
자욱하게 빼어난 기운이 피어오르고
쓸쓸하게 차가운 하늘에 스며든다.
똑바로 무산의 협곡을 마주하고 있어
이 또한 하나라 우임금의 공력인가 한다.

물고기와 용이 천지개벽 이래로 있었고
마름과 가시연이 예나 지금이나 똑같다.
우레가 요란하면 컴컴해진다 들었고
목욕하는 해에 못 붉어진 것을 처음 보았다.
신녀의 비 흩뿌리고
초나라 왕의 바람 불었다 멈췄다 한다.

베틀 받침돌에 대해 묻고 싶어지고
마치 보물을 바치는 궁궐을 내려다보는 듯하다.

가을이 와 기러기 줄 지은 것에 놀라면서
만 리 밖에서 늙은 어부를 가까이한다.
더욱이 이곳은 사람이 없는 곳
띠풀을 베어 박덕薄德한 이 몸 맡기려 한다.

이 시는 대력 2년 가을 기주 인근의 '하늘 못'을 찾아 바라본 경물과 그때 느낀 감회를 묘사한 것이다. 이 못은 인적이 드문 험한 곳에 자리 잡아 경관이 빼어나고 신비로운 느낌을 자아낸다고 하였다. 두보는 못의 분위기, 그곳에서 자라는 동식물, 관련 고사 등을 두루 언급하며, 못 주변에 띠집을 짓고 한적하게 살고 싶다는 마음을 표현하였다.

> 《보주두시》 시에서 "똑바로 무산의 협곡을 마주하고 있다"라고 하였으니, 천지는 기주에 있다. 또 "가을이 와 기러기 줄 지은 것에 놀라면서, 만 리 밖에서 늙은 어부를 가까이한다. 더욱이 이곳은 사람이 없는 곳, 띠풀을 베어 박덕한 이 몸 맡기려 한다"고 하였으니, 응당 대력 2년 양서에서 지은 것이다.(詩云, 直對巫山出, 則池在夔州. 又云, 九秋驚雁序, 萬里狎漁翁, 更是無人處, 誅茅任薄躬, 當是大曆二年在瀼西作.)

주 석

1 天池(천지)－ 백제성 동북쪽 봉황산鳳凰山 자락에 있는 못.

《두시상주》 천지는 산 정상에 못이 있는 것이다.(天池, 山頂上有池也.)

《두시상주》에 인용된 《전촉총지全蜀總志》 천지는 기주부 치소 동쪽에 있고, 무산현 치소에도 있다.(天池在夔州府治東, 巫山縣治亦有之.)

2 嵐壁(남벽)－ 아지랑이 피는 절벽. 纔(재)－ 겨우.

[天池 2구]

《구가집주두시》 조차공 주 길이 몹시 험해 말이 이르지 못하고 새만 겨우 지난다는 것이다.(道險絶, 馬不到而鳥纔通也.)

3 百頃(백경)－ 백 이랑의 물. 杪(초)－ 끝.

4 曾波(층파)－ 출렁거리는 물결. '曾'은 '層'과 같다.

5 鬱紆(울우)－ 자욱하다. 騰(등)－ 피어오르다. 秀氣(수기)－ 빼어난 기운.

6 蕭瑟(소슬)－ 쓸쓸하다. 浸(침)－ 스미다. 적시다. 寒空(한공)－ 차가운 하늘.

7 直對(직대)－ 곧장 마주하다. 巫山峽(무산협)－ 무산의 협곡. '峽'이 '出'로 된 판본도 있다.

8 兼疑(겸의)－ 아울러 의심하다. 夏禹功(하우공)－ 하나라 우임금의 공력. 이 구절은 하우씨가 무협을 뚫고 천지도 팠다는 말이다.

《찬주두시택풍당비해》 무산은 우임금이 뚫은 것이니, 이 못 또한 하나라 우임금의 공력이 아닌가 하는 것이다.(巫山旣是禹所鑿, 則此池亦疑夏禹之功.)

#《두시상주》: 이 단락은 하늘 못의 기상을 기술한 것이다. 첫머리 2구는 높음을 말하였고, '백경'은 넓음을 말하였으며, '층파'는 맑음을 말하

였다. 기운이 피어오르는 것은 맑을 때이고, 차가움에 스며드는 것은 흐릴 때이다. 협곡을 마주한다는 것은 그 지리를 가리키고, 우임금의 공력은 그 기이함을 찬탄한 것이다.(此記天池氣象. 首二言高, 百頃言濶, 層波言淸. 騰氣在晴時, 浸寒在陰時. 對峽指其地, 禹功歎其奇.)

9 開闢(개벽) – 천지개벽. 하늘과 땅이 열리다.

《두시조차공선후해집교》 이 구절은 또한 그것이 있은 지가 아주 오래되었음을 말한 것이다. 그런데 구절에서 시어를 구사하며 '개벽 이래로 있었다'고 한 것은 대체로 오나라 군주 손권孫權이 일찍이 여대呂岱를 만나 보즐步騭에 대하여 "북쪽 위魏나라에서 모래주머니로 강을 막으려고 한다고 말하는 그의 표문을 읽을 때마다 이 강물이 개벽 이래로 어찌 주머니로 막을 수 있겠는가 하고 홀로 실소를 금치 못해왔다"라고 말한 데 기인한다.(此亦言其所有之最遠. 而句中使字, 則開闢有, 蓋因吳主嘗見呂岱說步騭, 言北欲以沙囊塞江, 每讀其表, 輒獨失笑, 此江自開闢以來, 寧可以囊塞之乎.)

10 菱芡(능검) – 마름과 가시연. '芡'이 '芰'로 된 판본도 있다. 古今同(고금동) – 예나 지금이나 같다. '同'이 '豊'으로 된 판본도 있다.

11 奔雷(분뢰) – 소리가 요란한 우레.

12 浴日(욕일) – 목욕하는 해. 이 구절은 아침에 해 뜨는 모습을 묘사하며 함지에 비유한 것이다.

《회남자淮南子·천문훈天文訓》 해는 양곡에서 나와 함지에서 목욕한다.(日出於暘谷, 浴於咸池.)

《찬주두시택풍당비해》 수면이 넓어 마치 해가 그 안에서 나오는 듯하다는 것이다.(水廣如日出其中.)

13 飄零(표령) – 흩뿌리다. 神女雨(신녀우) – 신녀의 비. 무산의 신녀가 저녁에 지나는 비가 되겠다고 한 것을 가리킨다.

송옥宋玉 〈고당부高唐賦〉 서序 옛날 선왕(회왕)이 일찍이 고당에 놀러 갔다가 나른해져서 낮잠을 자는데 꿈에서 한 부인을 만났습니다. 부인이 말하기를 "저는 무산의 여자인데 고당에 와 있습니다. 임금께서 고당에 놀러 왔다는 소식을 들었으니 침석을 바치기를 원합니다"라고 하여 왕이 그녀와 잠자리를 하였습니다. 떠날 때 하직 인사를 하면서 말하기를 "저는 무산의 남쪽 높은 언덕의 돌산에 있는데 아침에는 조운이 되고 저녁에는 지나는 비가 되어 매일 아침과 저녁에 양대 아래에 있습니다"라고 하였습니다.(昔者先王嘗遊高唐, 怠而晝寢, 夢見一婦人, 曰, 妾巫山之女也, 爲高唐之客. 聞君遊高唐, 願薦枕席. 王因幸之. 去而辭曰, 妾在巫山之陽, 高丘之岨, 旦爲朝雲, 暮爲行雨, 朝朝暮暮, 陽臺之下.)

14 斷續(단속) – 끊겼다 이어지다. 바람이 불다가 잦다가 하는 것을 말한다. 楚王風(초왕풍) – 초나라 왕의 바람. 초나라 양왕襄王이 난대궁蘭臺宮에서 노닐 때 불었다는 바람을 가리킨다.

송옥 〈풍부風賦〉 초나라 양왕이 난대궁에서 노닐 적에 송옥과 경차가 모셨다. 바람이 살랑살랑 불어오자 양왕이 옷깃을 열고 바람을 맞으며 "상쾌하구나, 이 바람이. 과인이 백성들과 (이 바람을) 함께 맞는 것이겠지"라 하니, 송옥이 대답하였다. "이는 다만 대왕의 바람일 뿐이니 백성들이 어찌 함께할 수 있겠습니까?"(楚襄王遊於蘭臺之宮, 宋玉景差侍. 有風颯然而至, 王乃披襟當之曰, 快哉此風, 寡人所與庶人共者邪. 宋玉對曰, 此獨大王之風耳, 庶人安得而共之.)

15 支機石(지기석) – 베틀 받침돌.

《형초세시기荊楚歲時記》 한 무제가 장건을 대하에 사신으로 보내며 황하의 근원을 찾으라고 명하였다. 뗏목을 타고 한 달이 지나 한 곳에 이르렀는데, 한 여자가 베를 짜고 한 장부가 소를 끌고 황하에서 물을 먹이는 것을 보았다. 베를 짜던 여인이 베틀 받침돌을 취하여 장건에게 주고는 돌아갔다.(漢武帝令張騫使大夏, 尋河源, 乘槎經月, 而至一處, 見一女織, 一丈夫牽牛飮河, 織女取支機石, 與騫而還.)

16 獻寶(헌보) – 보물을 바치다.

두보 〈위풍녹사택관조장군화마도가韋諷錄事宅觀曹將軍畫馬圖歌〉 보물을 헌상하여 하백河伯이 조회한 때로부터, 다시는 강물 속 교룡을 쏘지 않았다.(自從獻寶朝河宗, 無復射蛟江水中.)

《수경주》에 인용된 《목천자전穆天子傳》 천자가 서쪽으로 가다가 양우지산에 이르렀더니 하백 풍이가 거주하는 곳으로, 이 사람이 바로 하종씨이다. 천자가 벽옥을 가라앉혀 예를 행하였다. 하백이 이에 천자와 함께 도서와 경전을 살펴보면서 천자의 보배로운 기물을 보았다.(天子西征至陽紆之山, 河伯馮夷之所都居, 是惟河宗氏, 天子乃沈珪璧禮焉. 河伯乃與天子披圖視典, 以觀天子之寶器.)

[欲問 2구] 하늘 못의 장관을 보니 은하수와 용궁이 떠오른다는 말이다.

《두시조차공선후해집교》 위 구절은 그것을 은하수에 비겼고, 아래 구절은 그것을 가리켜 용궁이라 하였다.(上句則比之爲天河, 下句則指之爲龍宮.)

#《두시상주》: 이 단락은 하늘 못의 경물을 기술한 것이다. '어룡'과 '능검'은 못 안에서 자라는 것이고, '분뢰' 4구는 못 앞의 변화무쌍한 모습이다. '지기' 2구는 못 사이의 신묘한 경계를 칭송한 것이다.(此記天池景物. 魚龍菱芡, 池中所蓄. 奔雷四句, 言池前變態. 支機二句, 稱池間神境.)

17 九秋(구추) – 가을. 雁序(안서) – 줄 지어 나는 기러기의 행렬.

《두공부시집집주》에 인용된 양원제梁元帝 《찬요纂要》 가을을 '삼추', '구추'라 하는데, '구추'는 90일이라는 뜻이다.(秋曰三秋九秋, 九秋, 九十日也.)

18 狎(압) – 가까이하다. 친하게 지내다. 漁翁(어옹) – 늙은 어부. '樵童'으로 된 판본도 있다.

19 誅茅(주모) – 띠풀을 베다. 집을 짓는 것을 가리킨다. '茅'가 '勞'로

된 판본도 있다. 任(임)– 맡기다. 薄躬(박궁)– 박덕薄德한 몸. 자신을 가리키는 겸사이다.

[更是 2구] 아무도 살지 않는 하늘 못 근처로 거처를 옮겨 살고 싶다는 말이다. 이와 달리 하늘 못도 기주의 일부로 보아 오랜 시간 기주에서 나그네살이하고 있는 자신의 신세를 한탄한 것으로 보는 설도 있다.

《두시경전》 기주 풍속의 야박함에 물렸고, 그래서 여기 사람이 살지 않는 외진 곳으로 오고자 한 것이다.(厭夔俗之惡薄, 故欲來此無人之境也.)

#《두시상주》: 이 단락에는 못을 노닐면서 느낀 감상이 있다. '안서'와 '어옹'은 모두 못가에서 본 것이다. 띠풀을 베어 기거한다 하면서 기주에서 오래 나그네살이하는 것을 스스로 탄식하였다.(此遊池而有感也. 雁序漁翁, 皆池邊所見者. 誅茅而居, 自歎久客夔州.)

##《독두심해》: '빼어남이 피어오르고' '하늘에 스며든다'는 것은 높고 아득하면서 청량한 것이다. '무산을 마주하고' '우임금인가 의심한다'는 것은 험하고 외지면서 기이하고 오묘한 것이다. ('울우') 4구는 못 자체에 대해 총괄적으로 묘사한 것이다. '물고기와 용', '마름과 가시연'은 못에 있는 것들이다. '요란한 우레'는 필시 기우제를 지내 신령이 감응한 일이 있었던 것이다. '목욕하는 해'는 바로 하늘빛이 맑은 때에 해당한다. ('어룡') 4구는 못의 효용에 대하여 실제를 묘사한 것이다. '신녀의 비'와 '초나라 바람'은 기주와 부합하는 고사이고, '베틀 받침'과 '보물 바치기'는 물과 부합하는 고사이다. ('표령') 4구는 모두 아득하고 황홀한 광경으로, 이는 못의 경지를 상상하여 묘사한 것이다. 결구는 오랜 나그네가 가을이 온 것에 놀라고 비루한 습속에 기거하는 것에 물렸으니, 이처럼 사람이 없는 곳으로 와 띠풀을 베어 붙어사는 것만 못하다는 말이다. 본래 (의미가) 대단히 명확한데, 구조오가 '띠풀을 베는 것'이 기주에 기거함을 가리킨다고 한 것은

어째서인가?(騰秀浸空, 高渺而涼冷也. 對巫疑禹, 險僻而奇奧也. 四句就池身總寫. 魚龍菱芡, 池中所有. 奔雷, 必有禱雨靈應之事. 浴日, 正值天光晴朗之時. 四句就池之功用實寫. 神雨楚風, 切夔故事. 支機獻寶, 切水故事. 四句皆迷離惝怳之景, 是就池境虛寫. 結言久客驚秋, 厭居陋俗. 不如來此無人之境, 誅茅寄迹也. 本甚明顯. 仇乃以誅茅指夔居, 何耶.)

(김준연)

7. 復愁十二首

다시 근심하다 12수

人烟生處僻[1] 虎跡過新蹄[2] 野鶻翻窺草[3] 村船逆上溪

인가의 연기가 후미진 곳에서 피어나는데
호랑이의 새 발자취가 지나갔다.
들의 송골매는 날개 퍼득이며 풀섶을 엿보고
마을의 배는 시내를 거슬러 올라간다.

이 연작시는 대력 2년 가을에 기주의 양서瀼西에 있을 때 지은 것이다. 두보는 벽지에서 오랫동안 나그네 생활을 하면서 이전의 근심이 해소되지 않았는데 후에 근심이 다시 이르렀다. 그래서 제목을 '다시 근심하다'라고 하였다. 이와 달리, 앞의 〈해민십이수解悶十二首〉에 이어서 쓴 것으로 풀렸던 근심이 다시 생긴 것으로 보기도 한다. 제1수는 인가가 적은 양서의 위험하고 낯선 경물을 묘사하고 있다. 제2수는 초저녁의 근심스러운 경물을 묘사하고 있다. 제3수는 고향을 생각하며 시름에 잠기고 있다. 제4수는 고향으로 돌아가야 함에도 돌아가지 못할까 근심하고 있다. 제5수는 전란을 겪고서 근심한 것이다. 제6수는 시대 풍조를 근심하고 있다. 제7수는 회흘에게 군대를 빌린 것에 대해 근심하고 있다. 제8수는 여러 장수들이 번진에 남아 할거하는 것을 근심하였다. 제9수는 대종이 환관을 총애하자 그들이 궁궐의 병권을 장악한 것을 풍자하였다. 제10수는 기후가 북방과 달라 근심하고 있다. 제11수는 자신의 빈궁한 삶을 한탄하고 있다. 제12수는 전체의 총결로 시를 읊으며 시름을 풀고자 하지만 여전히 풀지 못한 시름이 남아 있음을 말하고 있다.

《보주두시》 이 시는 마땅히 대력 2년 양서에서 지은 것이다. 그래서 시에서 "무산은 오히려 비단 같은 나무"라고 하였고, 또 "마을의 배는 물을 거슬러 시내를 올라간다"라고 하였다. 당시에 토번이 빈주, 영주를 침략하여 경사가 계엄 상태였는데, 그래서 또 "온 천하가 여전히 도적을 막고 있다"라는 구가 있다.(此詩當是大曆二年在瀼溪作, 故詩云巫山猶錦樹, 又云村船逆上溪. 時吐蕃寇邠靈, 京師戒嚴, 所以又有萬國尙防寇之句.)

《두시상주》에 인용된 노원창 수 '부수'라는 것은 이전의 근심이 아직 끝나지 않았는데 이후의 근심이 다시 이른 것이지, 근심이 이미 풀렸다가 다시 생김을 말하는 것이 아니다. 두보의 근심스러운 감회는 본래 풀린 적이 없었다.(復愁者, 前愁未已, 後愁復至, 非謂愁已釋而復生, 公之愁懷, 固未曾得放也.)

《독두심해》 두보의 감회는 근심하지 않는 때가 없었다. '부수'는 영회라고 하는 것과 같으니, 한번 감회가 발동하면 근심이 다시 이른다.(公懷無時不愁. 復愁, 猶云詠懷. 一動懷而愁復至也.)

《구가집주두시》 조차공 주 앞 시의 제목을 '근심을 풀다'(〈해민십이수解悶十二首〉)라고 하였고, 이 시의 제목을 '다시 근심하다'라고 하였다. 근심을 이미 시로 풀었는데 근심할 만한 일이 또 생긴 것이다.(前題曰解悶, 而此題曰復愁. 悶旣解之以詩矣, 而又有可愁之事也.)

주 석

1 處僻(처벽) – 편벽된 곳. '僻處' 또는 '遠處'로 된 판본도 있다. 이

구는 거주하는 사람이 적음을 말한다.

2 虎跡(호적) 구– 호랑이의 새로운 발자취가 지나갔다. 발자취가 중첩된 것으로 이해하기도 한다.

[人烟 2구]

《두억》 벽지에 거주하여 사람을 피하고자 하였는데 다시 호랑이를 막아야 하니 이것이 진실로 근심할 만한 것이다.(卜居僻地, 欲以避人, 又須防虎, 此固可愁者.)

《두보전집교주》에 인용된 동양성董養性 주 사람이 살면서 그 생명을 보전할 수 있는 경우는 다 벽처에 있을 때라는 것으로서, 난세에 몸을 보전하기 어려움을 보여준다. 그런데 그곳에는 도리어 또한 범과 이리의 근심이 있다.(人之生而得全其性命者, 皆在僻處, 以見亂世保身之難, 而却又有虎狼之憂.)

3 鶻(골)– 송골매. '鶴'이나 '鷂' 혹은 '雉'로 된 판본도 있다.

#《두시상주》: 제1수에서는 양서 협곡의 근심스러운 풍경을 기록하였다. 연기가 후미진 것은 거주하는 사람이 적은 것이고, 흔적이 새로운 것은 우환이 많은 것이다. 송골매가 풀섶을 엿보는 것은 먹이를 구하기 어려움을 보여주고, 배가 시내를 올라가는 것은 배 운행의 험난함을 보여준다.(首章, 記瀼峽愁景. 烟僻, 則居人少. 跡新, 則慮患多. 鶻窺草, 見求食之難. 船上溪, 見行舟之險.)

其二

釣艇收緡盡[1]　昏鴉接翅稀[2]　月生初學扇[3]　雲細不成衣[4]

낚싯배가 낚싯줄을 다 거두어들이니
저물녘 까마귀는 이어 나는 모습 드물다.
달은 떠서 부채 모양을 본뜨기 시작하고
구름은 자잘하여 옷을 이루지 못한다.

주 석

1 釣艇(조정) – 낚싯배. 緡(민) – 낚싯줄.

2 鴉(아) – 까마귀. '鷗'로 된 판본도 있다. 接翅稀(접시희) – 날개를 접해 나는 일이 드물다. 새가 나는 것이 드물거나 없다는 뜻이다. 외로이 날아가는 모습으로 보기도 한다. '稀'는 '歸'로 된 판본도 있다.

3 初學扇(초학선) – 초승달을 비유한 것이다.

4 不成衣(불성의) – 옷 모양을 이루지 못하다. 구름이 제대로 된 모습을 갖추지 못한 것이다. 구름이 많지 않음을 뜻한다.

[月生 2구]

《두보전집교주》에 인용된 소보邵寶 주 '초학선'은 상현 때에 달이 반쯤 밝아 부채 같은 것이다. '불성의'는 구름 조각을 이루지 못한 것이다.(初學扇, 上弦時月半明如扇也. 不成衣, 不成片也.)

#《두시상주》: 제2수에서는 저물녘의 근심스러운 풍경을 기록하였다. 노원창의 주에 "'수민진'은 낚을 고기가 없는 것이고, '접시희'는 외로이 날아 짝이 적은 것이다. 달이 막 떴기에 널리 비출 수 없고, 구름이 아직도 자잘하여 은혜가 만물에 미치지 못한다. 이는 의지할 바 없는 상황을 묘사한 것이다"라고 하였다. 오견사吳見思의 《두시논문杜詩論文》에서 "위의 2수는 나 경물을 말한나"라고 하였나.(次章, 記薄暮

愁景. 盧注, 收緡盡, 無魚可釣. 接翅稀, 孤飛少伴. 月初生, 不能普照. 雲猶細, 不能及物. 此寫出無聊之況. 吳論, 上二章, 皆言景.)

《두억》: 이 시는 경물을 보고 쓴 것인데 근심은 언외에 있다. 낚싯줄을 다 거두어들이고 까마귀가 이어 나는 것이 드문 것은 날이 저물어 밤이 되었기 때문이다. 월선, 운의는 성어인데 두보가 쪼개어 사용하였다. 달이 처음 밝아질 때라 부채 모양을 본뜨기 시작하였으니 아직 부채 모양을 이루지 못하였다. 구름 조각이 물고기 비늘처럼 가느니 옷 모양을 이루지 못하였다. 부채 모양을 이루지 못해 더위를 막을 수 없고, 옷 모양을 이루지 못해 추위를 막을 수 없다는 것은 나그네가 된 자신의 곤궁함을 비유하였다. 고시(반첩여班婕妤 〈원가행怨歌行〉)에 "제나라의 흰 비단을 새로 자르니 (곱고 깨끗하기가 서리와 눈과 같고, 바느질하여 합환선合歡扇을 만드니) 둥글기가 밝은 달과 같다"라고 하였는데 이것이 월선이라는 말의 유래이다. 운의는 두보가 자주 사용하였으니 예를 들어 '구름이 흰옷과 같다'(〈가탄可歎〉, 하늘에 뜬 구름이 흰옷 같다[天上浮雲似白衣])나, '구름이 신선 옷을 적신다'(〈우부절雨不絶〉, 지나가는 구름은 스스로 선녀의 옷을 적시지 마라[行雲莫自濕仙衣])는 표현 등인데 반드시 근거가 있을 것이다.(此詩卽景, 而愁在言外. 釣盡收緡, 鴉稀接翅, 則日由晩而入夜矣. 月扇雲衣是成語, 公拆而用之. 月哉生明而初學扇, 未成扇也, 雲片細如魚鱗而不成衣. 未成扇, 無以禦暑, 不成衣, 無以禦寒. 比己作客之窮也. 古詩, 新裂齊紈素, 團圓似明月. 此月扇所自出. 雲衣公屢用之, 如雲如白衣, 雲濕仙衣, 必有所據.)

其三

萬國尙戎馬[1]　故園今若何[2]　昔歸相識少[3]　早已戰場多

온 천하가 여전히 전쟁 중이니
고향은 지금 어찌 되었을까?
예전에 갔을 때도 아는 이 적었고
일찍부터 이미 전쟁터만 많았지.

주 석

1 戎馬(융마) – 오랑캐 말. 전쟁을 뜻한다. '防寇'로 된 판본도 있다.

2 故園(고원) – 고향. 여기서는 낙양에 있는 두보의 옛집을 가리킨다.

3 昔歸(석귀) – 예전에 고향에 돌아가다. 두보는 화주華州에서 벼슬을 하다가 건원 원년에 낙양에 간 적이 있었다.

《두공부시집집주》 두보는 건원 초에 일찍이 동도에 돌아간 적이 있었다. 동도는 전원이 있는 곳이다.(公乾元初, 嘗歸東都. 東都, 田園所在.)

[昔歸 2구]

《독두심해》 '석귀' 2구는 운미韻味가 유연히 나하지 않는다. 예전에 돌아갔을 때 이미 이와 같았으니 지금은 다시 어떠하겠는가? 한편으로는 난리가 오래되어 차마 말을 할 수 없고, 한편으로는 이별이 오래되어 깊이 알지 못하는 것이다.(昔歸二句, 悠然不盡. 昔歸已如

此, 今復何如耶. 一則亂久而不忍言, 一則別久而不深悉.)

#《두시상주》: 제3수에서는 고향을 그리워하면서 근심하였다. '융마'는 토번이 침범한 것을 말한다. '고원'은 동도의 옛집을 가리킨다. 옛날에 잠시 돌아갔을 때 사람은 적고 땅도 황폐하였으니 오늘은 더욱 황량해졌을 것임을 깨달았다. 《두억》에서 "제2구가 묻는 말이고, 아래 2구는 바로 답하는 말이다"라고 하였다.(三章, 懷思故鄉而愁. 戎馬, 謂吐蕃侵境. 故園, 指東都舊居. 昔年暫歸而人少地殘, 則今日更覺荒涼矣. 杜臆, 次句作問詞, 下二乃答語.)

《두억》: "고원금약하"는 묻는 말이고, 아래 2구는 답하는 말이다. 그 답한 뜻을 음미해보면 자기는 돌아갈 수 있는 집이 없어졌으니 어찌 근심하지 않을 수 있겠냐는 것이다. 수미 2구의 '상방'과 '조이'가 상응하여 전란이 오래되었음을 보여준다.(故園今若何, 問也, 下二句答. 味其答意, 則己無家可歸矣, 安得不愁. 首尾二句尙防早已相應, 見亂之久也.)

其四

身覺省郎在[1]　家須農事歸[2]　年深荒草徑　老恐失柴扉[3]

이 몸이 상서성 낭관 신분임을 알지만
고향 집으로 농사를 지으러 돌아가야 할 판이다.
해가 오래되어 풀 덮인 길이 황폐해졌으니
늙어서 내 집 사립문도 잃을까 두렵네.

주 석

1 省郎(성랑)– 두보가 엄무嚴武의 추천으로 상서성尙書省에 속하는 공부원외랑工部員外郎이 되었기에 이렇게 부른다. 在(재)– 지위가 남아 있음을 말한다. 두보가 상서성 낭관의 신분으로 존재한다는 것으로 볼 수도 있다.

2 家(가)– 고향 집을 가리킨다.

3 柴扉(시비)– 사립문. 고향집의 문.

#《두시상주》: 제4수에서는 돌아갈 수 있는 집이 없어서 근심하였다. 제3수를 이어서, 벼슬을 버렸으면 모름지기 돌아가 농사를 지어야 하는데 도리어 풀이 우거져 전원이 날로 거칠어지고 사립문이 사라져 거처가 날로 황폐해졌으니 의지할 만한 고향이 더는 없게 되었음을 말하였다. 오견사의 《두시논문》에서 위의 2수는 다 정을 말한 것이라고 하였다.(四章, 無家可歸而愁. 承上章言, 棄官則須歸農, 乃草荒而田日蕪, 扉失而居日廢, 不復有鄉土之可依矣. 吳論, 上二章, 皆言情.)

《독두심해》: 또한 난리를 겪고 오랫동안 나그네 생활을 함으로 인하여 고향이 황폐해졌을까 두려워하였다. 이 시는 앞의 시(其三)의 뜻을 충족시키며 고향으로 돌아가지 못하는 감회이다.(亦因經亂久客, 故恐鄉園蕪廢. 此足上首之旨, 乃不歸之感也.)

《두억》: 성랑으로 아직 있지만 가난하기에 돌아가 농사를 지어야 한다. 황폐한 길에 해가 오래되어 또한 사립문조차도 잃어버릴까 두려워하였다. 근심이 지극한 것이다.(省郎尙在, 貧須歸農. 荒徑年深, 又恐倂柴門而失之. 愁極.)

其五

金絲鏤箭鏃[1]　皂尾製旗竿[2]　一自風塵起[3]　猶嗟行路難

금실로 화살촉을 장식하였고
검은 꼬리로 깃대를 만들었다.
한 번 풍진이 일어나고부터
아직도 다니는 길 어려움을 탄식한다.

주 석

1 鏤(루)－ 새기다. 장식하다. '縷'로 된 판본도 있다. 箭鏃(전족)－ 화살촉.

2 皂尾(조미)－ 검은 꼬리. 製(제)－ 장식하였다는 뜻이다. '掣'로 된 판본도 있다.

3 風塵(풍진)－ 바람에 날리는 먼지. 전쟁을 비유한다.

#《두시상주》: 제5수에서는 연거푸 세상 난리를 겪어서 근심하였다. 화살을 금실로 장식하고 깃발을 검은 꼬리로 장식한 것은 반군이 예리한 무기를 믿고서 반역한 것이다. 풍진 세상이 십 년인데도 돌아갈 길이 아직도 어려우니 근심이 진실로 그칠 수 없게 되었다. 오견사는 이 아래의 5수(제5~9수)는 난리를 겪은 뒤이기에 지었다고 하였다. (五章, 洊經世亂而愁. 箭飾金絲, 旗裝皂尾, 賊恃利器以作逆者. 風塵十載, 而歸路猶難, 則愁緒眞不能歇矣. 吳論, 此下五章, 因亂後而作.)

《독두심해》: '풍진기'는 안녹산과 사사명이 난리를 일으킨 것이고, '행로난'은 지금 고향으로 돌아갈 길이 막힌 것이다. '일자'라 하고 '유차'라고 하여 오래도록 그치지 않음을 보여준다. 이 시는 앞의 시를 이어받으면서 뒤의 시를 일으키는 말이다.(風塵起, 安史造亂. 行路難, 今日阻歸. 曰一自, 曰猶嗟, 見久而未息. 此首承前起後之詞.)

《두억》: '금실 화살', '검은 꼬리 깃발'은 주석에 호복胡服이라 하였는데 맞는 것 같다. '한 번 풍진이 일어나고부터' 지금까지 십 년이 경과하였는데 난리가 아직도 그치지 않아 집에 돌아갈 수 없어 아직도 행로의 어려움을 탄식하고 있으니 이것이 근심이 그치지 않는 이유이다.(金絲箭皂尾旗, 註謂胡服, 近是. 一自風塵起, 經今十年矣, 亂猶未息, 家不得歸, 猶嗟行路之難, 此愁之所以不歇也.)

其六

胡虜何曾盛[1]　干戈不肯休[2]　閭閻聽小子[3]　談笑覓封侯[4]

오랑캐가 언제 일찍이 흥성한 적이 있었던가?
그런데도 전쟁을 그치려 하지 않네.
마을 젊은이들이 하는 말을 들어보니
담소하며 벼슬을 찾겠다고 하네.

주 석

1 胡虜(호로)－ 오랑캐. 토번吐蕃 등을 가리킨다.

2 干戈(간과)－ 전쟁.

[胡虜 2구] 오랑캐의 난리가 이미 평정되어도 여러 장수들이 군대를 가지고 각지에서 할거함으로 인해 전란이 그치지 않음을 말한다. 이와 달리 오랑캐가 결코 흥성할 수 없음에도 불구하고 전쟁을 그치려 하지 않는다고 보기도 한다.

3 閭閻(여염)－ 마을의 문. 마을. 향리鄕里. 小子(소자)－ 젊은이들을 가리킨다.

4 笑(소)－ '話'로 된 판본도 있다. 覓封侯(멱봉후)－ 벼슬에 봉해지는 것을 찾다. 전공을 세워 출세를 하겠다는 뜻이다.

#《두시상주》: 제6수에서는 사람들의 마음이 어지러움을 좋아하여 근심하였다.《두억》에서 "바깥의 도적을 평정하기는 쉬워도, 사람의 마음을 안정시키기는 어렵다. 사람들이 다투어 무를 숭상하니 이것이 전쟁이 그치지 않는 이유이다"라고 하였다. 노원창의 주에 "복고회은은 도적이 평정되면 황제의 총애가 시들까 두려워하여 설숭 등이 머물면서 하북을 나누어 통솔하게 하자고 상주하며 스스로 원조해주는 무리로 삼았으니 이것이 바로 전쟁을 그치려고 하지 않는다는 뜻이다"라고 하였다.(六章, 人心好亂而愁. 杜臆, 定外寇易, 定人心難. 人競尙武, 此干戈所以不息也. 盧注, 僕固懷恩恐賊平寵衰, 奏留薛嵩等分帥河北, 自爲黨援, 此正干戈不肯休息意.)

《독두심해》에 인용된 소장형邵長蘅 주: 난리를 기뻐하고 재앙을 즐기는 것에 대한 두려움이 있다.(有喜亂樂禍之懼.)

《구가집주두시》 조차공 주: 이 시는 아마도 두보가 일을 만들어 공을 구하고 영화와 총애를 함부로 탐하는 자들을 분개한 것이다. 만약 목숨을 다해 결사적일 수 있으면 한 번의 싸움으로도 적을 멸할 수 있을 것인데, 그들이 세월을 끌면서 전쟁을 계속하니 도리어 오랑캐들이 번성하다고 여기게 되었다. 대개 그 뜻이 자신의 부귀에 있기에 그래서 비록 마을 젊은이일지라도 그들 또한 전공으로 벼슬을 구하겠다고 말하였던 것이다.(此篇公蓋憤生事邀功, 濫冒榮寵者矣. 苟能盡命致死, 則可以一戰而滅之, 惟其延歲月以用兵, 反以爲胡虜之盛. 蓋其意在於己身之富貴, 所以雖閭閻小子, 亦說取封侯耳.)

其七

貞觀銅牙弩[1] 開元錦獸張[2] 花門小箭好[3] 此物棄沙場[4]

정관 시기의 구리로 만든 쇠뇌와
개원 시기의 비단 무늬 활이여.
회흘의 작은 화살이 좋다고
이 무기들을 모래사장에 버렸다네.

주 석

1 貞觀(정관)－ 당 태종의 연호. '貞'은 '正'으로 된 판본도 있다. 銅牙弩(동아노)－ 동으로 만든 쇠뇌. '아牙'는 쇠뇌의 시위 걸개인데 치아처럼 생겼다.

《두시상주》에 인용된 《당육전唐六典》 주註의 《석명釋名》 '노'는 '노하다'의 뜻과 관계있으니 노한 기세가 있다는 뜻이다. 그 자루를 '비'라고 하는데 사람의 팔 같다. 시위 걸개는 '아'라고 하는데 치아 같다. 아의 밖을 '방아쇠 멈추개'라 하는데 아를 감싸는 틀이 된다. 합쳐서 이름하여 '기'라고 한다.(弩, 怒也, 有怒勢也. 其柄曰臂, 似人臂也. 鉤弦曰牙, 似牙齒也. 牙外曰郭, 爲牙之規郭也. 合名之曰機.)

《독두심해》 《남월지南越志》에 "용천에 영간이 있다. 일찍이 구리로 만든 시위 걸개가 흘러나왔는데 다 백은과 황금으로 장식되어 있었다. 부로들은 월왕의 쇠뇌를 만들던 곳이라고 하였다"라고 하였다. 살펴보건대 정관 시기에 혹 그것을 모방하여서 만든 것 같다.(南越志, 龍川有營澗, 嘗有銅弩牙流出, 皆以銀黃雕鏤. 父老云, 越王弩營處也. 按, 貞觀時或倣爲之.)

2 開元(개원) – 당 현종의 연호. 錦獸張(금수장) – 비단으로 짐승 무늬를 장식한 활이나 활집. 비단으로 곰 등 짐승의 무늬를 새긴 과녁을 설치한 것으로 보기도 한다. '장張'은 활을 당기는 행위를 말하지만 여기서는 활을 뜻한다.

《두시상주》 사씨는 "'금수장'은 과녁을 설치한 것이다"라고 하였다. 지금 살펴보건대, 과녁에 곰을 그렸는데 당시에 간혹 비단으로 새겼을 따름이다. 옛 주석에서 《한서漢書》의 "재관으로서 발로 밟아 당긴다"라는 말을 인용하였고, 또한 "손으로 당기는 것을 '비장'이라 하고, 발로 밟아 당기는 것을 '궐장'이라 한다"라고 하였다. 혹자는 또한 《상서尙書》의 "쇠뇌의 시위를 잡아당긴다"를 인용하였는데 '장' 자에 대해 올바른 해석을 하지 못하였고 또한 비단과도 잘 붙지 않는다. 사씨의 설명을 마땅히 따라야 한다.(師氏曰, 錦獸張, 設射侯也. 今按, 侯畫熊羆, 當時或以錦爲之耳. 舊注引漢書材官蹶張, 又云, 以手開者曰臂張, 以足踏者曰蹶張. 或又引尙書虞機張, 於張字不得其解, 并錦繡亦少着落矣. 師氏之說當從.)

《독두심해》 활 중에 손으로 당기는 것을 '비장'이라 하고, 발로 밟아 당기는 것을 '궐장'이라고 하는 옛 설은 진실로 옳다. 대개 '장'과 '노'는 대를 이루기에 마땅히 명사를 써야 한다. '금수'라고 한 것은 활의 장식 혹은 활집의 장식이다. 구조오는 '장'은 과녁을 설치한 것이라는 사씨의 설에 동조하고 있는데 틀렸다.(弓以手開者曰臂張. 以足蹋者曰蹶張. 舊說良是. 蓋張與弩對, 當作實字用. 曰錦獸者, 或是弓飾, 或是弓服之飾耳. 仇主師氏張設射侯之說, 非.)

3 花門(화문)– 회흘回紇의 별칭. 안사의 난 때 당 왕조는 그들의 힘에 의지하여 경사를 수복하였다. 小箭好(소전호)– 작은 화살이 좋다. 동경東京을 수복할 때 회흘이 누런 먼지 속에서 화살 십여 발을 쏘아 적군을 놀라게 만들고 결국 괴멸시켰다고 한다. '箭'은 '前'으로 된 판본도 있다.

4 此物(차물)– 당나라의 쇠뇌와 활을 가리킨다. 쇠뇌와 과녁을 가리키는 것으로 보기도 한다.

《두시상주》 '차물'은 곧 쇠뇌와 과녁을 가리켜 말한 것이다.(此物卽指弩張言.)

#《두시상주》: 제7수에서는 외번外蕃에 병사를 빌린 것을 근심하였다. 국가의 병장기가 비록 정교하나 경사를 수복한 공이 도리어 회흘에게 있기에, 예리한 무기는 믿을 것이 못 되고 오랑캐의 성품은 끝내 헤아리기 어려움을 탄식하였다.(七章, 借兵外蕃而愁. 國家兵仗雖精, 而收功反在花門, 慨利器不足恃, 而虜性終難測也.)

《두공부시집집주》: 사서를 살펴보면, 동경을 수복할 때 곽자의가 전투에서 불리하였는데 회흘이 누런 먼지 속에서 십여 발의 화살을 쏘자 반군이 놀라 돌아보며 "회흘이 이르렀다!"라고 소리치며 결국 괴멸되었다고 한다. "회흘의 작은 화살이 좋다"라고 하였는데 이것이 하나의 증거이다. 안사의 난은 모두 회흘군에 의지하여 진압하였기에 중국의 강한 쇠뇌는 도리어 그 장기를 잃었다. 두보는 그래서 그것을 탄식하였다.(按史, 收東京時, 郭子儀戰不利. 回紇於黃埃中, 發十餘矢, 賊驚顧曰, 回紇至矣. 遂潰. 花門小箭好, 此一證也. 安史之亂, 皆藉回紇兵收復, 中國勁弩, 反失其長技, 公所以歎之.)

《독두심해》: 중국의 쇠뇌와 활이 회흘의 작은 화살만 못하다고 하였다. 이는 군대를 빌린 것이 국위를 손상시킴을 개탄하였을 뿐만 아니라 대체로 회흘은 절대 가까이하여서는 안 된다고 하며 경계하였다.(中國之弩張, 不如回紇之小箭. 此不特慨借兵之損威, 蓋深以回紇爲不可狎而警之.)

其八

今日翔麟馬[1]　先宜駕鼓車[2]　無勞問河北[3]　諸將角榮華[4]

오늘날 상린마는
먼저 북 실은 수레를 끌어야 마땅하네.
하북 번진의 죄를 물으려고 하지 않으니
여러 장수들이 영화를 다투고 있네.

주 석

1 翔麟馬(상린마) – 당 태종이 타던 준마인 상린자翔麟紫. 여기서는 곽자의郭子儀를 비유한다.

《두시상주》에 인용된 《당서唐書·회흘전回鶻傳》 정관 21년에 골리간이 좋은 말 백 필을 바쳐 황제가 그중에서 뛰어난 것을 취하여 십기十

驦라고 부르며 다 좋은 이름을 지었는데 아홉 번째를 '상린자'라고 하였다.(貞觀二十一年, 骨利幹獻良馬百匹, 帝取其異者, 號十驥, 皆爲美名, 九曰翔麟紫.)

2 鼓車(고차)– 북 실은 수레. 황제가 외출할 때의 의장 중 하나이다. 여기서는 한직을 비유한다. 곽자의 같은 명장을 전쟁터에 쓰지 않고 한직에 방치하고 있음을 말한다.

《두시상주》에 인용된 《한서漢書》 문제가 천리마로 북 수레를 끌게 하였다.(文帝以千里馬駕鼓車.)

[今日 2구] 상린마의 마땅하지 않은 현실을 반어적으로 말한 것이다.

3 無勞(무로)– 수고로이 ~하려 하지 않다. 問河北(문하북)– 하북을 문죄問罪하다.

4 諸將(제장)– 하북 번진藩鎭의 항복한 여러 장수를 가리킨다. 전란 중에 갑자기 출세한 여러 장수를 가리키는 것으로 보기도 한다. 角(각)– 각축하다. 다투다. '擢'으로 된 판본도 있고, '覺'으로 된 판본도 있다.

[無勞 2구] 당시 하북의 여러 장수들이 조정의 명을 듣지 않고 할거하고 있었는데, 대종代宗은 고식적姑息的으로 화평을 추구하며 이들의 죄를 묻지 않아 화근을 남긴 것을 탄식하는 말이다. 이와 달리 하북 번진의 죄를 묻지 말아야 하니 만약 죄를 물으면 이것을 기회로 여러 장수들이 영화를 각축할 것임을 경계하고 있다고 보기도 하나 취하지 않는다.

#《두시상주》: 제8수에서는 여러 장수들을 번진에 남겨두어서 근심하였다. 곽자의의 용병 전략과 위엄 있는 명성은 항복한 장수들을 두렵게 하여 복종하게 할 수 있는데 지금 그를 한가하게 방치하고 있으니 상린마를 전쟁에 쓰지 않고 먼저 북 실은 수레를 몰게 하는 것과

같다. 저 하북의 여러 장수들은 서로 다투어 영화를 각축하고 있는데 누가 다시 일어나 그들을 문죄하리오? 〈진주잡시이십수秦州雜詩二十首〉(기오其五)에 "늙은 숙상이 여전히 남아 있다"라고 하였고, 여기서 "오늘날의 상린마"라고 하였으니 모두 곽자의를 쓰지 않은 것을 애석해한 것이다. 〈유감오수有感五首〉(기이其二)에서 "임금님이 먼저 싸움을 그쳤다"라고 하였으니 그치지 말아야 하는데 그친 것이다. 여기서 "하북 번진의 죄를 물으려고 하지 않는다"라고 하였으니 마땅히 물어야 되는데 묻지 않은 것이다. 모두 풍자하는 말에 속한다.(八章, 諸將留鎭而愁. 郭子儀將略威名, 足以懾服降將, 今置之閑散, 猶翔麟之馬, 不用於戰陣, 而先駕鼓車矣. 彼河北諸將, 競相角勝榮華, 誰復起而問之乎. 秦州詩云仍殘老驌驦, 此云今日翔麟馬, 皆惜子儀之不用. 有感詩云大君先息戰, 不當息而息也. 此云無勞問河北, 當問而不問也. 俱屬諷詞.)

《두공부시집집주》: 하북의 여러 장수들이 한창 벼슬과 봉지로 서로 패권을 다투니 조정에서 비록 전마가 있어도 어디에 쓰겠냐고 하였다. 당시 항복한 장수와 소수 민족에 대해 대종이 고식지계로 일을 처리하였다. 두보는 병력으로 제어할 수 없다고 생각하여 이 시에서 그렇게 이른 것이다. 설창서는 두보가 전쟁이 그치기를 원한다고 하는데 이 시의 뜻을 잃은 것이다.(言河北諸將, 方以爵土競相雄長, 朝廷雖有戰馬, 安所用之. 時降將羈縻, 代宗專事姑息, 公度非兵力所制, 故此詩云然. 薛蒼舒謂, 公欲息兵休戰, 失其旨矣.)

《두시상주》에 인용된 나대경羅大經 주: 이 시에서는 비록 상린마가 있어도 또한 반드시 먼저 북 수레를 몰게 하여 비천함을 겪은 이후에 귀한 지위에 이르게 해야 한다고 하였다. 지금 여러 장수들은 갑자기 귀한 지위에 올랐으니 말이 북 수레도 몰지 않고서 갑자기 황제의 수레를 모는 것과 같아 부귀영화에 편안해하고 뜻을 얻어 만족하여 다시 소탕할 뜻이 없으니, 하북이 반란하여 토벌을 결정해야 함에도 수고로이 죄를 물으려고 하지 않는다. 또한 (〈수경삼수收京三首〉(기삼其三)에서) 이르길 “잡된 오랑캐들이 창을 비껴 잡기를 자주 하고, 공신들의 훌륭한 저택은 높기도 하다”라고 한 것 또한 이 뜻이다.(此詩言雖翔麟之馬, 亦必先使之駕鼓車, 由賤而後可以致貴. 今諸將驟登貴顯, 如馬之未駕鼓車, 而遽駕玉輅, 安於榮華, 志得意滿, 無復驅攘之志, 河北叛亂, 決難討除, 無勞問也. 又云, 雜虜橫戈數, 功臣甲第高, 亦此意.)

《독두심해》: 조정에서 하북을 문죄하지 않기에 반대의 말로써 일깨운 것이다. 제1, 2구는 자공이 희생으로 쓰는 양을 없애려 한 것과 같은 뜻으로, 말이 있으나 공 세우기를 생각하지 아니하여 묶어누고 쓰지 않게 되었으니 무용한 곳에 두는 것만 못하다는 말이다. 왜 그러한가? 하북에서 명령을 마음대로 내리는 것이 이와 같은데 윗사람은 안일하고 아랫사람은 기뻐하여 허물이 있어도 문죄하는 이가 없었던 것이다. 풍자의 뜻을 제3구에서 드러내었다. 온 번국蕃國의 교만하고 나태한 모습을 제4구에서 지적해내었다.(爲朝庭不問河北, 而反詞以醒之也. 一二, 與子貢欲去餼羊同意, 言有馬而不思建功, 總之不用矣, 不若置之無用之地也. 何則, 河北擅命如此, 上恬下嬉, 曾莫有過而問者也. 諷意在第三挑出. 擧國驕惰之象, 在第四指點出.)

其九

任轉江淮粟[1]　休添苑囿兵[2]　由來貔虎士[3]　不滿鳳凰城[4]

강회의 곡식 옮기는 것은 맡겨두고
궁궐의 병사를 늘리지 마라.
예부터 범 같은 사졸들은
장안성에 가득하지 않았으니.

주 석

1 任(임) – 맡기다. 내버려두다. 그대로 따르다. 轉(전) – 옮기다. 여기서는 '전운轉運', '조운漕運'을 뜻한다. 江淮粟(강회속) – 장강長江과 회수淮水 일대의 곡식. 이 일대에서 조달되는 곡식을 가리킨다.

2 苑囿兵(원유병) – 금병禁兵. 궁궐의 병사. 대종代宗은 환관 어조은魚朝恩으로 하여금 금병을 통솔하게 하였는데, 금병의 수가 크게 증가하여 많은 곡식이 소비되었다고 한다.

[任轉 2구]

《구가집주두시》 조차공 주 "궁궐의 병사를 늘리지 마라"라고 하였으니 대종이 일찍이 궁원宮苑 안에서 스스로 군대를 길러 장안성 안에 필시 병사가 증가했을 것이다. 두보의 뜻은 전쟁을 그치는 것에 있기에 병사를 늘리지 않는 것을 상책으로 삼았다. 그리고 곡식 옮기는 것은 맡겨두라는 것은 다만 장안의 곡식이 풍족하기를 바란 것이다. (休添苑囿兵, 則代宗嘗自治兵於苑中, 長安城中必添兵矣. 公意在息兵, 以不添兵爲上. 而任轉粟, 則但欲長安足食也.)

3 貔虎士(비호사) – 비휴貔貅나 호랑이 같은 용사勇士. '貔'는 범과 같은 맹수로 옛날에는 길들여 전쟁에 썼다고 한다. 여기서는 사나운 사졸士卒들을 비유한다.

4 鳳凰城(봉황성) – 장안長安을 가리킨다.

《두시상주》 봉황성은 장안을 가리킨다.(鳳凰城, 指長安.)

#《두시상주》: 제9수는 호위병들이 군량을 낭비하여서 근심하였다.(九章, 衞士糜餉而愁.)

《두공부시집집주》: 궁궐의 병사를 증설할 필요가 없고 다만 마땅히 곡식을 옮겨 경사를 충실하게 해야 함을 말하였다. 끝 2구는 곧 '천자가 도가 있으면 사방 오랑캐가 지킨다'는 뜻이다. 대종이 어조은을 총애하여 이로 말미암아 환관이 군대를 거느렸는데 마침내 이 때문에 당나라가 망하였다. 두보가 이 시에서 풍자한 것이 어찌 단지 쓸데없는 병사로 인한 근심이겠는가?(言禁兵不必添設, 但當轉運以實京師. 末二句, 卽天子有道, 守在四夷意. 代宗寵任朝恩, 由是宦官典兵, 卒以亡唐. 公此詩所諷, 豈徒爲冗兵慮哉.)

《두시상주》에 인용된 노원창盧元昌 주: 당시의 조운은 강회에서 취하여 공급하였기에 그래서 《신당서新唐書》에 "당나라는 강회의 재물을 얻어서 중흥을 이루었다"라는 말이 있다. 유안이 부역을 고르게 조절하여 해마다 강회의 쌀 수십만 석을 옮겨 관중에 공급하였지만, 만약 호위하는 쓸데없는 군사를 제거하지 않는다면 곧 양식이 궁핍하게 될 것이다. 이에 독고급이 "천하의 재물을 기울여 쓸데없는 병사들에게 공급한다" 등의 말을 하게 되었다. 당나라는 부병제를 제정하여 군대를 만드는 이로움은 있었으나 군대를 기르는 해가 없었으니 정전제를 하지 않고도 군대를 백성들 속에 감추어둔 격이라 가장 옛 제도에 가깝다. 장열이 건의하여 장사를 모집하고 이들을 궁궐 호위병에 충당하기를 청하고부터 상하군으로 교대하고 군무와 농사가 결국 구분되었으니 이에 신책군이 더욱 옛 제재가 아니게 되었다. 당시 어조은이 신책군을 궁궐 안에 주둔시키며 나누어 좌우상으로 삼고 북군의 위에 거하게 하였다. 두보는 "예부터 범 같은 사졸들은 장안성에 가득하지 않았다"라는 말로 은근히 조종祖宗의 제도를 서술하여 시사를 풍자하였다.(當時漕運, 取給江淮, 故史有唐得江淮濟中興之語. 劉晏均節賦役, 歲運江淮米數十萬石, 以給關中. 若宿衛冗軍不裁, 立見其匱也. 此獨孤及有傾天下之財, 給不用之兵等語. 至唐制府兵, 有爲兵之利, 無養兵之害, 田不井而兵藏於民, 最爲近古. 自張說建議, 請召募壯士充宿衛, 更番上下, 兵農遂分, 乃神策軍尤爲非古, 時魚朝恩以神策軍屯禁中, 分爲左右廂, 居北軍右. 公曰, 由來貔虎士, 不滿鳳凰城, 隱述祖制, 以諷時事.)

《독두심해》: 총애로 중용된 환관이 궁궐의 군대를 전적으로 장악하였기 때문에 풍자한 것이다. 제1구를 의미 없게 봐서는 안 되니, 이는 역시 아래 구절의 말에 반대로 호응하는 것이다. 잠시 군량의 어려움을 논하지 말라고 말하고 있다. 연이은 운송이 끊이지 않도록 내버려둬야 하며, 또한 궁궐의 군대를 증가시키지 말아야 한다. 이하는 바로 하는 말로써 설파하였다. 대개 당나라 초기의 부병제는 군대를 백성들 속에 감춰두었다. 노원창이 말한 "은근히 조종祖宗의 제도를 서술하여 시사를 풍자하였다"라는 것이 이것이다. 상군廂軍의 해는 말하지 않아도 보인다. 명나라 말기의 환관 위충현魏忠賢은 내조를 창립하였는데 음험한 뜻을 헤아릴 수가 없었으니 식량을 축내는 것만이 근심이 아니었다. 이 시를 읽으면 두보의 깊은 식견과 멀리 내다보는 사려를 알 수 있다.(爲寵任宦官, 專掌禁旅而諷也. 首句勿杲認, 亦是反呼下文之詞. 言且勿論軍餉之難也. 任爾繼運不絶, 亦休添禁旅也. 下以正言點破之. 蓋唐初府兵, 藏之於民. 盧氏所謂隱述祖制, 以諷時事是也. 廂軍之害, 不言而見矣. 明季魏閹, 創立內操, 包藏叵測, 不獨冗食是憂. 讀此知公深識遠慮.)

其十

江上亦秋色　火雲終不移[1]　巫山猶錦樹[2]　南國且黃鸝[3]

강가는 또한 가을빛인데

불같은 구름이 끝내 옮겨 가지 않네.

무산에는 오히려 비단 같은 나무가 있건만

남국에는 또 꾀꼬리 울음소리 들리네.

주 석

1 不移(불이) – 바뀌지 않다.

2 巫山(무산) – 기주夔州에 있는 산. 錦樹(금수) – 비단 같은 나무. 단풍으로 아름답게 물든 나무를 가리킨다.

3 南國(남국) – 기주를 가리킨다. 黃鸝(황리) – 꾀꼬리.

#《두시상주》: 제10수에서는 기후가 정상상태를 잃어 근심하였다. 《두억》에서 "강가의 가을빛은 바로 비단 같은 나무에서 보이는데, 불 같은 구름이 여전히 있고 꾀꼬리가 또한 울고 있으니 의당 서늘해야 하는 것이 반대로 더우니 어찌 견뎌내겠는가?"라고 하였다. 오견사의 《두시논문》에 "이 이하 3수는 현재의 경물과 일을 거듭 말하고 있다"라고 하였다.(十章, 氣候失平而愁. 杜臆, 江上秋色, 正於錦樹見之, 乃火雲猶在, 而黃鸝且鳴, 宜涼反熱, 其堪耐乎. 吳論, 此下三章, 仍說現前景事.)

《독두심해》: 기후가 북방과는 다름을 말하였다.(言氣候之異於北方.)

其十一

每恨陶彭澤[1]　無錢對菊花[2]　如今九日至　自覺酒須賒[3]

매번 한탄하였지, 도연명이
돈이 없어 국화만 대하였던 것을.
지금 중양절이 되니
술을 외상으로 사야 함을 절로 깨닫네.

주 석

1 陶彭澤(도팽택) — 도연명陶淵明. 팽택령彭澤令을 지냈다.

2 無錢(무전) 구 — 도연명이 중양절에 술 살 돈이 없어 국화 꽃잎을 따서 먹거나 손에 움켜쥐고 있었던 일을 가리킨다.

도연명 〈구일한거九日閒居〉의 서문 나는 한가로이 지내며 중구라는 이름을 좋아한다. 가을 국화가 정원에 가득 피었지만 술을 마시려고 해도 방법이 없으니 부질없이 국화만 먹으며 시를 지어 회포를 부친다.(余閒居, 愛重九之名. 秋菊盈園, 而持醪靡由. 空服九華, 寄懷於言.)

《두시상주》에 인용된 단도란檀道鸞 《속진양추續晉陽秋》 도잠은 9월 9일에 술이 없자 집 옆에서 국화꽃을 따서 한 움큼 쥐고 있었다.

한참 뒤에 흰옷을 입은 사람이 보였으니 바로 왕홍이 술을 보내온 것이었다. 도잠은 곧장 나아가서 따라 마시고 돌아왔다.(陶潛九月九日無酒, 於宅邊摘菊盈把. 久之, 望見白衣人, 乃王弘送酒, 便就酌而歸.)

3 賒(사) – 외상으로 사다.

#《두시상주》: 제11수에서는 곤궁하게 살며 적막하여 근심하였다. 국화를 대하고 돈이 없어 중양절에 외상술을 사니 두보는 도연명과 동일하게 빈궁한 상황이었다. 다만 도연명은 술을 보내준 사람이 있었으나 두보는 홀로 술을 따라 마실 따름이었으니 마음이 더욱 쓸쓸하다.(十一章, 窮居寂寞而愁. 對菊無錢, 九日賒酒, 公與淵明同一貧況. 但陶則送酒有人, 而公則獨酌杯中耳, 意更寥落矣.)

《독두심해》: 곤궁하여 스스로 한탄하였다. 도리어 '한' 자를 도연명에게 붙여 말하니 심히 영활하다.(窮而自恨也. 反將恨字貼彭澤說, 活甚.)

其十二

病減詩仍拙　吟多意有餘[1]　莫看江總老[2]　猶被賞時魚[3]

병이 덜하여도 시는 여전히 졸하고
읊은 시가 많아도 말하고픈 뜻은 남아 있네.
강총이 늙었다고 보지 마라
여전히 하사받은 어대를 차고 있으니.

주 석

1 意有餘(의유여)－ 풀지 못한 뜻이 남아 있다. 시름이 남아 있다.

[病減 2구]

《두보전집교주》에 인용된 소보 주 '시잉졸'은 병 중에 시가 졸렬하였는데 병이 줄어들어도 또한 그러하니 그래서 '잉'이라고 한 것이다. '음다'는 이 12수를 가리켜 말한 것이다.(詩仍拙, 病中詩拙, 病減復然, 故曰仍. 吟多, 指此十二首言.)

2 江總(강총)－ 남조 진陳나라 때의 시인으로 진나라가 망하고 수隋나라에 접어들자 강남江南으로 가서 여생을 보냈다. 여기서는 두보 자신을 비유한다.

《독두심해》 '강총'은 스스로를 일컫는다.(江總, 自謂.)

3 被(피)－ 입다. 차다. 賞時魚(상시어)－ 상으로 하사받았을 때의 어대魚袋. 두보는 일찍이 엄무의 추천으로 상서성검교공부원외랑尙書省檢校工部員外郎이 되었기에 비어대緋魚袋를 하사받았다.

《두시상주》 ('被'는) '佩'의 뜻으로 보인다.(疑作佩.)

《두시상주》 '상시어'는 당시에 상으로 받은 어대를 말한다.(賞時魚, 謂當時所賞之魚袋.)

《독두심해》에 인용된 《당회요唐會要》 개원 연간에 장가정이 상주하여 벼슬을 사직한 이 및 내외관 5품 이상의 검교시판도 정식 관원의 관례에 따라서 종신토록 어대 차는 것을 허락해주고, 범죄가 아닌 사유로 직무를 떠난 경우 또한 어대 차는 것을 허락해달라고 하였다. 이후로는 붉은색과 자주색 관복을 상으로 내릴 때 으레 어대도 겸하였으니 이를 장복이라고 하였다.(開元中, 張嘉貞奏曰, 致仕及內外官五品以上檢校試判, 聽准正員例, 許終身佩魚. 以理去任, 亦許佩魚. 自後賞緋紫, 例兼魚袋, 謂之章服.)

[莫看 2구] 하사받은 어대를 여전히 차고 있으니 두보 자신이 늙었다고 보지 말라는 뜻으로 자부하는 말이다. 이와 달리 "강총이 늙어서도 여전히 하사받은 어대를 차고 있다고 보지 마라"라고 해석하여, 두보가 늙어서도 하사받은 어대를 차고서 스스로를 여전히 세상에 쓰일 만하다며 착각한다고 보지 말라는 뜻으로 풀이하기도 한다.

#《두시상주》: 마지막 수는 총결로 시 읊는 것에 의지하여 시름을 풀고 있다. 《두억》에서 "읊은 시가 많아도 말하고픈 뜻은 남아 있으니, 그의 시름을 쏟아낸 것이 아직 다하지 않은 것이다"라고 하였다. 주학령은 "끝에서는 자기의 나이가 비록 늙어도 여전히 강총 같은 내가 어대를 하사받았으니 영락하여 떠돈다고 또한 한탄할 것이 못 됨을 말하고 있다. 두보는 일찍이 검교원외랑이 되어 비어대를 하사받았기에 그렇게 이른 것이다"라고 하였다. 노원창의 주에 "12수가 여기에서 수합되어 총결되니 대체로 치세를 바라는 마음 때문에 조정에서 근무하고픈 생각을 절박하게 하게 된 것이다"라고 하였다.(末章總結, 藉吟詩以遣愁也. 杜臆, 吟多意有餘, 所以寫其愁者, 猶未盡矣. 朱注, 末言己年雖老, 猶有江總銀魚之賜, 則流落亦未足爲恨也. 公嘗檢校員外郎, 賜緋魚袋, 故云. 盧注, 十二章, 收結於此, 蓋以望治之意, 迫爲趨朝之想也.)

《독두심해》: 이 시는 전체의 결미이다. 위 2구는 서로 이어서 말한 것으로 병이 나은 뒤에도 구절을 만드는 데 졸렬하고, 읊은 것이 비록 많으나 마음속의 무궁한 시름을 다 쏟아낼 수 없음을 말하였다. 아래 2구는 한 문장으로 읽어야 하며 헐후어로 지었다. 대체로 내가 늙어서도 하사받은 어대를 차고서 여전히 세상에 쓰일 만하다고 여긴다고 보지 말라고 말하였다. 바로 쇠락한 뜻이 보인다. 예전처럼 해석하면 품격이 떨어진다.(此是結束體. 上二相承說, 言病後拙於安句, 吟雖多, 而意中無窮之愁, 寫不能盡也. 下二, 一直讀, 作歇後語. 蓋謂莫看我老被

賞魚, 以爲尙堪用世也. 正見頹廢意. 如舊解, 則身分低.)

##《두시상주》에 인용된 노세각盧世㴶 주: 이 시의 중간 5수(제5~9수)에서 논한 시사는 말의 기운이 깊고도 어두워 특히 고아한 사람의 깊은 흥취가 있다.(此詩中五首, 所論時事, 詞氣淵然黯然, 偏有雅人深致.)

(**강민호**)

8. 自瀼西荊扉且移居東屯茅屋四首

양서의 사립문에서 잠시 동둔의 초가집으로 거처를 옮기다 4수

白鹽危嶠北[1]　赤甲古城東[2]　平地一川穩[3]　高山四面同
烟霜凄野日[4]　秔稻熟天風[5]　人事傷蓬轉　吾將守桂叢[6]

백염산의 높은 봉우리 북쪽
적갑산의 옛 성 동쪽.
평평한 땅에 한 줄기 내가 안온하고
높은 산은 사방으로 똑같은데,
안개와 서리로 들판의 해는 싸늘하고
메벼는 하늘의 바람에 익어간다.
인간사 쑥대처럼 굴러다님을 아파하니
나는 장차 계수나무 숲을 지키리라.

이 시는 대력 2년 가을 양서에서 동둔으로 잠시 거처를 옮긴 뒤 지은 연작시이다. 동둔 거처의 경관, 동둔으로 옮기게 된 이유, 동둔 거처 이웃의 정황, 동둔에서의 농사일 등에 관해 서술하였는데, 이곳이 좋아 오래 머물고자 하는 마음과 조정을 그리워하지만 떠나시 못해 아쉬워하는 마음이 복합직으로 표현되이 있다.

《보주두시》 두보는 대력 2년 가을 동둔으로 거처를 옮겼다. 마땅히 그해일 것이다.(公以大曆二年秋移居東屯, 當是其年.)

《두시경전》에 인용된 《일통지一統志》의 동양수東瀼水 조목 공손술이 동쪽 물가에 논을 개간하고는 동둔이라고 불렀다.(公孫述於東濱墾稻田, 號東屯.)

《두시상주》 우율의 《동둔소릉고거기》에서 "협중에는 높은 산과 험한 골짜기가 많고 평평하고 너른 땅이 적지만, 동둔은 백제성으로부터 5리 떨어져 가깝고 논의 면적이 백 경이다. 앞에는 맑은 개울을 두르고 있고 뒤로는 높은 산을 베고 있으며, 수풀이 울창하고 기상이 깊고 빼어나서 고아한 은자의 거처에 어울린다"라고 하였다. 육유의 기문(〈동둔고재기東屯高齋記〉)에서 "동둔의 이씨는 이미 몇 대째 살고 있는데 위로 두보로부터 겨우 세 번 주인이 바뀌었을 뿐이며 대력 초의 옛 계약서가 여전히 남아 있다"라고 하였다. 하우도의 《담자》에서 "두보의 초당은 성 동쪽 십여 리에 있는데 여전히 옛터가 있어 찾아볼 수 있다. 다만 몇 글자만 남아 있는 비석 하나가 있는데, 〈중수동둔초당기〉라고 적혀 있으며 원래의 물건인 것 같다"라고 하였다.(于棗東屯少陵故居記, 峽中多高山峻谷, 地少平曠, 東屯距白帝五里而近, 稻田水畦, 延袤百頃, 前帶清溪, 後枕崇岡, 樹林葱蒨, 氣象深秀, 稱高人逸士之居. 陸游記, 東屯李氏居已數世, 上距少陵纔三易主, 大曆初故券猶在. 何宇度談資, 工部草堂在城東十餘里, 尙有遺址可尋, 止有一碑存數字, 題重修東屯草堂記, 似是元物.)

《독두심해》 동둔은 다만 두보가 농사짓는 장원일 뿐이다. 거처를 옮긴 것은 수확할 요량이다. '차且'라고 한 것은 상주하지는 않는다는 말이다.(東屯, 特公之農莊, 移居爲收穫計也. 且者, 不常止之詞.)

《두시설》 살펴보건대 두보의 과수원은 양서에 있었고 밭은 동둔에 있었다. 여러 시를 자세히 살펴보면 절로 알 수 있다.(按, 公果園在瀼西, 而田則在東屯, 細觀諸詩自見.)

《두율계몽》 살펴보건대 이곳을 지키며 옮기지 않는다는 것은 또한 마땅히 양서와 동둔을 아울러 말한 것이다. 대체로 동둔은 다만 두보의 농장일 뿐이니 수확이 끝나면 마땅히 양서로 돌아가야 한다. 제목의 '차且' 자를 보면 알 수 있다.(按守此不移, 亦當兼瀼西東屯言, 蓋東屯特公之農莊, 收獲旣畢, 仍當還瀼西耳, 觀題中且字可見.)

주 석

1 白鹽(백염)– 기주의 산 이름. 危嶠(위교)– 높은 산봉우리.
《두시상주》에 인용된 소보 주 산이 험하고 높은 것을 '교'라고 한다.(山峻而高, 曰嶠.)

2 赤甲(적갑)– 기주의 산 이름. 古城(고성)– 옛 성. 백제성을 가리킨다.

3 一川(일천)– 동양수東瀼水를 가리킨다. 穩(온)– 안온하다.

4 凄(처)– 싸늘하다. 차갑다.

5 秔稻(갱도)– 메벼.
《두시상주》 '갱도'는 멥쌀이다.(秔稻, 粳米也.)

6 桂叢(계총)– 계수나무가 모여 자라는 곳. 은자가 사는 곳을 비유한다.
《두시상주》 '계총'이라고 하였으니 때가 아마 팔월일 것이다.(曰桂叢, 時蓋八月矣.)
유안劉晏 〈초은사招隱士〉 계수나무가 산 깊은 곳에서 모여 자란다.(桂樹叢生兮山之幽.)

#《두시상주》: 제1수는 거처를 옮긴 일을 서술하였다. 위 4구는 동둔의 지세이고 5, 6구는 동둔의 가을 경치이며 결련에서는 시제에서 말한 동둔에 사는 뜻을 드러내었다. 뒤에 있는 〈기배시주〉 시에서 "몇 번을 백염산 북쪽으로 편지를 부치셨던가"라고 하였으니 동둔이 백염산의

북쪽, 적갑산의 동쪽에 있음을 알 수 있다. "연상처야일"은 하반구가 상반구로 인한 것이며, "갱도숙천풍"은 상반구가 하반구로 인한 것이다. 고신의 주에서 "두보는 겨울 기주의 서각에 살면서부터 다시 적갑으로 옮겼고 세 번째로 양서로 옮겼으며 지금 또 동둔으로 옮겼다. 일 년에 네 번 옮겼으니 그저 날리는 쑥대가 돌아다니는 것과 같을 뿐만이 아니다. 그래서 이곳을 지키며 옮기지 않으려고 하였다"라고 하였다.(首章, 敘移居之事. 上四, 東屯地勢. 五六, 東屯秋景. 末點居屯之意. 後有寄裴施州詩云, 幾度寄書白鹽北, 可見東屯在白鹽之北, 赤甲之東矣. 烟霜凄野日, 下半句因上. 秔稻熟天風, 上半句因下. 顧注, 公自冬寓夔之西閣, 再遷赤甲, 三遷瀼西, 今又遷東屯. 一歲四遷, 不啻如飄蓬之轉, 故欲守此而不移也.)

《독두심해》: 제1수는 서술한 것으로 먼저 동둔의 아름다운 경관을 말하였으며, 5, 6구는 계절을 곁들이면서 본지를 끌어내고, 마지막은 거처를 옮겼다는 내용으로 맺었다. 거처를 옮긴 이유를 아직 드러내지 않다가 다음 수에서야 드러내었다.(首章敍述, 先言東屯之勝. 五六帶時序而逗本事. 末結到移居. 其移居之故尙未露, 俟下章點出.)

其二

東屯復瀼西　一種住淸溪[1]　來往皆茅屋[2]　淹留爲稻畦[3]
市喧宜近利[4]　林僻此無蹊[5]　若訪衰翁語[6]　須令賸客迷[7]

동둔 또 양서
똑같이 맑은 개울에 살며,

오나가나 모두 초가집인데
머무는 것은 논두렁 때문이다.
저자가 왁자지껄해 이익을 가까이하기엔 좋으나
숲이 외져서 이곳엔 샛길도 없으니,
만약 노쇠한 늙은이와 말하러 찾아온다면
많은 손님을 헤매게 할 게 틀림없다.

주석

1 一種(일종)－ 마찬가지로.
《두시상주》 '일종'은 똑같다는 뜻이다.(一種, 一樣也.)

2 皆(개)－ '兼'으로 된 판본도 있다.

3 淹留(엄류)－ 오래 머물다. 爲稻畦(위도휴)－ 논두렁 때문이다. 이 구는 논을 관리하기 위하여 동둔으로 거처를 옮겼다는 말이다.

4 宜(의)－ 편리하다. 적합하다. 近利(근리)－ 이익을 가까이하다. 이해타산을 밝힌다는 말이다.
《두시상주》 '시훤'은 양서를 가리킨다. 두보의 시(〈추일기부영회봉기정감심리빈객지방일백운秋日夔府詠懷奉寄鄭監審李賓客之芳一百韻〉)에서 "부두는 양서 꼭대기에 있다"라고 한 것으로 증명할 수 있다.(市喧, 指瀼西. 公詩市暨瀼西顚, 可證.)

5 無蹊(무혜)－ 샛길이 없다. 사람이 잘 다니지 않는다는 말이다.
《두보전집교주》에 인용된 장원 주 '임벽' 구는 동둔을 가리킨다.(林僻句, 指東屯.)
《두보전집교주》에 인용된 고신顧宸 주 '무혜'는 들어올 길이 없다는 말이다. 들어올 길이 없으니 비록 '노쇠한 늙은이'를 방문하고자 하는 자가 있어도 또한 이곳에 와서 길을 헤맨다.(無蹊, 言無徑可入也. 惟無徑可入, 故雖有欲訪衰翁者. 亦到此而迷.)

6 衰翁(쇠옹)－ 노쇠한 늙은이. 두보 자신을 가리킨다.

7 賸客(승객·잉객)－ 많은 손님. 쓸데없이 두보를 찾아오는 많은 손님을 말한다. 迷(미)－ 길을 헤매다.

《두시상주》 '승'은 많다는 뜻이다.(賸, 多也.)

#《두시상주》: 제2수는 동둔에 사는 이유를 토로하였다. 동쪽과 서쪽의 두 집은 모두 맑은 시냇가에 있는데, 지금 특별히 동둔으로 옮긴 것은 한편으로는 벼를 수확하러 온 것이고 한편으로는 시끄러움을 피하여서 온 것이다. 자신을 찾아오는 손님이 쉽게 길을 헤맨다는 것은 땅이 편벽한 것이 도화원에 못지않다는 말이다.(次章, 寫居屯之故. 東西兩舍, 總在淸溪, 今特移屯者, 一爲穫稻而來, 一爲避喧而至也. 過客易迷, 言地僻不減桃源.)

《독두심해》: 제2수에서 위 4구는 바로 거처를 옮긴 이유인데 양서와 동둔이 서로 멀지 않고 마을의 경관이 그림과 같다고 하였다. 아래 4구는 그 땅의 편벽함을 사랑한다는 것인데 양서에서는 본시 그 편리함을 즐겼고 동둔에서는 또한 그 한갓짐에 기뻐하지만, 표현에 기복을 주어 주객을 분명히 하였다. '과객'이라고 하지 않고 '승객'이라고 하였는데 '쇠옹'과 어울린다.(次章, 上四乃移居之故也. 瀼屯相去不遠, 村景如畫. 下四, 愛其地之僻也, 在瀼固樂其便, 在屯亦喜其幽. 抑揚其詞, 以淸賓主. 不曰過客而曰賸客, 乃與衰翁相稱.)

《두억》: 동둔과 양서는 본래 우열이 없고 다만 시끄럽고 조용한 차이만 있다는 말이다.(言東屯瀼西, 原無優劣, 但有喧寂之殊.)

其三

道北馮都使[1] 高齋見一川[2] 子能渠細石[3] 吾亦沼淸泉[4]
枕帶還相似[5] 柴荊卽有焉[6] 斫畬應費日[7] 解纜不知年[8]

길 북쪽에 사는 풍도사
높은 집에서 온 시내가 보이기에,
그대가 작은 돌로 도랑을 잘 만들었고
나 역시 맑은 샘물로 못을 만들었다.
집 앞뒤 경관이 또 서로 비슷하여
사립문 바깥에 바로 보인다.
묵은 밭을 개간하는 데 응당 시일이 걸릴 터
닻줄은 어느 해에 풀지 모르겠다.

주 석

1 道北(도북) – 길 북쪽. 두보가 거처를 옮긴 곳의 길 북쪽을 말한다. 이와 달리 풍씨의 상황을 표현하기 위해 《진서晉書·완함전阮咸傳》의 표현을 습용하였을 수도 있다. 馮都使(풍도사) – 풍씨가 누구인지는 알려져 있지 않다. '都使'는 하천이나 나루터에 관한 명령을 관장하고 수운 공사와 관련된 관속을 총괄하는 업무를 맡았던 도수감사都水監使를 가리키기도 하는데 그가 어떤 관직을 지냈는지는 확실치 않다.
《두시상주》 '도북'은 동둔의 북쪽을 말한다.(道北, 謂東屯之北.)

《진서·완함전》 완함과 완적은 길 남쪽에 살고 여러 완씨는 길 북쪽에 사는데 북쪽의 완씨는 부유하지만 남쪽의 완씨는 가난하였다.(咸與籍居道南, 諸阮居道北, 北阮富而南阮貧.)

2 高齋(고재) – 높은 집. 풍도사의 집을 가리킨다. 두보의 집으로 보는 설도 있으나 취하지 않는다. 見一川(견일천) – 내 전체가 보인다. 이와 달리 '같은 내에서 보인다'로 풀이하여 풍도사의 집이 두보가 사는 내에서 보인다는 뜻으로 볼 수도 있다.

《두시상주》 육유의 〈소릉고재기〉에서 "두보가 기주에 살 때 세 번 거처를 옮겼는데 모두 '고재'라고 이름하였다. 그의 시에서 '차수문'이라고 한 것(〈숙강변각宿江邊閣〉)은 백제성의 고재이고 '의약이'라고 한 것(〈모춘제양서신임초옥오수暮春題瀼西新賃草屋五首〉 기사其四)은 양서의 고재이며, '견일천'이라고 한 것은 동둔의 고재이다. 그러므로 또한 (〈운雲〉에서) '고재가 한 곳이 아니다'라고 하였다"라고 하였다. 지금 살펴보건대 "고재견일천"은 "도북풍도사"와 긴밀히 연결되어 있으니 '고재'는 마땅히 풍씨의 거처에 속한다. 대체로 두보 시집에 나오는 '고재' 중에는 다른 사람에 대해 말한 것이 있으니 (〈백수현최소부십구옹고재삼십운白水縣崔少府十九翁高齋三十韻〉의) "고재좌림초" 같은 것은 백수 최현위의 집이고, 자신에 대해 말한 것이 있으니 (〈수좌愁坐〉의) "고재상견야" 같은 것은 재주에 살던 거처이다. 이러한 것이 모두 그 증거가 된다.(陸游少陵高齋記, 少陵居夔, 三徙居, 皆名高齋. 其詩曰次水門者, 白帝城之高齋也. 曰依藥餌者, 瀼西之高齋也. 曰見一川者, 東屯之高齋也. 故又曰高齋非一處. 今按, 高齋見一川, 緊接道北馮都使, 則高齋當屬馮氏之居. 大約集中高齋, 有就他人言者, 如高齋坐林杪, 是白水崔少府之齋. 有就自己言者, 如高齋常見野, 是梓州所寓之居. 此皆可證.)

3 子(자) – 그대. 풍씨를 가리킨다. 能(능) – 능숙하다. 잘하다. 渠細石(거세석) – 작은 돌로 도랑을 만들다. 또는 작은 돌이 있는 곳에 도랑

을 만들다.

4 沼(소)－ 연못을 만들다.

[子能 2구]

《두시상주》에 인용된 조방趙汸 설 도랑을 내고 연못을 만든다는 뜻이다. 명사를 동사로 활용하였다.(渠之, 沼之, 實字作活字用.)

《두시상주》에 인용된 장원 주 자갈로 도랑을 통하게 하고 맑은 샘물로 연못을 만들었다는 말이다. 두 구는 도치법을 사용하였다.(細石通渠, 淸泉作沼, 兩句用倒裝法.)

5 枕帶(침대)－ 베고 두르다. 집의 앞뒤에 산과 내가 있는 상황을 표현한 것이다. '帶'는 '席'으로 된 판본도 있다.

《구가집주두시》 조차공 주 산을 베고 물을 두르고 있다는 말이다. '침석'으로 된 판본도 있는데 천근한 표현이다.(言枕山帶水也. 一作枕席, 淺矣.)

6 柴荊(시형)－ 사립문을 뜻한다. 여기서는 두보의 집을 가리킨다. 풍씨와 두보의 집을 가리킨다는 설도 있지만 틀렸다. 有焉(유언)－ 그것을 가지다. 사립문 바깥에 산과 내가 보인다는 말이다. 이와 달리 두 집이 모두 사립문을 갖추고 있다는 뜻으로 풀이하기도 하지만 틀렸다.

《구가집주두시》 조차공 주 풍도사와 자신이 모두 사립문을 갖추고 살고 있다는 말이다.(言馮都使與己俱有柴荊以居也.)

[枕帶 2구] 풍씨의 집과 두보의 집 주위 환경이 비슷하다는 말이다.

《두보전집교주》에 인용된 당원횡唐元竑 주 베고 있는 것은 '사방의 높은 산'이고 두르고 있는 것은 '평평한 땅의 한 줄기 내'이다. 다만 서까래 몇 개 있는 초가집만 가져도 이 산과 내가 모두 내 것이다.(枕卽高山四面, 帶卽平地一川. 但擁茅屋數椽, 卽此山川皆吾有也.)

《두보전집교주》에 인용된 주전周篆 주 '침대상사'는 집 앞뒤의 숲과 샘의 경관이 풍씨의 집과 비슷하다는 말이다. '유' 자는 (〈상도솔사上

兜率寺〉에서) "강과 산은 파 땅과 촉 땅의 것이 있다"라고 한 것의 '유' 자이니 포괄하여 가지고 있다는 말이다.(枕帶相似, 言枕帶林泉之景, 與馮齋相似也. 有. 卽江山有巴蜀之有, 言籠而有之也.)

7 斫畬(작여)- 묵은 밭을 개간하다. 땅을 다시 기름지게 하는 것을 말한다. '畬'는 묵은 밭이다. '사'로 읽으면 불을 질러 땅을 기름지게 한다는 뜻이다. 費日(비일)- 시일이 소요되다.

《두시상주》에 인용된 설몽부薛夢符 설 형 땅과 초 땅에 화전이 많다. 먼저 불을 마구 질러 다 태운 뒤 비가 지나가기를 기다려서 씨를 뿌린다. 대체로 밭은 3년이 지나면 지력이 다하여 다시 농작물을 재배할 수 없다. 그러므로 반드시 덤불을 태워서 그 땅을 비옥하게 해야 한다.(荊楚多畬田, 先縱火燒爐, 候經雨下種. 蓋田歷三歲, 土脉已竭, 不可復樹藝, 故須燒榛以肥其土.)

《이아爾雅》 밭이 3년 된 것을 '여'라고 한다.(田三歲, 曰畬)

8 解纜(해람)- 닻줄을 풀다. 두보가 기주를 떠나가는 것을 말한다.

《두억》 앞에서는 "계수나무 숲을 지키겠다"라고 하였고 지금 "닻줄을 푸는 것이 어느 해일지 모르겠다"라고 하였는데 마치 이곳에서 늙어가며 생을 마치려는 자와 같다.(前云守桂叢, 今云解纜不知年, 若欲終老於此者.)

#《두시상주》: 제3수는 동둔 이웃의 훌륭함을 서술하였다. 도사의 높은 집은 내 너머에 바라 보인다. 그러므로 그곳의 도랑과 이쪽의 연못이 모두 한 내에 있다. 주학령의 주에서 "숲과 샘을 앞뒤에 둔 것이 두 집이 비슷하니 사립문 밖에서 겸하여 가질 수 있다"라고 하였다. 묵은 밭을 개간하여 씨를 뿌리고 심는 데는 응당 시일이 소요될 터이니 닻줄을 풀어 떠나는 것은 정말로 기약이 없다.(三章, 敍東屯隣居之勝. 都使高齋, 隔川望見, 故彼渠此沼, 共在一川. 朱注, 林泉枕帶, 兩家相似. 故柴門之外, 卽可兼而有之. 斫畬種植, 應費時日, 則解纜而去, 正

未有期也.)

《독두심해》: 제3수는 내 건너 이웃에 고아한 사람이 살고 있음을 기뻐하였기에 그 일을 적은 것이다. 5, 6구는 장차 그것을 가지게 될 것이니 이로써 비슷해질 것이라는 말로 도치시켜 보면 금방 이해되는데, 그의 아취를 나 또한 가지게 된다는 말이다. 결련에서는 이곳에서 생을 마치겠다는 뜻이 있는데 고아한 인사와 친하게 지내기 때문이다.(三章, 喜隔川鄰近有高人居止, 因誌其事. 五六, 將惟其有之, 是以似之, 倒轉看卽得, 彼之趣吾亦有之也. 結有終焉之志, 狎勝流故也.)

其四

牢落西江外[1] 參差北戶間[2] 久遊巴子國[3] 臥病楚人山[4]
幽獨移佳境[5] 淸深隔遠關[6] 寒空見鴛鷺[7] 迴首憶朝班[8]

쓸쓸한 서강의 바깥
들쭉날쭉한 북쪽 문 사이.
파자국에서 오래 떠돌며
초 땅의 산에 병들어 누웠다가,
그윽하고 외딴 아름다운 곳으로 옮겼기에
맑고 깊숙하여 먼 관문으로 격절되었다.
차가운 하늘에 원추와 해오라기가 보이기에
고개 돌려 조정의 반열을 생각한다.

주 석

1 牢落(뇌락)– 영락하여 드문드문한 모양. 西江外(서강외)– 기주 지역을 가리킨다. 서강은 장강의 중하류 지역 사람들이 장강을 가리키는 말인데, 서쪽에서 흘러온다는 뜻을 반영한 명칭이다.

《두시상주》 '뇌락'은 휑하니 영락하였다는 뜻이다.(牢落, 寥落也.)

2 參差(참치)– 들쑥날쑥한 모양. 인근의 집들이 도회지와는 달리 가지런히 있지 않다는 말이다. 北戶(북호)– 북쪽으로 낸 문. 아마 두보의 거처는 북쪽으로 문을 냈을 것이다. 원래 남방에서는 햇볕을 받아들이기 위해 북쪽으로 문을 낸다고 한다. 이를 통해 조정을 향한 마음을 드러낸 것이라고 보는 설도 있지만 취하지 않는다.

《두시상주》에 인용된 고신 주 두보의 북쪽 문은 풍도사의 거처와 어긋나게 마주하고 있다.(公之北戶, 與馮都使居, 參差相對.)

《구가집주두시》 조차공 주 (좌사左思의) 〈오도부〉에서 "북쪽으로 난 문을 열어 태양을 향하니 남쪽 바다를 북쪽의 땅과 같게 여긴다"라고 하였고, 주에서 "일남 사람은 북쪽 문을 내어 태양을 향하게 하여서 밝음으로 나아가니, 남쪽을 북쪽의 땅으로 여긴 것으로 중원에서 북쪽을 바라보는 것과 같다"라고 하였다. 두보가 기주에 사니 바로 초 땅인데, 형저 지역, 오월 지역과 가깝다. 그러므로 '서강외', '북호간'이라고 말할 수 있었다.(吳都賦云, 開北戶以向日, 齊南冥於幽都. 注言日南人開北戶向日以就明. 則以南爲幽都, 亦如中國之見北也. 公居于夔, 乃楚地, 與荊渚吳越相近矣. 故得言西江外北戶間也.)

[牢落 2구] 두보의 거처가 장강 중상류에 있고 그곳에는 북향의 집이 들쭉날쭉 있는 상황을 묘사한 것이다.

3 巴子國(파자국)– 옛 나라 이름인데 여기서는 기주를 가리킨다. '國'은 '宅'으로 된 판본도 있다.

4 楚人山(초인산)― 초 땅 사람이 사는 산. 여기서는 기주를 가리킨다.

5 幽獨(유독)― 그윽하고 홀로 있다. 移佳境(이가경)― 아름다운 곳으로 옮기다. 두보가 동둔으로 거처를 옮긴 것을 말한다.

6 隔遠關(격원관)― 경사에서 멀리 떨어져 있는 관문에 의해 격절해 있다. 여기서 관문은 구당관瞿唐關을 가리킨다.

육유 〈입촉기入蜀記〉 구당관의 서문은 정면으로 염예퇴와 마주하고 있다. …… 관문에서 동쪽으로 가면 바로 두보가 동둔에 살던 옛집이다.(瞿唐關西門, 正對灩澦堆. …… 自關而東, 卽少陵東屯故居.)

[幽獨 2구]

《두보전집교주》에 인용된 고신 주 '그윽하고 외지니' 바로 '아름다운 곳'이 된다. 내가 '그윽하고 외진' 것을 사랑하기에 이곳으로 거처를 옮겨 '아름다운 곳'으로 여겼다. '맑고 깊숙하니' 바로 세상과 격절되었다. 내가 '맑고 깊숙한' 것을 사랑하기에 비록 먼 관문에 있지만 세상과 격절되어도 무방하다.(幽獨, 卽爲佳境矣. 吾愛幽獨, 故移此以爲佳境也. 淸深, 卽與世相隔矣. 吾愛淸深, 故雖處遠關, 不妨與世相隔也.)

7 寒空(한공)― 차가운 하늘. 鴛鷺(원로)― 원추와 해오라기. 이 새들은 항상 줄지어 다니기 때문에 조정의 신하를 비유한다.

8 憶(억)― '想'으로 된 판본도 있다. 朝班(조반)― 조정의 반열.

《구가집주두시》 조차공 주 두보는 일찍이 좌습유가 되어 통적하여 조회하였기에 원추와 해오라기를 보고 조정의 반열을 생각하였다.(公嘗爲左拾遺, 通籍而朝, 故見鴛鷺而憶朝班也.)

#《두시상주》: 마지막 수는 동둔에서 오래 머물 수 없음을 드러내었다. 《두억》에서 "'쓸쓸하고' '들쭉날쭉하니' 끝내 즐기며 늙어갈 땅이 아니다. 다만 떠돌던 중 병들어 누웠기에 '그윽하고 외지니' '맑고 깊숙한'

곳을 찾아 스스로 쉴 따름이다. 원추와 해오라기가 하늘을 날고 있는 것을 보고서는 또 조정의 반열을 생각하였다"라고 하였다. 세상에 쓰이고자 하는 뜻을 두보가 끝내 잊지 못한 것이리라.(末章, 見東屯不可久居. 杜臆, 牢落參差, 終非娛老之地. 但以臥病旅中, 取其幽獨淸深, 以自休息耳. 及見鴛鷺翔空, 則又想朝班行列. 公於用世之志, 終未忘歟.)

《독두심해》: 마지막 수는 오래도록 객살이하며 농사짓는 것에 대한 감개이다. 위 4구는 기주에 대해 범연하게 말하였다. 5, 6구는 아래로 갈마들어 가는데 '이가경'은 시제의 '거처를 옮긴다'는 것과 맞아떨어지고 '격원관'은 경사를 떠났다는 것으로 이끌어 들어간다. 결련은 이를 이어서 말해내었다. 황생이 말하기를, "원추와 해오라기가 조정에서 늘어서 있지 않고 차가운 하늘에 홀연히 보이니 돌연 고개 돌리는 것을 감당할 수 없다"라고 하였다.(末章, 久客爲農之慨. 上四, 泛就夔言. 五六遞下. 移佳境, 拍合移居. 隔遠關, 引入去國. 結聯承此說下. 黃生曰, 鴛鷺不列於朝, 忽從寒空見之, 猛然不堪回首.)

《두시설》에 인용된 오동암吳東岩 설: 여덟 구 안에서 감개를 번갈아 뒤집고 있는데 매 연마다 한 번 전절되는 곳을 봐야 한다. 1, 2구는 동둔의 빼어난 경개가 머물 만하다는 것을 말하였는데 3, 4구에서는 또 한 걸음을 열어서 어찌하여 이곳에 오래 머물겠냐고 말하였다. 5, 6구는 또 한 붓으로 모아서 그윽하고 맑기에 매우 마음에 들었음을 보여주었고, 7, 8구는 또 조급한 마음속의 생각을 드러내어 동둔이 자기가 좋아하는 곳이 아니라고 강조하여서 말하였다. 왔다 갔다 세 번을 반복한 것은 실로 몸을 깃들일 만하지 못하여서이니 애달픔이 사람을 뒤흔든다. '한공'은 여섯 구를 정면에서 반영하였고 '조반'을 반대쪽에서 비추었다.(八句中反復感慨, 須看其每聯一轉處. 一二言東屯形勝可居, 三四又開一步, 言何爲久居於此. 五六又合一筆, 見

幽淸, 殊可適意, 七八又發熱中之想, 甚言東屯非己所戀也, 低回三復, 實是無可棲身, 楚楚動人. 寒空字, 正映六句, 反照朝班.)

(임도현)

9. 社日兩篇

사일에 쓴 두 편

九農成德業[1] 百祀發光輝[2] 報效神如在[3] 馨香舊不違[4]
南翁巴曲醉[5] 北雁塞聲微[6] 尙想東方朔[7] 詼諧割肉歸[8]

농사일이 공덕을 이루니
온갖 제사가 찬란한 빛을 발하는데,
보답하는 의식은 마치 신이 있는 듯이 하고
공물의 향기는 예로부터 어기지 않았다.
남방의 노인이 파곡을 들으며 취할 제
북쪽 기러기 변새에서의 소리가 희미하니,
아직도 생각나는 것은 동방삭이
익살스런 농담으로 고기 베어 돌아간 일이다.

기주에서 가을의 사일社日에 보고 느낀 감회를 쓴 시이다. 사일에는 고기를 나누어 주는 풍습이 있다. 이 때문에 고기를 나눈 일화와 관련이 있는 동방삭과 진평을 등장시켜 두보 자신의 신세를 한탄하였다. 동방삭은 황제의 총애를 받아 고기를 하사받았지만 그는 총애를 받지 못해 객지에서 떠돌고 있고, 진평은 사일에 고기를 공정하게 나누어 사마천에게 높은 평가를 받고 나라를 위해 큰 공적을 남겼지만 그는 아무런 공적도 이루지 못한 채 늙어버렸다는 것이다. 《두시상주》와 《독두심해》 등은 이 시를 대력 2년에 편차하였는데, 이와 달리 대력 원년에 지은 것으로 보는 설도 있다.

'사'는 토지 신을 뜻하기도 하고 토지 신에게 지내는 제사를 뜻하기도 한다. 사제社祭에는 봄의 춘사春社와 가을의 추사秋社가 있다. '사일'은 사제를 지내는 날이다.

《보주두시》 시에서 "조정의 관리들 궁궐에서 돌아갈 제, 그 누가 협중의 이 병든 사람을 가련히 여길까?"라고 하였고, 또 "외진 변새에서 즐거워하는 것을 보다가, 가을바람에 눈물 떨구다"라고 하였으니, 의당 대력 원년 가을 사일에 기주에서 지었을 것이다.(詩云, 鴛鷺迴金闕, 誰憐病峽中, 又云, 歡娛看絕塞, 涕淚落秋風, 當是大曆元年秋社在夔州作.)

《두시상주》 고신 주에서 "사에는 봄과 가을 두 사가 있다. 시에서 '북쪽 기러기', '가을바람' 등을 언급하였으니 추사에 지은 것임을 알 수 있다"라고 하였다. 《좌전》에 "공공씨에게 구룡이라는 아들이 있었는데, 물과 흙을 잘 다스렸기에 제사를 지내고 사로 삼았다"라고 하였다.(顧注, 社, 有春秋二社. 詩言北雁秋風, 知爲秋社作也. 左傳, 共工氏有子曰勾龍, 能平水土, 故祀以爲社.)

주 석

1 九農(구농) - 각종 농사. '秋豊'으로 된 판본도 있다. 德業(덕업) - 공덕과 사업.

《좌전·소공17년》 구호는 아홉 가지 농사를 맡은 장관이다.(九扈爲九農正.)

《두시상주》에 인용된 고신 주 '호'는 물새이다. 호에 아홉 종이 있어서 '구호'를 구농의 칭호로 삼고 각각 그 일에 따라 백성이 할 일을 가르쳤다.(扈, 水鳥也. 扈有九種也, 以九扈爲九農之號, 各隨其事, 以教民事.)

2 百祀(백사) – 각지各地의 제사 또는 각종 제사를 뜻한다. 여기서는 사제를 가리킨다. 이 구는 사제가 성대하게 치러졌음을 말한다.

《두시상주》 '백사'는 바로 사제이다. 곡물은 토지가 아니면 생산될 수 없다. 그래서 사신에게 보답하여 제사를 지낸다. '광휘'는 제사가 성대하였음을 말한다.(百祀, 卽社祭. 穀非土不生, 故報祭於社神. 光輝, 言祭之盛也.)

3 報效(보효) – 보답하다. 보은하다. 神如在(신여재) – 귀신이 제사하는 자리에 실재하는 듯이 하다. 제사를 정성스럽게 치렀음을 뜻한다.

《논어·팔일》 귀신에게 제사할 때 귀신이 계신 듯이 한다.(祭神如神在.)

4 馨香(형향) – 제사에 바치는 공물의 향기를 말한다. 舊不違(구불위) – 예로부터 공물을 갖추고 때를 지켜 제사를 제대로 지내왔다는 뜻이다. '舊'를 '관례'의 뜻으로 보고, '예전의 관례를 어기지 않았다'고 풀이할 수도 있다.

《두시상주》 '불위'는 제사가 때를 어기지 않았다는 것이다.(不違, 祭不失時.)

5 南翁(남옹) – 제사에 참여한 노인을 뜻하는데, 두보 자신이 이에 포함된 것으로 볼 수도 있다. 巴曲醉(파곡취) – 파곡을 들으며 술에 취하다. '파곡'은 파 지역의 노래라는 뜻으로 기주의 민간 가요를 가리킨다.

《두시상주》 '남옹'은 제사에 참여한 노인을 가리키는데, 술에 취해 파유의 곡을 노래한 것이다. 고신 주에서 "남옹은 곧 '남공'이니, 〈항적전〉의 주에서 '남방의 노인이다'라고 한 것이다"라고 하였다.(南翁, 指老人之與祭者, 因醉而歌巴渝之曲. 顧注, 南翁卽南公, 項籍傳注, 南方之老人也.)

《구가집주두시》 조차공 주 "남옹파곡취"는 공 자신에 대한 말이다. 그가 기주에 있었으니 '남옹'이라 칭할 수 있다.(南翁巴曲醉, 公自言.

其在夔州, 得稱南翁.)

6 北雁(북안) – 북녘에서 날아온 기러기. 塞聲微(새성미) – 변새에서 내던 소리가 미약해지다. 힘이 빠졌음을 말한다.

《두시상주》 가을에 북녘 기러기가 남으로 내려온다. '새성미'라 한 것은 그것이 멀리 날아오느라 힘이 다하였음을 가련하게 여긴 것이다. 혹자는 "이를 빌려 소식이 끊겼음을 말하니, 바로 (〈야夜〉 시에서) 이른바 '북녘 편지가 오지 않으니 기러기가 무정하다'는 것이다"라고 하였다.(秋時北雁南來, 曰塞聲微者, 憐其遠飛而力竭矣. 或云, 借言音書斷絶, 卽所謂北書不至雁無情.)

[南翁 2구]

《두시경전》 '남옹', '북안' 2구에서 본지를 이끌어낸다.(在南翁北雁二句, 逗出本意.)

7 東方朔(동방삭) – 한漢 무제武帝의 신하, 해학으로 유명하다.

8 詼諧(회해) – 우스갯소리. 해학. 이 구는 동방삭의 고사이다.

[尙想 2구]

《두시상주》 〈동방삭전〉을 보면, "복일에 조칙으로 시종관에게 고기를 하사하였다. 동방삭이 칼을 뽑아 고기를 베어 가지면서, 동료에게 '복일이니 일찍 귀가해야 한다. 하사품을 받겠다'라고 하고는 고기를 품에 넣고 갔다. 대관이 이 일을 상주하니 동방삭에게 자책하라는 조칙이 내려졌다. 이에 동방삭이 '칼을 뽑아 고기를 베었으니 얼마나 씩씩한가! 벤 것이 많지 않으니 얼마나 청렴한가! 돌아가 부인에게 주었으니 얼마나 인자한가!'라고 말하였다"라는 이야기가 있다. 《서계종어》에서 "이 시에서 우스갯소리를 하면서 고기를 베었다는 이야기는 사일에 복일의 고사를 사용한 것이다. 그래서 소식과 황정견은 모두 잘못된 것이라 하였다. 《사기》의 제후 연표를 살펴보면 고대에는 춘사만 있었고, 진나라 덕공 2년에 비로소 복일을 써서 추사를 하여 성읍의 네 대문에서 개를 찢어 재해와 충해를 막았다고 하니, 사일이 바로 같은 날이었던 것이다. 한나라에 와서 춘사와 추사가 있게 되고 복일과 분리되었다"라고 하였다.(東方朔傳, 伏日詔賜從官肉. 朔拔劍割肉, 謂同官曰, 伏日當早歸, 請受賜. 卽懷肉去. 大官奏之, 詔朔自責. 朔曰, 拔劍割肉, 一何壯也. 割之不多, 又何廉也. 歸遺細君, 又何仁也. 西溪叢語, 此詩詠諸割肉, 社日用伏日事. 蘇黃皆以爲誤. 按史記諸侯年表, 古者止有春社, 秦德公二年, 始用伏日爲秋社, 磔狗四門以禦災蟲, 社乃同日. 至漢方有春秋二社, 與伏分也.)

《두율계몽》 한나라 이전에는 바로 복일을 써서 추사를 하였다. 그래서 시에서 복일의 고사를 사용하였다.(漢以前卽以伏日爲秋社, 故詩用伏日事.)

《두억》 사일은 사일이고 복일은 복일이다. 사일에도 고기를 나누어 주기에 공이 동방삭의 일을 빌려 썼을 뿐이다.(社自社, 伏自伏, 社亦分肉, 公借東方朔事耳.)

#《두시상주》: 제1수는 사제를 보고 집을 그리워한 것이다. 농사일이 이루어졌음을 고하게 되어 사제를 모두 거행하였다. '보효' 구는 제사 지낼 때의 정성을 말한다. '형향' 구는 제사 물품이 정결함을 말한다. '남옹' 구와 '북안' 구는 사제 시절을 대하여 고향을 그리워하는 것이고 '동방'과 '할육'은 사제 일로 인하여 하사하는 것을 생각한 것이다.(首章, 見社祭而思家. 農事告成, 故社祀皆擧. 報效, 言致祭之誠. 馨香, 言祭品之潔. 南翁北雁, 對社時而懷故鄕. 東方割肉, 因社事而念頒賜也.)

《독두심해》: 사제로 인하여 조정에서의 하사를 상상하였다. '남옹'과 '북안' 2구에서 시상을 바꾸며 본의를 드러내었다.(因賽社而想朝賜, 在南翁北雁二句, 轉遞出本意來.)

其二

陳平亦分肉[1] 太史竟論功[2] 今日江南老[3] 他時渭北童[4]
歡娛看絶塞[5] 涕淚落秋風[6] 鴛鷺廻金闕[7] 誰憐病峽中

진평이 또한 고기를 골고루 나누었으니
태사가 끝내 그 공을 논하였다.
오늘 강남의 늙은이는
지난날 장안의 아이.
외진 변새에서 즐거워하는 것을 보다가
가을바람에 눈물 떨구는데,
조정의 관리들 궁궐에서 돌아갈 제
그 누가 협곡 속 이 병든 사람을 가련히 여길까?

주 석

1 陳平(진평) – 한나라 고조의 신하. 고조를 도와 천하 통일에 큰 공을 세웠다. 젊은 시절 마을의 사제를 주관하면서 제사 고기를 공평하게 분배하여 칭송을 받은 적이 있다.

《두시상주》 제1구의 '역' 자는 앞 시를 이어받은 것이다.(首句亦字, 承上文來.)

2 太史(태사) – 《사기》의 태사공太史公으로 사마천司馬遷이다.

《두억》 태사공이 진평을 논하여 "제기祭器에서 고기를 나눌 때 뜻이 이미 원대하였다”라고 하였고, 또 “공명으로 일생을 마치고 어진 재상이라 칭해졌다”라고 한 것이 이른바 태사공의 논공이다.(太史公論陳平云, 割肉俎上時, 意已宏遠矣. 又云, 以功名終, 稱賢相. 所謂太史論功也.)

《두시상주》 옛 주에서 “사일이 되자 태사가 일을 점쳤다”라고 한 육기의 말을 인용하였는데, 이 부분과 맞지 않는다.(舊注引陸機語, 社之日至, 太史占事. 於此不合.)

3 江南(강남)－ 여기서는 삼협 일대를 두고 한 말이다.

《두시상주》 ‘강남’은 협강(삼협 일대의 장강)의 남쪽이다.(江南, 峽江之南.)

4 他時(타시)－ 전날. 이전 시절. 渭北(위북)－ 위수 북쪽. 여기서는 장안을 가리킨다. ‘北’이 ‘水’로 된 판본도 있다.

5 絶塞(절새)－ 아주 먼 변새邊塞. 여기서는 기주를 가리킨다.

《두시조차공선후해집교》 ‘절새’는 기주를 가리키니, 기주에서는 백제성을 요새로 삼았다.(絶塞, 指夔州, 州以白帝城爲塞矣.)

6 涕淚(체루)－ 눈물.

7 鴛鷺(원로)－ 조정 신하를 비유한다.

#《두시상주》: 제2수는 사제 일을 인용하여 느낌을 적은 것이다. 《두억》에서 “이 시는 다음과 같은 뜻이다. 이 사일에, 진평이 고기를 나누어 주었던 한 가지 일의 경우 태사가 마침내 이 일로써 공을 논하였지만, 지금 이 강남의 노인은 바로 이전에 위북의 아이였는데 공업을 이룬 게 없어서 진평만 못하다. 그래서 즐거워하는 모습을 보며 자신도 모르게 눈물을 흘린다. 이때 궁궐의 여러 신하는 고기를 나누어 받아 돌아갈 터인데, 또 누가 협곡 속의 병든 나그네를 가련히 여길까?”라고 하였다.(次章, 引社事以誌感. 杜臆, 言當此社日, 如陳平分肉一事,

太史竟以此論功. 今日江南之老, 卽當時渭北之童, 乃功業無成, 不如曲逆, 所以看歡娛而不覺灑涕也. 此時金闕諸臣, 分肉而廻, 又誰憐峽中病客耶.)

《독두심해》: 제2수는 제1수 후반의 뜻을 거듭 말하였다. '환오'는 '파곡취'의 뜻이다. '절새'는 기주를 가리킨다.(次章, 卽前章下半意而申言之. 歡娛, 卽巴曲醉意. 絕塞指夔.)

##《두시상주》: 동방삭이 한 무제를 만나고 진평이 한 고조를 만난 경우는 번성하였던 시절을 만나 이름을 천고에 전하였다. 공은 세 조정의 유로로 장강 가에 떠돌다가, 사일로 인해 전현을 돌이켜 논하며 옛일에 감개하여 마음 아파하였으니, 그의 자부심이 원래 적지 않았던 것이다.(東方之遇漢武, 曲逆之逢高祖, 遭際盛時, 名傳千古. 公以三朝遺老, 流落江濱, 因社日而追論前賢, 慨古傷情, 其自負原不淺也.)

(**이영주**)

10. 八月十五夜月二首

8월 15일 밤의 달 2수

滿目飛明鏡　歸心折大刀[1]　轉蓬行地遠[2]　攀桂仰天高[3]
水路疑霜雪　林棲見羽毛　此時瞻白兎[4]　直欲數秋毫[5]

눈에 가득 밝은 거울이 날고
돌아가려는 마음 큰 칼에 꺾이는데,
구르는 쑥처럼 먼 땅을 다니고 있어
계수나무 더위잡고 높은 하늘 올려다본다.
물길은 서리와 눈이 내렸나 의심되고
숲 둥지에는 새 깃털이 보이는데,
이때 흰토끼를 바라보니
바로 가을에 난 털도 셀 것 같다.

이는 대력 2년 8월 15일 기주 양서에서 지은 2수의 연작시다. 첫 번째 수는 중추절의 달을 읊으면서 기주에 객거하고 있는 자신의 괴로운 심사와 고향에 대한 그리움을 담아내었다. 두 번째 수는 달이 질 무렵 새벽의 쓸쓸한 풍경과 달빛 아래 고생하고 있는 병사들에 대한 연민을 노래하였다.

《보주두시》 사서를 살펴보면 영태 원년 8월 복고회은 및 토번, 회흘, 당항강, 혼노랄이 변경을 약탈하였다. 그렇기 때문에 "조두가 모두 새벽을 재촉한다"라는 구가 있는 것이다. 이때 공은 운안에 있었기 때문에 시에서 또 "무산 협곡에 점차 가까이 와서 여전히 백제성을 머금었다"라고 하였다. 양권도는 대력 원년 기주시 안에 편재하였다. 그러나 이해 8월에는 오히려 전쟁의 소요가 없었으니 시에서 또 말한 "시위를 건 활이 지는 달에 기댄 모습은 다만 한나라 병영만은 아니다"에 부합하지 않는다. 뒤의 〈십육야완월〉, 〈십칠야대월〉 두 편은 이 시와 동시에 지은 것이 아니다.(按史, 永泰元年八月, 僕固懷恩及吐蕃迴紇黨項羌渾奴剌寇邊, 故有刁斗皆催曉之句. 是時公在雲安, 故詩又云, 稍近巫山峽, 猶銜白帝城. 梁權道編在大曆元年夔州詩內. 然是年八月却無兵戈之擾, 不應詩又云, 張弓倚殘魄, 不獨漢家營. 後十六夜十七夜二篇, 非同時作.)

《두억》 주에서 운안에서 지은 것이라고 한 것은 잘못이다. 만약 운안에 있었다면 무산은 동쪽에 있으니 이 시에 "무산 협곡으로 내려온다"라는 말과 맞지 않는다. 다른 판본에 "대력 2년 양서에서 지은 것이다. 뒤이어 있는 16일, 17일 밤에 달을 감상한 시(〈십육야완월〉, 〈십칠야대월〉)와 달을 감상하며 한중왕께 올린 시(〈완월정한중왕玩月呈漢中王〉)는 대체로 같은 시기에 지은 것이다"라고 하였는데 마땅히 이것을 바른 것으로 봐야 한다.(註謂雲安作, 非也. 若在雲安, 則巫山在東, 不應此首有下巫山峽之語. 別本云, 大曆二年瀼西作. 隨有十六十七夜玩月, 又玩月上漢中王, 蓋一時之作, 當以此爲正.)

《두시상주》에 인용된 《두억》 마땅히 대력 2년 양서에서 지은 시에 속하며 〈십육야완월〉, 〈십칠야대월〉 두 편과 아마도 같은 시기에 지었을 것이다.(當屬大曆二年瀼西作, 與玩月對月兩章, 蓋一時所作也.)

주 석

1 折(절)－ 꺾다. 大刀(대도)－ 큰 칼. 여기서 '대도'는 환두대도環頭大刀를 가리키는 것으로 칼자루 끝에 있는 '고리'인 '환環'은 '돌아가다'의 의미인 '환還'과 음이 같다. 이 구는 돌아가려는 마음이 꺾였다는 뜻이다.

《두시상주》 고악부에 "'짚을 깐 모탕'은 지금 어디에 있나? 산 위에 다시 산이 있구나. 무엇이 큰 칼 머리에 있나? 깨진 거울이 하늘을 나는구나(남편은 지금 어디에 있나? 밖에 나가 있다. 언제 돌아올까? 반달이 하늘에 날 때쯤일 것이다)"라고 하였다. 오긍의 《악부해제》에 "'짚을 깐 모탕'은 '부'이다. 겹친 산은 '출'이다. '큰 칼 머리'는 칼자루 끝에 있는 고리이니, 남편이 언제 돌아올 것인지 묻는 것이다. '깨진 거울이 하늘을 날고 있다'는 것은 달이 반쯤 이지러지면 마땅히 돌아올 것이라는 말이다"라고 하였다. 조방의 주에 "'고리'를 '돌아오다'로 본 것은 쫓겨난 신하가 국경에서 명을 기다리다 고리를 하사하면 되돌아온다는 말과 같다"라고 하였다.(古樂府, 藁砧今何在, 山上復有山. 何當大刀頭, 破鏡飛上天. 吳兢解題, 藁砧, 砆也. 重山, 出也. 大刀頭, 刀頭有環. 問夫何時當還也. 破鏡飛上天, 言月半缺當還也. 趙汸注, 以環爲還, 猶言放臣待命境上, 賜環則返.)

《두시경전》 '절'은 돌아갈 마음이 꺾였다는 말이다.(折, 謂歸心摧折.)

2 轉蓬(전봉)－ 굴러다니는 쑥. 이리저리 떠도는 신세를 비유한다.

3 攀桂(반계)－ 계수나무를 더위잡다. 계수나무를 실경으로 볼 수도 있고 달을 가리키는 것으로 볼 수도 있다. 仰天高(앙천고)－ 높은 하늘을 우러러보다. 장안을 바라본다는 의미를 담고 있다.

《두율계몽》 '반계'는 달 속의 계수나무를 더위잡는 것이다.(攀桂, 攀月中之桂也.)

[轉蓬 2구]

《두시경전》 역시 조정과는 멀리 떨어져 있다는 뜻을 담은 것이다.(亦寓君門萬里意.)

4 白兎(백토)－ 흰토끼. 달을 가리킨다.

《두시상주》에 인용된 〈천문天問〉 달 가운데 무엇이 있나? 옥토끼가 약물을 찧고 있다.(月中何有, 玉兎搗藥.)

5 欲(욕)－ ~할 것 같다. 秋毫(추호)－ 가을에 난 털. 백토의 가을 털을 말한다. 이 구는 달 속에 있는 토끼의 가는 가을 털도 셀 수 있을 것 같다는 말이다. 땅 위의 토끼털을 가리키는 것으로 볼 수도 있다.

《두율계몽》 '추호'는 바로 '백토'의 가을 털이다.(秋毫, 卽白免之秋毫.)

[此時 2구]

《보주두시》에 인용된 왕수 주 달 가운데 흰토끼가 있는데 달이 밝게 빛나 비추지 않는 바가 없으므로 가을 터럭도 셀 수 있게 된 것이다.(月中有白兔, 以其明徹無所不照, 故可數秋毫矣.)

#《두억》: 첫 2구는 고악부를 화용한 것으로 기이한데 '비' 자를 바로 써서 더욱 묘하다. '수로' 구를 보면 배 안에서 지은 것 같다.(首二句, 化用古樂府, 奇, 而卽用飛字, 更妙. 觀水路句, 似在舟中作.)

《두시상주》: 이는 중추절의 달을 읊은 것이다. 명경은 달을 비유하고 칼자루의 고리는 돌아감을 생각한 것이다. 3, 4구는 '귀심'을 이었고 아래 4구는 '명경'을 이었다. 고신은 "돌아가고픈 마음이 큰 칼이 부러진 것과 같다는 것은 돌아갈 수 없음을 한스러워 한 것이다"라고 하였다. '쑥'과 '계수나무'는 모두 가을철의 물건이다. '먼 땅을 다닌다'는 것은 기주에 있는 것이다. '높은 하늘을 올려다본다'는 것은 장안을 바라본다는 말이다. '상설', '우모'는 모두 달빛이 밝음을 그린 것이다.

'추호'는 바로 토끼의 털을 가리킨다. 아마도 달 속의 토끼로 인하여 땅의 토끼를 상상해낸 것이리라.(此咏中秋之月. 明鏡喩月, 刀環思歸. 三四承歸心, 下四承明鏡. 顧云, 歸心如大刀之折, 恨不能還也. 蓬桂, 皆秋時物. 行地遠, 在夔州. 仰天高, 望長安. 霜雪羽毛, 皆寫月色之明. 秋毫, 卽指兎毫, 蓋因月中之兎, 想見地下之兎也.)

《독두심해》: 이는 바로 하늘에 떠 있는 달을 읊은 것인데 감정을 먼저 쓰고 경물을 뒤에 썼다. '절'은 돌아가려는 마음이 꺾인 것이니 〈진주잡시이십수秦州雜詩二十首〉 기일其一의 "마음이 꺾여 여기에 머물러 있다"와 같은 뜻이다. 고신은 큰 칼이 부러진 것과 같다고 풀이하였는데 지나치게 문구에 얽매인 것이다. 3, 4구는 이를 이어 말해 내려갔다. 후반부는 달이 밝은 것을 극도로 말하였다.(此正詠當空之月, 先情而後景. 折, 歸心摧折也. 與秦州詩心折此淹留同意. 顧宸謂如大刀之折, 滯甚. 三四, 承此說下. 後半, 極言其明皎.)

《두시경전》에 인용된 이자덕李子德 설: 아래 4구는 다만 지극히 밝다는 뜻을 묘사했을 뿐인데 확실히 8월 15일 밤 달이다. 다음 수는 날이 새려는 때에 말한 것이니 공이 이 밝은 하늘을 사랑하여 밤새 잠을 자지 않았음을 알 수 있다.(下四句只寫極明意, 恰是八月十五夜月. 次首就將曉說, 則公愛此空明, 永夜無眠可知.)

其二

稍下巫山峽　猶銜白帝城　氣沉全浦暗[1]　輪仄半樓明[2]
刁斗皆催曉[3]　蟾蜍且自傾[4]　張弓倚殘魄[5]　不獨漢家營

무산 협곡으로 점차 내려오는데
여전히 백제성을 머금고 있으니,
달 기운 가라앉아 온 포구가 어둡고
둥근 모습 기울어 반쪽 누각만 밝구나.
조두가 모두 새벽을 재촉하여
두꺼비는 또 스스로 기울어지려는데,
시위를 건 활이 지는 달에 기댄 모습은
다만 한나라 병영만은 아니구나.

주 석

1 浦(포) – 포구. 기주의 어복포를 가리킨다.

《두시상주》 '전포'는 어복포이다.(全浦, 魚復浦也.)

2 輪(윤) – 달을 가리킨다.

3 刁斗(조두) – 고대 군대에서 사용된 동으로 만든 기구인데, 낮에는 취사용 냄비로, 밤에는 군영의 경계를 위한 징으로 사용되었다.

《두시상주》 '조두'는 동으로 만드는데, 군대 안에서 밤을 경계하는 것이다. 맹강은 "낮에는 불을 때서 밥을 지어 먹고 밤에는 두드려서 행동을 단속한다"라고 하였다.(刁斗, 以銅爲之, 軍中警夜者. 孟康曰, 晝炊飯食, 夜擊持行.)

4 蟾蜍(섬서) – 두꺼비. 달을 가리킨다. 항아姮娥가 서왕모의 불사지약을 훔쳐서 달로 도망가 두꺼비가 되었다는 전설에서 유래하여 달을 가리키는 말로 쓰인다. 傾(경) – '清'으로 된 판본도 있다.

《두시상주》에 인용된 《오경통의五經通義》 달 가운데 토끼와 두꺼비가 있는 것은 어째서인가? 달은 음이고 두꺼비는 양인데 토끼와 더불어 나란히 밝으니 음이 양에 매여 있는 것이다.(月中有兎與蟾蜍, 何也. 月, 陰也, 蟾蜍, 陽也, 而與兎並明, 陰繫於陽也.)

[刁斗 2구]

《두시경전》 달 역시 조두를 두려워하여 기우는 것 같다는 말이다.(言蟾蜍亦若畏刁斗而傾也.)

5 張弓(장궁) – 시위를 건 활. 倚(의) – 기대다. 殘魄(잔백) – 지는 달을 가리킨다. 이 구는 병사들이 활에 시위를 건 채 지는 달에 의지하여 새벽까지 병영의 경계를 펴고 있음을 말한다.

《두시상주》에 인용된 주학령 주 여기서 '의' 자는 바로 "장검의천외(장검이 하늘 밖에 기대고 있다)"의 '의(기대다)'이다.(此倚字, 卽長劍倚天外之倚.)

[張弓 2구] 이 구절에 대하여는 다양한 해석이 있다.

《보주두시》에 인용된 조차공 주 당시 토번과 교전 중이어서 밤에 활시위를 거는 것은 모두 새벽달의 지는 모습에 기대었는데 한나라 군영만 그러한 것이 아니고 오랑캐 진영 또한 그러하였다.(時與吐蕃交兵, 則張弓於夜, 皆倚曉月之殘魄, 不獨漢營爲然, 虜營亦然也.)

《두시경전》 밤이 다하도록 방비하고 지키는 것은 한 곳에 그치는 것이 아니라는 것을 보여준다.(見竟夜防守, 非止一處也.)

《두공부초당시전》 당시 토번과 교전 중이었으니 야간 군영에서 활시위를 거는 것은 모두 새벽달의 지는 모습에 기대었다. 한나라 군영만 그랬던 것이 아니고 당나라 진영 또한 그러하였다.(時與吐蕃交戰, 則張弓於夜營, 皆倚曉月之殘魄, 不獨漢營爲然, 唐營亦然也.)

#《두억》: 앞 수는 달이 중천에 있을 때 지었고 이 시는 달이 지려 할 때이다. 3, 4구는 경물을 그려내었는데 아주 묘하다. '섬서'는 달을 먹는 것인데 날이 새니 스스로 기운다는 것은 필시 비유하는 바가 있을 것이다.(前首作於月中天時, 此則月將沒矣. 三四寫景殊妙. 蟾蜍

蝕月, 天曉則自傾, 此必有所比.)

《두시상주》: 이는 새벽이 될 무렵의 달을 읊은 것이다. 위 4구는 달빛 아래의 경치이고 아래 4구는 달빛 아래서 시절을 느낀 것이다. 달이 산머리에 기대니 달빛의 기운이 가라앉아 온 포구가 다 어두워졌는데 포구가 산 아래 있기 때문이다. 달빛이 성 서쪽을 비춰 바퀴 같은 달그림자가 기우는데 반쪽 누각이 아직 밝은 것은 누각이 성 위에 있기 때문이다. 때는 날이 밝으려 하는데 군사들은 오히려 활에 시위를 메고 지는 달을 바라보고 있으니 대체로 밤이 다하도록 방비하고 경계한 것이다. 마지막은 (이러한) 군대가 한 곳이 아님을 보였다.(此咏將曉之月. 上四, 月下之景. 下四, 月下感時. 月傍山頭, 光氣沉而全浦皆暗, 浦在山下也. 月射城西, 輪影側而半樓尙明, 樓居城上也. 時將達旦, 軍士猶張弓而仰殘月, 蓋竟夜防警矣. 末見軍旅非一處也.)

《독두심해》: 이는 또 장차 지려고 하는 달을 읊었는데 앞은 경치이고 뒤는 감정이다. '기침'은 '초하'를 이어받고 '윤측'은 '유함'을 이어받는다. 포구가 협곡 아래서 어둡고 누각이 성 위에서 밝은 것은 달이 질 때의 경치이다. 후반부는 달이 스스로 기우는 것이 아니라 조두가 그것을 재촉하여 기울게 하는데 어찌 군대가 자주 일어나고 오래도록 휴식이 없냐는 말이다. 앞의 시는 돌아가는 것이 막힘을 슬퍼하였고 이 시는 오래 어지러움을 슬퍼하였는데, 요컨대 단지 달만을 읊고 있으니 절묘하다.(此又詠將落之月, 先景而後情. 氣沉, 頂梢下. 輪仄, 頂猶銜. 浦暗於峽下, 樓明於城上, 月落時之景也. 下半言月非自傾, 刁斗催之使傾, 何軍旅繁興, 久無休息耶. 前詩傷阻歸, 此詩傷久亂, 要之只是詠月, 故妙.)

(**이석형**)

11. 十六夜玩月

16일 밤 달을 감상하다

舊挹金波爽[1] 皆傳玉露秋[2] 關山隨地闊[3] 河漢近人流

谷口樵歸唱[4] 孤城笛起愁[5] 巴童渾不寐[6] 半夜有行舟[7]

옛날부터 밝은 금빛 물결을 뜨면
모두 가을날 옥빛 이슬을 전하였지.
관산은 지세를 따라 광활하고
은하수는 사람 가까이에서 흘러가네.
골짜기 어귀 나무꾼 집으로 돌아가며 노래를 부르고
외로운 성의 젓대 소리는 시름을 머금었네.
파 지역 아이들 아직도 잠자지 않고
한밤중에도 배를 몰고 있네.

이 시는 대력 2년 음력 8월 16일 밤 기주 양서에서 지은 것이다. 8월 보름 이후 같은 시기에 지은 작품으로 〈팔월십오야월이수八月十五夜月二首〉, 〈십칠야대월十七夜對月〉이 있다. 중추절 다음 날 온 기주에 쏟아지는 환한 달빛을 감상하면서 고향에 대한 그리움을 은근히 드러내고 있다. 저작 시기를 대력 원년으로 보기도 한다.

> 《보주두시》 시에서 "파 지역 아이들 아직도 잠자지 않고 한밤중에도 배를 몰고 있다"라고 하였는데, 기주는 옛 파자국의 땅이다. 공이 〈제갈묘〉 시에서 '오랫동안 파자국에서 노닐었다'고 한 것이

바로 이곳이다. 그러므로 이 시는 기주에서 대력 원년에 지었음이 분명하다.(詩云, 巴童渾不語(寐의 잘못), 半夜有行舟, 夔州古巴子國地, 公有諸葛廟詩云, 久遊巴子國, 是也, 然則此詩當在夔作大曆元年.)

주 석

1 舊(구) – 옛날. 시 제목의 '십육야'를 고려하여 '어제'라고 풀이하기도 한다. 挹(읍) – 푸다. 뜨다. 金波(금파) – 달빛. 爽(상) – 밝다. 청량하다.

《두보전집교주》에 인용된 소보邵寶 주 '구읍'은 어젯밤 중추에 이미 달을 대하였음을 말한다.(舊挹, 言昨夜中秋已對月也.)

2 皆(개) – 언제나. 15일, 16일 모두라는 뜻이다. '사람들 모두'의 뜻으로 풀이하기도 한다. 玉露(옥로) – 흰 이슬. 가을에 내리는 이슬.

[舊挹 2구] 달빛이 유난히 밝을 때는 흰 이슬이 내리는 가을밤이었음을 말한다.

《두시경전》 달이 가을에 이르면 배나 밝아지니 예부터 그러하였다는 말이다.(言月至秋倍明, 自昔而然.)

3 關山(관산) – 관문과 산. 기주가 중원에서 멀리 떨어진 변새 지역이기 때문에 한 말이다. 隨地(수지) – 지세를 따르다.

《두시상주》에 인용된 황희 주 공은 달을 읊은 시에서 자주 '관산'이란 글자를 썼다. 예컨대 〈초월初月〉에서는 "관산은 부질없이 절로 춥다"라고 하였고, 〈완월정한중왕玩月呈漢中王〉에서는 "관산을 동일하게 비춘다"고 하였다. 대개 고악부에 있는 〈관산월〉에서 기인한 것이다.(公於詠月詩, 多用關山字, 如曰關山空自寒, 關山同一照, 蓋因古樂府有關山月也.)

[關山 2구]

《두시경전》에 인용된 이씨李氏 설 관산은 달이 밝은 까닭에 보이지 않는 곳이 없으니, 그래서 지세를 따라 광활해진다. 은하수 역시 달이 밝아서 상하가 일색이라 사람 가까이에서 흐르는 듯하다.(關山以月之明, 故無不見, 是隨地而闊. 河漢亦以月之明, 上下一色, 故如近人而流也.)

《두억》 이 시기 하늘과 땅 사이에 부유하는 기운이 모두 걷혀서 관산은 곳곳마다 넓게 트이고 은하수는 사람 가까이에서 흘러가니, 금빛 물결의 밝음이 이만한 때가 없다.(此時兩間遊氣俱斂, 故關山隨地而闊, 河漢近人而流, 金波之爽, 無如此時.)

4 谷口(곡구) - 골짜기 입구.

5 孤城(고성) - 기주성을 가리킨다. 笛(적) - 피리.

[谷口 2구] 이 두 구절에 대하여 《두시상주》에서는 상사하일구법上四下一句法으로 구두하고 있는데, 일반적인 상이하삼구법上二下三句法으로 구두하는 것이 훨씬 자연스럽다.

6 巴童(파동) - 기주에 살고 있는 아이. 渾(혼) - 아직도. 여전히. 不寐(불매) - 잠자지 않다.

7 半夜(반야) - 한밤중.

《두시상주》 달빛이 밝으므로 배가 가는 것이 보인 것이다.(月色明, 故見舟行.)

[谷口 4구]

《두억》 뒤 4구는 한때에 보고 들은 것이니, 역시 달이 밝기 때문이다.(後四句一時聞見, 亦月明故.)

《두시경전》 하반부에서는 달이 밝아서 사람마다 잠을 잊었음을 말하였다.(下半言因月明, 故人人忘寢也.)

#《두시상주》: 수련은 보름날로부터 형용하기 시작하였다. '구'는 어젯밤을 가리키고, '추'는 중추절을 가리킨다. 3, 4구는 달빛 아래에서 본 것이요, 5, 6구는 달빛 아래에서 들은 것이다. 마지막은 배가 다니는 것을 보고 협곡을 나설 것을 생각한 것이다. 달빛이 온 누리를 비추니 관산과 더불어 모두 광활하며, 은하수는 가을날 밝아져 완연히 사람 곁에서 흘러가는 듯하다. 위 구는 달을 이었고, 아래 구는 가을을 이었다. 혹자는 은하수는 달이 뜨면 배나 밝아진다고 하였는데 틀린 말이다. 달이 밝으면 은하수의 빛은 가려진다. 나무꾼은 돌아가며 노래하고, 피리 소리 일어나 근심을 머금는다는 뜻이니, (5, 6구는) 위 네 글자를 함께 읽고 아래 한 글자는 따로 읽어야 한다.(首從十五形起. 舊, 指昨宵. 秋, 指中秋. 三四, 月下所見. 五六, 月下所聞. 末見行舟而思出峽也. 月光普照, 故與關山俱闊. 天河秋皎, 儼若傍人而流. 上句承月, 下句承秋. 或云河漢得月而倍明者, 非, 月明則天河光掩矣. 樵歸而唱, 笛起含愁, 上四字一讀, 下一字另讀.)

《독두심해》: 위 4구는 달빛에 맞추어 묘사한 것이고, 아래 4구는 사람의 일을 빌려 달빛을 두드러지게 한 것이다. 첫 구는 그저 달빛의 밝음이 가을에 더욱 밝아지니 예부터 그러하였음을 말한 것일 뿐이다. 속된 해석에 의지하지 말아야 하니, '구'를 어젯밤을 가리킨다고 보는 것은 십육일 밤에 얽매여 해석을 구한 것이다. 관산이 멀리까지 밝아 그 형세가 광활함을 더한 듯하니 나그네살이와 더욱 들어맞는다. 은하수가 가까이 다가들어 그 빛이 흘러갈 듯하니 기주의 땅에 더욱 들어맞는다. 구조오는 은하수 구절이 가을을 이었지 달을 이은 것은 아니라 하면서 달이 밝으면 은하수는 빛이 가려진다고 하였는데, 그렇게 되면 은하수가 사람 가까이에서 흐른다는 뜻에 어긋나게 된다. 중추절의 달은 은하수로부터 심히 멀고, 멀면 빛이 서로 가리지 않음을 모르는 것이다. 그리고 은하수는 이때 서남쪽으로 기울어져 뻗어 있어서 기주와 가깝다. 그리고 기주의 지세 또한 높아서 맑은 빛이 모두 비추게 된 것이다. 하반부는 모두 밝은 달밤의 일을 말하였으니 사람마다 잠을 잊는다는 말은 더욱 달빛에 색을 더한다.(上四, 貼月光寫, 下四, 借人事襯出. 起只言月光之爽, 於秋倍顯, 自昔而然耳. 勿依俗解, 以舊指昨宵, 泥定十六夜索解. 關山明逈, 而勢若加闊, 於客中尤切. 河漢逼近, 而光如欲流, 於夔地尤切. 仇以河漢句承秋不承月, 謂月明則天河光掩, 則悖於近人流之旨矣. 不知中秋之月, 去河甚遠, 遠則光不相掩, 而河於此時, 斜亙西南, 於夔爲近, 而夔地又高, 所以淸輝交映也. 下皆言明月夜事, 人人忘寢, 愈爲月光增色.)

(김성곤)

12. 十七夜對月

17일 밤에 달을 마주하다

秋月仍圓夜[1] 江村獨老身[2] 捲簾還照客[3] 倚杖更隨人[4]
光射潛虬動[5] 明翻宿鳥頻[6] 茅齋依橘柚[7] 淸切露華新[8]

가을 달 거푸 둥근 밤
강 마을 홀로 늙는 몸.
발을 마니 다시 나그네를 비추고
지팡이 짚으니 또 사람을 따른다.
빛은 잠긴 이무기 쏘아 꿈틀대고
밝음은 자는 새 들쑤시기가 잦다.
띠집은 귤 유자 나무에 기대고
맑고 서늘한 이슬꽃이 새롭다.

중추절부터 열이렛날까지 연사흘 동안 달을 구경하였다. 달은 여전히 둥글고 밝아서 그 광명에 물속에 잠긴 이무기와 둥지 속의 새도 잠들지 못한다. 떠돌다가 기주 강가 마을에서 늙어가는 시인도 잠들지 못하고 발을 걷으니 달이 사람을 비추고, 지팡이 짚고 걸으니 달이 따라온다. 띠집은 귤나무, 유자나무에 기댄 듯 서 있고, 달빛 받은 이슬이 반짝이며 새롭다. 대력 2년 양서에서 지었다.

《보주두시》 시에서 "강 마을에서 홀로 늙는 몸"이라고 하였고, 또 "띠집은 귤 유자 나무에 기댄다"라고 하였으니 대력 2년 양서에서 지었음에 틀림없다.(詩云江村獨老身, 又云茅齋依橘柚, 當是大曆二年在瀼西作.)

《두시상주》 황학의 주는 대력 2년 양서 작품에 편재하였으니 시 안에 '띠집' 구가 있기 때문이다.(鶴注編在大曆二年瀼西作, 以詩內有茅齋句也.)

주 석

1 秋月(추월)— 가을 달. 여기서는 음력 17일 밤의 달을 말한다. 仍圓(잉원)— 여전히 둥글다. 16일 밤에 이어 17일 밤에도 여전히 둥글다는 뜻이다.

2 江村(강촌)— 강 마을. 기주 양서를 가리킨다. 獨老(독로)— 홀로 늙다. 두보 자신을 말한다.

3 捲簾(권렴)— 발을 말다. 즉 발을 걷다. 照客(조객)— 나그네를 비추다. 달빛이 나그네를 비춘다는 말이다. 나그네는 타향인 기주 양서에 사는 두보 자신을 말한다.

4 倚杖(의장)— 지팡이를 짚다. 隨人(수인)— 사람을 따르다. 달빛이 사람을 따른다는 말이다. 사람은 두보 자신을 말한다.

양梁 주초朱超 〈주중망월舟中望月〉 큰 강은 천 리에 넓고, 외로운 배에는 사방 이웃이 없네. 오직 옛 누대에 달만 남아 머나 가까우나 꼭 사람을 따르네.(大江闊千里, 孤舟無四鄰. 惟餘故樓月, 遠近必隨人.)

5 射(석)— 쏘아 맞히다. 달빛이 물체를 비추어 맞힌다는 뜻이다. 潛虬(잠규)— 물속에 숨은 이무기. '虬'는 '蚪'로 된 판본도 있다. 動(동)— 움직이다.

6 翻(번)— 뒤집다. 밝은 달이 새가 퍼득이게 또는 날게 한다는 뜻이다. 宿鳥(숙조)— 자는 새. 頻(빈)— 자주 하다.

[光射 2구] 달빛을 받아 물에 잠긴 이무기가 꿈틀대고, 달이 밝아 잠든 새가 깨어 자주 뒤척인다는 뜻이다.

7 茅齋(모재) – 띠집. 양서의 집을 가리킨다. 橘柚(귤유) – 귤나무와 유자나무. 이 구는 띠집과 귤나무, 유자나무가 서로 기대듯이 서 있다는 말이다. 또 귤나무, 유자나무에 시인이 기댔다고도 볼 수 있다.

8 淸切(청절) – 매우 맑다. 맑고 서늘하다. 露華(노화) – 이슬.

#《두시상주》: 가을 달이 여전히 둥그니 그 이지러지지 않음이 기쁘고, 강 마을에서 홀로 늙으니 자기도 모르게 처연해진다. 아래 6구는 가까운 데서 먼 데로, 먼 데서 가까운 데로 이동하며 모두 달 아래 강 마을의 경치를 써냈으며, 모두 늙은 몸이 달을 대하는 감정을 써냈다. 노원창은 "나그네를 비추고 사람을 따른다는 말은 바로 홀로 늙는 몸임을 반영한다"라고 하였다. 장원의 주에 "'잉' 자, '환' 자, '갱' 자는 모두 '십칠야'에 맞추어 말한 것이다"라고 하였다.(秋月仍圓, 喜其未缺, 江村獨老, 不覺凄然矣. 下六句, 自近而遠, 自遠而近, 皆寫出江村月下之景, 皆寫出老身對月之情. 盧云, 照客隨人, 正映獨老之身. 遠注, 仍字還字更字, 俱照十七夜言.)

《두억》: 여전히 둥근 달로써 홀로 늙는 몸을 대하니 창연하지 않을 수 있겠는가. 이에 발을 말면 비추고, 지팡이를 짚으면 따르니 달도 나를 가련히 여기지 않은 적이 없다. 홀로 생각건대 밝은 빛이 흘러서 쏘면 물에 잠긴 이무기도 꿈틀거리고 자는 새도 뒤척이리니, 맑고 서늘한 이슬이 귤과 유자에 흥건하여 띠집 안의 사람이 돌아가고픈 생각에 이무기와 함께 꿈틀거리고 새와 함께 뒤척이지 않을 수 있겠는가.(以仍圓之月, 對獨老之身, 能無愴然. 乃捲簾則照, 倚杖則隨, 月亦未嘗不憐我. 獨念光明注射, 潛虬亦動, 宿鳥猶翻, 而淸切露華霑於橘柚, 茅齋中人懷歸之思, 能不與虬俱動, 與鳥俱翻乎.)

《독두심해》: 이 시의 위 4구는 바로 열이렛날 밤으로부터 착상하였다. 여전히 둥글다는 말은 이미 둥글지 않다는 뜻이다. 다시 비추고 또 따른다는 말은 연이은 밤 달을 얻어 기쁘다는 뜻이다. 이 4구는 달과 자신을 딱 붙여 말하였다. 5, 6구는 달이 비추는 것에 대하여만 말하였다. 7, 8구는 달과 몸을 다시 딱 붙였다. 속기가 전혀 없다.(此首上四, 却從十七夜落想. 仍圓, 已不圓也. 還照更隨, 連宵得月而喜也. 此四句, 將月與身膠黏說. 五六, 單就月所照說. 七八, 月與身仍復膠黏. 了無塵氣.)

《두시설》: '여전히 둥글다'고 하였으니 열엿새날 밤이 망(가장 둥근 달)이었음을 알겠다. 가운데 두 연은 첫 연을 나누어 받고, 결련에서 '청절' 자로 제목을 묶고, '모재' 자로 발을 말고 지팡이를 짚는 장소를 드러냈으니 역시 둘을 동시에 묶는 쌍관법이다. 이 시는 뜻을 드러내지 않고 다만 간략히 허자로만 가리켰지만 그 의미는 절로 드러난다. 5, 6구는 역시 기대고 깃들인 곳이 일정치 않다는 비유이다.(曰仍圓, 則望在十六夜可知. 中二聯分承首聯, 結以淸切字綰題, 以茅齋字見捲簾倚杖所在, 亦雙綰法也. 此首不露意, 只略用虛字點撥, 其旨自見. 五六亦依棲不定之喩也.)

《두시천杜詩闡》: 가을 달이 하마 둥그니 오늘 밤은 무슨 밤이런가. 바로 여전히 둥근 밤이다. 비추는 것이 바로 강 마을 홀로 늙는 몸이니 이를 어이할까. 여전히 둥글어서 다시 나그네를 비춘다. 발을 말 때 다시 비추니 홀로 늙음을 가련히 여기는 듯하다. 여전히 둥글어서 또 사람을 따른다. 지팡이를 짚을 때 또 따르니 홀로 늙음을 안타까워하는 듯하다. 하물며 달빛이 미치는 곳에서 물에 잠긴 이무기를 바로 쏜다. 쏘여서 꿈틀거리려 하는데 이무기는 잠겨 있기에 불안해진다. 달의 밝음이 이르는 곳에서 자는 새를 바로 들쑤신다. 들쑤시기가 잦으니 새는 자기에 불안해진다. 홀로 늙는 몸은 잠긴 이무기, 자는 새와 같다. 적적한 띠집에서 부질없이 귤나무, 유자나무에 기대니 이슬이 달을 얻어 맑고 서늘하여 더욱 밝다. 그러니 가을 달의 둥글기가 참으로 줄지 않았다. 홀로 늙는 몸이 무엇으로 마음을 추스릴까. (秋月已圓, 今夕何夕, 乃仍圓夜也. 其如所照者乃江村獨老之身何. 仍圓則還照客, 捲簾還照, 似憐獨老者然. 仍圓則更隨人, 倚杖更隨, 似惜獨老者然. 而況月光所及, 直射潛虬, 射焉欲動, 虬不安於潛矣. 月明所至, 直翻宿鳥, 翻焉而頻, 鳥不安於宿矣. 獨老身猶潛虬宿鳥耳. 寂寂茅齋, 空依橘柚, 露華得月, 淸切更明. 然則秋月之圓, 誠然不減, 獨老之身, 何以爲情哉.)

(이창숙)

13. 曉望

새벽에 바라보다

白帝更聲盡[1] 陽臺曙色分[2] 高峰寒上日[3] 疊嶺宿霾雲[4]
地坼江帆隱[5] 天淸木葉聞[6] 荊扉對麋鹿[7] 應共爾爲群[8]

백제성에 경루 소리 그치니
양대의 새벽빛 분명하다.
높은 봉우리는 떠오르는 해 차갑게 하고
첩첩 산줄기는 자욱한 구름 자게 한다.
땅이 갈라져 강 돛배 숨기고
하늘이 맑아 나뭇잎 소리 들린다.
가시 사립문에서 사슴을 마주하니
마땅히 너희와 함께 무리를 이루어야겠구나.

이 시는 대력 2년 동둔에서 지은 것으로, 새벽에 보이는 경물을 묘사하면서 시인의 심정을 함께 표현하였다. 처음 해가 떠오르는 순간을 거쳐 서서히 그 빛이 산봉우리와 산줄기로 퍼져가는 장면을 순차적으로 그려내었고, 또한 외진 곳 사방이 모두 고요한 순간을 정묘하게 묘사하였다. 마지막에는 이런 곳에서 조용히 은거하고 싶은 뜻을 드러내었는데, 이는 어지러운 세상을 피하고 싶은 두보의 의도를 드러낸 것이라 하겠다. 이와 달리 시에 표현된 여러 경물을 임금과 신하, 충신과 간신에 대한 비유로 보는 설도 있다.

《보주두시》 시에서 "가시 사립문에서 사슴을 마주하니, 마땅히 너희와 함께 무리를 이루어야겠다"라고 하였고, 또 "높은 봉우리는 떠오르는 해 차갑게 한다"라고 하였으니, 마땅히 대력 2년 동둔에서 지은 것이다.(詩云, 荊扉對麋鹿, 應共爾爲群. 又云, 高峯寒上日. 當是大曆二年在東屯作.)

주 석

1 白帝(백제) – 백제성. 更聲(경성) – 경루更漏의 소리. 이 구는 밤 시간을 알려주는 소리가 끝나고 새벽이 되었다는 것이다.

《구가집주두시》 조차공 주 '백제'는 백제성이다.(白帝者, 白帝城也.)

2 陽臺(양대) – 지명. 송옥 〈고당부〉에 나오는 무산 신녀의 양대로 보기도 하고, 무산현 북쪽의 양대산으로 보는 설도 있다. 曙色(서색) – 새벽빛. 分(분) – 분명하다.

《구가집주두시》 조차공 주 '양대'는 송옥이 (〈고당부〉에서) 말한 '양대의 아래' 바로 그것이다.(陽臺則宋玉所謂陽臺之下是已.)

《두보전집교주》 '양대'에 대해 …… 어떤 이는 무산현 북쪽 양대산을 가리킨다고 하였는데, 높이는 백 장이며 위에는 운양대의 유적이 남아 있다. 생각건대 반드시 특정한 곳을 실제 가리키는 것은 아닌 것 같다.(陽臺 …… 或謂指巫山縣北陽臺山, 高百丈, 上有雲陽臺遺址. 意不必實指.)

3 寒上(한상) – '初上' 혹은 '上寒'으로 된 판본도 있다.

《두시경전》에 인용된 장진張溍 주 높은 봉우리의 차가운 기운이 막 떠오르는 해를 바로 압박하는 것을 말한다.(謂高峯寒氣, 直逼初上之日.)

4 宿霾雲(숙매운) – 자욱한 구름을 머물게 하다. '매운'은 새벽녘에 산출

기를 덮고 있는 자욱한 구름 기운을 가리킨다. '宿霾'는 '未收'로 된 판본도 있다.

《두시경전》 새벽이 될 때 구름이 아직 다 걷히지 않은 것을 말한다.(謂將曉時雲未盡出也.)

[高峯 2구]

《두시설》 첩첩 산줄기가 밤사이 구름에 덮여 있어 오직 봉우리 중 높은 곳에서만 비로소 해가 보인다는 것이다.(疊嶺宿昔爲雲所霾, 惟峰之高者始見日耳.)

5 地坼(지탁)－ 땅이 갈라지다. 帆(범)－ 돛. 돛배를 말한다. 이 구는 험준한 협곡의 모습을 형용한 것이다.

《두시경전》 '지탁'은 강 언덕이 험준한 것을 말하니, 배가 그 가운데를 다닐 때 보이지 않는 것이다.(地坼謂崖岸峻, 舟行其中時隱也.)

6 木葉(목엽)－ 나뭇잎. 여기서는 나뭇잎이 떨어지는 소리를 가리킨다.

《두시경전》 하늘이 맑으면 비바람이 없기에 나뭇잎 떨어지는 소리를 들을 수 있다.(天淸無風雨, 故木葉聲落可聞.)

[地坼 2구]

《두시설》 '지탁'은 강 언덕이 높은 것을 말하는데, 강 언덕이 높기에 강의 돛배가 숨겨진 것이다. '천청'은 지경이 고요한 것을 말하는데, 지경이 고요하기에 나뭇잎 소리가 들리는 것이다.(地坼, 謂岸高, 因岸高故江帆隱. 天淸, 謂境靜, 因境靜故木葉聞.)

《두보전집교주》에 인용된 고신 주 '천청'은 새벽 기운이 상쾌함을 말한다. 텅 비고 맑은 가운데 아무것도 보이지 않기에 비록 나뭇잎이 떨어지더라도 모두 들을 수 있는 것이니, 새벽 풍경을 그림과 같이 묘사하였다.(天淸, 言曉氣晴爽也. 空淸之中, 不見一物, 雖木葉落而皆聞, 寫出曉景如畫.)

7 麋鹿(미록)－ 사불상四不像과 사슴. '미'는 사슴과에 속한 아시아산

희귀 동물로, 뿔은 사슴을, 꼬리는 나귀를, 발굽은 소를, 머리는 양을 닮았다고 한다.

8 爾(이) - 너희. 앞 구의 '미록'을 가리킨다.

[荊扉 2구]

《두시설》《논어·미자微子》에서 "새나 짐승과는 함께 살 수 없으니, 내가 이 세상 사람들과 함께하지 않는다면 누구와 함께하겠는가"라고 하였는데, 7, 8구는 그 뜻을 은근히 뒤집었다. 그런데 〈견민〉 시에서는 "이 사람과는 함께 살기 어렵다"라고 하였으니, 마침내 그것을 분명히 말하였다. 그 시에서 그것을 분명한 말로 해주었기에 이 시의 결어에서 함축의 묘가 더욱 두드러진다.(論語, 鳥獸不可與同群, 吾非斯人之徒與而誰與. 七八暗反其意. 而遣悶作斯人難幷居, 竟明言之矣. 有彼作之明言, 益見此結含蘊之妙.)

《독두심해》 말로는 잠시 머무르려 한 듯하나 그 마음은 실제 이곳에 사는 것을 싫어한 것이다.(語似且留, 而意實厭居於此.)

#《두시상주》: 위 2구는 새벽이 되려는 때의 물후物候이다. 가운데 4구는 새벽에 바라보는 경물이다. 마지막은 바로 경물을 대하여 느낀 감회이다. "고봉한상일"은 〈자양서형비차이거동둔모옥사수自瀼西荊扉且移居東屯茅屋四首〉 시에서 "안개와 서리로 들판의 해는 싸늘하다"라고 말한 것과 같다. '한'은 활자로 사용되어, '숙' 자와 서로 짝이 된다. 장진이 "높은 봉우리의 차가운 기운이 막 떠오르는 해를 바로 압박하는 것이다"라고 하였는데, 그 말이 맞다. 황생의 주에서 "땅이 갈라져 강 언덕이 높기에 강의 돛배가 숨겨진 것이다. 바람이 고요하고 하늘이 맑아서 나뭇잎 소리가 들리는 것이다"라고 하였다. 경물을 묘사한 두 표현이 정묘하다. 마지막에는 세상 밖으로 초연한 뜻이 담겨 있다.(上二, 將曉之候. 中四, 曉望之景. 末乃對景感懷也. 高峰寒上日, 猶東屯詩言霜煌(烟霜의 잘못)淒野日. 寒作活字用, 與宿字相稱.

張溍謂高峰寒氣, 直逼初上之日, 是也. 黃生注, 地坼岸高, 故江帆隱伏. 風靜天淸, 故葉落聞聲. 二語寫景精妙. 末有超然物外之意.)

《두억》: "고봉한상일"은 마땅히 '상한일'로 해야 아래 구와 대가 맞을 뿐 아니라 '차가운 해'라고 하여 운미가 있게 된다. "천청목엽문"은 초탈하여 어떤 색상色相도 붙지 않았으니 매우 정묘하다. 이 시와 앞의 〈월月(四更山吐月)〉 시는 동일한 비유이다. '고봉한일'은 주상이 위에서 고립된 것을 비유하고, '첩령매운'은 여러 소인들이 아래에서 무리를 짓고 있음을 비유한다. '강범'은 숨겨지고 '목엽'은 들린다는 것은 소인이 가로막고 숨겨서 그 크고 먼 자는 보이지 않고 작고 가까운 자만 들리는 것을 비유한다. 도가 행해질 수 없으면 다만 마땅히 사슴과 무리를 이룰 뿐이라는 것이니, 마지막 말을 보면 전체 시의 뜻을 알 수 있다.(高峯寒上日當作上寒日, 不但可對下句, 而寒日却有味. 天淸木葉聞, 超脫不着色相, 精極. 此與前章月詩同一比也. 高峯寒日, 比人主孤立於上, 疊嶺霾雲, 比羣小黨比於下. 江帆則隱, 木葉則聞, 比小人障蔽, 不見其大者遠者, 止聞其小者近者. 道不可行, 止應麋鹿爲羣而已, 觀結語知全章之指.)

《독두심해》: 1, 2구는 새벽의 물후이다. 3, 4구는 새벽의 경물이다. 5, 6구는 경물 가운데 감정을 담아 마지막 연을 이끌고 있다. 땅이 갈라져 돛배를 숨긴다는 것은 협곡 안에 그대로 머물고 있다는 것이다. 하늘이 맑아 나뭇잎 소리 들린다는 것은 산에 사람이 없어 짝이 없다는 것이다. 이와 같다면 다만 마땅히 사슴과 무리를 이룰 수밖에 없다. 말로는 잠시 머무르려 한 듯하나 그 마음은 실제 이곳에 사는 것을 싫어한 것이다.(一二, 曉之候. 三四, 曉之景. 五六, 景中帶情, 引動末聯. 地坼帆隱, 峽內仍淹矣. 天淸葉聞, 山空無伴矣. 如此則但當與麋鹿爲羣. 語似且留, 而意實厭居於此.)

(박홍준)

14. 日暮

저물녘

牛羊下來久[1] 各已閉柴門[2] 風月自淸夜[3] 江山非故園[4]
石泉流暗壁[5] 草露滴秋根[6] 頭白燈明裏 何須花燼繁[7]

소와 양이 내려온 지 오래되어
집집마다 벌써 사립문을 닫았네.
바람과 달이 절로 맑은 밤이라도
강과 산이 고향이 아닌 것을.
돌 샘물 어두운 벼랑에 흐르고
풀 이슬 가을 뿌리에 떨어진다.
밝은 등불 속에 머리 허연데
어찌 등화가 많을 필요가 있겠는가?

이 시는 대력 2년 기주의 양서에서 지은 것이다. 양서의 저물녘 경치를 아름답게 묘사하는 가운데 고향에 대한 그리움을 토로하였다. 또 등불 속에 눈에 띄는 흰머리를 소재로 객지에서 노쇠해가는 자신의 신세를 슬퍼하였다.

《보주두시》 시에서 "소와 양이 내려온 저녁, 서마나 벌써 사립문을 닫았다"라 하고, 또 "돌 샘물 어두운 벼랑에 흐르고, 풀 이슬 가을 뿌리에 떨어진다"라고 하였으니, 응당 대력 2년 양서에서 지은 것이다.(詩云, 牛羊下來夕, 各已閉柴門, 又云, 石泉流暗壁, 草露滴

秋根, 當是大曆二年瀼西作.)

주 석

1 下來(하래)– 높은 목초지에서 무리 지어 내려온다는 말이다. 夂(구)– '夕'으로 된 판본도 있다.

《시경·왕풍王風·군자우역君子于役》 해 저물자 소와 양도 내려온다.(日之夕矣, 羊牛下來.)

2 各(각)– 집집마다. 인근 사람들의 집을 가리킨다. 柴門(시문)– 사립문.

3 自(자)– 제 스스로. 시인과 무관하게 절로 그렇다는 말이다.

4 故園(고원)– 고향.

5 石泉(석천) 구– 저녁에 석벽에 물이 흐른다는 말이다.

6 滴(적)– '滿'으로 된 판본도 있다. 秋根(추근)– 가을에 자라는 풀의 뿌리를 가리킨다. '根'이 '原'으로 된 판본도 있다.

7 何須(하수)– 어찌 ~할 필요가 있겠는가? 花燼(화신)– 등화燈花. 심지의 끝이 다 타서 엉겨 붙은 찌꺼기. 옛날 중국 사람들은 등화가 많이 생기면 좋은 일이 생긴다고 믿었다.

《구가집주두시》에 인용된 《서경잡기》 등불의 불똥이 생기면 재물을 얻고, 까치가 울면 먼 길 떠났던 사람이 오고, 거미가 모이면 모든 일이 잘 풀리는 법이다.(燈花得錢財, 乾鵲噪而行人至, 蜘蛛集而百事喜.)

[頭白 2구] 불똥이 많이 생기면 좋은 징조라는 민간의 설이 있으나 이미 늙어서 더 이상 즐거운 일을 기대하지 않는다는 말이다. 이와 달리 빛이 밝으면 흰머리가 더 드러나니 등불을 오래 밝히지 않겠다는

뜻으로 풀이하기도 한다.

《찬주두시택풍당비해》 등에 불똥이 있으면 불이 밝아지니, 불이 밝아져서 흰머리를 비추는 것이 싫다는 말이다.(燈有花燼則明, 明則惡其照白髮也.)

《구가집주두시》 조차공 주 세속에서는 등에 불똥이 앉으면 반드시 기쁜 일이 있다고 생각하는데, 지금 이 구절에서는 대체로 머리가 희어졌는데 기쁜 일이 무슨 소용이냐며 등잔에 불똥이 많이 맺힐 필요가 없다고 말한 것이다.(世俗以爲燈花結必有喜事, 今句蓋言頭白矣, 何以喜爲, 故不須燈燼繁結也.)

#《두시상주》: 위 2구는 저물녘의 일이다. 3, 4구는 고향을 그리워한 것이다. 5, 6구는 저물녘의 경치다. 미지막 2구는 노쇠한 나이에 감개한 것이다. 본래 '어둠 속의 샘물이 돌 벼랑에 흐르고, 가을 이슬이 풀뿌리에 떨어진다'고 할 것을 도리어 도치를 써서 내어놓으니 성률이 조화롭고 구절이 신기하게 느껴진다. 《두억》에서는 "'풍월' 연은 시의 뜻이 지극히 슬프고 처량하다. 결미는 시의가 더욱 처완하다. 공의 뜻은 시절을 구제하는 데 있었기에 머리가 희어진 데서 마음이 상하여 도리어 등잔의 불똥이 많이 생긴다고 탓하였으니 (〈희관즉도부제단편이수喜觀卽到復題短篇二首〉 기이其二의) '너를 기다리다 까치에게 성을 낸다'고 한 것과 같은 뜻이다"라고 하였다.(上二, 日暮之事. 三四, 思故鄕也. 五六, 日暮之景. 末二, 感衰年也. 本是暗泉流石壁, 秋露滴草根, 卻用顚倒出之, 覺聲諧而句警. 杜臆, 風月一聯, 意極悲涼. 結意尤爲悽惋. 公志在濟時, 而傷於頭白, 反怪燈燼繁開, 與待爾嗔烏鵲同意.)

《독두심해》: 1, 2구는 저물녘의 물후이다. 3, 4구는 시의 골간이다. 5, 6구는 '자청야'를 거듭 말한 것이다. 7, 8구는 '비고원'을 거듭 말한 것이다. 머리가 희도록 돌아가지 못해 스스로 싫은 것을 도리어 등하가 자신을 비춘다고 성을 내니, 무료함으로 인해 엉뚱하게 탓한 것으로, 속마음이 보이는 듯하다.(一二, 暮之候. 三四, 詩之骨. 五六, 申自淸夜. 七八, 申非故園. 自嫌頭白不歸, 反嗔燈燼相照, 無聊而錯怪, 情緖如見.)

《두율계몽》: 대체로 등의 심지가 재가 되려는 것이 불똥인데 등에 불똥이 생기면 밝지 않게 되고 불똥이 많아질수록 어두워진다. 이것은 두보가 스스로 노쇠함을 달게 여긴다는 뜻이다. 등불을 밝히고 백발을 비추는 것이 마침 절로 어울리는데 무엇 때문에 불똥을 많게 하여 나를 위해 가릴 필요가 있겠냐는 말이다.(蓋燈胎之將灰者爲燼, 燈有燼則不明, 燼繁則愈暗, 此公自甘衰老之意. 言以明燈而照白髮, 正自相稱, 何須花燼之繁, 爲我遮護耶.)

(**김준연**)

15. 暝
어둠

日下四山陰　山庭嵐氣侵[1]　牛羊歸徑險　鳥雀聚枝深

正枕當星劍[2]　收書動玉琴[3]　半扉開燭影[4]　欲掩見淸砧[5]

해가 져서 사방의 산 어두워지니
산 집 뜨락에 남기가 침범한다.
소와 양이 돌아오는 길은 험해지고
새들이 모인 가지는 깊어진다.
베개 바로 하다가 별 무늬 검을 맞닥뜨리고
서책 정리하다가 옥금을 건드린다.
반쪽 문이 촛불 빛 속에 열려 있어
닫으려 하였더니 맑은 다듬잇돌이 보인다.

이 시는 대력 2년 기주의 동둔에서 지은 것이다. 어두워진 뒤에 산속 집 안팎의 경물이 변화한 모습을 매우 감각적으로 묘사하였다.

《보주두시》 시에서 이르길 "해가 져서 사방의 산 어두워지니, 산 집 뜨락에 남기가 침범한다"라고 하였고, 또 "소와 양이 돌아오는 길은 험해지고, 새들이 모인 가지는 깊어진다"라고 하였으니 마땅히 대력 2년 양서에서 지은 것이다.(詩云日下四山陰, 山庭嵐氣侵, 又云牛羊歸徑險, 鳥雀聚枝深, 當是大曆二年在瀼西作.)

《두시상주》 마땅히 대력 2년 동둔에서 지은 것이다.(當是大曆二年

東屯作.)

주석

1 嵐氣(남기)- 산속의 안개 기운. 산속의 푸르스름하고 흐릿한 기운.

[牛羊 2구]

《두보전집교주》에 인용된 고신 주 소와 양이 돌아오는 길이 어찌하여 험한가? 해가 어두워져 길이 보이지 않기에 돌아가는 걸음마다 모두 험해진 것이다. 새들이 모인 가지가 어찌하여 깊은가? 해가 어두워 나무가 보이지 않기에 서로 모인 곳이 점점 깊어진 것이다.(牛羊歸徑何以險. 惟日暝不見徑, 故歸步皆險. 鳥雀聚枝何以深. 惟日暝不見樹, 故相聚漸深.)

2 正枕(정침)- 베개를 바로 하다. 베개 자리를 정돈하다. 當(당)- 맞닥뜨리다. 부딪치다. '마주 대하다'의 뜻으로 풀이하는 설도 있다. 星劍(성검)- 별 무늬가 있는 검. 칼의 빛이 별처럼 빛나는 것으로 보기도 한다.

《구가집주두시》 조차공 주 '성검'은 검 위에 북두칠성 무늬가 있는 것이지, 칼 기운이 우수牛宿와 두수斗宿 사이를 찌름을 말하는 것이 아니다.(星劍, 則劍上有七星之象也, 非是氣衝牛斗之謂.)

《두시상주》 《월절서·보검편》에 "그 보검 위의 무늬를 보니 찬란하기가 늘어선 별자리 같고, 그 빛을 보니 물이 못에 넘치는 것 같다"라고 하였다. 《오월춘추》에 "이것은 내 선군의 검인데 가운데 칠성이 있다"라고 하였다.(越絶書寶劍篇, 觀其鈲, 爛如列星之堂(行의 오자) 觀其光, 如水溢於塘. 吳越春秋, 此吾前君之劍, 中有七星.)

3 玉琴(옥금)- 옥으로 장식한 금琴. 動(동)- 현을 건드려 소리를 내다.

[正枕 2구]

《보주두시》에 인용된 왕수 주 '성검'은 칼 위에 별 무늬가 있는 것이다. '옥금'은 옥으로 금휘(음고를 표시한 점)를 만든 것이다.(星劍, 劍上有星文也. 玉琴, 以玉爲琴徽也.)

《두보전집교주》에 인용된 고신 주 '정침'은 잠자리를 정돈하는 것이다. 검에 별 무늬가 있는 것을 '성검'이라고 한다. '당'은 그것과 서로 마주한 것으로 은연중에 칼 빛을 빌려 어둠 속을 비추는 데 도움을 받은 것이다. '수서'는 책을 묶는 것이다. 어두워서 볼 수 없기에 잠시 정리하였고, 막 책을 정리하고 일어나다가 걸어놓은 금에 우연히 부딪힌 것이다. 이 구절은 어두운 경색을 묘사한 것이 더욱 묘한 경지에 들어갔다.(正枕, 安枕處也. 劍有星文曰, 星劍. 當者, 與之相對, 隱借劍光以助暝照也. 收書, 束書也. 因暝不能觀, 故暫收也. 方收書而起, 偶觸動所掛之玉琴. 此句寫暝色尤入妙.)

4 半扉(반비) – 반쪽 문. 반이 열린 문. 開(개) – 문이 열려 있다는 뜻이다. 이와 달리 촛불이 비치는 것으로 보는 설도 있다.

5 淸砧(청점) – 다듬잇돌의 미칭.

[半扉 2구]

《구가집주두시》 조차공 주 끝 구에서 문을 닫으려다가 다듬잇돌을 보았다는 것은 반이 열린 그 문을 다시 닫으려 할 때에 자기 집의 다듬잇돌이 보였다는 말이니, 대략 시절이 가을인 것이다.(末句, 扉欲掩見淸砧, 則欲更掩其半扉之時, 見己家之淸砧, 蓋時秋矣.)

《두보전집교주》에 인용된 고신 주 '반비'는 반이 닫힌 문이다. '반비'가 열려 촛불 빛이 누출되었으니 이미 어두워져 초를 태운 것이다. '욕엄'은 반이 열린 문을 닫음을 말한다. 옷을 두드리는 소리가 귀에 맑고 뚜렷한 것은 다듬이질 소리는 항상 밤에 있기 때문인데, 들린다고 말하지 않고 보인다고 한 것은 촛불 빛을 받아서 말한 것이다.

문이 여전히 반이 열려 있어 촛불 빛이 비친 곳에서 다듬잇돌이 보이게 된 것을 말한다. 이는 곧 어두워서 보이지 않음을 뒤집어 말한 것으로 촛불 빛에 의지해 보였을 뿐이다. 10자 내에 무한한 곡절이 담겨 있어 그림으로 다 표현할 수 없다.(半扉, 半掩扉也. 半扉開而燭影已露, 則旣暝燃燭矣. 欲掩, 謂掩半開之扉, 擣衣之聲, 淸徹于耳, 砧聲恒在夜也. 不曰聞而曰見, 承燭影而言, 謂扉猶半開, 燭影所照, 及見淸砧也. 正反言暝不能見, 賴燭影而見耳. 十字內藏無限曲折, 畫不能盡.)

#《두시상주》: '우양'과 '조작'은 산이 어두워진 것이며 바깥 경물에 속한다. 칼을 대하고 금을 건드린 것은 집 뜨락이 어두운 것이며 안쪽 경물에 속한다. 끝 2구는 온통 어두워진 때를 묘사하였다. '사산'은 동둔의 사면이 다 산인 것이다. '험' 자와 '심' 자는 모두 '명' 자로부터 생각해낸 것이다. 장원張遠의 주에 "베개를 바로 하다가 잘못하여 검을 맞닥뜨리고, 책을 정리하다가 잘못하여 옥금을 건드린 것은 방이 어두운 까닭이다. '저문 뒤 부르는 소리에 반응한다(〈반조返照〉)'는 모양이 없는 곳에서 소리가 있는 것을 생각해내었다. '닫으려 하였더니 다듬잇돌이 보인다'는 소리가 없는 곳에서 형상이 있는 것을 그려내었다. 밤 경물을 세밀하게 모사한 것이 이와 같다"라고 하였다.(牛羊鳥雀, 是山暝, 屬外景. 當劍動琴, 是庭暝, 屬內景. 末二, 則寫全暝之候矣. 四山, 東屯四面皆山也. 險字深字, 俱從暝字想出. 遠注, 正枕而誤當劍, 收書而誤動琴, 以室暝故耳. 旣夕應傳呼, 於無形處想出有聲. 欲掩見淸砧, 於無聲處描出有影. 摹夜景入細如此.)

《독두심해》: 위 4구는 산간의 어두운 경색이고, 아래 4구는 어둠 속의 사람의 일이다. 검을 맞닥뜨리고 금을 건드린 것은 잘못 부딪친 것이다. 맺는 뜻은 더욱 굴곡져 있다. 대개 촛불에 가까운 자는 멀리 볼 수 없다. 몸이 방문 밖에 있어 사립문을 닫아 등불 빛을 가리니 다듬잇돌이 울림을 전하여 소리를 따라 그 형상을 볼 수 있다. 너무 천착하여 아마도 졸렬한 길로 빠진 것이다. 5, 6구는 또 맹인의 시 같으니 역시 하나의 병폐이다.(上四, 山間暝色. 下四, 暝中人事. 當劍動琴, 誤觸也. 結意更曲. 蓋近燭者不見遠, 身在門外, 掩扉以蔽燈光, 則淸砧傳響, 可循聲而得其影矣. 太着意, 恐入拙路. 五六, 又似盲詩, 亦一病.)

《두율계몽》: 해가 져서 산이 어두워지니 뜰에 남기가 침범한다. 이것은 '명' 자의 정면 묘사이다. 3, 4구는 이미 어두워진 때의 경물인데 하나는 동직이고 하나는 징직이다. 아래 4구는 이미 이두워진 때의 일이다. 5, 6구는 아직 촛불을 켜지 않은 때이고, 7, 8구는 이미 촛불을 켠 때이다. 베개를 바로 하다가 마침 별빛 검을 마주하였으니 검의 빛이 희미하게 비친 것이다. 책을 정리하다가 마침 옥금을 건드리니 금 소리가 잘못 울렸다. 문 반쪽이 열려 있어 촛불 빛이 노출되었다. 몸이 촛불 빛 속에 있기에 다듬잇돌이 전혀 보이지 않다가 방문을 닫으려고 하자 비로소 보인 것이다. 경물을 새겨 그리기를 지극하게 하였지 의미는 별로 없다.(日落山陰, 庭侵嵐氣, 此爲暝字正面. 三四, 則旣暝之景, 一動一靜. 下四, 則旣暝之事. 五六, 尙未秉燭. 七八, 則已燃燈矣. 正枕而恰當星劍, 劍光微映也. 收書而適動玉琴, 琴聲誤觸也. 開半扉而露燭影, 身在燭光之中, 殊不見淸砧也, 及欲掩而始見耳. 極其刻畫, 而意味無多.)

(강민호)

16. 晩
저녁

杖藜尋巷晩[1] 炙背近牆暄[2] 人見幽居僻[3] 吾知拙養尊[4]
朝廷問府主[5] 耕稼學山村[6] 歸翼飛棲定[7] 寒燈亦閉門[8]

명아주 지팡이 짚고 골목을 찾는 저녁
등에 햇볕 쬐느라 따뜻한 담장을 가까이하였지.
사람들 보기에 한갓진 거처가 편벽되지만
나는 안다네, 졸박함 기르는 것이 중하다는 것을.
조정의 일은 고을 나리께 묻고
농사일은 산골 사람에게 배운다.
돌아가는 새가 날아 깃들일 때
차가운 등불 켜고 또한 문을 닫는다.

이 시는 낮에 햇볕을 쬐고 저물녘에 돌아오며 느낀 감회를 적었는데 기주의 시골살이에 만족하는 마음을 표현하였다. 저작 시기에 대해 대력 원년 설과 대력 2년 설이 있는데 대개 대력 2년에 지은 것으로 추정한다.

> 《보주두시》 시에서 "명아주 지팡이 짚고 날 저문 골목을 찾는데 등에 햇볕 쬐느라 따뜻한 담장을 가까이하였다"라고 하였고 또 "조정의 일은 고을 나리께 묻고 농사일은 산골 사람에게 배운다"라고 하였으니 마땅히 이것은 대력 원년 기주에서 지은 것이다.(詩云,

杖藜尋晩巷, 炙背近牆暄. 又云, 朝廷問府主, 耕稼學山村. 當是大曆元年夔州作.)

《두시상주》 마땅히 이것은 대력 2년 동둔에서 지은 것이다. 그러므로 '경가' 구가 있다.(當是大曆二年東屯作. 故有耕稼之句.)

주 석

1 杖藜(장려)– 명아주 지팡이를 짚다. 尋巷晩(심항만)– 저녁에 골목을 찾다. 자신의 집으로 돌아온다는 말이다. '巷晩'은 '晩巷'으로 된 판본도 있다.

2 炙背(사배·적배)– 등에 햇볕을 쬐다. 近牆暄(근장훤)– 따뜻한 담장을 가까이하다.

두보 〈적갑赤甲〉 등에 볕 쬐는 즐거움은 천자께 바칠 만하고 미나리를 맛있게 여기니 원래 촌사람임을 알겠다.(炙背可以獻天子, 美芹由來知野人.)

《두시상주》에 인용된 《열자·양주편楊朱篇》 송나라에 농부가 있어 봄 농사 지으며 햇볕을 쬐는데 솜옷과 여우나 담비 갖옷이 있는 것을 알지 못하였다. 그의 처에게 말하기를 "햇볕을 쬐는 따뜻함을 사람들은 알지 못하니 우리 임금님에게 바치면 큰 상을 받을 것이오"라고 하였다. 마을의 부자가 그에게 말하기를 "옛날 사람 중에 콩나물과 수삼과 미나리와 개구리밥을 맛있다고 생각하고 고을의 부호에게 칭찬한 자가 있었는데, 고을의 부호가 가져다가 맛을 보니 입에 아리고 배를 아프게 하였소. 여러 사람들이 비웃으며 그를 원망하였는데, 당신도 이와 같은 경우일세"라고 하였다.(宋國有田父, 東作曝於日, 不知有綿纊狐貉, 謂其妻曰, 負日之暄, 人莫知之, 以獻吾君, 將有重賞. 里之富室告之曰, 昔人有美戎菽甘枲莖芹萍子, 對鄉豪稱之, 鄉豪取嘗之, 蜇於口, 慘於腹, 衆哂而怨之, 子此類也.)

혜강嵇康 〈여산거원절교서與山巨源絶交書〉 촌사람 중에 등 쬐는 것을 즐겁게 여기고 미나리를 맛나다고 여기는 자가 있어 그것을 임금에게 바치고자 한다면 비록 성의는 있겠지만 또한 너무 물정에 어두운 것이다.(野人有快炙背而美芹子者, 欲獻之至尊, 雖有區區之意, 亦已疏矣.)

[杖藜 2구] 낮에 따뜻한 담장에서 햇볕을 쬐다가 저녁에 집으로 돌아왔다는 말이다. 이와 달리 저녁에 따뜻한 담장에서 햇볕을 쬔다는 뜻으로 풀이할 수도 있다.

3 幽居(유거)－ 한갓진 거처. 두보가 살고 있는 곳을 가리킨다.

4 拙養(졸양)－ 졸박拙朴함을 기르다. 소박하게 산다는 말이다. 尊(존)－ 중히 여기다.

《두시설》 '졸양'은 졸박함을 기른다는 말이다. '존'은 귀하게 여긴다는 말이다.(拙養, 卽養拙. 尊, 貴也.)

5 府主(부주)－ 기주의 책임자를 가리킨다. 이 구는 조정의 일에 대하여 기주 태수에게 묻는다는 말이다. 이와 달리 조정에서 조서를 내려 그곳 상황에 대해 기주 태수에게 묻는다고 풀이하는 설도 있지만 취하지 않는다.

《두시상주》에 인용된 소보 주 '부주'는 태수이다.(府主, 太守也.)

《독두심해》 백무림 도독을 가리키는 것 같다.(疑指柏都督.)

《두시설》 조정의 일은 그저 고을 나리께 한 번 물어볼 뿐이고, 다시는 예전처럼 사직에 관심을 가지고 사람을 찾아다니며 물어보지 않는다. 언외에 (〈격양가擊壤歌〉의) '밭 갈고 우물 파며 일하고 쉬는데 황제의 힘이 무슨 상관이냐'는 뜻이 있다.(朝廷之事, 但一問府主而已, 不復如往日關心社稷逢人訪詢, 言外有耕鑿作息, 帝力何有之意.)

《두공부시집집주》 조정의 일은 고을 나리께 물어본다는 말이니 바로 '졸박함을 부양한다'는 뜻을 보여준다.(朝廷之事, 則問府主, 正見

養拙意.)

《두보전집교주》에 인용된 왕원汪瑗 주 고을 나리께 조정의 일을 묻는다는 것은 또한 아직 임금을 잊지 않는 것이니 이 사람이 어찌 한갓진 거처의 편벽함을 좋아하는 자이겠는가? 두보의 고체시 〈망악〉에서 "세 번 탄식하며 고을 나리께 묻나니 어찌하면 우리 황제를 도울 수 있을까?"라고 하였는데 그것을 가져다가 서로 참조하면 말의 뜻이 절로 분명해지니 두 가지로 해석할 필요가 없다.(問朝廷於府主, 亦未嘗忘君也, 是豈好爲幽居之僻者哉. 公望嶽古詩一聯云, 三嘆問府主, 曷以贊我皇. 取以互觀, 則語意自明, 不必兩解.)

6 耕稼(경가)－ 밭을 갈고 농작물을 심다. 농사일을 가리킨다. 山村(산촌)－ 여기서는 산골의 촌부를 가리킨다.

[朝廷 2구] 두보가 나랏일에 대하여는 별 관여를 하지 않고 그저 물어보기만 할 뿐이고 농사일에 전념한다는 뜻이다.

《두보전집교주》에 인용된 동양성董養性 주 3연은 조정의 일을 알고 싶으면 마땅히 고을 나리께 묻고 농사일을 알고 싶으면 마땅히 산골 농부에게 배워야 한다는 말이다. 이는 두보가 '졸박함을 기르는' 방식을 보여준다.(三聯言欲知朝廷之事, 則當問府主, 欲知耕稼之事, 則須學山村. 此見公所以養拙也.)

《두억》 지방의 다스림은 조정에서 고을 책임자에게 물을 뿐이고 나 같은 사람의 일이 아니다. 그러므로 산골 농부에게서 농사일을 배울 수 있다. 이것이 졸박함을 기르는 자의 행위이다.(地方治亂, 朝廷但問府主, 非我輩事, 故得學耕稼於山村, 此拙養者之爲也.)

《구가집주두시》 조차공 주 조정에서 농사일에 힘쓰고 곡식을 중히 여기는 일을 고을 책임자에게 물어보았으니 그래서 또한 교화되어 산골의 농사일을 배운다는 말이다.(言朝廷以務農重穀之事問府主, 故亦化而學山村耕稼也.)

7 歸翼(귀익)－ 둥지로 돌아가는 새.

8 寒燈(한등) – 차가운 등불. 추운 밤에 켜놓은 등불을 말한다.

[歸翼 2구]

《두시경전》 '돌아가는 새'는 '날 저문 골목'과 조응하고 '차가운 등불'은 '따뜻한 담장'과 조응한다.(歸翼應巷晩, 寒燈應牆暄.)

#《두시상주》: 수련은 초저녁의 일을 적었고 결련은 초저녁의 경물을 적었으며 가운데는 자신의 정감을 스스로 서술하였다. '편벽되니' 세상과 관계가 없고 '중히 여기니' 스스로 그 정취를 얻었다. 조정의 일은 고을의 나리에게 묻고 농사일은 산골 농부에게 배운다고 하였으니 야인이 나랏일에는 관여하지 않음을 보인 것이다. 결련은 사물과 더불어 쉰다는 것을 말하였는데 한가로이 자유롭다는 뜻을 그려내었다. 황생의 주에서 "처음에는 등에 햇볕 쬐기를 탐하다가 어스름에 비로소 돌아온다는 말이니 첫 2구는 도치법을 사용하였다"라고 하였다. '유거'는 위를 이어받은 것이고 '졸양'은 아래를 일으킨다. 마지막 구의 '등' 자는 '날 저문 골목'과 조응하고 '한' 자는 '따뜻한 담장'과 조응한다.(首記薄晩之事, 末記薄晩之景, 中乃自敍己情. 僻則與世無關, 尊則自得其趣. 朝問府主, 耕學山農, 見野人不豫國事矣. 末言與物偕息, 寫出優游自在之意. 黃生注, 初貪暴背, 傍晩始歸, 起二用倒裝. 幽居承上, 拙養起下. 末句燈字, 應巷晩. 寒字, 應牆暄.)

《독두심해》: 수련은 일을 서술한 것으로 '한갓진 거처'에서의 일이다. 하반부는 정감을 서술한 것으로 '졸박함을 기르는' 마음이다. 3, 4구는 대체로 이 시의 중심인데 말이 또 맑고 고귀하다. '고을 책임자에게 묻는다'고 하였으니 당시 아마 황제의 조서로 상황을 물은 일이 있었을 것인데, '산골 사람에게 배운다'고 하였으니 내 일과는 관련이 없었다. 새가 깃들일 때 문을 닫는다는 것은 상관하지 않기로 결정한 것이지만, 도리어 이로써 또 한 층 더 나아갈 수 있으며 시상을 거두면서 '만' 자와 합치된다.(首聯敍事, 幽居之事也. 下半述情, 拙養之情也.

三四, 蓋一詩關目, 語復淸貴. 問府主, 時或有璽書問狀事. 學山村, 則無與我事矣. 鳥定閉門, 付之不管也, 卻又能以透後一層, 收合晚字.)

(임도현)

17. 夜
밤

絶岸風威動[1] 寒房燭影微 嶺猿霜外宿[2] 江鳥夜深飛[3]
獨坐親雄劍[4] 哀歌歎短衣[5] 煙塵繞閶闔[6] 白首壯心違[7]

가파른 강 언덕에 바람의 위세가 진동하여
차가운 방 촛불이 희미한데,
재의 원숭이는 서리 맞으며 자고
강의 새는 밤 깊도록 날고 있다.
홀로 앉아 웅검을 가까이 하고
애달프게 노래하며 짧은 옷 한탄한다.
연기 먼지가 창합을 두르거늘
흰머리에 씩씩한 뜻이 어그러져버렸다.

대력 2년 기주에서 쓴 시로, 당시 토번이 침범한 상황에서 아무런 기여도 하지 못하는 두보 자신의 신세를 한탄하였다.

> 《보주두시》 시에서 "재의 원숭이는 서리 맞으며 자고, 강의 새는 밤 깊도록 날고 있다"라고 하였고, 또 "연기 먼지가 창합을 두른다"라고 하였으니, 아마 대력 2년 기주에 있을 때 지었으리라. 이해 9월 갑인일에 토번이 영주를 침범하고 을묘일에 빈주를 침범하자, 곽자의는 경양에 주둔하고 경사는 엄밀하게 방비 조치를 하였다. 그래서 그렇게 말한 것이다.(詩云, 嶺猿霜外宿, 江鳥夜深飛. 又云,

烟塵繞閶闔. 蓋大曆二年在夔州作. 以是年九月甲寅吐蕃寇靈州, 乙卯寇邠州, 子儀屯於涇陽, 京師戒嚴, 故云.)

주 석

1 絶岸(절안) – 가파른 강 언덕.

[絶岸 2구]

《두억》 가파른 강 언덕이어서 바람의 위세가 더욱 거세니, 촛불이 희미한 것은 이 때문이다.(峻絶之岸, 風威尤勁, 燭影之微因之.)

2 嶺猿(영원) – 산 고개에 사는 원숭이. 霜外宿(상외숙) – 밖에서 서리를 맞으며 자는 것을 뜻한다.

3 夜深飛(야심비) – 깊은 밤에 날다.

4 雄劍(웅검) – 전설에 의하면 막야가 만들었다고 하는 칼 중 하나. 흔히 보검을 비유한다.

《두시상주》에 인용된 《열사전列士傳》 초나라 왕이 막야에게 명하여 한 쌍의 칼을 주조하였는데, 하나는 자검이고 하나는 웅검이다.(楚王命鏌邪鑄雙劍, 一雌一雄.)

5 短衣(단의) – 짧은 옷. 이 구절에는 영척甯戚의 고사가 암용暗用되었다. 춘추시대 위衛나라 사람인 영척甯戚이 제나라 환공桓公을 알현할 방법이 없어서 성문 밖에서 머물러 있다가, 밤에 환공이 성문 밖으로 나오자 수레 아래에서 소뿔을 두드리며, "남산의 깨끗한 돌, 하얀 돌이 반들반들하네. 평생 요가 순에게 선양하는 일을 만나지 못하고, 짧은 홑겹 베옷은 정강이에 겨우 닿네. 저녁부터 소 먹이다 한밤중에 이르렀는데, 긴 밤 아득하니 어느 때에야 날 밝을까?(南山矸, 白石爛. 生不逢堯與舜禪, 短布單衣適至骭. 從昏飯牛薄夜半, 長夜漫漫何時旦.)"라고 노래하였다. 이에 제환공이 듣고 기이하게 여겨 그를 중용

하였다. 영척이 부른 노래를 〈백석가白石歌〉 또는 〈남산백석가南山白石歌〉라고 하는데 그 내용은 출전에 따라 차이가 있다.

《두시상주》에 인용된 《회남자》 영척이 수레 아래에서 소를 먹이고는 소뿔을 두드리며 상가를 부르기를, "남산은 빛나고 흰 돌은 반들거리네. 짧은 홑겹 베옷은 정강이에 겨우 닿는데, 긴 밤 아득하니 어느 때에야 날 밝을까?"라고 하였다.(甯戚飯牛車下, 擊牛角而爲商歌曰, 南山粲, 白石爛. 短布單衣適至骭. 長夜漫漫何時旦.)

《두억》 '짧은 옷 한탄한다'는 짧은 홑겹 베옷이 정강이를 가리지 못한다는 영척의 말을 사용하여 그 가난함을 스스로 마음 아파한 것이다.(嘆短衣, 用甯戚所云短布單衣不掩脛者, 自傷其貧也.)

6 煙塵(연진) – 봉화 연기와 전장에서 일어나는 먼지. 閶闔(창합) – 전설에 나오는 하늘의 궁문. 여기서는 장안의 궁궐을 뜻한다.

《구가집주두시》 조차공 주 '창합'은 천문이다. 황제의 도읍을 가리켜 말한다.(閶闔者, 天門也, 指言帝都.)

7 壯心違(장심위) – 씩씩한 마음의 뜻을 펼치지 못한다는 뜻이다.

《세설신어·호상豪爽》 열사는 만년에도 씩씩한 마음이 다하지 않는다.(烈士暮年, 壯心不已.)

#《두시상주》: 함련은 '풍위' 구를 이어받은 것으로, 이는 밤중의 경물이다. 경련은 '촉영' 구를 이어받은 것으로, 이는 밤중의 일이다. 결련은 경련을 이어받아, 만년에 난을 평정할 수 없음을 마음 아파하였다. 《두억》에서 "재의 원숭이가 울지 않으니 바람이 무서워 자고 있는 것이고, 강의 새는 자지 않으니 바람이 무서워 날고 있다. 이는 모두 밤중의 경물 중 슬퍼할 만한 것이다"라고 하였다. '웅검을 가까이 하니' 여전히 세상을 구하려고 생각하고 있고, '짧은 옷을 한탄하니' 몸을 가릴 수가 없는 것이다. 황학의 주에서 "대력 2년 9월에 토번이 영주와 빈주를 침범하자, 곽자의는 경양에 주둔하고 경사는 엄밀하게

방어조치를 하였다. 그래서 끝 두 구의 말이 있는 것이다”라고 하였다.(猿宿鳥飛, 承風威, 此夜中景. 獨坐哀歌, 承燭影, 此夜中事. 末承三聯, 傷暮年不能靖亂也. 杜臆, 嶺猿不啼, 畏風而宿, 江鳥不宿, 畏風而飛, 皆夜景之可悲者. 親雄劍, 尙思救世, 歎短衣, 不能庇身矣. 鶴注, 大曆二年九月, 吐蕃寇靈州邠州, 郭子儀屯涇陽, 京師戒嚴, 故有末二語.)

《독두심해》: 이 시는 당연히 차가운 방 촛불 그림자 아래에서 지은 것이다. ‘원숭이가 자고’ ‘새가 난다’는 것은 소리를 듣고 안 것이지 본 것을 쓴 것이 아니다. ‘웅검을 가까이 하려더니’ 도리어 ‘짧은 옷을 한탄하였으니’, 뜻은 성하나 신세가 곤궁하다. 이 때문에 그저 전란에 놀라며 ‘뜻이 어그러진 것’을 길게 한탄할 뿐이다.(此當在寒房燭影下所成. 猿宿鳥飛, 聞聲而知, 非書所見也. 欲親雄劍, 卻歎短衣, 志盛而身蹇, 是以徒驚塵擾, 長恨心違耳.)

《두율계몽》: ‘바람이 진동하였기에’ ‘촛불이 희미하다.’ 제3구와 제4구는 차가운 방 밖의 경물이고, 제5구와 제6구는 차가운 방 안의 일이다. 결련은 제5구와 제6구를 이어 시상을 맺었다.(風動故燭微. 三四, 寒房以外之景. 五六, 寒房以內之事. 末承五六作結.)

(이영주)

18. 九月一日過孟十二倉曹十四主簿兄弟

9월 1일 맹창조 맹주부 형제에게 들르다

藜杖侵寒露[1] 蓬門起曙烟[2] 力稀經樹歇[3] 老困撥書眠[4]
秋覺追隨盡[5] 來因孝友偏[6] 淸談見滋味[7] 爾輩可忘年[8]

명아주 지팡이로 찬 이슬을 무릅쓰고 가는데
쑥대 문에 새벽안개가 피어오른다.
힘이 달려서 나무를 지나며 쉬고
늙은 몸 피곤하여 책을 치워놓고 잠잔다.
그대들과 어울리다 보니 가을이 다해감을 느끼는데
그대들의 효성과 우애 때문에 이곳에만 오게 된다.
맑은 담론에 재미를 보니
그대들 나이를 잊고 사귈 만하다.

이는 대력 원년 9월 1일에 지은 것이다. 제1구의 '侵寒露'라는 말로 보아 이날이 한로였을 것으로 추정된다. '한로'는 24절기 가운데 추분 다음에 오는 절기로 차가운 이슬이 내리기 시작하는 때라고 하며, 양력으로는 10월 8, 9일경에 해당한다. 《중국사력일화중서역일대조표中國史曆日和中西曆日對照表》에 의하면 대력 원년(영태 2년) 음력 9월 1일은 양력 10월 9일로, 바로 한로였다. 저작 시기에 대하여 대부분의 주석가들이 대력 2년으로 편재하였으나 대력 2년 9월 1일은 양력 9월 28일이고 한로가 아니었다. 따라서 이 시와 이 시 전후에 편재된 맹씨 관련 시들은 모두 대력 원년에 지은 것으로 추정된다. 당시 두보는 맹씨 형제를 새로 알게 되었는데 하나는 형제 중 열두째였고 하나는 열넷째였다. '창조'는 곡식 창고를 맡은 관직이고 '주부'는 지방관의 보좌관이다. 시의 전반부는 맹씨 형제를 방문하는 정성을 썼고 후반부는 방문 이유를 썼다.

《보주두시》 시에서 "명아주 지팡이로 찬 이슬을 무릅쓰고 가는데 쑥대 문이 새벽안개 속에 열려 있다"라고 하였으니 맹씨 형제가 사는 곳은 싱안 저자에 있지 않았다. 살펴보건대 공이 지은 〈맹씨孟氏〉 시에서 "이웃으로 온다면 가까이 사는 사람을 부끄럽게 할 것이다"라고 하였으니 마땅히 대력 2년에 지은 것이다.(詩云, 藜杖侵寒露, 蓬門啓曙烟, 則孟之所居不在城市. 按公賦孟氏詩云, 卜隣慚近舍. 當是大曆二年作.)

《두시상주》 황학 주에서 "이는 대력 2년 한로 절기에 지었다"라고 하였다. 맹씨의 거처는 공의 집과 가까웠고 성안 저자에 있지 않았다. 《통전》에 "양한에는 창조리가 있었는데 창고를 주관하였다. 당에서는 경조, 하남, 태원 3부에 창조참군 각 2인을 두었고, 나머지는 각 1인이었다"라고 하였다.(鶴注, 此大曆二年寒露日作. 孟居與公舍相近, 不在城市中. 通典, 兩漢有倉曹吏, 主倉庫, 唐京兆河南太原三府, 置倉曹參軍各二人, 餘各一人.)

주 석

1 藜杖(여장) – 명아주 지팡이. 侵寒露(침한로) – 찬 이슬을 무릅쓰고 간다는 말이다. 이날이 한로임을 암시한다.

2 蓬門(봉문) – 쑥대로 만든 문. 맹씨 집의 봉문을 가리킨다. 이와 달리 두보의 집 문으로 보는 설도 있다. 起(기) – '啓'로 된 판본도 있다.

曙烟(서연) – 새벽안개.

《두시상주》 '蓬門啓'로 되면 문이 열렸다는 것이요, '起曙烟'으로 되면 안개를 일으킨다는 것이다. 위의 구로 맞추어보면 '起'로 되는 것이 타당하다.(作蓬門啓, 是門啓. 作起曙烟, 是起烟. 以上句例之, 作起爲當.)

[藜杖 2구]

《두율계몽》 첫 구는 공이 이슬을 무릅쓰고 간다는 말이고, 다음 구는 맹씨가 문을 열어놓고 맞이하였다는 말이다.(首句, 公侵露而行也. 次句, 孟啓門而迓也.)

3 力稀(역희) – 힘이 없다. 힘이 달리다.

4 撥書(발서) – 책을 옆으로 밀어 치우다.

《두율계몽》 '발서'는 책을 치우고 공간을 만들어 잠잔다는 말이다. 책을 던져버렸다고 해석하는 것은 잘못이다.(撥書, 謂撥書取隙而眠也, 解作抛書者非.)

《두억》 책을 치우고 잠을 잔다는 것은 그 평상 위가 다 책이었다는 것을 보여준다.(撥書眠, 見其床上皆書也.)

[力稀 2구] 힘이 달려서 맹씨 집으로 가는 도중에 나무에 기대어 쉬고 맹씨네 집에 가서는 피곤하여 평상에 널린 책을 치워놓고 잠을 잔다는 말이다. 이와 달리 나무에 기대어 쉬는 일과 책을 치워놓고 자는 일 모두 맹씨네 정원 안에서 이루어진 일로 보는 설도 있다.

《두율계몽》 제3구는 첫 구를 이었고 제4구는 제2구를 이었다. 힘이 달렸기 때문에 늙은 몸이 피곤한 것이니 두 구는 또 저절로 유수대가 된다.(三句承首句, 四句承次句. 因力稀故老困, 二句又自爲流對.)

《두시설》 '희'는 곧 모자란다는 의미이고 '곤'은 곧 피곤하다는 의미로서, 이 두 가지는 같은 시간 같은 장소에서 있었던 일이다. 맹씨네 정원에는 늙은 나무가 있었고 그 아래에는 앉거나 누울 수가 있어서 맹씨는 항상 이곳에서 책을 펼쳤다. 공이 맹씨네 집에 왔으나 아직 당에 오르지 않았을 때에 바로 이곳에 와서 쉰 것인데 노인의 피곤한 모습을 묘사한 것이 오히려 자못 생생하다.(稀卽乏, 困卽倦, 二語在一時一處. 因孟園有老樹, 其下可以坐臥, 孟常把卷于此. 公至水(未의 잘못인 듯하다)及登堂, 卽就此息力, 寫老人倦態殆猶生矣.)

5 追隨(추수)— 사람을 따라다니다. 盡(진)— 다하다. 이 구는 맹씨 형제와 어울리다 보니 어느덧 가을이 다해감을 깨닫게 되었다는 말이다. 이와 달리 가을이 되니 따라다니던 곳이 이미 다하여 더 이상 갈 곳이 없음을 깨달았다는 풀이도 있다.

《두시조차공선후해집교》 "추각추수진"은 그가 따라다니던 곳이 이미 다하여 더 이상 갈 수가 없음을 스스로 말한 것이다.(秋覺追隨盡, 自言其所追隨之處已盡, 不能再往.)

6 偏(편)— 치우치다. 또는 깊다, 돈독하다. 이 구는 맹씨 형제의 효성과 우애 때문에 다른 곳에 가지 않고 맹씨네 집에만 오게 된다는 말이다. 이와 달리 오늘 이곳에 온 것은 맹씨 형제의 효성과 우애가 깊은 것을 중시했기 때문이라는 풀이도 있다.

《두시설》 땅의 한쪽 모퉁이를 '편'이라 하고, 사람이 한쪽으로만 생각하는 것을 또한 '편'이라고 한다. 다른 데로 가지 않음을 말한다. (地一隅曰偏, 人一意亦曰偏, 言不他往也.)

《보주두시》에 인용된 조차공 주 오늘 맹씨네 집에 온 것은 그 형제의 효성과 우애가 깊고 돈독함을 중시했기 때문이라는 말이다.(言今來孟氏家, 因重其兄弟孝友偏篤也.)

[秋覺 2구]

《두시설》 제5구와 제6구는 도치하여 서술하였다. 그들이 효성스럽고 우애가 있음을 중시하였기 때문에 오로지 이곳에 와서 따라다니느라 가을이 장차 다하려는 것도 깨닫지 못한 것이다.(五六倒敍,

因重其孝友, 故偏來此追隨, 不覺一秋將盡.)

7 滋味(자미) - 재미. 흥취.

8 忘年(망년) - 망년지교忘年之交. 나이를 상관하지 않고 재덕才德으로 서로 존중하며 교유하는 것을 말한다.

#《두시상주》: 위 4구는 일을 서술한 것으로 찾아가는 정성에 대해 말하였고, 아래 4구는 정을 서술한 것으로 맹씨 형제를 방문한 이유를 말하였다. 황생 주에 "'한로'는 비록 새벽 풍경을 나타내지만 또한 이날이 바로 이 절기가 되었음을 보이고 있다"라고 하였다. 앞의 시(〈맹씨〉)에서 "가을 나무의 뿌리에서 글을 읽는다"라고 하였으니 '나무를 지난 것', '책을 치운 것'은 모두 맹씨네 정원에서 한 일임을 가리킨다. 공은 그들이 효성스럽고 우애가 있어 유독 함께 따라다니며 가을이 다하려 하는 것도 느끼지 못한 것이니 두 구는 바로 도치된 것이다. 맑은 담론에 재미를 본 것은 덕이 있고 또 언변도 있었기 때문이다.(上四, 敘事, 言過訪之誠. 下四, 敘情, 言訪孟之故. 黃注, 寒露雖點曙色, 亦見此日正交此節也. 前詩言, 讀書秋樹根, 故知經樹撥書, 皆指孟園中. 公因其孝友, 故偏與追隨, 不覺一秋將盡, 二句乃倒裝. 淸談見滋味, 有德且有言也.)

《독두심해》: 한 구절 한 구절 써 내려갔는데 또렷함이 말하는 것 같다. 지팡이를 짚고 이슬을 무릅쓰고, 문을 나서면서 안개를 보았다. 중도에서 나무에 기대어 쉬었고, 맹씨네 집에 도착해서는 책을 치워놓고 잠을 잤다. '추수진'은 인사말의 대체적인 뜻이다. '효우편'은 사귀는 가운데 마음으로 우러러본 바이다. 맑은 담론이 재미있다는 것은 재미있고 감동적인 담론을 나누고서 마음이 취한 것이요, 나이를 잊은 사귐을 약속한 것은 즐거움이 넘쳐나서 마음으로 허락한 것이다. 황생은 '역희' 구를 맹씨네 정원 가운데에서 있었던 일을 말한 것으로 보았는데 합당치 않다.(逐句敍下, 歷歷如話. 策杖侵露, 出門見

煙, 在中途則傍樹而歇, 到孟舍則抛書而眠. 追隨盡, 寒溫大意. 孝友偏, 周旋所仰. 淸談味, 心醉於娓娓之後. 忘年契, 心許於款款之餘. 黃生以力稀句即在孟園中說, 未合.)

(이석형)

19. 孟倉曹步趾領新酒醬二物滿器見遺老夫
맹창조가 새로 담근 술과 장을 그릇 가득 담아 가지고 걸어와서 늙은이에게 주다

楚岸通秋屐[1]　胡牀面夕畦[2]　籍糟分汁滓[3]　甕醬落提攜[4]
飯糲添香味[5]　朋來有醉泥[6]　理生那免俗[7]　方法報山妻[8]

초강 기슭을 가을 나막신이 지나오니
호상은 저녁 밭두둑을 마주할 때라.
담근 술을 걸러 즙과 찌꺼기를 나누었고
장을 항아리에 담아 흘리며 들고 왔네.
밥이 거칠어도 향미를 더해줄 것이요
벗이 찾아오면 진탕 취할 수 있게 되었네.
살아가는 일 어찌 세속을 면할 수 있으랴
술과 장 담그는 법을 아내에게 일러주시게나.

이 시는 앞 시와 함께 대력 원년 가을 기주에서 지은 것이다. 가깝게 지내던 맹창조가 새로 담근 술과 장을 가지고 찾아온 것에 대해 감사하는 마음을 적었다. '보지步趾'는 보행의 뜻이다.

《두시상주》에 인용된 황생 주　제목을 지은 데서 바로 수법이 드러난다. 술과 장은 새로 담근 것이요, 둘 다 또 그릇에 가득 담았으며, 아울러 스스로 들고서 찾아왔다고 하였다. 모두 찾아온 객에 대한 깊은 감사의 뜻이다.(製題卽見手法, 二物係新成, 兼又滿器, 且自領

而來, 皆深荷來客之意.)

주 석

1 楚岸(초안) – 초 땅의 강 언덕. 두보가 사는 기주 지역을 가리킨다. 通秋屐(통추극) – 맹창조가 가을날 나막신을 신고 강기슭을 지나온다는 말이다.

2 胡牀(호상) – 호상. 접이식으로 된 간편한 의자. 面夕畦(면석휴) – 저녁 밭두둑을 마주하다. 이 구절은 두보가 저물녘 호상에 앉아 있을 때 멀리서 맹창조가 찾아오는 것을 보게 되었다는 말이다. 맹창조가 이르러 호싱에서 밭두둑을 바라보게 되었다는 말로 풀이하기도 한다.

3 籍糟(적조·자조) – 술을 거르다. '적籍'은 술을 거를 때 쓰는 도구를 뜻하는 것으로 보인다. '籍'을 '藉'로 쓴 판본도 있다. 分汁滓(분즙재) – 즙과 찌꺼기를 분리하다. 이 구절은 맹창조가 익은 술을 걸러 술과 지게미를 분리하였다는 말이다. 이와는 달리 '분分'을 '나누어 주다'의 뜻으로 읽고 맹창조가 자신의 술을 두보에게 나누어 주었다는 의미로 풀이하기도 한다.

《두시상주》 '침국자조'라는 말이 유령의 〈주덕송〉에 나오는데, 여기서는 '옹장'을 대하여 말한 것이니 '자'는 술을 거르는 기구이다. 혜강의 〈성무애락론聲無哀樂論〉에서 "술을 거르는 부대가 있는데, 짜내는 도구가 서로 다르다"라는 말이 있다. 양신이 말하기를 "고서 중에 술 짜는 기구는 겨우 이것이 보인다. '자'는 간혹 '자醡'로 쓰기도 하는데 속자이다. 혹자는 '분즙재'를 '나누어 주다'로 풀이하였는데 틀렸다. 대나무로 만든 틀에서 술을 짜면 술과 지게미로 나뉜다. 그 맑은 즙이 술이고 탁한 찌꺼기가 바로 지게미다"라 하였다.(枕麴籍糟, 出劉伶酒德頌. 此對甕醬言, 籍乃漉酒之具. 嵇康哀樂論, 簁酒之囊, 笮具不同. 楊愼曰, 古書中笮具僅見此. 笮字或作醡, 俗字也. 或

以分汁滓爲分惠, 非也. 竹牀笮酒, 分出汁滓, 其淸汁爲酒, 濁滓則糟也.)

《두시상주》《주례》'예제'에 대한 주에서 "'예'는 '체'와 같으니, 술을 빚었는데 술과 찌꺼기가 함께 있는 것이다"라고 하였는데, 소씨 주에서 "지금의 단술이다"라고 하였다.(周禮醴齊注云, 醴, 猶體也, 成而汁滓相將. 邵注, 卽今之甛酒.)

《독두심해》 '누룩을 베고 지게미를 깐다'라는 말은 본래 유령의 〈주덕송〉에 나오는데, ('적籍'은) 여기서 '옹'을 짝하여 말한 것으로 통상적인 뜻의 글자로 읽어야 하니, 아마도 거르지 않은 술을 담은 그릇일 것이다. '즙재'는《주례》'예제'의 주에 보이는데, 아마도 찌꺼기까지 함께 보내준 것으로, 시속에서 말하는 '주낭'을 일컫는 것 같다.(枕麯籍糟, 本出酒德頌. 此對甕言, 當讀如字, 疑是盛糟之器. 汁滓, 見周禮醴齊注. 恐是連滓見遺, 卽俗所云酒孃也.)

4 甕醬(옹장) – 장을 옹기에 담다. 落(락) – 여기서는 장이 흘러넘치는 것을 뜻한다. 장이 담긴 용기를 내려놓은 것으로 보기도 한다. 提携(제휴) – 들다. 이 구절은 맹창조가 장을 그릇에 가득 담아 들고 오다 보니 오는 길에 흘러넘쳤음을 묘사한 것이다.

《두시상주》 보통 새로 담은 장을 옹기에 넣게 되면 부풀어 올라 넘치는 때가 있다. 그래서 들고 오다 보면 옆으로 흘러 떨어지는 경우가 항상 있게 된다.(凡新醬入甕, 有時浮溢, 故提携而來, 常有旁落者.)

《두시경전》 '낙'은 옆으로 흘러 떨어지는 것이니, 그릇 가득 담았다는 뜻을 드러낸다.(落, 旁落也. 見滿器意.)

5 飯糲(반려) – 거친 쌀로 밥을 짓다.

6 醉泥(취니) – 곤죽이 되도록 취하다.

《두시상주》《한서·공의지전》에 "하루 재를 지내지 않게 되면 곤죽이 되도록 취하였다"라는 기록이 있으니 취한 후에 쓰러져 진창처럼 되었음을 말한 것이다. 옛 주석에서 “‘이’는 동해의 벌레 이름이니 물을 얻으면 살고 물을 잃어버리면 취한다고 설명하는데 억설인 것 같다.(漢書孔顥之傳, 一日不齋醉如泥. 謂醉後顚倒如泥. 舊注謂, 泥乃東海蟲名, 得水則活, 失水則醉, 恐屬臆說.)

7 理生(이생) – 삶을 영위하다. 那(나) – 어찌. 免俗(면속) – 세속을 벗어나다.

8 方法(방법) – 술과 장을 담그는 법을 가리킨다. 山妻(산처) – 자신의 아내를 겸손하게 이르는 말.

#《두시상주》: 나막신을 신고 찾아오는 것을 밭두둑을 마주하여 멀리 바라본다고 하여 걸어서 친히 가지고 온 것을 써내었으니, 그 뜻의 정성스러움을 기록한 것이다. 술은 벗을 취하게 할 정도이고 장은 흘러넘칠 정도로 많다고 하여 그릇에 가득 담아 주었음을 또한 서술하였으니, 그 정의 두터움을 말한 것이다. 마지막에서는 제조법의 정미함을 아울러 찬미하였다. 황씨 주에서는 “기련은 빈주를 짝지어 서술한 것”이라고 하였고, 홍씨 주에서는 “이 시는 앞은 참신하고 뒤는 멋스러우니, 가운데 4구는 졸박해도 상관없다”라고 하였다.(通屐而來, 面畦遙見, 敍出步趾親領, 誌其意之誠. 酒可醉朋, 醬多流落, 又敍滿器見遺, 言其情之厚. 末則兼美製法之精也. 黃注, 起聯, 賓主對敍. 洪注, 此詩前新後趣, 中四不嫌樸拙.)

《독두심해》: 저쪽은 나막신을 신고 오고 나는 밭두둑을 마주하여 바라본다는 것은 보행으로 물건을 들고 오는 ‘보지령’을 말한 것이다. 3, 4구는 두 가지 물건을 나누어 묘사하였는데, ‘그릇 가득 담아 준다’라는 것이다. 5, 6구에서 나누어 받아서 그 효용을 찬미했다. 제조법을 구하는 것으로 맺고 있다. 붓을 들면 멋이 생겨난다.(彼着屐而來, 我面畦而見, 步趾領也. 三四, 分寫二物, 滿器見遺. 五六分承, 美其功用. 以乞取製法作結. 涉筆成趣.)

《두억》: "초강 기슭을 가을 나막신이 지나온다"라고 한 것은 맹창조가 온 길을 기록한 것으로 제목의 '보지'와 호응한다. 마침내 호상에서 밭두둑을 마주하여 앉게 되었으니, 서로 아는 터라 예법에 구속되지 않기 때문이다. 3, 4구는 말은 대가 되지만 뜻은 대를 이루지 않았으니 네 집에서 술을 걸러 나에게도 술을 나누어 주었다는 말이다. 여기서는 술을 말하여 '옹장'과 대를 삼았는데, '제휴'는 술과 장, 둘을 받은 것이며, '낙'은 이 둘을 내려놓은 것이다. 이는 율시의 변체로서 오직 두보에게만 있다. '제휴'라고 말한 것은 분명 종을 두고 한 말이다.(楚岸通秋屐, 紀倉曹來路, 照本題步趾. 遂與胡床, 面畦而坐, 以相知脫略於禮文也. 三四詞對而意不對, 謂汝家籍糟, 而分我汁滓, 此言酒而與甕醬作對, 提携雙頂, 而落則放下也. 此律詩之變體, 唯杜有之. 所云提携者, 必僕夫也.)

(**김성곤**)

20. 送孟十二倉曹赴東京選

관리에 선발되기 위해 동경으로 가는 맹창조를 보내다

君行別老親[1] 此去苦家貧[2] 藻鏡留連客[3] 江山憔悴人[4]
秋風楚竹冷[5] 夜雪鞏梅春[6] 朝夕高堂念[7] 應宜綵服新[8]

그대 떠나 늙은 부모를 이별하니
지금 가는 것은 집안 가난이 괴로워서라.
전형 받으려 머무를 나그네는
강과 산에서 초췌한 사람이지.
가을바람에 초 땅 대나무 찬데
밤눈에 공현 매화는 봄이겠지.
아침저녁으로 고당에서 걱정하시니
채복 새로 입어야 마땅하리라.

두보가 기주에서 사귄 맹씨 형제 중 한 사람이 관리 전형에 응하기 위해 낙양으로 가게 되자 이 시를 지어 송별하였다. 맹씨는 노부모가 있지만 집안이 빈한하니 녹봉을 받기 위해 어쩔 수 없이 집을 떠난다. 가을에 떠나니 새봄에는 낙양에 있을 터이다. 노부모가 떠난 자식을 밤낮 걱정하리니 관직을 얻고 빨리 돌아와 직접 모시기를 바라는 마음을 표현하였다. 앞 시와 같은 시기인 대력 원년에 지었다. 이와 달리 대력 2년에 지었다는 설도 있다. 시제의 '부동경선'은 관직에 선발되기 위해 동경, 즉 낙양으로 간다는 말이다.

《보주두시》《신당서·선거지選擧志》에 "태종 때에 가뭄이 들어 곡가가 올라서 동쪽 사람으로서 선발 후보가 된 자들은 낙주에 모였으며, 이를 동선이라고 하였다"라고 하였다. 낙은 바로 동경이며, 아마 이때부터 관례가 되었을 터이다. 그래서 대력 연간에 이르러서도 여전히 그러하였다. 《통전》에 "양한 때 창조리가 있었으며 창고를 담당하였다"라고 하였다. 당나라 때 경조, 하남, 태원 3부에 창조참군사 각 2인, 나머지 지역에는 각 1인을 두었다. 공은 대력 원년에 기주에 이르러 일찍이 맹창조 형제와 교류하였으니 "맹씨호형제"(〈맹씨〉)라고 읊은 시구가 그것이다. 이 시는 당연히 대력 2년에 지었다.(唐志, 太宗時, 以歲旱穀貴, 東人選者集於洛州, 謂之東選. 洛, 卽東京也. 殆是自此爲例, 故至大曆年間猶然. 通典, 兩漢有倉曹吏, 主倉庫. 唐京兆河南太原三府置倉曹參軍事各二人, 餘各一人. 公大曆元年至夔, 嘗與孟倉曹兄弟往還, 賦孟氏好兄弟, 是也. 此當在二年作.)

《두시천》 동경 선발의 경우 옛날 조정에서 해가 가물어 곡가가 올라서 선발 후보자의 노자를 지급하지 않은 적이 있어 그 법을 낙양에 통용하였는데 대력 연간에도 여전히 그 예를 따랐다.(東京之選, 昔年朝廷以歲旱穀貴, 選人路費不給, 通其法於洛川. 大曆猶循其例.)

주 석

1 君(군) – 그대. 맹씨를 가리킨다.

2 苦(고) – 괴로워하다.

[君行 2구]

《한시외전韓詩外傳》 증자가 말하였다. "가면 돌아올 수 없는 사람은 부모이고, 다다르면 더할 수 없는 것이 나이이다. 이 때문에 효자는 모시고자 하나 부모는 기다리지 않고, 나무가 자라려고 해도 때는 기다리지 않는다. 이 때문에 소를 잡아 무덤에 제를 올려도 닭과 돼지로 살아 계신 부모를 봉양함만 못하다. 그래서 나는 일찍이 제나라에 벼슬하여 서리가 되어서 녹이 종과 부를 넘지 않았지만 오히려 흔흔히 기뻤던 것은 (녹이) 많다고 여겨서가 아니라 그것이 부모에게 다다름을 즐거워하였기 때문이다. 돌아가신 후에 나는 일찍이 남으로 초나라로 가서 높은 벼슬을 얻어서 집은 높이가 아홉 길이고 서까래는 세 아름이며 화물 수레가 백 승이나 되었지만, 오히려 북쪽을 향하여 눈물 흘리며 울었던 것은 지위가 낮다고 여겨서가 아니라 그것이 우리 부모에게 다다르지 않음을 슬퍼하였기 때문이다. 그러므로 집이 가난하고 부모가 연로하면 관직을 가리지 않고 벼슬산다. 자신의 뜻을 펴고자 그 부모를 소홀히 하는 것은 효가 아니다."(曾子曰, 往而不可還者, 親也, 至而不可加者, 年也. 是故孝子欲養而親不待也, 木欲直而時不待也. 是故椎牛而祭墓, 不如雞豚逮存親也. 故吾嘗仕齊爲吏, 祿不過鐘釜, 尙猶欣欣而喜者, 非以爲多也, 樂其逮親也. 旣沒之後, 吾嘗南遊於楚, 得尊官焉, 堂高九仞, 榱題三圍, 轉轂百乘, 猶北鄕而泣涕者, 非爲賤也, 悲不逮吾親也. 故家貧親老, 不擇官而仕. 若夫信其志, 約其親者, 非孝也.)

3 藻鏡(조경)－ 조감藻鑑과 같다. 품평하고 감정한다는 뜻으로 관리를 평가하여 선발함을 말한다. 留連客(유련객)－ 오래 머무르는 나그네. 낙양에서 관리로 선발되기를 기다리는 맹씨를 가리킨다.

《보주두시》에 인용된 윤씨 주 '조경'은 '조감'과 같다. 그래서 두보의 〈싱위좌상上韋左相〉 시에 또 "저울을 가지고 밝게 살펴 사람을 뽑음을 남기다"라는 구가 있다. 또 《구당서·유학전상儒學傳上》에서 "허자유가 장수 연간에 천관시랑이 되었다. 자유는 선부에 있으면서 관리 평가에 뜻을 두지 않고 영사 구직에게 맡기고 심복이라고 여겼다. 관리를 선발하여 임용할 때면 자유는 베개를 높이 베고 잤다. 당시 구직이 품평하여 배치한다고 말하며 길거리에서 애깃거리로 삼았다"라고 하였다.(藻鏡, 猶藻鑒也. 故子美上韋左相詩又有持衡留藻鑑之句. 又唐舊史許子儒, 長壽中爲天官侍郞. 子儒居選部, 不以藻鏡爲意, 委令史句直, 以心腹, 注官之次, 子儒高枕而卧. 時云句直平配, 道路以爲口實.)

《두시상주》 전부에서는 인재를 감별한다. 그래서 '조경'이라고 하였다.(銓部鑒別人材, 故曰藻鏡.)

4 江山(강산)– 맹씨가 사는 기주의 강과 산을 말한다. 또는 맹창조가 앞으로 거쳐갈 강산으로 보기도 한다. 憔悴人(초췌인)– 초췌한 사람. 가난한 맹씨를 가리킨다. 이 구를 두보 자신을 두고 한 말로 보는 설도 있다.

《두공부초당시전》 두보 자신을 말한다.(甫自謂也.)

[藻鏡 2구]

《구가집주두시》 조차공 주 시제에 "관리에 선발되기 위해 동경으로 가는 맹창조를 보내다"라고 하였으므로 '조경'의 전고를 사용하였다. 선발되기 위해 갔으니 품평하고 감별하여 뽑히기를 기다려야 하므로 열흘 안에 끝날 일이 아니다. 그래서 '머무는 나그네'라고 하였다. "강과 산에서 초췌한 사람"이라는 말은 나그네로 가면서 지나는 곳은 강산이 아름다워도 또한 초췌해진다는 뜻이다.(題送赴東京選, 故用藻鏡事. 既是赴選, 則須等藻鏡之所取, 非旬日之事. 故云留連客也. 江山憔悴人, 則客遊所歷, 雖江山之勝, 亦爲憔悴人. 江山憔悴人, 客遊所歷, 雖江山之勝, 亦爲憔悴矣.)

5 楚竹(초죽)– 초 지역의 대나무. '초'는 기주를 가리킨다.

6 鞏梅(공매)– 공현의 매화. '공'은 낙양을 가리킨다. 공현은 두보의 고향이다.

[秋風 2구]

《보주두시》 황희 주 기주는 초 지역에 속하고, 동도 하남부에 공현이 있다. 그래서 이렇게 말하였다.(夔屬楚地, 東都河南府有鞏縣, 故云.)

《구가집주두시》 조차공 주 "가을바람에 초 땅 대나무가 차다"라는 것은 맹창조가 출발한 곳이 기주임을 말한다. "밤눈에 공현 매화는 봄이겠다"는 맹창조가 도착할 때는 공현에서 눈을 맞을 것임을 말한다. 공현은 지금 서경의 속현이다. 서경은 당나라 때 동경이라고 한 곳이다.(秋風楚竹冷, 說孟倉曹所起發之地在夔也. 夜雪鞏梅春, 言孟倉曹所往之時逢雪于鞏也. 鞏縣, 今西京屬縣, 西京則唐所謂東京也.)

《두시상주》 '초죽' 구는 기주를 떠나는 때이고, '공매' 구는 경사에 도착하는 날이다. …… 하손과 범운의 연구시(〈범광주택연구范廣州宅連句〉)에 "낙양성 동쪽과 서쪽, 해를 넘기는 이별을 하였지. 예전 떠날 때는 눈이 꽃 같더니 지금 올 때는 꽃이 눈 같다(범운)"라는 시구가 있다. '야설', '공매'는 여기에서 나왔다.(楚竹, 去夔之時, 鞏梅, 到京之日. …… 何遜與范雲連句詩, 洛陽城東西, 却作經年別, 昔去雪如花, 今來花似雪. 夜雪鞏梅本此.)

7 高堂(고당) – 부모. 念(염) – 걱정. 걱정하다. 부모가 맹씨를 걱정하다.

8 應宜(응의) – 당연히 해야 한다. 綵服新(채복신) – 채복이 새롭다. 채복은 관복 또는 색동옷을 말한다. 채복이 새롭다는 말은, 즉 새 관복 또는 새 색동옷을 입어야 한다는 말이다. 이 구는 관직을 얻은 뒤 돌아와 부모를 봉양하기를, 또는 색동옷을 입고 부모를 즐겁게 해 드리기를 바란다는 뜻이다.

《맹자·만장상萬章上》 "大孝終身慕父母, 五十而慕者, 予於大舜見之矣" 구의 조기 주 매우 효성스런 사람은 종신토록 부모를 그리워한다. 노래자 같은 이는 일흔이 되어서도 그리워하여 다섯 가지 색깔 옷을 입고 영아가 되어 부모 앞에서 기었다.(大孝之人, 終身慕父母. 若老

萊子七十而慕, 衣五綵之衣爲嬰兒, 匍匐於父母前也.)

《조차공선후해집교》(수정본) 마지막 구는 또 이별을 거듭 말한 것으로, 늙은 부모가 그를 그리워한다는 것이다. …… 여기서 '채복신'이라고 한 것은 돌아오는 날 입는 옷은 새것이어야 한다는 뜻이다.(末句又申言其別, 老親思之也. …… 今謂之綵服新, 則歸日所服宜新矣.)

#《두시상주》: 부모는 늙고 집은 가난하여 관리에 선출되려고 나아갔다. 위 4구는 효자의 마음을 썼으니, 봄이나 가을이나 아침저녁 걱정에 매였다. 아래 4구는 부모의 뜻을 말하였다. 다만 눈앞의 평범한 말이지만 천성에 관련되니 읽으면 말 못 할 슬픔이 마음을 파고든다.(親老家貧而赴選. 上四, 寫孝子之心, 春秋朝夕之繫念, 下四, 說慈親之意, 只現前尋常語, 而關於至性, 讀之悱惻入情.)

《독두심해》: '가빈', '친로' 4자는 《한시외전》에 보인다. 이미 극도로 진부하지만 쪼개서 사용하니 끝없이 신묘한 맛이 있다. 대개 부모가 늙으면 집에 머물러 모셔야 하지만 집이 가난하니 또 녹을 받아야 하고, 두 가지를 겸할 수는 없어서 슬픔을 머금고 나가니 풀 수 없는 응어리가 있다. 전편은 모두 이로부터 착상하였다. 선발에 응하여 머무르는 것은 이별하였기 때문이고, 자신을 돌아보니 초췌한 것은 가난에 얽매여서이다. 초 지역은 차고 공현은 봄이라는 것은 보내는 사람이 여정을 기록한 말로서, 문에 기댄 노부모의 그리움을 보더라도 그 감정 역시 슬퍼하기에 족하다. 그래서 '채복' 입고 부모를 모시라고 축원하였으니 그가 조만간 벼슬을 얻어 부모 봉양하기를 바란 것이다. 3, 4구는 벼슬자리 구하다가 늙어버린 사람더러 눈물을 떨구게 만들 수 있다.(家貧親老四字, 見韓詩外傳. 已極陳因, 拆用便有無窮神味. 蓋親老則應留侍, 家貧又須就祿, 不可得兼. 含悲一出, 有不能舍然者. 全詩俱從此得間. 謁選留連, 別之故也. 內顧憔悴, 貧之累也. 楚冷鞏春, 送者記程之語, 卽老親倚閭之思, 其情亦足悲矣. 故以綵服承歡

祝之. 冀其早晩得官迎養也. 三四能使老於謁選之人墮下淚來.)

《두시천》: '맹창조는 부모가 늙었는데 어찌 이렇게 떠나는가'라고 하여 가난을 괴로이 여겨 봉록을 받아 부양하고자 함을 풍자하였다. 선발되려고 이번에 가면 선발하는 자의 전형을 기다려야 하니 훗날 머무름은 진실로 면할 수 없다. 이번에 떠나 부모를 이별하여 멀리 저 민둥산을 오른 자(《시경·척호陟岵》)의 강산을 건너리니 오늘 초췌함도 역시 알 수 있다. 떠나는 날 가을바람 부는 부모의 집이 있는 초 땅에는 대나무 이미 차갑고, 도착하였을 때 동경의 처소에서는 밤눈에 공현 매화가 이미 봄일 터이다. 가을이다가 문득 겨울 되고, 겨울이다가 또 봄이니 세월은 자주 바뀌고, 문에서는 기대어 손가락 꼽을 터이다. 이런 때에 또한 베옷을 벗고 선발에 나아가 관복을 입고 돌아와 늙은 부모를 모셔야 한다.(倉曹親老, 何有此行, 諷苦家貧冀祿養耳. 此去赴選, 有待於選司者之藻鏡, 他日留連, 固不免也. 此行別親, 遠涉夫陟岵者之江山, 今日憔悴, 亦可知也. 去日秋風親舍之地, 楚竹已冷, 到時夜雪東京之處, 鞏梅已春. 秋而忽冬, 冬而又春, 歲月屢更, 門閭應倚屈指. 此際亦宜釋褐就選, 衣綵服歸省老親也.)

(**이창숙**)

21. 憑孟倉曹將書覓土婁舊莊
맹창조에게 서신을 갖고 토루 옛집을 찾게 하다

平居喪亂後[1] 不到洛陽岑[2] 爲歷雲山問[3] 無辭荊棘深[4]
北風黃葉下 南浦白頭吟[5] 十載江湖客[6] 茫茫遲暮心[7]

평소 살던 곳이 난리를 겪은 후로는
낙양의 산에 가보지 못하였다오.
나를 위해 구름 낀 산을 방문해주시고
가시나무 깊다고 사양치 마시기를.
북풍에 누런 잎 떨어지는 때
남쪽 포구에서 흰머리로 읊조리나니,
십 년 세월 강호를 떠도는 나그네
노년의 심사 아득하다오.

이 시는 앞 시(〈송맹십이창조부동경선送孟十二倉曹赴東京選〉)에 나오는 맹창조에게 옛집에 들러 편지를 전해달라고 부탁한 것이다. 맹창조는 관리에 선발되기 위해 낙양으로 떠나는 길이었다. 두보는 옛집을 떠난 지 10년 세월이 지났음에도 전란으로 인해 돌아가지 못하는 상황을 안타깝게 여기면서 고향을 그리워하고 있다. '토루'는 본래 토굴집을 말하는데, 하남의 지명으로도 사용되었다. 앞 시와 같은 시기인 대력 원년에 지은 것이다. 이와 달리 대력 2년으로 보는 설도 있다.

《보주두시》 두보의 선영이 하남에 있었고, 또한 그곳에 별장이 있었다. '토루'는 하남의 지명이다. 시에서 "평소 살던 곳이 난리를 겪은 후로는, 낙양의 산에 가보지 못하였다"라 하였고, 또한 "십년 세월 강호를 떠도는 나그네, 노년의 심사 아득하다"라고 하였다. 살펴보건대 두보는 건원 무술년 겨울 낙양에 갔다가 다음 해 늦은 봄 화주로 돌아왔고, 대력 2년 정미년에 이르러 10년이 되니 이해에 지은 것이다.(公有先墓在河南, 又有莊墅. 土婁, 河南地名也. 詩云, 平居喪亂後, 不到洛陽岑. 又云, 十載江湖客, 茫茫遲暮心. 案公以乾元戊戌冬往洛陽, 明年春晚歸華州, 至大曆二年丁未爲十年, 是年作.)

《독두심해》 '토루장'은 당연히 언사의 옛집이니, 이른바 '육혼장'이다. 맹씨가 동경으로 가는 길이기에 방문해달라고 부탁하였다.(土婁莊, 當卽偃師舊廬, 所謂陸渾莊者. 孟往東京, 故託以訪覓.)

《두시상주》 두보는 예전에 언사에서 살아서 옛집이 그곳에 있다. 당시 맹창조가 동도로 가는 길이어서 옛집을 방문해달라고 부탁한 것이다.(公昔居偃師, 舊莊在焉. 時孟倉曹赴東都, 故託以訪問舊莊.)

주 석

1 平居(평거) – 평소에 살던 곳. 지난날 살던 토루의 옛집을 가리킨다. 이와 달리 평소, 평일의 뜻으로 볼 수도 있다. 喪亂(상란) – 난리를 겪다. 안사의 난을 비롯한 당시의 전란으로 혼란한 상황을 가리킨다. 이 구는 두보가 평소에 살던 옛집이 난리를 겪었다는 뜻으로 볼 수도 있고, 두보가 평소에 늘 난리를 겪은 후라는 뜻으로 볼 수도 있다.

2 洛陽岑(낙양잠) – 낙양의 산. 낙양 근처의 수양산首陽山을 가리킨다. 하남 언사현 서북쪽 수양산 밑 시향정에 두보의 육혼장陸渾莊이 있

었다.

두보 〈봉기하남위윤장인奉寄河南韋尹丈人〉 시향에는 토실이 남아 있다.(尸鄕餘土室.)

3 雲山(운산)－ 구름 낀 산. 여기서는 토루의 옛집으로 가는 길에 경유하는 곳이 험난한 것을 말한다. 問(문)－ 방문하다. 안부를 묻다.

4 無辭(무사)－ 사양하지 말라. 거절하지 말라는 것이다. 荊棘深(형극심)－ 가시나무가 깊다. 즉 가는 길이 거칠고 황량하다는 것이다.

5 南浦(남포)－ 남쪽 포구. 《초사》에서 사용된 후 시가에서 이별의 장소를 가리키는 말로 상용되었다. 여기서는 어복포魚復浦를 가리킨다. 白頭吟(백두음)－ 흰머리를 하고 읊조리다. 탁문군이 노래하였다는 〈백두음〉이라는 악부의 곡명이 있지만, 여기서는 두보가 노년에 시를 읊조린다는 뜻이다.

《두시상주》 《초사 · 구가九歌 · 하백河伯》에 "그대는 손잡고 작별하며 동으로 가니, 미인을 남포에서 보낸다"라고 하였고, 강엄江淹의 〈별부〉에 "그대를 남포에서 보내니, 이 아픔을 어이할까?"라고 하였다. (두보는) 당시 어복포에 있었다.(楚辭, 交余(子交의 잘못)手兮東行, 送美人兮南浦. 別賦, 送君南浦, 傷如之何. 時在魚復浦也.)

6 十載(십재)－ 십 년. 江湖客(강호객)－ 강호의 나그네. 두보 자신을 말하는 것이다.

《두시경전》 건원 연간 두보가 화주공조를 지내다가 다시 한번 동도에 간 적이 있었는데 지금 10년이 되었다는 것이다.(乾元間, 公爲華州功曹, 復一至東都, 至是十載.)

7 茫茫(망망)－ 아득하다. 遲暮心(지모심)－ 노년의 심사. 여기에는 고향에 대한 그리움이 포함되어 있다.

《두시경전》 늙어서도 돌아갈 수 있을지 알지 모르겠다는 말이다.(言至老未知可得歸耳.)

[北風 4구]

《두율계몽》 앞의 4구는 집을 찾아가 주기를 부탁한 것이고, 뒤의 4구는 단지 나그네살이의 고통만을 말하였는데, 그것이 그에게 반드시 찾아가 주도록 한 까닭이다.(前四囑其覓莊, 後四但言羈旅之苦, 所以使之必覓耳.)

#《두시상주》: 처음 2구는 옛집이고, 3, 4구는 맹씨에게 부탁한 것이며, 5, 6구는 이별할 때의 경물이고, 7, 8구는 편지를 보내는 뜻이다. 《두억》에서 "마지막에 말한 '지모심'에는 대개 고향에 대한 그리움이 담겨 있는 법이다"라고 하였다.(首二舊莊, 三四憑孟, 五六別時景, 七八將書意. 杜臆, 末云遲暮心, 蓋有丘首之思.)

《두억》: 나를 위해 멀리 운산을 거쳐 방문해주시고, 또 가시나무 깊다고 사양하지 말라고 하였으니, 그 말이 참 슬프다. 뒤의 4구는 간곡한 부탁의 뜻을 말한 것이다. '백두음', '강호객'은 스스로를 말한 것이다.(爲我遠歷雲山以問, 而又勿辭荊棘之深, 說得可傷. 後四句致丁寧之意, 白頭吟江湖客, 自謂.)

《독두심해》: 천근한 말이 절로 곡진하다. 손잡고 작별하며 소식을 부치고, 남쪽에 머물면서 북쪽을 그리워하니 천 년 뒤에도 그 표정이 완연하다.(淺語自爾曲到. 執別寄言, 稽南翹北, 千載下神情宛然.)

(**박홍준**)

22. 簡吳郞司法

오사법참군께 편지하다

有客乘舸自忠州[1] 遣騎安置瀼西頭[2]

古堂本買藉疏豁[3] 借汝遷居停宴遊[4]

雲石熒熒高葉曙[5] 風江颯颯亂帆秋[6]

却爲姻婭過逢地[7] 許坐曾軒數散愁[8]

배를 타고 충주에서 오는 손님이 있어

말을 보내 양서 마을 어귀에 편히 모셨습니다.

본래 헌 집을 샀던 것은 탁 트인 경관에 의지하려 함이었는데

그대가 옮겨 와 살도록 빌려주면서 잔치로 즐기는 일 관두었지요.

구름 위 바위 반짝이니 높은 나뭇잎에 새벽 올 때요

바람 부는 강 쏴쏴대니 어지러이 돛배 뜨는 가을입니다.

도리어 인척을 찾아가 만나는 곳이 되었으니

높은 헌함에 앉아 자주 시름을 풀도록 허락해주시지요.

이 시는 대력 2년 가을에 기주의 동둔에서 지은 것이다. 오랑은 사법참군을 지낸 적이 있고 두보와는 인척 관계인 듯하다. 두보는 양서에서 동둔으로 이사하면서 양서의 초당을 그가 살도록 넘겨주었다. 구름 위로 솟은 바위와 바람 부는 강 등 양서 초당에서 볼 수 있는 탁 트인 경치를 소개하면서, 자신이 가끔 찾아와 그러한 경치를 바라보며 시름을 풀 수 있도록 해달라고 농을 건넸다.

《보주두시》 시에서 "배를 타고 충주에서 오는 손님이 있어, 말을 보내 양서 마을 어귀에 편히 모셨습니다"라고 하고, 또 "바람 부는 강 쏴쏴대니 어지러이 돛배 뜨는 가을입니다"라 하였으니, 대개 공이 대력 2년 가을 양서에서 동둔으로 옮겨 간 까닭에 (양서)초당을 오랑에게 빌려준 것이다. 응당 대력 2년 가을에 지은 것이다.(詩云, 有客乘舸自忠州, 遣騎安置瀼西頭, 又云, 風江颯颯亂帆秋, 蓋公大曆二年秋, 自瀼西遷東屯, 故以草堂借吳郎也. 當是大曆二年作.)

《두시상주》 고신의 주에서는 "오씨는 틀림없이 공의 인척이기에 그래서 '낭'이라 부르며 친근하게 대한 것이다"라고 하였다. 주학령의 주에서는 "《당서》를 보면 부와 주에는 각기 사법참군사가 있다"라고 하였다.(顧注, 吳必公之姻婭, 故稱爲郎, 親之也. 朱注, 唐書府州各有司法參軍事.)

주 석

1 舸(가) – 배. 忠州(충주) – 지금의 중경시 충현忠縣.

2 遣騎(견기) – 말을 보내다. 安置(안치) – 편안히 모시다. 瀼西頭(양서두) – 양서 마을의 어귀.

3 古堂(고당) – 낡은 집. 양서 초당을 가리킨다. 藉(자) – 의지하다. 疏豁(소활) – 탁 트이다.

4 借汝(차여) – 그대에게 빌려주다. 遷居(천거) – 옮겨 와 살다. 停(정) – 그만두다. '머물다'의 뜻으로 보아 오사법참군이 머물며 잔치한다고 풀이하는 설도 있다. 宴遊(연유) – 잔치를 열고 즐기다.

《구가집주두시》 조차공 주 오사법참군에게 빌려주어 배에서 옮겨 와 살도록 해주고, 나는 기꺼이 잔치로 즐기는 일을 그만둔다는 것이다.(借吳司法自舟中遷來以居, 而我甘心停止宴遊也.)

《두시경전》 '停'은 머문다는 뜻이다.(停, 留也.)

5 雲石(운석) – 구름 위로 높이 솟은 바위. 熒熒(형형) – 빛이 깜박이다. 曙(서) – 새벽. '曉'로 된 판본도 있다.

6 颯颯(삽삽) – 바람이 부는 소리.

[雲石 2구] 이 연은 양서 초당에서 보이는 '탁 트인' 경치를 설명한 것으로, 새벽에는 구름 위로 솟은 바위가 나뭇잎으로 반짝거리고, 가을에는 바람 부는 강이 돛배로 어지러운 가운데 쏴쏴댄다는 말이다.

《구가집주두시》 조차공 주 경련 두 구로 양서 옛집에서 보이는 경물을 말한 것이다.(腹聯兩句以言瀼西古堂所見之景物也.)

7 却(각) – 도리어. 姻婭(인아) – 혼인 관계로 맺어진 친척. 인척. 過逢(과봉) – 들러서 만나다.

《두시상주》에 인용된 《이아爾雅》 며느리의 부모와 사위의 부모를 서로 '혼인'이라고 부르며, 두 사위들끼리는 서로 '아'라 부른다.(婦之父母, 壻之父母, 相謂爲婚姻, 兩壻相謂曰婭.)

8 層軒(층헌) – 높은 헌함軒檻. 헌함은 대청 기둥 밖으로 돌아가며 까는 난간이 있는 좁은 마루를 가리킨다. 數(삭) – 자주. 散愁(산수) – 시름을 풀다.

[卻爲 2구] 이 연은 두보가 오랑에게 초당을 빌려주기로 한 이상 이제부터 초당에 와서 시름을 풀려면 새 주인의 허락을 맡아야 하겠다고 농담을 건넨 것이다.

《두율계몽》 결련은 손님을 주인으로 전도시켜 만약 내가 인척으로서 찾아오면 또한 내가 앉아서 시름을 풀도록 허락하겠느냐는 말이다. 아마도 떠돌이 승려가 주지를 내쫓는 격이라는 것으로, 대체로 그를 놀린 것이다.(末言倒賓爲主, 倘我以姻亞相過, 亦許我坐而散愁否. 恐其以遊僧而逐住持, 盖戲之也.)

#《두시상주》: 이 시는 오랑이 빌려 살게 된 일로 인해 지은 것이다. 배를 타고 왔기에 말을 보내 가서 맞이하니 손님과 주인의 정을 보인 것이다. 예전에는 탁 트임에 의지하다 지금은 잔치로 즐기는 일을 그만두었으니, 빌려주어 살도록 했기 때문이다. 5, 6구는 탁 트인 경치이다. 7, 8구는 옮겨 산 이후의 일이다. 장원의 주에서는 "둘째 연은 위 네 글자를 붙여서 읽고 아래 세 글자는 따로 읽는다"라고 하였다. 고신 주에서는 "구름과 바위 사이에서 빛이 반짝이는 것은 높은 나뭇잎이 새벽을 맞았기 때문이다. 바람 부는 강 위에 기운이 소슬한 것은 어지러운 돛배가 가을을 맞았기 때문이다"라고 하였다. 이곳은 본래 공의 집인데 헌함에 앉아 시름을 풀고자 하면서 도리어 오씨에게 허락해줄 수 있는지 물었으니 이는 그에게 농을 거는 말이다.(此章爲吳郎借居而作也. 乘舸而至, 遣騎往迎, 見賓主之情. 昔藉疏豁, 今停宴遊, 以借居故也. 五六, 疏豁之景. 七八, 遷居後事. 遠注, 次聯, 上四字連讀, 下三字另讀. 顧注, 雲石之間, 光彩閃動, 以高葉當曙也. 風江之上, 氣象肅森, 以亂帆逢秋也. 此本公堂, 欲坐軒而散愁, 反問吳見許, 此相謔之詞也.)

《두억》: 이것은 곧 시로 편지를 삼은 것이다. 5, 6구는 바로 탁 트인 경치를 묘사하여 시름을 풀 수 있음을 보인 것이다. 결련에서는 이미 당신에게 거처로 빌려주었으니 당신이 다시 주인이 되고, 이 초당은 도리어 인척끼리 접견하는 곳이 되었으니 내실은 이제 들어갈 수 없으나 내게 높은 헌함에 앉아 자주 시름을 풀게 허락해주는 것이 좋겠다는 말이다. 또한 그에게 농을 거는 말이다.(此卽用詩當簡. 五六正寫疎豁景象, 見可散愁. 末言旣借汝居停, 則汝又作主, 此堂却作姻婭接見之地, 內室今不可入, 幸許我坐曾軒, 數得散愁可也. 亦相調之詞.)

《독두심해》: 위 4구는 서사가 분명하다. 5, 6구는 탁 트인 아름다운 경치다. 7, 8구는 잔치하며 즐기는 운치 있는 일이다. 본래 공의 집인데 도리어 만나서 한번 앉는 일을 오랑에게 허락해주겠냐고 물으니 손님과 주인이 모두 바뀌었다.(上四, 敍事明晳. 五六, 疏豁之佳景. 七八, 宴遊之韻事. 本屬公堂, 反以過逢一坐, 問吳見許, 賓主都化.)

(**김준연**)

23. 又呈吳郎

다시 오랑께 드리다

堂前撲棗任西鄰[1]　無食無兒一婦人
不爲困窮寧有此[2]　祇緣恐懼轉須親[3]
卽防遠客雖多事[4]　便插疏籬却任眞[5]
已訴徵求貧到骨[6]　正思戎馬淚盈巾[7]

초당 앞의 대추 터는 것 서쪽 이웃에 맡겨두시지요
먹을 것도 자식도 없는 아낙네 한 사람이랍니다.
곤궁함 때문이 아니라면 어찌 이런 일이 있겠습니까
다만 두려워할 것이니 오히려 상냥하게 대해주십시오.
멀리서 온 손님을 바로 경계하는 것은 괜스런 일이지만
곧장 성긴 울타리를 치는 것도 도리어 진지함에 맡긴 것입니다.
진작에 세금 징수로 가난이 뼈에 사무쳤다 하소연할 때
바로 전쟁을 생각하며 눈물이 수건을 흠뻑 적셨답니다.

이 시는 대력 2년 기주의 동둔에서 지은 것이다. 이보다 앞서 오랑에게 부친 시가 있어 제목에 '다시'라고 하였다. 그가 살던 초당에 오랑이 옮겨 와 살게 되었는데, 그는 이웃집의 아낙네가 초당의 대추를 몰래 따 가는 것을 못마땅하게 여기고 울타리를 쳐서 막으려고 하였다. 이 소식을 들은 두보는 이 시를 통해 오랑에게 생계를 이을 수단이 변변치 않은 아낙네의 사정을 봐줄 것을 당부하면서 전쟁으로 인한 가혹한 세금징수 탓에 백성들이 그렇게 어려운 형편으로 몰리는 현실을 개탄하였다. 이웃의 어려움을 긍휼히 여기는 두보의 마음 씀씀이가 잘 드러난 시다.

《보주두시》 시에서 "초당 앞의 대추 터는 것 서쪽 이웃에 맡겨두시지요, 먹을 것도 자식도 없는 아낙네 한 사람이랍니다"라 하였으니, 필시 서쪽 이웃에 곤궁한 과부가 있어 오랑에게 그녀가 정원의 소출을 훔쳐가도 내버려두라고 이른 것이다. 앞의 시(〈간오랑사법簡吳郎司法〉)와 같은 시기에 지었다.(詩云, 堂前撲棗任西鄰, 無食無兒一婦人, 當是西鄰有寡婦困窮者, 告吳郎使聽其竊園利也. 同前篇一時作.)

주 석

1 堂(당)– 두보가 살던 양서 초당을 말한다. 撲棗(박조)– 대추를 털다. 任(임)– 맡기다. 하는 대로 내버려두다. 西鄰(서린)– 초당 서쪽의 이웃. 이 구절을 두보가 과거에 이웃의 아낙이 대추를 따 가도록 두었다고 풀이하는 설도 있다.

《두시상주》에 인용된 《한서·왕길전王吉傳》 왕길이 장안에 살 때 동쪽 이웃에 큰 대추나무가 있어 왕길의 뜰로 가지가 뻗었다. 왕길의 아내가 대추를 따서 왕길에게 먹였는데, 왕길이 그 사실을 알고 곧장 아내를 쫓아내버렸다.(王吉居長安, 東家有大棗樹, 垂吉庭中, 吉婦取棗以啖吉, 吉知之乃去婦.)

《구가집주두시》 조차공 주 첫 구는 실제 사실에 의거해 오랑에게 알린 것으로, 대개 공이 예전에 대추를 따 가는 사람을 본 적이 있어 지금 오랑에게 내버려두라고 말한 것이다.(首句因實事而告吳郎, 蓋公舊嘗見有撲棗者矣, 今告吳郎以任從之也.)

2 有此(유차) – 이런 일이 있다. 이웃집의 대추를 허락도 없이 따 가는 일을 말한다.

3 祗緣(지연) – 다만 ~ 때문이다. 恐懼(공구) – 두려워하다. 두려워서 대추를 따지 못하는 것을 말한다. 轉(전) – 더욱. 오히려. 須親(수친) – 친하게 대해야 한다. 이 구절을 두보가 과거에 이웃 아낙네를 잘 대해주었다는 뜻으로 풀이하는 설도 있다.

《두시경전》 '두려움'이란 남에게 들킬까 겁내는 것을 말한다.(恐懼, 謂畏人看破也.)

[不爲 2구]

《구가집주두시》 조차공 주 이 아낙네의 심정을 헤아려보면 대체로 곤궁함에서 빚어진 일이니, 다시 오랑에게 마땅히 그의 두려움을 생각하여 더욱 친하게 대해줘야 한다고 일렀다는 말이다.(言探斯婦之情, 蓋困窮所致, 又告吳郎當念其恐懼, 宜更親之.)

《두율계몽》 곤궁함 때문이 아니면 어찌 다시 이런 일이 있겠는가? 나는 전에 그가 두려움에 감히 바로 따지 못할까 하여 도리어 친근하게 대함으로써 거리낌 없이 과감하게 따 가도록 해주었는데 그렇게 해온 지 오래되었다.(不爲困窮, 寧復有此. 我向者因其恐懼而不敢徑撲, 故轉相親近, 使得明目張膽而撲之, 其所由來舊矣.)

4 防(방) – 방비하다. 조심스럽게 경계한다는 뜻이다. '知'로 된 판본도 있다. 遠客(원객) – 멀리서 온 손님. 여기서는 오랑을 가리킨다. 多事(다사) – 괜한 일을 하다. 하지 않아야 할 일을 하다. 이웃 아낙네가 대추나무의 새 주인인 오랑에게 지나친 경계심을 보인 것을 지적한 것이다.

《두시경전》 오랑이 새로 왔을 때 원래부터 꼭 못하게 하려던 것은 아니었다는 말이다.(言吳郎新來, 原未必卽爲禁止.)

5 便(변) – '使'로 된 판본도 있다. 插疏籬(삽소리) – 성긴 울타리를

치다. 却(각)－ 도리어. 任眞(임진)－ 자연스러움을 따르다. 사람의 솔직한 마음 그대로를 따르는 것을 말한다. '任'이 '甚'으로 된 판본도 있다.

6 訴(소)－ 하소연하다. 徵求(징구)－ 징수하다. 貧到骨(빈도골)－ 가난이 뼈에 사무치다. 지극히 궁핍한 상황을 말한다.

7 戎馬(융마)－ 전쟁터의 말. 전쟁을 가리킨다. 淚盈巾(누영건)－ 눈물이 수건에 가득하다. 눈물을 흠뻑 흘렸음을 말한다.

《두시경전》 마지막 구는 천하에 고아나 과부가 되어 곤궁하고 몸 붙일 데 없는 이가 많아 서쪽 이웃뿐만이 아님을 미루어 말한 것이다.(末句推言海內孤寡困窮失所者衆, 又不止西鄰矣.)

#《두시상주》: 이 시는 이웃을 긍휼히 여기는 도리를 알린 것이다. 위 4구는 이웃 아낙네를 불쌍히 여긴 것이고 아래 4구는 오랑을 타이른 것이다. '무식' 구는 그 가운데 네 층차의 연민의 의미를 담고 있는데, 전체 시가 모두 여기에 포섭된다. 제3구는 의당 그 마음을 헤아려주어야 한다는 말이고, 제4구는 마땅히 몸을 잘 돌봐주어야 한다는 말이다. 아낙네가 손님을 경계한 것은 당시 두려움을 품은 것이다. 오랑이 울타리를 친 것은 곤궁함을 불쌍히 여기지 않은 것이다. '소징구'는 이웃 아낙네가 평소에 한 말을 기술한 것이다. '사융마'는 난리에 몸 붙일 곳을 잃은 사람이 많음을 생각한 것이다.(此章告以恤憐之道也. 上四憫鄰婦, 下四諭吳郎. 無食無兒一婦人句, 中含四層哀矜意, 通章皆包攝於此. 三言宜見諒其心, 四言當曲全其體. 婦防客, 時懷恐懼. 吳插籬, 不憐困窮矣. 訴徵求, 述鄰婦平日之詞. 思戎馬, 念亂離失所者衆也.)

《두억》: 이 시 또한 한 통의 서간문으로 본래는 시가 될 수 없다. 그러나 감정과 일을 있는 그대로 묘사한 것이 곡절하고 명료하여 또한 시인의 한 체재를 이루었으니, 대가는 없는 것이 없고 또 안 되는 것도 없는 것이다. 이 아낙네는 평소에 와서 대추를 따 가다가 낯선 손님이 두려워 오지 않았는데, 이는 본디 인지상정인데도 도리어 그것을 괜한 일이라고 하고, 성긴 울타리를 치게 하여 대추 따 가는 일을 막은 것은 본디 괜한 일에 해당하는데도 도리어 진지함을 따른 것이라 하였으니, 혐의를 피하려면 의당 그래야 함을 말한 것이다. 모두 필요에 따라 교묘하게 한 말로, 본뜻은 다만 오랑에게 아낙네가 대추를 따 가도록 두라고 요청한 것일 따름이다. 결련에 이르러 이 아낙네의 고충을 말하면서 또 이로 미루어 천하에 가련한 사람이 많아 한 아낙네에 그치지 않음을 보였다. 대체로 앞에서 이 아낙네를 위함에 노파심이 너무 간절하게 느껴지므로 반드시 이와 같이 거두어야 강한 설득력을 갖추게 된다. 이 시를 읽으면 이 노인의 보살 같은 마음이 보인다.(此亦一簡, 本不成詩. 然直寫情事, 曲折明了, 亦成詩家一體. 大家無所不有, 亦無所不可也. 此婦素來撲棗, 畏生客不至, 此本人情, 却謂其多事, 使插疎籬, 防其撲棗, 本屬多事, 却云任眞, 謂避嫌宜爾也. 皆善巧方便語, 本意只是要吳郎任其撲棗耳. 至末說此婦之苦, 而又推開去, 見天下可哀者多, 不止一婦. 蓋前面爲此婦, 覺婆心太切, 須如此收, 極得口角. 讀此詩見此老菩薩心.)

《독두심해》: 공은 전에 이 초당에 살면서 이웃 아낙네의 고충을 잘 알아 그가 대추를 훔쳐 살아가도록 내버려두었다. 오랑이 새로 와서 그 연유를 모르고 장차 울타리를 쳐서 밭을 지키려 하자 공이 동둔에서 이 소식을 듣고 간곡히 그를 말린 것이지 울타리를 친 다음에 그를 책망한 것이 아니다. 첫 구는 요지이고 다음 구는 가련한 사람을 지적하였으며, 이하는 모두 그런 까닭을 반복하여 밝혔다. 3, 4구는 노세각盧世潅이 말한 바 "이웃 아낙네의 죄를 면해주고 또 이웃 아낙네를 돌봐주는" 것이다. '공구'라는 글자를 붙여 이해심이 깊고 지극한데, 대개 훔쳐 먹는 사람은 그 마음이 필경 부끄럽고 겁나는 것이다.

5, 6구는 더욱 곡절하니 아낙네가 멀리서 온 손님을 경계하며 거의 오랑을 각박한 사람으로 여긴 것은 본디 의심 많은 것에 속한다. 울타리 치는 것을 아낙네가 보면 장차 오랑이 특별히 자신 때문에 치는 것이라 의심할 터이니 그의 행동도 너무 진지한 것 같다. 이는 또 노세각이 말한 바 "오랑을 변호하고 또 오랑을 깨우쳐준" 것이다. 결련에서는 다시 이웃 아낙네의 평소 하소연을 빌려 심원한 개탄을 표명하였다. 대체로 백성의 가난은 '세금징수'에서 비롯되고 세금징수는 '전쟁'에서 비롯되는 것이라, 병폐의 근원을 따져 곧장 백성과 사직을 가진 이에게 이를 고하려 하였으니 이웃을 긍휼히 여기는 도의가 절로 언외에 넉넉하여 성도의 〈제도수〉와 똑같은 신운의 맛이 있다. 노세각이 "백 가지 종류와 천 가지 층차에 인자한 목소리 아닌 것이 없다"라고 하였으니 견식이 있는 말이로다. 만약 자구만 본다면 밀랍을 씹는 것과 같을 뿐이리니 모름지기 맛 없는 밖에서 맛보아야 한다.(公向居此堂, 熟知隣婦之苦, 聽其竊棗以活. 吳郎新到, 不知其由, 將插籬護圃, 公於東屯聞之, 喫緊以止之, 非旣插而責之也. 首句提破, 次句指出可矜之人, 下皆反覆推明所以然. 三四德水所云出脫隣婦, 又煦育隣婦者. 著恐懼字, 體貼深至, 蓋竊食者, 其情必恧而怯也. 五六更曲, 婦防遠客, 幾以吳爲刻薄人, 固屬多心也. 婦見插籬, 將疑吳特爲我設, 其迹似眞也. 此又德水所謂回護吳郎, 又開示吳郎者. 末又借隣婦平日之訴, 發爲遠慨, 蓋民貧由於徵求, 徵求由於戎馬, 推究病根, 直欲爲有民社者告焉, 而恤隣之義, 自悠然言外, 與成都題桃樹, 同一神味. 盧云, 百種千層, 莫非仁音, 知言哉. 若只觀字句, 如嚼蠟耳, 須味於無味之表.)

(김준연)

24. 晩晴吳郞見過北舍

날이 갠 저물녘에 오랑이 북사에 들르다

圃畦新雨潤[1] 愧子廢鉏來[2] 竹杖交頭拄[3] 柴扉掃徑開[4]
欲棲群鳥亂 未去小童催[5] 明日重陽酒 相迎自醱醅[6]

채마밭이 새로 내린 비로 촉촉해졌는데
미안하게도 그대가 호미질을 팽개치고 찾아왔구려.
대 지팡이를 머리 맞댄 채 짚고
사립문은 샛길을 쓸어 열었다네.
깃들이려 하여 뭇 새들이 어지러운데
돌아가지 않자 어린 동자가 재촉하네.
내일 중양절 술은
그대를 맞이하려고 직접 빚어놓았다오.

이 시는 대력 2년 가을에 양서의 초당에서 지은 것으로 보인다. 양서 과수원의 집을 '北舍'라고 한 것 같다. 이와 달리 두보가 양서 초당을 오랑에게 빌려주고 동둔의 모옥에 거처할 때 지은 것으로 보는 설도 있다. 비가 갠 중양절 전날 저녁에 오랑이 북사로 찾아온 기쁨과 돌아가는 아쉬움을 읊었다. 대력 원년에 지었다는 설도 있다.

《보주두시》 오랑은 곧 오사법참군이다. 두보는 〈간오랑사법〉 시를 지었고, 또 지금 시에서 "채마밭이 새로 내린 비로 촉촉해졌다"라고 하였으니 마땅히 대력 원년 가을에 지은 것이다.(吳郎, 乃吳司法也. 公有簡吳郎司法詩, 又今詩云, 圃畦新雨潤, 當是大曆元年秋作.)

《두시상주》 오랑이 양서의 초당을 빌려 거주한 것은 마땅히 대력 2년 가을이니, 그가 양서 북사의 두보에게 들른 것은 곧 이때에 해당한다. 이 시에서 "내일 중양절 술은 그대를 맞이하려고 직접 빚어 놓았다"라고 하였는데, 〈구일오수九日五首〉 시에서 또 이르길 "중양절에 술잔 속에 술을 홀로 따른다"라고 하였으니 아마도 오랑과 약속하였는데 오지 않아 혼자 술을 마셨다고 볼 수 있다.(吳郎借居瀼西草堂, 當在大曆二年之秋, 其見過北舍, 卽在此時. 詩曰, 明日重陽酒, 相迎自醱醅, 而九日詩又云, 重陽獨酌杯中酒, 蓋訂吳不至而自飮歟.)

《독두심해》 두보는 동둔으로 이사하였기에 양서 초당을 빌려주어 머무르게 하였던 것이다.(公移東屯, 借與瀼西爲寓者.)

주 석

1 圃畦(포휴)－ 채마밭. 新(신)－ '佳'로 된 판본도 있다.

2 愧(괴)－ 부끄럽다. 비가 내려 농사일로 바쁠 텐데 찾아왔기에 고맙고 미안함을 이렇게 표현한 것이다. 廢鉏(폐서)－ 호미질을 팽개치다.

3 交頭(교두)－ 머리를 맞대다. 서로 마주하다. 가까이서 서로 이야기하는 모습이다. 지팡이를 머리 높이까지 짚은 것으로 보는 설도 있다.

《두시상주》 종성鍾惺과 담원춘譚元春은 두시에 주석을 달며 별스러운 표현에 잘 착안하였는데 대부분 자잘하고 괴이한 폐단에 빠졌다. 그러나 시 속에서 세밀하게 묘사하여 생동감을 전해주는 부분은 그것을 들어 거론한 것만으로 주목을 끌기에 충분하다. 예를 들어 "죽장교두주"는 두 사람이 마주하고 서 있는 모습을 묘사하였다고 한 것 등이 있다. …… 시 속에 그림이 있어 실물을 묘사한 것이 절묘하다.(鍾譚注杜, 好從冷處着眼, 多涉纖詭. 然詩中刻畫傳神, 標擧自足醒目, 如竹杖交頭拄, 寫兩人對立之狀. …… 詩中有畫, 寫生絶妙.)

《독두시설》 (구조오의) 주석에 종성과 담원춘을 설을 인용하여 ('죽장' 구는) 두 사람이 상대하여 서 있는 모습을 묘사하였다고 하였다. (이렇게 보면) 오랑 또한 지팡이를 짚고 있는 자 같은데, 응당 이는 '교' 자를 오해한 것이다. '교두'는 지팡이를 짚는데 그 길이가 머리와 나란함을 스스로 말한 것일 따름이지 오랑 또한 지팡이를 짚은 것이 아니다.(注引鍾譚說, 寫兩人對立之狀. 似吳郎亦拄杖者, 當是誤解交字. 交頭, 但自言拄杖長並頭耳, 非吳郎亦拄杖也.)

4 掃徑(소경)ㅡ 샛길을 쓸다. 손님을 맞이하기 위한 것이다. '掃'는 '隔'으로 된 판본도 있다.

《두시설》 제목에서 '북사'라고 하였으니 필시 오랑이 지름길을 취하여 그의 뒤 사립문을 두드린 것이다. '샛길을 쓴다'고 하였으니 이 사립문은 항상 열려 있는 것은 아님을 알 수 있다. 즉 이른바 (〈과소수서작사북과림지만황예정흘이상삼수課小豎鋤斫舍北果林枝蔓荒穢淨訖移牀三首〉에서) '집 북쪽 과수원의 가지와 덩굴 거친 것을 정리하게 하였다'는 곳이다.(題云北舍, 必吳取捷徑叩其後扉. 曰掃徑, 則知此扉不常開, 卽所謂鉏斫舍北果林枝蔓荒穢者也.)

5 小童(소동)ㅡ 어린 동자. 동복.

《두보전집교주》에 인용된 왕원 주 '소동'은 오랑의 동복을 일컫는다.(小童, 謂吳郎之僕也.)

《두시조차공선후해집교》 "미거소동최"는 오랑이 아직 돌아가지 않아 간간이 소동에 의해 놀아가길 재촉당함을 말한다. 이 노한 실세의 일을 말한 것이다.(未去小童催, 言吳郎未歸去, 間爲小童所催歸. 此亦道實事耳.)

6 醱醅(발배)ㅡ 술을 빚다. '술을 따르다', '술이 익다'로 보기도 한다.

《두시설》 '자발배'는 친히 술을 따라 권하는 것이다.(自醱醅, 以親酌爲敬也.)

#《두시상주》: 처음에는 그가 들른 것을 기뻐하다가 얼마 뒤에 그가 가는 것을 애석해하고 그가 찾아오기를 다시 바라고 있다. 이 시는 감정과 일을 직설적으로 서술하여 질박하면서 자연스러운 운치가 있다. 황생의 주에 "오랑이 지름길을 취해 와서 그의 뒤 사립문을 두드렸기에 시에서 '샛길을 쓴다'고 하였고, 제목에서 말한 '집 북쪽'은 곧 이른바 '집 북쪽 과수원의 가지와 덩굴을 정리하게 하였다'는 그곳이다"라고 하였다.(初喜其過, 旣惜其去, 而又望其來, 此直敍情事, 有朴質自然之致. 黃注, 吳取捷徑而來, 叩其後扉, 故詩言掃徑, 而題曰舍北, 卽所謂鉏斫舍北果林枝蔓者也.)

《독두심해》: 3, 4구는 시 속에 그림이 있다. 먼저 '머리를 맞댄다'고 말하니 이미 접견한 것이고, 뒤에 '샛길을 쓴다'고 한 것은 아마 집안 채마밭의 사립문을 가리킨다. 이미 바깥문으로 들어와 다시 채마밭 사립문으로 향한 것이다. 황생은 뒤 사립문으로 들어왔다고 여기는데 매우 천착한 것이다.(三四, 詩中有畵. 先言交頭, 已接見矣, 後言掃徑, 蓋指內圃之扉. 旣入外門, 而復向圃扉也. 黃生以爲從後扉入, 太鑿.)

《두율계몽》: 새로 내린 비가 막 개었을 때는 한창 호미질을 해야 할 때인데 오랑은 능히 호미질을 팽개치고 두보를 방문하였다. 그래서 그에게 부끄러워하면서 감사한 것이다. 먼저 사립문을 열어야 이후에 그 머리를 맞대고 지팡이를 짚은 것을 보게 되니, 3, 4구는 도치하여 서술한 것이다. 5, 6구는 장차 떠나려 함을 아쉬워한 것이다. 7, 8구는 뒤에 만나기를 기약한 것이다.(新雨初晴, 正當課鋤之際, 乃吳能廢鋤見訪, 故愧而謝之. 先開柴扉, 而後見其交柱杖. 三四是倒敍. 五六惜將去, 七八期後會也.)

(강민호)

25. 九日五首
중양절 5수

重陽獨酌杯中酒[1]　抱病起登江上臺[2]
竹葉於人既無分[3]　菊花從此不須開[4]
殊方日落玄猿哭[5]　舊國霜前白雁來[6]
弟妹蕭條各何在[7]　干戈衰謝兩相催[8]

중양절에 잔 속에 술을 홀로 따르다가
병을 안고 일어나 강가 누대에 올랐지만,
죽엽주는 이 사람에게 이미 인연이 없으니
국화꽃은 지금부터 반드시 필 필요는 없다.
타향이라 해가 질 때 검은 원숭이가 울고
고향으로부터 서리 내리기 전에 흰 기러기가 오는데,
동생들은 쓸쓸히 각자 어디에 있는가?
전쟁과 노쇠함 두 가지가 날 핍박하는구나.

이 시는 대력 2년 기주에서 중양절에 느낀 감회를 적은 것이다. 시제에서는 5수라고 하였지만 실제로는 4수뿐인데 조차공이 뒤에 있는 〈등고登高〉를 붙여 보충하였다. 이 연작시가 일시에 지어졌는지에 관하여는 이설이 있다. 4수의 시에서는 차례대로 멀리 떨어져 있는 형제에 대한 그리움, 조정에서 중양절을 보냈던 일, 옛 친구인 소원명과 정건의 죽음에 대한 애도, 고향에서 멀리 떨어져 지내는 슬픔 등을 읊었다.

《보주두시》 시에서 "무협은 강의 길에 서려 있다"라고 하였으니 마땅히 대력 2년 기주에서 지은 것이다. 《구당서》를 살펴보니 이해 9월 토번이 빈주와 영주를 노략질하여 경사에는 엄밀하게 방어조치를 하였다고 하였다. 그러므로 시에서 또 "좋은 명절에 도적 떼를 대하고 있다."라고 하였다.(詩云巫峽蟠江路, 當是大曆二年在夔州作. 按舊史, 是年九月吐蕃寇邠州靈州, 京師戒嚴, 故詩又云佳辰對群盜.)

《두시상주》 오약의 판본에는 "한 수가 빠져 있다"라고 하였다. 조차공은 〈등고〉 1수로 보충하였으니 본디 빠진 것이 없는 것이다. 고신의 주에서는 "다섯 수는 모두 한때에 지은 것인데 흥이 이르는 바에 따라 형식이 각기 다르다"라고 하였다.(吳若本云, 缺一首. 趙次公以登高一首足之, 固未嘗缺. 顧注, 五章皆一時之作. 隨興所至, 體各不同.)

《구가집주두시》 조차공 주 옛 판본에 시제 아래의 주에서 "한 수가 빠져 있다"라고 하였는데 틀린 것이다. 그 한 수(〈등고〉)는 성도시기 시 안에 있는데 지금 뽑아내서 보충한다.(舊本題下注云, 闕一首. 非也. 其一在成都詩中, 今選補之.)

《두억》 다섯 수는 반드시 한때에 지은 작품은 아니다. 다른 것은 알 수 없고 두 칠언율시의 경우는 분명 동시에 지은 것이 아니다.(五首未必一時之作, 他不可知, 如兩七言律定非同作者.)

《두보전집교주》에 인용된 노원창盧元昌 주 다섯 수는 한때에 지은 것으로 흥이 이르는 바에 따라 형식이 각기 다르다. 제1수는 동생들을 생각하였고 제2수는 임금을 생각하였으며 제3수는 옛 친구를 생각하였고 제4수는 고향을 생각하였으며 마지막에서는 총결하였다. …… 동생들을 생각하고 임금을 생각하고 옛 친구를 생각하고 고향을 생각한 것은 모두 누대에 올라 한번 바라보던 중에 있었던 것이다. 그러므로 제1수에서 이런 내용의 구로 일으켜서 "병을 안고 일어나 강가 누대에 올랐다"라고 하였으며 제5수에서 이런 내용의 구로 호응하여 "백 년 병 많은 몸 홀로 누대에 오른다"라고 하였다.(五章爲一時之作, 隨興所至, 體各不同. 首思弟妹, 次思君, 三思故友, 四思故國, 末總結. …… 思弟妹, 思君, 思故友, 思故國, 皆在登臺一望中, 故首章以此句起, 曰抱病起登江上臺. 末章以此句應, 曰百年多病獨登臺.)

《독두시설》 만약 모두 한때에 지은 것이라고 말한다면 반드시 그렇지는 않을 것이다. 〈등고〉 시의 마지막 구에서 "노쇠하여 근래 들어 탁주잔조차 멈추었다"라고 하였는데 주학령이 당시 두보가 폐병으로 술을 끊었다고 한 것은 옳다. 〈계추소오제영강루야연최십삼평사위소부질삼수季秋蘇五弟纓江樓夜宴崔十三評事韋少府姪三首〉 시에서 "늙은이는 술병으로 인해 꿋꿋이 앉아서 그대들 술잔 기울이는 걸 본다"라고 하였는데, '계추'는 바로 중양절 전후이다. 또 〈사제관부람전취처자도강릉희기舍弟觀赴藍田取妻子到江陵喜寄〉 시에서 "근년에 술병이 났어도 몇 방울 마시리니 아우와 형이 권커니 잣거니 하면 무슨 한이 있으리오?"라고 하였는데, 《두시상주》의 주에서 또한 대력 2년 겨울 기주에서 지었다고 하였고, '몇 방울만 마셨다'라고 하였으니 이보다 앞서 마시기 시작하지 않았다는 것을 알 수 있다. 이에 공은 이때에도 여전히 술을 끊고 있었다. 이 4수에서 "중양절에 잔 속의 술을 홀로 따른다"라고 하였고 또 "아이를 시켜 좋은 술이 든 단지를 갖추었다"라고 하였으니 〈등고〉의 마지막 구와 일치하지 않아 한때에 지은 것이 아님을 알 수 있다.(若謂皆一時作, 則未必. 登高詩末句, 潦倒新停濁酒杯, 朱說, 時公以肺病斷酒, 是也. 季秋纓江樓夜宴詩, 老人因酒病, 堅坐看君傾, 季秋, 正九日前後也. 又舍弟觀取妻子到江陵云, 比年病酒

開涓滴, 弟勸兄酬何怨嗟. 注亦大曆二年冬夔州作, 云開涓滴, 則先此未開可知, 是公此時猶斷酒也. 此四首, 有云重陽獨酌杯中酒, 又云從兒具綠樽, 與登高末句不合, 知非一時作矣.)

주 석

1 獨酌(독작) – 홀로 술을 따르다. 또는 홀로 술을 마시다. '少飮'으로 된 판본도 있다.

2 起(기) – '獨', '豈'로 된 판본도 있다.

[重陽 2구] 두보가 중양절에 술을 따랐다가 일어나 누대에 올랐다는 말이다. 이때 술을 마셨는지에 대해 설이 분분하지만 당시 여러 사정으로 두보가 술을 마시기 힘든 상황이었음은 분명하다. 이와 달리 누대에 올라 술을 마시려고 하였다는 말로 보는 설도 있다.

3 竹葉(죽엽) – 술의 이름이다. 人(인) – 두보 자신을 가리킨다. 無分(무분) – 인연이 없다. 이 구는 두보 자신이 술을 마실 수 없다는 말이다. 그 원인에 대해 동생들에 대한 근심이라는 설과 병이라는 설이 있다. 이와 달리 장안 조정에서의 일과 인연이 없다는 뜻으로 풀이하기도 한다.

《두시조차공선후해집교》 죽엽은 술 이름이다. 장화의 〈경박편〉에서 "창오의 죽엽청, 의성의 구온주"라고 하였고 장협張協(자가 경양)의 〈칠명〉에서 "또 형남의 오정과 예북의 죽엽이 있다"라고 하였으니 그 술이 나는 곳이 한 곳만은 아니며 그저 좋은 술일 따름이다. 첫 구에서 '잔 속에 술을 홀로 따른다'고 하고서 또 도리어 "죽엽주는 이 사람에게 이미 인연이 없다"라고 하였으니 두보가 폐병으로 술을 끊었기에 비록 따르기는 하였지만 결국 마시지 못하였기 때문이다. 그러므로 두보는 다른 시(〈등고〉)에서 "노쇠하여 근래 들어 탁주잔조차 멈추었다"라고 하였다.(竹葉者, 酒名也. 張華輕薄篇曰, 蒼梧竹葉淸, 宜城九醞酒. 張景陽七命曰, 乃有荊南烏程, 豫北竹葉. 則所出非止一處矣, 但爲佳酒而已. 首句云獨酌杯中酒, 又却云竹葉于人旣無分, 則公以病肺斷酒, 雖酌而竟不飮也. 故公別篇又云潦倒新停濁酒杯.)

4 從此(종차) - 지금부터. 또는 여기서부터.

[竹葉 2구]

《두시설》《당서·백관지》에 "중양절에 백관에게 연회를 하사한다"라고 하였다. 지금 자기는 지방에 있어 참여할 수 없기에 제3구와 같이 말하였다. 경사에 있었으면 반드시 친구들과 국화를 쥐고 함께 술을 마셨을 것인데 지금 홀로 술을 따르고는 마시지 못하고 있기에 제4구와 같이 말하였다. 3, 4구에 대한 옛 주는 가소롭다.(唐志, 九日賜百官宴. 今已在外不得預, 故三句云云. 在京必與知友把菊共飮, 今獨酌無飮, 故四云云. 三四舊注可笑.)

5 殊方(수방) - 타향. 기주를 가리킨다. 玄猿(현원) - 검은 원숭이.

6 舊國(구국) - 고향. 장안을 가리킨다.

《두시상주》에 인용된 포鮑씨 주 흰기러기는 기러기와 비슷하지만 작은데, 그것이 오면 서리가 내리기에 북방 사람들은 '상신'이라고 한다.(白雁似雁而小, 來則霜降, 北人謂之霜信.)

7 蕭條(소조) - 쓸쓸한 모양. 在(재) - '往'으로 된 판본도 있다.

8 干戈(간과) - 방패와 창. 전쟁을 비유하는데 여기서는 토번의 침략을 가리킨다. 衰謝(쇠사) - 노쇠하다. 兩(량) - 전쟁과 노쇠함을 가리킨다. 相催(상최) - 나를 핍박하다. 또는 함께 핍박하다.

#《두억》: 중양절에 홀로 술을 마시다가 흥취가 적음을 스스로 깨달았기에 병을 안고 누대에 올랐다. '죽엽' 2구는 반대로 말한 것으로 명절에

술을 마시지 않을 수 없음을 보여주고 있다. 기러기가 오는 것은 늘 있는 일인데 '구국' 글자를 붙이자 특별한 상황이 되었고, 다음 구를 일으키니 기러기는 오지만 고향의 동생들은 오지 않는다는 말이다.(重陽獨酌, 自覺少趣, 故抱病登臺. 竹葉一聯反言, 以見佳節不可不飮也. 雁來恒事, 加舊國便異. 以起下句, 雁來而舊國之弟妹不來也.)

《두시상주》: 제1수는 남동생과 여동생을 생각한 것이다. 위 4구는 일을 서술하면서 마음을 아파한 것이고 아래 4구는 경물을 대하며 감회가 든 것이다. 본래 누대에 올라서 술을 마신 것이니 기련에서는 도치법을 사용하였다. 혼자 술을 마신다고 하였는데 마음속에서 생각이 동생들에게까지 미쳤다. 나 자신에게 인연이 없다고 한 것은 마실 수 없음을 한스러워한 것이다. 반드시 필 필요는 없다고 한 것은 함께 보지 못함을 한스러워한 것이다. 고신의 주에서 "타향의 원숭이 소리는 홀로 머물고 있는 슬픔을 더욱 증가시키고 고향의 기러기가 와서 마침 형제에 대한 생각을 일으켰다. 두 구는 긴밀히 결련으로 들어간다"라고 하였다. 전쟁이 이미 침범하였고 노쇠함이 또 다그치기에 두 가지가 자신을 핍박하여 끝내 함께 모일 때가 없을 것임을 걱정하였다. 맺는 곳의 뜻이 매우 애절하다.(首章, 思弟妹也. 上四, 敍事傷情. 下四, 對景有感. 本是登臺酌酒, 起用倒敍法耳. 曰獨酌, 意中便想及弟妹矣. 曰人無分, 恨弗飮也. 曰不須開, 恨弗同看也. 顧注, 殊方猿哭益增獨處之悲, 故國雁來適動雁行之念. 兩句緊注末聯. 干戈旣侵, 衰謝又迫, 恐兩相催逼, 終無聚首時也. 結意十分慘切.)

《독두심해》: 이 위 4구에 대해 종래에는 분명히 이해하지 못하였다. 술을 마신다고 하였다가 또 인연이 없다고 하였는데 해석하는 자들이 매우 지리멸렬하였다. 뒤의 여러 수와 합쳐서 살펴보자. 오언율시에서는 '국화에 부끄럽다', '두 사람이 적막하다'고 하였고 오언배율에서는 '아이가 갖추는 걸 내버려두었다'고 하였으며, 〈등고〉에서는 '술잔을 멈추었다'고 하였으니 모두 술을 마시지 않고 홀로 높은 곳에 올라 지은 것임을 알 수 있다. 그러므로 첫 구에서 먼저 '독작' 2자를 제기하여 매년 성대하게 모였지만 오늘은 처량하여 울적하게 술 한 잔을 대하노라니 전혀 마실 흥취가 없음을 드러내고 있다. 이어서 병을 안고 일어나 올랐다는 말로 그것을 떨어버렸는데 이를 깨닫는다면 3, 4구의 뜻은 분명해진다. 잔을 던지고 일어나니 그 경관을 상상할 수 있는데, 손님과 벗이 이미 아무도 없으니 이에 생각이 남동생과 여동생에게 미친다. 검은 원숭이가 들리는 것은 타향에서이고 흰 기러기가 오는 것은 고향에서부터라는 것에 대해 고신의 주에서 "긴밀히 결련으로 들어간다"라고 한 것이 옳은데, 그 정은 모두 홀로 올라 머리 들어 바라보는 와중에 촉발된 것이니 여전히 수미가 관통한다.(卽此上四, 從沒分曉. 旣云酌酒, 又云無分, 解者備極支離. 合攷後數首, 五律則曰, 愧菊花, 兩冥漠. 五排則曰, 從兒具. 登高則曰, 停酒杯. 乃知皆輟飮獨登之作也. 故首句先提出獨酌二字, 以見年年高會, 今日淒涼, 悶對一樽, 全無飮興. 隨以抱病起登撇卻之, 悟此, 則三四豁然也. 擲杯而起, 光景可想, 賓朋旣虛, 乃想到弟妹. 玄猿聞自殊方, 白雁來從故國. 顧云, 緊注末聯, 是也. 而其情皆觸於獨登翹首之中, 仍是一串.)

其二

舊日重陽日　傳杯不放杯[1]　卽今蓬鬢改[2]　但愧菊花開

北闕心長戀[3]　西江首獨迴[4]　茱萸賜朝士[5]　難得一枝來

옛날 중양절이 되면
잔을 돌리면서 잔을 내려놓지 않았는데,
지금은 쑥대머리가 변해
그저 국화가 피는 것에 부끄러울 따름이다.
북쪽의 궁궐을 마음으로 늘 연모하여
서강에서 머리를 홀로 돌린다.
수유를 조정의 관리에게 하사하지만
가지 하나 얻어 오기가 어렵다.

주 석

1 傳杯(전배) – 술잔을 전하다. 술잔을 돌리다. 放杯(방배) – 술잔을 내려놓다.

《두억》 옛사람들은 오직 한 개의 잔만을 이용하여 여러 객이 술잔을 돌리며 마셨다. 오늘날 각자 잔을 하나씩 가지고 있었던 것과 같지 않음을 알 수 있다.(見古人只用一杯, 諸客傳飮. 非若今人各自一杯也.)

2 蓬鬢(봉빈) – 쑥대머리. 어지럽게 뒤엉킨 머리카락으로 초췌한 모습을 비유한다. 改(개) – 검은 머리카락이 하얗게 바뀐 것을 말한다. 또는 '봉빈'으로 바뀌었다고 볼 수도 있다.

3 北闕(북궐) – 북쪽의 궁궐. 장안을 가리킨다.

《두시조차공선후해집교》 임금을 잊지 못하는 것이다.(不忘君也.)

4 西江(서강) – 기주 지역의 장강을 가리킨다.

《구가집주두시》 조차공 주 형주의 물가로 내려가고자 하는 것이다.(意欲下荊渚也.)

5 茱萸(수유) – 나무의 일종. 중양절에는 빨간 수유 열매로 액운을 물리치는 풍속이 있었다. '萸房'으로 된 판본도 있다.

《두시상주》 당나라 제도에 따르면 중양절에 신하에게 연회와 수유를 하사하였다.(唐制, 九日賜宴及茱萸.)

《구가집주두시》 조차공 주 말구는 그것으로 '북쪽 궁궐을 연모한다'는 구의 뜻을 완성한다.(末句, 所以成戀北闕之句.)

#《두시상주》: 제2수는 조정의 관리를 생각한 것이다. 위 4구는 늙음을 가슴 아파한 것이고 아래 4구는 임금을 그리워한 것이다. 수련은 또한 앞의 시를 이어받은 것이니, 오늘 술을 마시지 못하는 것으로 인해 옛날 술잔 돌리던 것을 생각한 것이다. '국화'와 '수유'는 중양절의 일을 지적한 것이다.(次章, 思朝士也. 上四, 傷老. 下四, 懷君. 首聯亦承前章來, 因今日之不飮而思舊日之傳杯也. 菊花茱萸, 點九日事.)

《독두심해》: 이 시는 홀로 누대에 올라서 조정에서 하사하던 옛 전장제도를 회상한 것이다. '구일舊日'은 조정에 있을 때로 바로 수유와 연회를 하사하던 때를 가리킨다.(此獨登而憶朝賜故事也. 舊日, 在朝之日, 卽指茱萸賜宴之時.)

其三

舊與蘇司業[1] 兼隨鄭廣文[2] 采花香泛泛[3] 坐客醉紛紛[4]
野樹欹還倚[5] 秋砧醒却聞[6] 歡娛兩冥漠[7] 西北有孤雲[8]

옛날에는 소사업과 함께하였고
아울러 정광문을 따랐지.

따온 꽃은 향기가 일렁이고
앉은 객은 취해 어지러웠으며,
들의 나무에 비틀거리다가 다시 기대고
가을날 다듬이 소리가 술이 깨니 또 들렸지.
즐거워하던 두 사람이 적막해졌으니
북서쪽에는 외로운 구름이 떠 있구나.

주 석

1 蘇司業(소사업) – 국자사업國子司業을 지낸 소원명蘇源明을 가리킨다.
《두시상주》 '사업'은 소원명이다.(司業, 蘇源明也.)

2 鄭廣文(정광문) – 광문관박사廣文館博士를 지낸 정건鄭虔을 가리킨다.
《두시상주》 '광문'은 정건이다.(廣文, 鄭虔也.)

3 采花(채화) – 꽃을 따다. 중양절에 국화꽃을 따는 것을 말한다. 泛泛(범범) – 일렁이는 모양. 여기서는 국화꽃 향기가 술잔에 짙은 것을 형용한 것이다. '簇簇', '漠漠'으로 된 판본도 있다.

4 紛紛(분분) – 어지러운 모양.

5 攲(기) – 비스듬하다. 술에 취하여서 몸을 가누지 못하는 모습을 형용한 것이다. '歌'로 된 판본도 있다.

6 秋砧(추침) – 가을의 다듬이질.

[野樹 2구] 장안에서 두 사람과 함께 중양절을 즐겁게 보내던 때의 모습을 상상한 것이다. 이와 달리 기주에서 중양절을 쓸쓸히 보내는 두보의 모습을 형용한 것으로 보는 설도 있다.

《찬주두시택풍당비해》 '기'와 '성'은 모두 사람의 행위이다. '기'는 걸음걸이가 위태롭다는 말과 같다. '성각문' 3자 또한 묘하다. 대체로 평상시에는 지겹도록 듣는 것인데 술에 취해 자느라 잠시 들리지 않을 수 있었지만 깨자마자 귀에 들린 것이다. 이는 나그네의 근심으로 조바심이 나 전전반측하며 불안해하는 상황이다.(攲醒, 並屬人. 攲, 如行步攲危. 醒却聞三字亦妙, 蓋常時厭聞, 得醉眠暫息, 纔覺卽入耳. 此是旅懷耿耿轉仄難安之狀.)

《두억》 가을의 다듬이질 소리는 술이 깬 뒤에 들린다고 하였으니 취하였을 때의 즐거움을 알 만하다. 그러므로 이어서 '환오'라고 말하였다.(秋砧, 醒而後聞, 則醉中之樂可知, 故接言歡娛.)

《두보전집교주》에 인용된 고신 주 앞의 시는 수련에서 옛날의 즐거움을 추억하였고 뒤 6구에서는 모두 오늘날의 적막함을 탄식하였으며, 뒤의 시는 미련에서 오늘날의 적막함을 탄식하였고 앞 6구에서는 모두 옛날의 즐거움을 추억하였다. 이것이 장법이다.(前詩首聯追往日之歡娛, 後六句皆嘆今日之寂寞. 後詩尾聯嘆今日之寂寞, 前六句皆追往日之歡娛. 此章法也.)

7 兩(양) – 두 사람. 소사업과 정건을 가리킨다. 두 사람은 모두 광덕 2년에 죽었다. 冥漠(명막) – 적막하다. 죽었다는 말이다. 또는 쓸쓸하다. '漠'은 '寞'으로 된 판본도 있다. 이 구는 옛날 즐겁게 지내던 장안의 두 친구가 죽었다는 말이다. 이와 달리 '양'을 장안과 기주로 보고 장안의 친구는 죽었고 지금의 두보는 쓸쓸히 지낸다는 뜻으로 보는 설도 있다.

《두시조차공선후해집교》 말구의 "환오량명막"은 옛날 소원명, 정건과 함께한 즐거움은 두 사람이 죽었기에 적막해졌고 오늘 기주에서의 즐거움은 외지를 떠돌아다니느라 적막해졌다는 말이니, 그래서 '양'이라고 한 것이다. 혹자는 '양' 자가 소원명과 정건을 가리킨다고 하는데 의미가 천근하다.(末句歡娛兩冥漠, 言昔日與蘇鄭之歡娛, 則

以二人死而冥漠, 今日在夔之歡娛, 則以流落寄寓而冥漠, 故云兩也. 或云, 兩字指蘇與鄭, 於義淺矣.)

8 西北(서북) – 장안을 가리킨다.

두보 〈회구懷舊〉 지하의 소사업. 마음으로 친한 이는 오직 그대뿐. 어찌하여 난리 후에 곧 생과 사로 갈라지게 되었는가? 늙어버렸음을 밝은 거울로 알겠고 돌아와서 흰 구름을 바라본다.(地下蘇司業, 情親獨有君. 那因喪亂後, 便有死生分. 老罷知明鏡, 歸來望白雲.)

《두시상주》 장안은 기주의 북서쪽에 있다. 위나라 문제의 시(〈잡시雜詩〉)에 "북서쪽에 뜬구름이 있다"라는 말이 있다. 도잠의 시에 〈정운〉이 있는데 친한 벗을 그리워함을 말하였다.(長安在夔州之西北. 魏文帝詩, 西北有浮雲. 陶潛詩有停雲章, 言思念親友也.)

#《두시상주》: 제3수는 옛 친구를 생각한 것이다. 위 4구는 지난날의 즐거움을 기술하였고 아래 4구는 지금 이곳의 적막함을 탄식하였다. 객이 취하였다는 것은 앞 시의 '잔을 전한다'는 것을 이어받은 것이다. '적막해졌다'는 것은 소원명과 정건이 다 죽은 것을 말한다.(三章, 思故交也. 上四, 敍往日歡娛. 下四, 歎今此寂寞. 客醉, 承前傳杯. 冥漠, 謂蘇鄭俱亡.)

《독두심해》: 이 시는 홀로 올라 경사의 옛 친구를 추억한 것이다. '양명막'이란 것은 소원명과 정건이 이미 죽어 적막하고 자신의 몸이 떠돌며 외로워 적막하다는 것이다. 마지막에서는 기존의 옛 시를 사용하였는데 매우 노련하다. 이러한 두 시(제2수와 제3수)를 보니 어찌 마음을 열고 술을 마실 수 있었겠는가? 칠언율시인 제1수의 풀이에 증거로 삼을 만하다.(此獨登而憶京華舊友也. 兩冥漠者, 蘇鄭旣亡而冥漠, 己身羈孤而冥漠也. 結用現成古詩, 高老. 如此二詩, 何能開懷而飮, 可以證七律第一首之解.)

其四

故里樊川菊[1] 登高素滻源[2] 他時一笑後[3] 今日幾人存

巫峽蟠江路[4] 終南對國門[5] 繫舟身萬里 伏枕淚雙痕[6]

爲客裁烏帽[7] 從兒具綠樽[8] 佳辰對群盜[9] 愁絶更堪論[10]

고향 번천에 국화 필 때
하얀 산수滻水의 수원에서 등고하였는데,
그때 한 번 웃은 뒤로
지금 몇 명이나 남아 있나?
무협은 강의 길에 서려 있지만
종남산은 도성의 문을 대하고 있기에,
배를 묶은 채 몸이 만 리 먼 곳에 있고
침상에 누운 채 눈물이 두 줄기로 흐른다.
객이 되어 검은 모자를 만들었고
아이가 좋은 술이 담긴 단지를 갖추는 것을 내버려두었지만,
좋은 명절에 도적 떼를 대하고 있으니
극심한 근심을 다시 논할 만하겠는가?

주 석

1 故里(고리) – 고향. 樊川(번천) – 장안 남쪽 두릉의 지명이다. 《보주두시》《십도지》에서 "번천은 두릉의 번향이다. 한나라 장군

번쾌가 이곳을 식읍으로 받았기에 번천이라고 하였다. 경조부에 속한다"라고 하였다. 공의 부친이 일찍이 봉천령이 되었는데 이에 이곳에 집을 두었다. 그래서 스스로 두릉이라고 칭하였으며 지금 '고리'라고 한 것은 이 때문이다.(十道志, 樊川, 卽杜陵之樊鄕. 漢將軍樊噲食邑於此, 故曰樊川. 屬京兆府. 公之父嘗爲奉天令, 因家焉. 因自號杜陵. 今曰故里者以此.)

2 登高(등고) – 높은 곳에 오르다. 중양절 풍습 중의 하나이다. 素滻源(소산원) – 하얀 산수의 수원지. 산수는 장안의 강 이름이다.

《보주두시》 산수는 장안의 큰 강이다.(滻水爲長安大川.)

3 他時(타시) – 예전.

4 蟠(반) – 똬리를 틀다. 또는 구불구불하다. 江路(강로) – 물길. 이 구는 무협이 장강에 웅크리고 있듯 위치하고 있다는 말이다. 이와 달리 무협에 물길이 구불구불 나 있다는 뜻으로 볼 수도 있다.

5 國門(국문) – 장안의 성문.

[巫峽 2구]

《구가집주두시》 조차공 주 위 구에서는 기주에 있음을 말하였고 다음 구에서는 또 장안을 말하였으니, 바로 그리워하는 심정이다.(上句言其在夔之地, 次句又言長安, 乃其懷憶之情也.)

6 伏枕(복침) – 베개에 엎드리다. 병이 든 것을 뜻한다.

7 爲客(위객) – 나그네가 되다. 裁烏帽(재오모) – 검은색 모자를 만들다. '오모'는 평민이나 은자가 쓰는 모자이다. 이 구는 두보가 객지에서 관직을 하지 않고 편안히 지냈다는 말인데, 맹가의 고사를 암용하여 중양절임을 나타낸 것이기도 하다. 이와 달리 손님이 찾아오자 그 때문에 검은 모자를 갖춰 썼다고 보는 설이 있지만 채택하지 않는다.

《구가집주두시》 조차공 주 평소에 되는대로 지내면서 왕왕 두건도

하지 않았는데 검은 모자를 만들었다는 것은 찾아온 손님 때문일 따름이다.(平時疏散, 往往不巾, 其裁烏帽, 以爲客而已.)

《두시상주》 '오모'는 맹가의 일을 암용하였으며, 또한 관녕이 검은 모자를 쓰고 집에 머문 일을 겸하여 사용하였다.(烏帽, 暗用孟嘉事, 亦兼用管寧皀帽家居事.)

《두억》 대체로 관녕의 일을 사용한 것이다. 살펴보건대, 관녕이 집에 머물 때는 항상 검은 모자를 썼는데 주와 군의 장관의 부름에 응하지 않았기에 흰 모자로 바꾸어 썼다. 앞 시(〈기류협주백화사군사십운寄劉峽州伯華使君四十韻〉)에서 "비녀 꽂기가 드물어 흰 모자는 반듯하다"라고 하였고 이 시에서는 '검은 모자를 만든다'고 하였으니 나그네의 상황을 집에 있는 것으로 여긴 것이다.(蓋用管寧事. 按, 寧居家, 恒著皀帽, 因不應州郡之辟, 更著白帽. 前有詩簪稀白帽稜, 而此裁烏帽, 以客爲家也.)

《삼국지·위지·관녕전管寧傳》 관녕은 늘 검은 모자를 쓰고 베로 만든 옷을 입었는데 계절에 따라 홑으로 입거나 겹으로 입었다.(寧常著皀帽布襦袴布裙, 隨時單複.)

《진서晉書·환온전桓溫傳》 (맹가는) 나중에 정서대장군 환온의 참군이 되었는데 환온이 그를 매우 중시하였다. 9월 9일 중양절에 환온이 용산에서 잔치를 베풀자 막료들이 모두 모였다. 이때 보좌인과 관리들은 모두 군복을 입고 있었는데 바람이 불어 맹가의 모자를 날려 떨어뜨렸다. 맹가는 그것을 알아채지 못하였다. 환온은 좌우의 사람들에게 그것을 말하지 못하게 하고 그가 어떻게 행동하는지 보려고 하였다. 맹가가 한참 뒤에 변소에 가자 환온은 그 모자를 취하여 제자리에 돌려놓게 하고 손성에게 명하여 맹가를 조롱하는 문장을 지어 맹가가 앉아 있던 자리에 붙이게 하였다. 맹가가 돌아와서 보고는 즉시 그것에 답하는 글을 지었는데 그 문장이 매우 아름다워 자리에 앉아 있던 사람들이 모두 감탄하였다.(後爲征西桓溫參軍, 溫甚重之. 九月九日, 溫燕龍山, 僚佐畢集, 時佐吏並著戎服, 有風至,

吹嘉帽墮落, 嘉不之覺. 溫使左右勿言, 欲觀其擧止. 嘉良久如厠, 溫令取還之, 命孫盛作文嘲嘉, 著嘉坐處. 嘉還見, 卽答之, 其文甚美, 四坐嗟歎.)

8 從(종)– 내버려두다. 綠樽(녹준)– 좋은 술을 담은 동이. '綠'은 술이 익을 때 나는 푸른빛 거품을 가리키며 좋은 술을 비유한다.

9 佳辰(가신)– 좋은 때. 중양절을 가리킨다. 對(대)– '帶'로 된 판본도 있다. 群盜(군도)– 토번을 가리킨다.

10 愁絶(수절)– 극심한 근심. 更(갱)– '誰'로 된 판본도 있다.

#《두시상주》: 제4수는 고향을 생각한 것이다. 위 4구는 번천에서의 중양절이고 아래 4구는 기주에서의 중양절이며, 가운데 4구는 기주에서 번천을 생각한 것이다. '기인존'은 앞 시의 소원명과 정건을 이어받은 것이다. '만리'는 무협에 있다는 것이다. 눈물을 흘린다는 것은 종남산을 추억하는 것이다. 검은 모자를 만들었다는 것은 홀로 머물고 있음을 보여주고 아이가 술단지를 갖추었다는 것은 객이 없음을 보여준다. '도적 떼를 대하고 있다'는 것은 돌아가고 싶지만 그럴 수 없다는 말이다.(四章, 思故里也. 上四, 樊川九日. 下四, 夔州九日. 中四則在夔思樊. 幾人存, 承上蘇鄭. 萬里, 在巫峽. 淚痕, 憶終南. 裁烏帽, 見獨居. 兒具樽, 見無客. 對群盜, 欲歸不得矣.)

《독두심해》: 다섯 수는 동일한 시체는 아니지만 모두 술 마시기를 그만두고 홀로 올라 지은 것이다. 이 시는 홀로 올라 고향을 생각한 것이다. 첫 4구는 모두 저곳에 대해 말한 것이다. 5, 6구는 두 곳을 나눠서 말한 것이고 7, 8구는 한결같은 마음을 멀리서 기탁한 것인데 모두 이곳과 저곳을 합쳐서 말한 것이다. 뒤 4구는 모두 이곳에 대해 말한 것이다. 첫 4구와 뒤 4구는 모두 중양절과 맞아떨어지고 중간 4구는 범연하게 말한 것이다.(五首不一體, 皆輟飮獨登之作. 此獨登而懷故

里也. 起四, 俱着彼地說. 五六, 兩地分開. 七八, 一心遙寄. 俱合彼此說. 後四, 俱着此地說. 其起四後四, 俱切九日. 中四泛說.)

(**임도현**)

26. 登高
등고

風急天高猿嘯哀[1]　渚清沙白鳥飛迴[2]
無邊落木蕭蕭下[3]　不盡長江滾滾來[4]
萬里悲秋常作客[5]　百年多病獨登臺
艱難苦恨繁霜鬢[6]　潦倒新亭濁酒杯[7]

바람 급하고 하늘 높은데 원숭이 울음 슬프고
물가 맑고 모래 흰데 새가 날며 선회한다.
가없는 낙엽은 우수수 지는데
다함없는 장강은 콸콸 흘러오는구나.
만 리 슬픈 가을 늘 나그네 되어
백 년 병 많은 몸 홀로 누대에 오른다.
간난에 흰머리 많아져 심히 한스러운데
노쇠하여 근래 들어 탁주잔조차 멈추었어라.

대력 2년 가을 기주에서 지은 시이다. 음력 9월 9일 중양절重陽節은 온 가족이 함께 높은 산에 올라 산수유 열매를 머리에 꽂고 국화주를 마시며 즐기는 명절이다. 대력 2년 가을 두보는 고향으로부터 멀리 떨어진 기주에서 홀로 중양절을 맞았다. 병든 몸을 이끌고 홀로 높은 곳에 올라 만 리 타향의 스산한 가을 풍경을 마주한 시인의 고독한 모습이 심금을 울린다. 이 시는 슬프면서도 웅혼한 '비장

悲壯'의 풍격이 잘 구현된 작품으로, 역대 칠언율시 중에서 가장 뛰어난 작품으로 평가받는다. 저작 시기를 광덕 원년으로 보는 설도 있다. 두보의 시 중에서 〈구일오수九日五首〉는 원래 한 수가 빠져 있는데, 조차공은 성도시기 시로 분류되어 있던 이 〈등고〉가 〈구일오수〉 중 빠진 시임을 밝히고 함께 묶어서 기주 시에 편재하였다. 《두시상주》나 《독두심해》 등은 모두 〈등고〉를 〈구일오수〉 뒤에 배열하면서도 따로 제목을 주어 독립적인 성격도 부가하고 있다.

> **《보주두시》** 보응 원년 9월과 광덕 원년 9월에 공은 모두 재주에 있었다. 뒤 작품(〈구일九日〉)으로 따져보면 이 시는 의당 광덕 원년 작이다.(寶應元年廣德元年九月, 公皆在梓州, 以後篇論之, 此詩當是廣德元年作.)
>
> **《두공부시집집주》** 옛날에는 성도시 안에 편재하였으나 시에 '원숭이 울음소리 슬프다'는 구절이 있음을 볼 때 기주에서 지은 것이 분명하다.(舊編成都詩內. 按詩有猿嘯哀之句, 定爲夔州作.)

주 석

1 猿嘯(원소)－ 원숭이 울음소리. 두보가 객거하던 기주에는 원숭이들이 많이 살았다. 이 구절은 바람 급하고 하늘 높은 가을날 원숭이 울음소리가 슬픔을 더한다는 말이다.

> **《구가집주두시》 조차공 주** 반악은 (〈하후상시뢰夏侯常侍誄〉에서) "거센 바람[風]이 처량하고 급[急]하다"라고 하였고, 송옥은 (〈구변九辯〉에서) "하늘[天]이 높고[高] 기운이 맑다"라고 하였다. 네 글자는 두 군데에서 나온 것인데 합하여 사용하여서 비로소 공교하게 되었다.(潘安仁云, 勁風凄急. 宋玉云, 天高而氣淸. 四字兩出, 合使方工.)

2 渚(저) – 물가. 鳥飛迴(조비회) – 새가 선회하며 날다. 《두시언해》에서는 '새가 날아서 돌아오다'로 풀이하였다.

[風急 2구] "바람이 급하고 하늘이 높아서 원숭이 울음 슬프고, 물가가 맑고 모래가 희니 새가 날며 선회하다"의 뜻으로 풀이할 수 있다.

《두율계몽》 처음 머리 두 구는 매 구에 세 가지 일이 있다. 두 구 단지 열네 자가 여섯 가지 일을 그려도 그 중첩됨을 꺼려하지 않으니 글의 기운이 승하기 때문이다. 또 매 구의 아래 세 자의 내용은 위 네 자의 내용이 원인이 된다.(首二, 每句三事. 二句只十四字, 寫六事而不嫌其累重, 氣勝故也. 又每句下三字, 因上四字.)

3 無邊落木(무변락목) – 끝없이 펼쳐진 나무의 낙엽. 蕭蕭(소소) – 우수수. 나뭇잎이 떨어지는 소리를 형용한 말.

4 不盡長江(부진장강) – 다함없이 흐르는 긴 장강長江. '끝없이 이어진 긴 장강'의 의미로 볼 수도 있다. 滾滾(곤곤) – 콸콸. 물이 세차게 흐르는 모습을 형용한 말. '그침 없이 이어지는 모습'으로 볼 수도 있다. '袞袞'으로 된 판본도 있다.

5 萬里悲秋(만리비추) – 고향에서 만 리 떨어진 객지에서 가을을 슬퍼하다.

[無邊 2구]

《두율계몽》 고신 주에서 "'소소하'와 '곤곤래'는 그 취지가 전적으로 '무변'과 '부진' 네 자에 있다. 그렇지만 '무변락목'은 '소소하'가 아니면 그 소리를 족히 그대로 표현할 수 없고, '부진장강'이라 하였으니 '곤곤래'가 아니면 그 기세를 족히 형상할 수 없다"라고 하였다. 황문환黃文煥은 "낮은 곳에서 바라보면 잎이 지는 나무가 보이는 곳이 한계가 있고 강의 흐름이 보이는 곳이 다함이 있으니, 시야가 제약을 받기 때문이다. 따라서 이 두 구가 높은 곳에 올라서 본 경물임을 알 수 있다"라고 하였다.(顧注, 蕭蕭下, 滾滾來, 其旨趣全在無邊不盡四字, 然無邊落木, 則非蕭蕭下不足以肖其聲. 曰不盡長江, 則非滾滾來不足以狀其勢. 黃維章曰, 居卑而望, 木落有邊, 江流有盡, 以阻於見也, 故知此二句是登高之景.)

6 艱難(간난) - 곤고. 곤란. 苦恨(고한) - 심히 한스럽다. 繁霜鬢(번상빈) - 백발이 많아지다.

7 潦倒(요도) - 노쇠하다. 新(신) - 근래에. 이제 막. 亭(정) - 멈추다. '停'과 통한다.

《두공부시집집주》 당시 공은 폐병 때문에 술을 끊었다.(時公以肺疾斷飮.)

#《두시상주》: 이 시는 (〈구일오수〉의) 총결이다. 위 4구는 높은 곳에 올라 보고 들은 경치요, 아래 4구는 높은 곳에 올라 느낀 감정이다. '등대' 두 글자는 (〈구일오수〉의) 첫 수와 명백히 상응한다. '원숭이 울음소리'와 '새가 나는 것', '낙엽'과 '장강'은 각기 산과 강으로 대를 이루어 말한 것이니 누대에 올라 멀리 바라볼 때 얻은 것이다. 그리고 위 연에서는 실자를 다용하여 경치를 묘사하였고 아래 연에서는 허자를 다용하여 정신을 그려내었다. 나대경이 말하기를 "'만 리'는 지역이 요원함이요, '추'는 시절이 쓸쓸함이요, '작객'은 나그네로 떠돎이요, '상작객'은 오랜 나그네 생활이요, '백 년'은 노년이요, '다병'은 쇠약하여 병에 걸렸음이요, '대'는 높고 트인 곳이요, '독등대'는 친척도 친구도 없음이다. 열네 자 사이에 여덟 가지 뜻을 담으면서도 대우가 또한 극히 정확하다"라 하였다. 《당시해唐詩解》에 "나그네 생활을 오래 하였으니 간고함을 두루 맛보았을 터요, 병이 많았으니 노쇠함이 날로 심하였을 것이다. 그래서 백발이 더욱 많아지고, 술잔도 들기 어려워진 것이다"라고 하였다. 이 시는 8구가 모두 대를 이루었는데, 황생은 "마지막 부분의 가락은 대략 느슨해야 한다"라고 하였다.(此

章總結. 上四, 登高聞見之景. 下四, 登高感觸之情. 登臺二字, 明與首章相應. 猿嘯鳥飛落木長江, 各就一山一水對言, 是登臺遙望所得者, 而上聯多用實字寫景, 下聯多用虛字摹神. 羅大經曰, 萬里, 地遼遠也. 秋, 時慘悽也. 作客, 羈旅也. 常作客, 久旅也. 百年, 暮齒也. 多病, 衰疾也. 臺, 高迥處也. 獨登臺, 無親朋也. 十四字之間, 含有八意, 而對偶又極精確. 唐解, 久客則艱苦備嘗, 病多則潦倒日甚, 是以白髮彌添, 酒杯難擧. 此詩八句皆對, 黃生謂結調略須放鬆.)

《두시상주》에 인용된 호응린胡應麟 설: 이 시 56자는 바닷속의 산호와 같으니 마르고 강인하여 옮기기 어렵고 깊게 가라앉아 헤아리기가 어려우나 그 순수한 빛은 만 장이요 그 역량은 만 균이다. 전체 시의 장법, 구법, 자법은 이전에도 이와 같은 이가 없었고 후에도 이를 배울 자가 없을 것이다. 이 시는 분명 고금의 칠언율시 중 으뜸이니 당대 시인의 칠언율시 중에서 으뜸이라고 할 필요가 없다.(此章五十六字, 如海底珊瑚, 瘦勁難移, 沈深莫測, 而精光萬丈, 力量萬鈞. 通章章法句法字法, 前無昔人, 後無來學, 此當爲古今七言律第一, 不必爲唐人七言律第一也.)

《독두심해》: 이 시는 술을 끊고 홀로 높은 곳에 올랐을 때의 총괄적 감개이다. 바라보는 중에 눈에 들어온 것, 생각하는 중에 가슴에 와 닿는 것이 층층이 맑고 글자마다 울림이 있다. 호응린이 고금의 칠언율시 중에 으뜸이라 하였다.(此輟飮獨登之總慨也. 望中所見, 意中所觸, 層層淸, 字字響. 胡應麟謂古今七言律第一.)

(**김성곤**)

27. 覃山人隱居

담산인의 은거처

南極老人自有星[1] 北山移文誰勒銘[2]

徵君已去獨松菊[3] 哀壑無光留戶庭[4]

予見亂離不得已[5] 子知出處必須經[6]

高車駟馬帶傾覆[7] 悵望秋天虛翠屛[8]

남극의 노인이 스스로 별을 가지고 있었다면

북산의 이문을 누가 새기랴?

은자가 이미 떠나버리니 소나무와 국화만 홀로 있고

슬픈 골짝은 빛을 잃고 문호와 뜰만 남았다.

나는 난리에 부득이하다 보았지만

그대는 출처의 도리는 겪어봐야 함을 알았겠지.

높은 수레 네 마리 말이 끄는 것도 뒤집히는 일이 따라다니는 법

슬피 바라보는 가을 하늘에 병풍 같은 푸른 산만 공허하다.

이 시는 담산인의 은거처를 읊은 것으로, 그가 은거 생활을 중단하고 출사出仕한 것을 안타깝게 생각하는 뜻을 담았다. 이와 달리 담산인의 은거처를 찾아가 그가 은퇴하여 생을 마친 것을 찬미한 시로 보는 설도 있으나, 합당하지 않다. 저작 시기에 대해 여러 주석가가 대력 2년에 기주에서 지은 것으로 보지만, 확실하지 않다. 담산인에 대하여도 자세하게 알려진 게 없다. '은기'는 은자의 거처

를 뜻한다.

《보주두시》 공은 일찍이 (〈남극南極〉 시에서) "남극에는 푸른 산이 많다"라는 표현을 하였는데, 대체로 기주를 가리켜 말한 것이다. 이제 담산인이 기주에 살았기에 시에서 '남극'이라 하였고, '노인자유성'은 또한 그 별이 남극에 있기에 말한 것이다. 대력 2년에 지었다.(公嘗作南極青山衆, 蓋指夔州而言. 今因覃山人在夔州居, 故詩云南極, 老人自有星, 亦因其在南之極而言. 大曆二年作.)

《두시상주》에 인용된 고신 주 담산인은 필시 노년에 벼슬에 불려 나간 자일 것이다. 공이 그가 은거하던 곳을 지나다가, 그가 은거 생활을 끝까지 하지 못한 것을 마음 아파하였던 것이다.(覃山人, 必老而就徵者. 公過其隱居之所, 而傷其隱之不終也.)

주 석

1 南極老人(남극노인) – 별 이름. 여기서는 담산인을 비유한다.

2 北山移文(북산이문) – 남조南朝 제齊나라의 공치규孔稚圭가 지은 글 이름. 북산에 은거하다가 출사한 주옹周顒이 다시 북산을 방문하려 하자 북산 신령이 공문을 돌려 그를 막았다는 내용의 글로서, 은자의 위선을 풍자하였다. '북산'은 일명 '종산鍾山'으로, 남조 제나라의 도읍이었던 남경에 있다. '이문'은 다른 부서에 보내는 공문이다. 勒銘(늑명) – 명문을 새기다. 여기서는 공문을 돌에 새겨 알린다는 뜻이다.

《두시상주》 《문선》 주에 의하면, 주옹은 앞서 도읍 북쪽의 종산에 은거하다가 후에 출사하여 해염령이 되었는데, 북산에 들르려고 하자 공치규가 바로 산신령의 뜻을 빌려 이문을 지어 돌렸다. 그 글에서 "역로에 안개를 치달리게 하고 산 뜰에 이문을 새겼다"라고 하였다.

주학령 주에서 "《제서》에서 원휘 연간에 주옹이 출사하여 섬령이 되었고 건원 연간에 산음령이 되었다고 하였으니, 해염령이 된 적은 없다. 《문선》의 주가 잘못되었고 《일통지》가 이를 따라 잘못되었다" 라고 하였다.(選注, 周顒先隱都北鍾山, 後出爲海鹽令, 欲過北山, 孔稚圭乃假山靈意, 作文移之. 中云, 馳文(煙의 오자)驛路, 勒移山庭. 朱注, 齊書, 元徽中, 顒出爲剡令, 建元中爲山陰令, 未嘗令海鹽, 選注誤, 一統志因而誤.)

[南極 2구] 담산인이 은거처를 지키고 있었으면 좋았을 터인데, 떠났기에 비판받아야 한다는 뜻이 담겨 있다.

《구가집주두시》 조차공 주 '노인성'은 일명 남극으로, 정수와 유수 사이에 있으니 바로 남방의 별이다. 그래서 이제 말하기를 "담산인이 본시 이 지역에 은거하였으니 절로 남극의 노인성이 된다"라고 하였는데, 도리어 은거지를 버리고 떠났으니 벌 받을 만하다. 그래서 북산이문의 고사를 써서 그를 기롱하였다.(老人星, 一名南極, 在井柳之中, 乃南方之星. 今言覃山人本隱此地, 蓋自是南極之老人星矣, 而乃捨所隱以去, 爲可罪也. 乃用北山移文事譏之.)

3 徵君(징군)－ 조정에서 불렀으나 출사하지 않은 은자를 말한다. 이 구에는 도연명의 고사가 활용되었다.

《구가집주두시》 도잠은 징군이다. 〈귀거래사〉에서 "소나무와 국화가 여전히 있다"라고 하였다. 여기서 징군이라 한 것은 담산인을 가리킨다.(陶潛爲徵君也. 歸去來云, 松菊猶存. 此言徵君, 指覃山人.)

4 戶庭(호정)－ 문호와 뜰. 집을 뜻한다.

《구가집주두시》 '애학무광'은 바로 〈북산이문〉에서 말한 "나의 소나무와 계수나무를 유혹하고 나의 구름과 골짝을 속였다"라는 말의 뜻이다.(哀壑無光, 乃北山移文所謂誘我松竹(桂의 오자)欺我雲壑之意.)

5 予見(여견) 구 – '나는 난리 중에는 부득이 이리저리 떠돌아다니게 될 수밖에 없다고 보았다' 또는 '나는 난리가 났음을 보고 부득이 이리저리 떠돌아다니게 되었다'라는 뜻으로, 두보 자신이 한곳에 정착하지 못한 이유를 말하는 것으로 보인다. 이와 달리 '나는 난리가 그칠 수 없을 것이라는 사실을 알았다'라는 뜻으로 풀이하는 설도 있어서, 문의가 무엇인지 확정하기 어렵다.

6 出處(출처) – 출사와 은거. 이 구는 '출사와 은거를 반드시 겪어보아야 한다는 사실을 그대는 알았으리라' 또는 '그대는 출사와 은거의 도리를 알기 위하여 출사의 생활을 겪어볼 필요가 있었으리라'라는 뜻으로, 담산인이 출사하게 된 이유를 말하면서 은연중에 그의 처신을 풍자한 것으로 보이나, 이 구 또한 문의가 분명하지 않아 제가의 설이 분분하다.

[予見 2구]

《두시언해》 "내가 벼슬하지 않은 것은 난리 때문인데, 산인은 출처의 도리를 겪고자 하여 출사하였다"라고 두보가 말하였는데, 대체로 그를 기롱한 것이다.(甫言我之不仕, 以亂離之故, 山人欲經歷出處之道而出仕也. 蓋譏之.)

7 高車駟馬(고거사마) – 네 마리 말이 끄는 높은 수레. 높은 신분을 비유한다. 帶傾覆(대경복) – 엎어지는 상황을 동반하다. '帶'가 '常'으로 된 판본도 있다. 이 구는 벼슬길에서 좌절하거나 해를 입는 경우가 있음을 비유한다.

《두시설》 상산사호商山四皓의 〈자지가紫芝歌〉에서 "네 마리 말이 끄는 높은 수레, 그 근심이 아주 크다"라고 하였는데, 이 구는 그 말을 채용하였다.(四皓采芝歌, 駟馬高蓋, 其憂甚大, 此采其語.)

《두시택풍당비해》 뒤집히는 화가 따르게 됨을 말한다.(曰帶傾覆之禍也.)

8 悵望(창망)－ 창연히 바라보다. 슬피 바라보다. 翠屛(취병)－ 푸른 산을 비유한다. 이 구는 '가을 하늘 아래 병풍처럼 펼쳐진 푸른 산이 공허함을 창연히 바라보다'라는 뜻으로, 은자인 담산인이 출사하여 아름다운 산이 헛된 것이 되었음을 아쉬워하는 심사를 표현하였다.

[高車 2구]

《두시언해》 '벼슬은 엎어지는 우환이 있기에 두보가 지금 가을 하늘 사이를 창연히 바라보는데, 산인이 있지 않다'라는 말이다.(言爵祿有傾覆之患, 故甫今悵望秋天之間, 山人不在也.)

《두공부초당시전》 이 구는 그를 경계시키는 말로, 뜻이 깊다.(此, 戒之之言, 深矣.)

[予見 4구]

《두공부시집집주》 《광운》에서 "'경'은 '헤아리다'의 뜻이다"라고 하였다. …… 아래 2구는 "나는 난리 때문에 부득이하여 분망하게 다니지만, 산인은 실로 은자인데 어찌하여 출처의 마땅한 도리로써 한번 헤아려보지 않았는가"라고 말하여, 그가 가볍게 나가지 말았어야 하였다고 나무랐다. 마지막 2구에서 "위기가 잠복한 곳이니 출사하는 것이 은거함만 못하다"라고 또 말하여, 심히 애석해하였다.(廣韻, 經, 量度也. …… 下二句言, 我以亂離故不得已而奔走, 山人則誠隱者, 何不以出處之宜, 一爲經度乎. 責其不當輕出也. 末二句又言, 危機所伏, 出不如處, 以深惜之.)

#《두억》: 산인의 사후에 그 은거처를 읊은 것이다. '남극' 구는 그가 장수하지 못하였음을 탄식하였고, '북산' 구는 그가 은퇴하여 생을 마쳤음을 찬미하였다. 제3, 4구는 그 사람이 이미 서거하였지만 소나무와 국화는 여전히 남아 있고 뜰과 문호는 탈이 없음을 탄식한 것이다. 나는 난리가 마음 아파할 만함을 알아서 시절을 구하고자 부득이 나섰지만, 그대는 출처에 있어서 반드시 법도를 지켜야 함을 알았다.

대체로 치세에 출사하고 난세에 물러나는 것이 출처의 법도인 것이다. 그래서 '네 마리 말이 끄는 높은 수레'에 '뒤집어지는 일이 따라다니니', 실로 상산사호가 노래한 '그 근심이 아주 크다'는 것과 같은 점이 있다고 탄식하였다. 가을 하늘을 창연히 바라보니 병풍 같은 푸른 산이 헛되이 있을 뿐, 그대의 발자취를 따르는 자가 없으니, 이는 무엇 때문인가?(山人死後, 賦其隱居, 南極句嘆其不壽, 北山句美其終於隱也. 三四歎其人已逝, 而松菊猶存, 戶庭無恙也. 予見亂離可傷, 故欲濟時, 出於不得已, 子知出處必須守經. 蓋治則進, 亂則退, 出處之經也. 因嘆高車駟馬, 傾覆隨之, 信有如四皓所歌其憂甚大者. 悵望秋天, 虛留翠屛, 莫有踵君之躅, 何也.)

《두시상주》: 위의 4구는 징군이 가볍게 출사한 것을 기롱하고, 아래는 그가 때와 기미를 살펴보지 못하는 것을 나무랐다. 오견사의 《두시논문》에서, "노인이 산에 있으면 누가 이문으로 그를 꾸짖을 수 있겠는가? 그러나 한번 떠나버리고 나니 소나무와 국화가 비록 남아 있어도 산천이 빛을 잃었으니, 이를 어찌하리오? 그래서 '난리 이후 나는 부득이하여 분망하게 다니는데, 지금 출처의 길을 그대는 반드시 겪어보아야만 비로소 알게 되겠구나. 매번 영화와 총애가 있는 데를 보면 엎어지는 화가 뒤따르니, 어찌 은거하며 자득하게 지내는 것만 하리오? 그런데 단지 나로 하여금 가을 산을 창연히 바라보며 푸른 병풍 같은 산이 헛되이 있는 것에 마음 아파하게 하는구나'라고 탄식하였다"라고 풀이하였다. 황생의 주에서 "결구가 매우 빼어나서 앞부분의 질박함을 충분히 보완한다"라고 하였다. 이 시에 대해 옛 주는 산인이 이미 죽고 나서 공이 그 옛 거처를 들르게 되어 찬미한 것이라 하고, '출처필수경'을 '산인이 법도를 잘 지킬 수 있었다'의 뜻으로 보았지만, 지금 말에 풍자가 담겨 있다는 주학령 설을 따른다.(上四, 譏徵君之輕出, 下責其不能審時見幾也. 吳論, 老人在山, 誰得移文誚

之, 無如一去之後, 松菊雖存, 而山川少色矣. 因歎亂離以來, 予不得已而奔走. 今出處之途, 子必經歷而始知耳. 每見榮寵所在, 傾覆隨之, 何若隱居自得乎. 祗令我悵望秋山, 而傷翠屏之虛設也. 黃生注, 結句深秀, 足救前路之樸素. 此詩, 舊作山人已卒, 公過其故居而稱美之, 以出處必須經, 謂山人能守經也. 今依朱注, 語含諷刺.)

《독두심해》: 고신의 주에서 "산인은 필시 늙어서 벼슬에 불려 나간 자일 것인데, 공이 그 거처에 들러서 그가 은거를 끝까지 하지 못한 것을 마음 아파한 것이다"라고 하였다. 내 생각은 다음과 같다. '지유성'은 그가 오래도록 중망을 받았음을 보여주고, '수륵명'은 누구냐고 묻는 말투를 따른 표현이다. 제3, 4구는 거듭하여 말하였고, 제5, 6구는 힐난하였고, 제7구는 경계하였고, 제8구는 애석해하였다. 제5, 6구는 애매하고 거칠다.(顧注, 山人必老而就徵者. 公過其居, 傷其隱之不終也. 愚按, 自有星, 見其久負重望也. 誰勒銘, 託之誰何之口也. 三四, 申之. 五六, 詰之. 第七, 警之. 第八, 惜之. 五六, 晦而率.)

(이영주)

28. 東屯月夜
동둔의 달밤

抱病漂萍老　防邊舊穀屯[1]　春農親異俗[2]　歲月在衡門[3]
青女霜楓重[4]　黃牛峽水喧[5]　泥留虎鬪跡　月掛客愁村
喬木澄稀影[6]　輕雲倚細根[7]　數驚聞雀噪[8]　暫睡想猿蹲[9]
日轉東方白　風來北斗昏[10]　天寒不成寐[11]　無夢寄歸魂[12]

병을 안고 떠도는 부평초 같은 늙은이가
변방을 방비하며 옛날에 곡식 쌓아둔 곳에서,
봄 농사에 다른 풍속을 가까이하면서
형문에서 세월을 보낸다.

청녀의 서리로 단풍은 무겁고
황우협은 물이 시끄럽다.
흙에는 범이 싸우던 자취 남았고
달은 나그네 시름하는 마을에 걸려 있다.
높이 솟은 나무는 성근 그림자가 맑고
가벼운 구름은 작은 바위에 기대었다.

자주 놀라며 참새 지저귀는 소리 듣고
잠깐 잠들어 원숭이 웅크린 모습 연상한다.
해는 옮겨 가 동방이 밝고
바람 불어와 북두성 어둡다.

날이 추워 잠을 이루지 못하니
돌아가고픈 넋을 부칠 꿈이 없다.

이 시는 대력 2년 가을 기주 동둔에서 지은 것이다. 동둔 달밤의 경치를 묘사하며 장안으로 향하는 두보 자신의 감정을 기탁하였다.

《보주두시》 대력 2년 가을에 공이 양서에서 동둔으로 옮겨 거처하였으니 마땅히 그해에 지은 것이다.(大曆二年秋, 公自瀼西移居東屯. 當是其年作.)
《두시상주》 이 역시 대력 2년 가을 동둔에서 지은 것이다.(此亦二年秋東屯作.)

주 석

1 防邊(방변) 구 – 동둔이 변방을 지키려고 옛날에 곡식을 쌓아두던 둔전이 있던 곳이라는 말이다.
《두억》 동둔의 밭은 공손술이 개간한 것으로 양식을 쌓아서 군대를 기른 곳이었기 때문에 "방변구곡둔"이라 한 것이다.(東屯之田, 乃公孫述所開, 而積糧以養兵者, 故云防邊舊穀屯.)

2 異俗(이속) – 다른 풍속. 또는 거칠고 궁벽한 땅에 사는 사람들.
《구가집주두시》 조차공 주 대체로 공은 중원 사람인데 멀리 기주에서 객거하고 있었기 때문에 그곳을 '이속'이라 한 것이다.(蓋公中原人, 而遠客於夔, 故稱之爲異俗.)

3 歲月(세월) – 세월. 시간. 衡門(형문) – 나무를 가로로 대어 만든 문. 가난한 집을 말한다.

《두시상주》 봄에서 가을에 이르렀으므로 '세월'이라고 한 것이다.(自春至秋, 故云歲月.)

#《두시상주》: '동둔'으로부터 서술하기 시작하였다.(從東屯敍起.)

4 青女(청녀) – 눈과 서리를 주관하는 신.

5 黃牛峽(황우협) – 협곡 이름. 일반적으로 황우협은 이릉에 있다고 알려져 있는데 여기서의 황우협은 기주에 있었던 것으로 추정된다.

《두억》 황우협은 이릉에 있다. 이 시에서 "황우협은 물이 시끄럽다"라고 하였고 동생에게 부친 시(〈사제관부람전취처자도강릉희기삼수舍弟觀赴藍田取妻子到江陵喜寄三首〉 기일其一)에서 "푸른 봄에 황우黃牛에 알릴 필요가 없다"라고 하였으니 기주에도 또한 이 협곡이 있었는데 지금은 고찰할 수가 없다.(黃牛峽在夷陵, 而此云黃牛峽水喧, 寄弟詩云, 青春不假報黃牛. 則夔亦有此峽, 今不可考.)

《독두심해》 황우협은 비록 이릉에 속하지만 기주의 하구 밖에 가까이 있었다.(黃牛峽, 雖屬夷陵, 然近在夔江口外.)

6 稀影(희영) – 성근 그림자. 낙엽이 진 나무의 모습을 말한다.

《구가집주두시》 조차공 주 가을이 되어 나뭇잎이 떨어졌기 때문에 그것을 '희영'이라고 하였다.(當秋木葉落, 故謂之稀影.)

7 細根(세근) – 작은 바위. '근'은 '운근雲根'으로 바위를 말한다. 이와 달리 교목의 뿌리로 보는 설도 있으나 합당하지 않다. 이 구는 가벼운 구름이 작은 바위 주변에서 일어남을 말한다.

《두억》 '운근'은 바위이다. ('운'과 '근'을) 갈라 써서 구를 이룬 것이다.(雲根, 石也. 拆用爲句.)

《두시경전》 바위가 운근이다. '의세근'은 구름이 바위 주변에서 일어나는 것을 말한다.(石爲雲根. 倚細根, 謂雲起石邊也.)

《구가집주두시》 조차공 주 산속에 구름이 있어서 교목의 가는 뿌리에 기댄 것이다.(山中有雲, 故倚喬木之細根也.)

#《두시상주》: 가운데는 달밤의 경치를 기록하였다. 가을이 깊어 서리가 무겁게 내리고, 밤이 고요하여 물소리가 시끄럽다. 범이 발자국을 남긴다는 것은 지세가 험준함을 보여주고, 달이 마을에 걸려 있다는 것은 신세가 외로움을 보여준다. '희영'은 나뭇가지에서 잎이 떨어진 것이고 '세근'은 구름이 돌 주변에서 일어나는 것이다.(中記月夜之景. 秋深, 故霜落重. 夜靜, 故水聲喧. 虎留迹, 見地險. 月掛村, 見身孤. 稀影, 木梢葉脫. 細根, 雲起石邊.)

8 數(삭) – 자주.

9 暫睡(잠수) 구 – 내가 잠깐 잠들어 원숭이가 웅크리고 잠자는 모습이 연상된다는 말이다. 이와 달리 원숭이가 잠깐 잠들어 웅크리고 있는 모습을 상상한다는 의미로 볼 수도 있다.

《두억》《비아》에 "후는 본성이 동적이고 원은 본성이 정적이다"라고 하였다. 본성이 정적이라면 필시 잠을 잘 잘 것이기 때문에 "잠깐 잠들어 원숭이 웅크린 모습 연상한다"라고 한 것이다.(埤雅云, 猴性動, 猿性靜. 靜必善睡, 故云暫睡想猿蹲.)

[數驚 2구] 두보가 달밤에 자주 놀라며 참새가 지저귀는 소리를 듣기도 하고 잠깐 잠들어 원숭이가 웅크린 모습이 연상되기도 한다는 말이다. 이와 달리 달이 밝아서 참새가 자주 놀라 지저귀는 소리를 듣고 원숭이가 잠깐 잠들어 웅크린 모습을 상상한다는 뜻으로 보는 설도 있다.

《구가집주두시》 조차공 주 모두 달이 밝기 때문이다. 달이 비추어 나무가 훤하니 참새가 놀라 지저귀는 것이요, 원숭이는 달빛이 있어 오래 잘 수 없기 때문에 잠깐 잠들 뿐인 것이다.(皆以月明之故也. 月照樹白, 則雀驚而噪. 猿以有照, 不得久睡, 故暫而已.)

10 北斗昏(북두혼) – 북두성이 어둡다. 암울한 시절을 암시한다.

《두시상주》 '북두혼'은 경사가 아직도 어지럽다는 것을 비유한다.

(北斗昏, 喩京師尙亂也.)

[日轉 2구] 해가 옮겨 가 동방이 밝고 바람이 불어와 북두성이 어둡다는 말이다. 《두시언해》에서는 해는 동방으로 옮겨 가서 밝고 바람은 북두성에서 불어와 어둡다는 의미로 보았다.

11 寐(매) – '寢'으로 된 판본도 있다.

12 寄(기) – '有'로 된 판본도 있다.

#《두시상주》: 마지막은 바로 밤에 누웠을 때의 감회이다. 문득 놀라고 문득 잠들어 생각이 장안에 미쳤다. 그래서 북두를 바라보고 잠자리에 들어 꿈을 이루지 못하는 것이다.(末乃夜臥感懷. 倏驚倏睡, 思及長安, 故瞻北斗而寢不成夢.)

##《두시상주》에 인용된 황생 주: 이것은 달밤에 잠들지 못하여 지은 것으로, 수미에 타향에서 객거하고 있는 이의 뜻이 보인다. 묘함은 머리 5자를 먼저 안배한 것에 있으니 전편이 글자마다 경치를 묘사하면서 글자마다 정을 묘사하고 있음을 알겠다.(此因月夜不寢而作, 首尾見羇旅之意, 妙在先安首五字, 覺全篇字字寫景, 字字寫情.)

《독두심해》: 이것은 달밤에 밤새 잠을 이루지 못하여 지은 시다. 첫 5자에 이미 전체 시의 뜻을 다 개괄하였다. 시 전체의 경물은 모두 떠돌아다니는 가운데 나왔는데 잠을 이루지 못하는 것은 바로 여기에 기인한다.(此月夜通宵不寐而成. 起五字, 已盡一詩之概. 通首之景, 皆從漂泊中出. 而不寐之根, 卽因乎此.)

(**이석형**)

29. 東屯北崦

동둔 북쪽 산언덕

盜賊浮生困[1] 誅求異俗貧[2] 空村唯見鳥 落日未逢人[3]
步壑風吹面 看松露滴身 遠山回白首[4] 戰地有黃塵

도적 때문에 부평초 같은 삶이 곤고하고
주구로 인하여 이역의 백성이 가난하구나.
텅 빈 마을에는 그저 새만 보일 뿐
해 저물도록 사람을 만나지 못하였네.
골짜기를 걷노라니 바람이 얼굴에 불고
소나무 바라보니 이슬이 몸에 방울지는데,
멀리 떨어진 산에서 흰 머리 돌려 바라보나니
전쟁의 땅에는 누런 먼지 일고 있는가.

이 시는 대력 2년 가을 기주 동둔에 거처할 때 지은 것이다. 동둔 북쪽 산을 노닐었는데, 그곳의 황량한 마을과 주민들의 빈곤한 삶을 보고 빈번한 전란으로 인한 불안한 시국을 생각하게 되었다. 백성들의 고통에 대한 동정과 나라를 염려하는 충정이 잘 드러나 있다. '북엄'은 북쪽에 있는 산언덕을 가리킨다.

《보주두시》 공은 대력 2년 가을에 동둔으로 이사하였다. 지금 시에서 "소나무 바라보니 이슬이 몸에 방울진다"라고 하였으니 바로 이때에 지은 것이다. 또 "전쟁의 땅에는 누런 먼지 인다"라고 하였는데, 아마도 이해 토번이 빈주와 영주에 침입하였고, 영주에서 토번 2만을 격파하였다고 상주하였던 일일 것이다.(公以大曆二年秋移居東屯, 今詩云, 看松露滴身, 正其時作也. 又云, 戰地有黃塵, 蓋是年吐蕃寇邠州靈州, 靈州奏破吐蕃二萬.)

《두시상주》 '북엄'은 동둔 북쪽 산언덕이다.(北崦, 東屯之北山阿也.)

주 석

1 盜賊(도적)ー 도적. 이 시기 당 조정에 반기를 들었던 여러 반군의 무리와 당나라를 침입한 토번 같은 이민족을 두루 가리킨다. 백성들이 가난 때문에 도적이 된 것으로 풀이하기도 하나 취하지 않는다. 浮生(부생)ー 정처 없이 떠도는 인생.

《두시조차공선후해집교》 사람들이 도적이 된 이유는 부평초 같은 삶의 곤고함 때문이다. 관자가 말하기를 "의식이 족해야 영욕을 알게 된다"라고 하였다. 속담에서 이르기를 "도적은 가난에서 일어난다"라고 하였다. 아래 구절을 살펴보니 (그것이) 도적을 부른 원인이다. 공이 어찌 정치를 몰랐겠는가.(人之所以爲盜賊者, 以浮生之困也. 管子曰, 衣食足而知榮辱. 諺云, 盜賊起於貧窮. 觀下句則所以招盜之因也. 公豈不知政哉.)

2 誅求(주구)ー 가렴주구. 백성의 재물을 강제로 징수하는 일. 異俗(이속)ー 다른 풍속. 황량하고 외진 땅에 사는 사람들.

3 未逢(미봉)ー 만나지 못하다. '未'를 '不'로 쓴 판본도 있다.

[空村 2구] 전쟁과 수탈로 인해 산촌에 거하던 백성들이 대부분 마을을 떠났음을 말한 것이다.

4 遠山(원산)ー 멀리 떨어져 있는 산. 여기서는 동둔 북쪽에 있는 산으로

고향인 중원 지역으로부터 멀리 떨어져 있는 산이라는 뜻이다. 回白首(회백수) – 흰 머리를 돌리다.

《두시상주》 '원산'은 '북엄'을 가리킨다. '머리를 돌린다'는 것은 고개를 돌려 북쪽 변방을 바라본다는 말이다.(遠山, 指北崦. 回首, 回望北邊也.)

#《두시상주》: 이 시는 북쪽 산언덕을 지나면서 감회가 있어서 지은 것이다. 당시 최간의 난으로 인해 전쟁이 일어나 세금이 과중하였다. 그래서 도망한 자들이 많고 거주하는 사람들이 적었던 것이다. 골짜기 바람과 소나무 이슬은 가을날의 황량한 경치를 말한다. 고개를 돌려 전쟁의 땅을 바라봄은 토번이 변방을 침입하였음을 슬퍼한 것이다. 고신주에서는 산에 누런 먼지가 일어나니 옛 선상의 모습을 보는 듯하다고 하였는데 틀렸다. 첫 두 구절을 음미해보면 그저 산촌 사람들의 빈곤을 말하였을 따름이니 그 땅은 전쟁을 겪은 적이 없다.(此經北崦而有感也. 當時崔旰之亂, 兵興賦重, 故逃亡衆而居人少, 壑風松露, 言秋景荒涼. 回首戰地, 傷吐蕃寇邊也. 顧注謂山起黃塵, 如見古戰場之色, 非是. 玩起二語, 只言崦人之貧困耳, 其地未嘗經戰伐也.)

《독두심해》: 동둔의 북쪽 산언덕을 지나면서 지은 것이다. 북쪽 산언덕에 거주민이 적은 것으로 인하여 먼 곳에 대한 감개를 기탁하게 되었다. 중반 네 구절은 마주친 황량한 경치이다. 수련과 결련은 황량해진 원인을 추론하여 말한 것이다. 1, 2구는 단순한 병렬이 아니다. 도적으로 인해 주구가 있게 되었고 주구로 인해 백성이 가난해진 것이니 뜻이 서로 인과가 있다. 도적으로 인해 나의 삶은 떠돌게 되었고, 또 떠돌다 보니 이곳 백성들의 가난함을 보게 되었으니 일이 서로 인과가 있는 것이다. 도적은 두루 가리키는 말이니, 옛 주에서 최간을 말한 것은 틀렸다. 마지막에서 누런 먼지로 고개를 돌림을 보면 그 슬퍼함이 먼 곳에 있다.(經東屯之北崦而作也. 因北崦人居稀少, 遂寄

遠慨焉. 中四, 所值荒涼之景. 首尾, 推言荒涼之故. 一二不平, 惟盜賊故誅求, 惟誅求故俗貧, 意相因也. 惟因盜賊而我生轉徙, 且因轉徙而見此俗貧, 事相因也. 盜賊泛指. 舊謂崔旰, 非. 看結處回首黃塵, 所傷者遠.)

《두억》: 이 시는 전후가 모두 황량하고 어지러운 모습인데 경련은 맑고 그윽한 운치가 있다. 역시 시든 모습 중에 깃든 생기이니 함께 드러내도 무방하다.(此詩前後皆荒亂景象, 而頸聯有淸幽之致, 亦枯槁中生意也, 不妨並見.)

(**김성곤**)

30. 從驛次草堂復至東屯茅屋二首

역사 초당에서 다시 동둔의 모옥에 이르다 2수

峽內歸田客[1]　江邊借馬騎[2]　非尋戴安道[3]　似向習家池[4]
山險風烟僻[5]　天寒橘柚垂[6]　築場看斂積[7]　一學楚人爲[8]

협곡 안 논으로 돌아가는 나그네
강가에서 말을 빌려 타니,
대안도를 찾음이 아니라
습가지로 향하는 듯하다.
산이 험하여 바람 안개 외지고
하늘이 차서 귤과 유자 처졌다.
마당 다져 거두고 쌓기 지켜보며
초 사람들 일 한결같이 배우노라.

대력 2년 가을에서 겨울로 접어들 즈음에 수확을 위해 동둔 모옥으로 돌아가 지었다. 두보는 이해 가을 양서에서 동둔으로 이주하였다가 곧 다시 양서로 돌아갔다. 그 뒤 수확을 위해 동둔 모옥으로 다시 가서 도중의 경물, 수확하는 농사, 그곳 사람들에 대한 감회를 이 시로 읊었다. 동둔의 농지로 가면서 강가에서 역마를 빌려 탔으므로 배를 타고 대규를 찾아간 왕휘지王徽之가 아니라 말을 타고 습가지로 가던 산간山簡과 비슷하다고 하였다. 채마밭을 다져 마당을 만들고 곡식을 거두어 쌓는 일은 그 지역 사람들이 하는 대로 따라 하였다. 해는 자꾸 짧아지니 일하느라 푹 자지도 못하고 몸을 고단하게 놀린다. 산중 농가에서는 찐 밤으로 대접하고, 들에서 먹는 밥에는 고기 반찬이 싱싱하다. 그러는 사이 목동과 농부들의 진심을 알아서 각박한 세상에서 겉치레로 오가는 사람들보다는 이들이야말로 진실한 이웃으로 마음에 담을 수 있다고 토로하였다. 시제의 '역차'는 역사驛舍이고, '초당'은 역사의 초당이다. '초당'을 양서의 초당으로 보기도 하고, '역차'의 '차'는 '가다'로 보기도 하나 둘 다 옳지 않다. 시제에 '모옥' 두 자가 없는 판본도 있다.

《보주두시》 시제에 '다시 이르다'라고 하였으니 대력 2년 동둔에서 양서로 돌아온 후이다. 공은 동둔에서 양서로 돌아와서는 일찍이 시(〈자양서형비차이거동둔모옥사수自瀼西荊扉且移居東屯茅屋四首)〉를 지어 "동둔 또 양서, 매양 맑은 개울에 살며, 오나가나 모두 초가집인데 오래 머무는 것은 논두렁 때문이다"라고 하였고, 이 시에서 "산은 험하여서 바람 안개는 모이고, 하늘은 차서 귤과 유자 처졌다"라고 하였으니 마땅히 그해 겨울에 지었다.(題云復至, 則是大曆二年自東屯歸瀼西後也. 公自東屯歸瀼西嘗有詩云, 東屯復瀼西, 一種住青溪, 來往兼茅屋, 淹留爲稻畦, 而此詩云, 山險風煙合, 天寒橘柚垂, 當是其年冬作.)

《두시상주》 이는 역에서 말을 빌려 잠시 양서의 초당으로 갔다가 다시 동둔에 이른 것이다.(此從驛借馬, 暫次瀼西之草堂, 而復至東屯也.)

《독두심해》 '초당'은 역의 숙소이다. 옛날에는 양서의 초당으로 가서 머문다고 여겨 '차' 자를 동사로 보았으나 시에는 이런 뜻이 없다.(草堂, 卽驛次之舍也. 舊謂次瀼西之草堂, 將次字活看, 詩中無此意.)

《두시경전》 역은 백제성의 역이고, 초당은 양서의 초당이다.(驛乃

白帝城之驛, 草堂, 瀼西草堂也.)

주 석

1 峽內(협내) – 협곡 안. '峽'은 '山', '內'는 '裏'로 된 판본도 있다. 歸田客(귀전객) – 전원으로 돌아가는 나그네. '귀전'은 수확하러 농경지로 감을 말한다. 전원으로 돌아간 나그네는 세상을 피하여 은거하는 사람의 비유로도 풀이하며, 두보 자신을 말한다. '客'은 '舍'로 된 판본도 있다.

장형張衡 〈귀전부歸田賦〉 티끌 넘어 멀리 가서 세상사와 길이 이별하노라.(超埃塵以遐逝, 與世事乎長辭.)

《두시조차공선후해집교》(수정본) '귀전객'이란 공이 장형에 자신을 비긴 말이다. 장형은 〈귀전부〉를 지었다. 그 말에 "티끌 넘어 멀리 가서 세상사와 길이 이별한다"라고 하였고, 또 "마음을 물외에 놓아주면 영욕이 가는 곳을 어이 알리오"라고 하였다. 대개 전원으로 돌아감을 낙으로 여긴다는 뜻이다. 옛 주에서는 (강엄江淹의) 〈한부〉의 "풍연馮衍(자가 경통)이 배척당해 그만두고 전원으로 돌아갔다"라는 구절을 인용하였지만, (풍연은) 되레 죄를 지은 것이었다. (歸田客者, 公以張平子自比也. 張平子作歸田賦, 其辭曰, 超塵埃以遐逝, 與世事乎長辭. 又曰, 苟縱心於物外, 安知榮辱之所如. 蓋以歸在田間爲樂之意也. 舊注引恨賦敬通見抵, 罷歸田里, 却是得罪矣.)

2 借馬(차마) – 말을 빌리다. 역마를 빌렸음을 말한다.

《두공부초당시전》 가난 때문이다.(以貧之故也.)

《두억》 '차마'는 역마를 빌렸다는 뜻이다.(借馬, 借驛馬也.)

3 戴安道(대안도) – 대규戴逵. 동진東晉의 은사. 왕휘지가 밤에 눈이 내리자 문득 대규가 보고 싶어 밤새 배를 타고 가서 새벽에 그의 집에 도착하였다가 만나지 않고 다시 돌아갔다는 일화가 있다.

《진서·왕희지전王羲之傳》 휘지는 자가 자유이며, 성품이 비범하고 구속받기를 싫어하였다. …… 일찍이 산음에 살 때 밤에 눈이 갓 개고 월색이 청랑하여 사방이 환하였다. 홀로 술을 마시며 좌사의 〈초은시〉를 읊다가 문득 대규가 떠올랐다. 대규는 당시 섬현에 살고 있어서 바로 밤에 작은 배를 타고 찾아갔다. 밤을 새워 비로소 도착하여 문에 이르렀으나 들어가지 않고 돌아갔다. 사람들이 그 까닭을 물으니 휘지가 말하기를 "본래 흥에 겨워 갔다가 흥이 다해 돌아왔소. 대규를 꼭 볼 필요가 뭐 있겠소"라고 하였다.(徽之字子猷, 性卓犖不羈. …… 嘗居山陰, 夜雪初霽, 月色淸朗, 四望皓然, 獨酌酒詠左思招隱詩, 忽憶戴逵. 逵時在剡, 便夜乘小船詣之, 經宿方至, 造門不前而反. 人問其故, 徽之曰, 本乘興而行, 興盡而反, 何必見安道邪.)

4 習家池(습가지) – 동한東漢 초 양양후襄陽侯 습울習鬱 사저의 못. 고양지高陽池라고도 한다. 호북湖北 양양襄陽 봉황산鳳凰山 남록南麓에 있다. 주변 경치가 좋아 시인 묵객이 자주 들러 시부를 지었다. 서진西晉 시기 진남장군鎭南將軍 산간山簡이 양양을 진수할 때 이곳에서 자주 연회를 열어 술을 마시고, 취한 뒤에는 스스로 고양주도高陽酒徒라고 불렀다는 일화가 있다.

《진서·산간전》 영가 3년 (산간은) 외직으로 나가서 정남장군, 도독형상교광사주제군사, 가절이 되었으며, 양양을 진수하였다. 당시 사방에 병란이 일어나 천하가 쪼개져 무너지고 왕의 위엄이 떨치지 못해 조야가 근심하고 두려워하였다. 산간은 유유자적하며 해를 보내고 오직 술에만 탐닉하였다. 여러 습씨들은 형주 땅의 호족이며 아름다운 정원과 못이 있었다. 산간은 매번 나가 놀 때면 못으로 자주 가서 술을 차리고는 번번이 취하였으며, 이름을 고양지라고 불렀다. 당시 아이들이 노래하였다. "산간 공은 어디로 가시나, 고양지로 가신다네. 해가 지면 거꾸로 실려 돌아가면서 곤드레만드레 아무것도 몰라. 때때로 말을 탈 수 있지만 백접리를 거꾸로 쓴다네.

채찍 들고 갈강에게 묻지, 병주 아이와는 내가 어떠냐고.”(永嘉三年, 出爲征南將軍, 都督荊湘交廣四州諸軍事, 假節, 鎭襄陽. 于時四方寇亂, 天下分崩, 王威不振, 朝野危懼. 簡優游卒歲, 唯酒是耽. 諸習氏, 荊土豪族, 有佳園池, 簡每出嬉遊, 多之池上, 置酒輒醉, 名之曰高陽池. 時有童兒歌曰, 山公出何許, 往至高陽池. 日夕倒載歸, 茗芋無所知. 時時能騎馬, 倒著白接䍦. 擧鞭向葛彊, 何如并州兒.)

[非尋 2구]

《구가집주두시》 조차공 주 말을 탔다는 말을 받았기 때문에 “대안도를 찾음이 아니다”라고 하였다. 대개 대안도를 찾아가면 배를 탈 따름이다. “습가지로 향하는 듯하다”라는 구는 말을 타서 그와 비슷하다고 말한 것이다.(承騎馬之下, 故言非尋戴安道. 蓋訪戴, 則乘舟而已. 似向習家池, 以言騎馬似之.)

《두시상주》에 인용된 신함광申涵光 설 ‘도’와 ‘지’는 차대借對이니, 구법이 또한 기이하다.(道池假對, 句法亦奇.)

5 山(산) – ‘地’나 ‘峽’으로 된 판본도 있다. 風烟(풍연) – 바람과 구름. 풍광. 僻(벽) – 후미지다. 외지다. 산세가 험해 바람과 안개가 어느 한 곳에만 불고 껴 있음을 말한다. ‘合’으로 된 판본도 있다.

6 天寒(천한) – 날이 차다. 橘柚垂(귤유수) – 귤과 유자가 익어서 아래로 처지다.

[山險 2구]

《두시조차공선후해집교》(수정본) 위 구로 있는 곳을 말하였고, 다음 구로 마주한 때를 말하였다.(上句以言所在之地, 次句以言所對之時.)

7 築場(축장) – 땅을 다져 마당을 만들다. 봄여름에 채소를 심어 길렀던 밭을 가을에 다져서 곡물을 타작하는 마당을 만든다는 뜻이다. 看(간) – 지켜보다. 감시하다. 斂積(염적) – 수확과 저장.

《시경·빈풍豳風·칠월七月》 9월에는 채소밭에 마당을 다지고, 10월에는 곡식을 저장한다.(九月築場圃, 十月納禾稼.)

8 一學(일학) – 한결같이 배우다. 楚人(초인) – 초 지역의 사람들. 기주 지역의 사람들을 가리킨다. 爲(위) – 행위. 여기서는 농작물을 수확하는 일을 말한다.

《구가집주두시》 두보는 당시 기주에 우거하였다.(甫時寓夔也.)

《두시경전》에 인용된 이李씨 설 (〈연융주양사군동루宴戎州楊使君東樓〉 시의) "즐기는 일은 주인 하는 대로 맡겨두다"의 '위' 자와 묘함이 같다.(與樂任主人爲爲字同妙.)

#《두시상주》: 이 시는 역사에서 동둔으로 갔음을 말한다. 아래 4구는 그 풍경과 일을 서술하였다. 공은 말을 탔지 배를 타지 않았다. 그래서 대규를 방문함이 아니라 습가지로 향하는 듯하다고 하였다.(此章, 從驛次至東屯. 下四, 敘其景事. 公騎馬不乘船, 故非訪戴. 而似向習.)

《독두심해》: 시절이 벼 수확기에 가까워져서 돌아왔다. 이 수는 다만 도착한 일만 서술하였다. 3, 4구는 배친법(중심을 뒤에서 부각시키는 법)이고, 5, 6구는 경물을 배치하는 법이다. 결련은 일한 바를 적시하였다.(時近收稻而來也. 此首祇敘來到之事. 三四, 陪襯法. 五六, 布景法. 結聯點出所事.)

其二

短景難高臥[1] 衰年强此身[2] 山家蒸栗煖[3] 野飯射麋新[4]

世路知交薄[5] 門庭畏客頻[6] 牧童斯在眼[7] 田父實爲隣[8]

짧은 해 푹 자기 어려우니
노년에 이 몸을 애써 움직인다.
산중 농가에 찐 밤이 따끈하고
들의 밥에 잡은 사슴 고기 싱싱하다.
세상에 교유가 각박한 줄 아니
문 뜨락에 손이 잦을까 두렵다.
목동 이들이 눈에 있고
농부는 실로 이웃이 되리.

주 석

1 短景(단경) – 짧은 해. 가을 겨울에 낮이 짧음을 말한다. 高臥(고와) – 편히 푹 자다.

《구가집주두시》 (반악潘岳의) 〈추흥부〉에서 "희미한 해는 얼마나 짧은가"라고 하였다. 도연명은 "여름철은 일 없이 한가해 북창 아래 편히 누웠다"라고 하였는데 여기에서는 이를 뒤집어 사용하여 짧은 해는 편히 누울 수 있는 여름철만 못하다고 말하였다. '남양에 편히 누웠다'나 '동산에 편히 누웠다'라는 말의 출처를 이용하지 않았다. (秋興賦, 何微陽之短晷, 陶淵明云, 夏月虛閒, 高卧北窗之下. 此反而用之, 言短景不如夏月可以高卧, 非用高卧南陽, 高卧東山之出處.)

2 衰年(쇠년) – 노년. 强(강) – 면려하다. 애써 힘쓰다.

《두시경전》 '강' 자는 옛날에는 모두 거성으로 읽었으나 전혀 의미가 없다. 지금 살펴보건대 '其' 자와 '兩' 자의 반절로 읽어야 한다. 즉 (〈구일九日〉 시의) "괴롭게도 백발이 나를 내버려두지 않는다"와 같은 뜻이다.(强字舊俱作去聲讀, 頗無義理. 今按當讀其兩切, 卽苦遭

白髮不相放意.)

3 山家(산가)— 산야의 인가. 蒸栗煖(증률난)— 찐 밤이 따끈하다.

4 野飯(야반)— 농가의 거친 밥. 射麋新(석미신)— 쏘아 잡은 사슴 고기가 싱싱하다. 이 구는 농가의 식사에 사냥한 사슴 고기가 싱싱하게 찬으로 나왔음을 말한다. '미'는 사슴의 일종으로서 후세에 사불상四不像이라고도 한다.

《춘추좌씨전春秋左氏傳·선공宣公12년》 큰사슴이 앞에서 일어나서 큰사슴을 쏘아 등을 맞혔다.(麋興於前, 射麋麗龜.)

[山家 2구]

《구가집주두시》 조차공 주 '증률' 구와 '석미' 구는 모두 실제의 일이다.(蒸栗射麋, 皆是實事.)

《두율계몽》 둘째 연은 동둔에 이르러 밥을 먹었음을 말한다.(次聯, 言到屯而飯也.)

5 世路(세로)— 세상. 交薄(교박)— 교유의 정이 각박하다.

6 門庭(문정)— 문과 마당. 집을 말한다. 客頻(객빈)— 손이 잦다.

[世路 2구]

《구가집주두시》 조차공 주 '세로' 구와 '문정' 구는 두 구가 한 뜻이다. 그 무리들은 얼굴로만 사귀고 마음과 눈에는 두지 않는다. 그래서 손이 많이 와서 실없이 와글와글함이 두렵다.(世路門庭, 兩句通義. 惟其徒爲面交, 而不心眼, 所以畏客來之多, 徒爲紛紛也.)

7 斯(사)— '須'로 된 판본도 있다. 在眼(재안)— 눈에 있다. 눈에 들어오다. 여기서는 마음에 든다는 뜻이다.

8 田父(전부)— 농부.

#《두시상주》: 제2수는 벼를 점검하고 제철 음식을 맛본 일을 읊었다. 아래 4구는 세상을 피하는 뜻이 있다. '단경'은 가을 겨울의 햇빛이다.

'노경'의 뜻으로 보면 '쇠년'과 겹친다. 넓은 교유는 무익하니 농부 목동과 짝이 되기를 원한다. 오직 농사만이 몸을 보양할 수 있기 때문이다.(次章, 檢稻而嘗時食. 下四, 有避世意. 短景, 秋冬日影也. 若作老景說, 與衰年犯重. 泛交無益, 願與田牧爲伍, 惟農務可以養身也.)

《두억》: 세상에서 사귐이 이미 각박함을 알고, 문 뜨락에 손이 자주 옴을 두려워하니 다시 동둔으로 가서 차라리 목동과 상대하고 농부와 이웃이 되겠다는 것이다.(世路之知交旣薄, 門庭之畏客頻來, 故復至東屯, 寧牧童與對而田父爲隣也.)

《독두심해》: 이 수는 뜻을 표출하였다. '난고와'는 편히 잘 수 없음을 말한다. '강'은 세속에서 강한 척한다는 말과 같다. '강차신'은 애써 힘을 쓴다는 말이다. 이 2구는 사실대로 말하였으니, 힘도 다 빠지고 늙어 고생한다는 뜻이다. 3, 4구는 배불리 먹고 짐승을 쫓음을 말하였으니 바로 '강차신'을 이어받았다. 5, 6구는 세 번째 글자에서 끊어 읽는다. 이 2구는 결련의 뜻을 발로 차듯이 일으킨다. 교유의 각박함을 내가 이미 알아서 손이 자주 오는 것이 나는 매우 무섭고, 오직 목동과 농부 이 사람들은 늘 눈에 있어 이웃으로 삼을 수 있다. 내 나이는 늙었지만 또한 이 무리들과 함께 이 몸을 다하여 서로 더불어 생계를 도모할 뿐이라고 말한다. 이 4구에 허자가 4자 있어 긴밀히 서로 호응한다.(此首發意. 難高臥, 不得安寢也. 强, 猶俗云裝强. 强此身, 打熬氣力也. 二句, 質言之, 只是窮健而老苦. 三四言飽餐逐獸, 正頂强此身來. 五六, 第三字讀. 二句乃跌起結意. 言交之薄, 吾旣知之, 故客之頻, 吾甚畏之. 惟牧童田父, 斯其常在眼而可爲隣者. 吾年雖老, 亦偕此輩以黽勉此身, 相與圖維生計而已. 四句四虛字, 緊相呼應.)

《두시경전》: 뒤 4구에는 교유를 끊으려는 뜻이 있다. 역시 기주 풍속이 각박함을 한스럽게 여기기 때문이다.(後四有息交絶遊意, 亦恨夔俗之薄故也.)

《두율계몽》: 해가 벌써 짧아져 편히 잠자기가 어렵다. 나이와 얼굴은 늙었지만 여전히 몸을 애써 움직인다. 왔다 갔다 고생하면서 수확을 부지런히 하니, 바로 애써 몸을 움직이는 까닭이다. 도연명의 (〈경술세구월중어서전확조도庚戌歲九月中於西田穫早稻〉) 시에서 "사지는 참으로 피곤하지만 다른 시름이 침범하지 않기를 바란다"라고 한 구절이 바로 이 뜻이다.(日影已短, 故難高臥. 年顏雖衰, 仍强此身. 往來勞苦以勤收穫, 正所以强此身也. 淵明詩云, 四體誠乃疲, 庶無異患干, 正是此意.)

(**이창숙**)

31. 暫往白帝復還東屯

잠시 백제성에 갔다가 다시 동둔으로 돌아오다

復作歸田去[1] 猶殘穫稻功[2] 築場憐穴蟻[3] 拾穗許村童[4]
落杵光輝白[5] 除芒子粒紅[6] 加餐可扶老[7] 倉廩慰飄蓬[8]

다시 논으로 돌아간 것은
벼를 수확하는 일 아직 남았기 때문이네.
타작마당을 다지며 구멍 속 개미를 가련히 여기고
이삭줍기는 마을 아이들에게 허락하네.
방아를 찧으니 빛이 하얗고
겨를 제거하니 낟알이 붉구나.
식사를 잘하면 늙은 몸 지탱할 수 있으니
곡식 창고는 쑥대같이 떠도는 인생을 위로해주네.

이 시는 대력 2년 수확 철 동둔에서 지었다. 잠시 백제성에 들어가 볼일을 보고 서둘러 동둔으로 돌아온 것은 아직 수확하는 일이 남았기 때문이다. 구멍 속 개미와 마을 아이들에게까지 마음을 쓰는 것은 백성과 만물을 아끼고 사랑하는 두보의 마음이다. 수확으로 넉넉해진 들녘을 바라보며 잠시 따뜻한 위안을 얻고 있다. 시제의 '往'은 '住'로 된 판본도 있다.

《보주두시》 두보는 대력 2년 가을 동둔에 살았는데, 이 시는 마땅히 그때 지은 것이다.(公以大曆二年秋居東屯. 此詩當作於其時.)

주 석

1 歸田(귀전)— 논으로 돌아가다. 동둔의 논으로 돌아오는 것이다.

《두보전집교주》에 인용된 고신 주 "부작귀전거"는 다시 동둔에 간 것을 말한다.(復作歸田去, 言復至東屯也.)

두보 〈종역차초당부지동둔모옥이수從驛次草堂復至東屯茅屋二首〉 협곡 안 논으로 돌아가는 나그네.(峽內歸田客.)

2 殘(잔)— 남아 있다. 穫稻(확도)— 벼를 수확하다.

《두억》 '잔'은 '여'와 같다. 두보는 이 글자를 많이 사용하였다.(殘, 猶餘也. 公多用之.)

《두보전집교주》에 인용된 고신 주 "유잔확도공"은 벼를 베는 일이 아직 끝나지 않았음을 말한다.(猶殘穫稻功, 言乂稻未了也.)

3 築場(축장)— 마당을 다지다. 마당을 쌓다. 타작마당을 만드는 것이다. 穴蟻(혈의)— 구멍 속 개미.

4 拾穗(습수)— 이삭을 줍다. 수확하는 과정에서 떨어진 이삭을 줍는 것이다.

《시경·소아·대전大田》 저기에는 남은 벼 다발 있고, 여기에는 빠트린 벼 이삭 있으니, 과부들의 차지라네.(彼有遺秉, 此有滯穗, 伊寡婦之利.)

[築場 2구]

《구가집주두시》 '연혈의'는 공이 잔인하지 않음을 보여주고, '허촌동'은 공이 인색하지 않음을 보여준다.(憐穴蟻, 則見公之不殘. 許村童, 則見公之不吝.)

5 杵(저)— 공이.

6 除(제)— 제거하다. '殊'로 된 판본도 있다. 芒(망)— 왕겨. 벼의 가장 바깥쪽 껍질.

[落杵 2구]

《두보전집교주》에 인용된 고신 주 '낙저'는 절굿공이로 찧는 것이고, '제망'은 껍질을 제거하는 것이다. 흰 것과 붉은 것이 거기에서 가려진다.(落杵, 用杵舂. 除芒, 去殼也. 白者, 紅者, 于此辨焉.)

7 加餐(가찬)－ 식사를 잘하다.

《구가집주두시》 고시(〈음마장성굴행飮馬長城窟行〉)에서 '(편지의) 앞에서는 식사 잘하라 말하였다'고 하였다. '부로'는 내 몸의 늙음을 부지한다는 뜻이다. 옛 주에서는 (《전국책》의) "늙은이를 부축하고 어린아이를 끌다"라는 말을 인용하였는데 잘못이다.(古詩云. 上言加餐飯. 扶老者, 扶吾身之老也. 舊注引扶老携幼, 非.)

8 倉廩(창름)－ 곡식 창고. '廩'은 '庾'로 된 판본도 있다. 飄蓬(표봉)－ 쑥대.

《두보전집교주》 '표봉'은 두보가 자신을 비유한 것이다.(飄蓬, 甫自喩.)

[加餐 2구]

《두억》 마지막 연에 대해 담원춘譚元春은 "묘함이 넓고 크지 않다는 데 있다"라고 하였다.(落句, 譚云, 妙在不廣大.)

#《두시상주》: 위 4구는 동둔에서 벼를 수확하는 일을 다루었고, 아래에서는 그것이 객거하는 삶에 도움이 될 것임을 말하였다. '귀전'은 다시 동둔으로 돌아온 것이다. '유잔'은 벼를 베는 일이 끝나지 않은 것이다. 소보 주에 3, 4구에서 백성을 보살피고 만물을 사랑하는 뜻을 드러내었다고 하였다.(上四東屯收稻, 下言旅食可資. 歸田, 復還屯上也. 猶殘, 刈穫未完也. 邵注三四見仁民愛物之意.)

《독두심해》: 앞에는 일을 기록하고, 뒤에는 뜻을 위로하였다.(前紀事, 後慰意.)

《두시경전》에 인용된 장약육蔣弱六 설: 한 조각 천지 부모의 마음이 부딪치는 곳마다 드러나 있다.(一片天地父母之心, 隨觸而見.)

《두시설》: 첫 연에서 제목의 뜻을 이미 드러내었고, 다음 연에서 수확하는 일을 말하였으며, 경련에서는 수확한 뒤의 일을 말하였고, 결련에서는 저장한 일을 말하였으니 벼를 수확하는 일을 다 마친 것이다. 늙고 고단한 감회와 나그네살이의 회포를 이를 빌려 스스로 위로해보지만 또한 쓸데없는 생각일 뿐이다. 3구는 〈박계행縛鷄行〉과 같은 뜻이며, 4구는 '복숭아를 먹이고(〈제도수題桃樹〉)', '대추를 터는(〈우정오랑又呈吳郎〉)' 일과 같은 뜻이다. 두보가 백성을 보살피고 만물을 사랑하는 마음이 이와 같다. 혹자는 이를 우활하다고 품평하지만 '백성을 동포로 여기고 사물을 동류로 여기는' 마음을 실제 갖추지 않으면 누차 이를 시가로 표현할 수 없음을 모르는 것이다.(起聯已見題意, 接聯言收穫之事, 轉聯言穫後之事, 結聯言積貯之事, 而穫稻之功畢矣. 衰憊之感, 羈旅之懷, 借此自慰, 亦無聊之思. 三與縛鷄行同意, 四與饋桃扑棗同意. 公之仁民愛物如此. 或者目以爲迂, 不知非實具民胞物與之懷, 必不能屢屢形之篇咏.)

(**박홍준**)

32. 茅堂檢校收稻二首

띠집에서 수확한 벼를 살피다 2수

香稻三秋末[1] 平田百頃間[2] 喜無多屋宇[3] 幸不礙雲山[4]
御裌侵寒氣[5] 嘗新破旅顔[6] 紅鮮終日有[7] 玉粒未吾慳[8]

향기로운 벼가 가을 끝자락에
평탄한 논 백 경에 있구나.
기쁘게도 집이 많지 않고
다행히도 구름 낀 산에 가로막히지 않는다.
겹옷을 입어도 차가운 기운이 스며들지만
햇곡식을 맛보니 나그네 얼굴에 웃음이 돈네.
붉은 벼가 종일 있기에
옥 같은 쌀이 내게 인색하지 않다.

이 시는 대력 2년 늦가을에 동둔에서 지은 것이다. 논이 넓은 동둔에서 거둔 벼를 살펴보며 풍성한 수확의 기쁨을 노래하였다. 또한 하얀 햅쌀로 밥을 짓고 아욱을 곁들여 식사하면서 고향인 낙양을 떠올리고 나그네살이의 시름을 달랬다.

《보주두시》 두보는 기주에 있으면서 벼농사를 일삼았던 까닭에 동둔과 양서에서 경작하면서 모두 띠집이 있었다. 그래서 동둔의 띠집으로 이사하여서는 (〈자양서형비차이거동둔모옥사수自瀼西荊扉且移居東屯茅屋四首〉 기이其二에서) "동둔 또 양서, 매양 맑은 개울에 살며, 오나가나 모두 띠집인데, 오래 머무는 것은 논두렁 때문"이라 하였다. 지금은 "향기로운 벼가 가을 끝자락에"라 하였으니, 응당 대력 2년 양서에서 지은 것이다. 대개 이해 늦가을에 다시 동둔에서 양서로 돌아왔던 것이다.(公在夔事種稻, 故耕於東屯瀼西, 俱有茅屋, 故移居東屯茅屋云, 東屯復瀼西, 一種住青溪, 來往兼茅屋, 淹留爲稻畦. 今云, 香稻三秋末, 當是大曆二年瀼西作. 蓋是年秋末, 又自東屯反瀼西也.)

《두시상주》 이 시는 대력 2년 동둔에서 지은 것이다. 노원창의 주에 "양서에는 과수원만 있었지 볏논은 없었기에, 두보가 과수원의 일은 동복에게 맡기고 볏논은 행관에게 맡겼다. 이것은 앞 시에서 절로 분명하다. 황학의 주에서 양서의 띠집이라 한 것은 잘못이다"라고 하였다.(此是大曆二年東屯作. 盧注, 瀼西有果園而無稻田, 公以課園責之竪子, 以稻畦責之行官, 前詩自明. 鶴注作瀼西茅屋, 誤矣.)

주석

1 香稻(향도)— 향기로운 벼. 三秋(삼추)— 가을.

2 平田(평전)— 평탄한 논. '田'이 '疇'로 된 판본도 있다. 百頃(백경)— 1경이 백 무畝이므로 백 경은 만 무.

《두시상주》 백 경은 동둔 내의 밭을 합산한 것이지 두보에게 백 경이 있었다는 것은 아니다.(百頃, 通計屯內之田, 非公有百頃也.)

3 屋宇(옥우)— 건물. 두보의 집을 가리킨다.

4 礙(애)— 가로막다.

[喜無 2구] 평탄한 논 주변에 집이 많지 않고 구름 낀 산에 가로막히지도 않아 탁 트인 경관이 기쁘고 다행스럽게 여겨진다는 말이다. 이와

달리 두보의 띠집 주변에 다른 인가가 많지 않아 구름 낀 산을 가로막지 않는다거나 띠집의 마당이 넓어 볏단을 쌓아도 경관을 해치지 않는다는 뜻으로 보는 설도 있다.

《찬주두시택풍당비해》 함련은 (〈수함견심이수水檻遣心二首〉 기일其一의) "마을 없으니 멀리 보인다"라는 뜻이다.(中聯乃無村眺望賒之意.)

《두율계몽》 구름 낀 산을 가로막지 않는 집들이니, 평탄한 밭 백 경 사이에 있다는 것이다.(不碍雲山之屋宇, 則在平田百頃之間也.)

《두억》 수확을 할 때면 반드시 집이 협소한 것이 싫을 텐데 그것을 반대로 말하여 더욱 풍치가 드러난다.(當其收穫, 必嫌屋隘, 而反言之, 更見風致.)

5 御裌(어겹)－ 겹옷을 입다.

《구가집주두시》 조차공 주 '어겹' 구는 비록 겹옷을 입었으나 차가운 기운이 여전히 스며드니 산에 기거하기 때문이라는 말이다.(御裌侵寒氣, 言雖御裌衣矣, 而寒氣猶侵之, 則山居故也.)

6 嘗新(상신)－ 햇곡식을 맛보다. 破旅顔(파려안)－ 나그네의 시름겨운 낯빛을 깨뜨리다. 나그네가 시름을 거두고 환히 웃는다는 말이다.

7 紅鮮(홍선)－ 붉은 벼. 終日有(종일유)－ 종일 있다. 끊임없이 거두어 들였다는 말이다.

《두시상주》 장원 주에 "벼에는 붉은 것과 흰 것 두 종류가 있다"라고 하였다. '홍선'은 붉은 벼 품종의 이름이다.(遠注, 稻有紅白二種. 紅鮮, 紅稻種名.)

8 玉粒(옥립)－ 옥 같은 낟알. 흰쌀을 비유한 것이다. 慳(간)－ 아끼다.

《구가집주두시》 조차공 주 '옥립'은 벼를 찧어 쌀이 되니 희기가 옥 같다는 것이다.(玉粒, 則舂稻爲米, 其白如玉矣.)

[紅鮮 2구]

두보 〈행관장망보도휴수귀行官張望補稻畦水歸〉 옥 같은 알이 아침 취사에 충분할 터, 붉은 쌀은 노을처럼 흩어지는 대로 두어야지.(玉粒足晨炊, 紅鮮任霞散.)

#《두시상주》: 이 장은 동둔에서 벼를 수확한 일을 서술하였다. 위 4구는 띠집의 땅이 광활한 것을 기뻐한 것이다. 아래 4구는 많이 수확한 것을 살펴보며 기뻐한 것이다.《두억》에서는 "끊임없이 거두어들였기에 '종일 있다'고 하였으니, 가난하였던 집이 갑자기 부유하게 된 광경을 묘사해내었다"라고 하였다.(此章, 敍東屯收稻之事. 上四, 喜茅堂地曠. 下四喜檢校多獲. 杜臆, 絡繹收回, 故云終日有, 寫出貧家暴富光景.)

《독두심해》: 1, 2구는 평탄한 밭에서 경치를 묘사한 것이다. 3, 4구는 마당에서 경치를 묘사한 것이다. 5구는 때를 기록하였고, 6구가 핵심 구절이다. 7, 8구는 '상신'과 관련되면서 의미를 충족시켜 준다.(一二, 就平疇處寫景. 三四, 就場圃間寫景. 五記時, 六主句. 七八, 繳足嘗新.)

其二

稻米炊能白[1] 秋葵煮復新[2] 誰云滑易飽[3] 老藉軟俱匀[4]
種幸房州熟[5] 苗同伊闕春[6] 無勞映渠碗[7] 自有色如銀

벼의 쌀로 밥을 지으니 이처럼 하얀데
가을 아욱을 삶으니 또 새롭네.
매끄러운 것이 쉬 배부르다고 누가 말하였던가?

늙어서는 부드러움이 아울러 고른 것에 의지하게 된다.
볍씨가 방주에서처럼 익은 것 다행스럽고
싹은 이궐에서의 봄날 같았지.
거완에 비추일 필요가 없는 것은
저절로 은 같은 색을 띠고 있기 때문이다.

주 석

1 稻米(도미) - 쌀. 炊(취) - 밥을 짓다. 能(능) - 이와 같이. 이처럼.

2 秋葵(추규) - 가을 아욱. 煮(자) - 삶다. 新(신) - 신선하다.

3 滑(활) - 매끄럽다. 여기서는 아욱을 가리킨다.

4 藉(자) - 의지하다. 軟(연) - 부드럽다. 여기서는 쌀밥이 그러하다는 말이다. 쌀을 가리킨다고 보는 설도 있다. 俱勻(구균) - 아울러 고르다. 아욱과 쌀밥이 부드러움도 아울러 균등하게 갖추었다는 뜻이다. 이와 달리 쌀의 낱알이 모두 고르다고 풀이하는 설도 있다.

《두율계몽》 '구균'은 쌀의 낱알이 모두 고르다는 말인 듯하다. 이미 '연'으로 밥을 전적으로 가리켰으니 '구균'이 다시 두 음식물을 겸하는 것은 적절치 않다.(俱勻, 似言稻之顆粒俱勻也. 旣以軟爲專指飯, 不應俱勻又兼二物.)

《구가집주두시》 조차공 주 '활' 자는 (〈좌환산후기삼수佐還山後寄三首〉 기이其二의) "기름져 숟가락에서 흘러내린다"와 같은 뜻이다. '노자' 구는 (〈문향강칠소부설회희증장가閿鄉姜七少府設鱠戲贈長歌〉 시의) "향기로운 밥을 부드럽게 지은 것은 늙은이 때문이겠지"와 같은 뜻이다.(滑字, 與滑流匙同義. 老藉軟俱勻, 與軟炊香飯緣老翁同義.)

《두억》 신선한 아욱을 삶아 흰 쌀밥의 찬으로 삼으니 누군가 "아욱이 매끄러워 밥이 배부르기 쉽다"라고 하는 말이 들렸다. 노인 같으면 밥과 아욱 둘의 부드러움이 아울러 골라야 한다.(煮新葵, 下白米飯, 聞誰云, 葵滑故飯易飽, 若老人則飯與葵須兩軟俱匀也.)

《두보전집교주》에 인용된 황생 주 '활'은 아욱을 두고 말한 것이고, '연'은 쌀을 두고 말한 것이다. 이 쌀로 밥을 지으니 부드럽고 맛있는데, 또 매끄러운 아욱을 곁들이니 먹기도 편하다. 그래서 노인이 아욱을 배불리 먹을 뿐만 아니라 겸하여 밥도 배불리 먹을 수 있다는 말이다.(滑以葵言, 軟以稻言, 言此米炊飯軟美, 又配以葵菜滑而便口, 故老人不但能飽葵, 兼能飽飯也.)

[誰云 2구] 아욱만으로 배를 채울 수 없으니 쌀밥도 먹어야 한다는 말이다. 이와 달리 아욱이 매끄러워 밥이 배부르기 쉽다고 풀이하는 설도 있다.

5 種(종) – 벼의 품종. 볍씨. 房州熟(방주숙) – 방주에서 익다. 방주는 기주와 함께 산남동도山南東道에 속하였던 곳으로, 방주의 치소는 지금의 호북성 방현房縣에 있었다.

《구당서·지리지》 수나라 방릉군을 무덕 원년에 천주로 고치고, …… 또 죽산현에 방주를 두었다.(隋房陵郡, 武德元年, 改爲遷州, …… 又於竹山縣置房州.)

《보주두시》에 인용된 황희 주 심은 벼의 품종이 대개 방주에서 왔을 것이다.(所種稻之種, 蓋自房州.)

6 伊闕春(이궐춘) – 이궐의 봄. 이궐은 하남부에 속하였던 현 이름이다.

《두시경전》 이궐현은 하남부에 속하였으며, 두보는 이곳에 장원莊園을 가지고 있었다.(伊闕縣, 屬河南府, 公有莊墅在焉.)

[種幸 2구] 심은 품종의 벼가 이웃 고을이자 원산지인 방주에서처럼 기주에서도 잘 익은 것이 다행스럽고, 싹이 이궐의 봄날 때처럼 자랐

다는 뜻이다. 이와 달리 '방주숙'과 '이궐춘'을 벼의 품종 이름으로 보는 설도 있다.

《구가집주두시》 조차공 주 '방주숙'과 '이궐춘'은 대개 벼의 이름이다.(房州熟, 伊闕春, 蓋稻名也.)

7 無勞(무로) - ~할 필요가 없다. 渠碗(거완) - 거거車渠로 만든 주발. 거거는 서역에서 나는 옥석의 일종이다.

#《두시상주》: 다음 장은 쌀을 맛보고 그 색깔과 맛이 훌륭하다고 칭찬한 것이다. 위 4구에서는 가을 아욱으로 쌀을 형용하였고, 5, 6구는 고향의 뛰어난 품종을 동둔의 맛난 쌀에 비긴 것으로, 모두 나그네 심정을 빌려 형용하였다. '활'은 아욱을 가리키고, '연'은 밥을 가리킨다. '구균'은 두 가지가 짝 지어진 음식임을 말한다. '은과 같다'는 것은 그 흰색이 사랑스럽다는 말이다. 진롱으로부터 촉으로 가서 10년간 떠돌다가 이제 가을에 익어 수확한 것을 보았기에 풍년을 경축하며 나그네살이를 즐거워한 것이다. 이듬해 형남으로 가서는 다시 아침저녁으로 (먹거리가) 마련되지 않는 걱정이 있었다.(次章, 嘗稻而嘉其色味. 上四以秋葵形稻米, 五六以故鄕嘉種, 比東屯美稻, 皆借客意相形. 滑, 指葵. 軟, 指飯. 俱匀, 言二物配食. 如銀, 言其白可愛. 自秦隴赴蜀, 十載流離, 今見秋成刈獲, 故慶有年而喜旅食. 次年適荊南, 又有朝夕不給之憂矣.)

《독두심해》: 위 4구는 (주종主從이 갈마드는) 빈주회문체를 썼다. 쌀이 이미 흰데 아욱이 다시 신선하니 둘 다 훌륭하지만, 아욱의 매끄러움은 다만 배부름을 도울 뿐이고 쌀의 부드러움은 노쇠한 이를 지탱해 주니 경중이 절로 드러난다. '방주숙'과 '이궐춘'은 모두 당시의 벼 이름인 듯하니, 지금 '송강나', '항주갱'이라고 하는 것과 같다. 대개 객지의 품종을 고향의 품종에 비긴 것으로 또한 잠시 나그네 근심을 위로하려 한 것이다. 결미에서는 특별히 흰 쌀밥을 지은 것에 대해 윤색하였다.(上四, 用賓主回文體. 米旣白而葵復新, 兩俱美矣, 然葵滑祇以佐飽, 而米輭乃可扶衰, 輕重自見. 房州熟, 伊闕春, 疑皆當時稻名, 猶今所云松江穤, 杭州秔也. 蓋以客中之種, 擬故鄕之種, 亦聊以慰旅愁焉. 結特爲炊白飾色.)

(김준연)

33. 刈稻了詠懷

벼 베기를 마치고 감회를 읊다

稻穫空雲水[1] 川平對石門[2] 寒風疏草木[3] 旭日散雞豚[4]

野哭初聞戰[5] 樵歌稍出村 無家問消息 作客信乾坤

벼 수확하니 구름과 물이 공활하고

내가 평평하여 돌문을 대한다.

찬 바람에 풀과 나무는 성글어지고

해 뜨자 닭과 돼지가 흩어진다.

들의 곡소리는 애당초 전쟁 소식을 들어서인데

나무꾼의 노랫소리는 점차 마을에서 나온다.

소식 물어볼 집도 없으니

나그네 되어 천지에 몸을 맡긴다.

이 시는 대력 2년 초겨울에 동둔에서 지은 것이다. 벼를 수확한 뒤의 풍경을 묘사하고, 전란으로 인해 소식을 물어볼 집도 없어 어쩔 수 없이 나그네 생활을 하는 감회를 읊고 있다.

《보주두시》 시에서 "벼 수확하니 구름과 물이 공활하고, 내가 평평하여 돌문을 대한다. 찬 바람에 풀과 나무는 성글어지고, 해 뜨자 닭과 돼지가 흩어진다"라고 하였으니 마땅히 대력 2년 초겨울에 지은 것이다. 이해 9월, 10월에 토번이 침입하였기에 또한 "들의 곡소리는 애당초 전쟁 소식을 들어서이다"라고 하였다.(詩云, 稻穫

空雲水, 川平對石門, 寒風疏草木, 旭日散雞豚, 當是大曆二年初冬作. 是年九月十月, 吐蕃入寇, 故又云, 野哭初聞戰.)

《두시상주》 황학의 주에 "이 시는 대력 2년 겨울에 지은 것이다"라고 하였다. 황생의 주에 "이 시는 돌아갈 기일이 없어 평생 나그네로 살 것이라는 감회가 들어 벼 수확으로 흥을 일으켰다"라고 하였다.(鶴注, 此大曆二年冬作. 黃生注, 此感歸期無日, 終年旅食, 故因穫稻以起興.)

주 석

1 空雲水(공운수) – 구름과 물이 공활하다. 구름이 비친 물이 공활하다는 의미로 보기도 한다. 벼를 벤 뒤의 풍경을 말한다.

2 川(천) – 냇물. '장강'으로 보는 경우도 있으나 어색하다. 이와 달리 '들'로 보기도 한다. 石門(석문) – 일반적으로 구당협瞿唐峽의 양쪽 벼랑이 문처럼 서 있는 것을 가리키는 것으로 본다. 양수瀼水 일대의 석문으로 볼 수도 있겠다.

〈구당양애瞿唐兩崖〉 삼협은 어느 곳이 알려졌는가? 양쪽 벼랑의 이 문이 웅장하다.(三峽傳何處, 雙崖壯此門.)

[稻穫 2구]

《두율계몽》 '구름과 물'이 벼에 의해 가려졌다. 그래서 벼를 베니 곧 구름과 물이 공활하고, 석문이 평평한 내를 대하는 것이 보였다.(雲水爲稻所遮, 故稻刈則雲水空, 而見石門之對平川也.)

3 草(초) – '落'으로 된 판본도 있다.

4 旭(욱) – '曉'로 된 판본도 있다. 散(산) – 흩어지다. 풀어놓다. 豚(돈) – '豘'으로 된 판본도 있다.

[寒風 2구]

《두율계몽》 초목이 성긴 것은 찬 바람이 그것을 성기게 한 것이다. 닭과 돼지가 흩어진 것은 해가 뜨자 그것을 풀어놓은 것이다. 3구는 벼 베기를 마친 후의 경물이고, 4구는 벼 베기를 마친 후의 일이다. 닭과 돼지는 그것들이 농작물을 해칠까 걱정되어 벼 베기를 마친 후에 풀어놓은 것이다.(草木之疏, 乃寒風疏之也. 雞豚之散, 乃旭日散之也. 三句刈了之景, 四句刈了之事, 雞豚恐其擾稼, 故刈了而後散之也.)

5 初(초) – 애당초. 이와 달리 '처음'으로 보아, '들의 곡소리에 처음 전쟁 난 것을 들었다'로 풀이하기도 한다.

《두시상주》 앞의 시(〈각야閣夜〉) "들판 수많은 집에서 나는 곡성에서 전쟁 소식 듣다"는 최간의 난을 가리킨다. 이해에는 별일이 없었는데도 '초문전'이라 한 것은 생각건대 촉병이 멀리 수자리를 서다가 전사하여 그 소식이 왔을 것이니, 응당 토번이 영주를 침범한 일을 가리킨다.(前詩野哭千家聞戰伐, 指崔旰之亂, 是年無事, 而云初聞戰者, 意蜀兵遠戍, 戰沒而信歸也, 當指吐蕃寇靈州事.)

#《두시상주》: 위 4구는 벼를 벤 후에 들이 탁 트인 겨울의 추운 경관이다. 아래는 난리에 마음 아파하며 돌아가길 생각한 것이니 이른바 '영회'이다. 황생의 주에 "3, 4구는 위를 이어받고 5, 6구는 아래를 일으키니 이는 두 부분으로 끊어지는 정격이다"라고 하였다. '닭과 돼지가 흩어진다'는 논에 남은 낟알이 있는 것이다. '처음 전쟁 난 것 들었다'는 곡소리로 인하여 아는 것이고, '점차 마을에서 나온다'는 농사가 끝나 비로소 나무하는 것이다. 《두억》에서 "전쟁이 끝나 집으로 돌아가는 것은 두보의 평소 뜻인데, 지금 이미 소식을 물을 수 있는 집이 없으니 이곳에서나 저곳에서나 나그네 신세이긴 마찬가지여서 줄곧 천지가 자리를 성하는 대로 내버려둘 뿐이니 이곳 땅에 의지하여 그저 살이

가겠다는 뜻이다"라고 하였다.(上四, 刈稻後, 野曠冬寒之景. 下則傷亂思歸, 所謂詠懷也. 黃注, 三四承上, 五六起下, 此兩截正格. 散雞豚, 田有餘粒也. 初聞戰, 因哭而知. 稍出村, 農畢始樵. 杜臆, 兵戈定而歸家, 此公之素志, 今已無家可問消息, 則彼此均之作客, 一任乾坤之位置而已, 意欲藉此地以偷安也.)

《독두심해》: 수확한 뒤에 나그네의 감회를 쓴 것이다. 1, 2구는 판에 박힌(병렬적인) 대장이 아니니, 수확한 뒤라 들이 탁 트였기에 구름과 내가 석문을 대하는 것이 보인다. '곡초문'은 평소에 나쁜 소리를 익히 들은 것이다. '가초출'은 이 가운데에도 약간의 생기가 있는 것이다. 그러한즉 고향에서 소식이 끊겼으면 곧 이곳에서 운명에 맡겨 몸을 보전함이 옳을 따름이다.(穫後寫客懷也. 一二不平, 穫後野曠, 故見雲川對門. 哭初聞, 平時慣聽惡聲也. 歌稍出, 此中略有生趣也. 然則家鄉信斷, 卽於此任運全身可已.)

《두억》: 제목에서 '영회'라고 하였으니 그 감회의 소재를 알아야 하는데 유신옹劉辰翁은 지나치게 구하다가 도리어 잃어버렸다. 두보는 난리를 피하여 이곳으로 와서 생을 마칠 계획을 꾀하고자 하였다. 시의 내용은 다음과 같다. 나그네는 식량이 부족한 것이 근심인데 지금 벼를 이미 수확하여 구름과 물만 그저 남았고, 넓은 들과 석문은 그 경계가 그윽하고 빼어나다. 초목은 이미 시들었는데 닭과 돼지는 들에 가득하다. 들의 곡소리로 인하여 처음 전쟁 난 것을 들었으니 그렇지 않다면 듣지 못하였을 것이다. 농사가 끝났기에 "나무꾼의 노랫소리는 점차 마을에서 나온다." 그렇지 않다면 나오지 않았을 것이다. 세상의 치란은 들리지 않고 생계가 절로 족하니 비록 천하가 다 어지러워도 이곳은 근심이 없는 곳이다. 전쟁이 그쳐 집으로 돌아갈 수 있다면 말할 필요도 없겠지만 지금은 이미 소식을 물을 집도 없어 나그네 신세와 같다. 그러니 이 천지에 몸을 맡긴 것은 원래

선택의 여지가 없는 것이라 하루 나그네 생활을 하며 잠시 이곳에서 하루의 편안함을 구차하게 추구할 뿐이다. 대체로 동둔을 진나라를 피한 도원이나 방덕공의 녹문산으로 삼으려고 하는 것이다.(題云詠懷, 要識其懷之所在, 須溪過求而反失之. 公以避亂奔走至此, 而欲爲終焉之計也. 謂客憂艱食, 今稻已穫矣, 空餘雲水, 而平川石門, 境地幽勝. 草木旣凋, 鷄豚滿野. 因野哭而初聞戰, 不然不聞也. 農事畢而樵歌稍出村, 不然不出也. 理亂不聞, 生計自足, 雖天下盡亂而此地無憂者也. 使兵戈息而得歸家, 不必言矣. 今已無家可問消息, 而猶之作客, 則信此乾坤, 元無揀擇, 作客一日, 姑於此偷安一日而已. 蓋將以東屯當避秦之桃源, 龐公之鹿門也.)

《두시설》: 이 시는 고향으로 돌아갈 기일이 없어 평생 이곳에서 나그네 생활을 해야 할 것 같은 감회가 들었기에 벼를 수확함으로 인해 흥을 일으킨 것이다. 1, 2구는 '예도료'이고, 7, 8구는 '영회'인데, 3, 4구는 위를 이어받고, 5, 6구는 아래를 일으키니 이 시는 두 부분으로 끊어지는 정격이다. 〈추행관장망독촉동저모도향필청신견녀노아계수자아단왕문秋行官張望督促東渚耗稻向畢淸晨遣女奴阿稽豎子阿段往問〉 시의 "풍성한 싹이 또한 이미 빽빽하고, 구름과 물은 모난 연못에 비친다"는 벼의 싹이 물속에 있는 경관이다. 지금은 벼를 수확하였으니 물과 구름이 공활하게 된 것이다. '석문'은 물속에서 문처럼 마주보고 서 있다가 물이 빠진 후에 바위가 드러난 것이다. 그래서 "천평대석문"이라고 하였다. '초'는 '솔率'과 같다. 들의 곡소리는 모두 전쟁의 변고 때문으로, 들은 것은 대체로 이 소리이다. 나무꾼의 노랫소리는 조금씩 마을에서 나오는 것이 있을 따름이다. 유신옹은 '초' 자의 의미를 알지 못하였다. 7, 8구는 '전' 자를 읊어 내려간 것으로, 전쟁이 막고 있어 고향이 있는지 없는지를 알 수 없어 천지 안에서 떠도는 몸을 맡길 따름임을 말하고 있다. 이는 또한 억지로 스스로를 위로하는 말이다.(此感歸期無日, 終年旅食于此, 故因穫稻以起興. 一二刈稻了, 七八咏懷, 三四承上, 五六起下, 此兩截之正格. 東渚秏稻詩, 豊苗亦已穊, 雲水照方塘, 此苗在水中之景, 今穫稻則雲水空廓矣. 石門, 水中對立如門, 水落而後石出, 故曰川平對石門. 初, 猶率也. 野哭皆因戰伐之故, 所聞大率此聲. 若樵歌則稍稍有出村者而已. 須溪不識初字. 七八咏戰字而下, 言兵戈阻絶, 不知家鄉存否. 則亦任飄泊于乾坤之內而已. 此亦勉强自寬之詞.)

(**강민호**)

34. 季秋蘇五弟纓江樓夜宴崔十三評事韋少府姪三首

늦가을에 동생 소영이 강가 누대에서 최평사와 조카 위소부에게 밤연회를 베풀다 3수

峽險江驚急[1] 樓高月迥明[2] 一時今夕會[3] 萬里故鄉情
星落黃姑渚[4] 秋辭白帝城[5] 老人因酒病[6] 堅坐看君傾[7]

협곡이 험해 강물은 놀라 급하며
누대가 높아 달은 멀리 밝은네,
어렵사리 한때 오늘 밤에 모였으니
만 리 고향의 정을 느낀다.
별이 떨어지는 황고의 물가
가을이 물러나는 백제성.
늙은이는 술병으로 인해
꼿꼿이 앉아서 그대들 술잔 기울이는 걸 본다.

이 시는 대력 2년 동둔에서 지은 것이다. 늦가을에 두보가 기주성으로 들어가 친척 동생인 소영이 베푼 연회에 참석한 뒤 그 흥취와 일을 적었다. 타향에서 친지와 만난 흥취, 연회 석상의 즐거운 모습, 달을 대하고 장안을 그리는 마음을 차례로 읊었다. 최씨는 대리시大理寺 평사를 지낸 최공보崔公輔로, 두보의 친척 조카이다. 위씨에 대하여는 자세히 알려져 있지 않으며 '少府'는 현위縣尉의 별칭이다. '五'와 '十三'은 친척 형제간의 순서를 나타낸다. 3수의 연작시인

데, 원래는 제2수와 제3수의 순서가 바뀌어 있었다. 《두시상주》에서 이렇게 해놓았기에 일단 따랐지만 제2수와 제3수가 바뀌는 것이 장법상 더 나아 보인다.

《보주두시》 시에서 "협곡이 험해 강물은 놀라 급하며 누대가 높아 달은 멀리 밝다"라고 하였고 또 "별이 떨어지는 황고의 물가, 가을이 물러나는 백제성"이라고 하였으니 마땅히 이는 기주에서 대력 2년에 지은 것이다.(詩云峽險江驚急, 樓高月迥明. 又云星落黃姑渚, 秋辭白帝城. 當是在夔州作大曆二年.)

주 석

1 驚急(경급) – 매우 빠르다.

《두시경전》 강물의 흐름이 협곡이 험하기 때문에 급하다는 말이다.(言江流因峽險而急.)

2 迥(형) – 멀다.

3 一時(일시) – 얻기 힘든 기회. 또는 잠시.

《두시경전》 세 사람은 모두 두보의 고향 사람이다.(三子皆公故鄕人.)

4 星落(성락) – 별이 떨어지다. 별이 지다. 黃姑渚(황고저) – 은하수를 가리킨다. '黃姑'는 견우성의 별칭이다.

《두시상주》 《형초세시기》에서 "황고는 바로 하고이다"라고 하였다. …… 《이아》에서 "하고는 견우성이라고 한다"라고 하였다.(荊楚歲時記, 黃姑, 卽河鼓. …… 爾雅云, 河鼓, 謂之牽牛.)

《두억》 '황고저'는 바로 은하수이다. 늦가을 저녁이 되면 은하수가 저물고 별 또한 함께 사라진다.(黃姑渚, 卽天河. 季秋昏定, 天河沒,

而星亦俱落矣.)

《독두심해》 고악부(〈동비백로가東飛伯勞歌〉)에서 "황고와 직녀가 이때 서로 바라본다"라고 하였다. 살펴보건대 황고는 바로 하고이다. 세 별이 멜대와 같이 생겼는데 은하수의 동쪽 물가에 있다. 이 시에서 '별이 떨어진다'고 하였는데 하고가 사라진다는 말이다. 늦가을에 은하수는 남서쪽으로 도는데 하고가 사라졌으니 한밤중이 된 것이다.(古樂府, 黃姑織女時相見. 按, 黃姑, 卽河鼓. 三星如擔, 在天河東渚. 此云星落, 謂河鼓沒也. 季秋河轉西南, 河鼓沒, 則夜半矣.)

5 秋辭(추사) – 가을이 물러나다. 白帝城(백제성) – 기주를 가리킨다.

6 老人(노인) – 두보 자신을 가리킨다.

7 堅坐(견좌) – 오래 앉아 있다. 君(군) – 그대들. 당시 연회에 참석한 이를 가리킨다. 傾(경) – 술잔을 기울이다.

#《두시상주》: 황생의 주에서 "1, 2구는 강가의 누대이고 5, 6구는 늦가을이며, 3, 4구는 손님과 주인을 아울러 서술하였고 7, 8구는 오로지 자신의 뜻만 기술하였다. 이는 허와 실을 서로 엇섞어 놓은 형식이다"라고 하였다. "어렵사리 한때 오늘 밤에 모였으니 만 리 고향의 정을 느낀다"라고 하였으니 함께 모인 손님과 주인을 두 구 안에서 묶어낼 수 있었다. 밤이 다해가기에 별이 떨어지고 가을이 저물려 하기에 '물러난다'고 하였다. 고신의 주에서 "내가 술을 마실 수 없어 다른 사람이 술 마시길 기다리니, 늙은이가 고향을 그리워하는 마음이다"라고 하였다.(黃注, 一二, 江樓. 五六, 季秋. 三四, 兼敍賓主. 七八, 專述己意. 此虛實相間格也. 一時今夕會, 萬里故鄕情. 能將同會賓主, 括在兩句之中. 夜將盡, 故星落. 秋將謝, 故云辭. 顧注, 己不能飮而待人飮, 老人戀戀故鄕之情也.)

《독두심해》: 이날 밤 강가 누대에서의 연회는 다른 곳에서와 같지 않다. 2년 동안 기주에서 객살이한 것을 두루 살펴보면 친척이나 벗과의 고아한 연회가 아주 적었으니 장안과 낙양에 있을 때는 물론이고 설령 촉 땅에 있을 때와 비교해보더라도 또한 현격하게 차이가 난다. 이러한 연회를 맞아 심회를 한번 펼치니 각종 강빛과 달빛이 모두 친지간의 정과 고향을 그리는 마음 속에 들어간다고 느꼈는데 이 때문에 술잔을 멈추고 세 번 탄식하는 바가 있다. 세 수의 주제는 다만 “어렵사리 한때 오늘 밤에 모였으니 만 리 고향의 정을 느낀다” 라는 열 글자에서 다 표현되었고, 이 외에 술자리를 돋우는 한가로운 말 같은 것은 포서할 겨를이 없을 뿐이다. 그러므로 두보의 시를 읽으려면 모름지기 십수 권을 통독하여 그 의경을 관통하며 봐야 한다. 1, 2구는 그 장소를 적었고, 3, 4구는 먼 곳에 대한 무한한 정을 한꺼번에 아울러 토해내었다. 5, 6구는 밤이 다해갈 때 늦가을의 경물인데 아래의 ‘견좌’를 일으킨다. 늙은이가 술병이 났지만 오히려 객들이 마시는 것을 오래도록 보는 것은 고신이 말한 바 “고향을 그리워하는 마음”이라는 것이다.(此夜江樓之宴, 與他處不同. 歷觀兩歲羈孌, 絕少親朋高會, 無論在兩都時, 卽視蜀中之況, 亦遠不逮矣. 値此一敍, 覺種種江光月色, 俱并入親情鄕思中, 有爲之停杯而三歎者. 三詩命意, 只一時今夕會, 萬里故鄕情, 十字盡之, 他如佐觴閒話, 有不遑鋪敍者爾. 故讀杜須通十數卷, 疏觀其意境也. 一二, 誌其處. 三四, 無限遙情, 一并吐出. 五六, 夜闌秋杪之景, 起下堅坐. 老人病酒, 而猶久看客飮, 顧宸所謂戀戀故鄕者也.)

其二

對月那無酒[1] 登樓況有江 聽歌驚白鬢[2] 笑舞拓秋窓[3]
樽蟻添相續[4] 沙鷗並一雙[5] 盡憐君醉倒[6] 更覺片心降[7]

달을 대하고 어찌 술이 없을쏘냐
누대에 오르니 하물며 강도 있는데.
노래를 듣노라니 흰 귀밑털에 놀라고
춤사위에 웃으며 가을 창문을 열어젖힌다.
술잔의 술은 더하며 계속 이어지고
모래사장의 갈매기는 나란히 한 쌍인데,
그대들 취해 넘어지는 것을 모두 사랑하노니
내 작은 마음 즐거워짐을 더욱 느낀다.

주 석

1 那(나)– 어찌.

2 驚白鬢(경백빈)– 흰 귀밑털에 놀라다. 흰머리를 한탄한다는 말이다. 이와 달리 흰 귀밑털이 난 두보 자신을 놀라게 한다는 말로 볼 수도 있다.

《두억》 여러분들의 노래를 갑자기 들으니 백발인 이 늙은이를 놀라게 한다.(忽聽諸君之歌, 驚我白頭老人.)

《두시경전》 바로 (〈배왕사군회일범강취황가정자陪王使君晦日泛江就黃家亭子〉의) "즐거워하노라니 흰머리를 한탄한다"라는 뜻이다.(卽歡娛恨白頭意.)

3 笑舞(소무)– 춤추는 것을 보며 웃다. 拓秋窓(척추창)– 가을 창을 열다. 시에서 술 마시는 일과 강의 경관을 엇갈리게 서술한 장법으로 볼 때 이는 강을 바라보기 위한 것이다. 이와 달리 달빛을 보기 위한 것으로 보는 설도 있다.

4 樽蟻(준의)– 술을 가리킨다. '蟻'는 개미인데, 술이 발효될 때 발생하

는 거품의 모습을 비유한 것으로 좋은 술을 뜻한다.

5 沙鷗(사구)— 모래사장의 갈매기. 並(병)— 나란하다.

《두시경전》 '사구' 구는 곧장 새벽이 되었다는 말이다.(沙鷗句謂直至向曉矣.)

《두억》 모래사장의 갈매기 또한 마치 이 좋은 밤을 사랑하는 듯 쌍으로 강에 떠 있다.(沙鷗亦若戀此良夜, 雙浮於江也.)

6 盡憐(진련)— 모두 사랑하다. 君(군)— 연회에 참석한 다른 사람들을 가리킨다. 醉倒(취도)— 취해 엎어지다. 몹시 취한 모습이다.

7 片心(편심)— 작은 마음. 두보 자신의 마음을 가리킨다. '片'은 '我'로 된 판본도 있다. 降(항)— 즐겁다.

《두억》 내 마음은 또 절로 흡족하다.(我心更以自慊也.)

《시경·소남·채번采蘩》 내 마음이 즐겁다.(我心則降.)

#《두시상주》: 이 시는 앞 시의 "꼿꼿이 앉아서 그대들 술잔 기울이는 걸 본다"를 이어받은 것이다. 강과 달은 즐거움을 추구하기에 충분하고 노래와 춤은 또 흥취를 일으킬 만하다. 이러한 때에 술을 더하고 갈매기를 대하니 그대들이 취하기에 딱 알맞다. 두보는 술병으로 술을 끊었기에 '심항'이라고 말하였다. 옛날의 편재에서는 잘못하여 이 시를 마지막에 두었는데 지금 옮겨 제2수로 하는 것이 마땅하다. '나무주'는 어찌 일찍이 술이 없었겠느냐는 말이다. '소무'는 춤을 보면서 웃는다는 말이다. 가을 창을 연 것은 달빛을 보는 것이다.(此承上堅坐看君傾. 江月旣可尋歡, 歌舞又堪發興. 此時添酒對鷗, 諸君正宜取醉也. 公以病酒斷飮, 故曰心降. 舊編誤在末, 今移作次章爲當. 那無酒, 言何嘗無酒. 笑舞, 見舞而笑. 拓秋窓, 觀月色也.)

《독두심해》: 제3수(《독두심해》에서는 이 시가 마지막에 편재되어 있다)는 술잔을 쥐고 강을 굽어본다는 것에서 고향에 대한 정을 드러내었으니 (내가 앞에서) 말한 바 강빛이 모두 친지간의 정과 고향을 그리는 마음이라는 것이다. '대월'은 앞의 시(제3수를 가리킨다)에 관하여 말한 것이다. 여섯 구는 모두 술과 달이 융화되어 나온 것이다. 결련에서 객들은 취해 넘어지고 내 마음은 즐겁다고 하였는데, 늙은이의 흥이 또 얕지 않은 것은 모두 쓸쓸하던 차에 즐거움을 만나 발흥하였기 때문이다.(三章於把酒臨江, 見出故鄉情, 所謂江光皆親情鄉思也. 對月, 就前章說下. 六句皆酒與江溶化而出. 結云客醉倒而我心降, 老子興復不淺, 總由冷落逢歡而發.)

其三

明月生長好[1] 浮雲薄漸遮[2] 悠悠照遠塞[3] 悄悄憶京華[4]
清動杯中物[5] 高隨海上槎[6] 不眠瞻白兎[7] 百過落烏鴉[8]

밝은 달은 뜨면 늘 좋은데
뜬구름이 엷게 점점 가리고,
아득히 먼 변새를 비추기에
조용히 경사를 생각한다.
맑아서 잔 속의 술에서 일렁이고
높아서 바닷가의 뗏목을 따를 터,
잠들지 못하고 흰토끼를 바라보는데
백 번 지나가다 까마귀에 내려앉는다.

주 석

1 生(생)— 달이 떴다는 뜻이다. 長好(장호)— 늘 좋다. 또는 오랫동안 좋다.

2 漸(점)— '暫'으로 된 판본도 있다. 이 구는 이면에 조정을 근심하는 마음이 담겨 있다.

이백李白 〈등금릉봉황대登金陵鳳凰臺〉 언제나 뜬구름이 해를 가릴 수 있으니 장안이 보이지 않아 사람을 근심하게 만든다.(總爲浮雲能蔽日, 長安不見使人愁.)

육가陸賈 《신어新語·신미愼微》 사악한 신하가 어진 이를 가리는 것은 뜬구름이 해와 달을 가리는 것과 같다.(邪臣之蔽賢, 猶浮雲之障日月也.)

3 悠悠(유유)— 아득한 모양. 遠塞(원새)— 먼 변새. 기주 지역을 가리킨다.

4 悄悄(초초)— 조용한 모양. 또는 근심스러운 모양. 京華(경화)— 경성京城의 미칭. 장안을 가리킨다.

5 淸(청)— 맑은 달빛을 가리킨다. 動(동)— 일렁이다. 달그림자가 잔 속에서 일렁이는 것이다. 杯中物(배중물)— 잔 속의 물건. 술을 가리킨다.

6 海上槎(해상사)— 바닷가의 뗏목. 바닷가에 사는 어떤 이가 뗏목을 타고 은하수로 올라간 이야기를 이용한 표현이다.

장화張華 《박물지博物志》 옛날이야기에 은하수는 바다와 통한다고 한다. 근세에 바닷가에 사는 사람이 있었다. 해마다 8월에 뗏목이 왔다가 가는데 시기가 일정하였다. 이 사람은 기이한 뜻이 있어 뗏목 위에 높은 누각을 짓고 식량을 많이 가지고 뗏목을 타고 떠났다. 10여 일 동안 그래도 일월성신을 보았는데 그 후로는 정신이 희미해져 밤낮도 구분하지 못하였다. 10여 일을 가서 문득 한 곳에 이르니 성곽 같은 것이 있고, 가옥이 매우 가지런하였다. 멀리서 보니 궁 안에 베 짜는 아낙이 많고, 하늘의 장부가 소를 끌고 물가에서 물을 먹이는 모습이 보였다. 소를 끄는 사람이 놀라 물었다. "어떻게 이곳에 오셨소?" 이 사람이 온 뜻을 갖추어 말하고, 아울러 여기가 어딘지 물으니 답하였다. "그대는 촉군으로 돌아가서 엄군평을 찾아가 물으면 알 것이오." 끝내 강둑에 오르지 않았으며 그렇게 돌아오니 예년의 기한과 같았다. 후에 촉으로 가서 엄군평에게 물으니 말하였다. "모년 모월 모일에 객성이 견우 자리를 침범하였소." 연월을 따져 보니 바로 이 사람이 은하수에 이른 때였다.(舊說云天河與海通. 近世有人居海渚者, 年年八月有浮槎去來, 不失期, 人有奇志, 立飛閣於查上, 多齎糧, 乘槎而去. 十餘日中, 猶觀星月日辰, 自後茫茫忽忽, 亦不覺晝夜. 去十餘日, 奄至一處, 有城郭狀, 屋舍甚嚴. 遙望宮中多織婦, 見天丈夫牽牛渚次飮之. 牽牛人乃驚問曰, 何由至此. 此人具說來意, 並問此是何處, 答曰, 君還至蜀郡訪嚴君平則知之. 竟不上岸, 因還如期. 後至蜀, 問君平, 曰, 某年月日有客星犯牽牛宿. 計年月, 正是此人到天河時也.)

[淸動 2구]

《두시경전》 '청동' 구는 3구를 이어받고 '고수' 구는 4구를 이어받는다.(淸動, 承三. 高隨, 承四.)

7 白兎(백토) – 흰토끼. 달을 가리킨다.

8 百過(백과) – 백 번 지나가다. 달이 옮겨 가며 오래도록 있다는 말이다. 이와 달리 그 주체가 두보나 까마귀라고 보는 설도 있다. 落烏鴉(낙오아) – 까마귀에 떨어지다. 달빛이 까마귀를 비춘다는 말이다. '鴉'는 '紗'로 된 판본도 있는데, 이를 따르면 오사모烏紗帽를 쓴 두보를 달빛이 비춘다는 말이다.

《두시상주》 별본에는 '백과락오사'로 되어 있는데 달이 백 번 옮겨 가면서 오사모를 비춘다는 말이다. 이 설은 결국 곡해이다.(別本作百過落烏紗, 言月移百度, 照於紗帽, 其說終曲.)

《독두심해》 구조오가 '아' 자로 고쳤는데, 틀렸다.(仇改作鴉, 非.)

#《두시상주》: 이 시는 앞 시(제1수)의 "만 리 고향의 정을 느낀다"를 이어받은 것이다. 밝은 달이 갓 떴다가 홀연 구름에 가려졌는데 마치 변새가 경사와 떨어져 있는 것과 같다. 이는 부이면서 비를 겸한 것이다. '청동' 구는 가까이 있는 달빛을 본 것이고 '고수' 구는 먼 곳에 비치는 달을 생각한 것이다. 잠들지 못하고 토끼와 까마귀를 바라본다고 하였는데 그 뜻이 여전히 경사에 있다. '흰토끼'는 달을 가리킨다. 까마귀가 백 번 지나간다는 말은 달 아래 오래 앉아 있었다는 뜻이다. 《두억》에서 "이 시는 가을 달을 범연하게 읊었으며 강가 누대의 연회와는 관계가 없는 것 같다"라고 하였다. 지금 살펴보건대 앞 2수에서 이미 함께 연회한 일을 다 읊었기에 마지막 수에서는 오로지 자신의 뜻을 서술하였을 뿐이다.(此承上萬里故鄉情. 明月初生, 忽被雲遮, 如關塞之隔京華, 此賦而兼比. 淸動, 見月光之近. 高隨, 想月照之遠. 不眠而瞻兎鴉, 其意仍在京華也. 白兎, 指月. 烏鴉百過, 月下久坐也. 杜臆, 疑此章泛咏秋月, 無關江樓之宴. 今按, 前二章已盡同宴情事, 末章則專述己意耳.)

《독두심해》: 제2수(《독두심해》에서는 이 시가 두 번째에 편재되어 있다)는 달빛을 받으며 술을 마신다는 것에서 고향에 대한 정을 드러내었으니 (내가 앞에서) 말한 바 달빛이 모두 친지간의 정과 고향을 그리는 마음이라는 것이다. '청동' 구는 달이 술과 더불어 비치는 것이고, '고수' 구는 달이 또 술을 마시는 객과 함께 비치는 것이다. 결련에서는 흥을 타고 자주 나와서 바라보는데 달빛이 오사모에 비친다는 말이다. '백과'는 바라본 횟수를 과장하여 말한 것이다. 밤새도록 즐거움을 찾는 모습이 생동감 있게 살아 움직인다.(次章於乘月命酒, 見出故鄉

情, 所謂月色皆親情鄕思也. 淸動, 月與酒映. 高隨, 月又與命酒之客映. 結言承輿而頻頻出望, 月光照落烏紗. 百過, 甚言望之數. 竟夜追歡, 躍躍飛動矣.)

《두억》: 그저 달을 읊었을 뿐 강가 누대의 연회와 무관하다. 어찌 잘못 들어간 것이겠냐만은 또한 그 뜻이 어디 있는지를 모르겠다.(單詠月, 無關於江樓之宴, 豈誤入耶. 然亦不知其意之所在.)

(임도현)

35. 戲寄崔評事表姪蘇五表弟韋大少府諸姪

표질인 최평사, 표제인 소씨네 다섯째, 생질인 위씨네 첫째 소부에게 장난삼아 부치다

隱豹深愁雨[1] 潛龍故起雲[2] 泥多仍徑曲[3] 心醉沮賢群[4]
忍對江山麗[5] 還披鮑謝文[6] 高樓憶疏豁[7] 秋興坐氤氳[8]

숨어 있는 표범이 비에 깊이 시름하는데
물에 잠긴 용이 짐짓 구름을 일으키니,
진흙이 많은 데다가 길도 굽어 있어
마음이 취하였어도 어진 이들과 떨어져 있다.
강산 아름다운 모습 마주하며
다시 포조와 사영운의 글을 펼쳐볼 때를 참고 있는데,
높은 누각이 탁 트였던 것 생각하니
가을 흥취가 공연히 도도해진다.

대력 2년 가을에 기주에서 지은 시이다. 장난삼아 지어 부친 시로, 비 때문에 최씨 등을 만나지 못하게 되어 아쉬워하는 심정을 표현하고 다시 만나게 되기를 기대하는 뜻을 담았다. 대력 원년에 지었다는 설도 있으나 합당하지 않다.

최평사는 이 시 바로 앞의 〈추계소오제영강루야연최십삼평사위소부질삼수秋季蘇五弟纓江樓夜宴崔十三評事韋少府姪三首〉에 나오는 최씨네 열셋째이다. 여기서는 이름이 밝혀져 있지 않지만, 두보에게 〈증최십삼평사공보贈崔十三評事公輔〉라는 시가 있는 것

으로 보아, 혹 최공보인지도 모르겠다. 단 최공보는 두보의 표제이니, 만약 그 사람이라면 이 시 시제의 '표질'은 '표제'의 잘못일 것이다. 소씨는 앞 시에 나오는 소영인데, 그 생애는 미상이다. 위씨는 위씨에게 시집간 두보의 여동생의 아들로 추정되는데, 앞 시에서 '위소부질'이라고 한 것과 달리 이 시에서 '제질'이라 한 이유가 무엇인지는 알 수가 없다. '표질'과 구별하기 위하여 그렇게 하였거나 아니면 '제諸' 자 다음에 '제弟' 자가 누락되었을 가능성이 있지만 이 또한 단언하기 어렵다. '표제'는 고모, 이모, 외숙의 아들로서 동생뻘인 사람을 지칭하고, '표질'은 표형表兄이나 표제의 아들이다. 평사는 대리시大理寺에 속하는 관직 이름이고, 소부는 현위의 별칭이다.

《보주두시》 시에서 "진흙이 많은 데다가 길도 굽어 있어, 마음이 취하였어도 어진 이들과 떨어져 있다"라고 하였고, 또 "높은 누각이 탁 트였던 것 생각하니, 가을 흥취가 공연히 도도해진다"라고 하였으니, 당연히 대력 원년 서각에 있을 때 지은 것이다.(詩云, 泥多仍徑曲, 心醉阻賢群. 又云, 高樓憶疏豁, 秋興坐氤氳, 當是大曆元年居西閣時作.)

《두시상주》 이 시와 앞의 세 수의 시(〈추계소오제영강루야연최십삼평사위소부질삼수秋季蘇五弟纓江樓夜宴崔十三評事韋少府姪三首〉)는 바로 같은 시기에 선후로 지은 것이다.(此與前三章, 乃同時先後之作.)

주 석

1 隱豹(은표) – 숨어 있는 표범. 털이 젖는 것이 싫어서 비가 오면 산에서 내려가 먹이를 구하지 않고 거처에 그대로 있었다는 표범으로,

관련 이야기는 《열녀전》 등에 보인다.

《두시상주》에 인용된 《열녀전列女傳》 도답자의 처가 그 지아비에게 간하기를 "남산에 검은 표범이 있는데, 안개비가 내리는 7일 동안 산에서 내려와 먹지 않았던 것은 그 털을 윤택하게 하여 그 문채를 이루고자 하여서입니다"라고 하였다.(陶答子妻諫其夫, 曰南山有玄豹, 霧雨七日不下食者, 欲以澤其衣毛, 而成其文章也.)

2 潛龍(잠룡)— 물에 잠겨 있는 용. 용은 비구름을 일으킨다. 故(고)— 짐짓. '여전히'라고 풀이할 수도 있다.

《두시상주》 《역경》에 "잠룡이니 쓰지 말라"라는 말이 있고, 또 "구름은 용을 따른다"라는 말이 있다.(易, 潛龍勿用. 又, 雲從龍.)

[隱豹 2구] 최씨 등을 비구름을 일으키는 용으로 비유하고 두보 자신을 비 맞기를 꺼려하는 표범으로 비유하여, 그들이 고의로 비를 내려 두보가 가지 못하게 한 듯이 말한 것이 장난스럽다.

《두억》 '은표'는 공이 자신을 말하고 '잠룡'은 여러 사람을 말하니, 장난삼아 한 것이 된다.(隱豹, 公自謂, 潛龍, 謂諸子, 所以爲戲.)

3 仍(잉)— 게다가. 徑曲(경곡)— 길이 굽어 있다. 가는 길이 불편함을 말한다.

4 心醉(심취)— 경도하다. 감복하다. 沮(저)— 막다. 저지하다. 이 구는 최씨 등에게 심취하여 가고 싶지만 비가 와서 가지 못한다는 뜻이다.

5 對(대)— '待'로 된 판본도 있다. 江山麗(강산려)— 날이 갰을 때의 아름다운 가을 풍경을 말한다. 봄 경치를 뜻한다는 설도 있으나 무리한 것으로 보인다.

《두억》 '인대忍待' 구는 꾹 참으며 날이 개기를 기다림을 말한다.(忍待江山麗, 謂隱忍以待天晴也.)

《구가집주두시》 조차공 주 '강산려'는 봄 경치이다. 공은 (〈절구이수絶句二首〉에서) "봄날에 강산이 아름답다"라고 말한 적이 있다. 지금 '인대'라고 하였으니 참고 기다린다는 것으로, 비를 보고 속상해한 까닭이다.(江山麗, 則春景也. 公嘗曰遲日江山麗. 今言忍待則忍以待之也, 所以傷雨之故矣.)

6 披(피) – 펼치다. 펼쳐보다. 鮑謝文(포사문) – 포조와 사령운의 글. 여기서는 최씨 등의 글을 미화한 말이다.

《두시상주》 '포사'는 포조와 사영운이다.(鮑謝, 鮑照謝靈運也.)

《두시경전》 ('포사문'은) 여러 공의 글을 말한다.(謂諸公之文.)

[忍對 2구] 이 2구는 다양한 풀이가 가능하다. 다수의 판본에는 '對'가 '待'로 되어 있다. 《독두심해》도 '待'로 하고서, '날이 개어 강산 아름다워지기를 참고 기다렸다가, 최씨 등을 만나 그들이 그날 짓는 글을 다시 펼쳐보겠다'라는 뜻으로 풀이하였다. 《두시언해》는 '待'로 하면서도 '환피' 구를 현재의 상황으로 보아, '날이 개어 강산이 아름다워지기를 참고 기다리면서, 지금 다시 최씨 등이 전에 지었던 글을 펼쳐보고 있다'의 뜻으로 풀이하였다. 《두시상주》는 '對'로 하고서, 날이 갤 때 찾아가서 만날 것을 약속한 말로 보았으니, '다음 만나는 날 강산의 아름다운 모습을 마주하며 그들의 글을 다시 펼쳐보게 될 일을 지금 참고 기다리고 있다'라는 뜻으로 보았을 것이다. 단 '對'로 하면서 '강산려'를 가을 강산의 아름다운 풍경을 뜻하는 것으로 본다면, '현재 최씨 등을 만나지 못해 혼자서 아름다운 강산의 풍경을 마주하는 상황을 참고 견디면서 최씨 등이 전에 지은 글을 읽고 있다'의 뜻으로 풀이할 가능성도 있다. 이런 여러 풀이 중 《독두심해》의 설이 가장 합당해 보인다.

7 疏豁(소활) – 탁 트인 모습이나 상쾌한 모습을 뜻한다. '豁'이 '闊'로 된 판본도 있다. 이 구는 전날 잔치하였던 누각에서 본 전망이나 느낌을 회상한 것이다.

8 坐(좌) – 공연히. '그 때문에'의 뜻으로 볼 수도 있다. '앉다'의 뜻으로

풀이하는 설도 있다. 氤氳(인온)- 기운이 가득한 모습. 여기서는 흥이 물씬 일어남을 말한다. 가을 기운을 표현한 것이라는 설도 있으나 합당하지 않다.

《구가집주두시》 조차공 주 '좌인온'은 가을 기운 속에 앉았음을 말한다.(坐氛氳, 言坐秋氣之中也.)

#《두시상주》: 위 4구는 비에 막혀서 감회가 생긴 것이다. 아래는 날이 갤 때 찾아가서 만나겠다고 약속한 것이다. 《두억》에서 "이는 표범으로 자신을 비유하고 용으로 최씨와 소씨 무리를 비유하였으니, 시작하는 말에 장난하는 말투가 섞여 있다"라고 하였다. '강산려'는 가을의 맑게 갠 빛을 말한다. '포사문'은 세 사람이 지은 것을 가리킨다. '억소활'은 강가 누각에서의 잔치를 그리워한 것이다. '좌인온'은 흥이 농후함을 말한다.(上四沮雨有懷, 下約晴時往晤. 杜臆, 此以豹自方, 以龍比崔蘇輩, 起語涉於戲詞. 江山麗, 謂秋日晴光. 鮑謝文, 指三人所作. 憶疏豁, 思江樓之宴. 坐氤氳, 言意興之濃.)

《독두심해》: 이 시는 비에 막혀 여러 사람을 생각하며 전날 밤의 모임을 잇고자 한 것이다. 시작하는 말에 장난기가 섞여 있으니, '이날 홀연히 구름 끼고 비 내리는 것이 보이니, 많은 숨은 표범과 잠긴 용이 숨을 내쉬어 이룬 것이다'라는 뜻이다. 표범과 용은 주객을 통틀어 말한 것이니, 나누어 갖다 붙일 필요가 없다. 하반부는 강산의 아름다운 경치를 참고 기다렸다가 다시 포조와 사영운의 글을 펼쳐보고자 한다는 말이니, 날이 개기를 기다려 다시 만나기를 도모하겠다는 것이다. 대체로 전날 밤을 추억하다가 흥이 다시 물씬 일어났던 것이리라.(此阻雨而憶諸人, 欲續前夜之會也. 起筆涉戲, 見此日忽然雲雨, 爲有許多隱豹潛龍, 噓結而成. 豹龍統含賓主, 不必分貼. 下半言忍而待江山麗景, 還欲披鮑謝文章, 需天霽以圖重晤也. 蓋由回憶前宵, 興復勃發耳.)

(**이영주**)

36. 季秋江村
늦가을 강촌

喬木村墟古[1] 疏籬野蔓懸 素琴將暇日[2] 白首望霜天
登俎黃甘重[3] 支牀錦石圓[4] 遠遊雖寂寞 難見此山川

교목이 서 있는 마을은 예스럽고
성근 울타리에 야생 덩굴이 매달렸다.
장식 없는 금으로 한가한 날을 보내고
흰머리로 서리 내린 하늘 바라본다.
그릇에 오른 황감은 묵직하고
평상을 괴고 있는 금석은 둥글다.
멀리 돌아다니니 비록 적막하나
이런 산천은 보기 어렵다.

이 시는 대력 2년 가을 양서에서 지은 것이다. 강촌의 늦가을 경물을 묘사하면서 객지에서의 가난한 삶 속에서 잠시 생활에 대한 즐거움을 누리는 심정을 부쳐내고 있다.

《보주두시》 시에서 '황감', '금석'이라고 하였는데 모두 기주에 있는 것들이다. 앞 시(〈요락搖落〉)로 고찰해보건대 마땅히 대력 2년에 지은 것이다.(詩云黃柑錦石, 皆夔州所有. 以前篇考之, 當是大曆二年作.)

주 석

1 村墟(촌허)－ 마을.

2 素琴(소금)－ 장식하지 않은 금. '素'는 '淸'으로 된 판본도 있다. 將(장)－ 보내다. 가지다. 이 구는 '소금'을 타면서 한가한 날을 지낸다는 말이다.

《두시상주》에 인용된 고신 주 '장'은 '보내다'의 뜻이다.(將, 送也.)

《독두심해》 '장'은 소일한다는 뜻이다.(將, 消遣之義.)

《두시상주》 이 구는 금을 빌려 한가한 날을 보낸다는 말이다.(此言藉琴以遣暇日.)

《구가집주두시》 조차공 주 금을 가지고 강촌에 가서 한가한 날을 맞는다는 말이다.(言將琴往江村, 當暇日也.)

[素琴 2구]

《두시경전》 2구는 또한 "손으로 오현금을 타고 눈으로 날아가는 기러기를 전송한다(혜강嵇康 〈사언증형수재공목입군시四言贈兄秀才公穆入軍詩〉)"라는 뜻이다.(二句亦手揮五絃, 目送飛鴻意.)

3 黃甘(황감)－ 황감黃柑을 말한다.

4 支牀(지상)－ 평상을 받치다. 錦石(금석)－ 아름다운 무늬가 있는 돌.

《두시상주》 '지상'은 평상 다리를 괴는 것이다.(支牀, 用襯牀足也.)

[登俎 2구]

《두시상주》에 인용된 호하객胡夏客 설 '중' 자와 '원' 자는 경물을 아주 잘 형용하였다.(重字圓字, 最善狀物.)

#《두시상주》: 위 4구는 가을 마을의 경치이고 아래 4구는 가을 마을에서 느끼는 감정이다. 소금을 어루만지니 맑은 소리가 귀에 들어온다. 서리 내린 하늘을 바라보니 단풍이 눈에 들어온다. 또 '황감', '금석'을

대하니 비록 가난하여도 또한 스스로 즐길 수 있다. 고신 주에 "공이 협곡을 나갈 계획을 하면서 '이런 산천은 보기 어렵다'고 말하였으니 협곡을 나가려는 이유는 산수가 살 수 없기 때문이 아님을 알겠다. 〈협중람물〉 시에서 일찍이 그것에 대하여 말한 바 있으니 '아름다운 풍광은 넘쳐나도 풍토는 나쁘다'는 것이다"라고 하였다.(上四, 秋村之景. 下四, 秋村之情. 撫素琴, 則淸音入耳. 望霜天, 則丹楓寓目. 且對黃甘錦石, 雖貧亦可以自樂矣. 顧注, 公方圖出峽, 而曰難見此山川, 則知出峽之故, 非爲山水不可居也. 峽中覽物詩嘗言之矣, 形勝有餘風土惡.)

《두억》: 세상이 어지러운데 오래 나그네살이를 하고 있으니 좋은 생각이 없는 것이 마땅하다. 그러나 흥이 이른 곳에서는 비록 흰머리로 서리 내린 하늘을 바라보아도 또한 절로 흥취를 이루게 된다. 게다가 '황감'과 '금석'은 다른 지방에는 없는 것이어서 마침내 멀리 돌아다니는 적막함을 잊게 해준다. 곤궁하여도 그가 넘어지지 않은 것은 이 때문이라고 나는 생각한다.(世亂久客, 宜無好懷, 而興之所至, 雖白首望霜天, 亦自成趣. 況黃柑錦石, 他方所無, 遂忘遠遊之寂寞矣. 余謂窮他不倒者以此.)

《독두심해》: 가을에 마을에서 마음을 달래는 작품이다.(秋村遣懷之作.)

(**이석형**)

37. 小園
작은 과수원

由來巫峽水[1] 本是楚人家[2] 客病留因藥[3] 春深買爲花[4]
秋庭風落果[5] 瀼岸雨頹沙[6] 問俗營寒事[7] 將詩待物華[8]

원래부터 무협의 강물이요
본시 초 땅 사람의 집이거늘,
나그네 병들어 머묾은 약초 때문이요
봄이 깊어 산 것은 꽃 때문이었네.
가을 뜰에는 바람이 열매를 떨구고
양수 강기슭은 비에 모래가 무너지니,
풍속을 물어 겨울 채비를 하고
시를 가지고 만물의 화려한 시절을 기다리노라.

이 시는 대력 2년 가을 기주 양서에서 농사하던 시기에 지은 것으로 보인다. 두보는 양서에 거처할 당시 40무의 과수원을 사서 과실수와 약초를 심었다. 지역민들에게 물어서 과수원의 겨울 채비를 끝낸 두보는 시심 가득 설레는 마음으로 이듬해 봄날에 만날 화려한 과수원을 꿈꾼다.

《보주두시》 '원'은 양서의 과수원이다. 시에서 "가을 뜰에는 바람이 열매를 떨구고, 양수 강기슭은 비에 모래가 무너진다"라고 하였으니 대력 2년 양서에서 지은 것이 분명하다.(園卽瀼西果園, 詩云,

秋庭風落果, 瀼岸雨頹沙, 當是大曆二年在瀼西作.)

《두시상주》에 인용된 황학 주 대력 2년 가을 양서에서 지은 것이 분명하다.(當是大曆二年秋瀼西作.)

《두시경전》에 인용된 황생 주 이 시는 가을에 지은 것이다. 봄이 깊었을 때 과수원을 샀다는 것은 이전 일을 추억한 것이요, '한사'와 '물화'는 또 겨울과 봄을 미리 헤아린 것이다.(此詩秋時所作. 春深而買, 追憶前事, 寒事物華, 又預計冬春也.)

주 석

1 由來(유래) – 원래.

2 楚人家(초인가) – 초 땅 사람들의 집.

3 客病(객병) – 나그네가 병들다. 留因藥(유인약) – 머문 것은 약초 때문이다. 이 구절은 병이 든 두보가 약초를 얻기 위해 과수원을 사서 머물게 되었다는 것이다.

4 買爲花(매위화) – 산 것은 꽃 때문이다. 이 구절은 꽃을 감상하기 위해 과수원을 샀다는 말이다.

[由來 4구]

《두시조차공선후해집교》 이 시는 대개 (과수원을 경영함에) 반드시 물을 써야 하였기에 나온 시일 것이다. 초 지역에서는 물을 구하기 어렵기 때문에 시의 대상으로 삼은 것이다. '객병류인약'은 약초는 반드시 물로 세척해야 하니 물이 있는 곳에 머묾이 약초 때문임을 말한 것이고, '춘심매위화'는 꽃은 반드시 물로 관개해야 하므로 물이 있는 곳을 산 것이 꽃 때문임을 말한 것이다.(此篇蓋須水以爲用之詩也. 楚俗難得水, 故以爲詠矣. 客病留因藥, 則藥須水以洗濯, 故留水者因藥也. 春深買爲花, 則花須以水灌沃, 故買水者爲花也.)

《두시경전》 위 4구는 이 과수원의 물줄기가 무협에 연결되니 본래 초 땅 사람들이 거처하는 곳인데 그럼에도 이곳에 머물며 이 과수원을 산 것은 대체로 나그네가 병들어 타처로 갈 수가 없기에 약초를 재배하여 병을 치료하고, 봄이 깊을 때에 스스로 즐길 일이 없게 되면 이 과수원을 빌려 꽃을 보며 봄놀이를 할 수 있기 때문이다.(上四言此園水通巫峽, 本是楚人所居, 而乃留此買此者, 蓋因客病不能他往, 藉其藝藥以療病, 春深無以自娛, 假此看花以探春也.)

5 秋庭(추정)－ 가을 뜰. 과수원 집의 뜰을 가리킨다. 風落果(풍락과)－ 바람이 과일을 떨구다.

6 瀼岸(양안)－ 양수의 강언덕. 雨頹沙(우퇴사)－ 비가 모래를 무너뜨리다.

[秋庭 2구]

《두시조차공선후해집교》 후반부의 이 두 구절은 눈앞의 가을 경치를 마음대로 말한 것이다.(後兩句則縱言眼前之秋景矣.)

《두시경전》 이 두 구절은 작은 과수원에서 걱정해야 할 일들로서, 바로 반드시 해야 할 겨울 채비와 관련된 아래의 뜻을 일으키고 있다.(二句小園之可慮者, 卽起下須營意.)

7 問俗(문속)－ 그 지역의 풍속을 묻다. 지역민에게 묻다. 營寒事(영한사)－ 겨울 채비를 하다. 이 구절은 그 지역 거주민들에게 물어서 과수원 겨울 채비를 한다는 말이다.

《두시경전》 '한사'는 바로 과수를 북돋아주고 기슭을 보수하는 따위의 일인데, 풍속이 다른 까닭에 반드시 물어보고 경영하는 것이다.(寒事, 卽培果修岸之類, 以異俗, 故須問而後營.)

8 將詩(장시)－ 시를 가지고. 시심을 가지고. 物華(물화)－ 아름다운 자연 경물. 이 구절은 시심을 가지고 과수원의 화려한 봄날을 기다린다는 말이다.

《두시경전》 봄이 오면 꽃과 약초가 바야흐로 피어날 것이다.(至春則花藥方榮也.)

[問俗 2구]

《두시조차공선후해집교》 마지막 연은 남들이 겨울 채비를 하는 속사를 영위하면서도 시를 읊조리는 일을 폐하지 않는다는 것이다.(末句又營人家備冬寒之俗事, 而不廢吟詠也.)

#《두시상주》: 위 4구는 과수원을 마련한 까닭이요, 5, 6구는 과수원 앞의 경치요, 7, 8구는 과수원 안의 일이다. 무협의 상물은 본시 초땅 사람들의 거처인데, 지금 이곳에 과수원을 마련한 것은 모두 약초를 심고 꽃을 심기 위한 계책일 뿐이다. '유'와 '매'는 과수원을 가리킨다.(上四置園之故, 五六園前景, 七八園中事. 巫峽之水, 本楚人所居, 今置園於此者, 總爲蒔藥種花計耳. 留買, 指園.)

《두시경전》: 전반부는 작은 과수원을 사게 된 이유요, 후반부는 작은 과수원을 경영하는 일이다.(前半置小園之由, 後半治小園之事.)

《두억》: 과수원에 대는 물은 모두 무협에서 나오는데, 다른 집으로부터 끌어오기 때문에 쉽지 않음을 알 수 있다. 또 이 과수원은 나그네가 병들어 머물게 되었는데 이곳이 약초를 심을 수 있기 때문이며, 과수원을 산 때를 소급해보니 아마 봄이 깊은 시절로 꽃이 있어서 즐길 수 있었기 때문이라 말하고 있다. …… '풍락과'라고 하였은즉 과수원의 이로움이 꽃과 약초에만 있음이 아님을 알 수 있고, '우퇴사'라고 하였은즉 시시로 둔덕을 수리하고 쌓아야 하니 물을 끌어들이는 어려움만이 아님을 알 수 있다. 과수원 일은 추워져도 해야 할 일이 있으니, 〈가일소원산병장종추채독근경우겸서촉목暇日小園散病將種秋菜督勤耕牛兼書觸目〉에서 말한 가을 채소와 겨울 순무 같은 것이다. 평소 익숙지 않아 지역민들에게 물어서 겨울 채비를 한다. 과수원은 또한 한창때가 있으려니 시를 가지고 그때를 기다려 적막하지 않게 할 것이다.(灌園之水, 總出巫峽, 却自人家引來, 見其不易. 又謂此園因客病而留之, 爲其可以種藥, 追遡買時, 蓋在春深, 因有花可以娛情. …… 風落果, 見園之利不但花藥, 雨頹沙, 見時須修築, 不但引水之難. 園中之事, 寒亦有之, 如所云秋菜冬菁是也. 素不慣習, 則問俗而營寒. 園亦有物華, 則將詩待之, 不令寂寞也.)

《독두심해》: 공이 양서 가에 세 들어 살게 된 것은 늦은 봄이다. 지금 가을이 깊어 과일이 익고 비가 적시는 것을 보고 기뻐하여 지은 것이다. 위 4구는 과수원을 사들인 이유를 추술하였다. 사천에는 원래 약재가 많았으므로 '유인약'이라고 하였다. 산 것은 과수원이지 꽃이 아니다. 겨울 채비는 또한 나무를 재배하는 일을 가리킨다. 《두억》에서는 "평소 익숙지 않아 지역민에게 물어서 경영한다"라고 하였다. 내 생각에 '장시대'라는 것은 시를 읊어 장래에 싹이 나고 꽃이 필 일을 미리 징험하는 것이다.(公之賃居於瀼上也, 在暮春時. 今此秋深, 見果熟雨霑, 喜而有作. 上四, 追敍置園之由. 川中故多藥物, 故曰留因藥. 買者, 買園, 非買花也. 寒事, 亦指藝植之事. 杜臆云, 素不習慣, 故問俗而營也. 愚按, 將詩待者, 吟詩以驗將來之發生也.)

(**김성곤**)

38. 寒雨朝行視園樹

찬비 내린 아침에 가서 과수원 나무를 살피다

柴門擁樹向千株[1] 丹橘黃甘此地無[2]
江上今朝寒雨歇[3] 籬中秀色畫屏舒[4]
桃蹊李徑年雖古[5] 梔子紅椒艷復殊[6]
鎖石藤梢元自落[7] 倚天松骨見來枯[8]
林香出實垂將盡[9] 葉蔕辭枝不重蘇[10]
愛日恩光蒙借貸[11] 清霜殺氣得憂虞[12]
衰顏動覓藜牀坐[13] 緩步仍須竹杖扶[14]
散騎未知雲閣處[15] 啼猿僻在楚山隅[16]

사립문을 두른 나무 천 그루에 가까워도
붉은 귤 노란 밀감 이 땅에는 없는 것.
강가에 오늘 아침 찬비 그치니
울타리 안 빼어난 빛깔은 그림 병풍 펼쳤구나.

도리 아래 샛길은 해가 묵었지만
치자 홍초는 어여쁨이 다시 별나다.
바위 가둔 등 줄기 원래 처졌고
하늘 기댄 솔 뼈는 참으로 말랐구나.

열매에서 나온 숲 향기는 거의 사라졌고

가지 떠난 잎자루는 다시 돋지 않는다.
겨울 해 은혜로운 빛 빌려주지만
맑은 서리 살기에 시름을 얻었다.

시든 얼굴은 늘 명아주 걸상 찾아 앉고
느린 걸음도 대나무 지팡이 짚어야 한다.
산기성 운각 있는 곳은 모르고
잔나비 우는 초산 모퉁이에 외따로 있다.

찬비가 내려 아침에 과수원의 나무를 살펴보러 갔다. 천 그루 가까운 과수 중에 단귤과 황감은 이 지역에는 없는 것으로 두보의 과수원에만 있다. 복숭아나무, 오얏나무 밑은 오솔길이 묵었고, 치자며 산초가 알록달록 어여쁘다. 바위를 휘감은 등나무 줄기는 끝이 처졌고, 하늘 높이 솟은 소나무는 뼈처럼 앙상하다. 과수원 나무는 열매도 다 거두었고, 잎도 다 진 채 겨울 햇볕을 받고 있지만 된서리가 걱정이다. 늙은 두보는 늘 앉을 자리만 찾고, 느릿느릿 걸어도 지팡이가 있어야 한다. 이제 조정의 관서는 어디 있는 줄도 모르겠고, 기주 산기슭 잔나비 우는 곳에 외따로 떨어진 신세가 절로 서글프다. 대력 2년 가을과 겨울 사이에 지었다.

《보주두시》 시에서 "산기성 운각 있는 곳은 모르고, 잔나비 우는 초산 모퉁이에 외따로 있다"라고 하였으니 당연히 기주에서 지었다. 그런데 시제에 "과수원 나무를 살피다"라고 하였고, 시에서 또 복숭아, 오얏, 치자, 홍초, 단귤, 황감을 말하였으니 이는 양서의 과수원이다. 시는 분명 대력 2년 겨울에 지었다.(詩云散騎未知雲閤處, 啼猿僻在楚山隅, 當是在夔州作. 然謂之視園樹, 而詩中又言桃李梔子紅椒丹橘黃柑, 則是瀼西之園也. 詩必作於大曆二年冬.)

《두시상주》 황학의 주에서 "이 시는 마땅히 대력 2년 가을에 지었다"라고 하였다.(鶴注, 此當作於大歷二年之秋.)

《두시천杜詩闡》 이 과수원은 바로 (〈장별무협증남경형양서과원사십무將別巫峽贈南卿兄瀼西果園四十畝〉 시의) '과원사십무'로서 기주를 떠날 때 남경형에게 준 것이다.(此卽果園四十畝, 去夔時贈南卿兄者.)

《독두심해》 대력 2년 가을과 겨울 사이 양서에서 지었다.(大曆二年秋冬之交, 瀼西作.)

주 석

1 柴門擁樹(시문옹수)– 사립문을 둘러싼 나무. '擁'은 '雜'으로 된 판본도 있다. 向千株(향천주)– 천 그루를 향하다. 즉 나무 수가 천 그루에 가깝다는 뜻이다. 이 구는 사립문을 둘러싼 나무가 천 그루 가까이 된다는 말이다.

2 丹橘(단귤)– 붉은 귤. 강남에서 나는 귤의 일종. 黃甘(황감)– 노란 밀감. 강남에서 나는 귤의 일종. 此地無(차지무)– 이 땅에는 없다. 즉 두보의 과수원에만 있고 기주의 다른 지역에는 없다는 뜻이다. 이와 달리 여기, 즉 기주에는 없다는 뜻으로도 보지만 옳지 않다. '此'는 '北'으로 된 판본도 있다.

《구가집주두시》 조차공 주 강남에서 심는 귤이 강북에서는 탱자가 된다고 하니 감귤은 본래 초 지역에 있는 것이다. 그래서 "북쪽 땅에는 없다"라고 하였다.(江南種橘, 江北成枳, 則甘橘自是楚地之所有耳. 故曰, 北地無.)

송宋 나원羅願《이아익爾雅翼》 귤은 강남에서 나며 흰 꽃에 붉은 열매이다. 껍질도 향기로운 데다가 맛도 좋다. 동정의 포산에서 특히 잘 자라며, 강북으로 건너가면 없다. 그러므로 "강남에서 심는 귤이 강북에서는 탱자가 된다"라고 한다. 《주례周禮·동관고공기冬官考工記》에서는 "회수를 건너 북으로 가면 탱자가 된다"라고 하여 차이가 있다. 그러므로 〈귤송〉에서 "땅과 하늘의 아름다운 나무, 귤이 와서 적응하였네. 명을 받아 바꾸지 않고 남국에서 자라네"라고 하였다. 굴원은 귤을 백이숙제에 비겨서 두고 본받아서 그 절개를 취하고자 하였으니 뜻이 있었던 듯하다. 《상서尙書·우공》 '양주' 조에 "귤과 유자를 싸서 명을 받아 바친다"라고 하였는데 명을 받아서 바침을 말한다. 《지리지》에 "촉군의 엄도현, 파군의 구인 어복 두 현에서 귤이 나며, 귤관이 있다"라고 하였다. …… 또 감귤이 있다. 그 모양은 귤 같으나 둥글고 크며, 껍질 색은 익기 전에는 푸르고 익으면 불그스레하다. 서리를 맞기 전에는 몹시 시고 서리를 맞은 후에는 매우 달다. 그러므로 감자라고 하며, 영남과 강남에서 난다.(橘生於江南, 素華丹實, 皮旣馨香, 又有善味. 尤生於洞庭之包山, 過江北則無, 故曰, 江南種橘, 江北爲枳. 考工記云, 踰淮而北爲枳, 則有異同. 故橘頌云, 后皇嘉樹, 橘徠服兮. 受命不遷, 生南國兮. 屈原比之夷齊, 願置以爲像, 取其貞介, 似有志也. 禹貢揚州, 厥包橘柚錫貢, 言錫而貢之. 地理志曰, 蜀郡嚴道, 巴郡朐忍魚復二縣出橘, 有橘官. …… 又有甘橘, 其形似橘而圓大, 皮色生靑, 熟則黃赤, 未經霜時尤酸, 霜後甚甜. 故名甘子, 生嶺南及江南.)

《독두심해》 황귤과 단감은 잡수와는 매우 다름을 말한다.(言橘柑特異於雜樹.)

3 江上(강상) – 강가. 기주의 강가를 가리킨다. 歇(헐) – 그치다.

4 籬中秀色(이중수색) – 울타리 안의 빼어난 색. 붉은 귤과 노란 밀감의 아름다운 색깔을 말한다. '中秀'는 '邊新'으로 된 판본도 있다. 畵屛舒

(화병서) – 그림 병풍이 펼쳐지다. 붉고 노란 귤의 색깔이 어울려 그림 병풍 같다는 말이다. '舒'는 '紓'로 된 판본도 있다.

#《두시상주》: 첫 단락은 비 온 뒤 과수원의 나무를 기록하였다.(首記雨後園樹.)

5 桃蹊李徑(도혜리경) – 복숭아나무와 오얏나무 아래에 난 길. 古(고) – '故'로 된 판본도 있다.

《보주두시》에 인용된 왕수 주 《한서·이광전》 찬에 "속담에 '복숭아와 오얏은 말이 없어도 그 아래 절로 길이 난다'는 말이 있다"라고 하였다. 안사고는 "혜는 길이다. 복숭아와 오얏은 그 꽃과 열매 때문에 부르지 않아도 사람들이 다투어 와서 왕래가 끊이지 않아 그 아래 절로 길이 난다는 말로, 사람은 성실하고 믿음직한 사람을 그리워하므로 모르는 사이에 감화될 수 있음을 비유한다"라고 말하였다.(李廣贊, 諺曰, 桃李不言, 下自成蹊. 師古曰, 蹊爲徑道也. 言桃李以其華實之故, 非有所召呼, 而人爭歸, 來往不絶, 其下自然成徑, 以喩人懷誠信之人, 故能潛有所感.)

6 梔子(치자) – 치자. 紅椒(홍초) – 붉은 산초山椒. '椒'는 산초, 화초花椒를 말한다. 復(부) – '色'으로 된 판본도 있다. 殊(수) – 특출하다. 남다르다.

7 鎖石藤梢(쇄석등초) – 바위를 가둔 등나무 줄기. 등나무 줄기가 바위를 휘감아서 가둔 듯한 모양을 말한다. 元自(원자) – 원래. 본래.

8 倚天松骨(의천송골) – 하늘에 기댄 소나무 뼈. 소나무가 높이 솟아 하늘에 기댄 듯한 모양을 말한다. '倚'는 '到'로 된 판본도 있다. 見來(견래·현래) – 참으로.

[鎖石 2구]

《두시소사공선해후집교》(수정본) '원자'와 '견래'라는 말은 모두 그

구원함이 이와 같음을 말한다. 소식蘇軾의 (〈증황산인贈黃山人〉) 시의 "사람 향한 얼굴은 원래 희고, 눈을 덮은 눈썹은 참으로 검다"라는 구절은 대개 여기서 나왔다.(元自見來之語, 皆言其久遠如此矣. 東坡詩, 面骨向人元自白, 眉毛覆眼見來烏, 蓋出於此.)

9 林香(임향)－ 숲의 향기. 귤 향기를 말한다. 出實(출실)－ 열매에서 나오다. 垂將(수장)－ 거의. 곧 ~하려고 하다. 盡(진)－ 없어지다. 사라지다.

10 葉蔕(엽체)－ 잎자루. 잎이 가지에 달리는 부분. 辭枝(사지)－ 가지에서 떨어지다. '辭'는 '離'로 된 판본도 있고, '枝'는 '柯'로 된 판본도 있다. 重(중)－ 다시. 蘇(소)－ 소생하다.

《두시상주》 '중소'는 '부생'과 같은 말이다.(重蘇, 猶云復生.)

11 愛日恩光(애일은광)－ 겨울 해의 은혜로운 빛. '애일'은 겨울 해를 말한다. 蒙借貸(몽차대)－ 빌리는 혜택을 입다. 이 구는 과수가 겨울 해의 은덕을 입음을 말한다.

《좌전左傳·문공7년文公七年》의 "趙衰, 冬日之日也. 趙盾, 夏日之日也" 구의 두예杜預 주 겨울 해는 어여쁘고, 여름 해는 무섭다.(冬日可愛, 夏日可畏.)

12 淸霜(청상)－ 맑은 서리. 된서리. 殺氣(살기)－ 음기. 한기. 살벌한 기운. 得憂虞(득우우)－ 걱정을 얻다. 이 구는 된서리가 내려 살기가 강성해지니 걱정한다는 뜻이다.

《예기禮記·월령月令》 중추의 달에는 …… 살기가 점점 왕성해진다.(仲秋之月, …… 殺氣浸盛.)

유희劉熙《석명釋名》 서리 '상'은 죽을 '상'과 상관이 있는 말로서, 그 기운이 무자비하고 독하여 사물이 모두 죽게 된다.(霜, 喪也. 其氣慘毒, 物皆喪也.)

[愛日 2구]

《두시조차공선해후집교》(수정본) 이 시는 겨울날에 지어서 '애일', '청상'이라는 시어를 사용하였다.(此, 冬日詩, 故使愛日淸霜.)

#《두시상주》: 둘째 단락은 울타리 안의 빼어난 색을 거듭 말하였다. 복숭아, 오얏, 산초, 치자, 등나무 줄기, 소나무 뼈는 이른바 '옹수'이다. 숲 향기가 열매에서 나오고, 잎자루가 가지를 떠났다는 것은 이른바 황감과 단귤이다. 겨울 해와 된서리는 찬 하늘의 아침 경물이고, 이를 빌리고 걱정함은 과수원 나무의 계책을 대신 세운 것이다.(次申籬中秀色. 桃李椒梔藤梢松骨, 所謂擁樹也. 林香出實, 葉蒂辭枝, 所謂甘橘也. 愛日淸霜, 寒天朝景, 借貸憂虞, 代爲園樹計也.)

13 衰顏(쇠안)－ 늙은 얼굴. 두보 자신의 얼굴을 말한다. 動(동)－ 걸핏하면. 늘. '作'으로 된 판본도 있다. 藜牀(여상)－ 명아주 줄기로 짠 탑상榻床.

유신庾信 〈소원부小園賦〉 하물며 관녕의 명아주 평상은 구멍이 났어도 앉을 수 있었고, 혜강의 쇠 부뚜막은 따뜻해져서 잠잘 수 있었다.(況乎管寧藜牀, 雖穿而可坐, 嵇康鍛竈, 旣暖而堪眠.)

14 緩步(완보)－ 느린 걸음. 두보 자신의 걸음을 말한다. 竹杖(죽장)－ 대나무 지팡이. 扶(부)－ 떠받치다.

[衰顏 2구]

《두시상주》 관녕은 집이 가난하여 명아주 걸상에 거의 구멍이 나도록 앉았으며, 배우기를 좋아하여 게으르지 않았다. 또 《북당서초》에 "(왕찬王粲의) 〈영웅기〉에서 '상후는 늘 명아주 걸상에 앉았다'고 하였다"라는 구절이 있다.(管寧家貧, 坐藜牀欲穿, 好學不倦. 又北堂書抄, 英雄記, 向詡常坐藜牀上.)

15 散騎(산기)－ 산기성散騎省. 반악潘岳이 산기성에서 당직 서며 〈추흥

부〉를 지었다. 雲閣處(운각처)－ 운각이 있는 곳. 운각은 구름에 닿을 정도로 높은 누각.

반악 〈추흥부서〉 진나라 태시太始 14년, 나는 나이 서른둘에 처음으로 흰머리가 났으며, 태위연겸호분중랑장으로서 산기성에 기숙하며 당직하였다. 고각은 구름에 닿고, 햇빛은 드물게 비추었다.(晉十有四年, 余春秋三十有二, 始見二毛, 以太尉掾兼虎賁中郎將, 寓直于散騎之省. 高閣連雲, 陽景罕曜.)

16 僻(벽)－ 외지다. 외따로. 楚山隅(초산우)－ 초산 모퉁이. 초산은 초 지역의 산, 즉 기주의 산을 말한다.

[散騎 2구]

《두시조차공선후해집교》(수정본) 마지막 구는 공이 타향에 유락하여 관서가 따로 없다는 뜻이다. 반악이 호분중랑장일 때 그 〈추흥부·서〉에 "산기성에 기숙하며 당직 서니 고각은 구름에 닿았다"라고 하였다. 공은 지금 관서가 따로 없어서 운각이 있는 곳을 모르고, 원숭이 우는 땅에 머무른다고 하였다.(末句, 公以流落在外, 別無官署之意. 潘安仁爲虎賁中郎將, 其秋興賦序云, 寓直于散騎之省, 高閣連雲. 今公以別無官署, 故言未知雲閣處也, 止在啼猿之地耳.)

#《두시상주》: 마지막 단락은 아침에 걸으면서 느낀 감회이다. 산기성에서 숙직한 반악처럼 몸이 운각에 오를 수 없고, 다만 산골짜기에서 원숭이 소리만 들을 뿐이라는 말이다.(末乃朝行感懷. 言不能如散騎之身登雲閣, 徒聽猿聲於山峽耳.)

##《두시상주》: 공이 양서에서 지은 시에 '과원'도 있고 '감림'도 있다. (〈장별무협증남경형양서과원사십무將別巫峽贈南卿兄瀼西果園四十畝〉 시의) 과원 사십무는 훗날 들어서 남에게 준 것이고, 감림은 생계로서 (〈조우부득귀양서감림阻雨不得歸瀼西甘林〉 시에서) "나그네로 살면서 잠시 심었다"라고 한 것이다. 《두억》에서는 "아침에

가서 본 '원수'는 과수원만 가리키니 감림과는 무관하므로 '단귤과 황감이 이 땅에는 없다'고 하였다"라고 하였다. 지금 살펴보건대 "이 땅에는 없는 것"은 바로 황감과 단귤이 유독 무성함을 말한다. 시의 '임향', '출실' 두 말은 분명히 '단귤'을 말하니 감림이 또 과수원 밖에 있다고 말할 수 있겠는가. 대개 나누어서 말하면 감림은 따로 한 구역이고, 합하여 말하면 감림은 과수원 안에 포함된다. 대개 사십무 안에 여러 과일이 본래 함께 있는 것이다.(公瀼西詩有果園有甘林. 果園四十畝, 他日所擧以贈人者, 甘林爲治生計, 所云客居暫封植者. 杜臆謂朝行所視之園樹, 專指果園, 於甘林無豫. 故云, 丹橘黃甘此地無. 今按, 此地無, 正言柑橘之獨盛, 篇中林香出實二語, 明說丹橘矣. 豈可云甘林又在果園之外乎. 大抵分而言之, 則甘林另爲一區, 合而言之, 甘林包在果園之內. 蓋四十畝中, 自兼有諸果也.)

《두억》: 잡수가 많고 황감과 단귤만 없다. 공은 아마 따로 감림이 있었고, 여기는 (〈장별무협증남경형양서과원사십무將別巫峽贈南卿兄瀼西果園四十畝〉 시의 시제에서) "과원사십무"라고 말한 곳으로 노닐면서 즐기는 데 공급하는 것이었다. 감림은 생계이니 그래서 (〈조우부득귀양서감림阻雨不得歸瀼西甘林〉) 시에서 "나그네로 살면서 잠시 심었다"라고 하였다.(雜樹多矣, 獨無甘橘. 公蓋別有甘林, 而此則所云果園四十畝, 以供遊適者也. 甘林爲治生計, 故詩云客居暫封殖.)

《독두심해》: 첫 구는 잡수가 한 항목이고, 둘째 구는 귤과 감이 한 항목이다. 제3, 4구는 비가 내린 새벽빛이다. 이 4구는 시작하는 단계이다. 가운데 단락의 앞 4구는 잡수를 서술하여 첫 구에 호응한다. 뒤 4구는 귤과 감을 말하여 둘째 구에 호응한다. 이 8구는 중간에 배치한 경물이다. '여상'과 '죽장'은 앉는 행위로 걷는 행위를 도드라지게 한다. 결련은 걸을 때의 자탄이다. 이 4구는 끝맺는 단계이다. '도혜' 이하 6구는 같은 방식으로 문구를 결속하였으니 배우지 말아야 한다.(首

句, 雜樹是一項, 次句, 橘柑是一項. 三四, 得雨曉色. 此四句爲開局. 中段前四敍雜樹, 應首句. 後四, 言橘柑, 應次句. 此八句爲中腹布景. 藜牀竹杖, 以坐襯行. 結聯乃行時自慨. 此四句爲收局. 桃蹊六句, 一樣住脚, 不可學.)

(**이창숙**)

39. 傷秋

가을을 아파하다

村僻來人少[1] 山長去鳥微 高秋收畫扇[2] 久客掩柴扉[3]
懶慢頭時櫛[4] 艱難帶減圍[5] 將軍思汗馬[6] 天子尙戎衣[7]
白蔣風飇脆[8] 殷檉曉夜稀[9] 何年滅豺虎[10] 似有故園歸[11]

마을 외져 찾아오는 이 적고
산 길어 가는 새 희미하다.
높은 가을에 그림 부채를 거두고
오랜 나그네살이로 사립문을 닫는다.
게을러서 머리 빗질 가끔 하고
힘들어서 허리띠 둘레를 줄인다.

장군은 전마를 생각하고
천자는 아직도 갑옷을 입고 있구나.
흰 줄풀은 센 바람에 쇠해지고
검붉은 버들은 새벽이나 밤에 드물어지는구나.
어느 해 승냥이와 호랑이를 없앨까
그러면 고향에 돌아갈 수 있을 것도 같은데.

이 시는 가을을 맞이하여 오랜 나그네 생활로 늙고 병든 자신의 처지를 한탄하고, 아직 해결되지 못한 어지러운 시국에 가슴 아파하며 하루빨리 안정되기를 바라고 있다. 시에서 언급하고 있는 어지러운 시국이 구체적으로 토번의 침입을 가리킨다는 설이 많다. 저작 시기는 대력 2년 가을이며 기주에서 지었다.

> 《보주두시》 양권도는 대력 원년 기주시에 편재하였다. 그러나 이해에는 큰 전쟁이 없어 "장군은 전마를 생각하고, 천자는 아직도 갑옷을 입고 있다"는 구와 들어맞지 않으니, 마땅히 대력 2년이 되어야 한다. 아마 그해 9월 토번이 영주와 빈주에 침입하여 경사에 계엄이 내려졌을 때일 것이다.(梁權道編在大曆元年夔州詩內. 然是年無大兵戈, 於將軍思汗馬天子尙戎衣之句不協, 當是二年. 蓋其年九月, 吐蕃寇靈州邠州, 京師戒嚴.)

주 석

1 村僻(촌벽)－ 마을이 외지다. '村'은 '林'으로 된 판본도 있다.

2 高秋(고추)－ 높은 가을. 하늘이 높고 기운이 상쾌한 가을을 지칭한다. 收畵扇(수화선)－ 그림 부채를 거두다. 서늘한 가을이 되어 부채가 필요 없게 된 것이다. '收畵'는 '藏羽'로 된 판본도 있다.

3 柴扉(시비)－ 사립문. '柴'는 '荊'으로 된 판본도 있다.

> 《두억》 오래 나그네 생활을 하면 사람들이 지겨워져 사립문을 닫는 것이니, 가장 고통스러운 말이다.(久客則人厭, 故掩柴扉, 最是苦語.)

4 懶慢(나만)－ 게으르다. 時櫛(시즐)－ 때때로 빗다. 이 구는 게을러서 머리 손질을 가끔 한다는 말이다. 벼슬을 하지 않아 항상 머리 손질을 할 필요가 없는 것이다.

5 艱難(간난)－ 힘들다. 혹은 괴롭다. 帶(대)－ 허리띠. 減圍(감위)－ 둘레를 줄이다. 이 구는 타향살이의 어려움으로 몸이 말라 허리띠

둘레를 줄인다는 말이다.

《두시조차공선후해집교》 '대감위'는 비록 당연한 이치이나, 여기서는 심약이 스스로 말한 '늙고 병들어 근 백일 사이에 혁대는 항상 구멍을 옮겼다'는 말을 암용하였다.(帶減圍, 雖是常理, 暗用沈約自言老病, 百日數旬, 革帶常移孔.)

《남사南史·심약전沈約傳》 (심약이) 서면과 평소에 잘 지냈기에 마침내 편지로 서면에게 마음을 털어놓았는데, 자신의 늙고 병든 상황을 말하며 근 백일 사이에 혁대는 항상 구멍을 옮겨야만 하였다고 하였다.(與徐勉素善, 遂以書陳情於勉. 言己老病, 百日數旬, 革帶常應移孔.)

#《두시상주》: 이 단락은 기주에 객거하는 것에서 시술을 시작하였으니 곧 '상추'의 경물이다. 부채를 거둔다는 말은 다음의 사립문을 닫는다는 말을 일으킨다. 여름이 지나가면 부채를 버리는 것이 오래 나그네 생활을 하면 사람들이 지겨워져 사립문을 항상 닫는 것과 같은 경우인 것이다. '두시즐'은 관을 쓰지 않기 때문이다. '대감위'는 몸이 말랐기 때문이다.(此從客夔敍起, 乃傷秋之景. 收扇, 興下掩扉, 夏過則扇捐, 猶久客則人厭, 而柴門常掩也. 頭時櫛, 不冠也. 帶減圍, 身瘦也.)

6 思(사) – '猶'로 된 판본도 있다. 汗馬(한마) – 전쟁터에서 싸우는 준마. 혹은 말을 달려 땀나게 한다는 뜻이다. 전쟁에 나가 힘써 싸우는 것을 가리킨다.

7 戎衣(융의) – 군복. 혹은 전쟁을 가리킨다.

[將軍 2구]

《두시조차공선후해집교》 이 시는 토번의 화가 아직 그치지 않았음을 말한다. 그래서 "장군은 전마를 생각하고, 천자는 아직도 갑옷을 입고 있다"라고 하였다.(此篇吐蕃之禍未息, 故云, 將軍思汗馬, 天子尙戎衣.)

8 白蔣(백장)– 흰 줄풀. 風飈(풍표)– 바람. 脆(취)– 쇠하다. 약해지다.

《두시상주》 '백장'은 교초이다.(白蔣, 茭草也.)

《두시경전》 '장'은 줄풀이다.(蔣, 菰蔣也.)

9 殷檉(안정)– 검붉은 버드나무.

《두시경전》 《설문해자》에서 "'안'은 적흑색이다"라고 하였고, 《이아》의 "정은 하류이다"의 주에서 "지금 황하 강변의 붉은 줄기 작은 버드나무이다"라고 하였다.(說文, 殷, 赤黑色. 爾雅, 檉, 河柳. 注, 今河旁赤莖小楊也.)

[白蔣 2구] 이 두 구는 쓸쓸한 가을 경치를 묘사한 것이다. 그런데 이에 사용된 '장蔣'과 '정檉'이라는 글자를 파자해보면, 장군을 뜻하는 '장將'과 임금을 뜻하는 '성聖'이라는 글자를 볼 수 있으므로 앞 7, 8구에 서술한 장수와 임금에 대한 암시적 의미도 담겨 있다고 볼 수 있다.

10 滅(멸)– '減'으로 된 판본도 있다. 豺虎(시호)– 승냥이와 호랑이. 여기서는 난리를 일으킨 토번을 비유한다.

11 故園(고원)– 고향.

《두시경전》 '사유'라는 것은 꼭 그럴 수는 없다는 것이니, 바로 가슴 아파할 만한 곳이다.(似有者, 不可必也, 正是可傷處.)

[何年 2구]

《두시조차공선후해집교》 마지막 구의 '멸시호'는 도적들이 잠시 사라지기를 바란 것이다.(末句, 滅豺虎, 望賊盜稍息也.)

#《두시상주》: 이 단락은 장안의 시사에 감흥을 일으킨 것이니 곧 '상추'의 이유이다. '한마'와 '융의'는 토번이 국경을 침범한 것이다. '장취'와 '정희'는 다시 가을 경치로 들어간 것인데, 이는 초목의 영락한 모습을 빌려 병란으로 쇠락한 것을 비유하였으니 부 가운데 비가 있는 것이다. 돌아가길 생각하면서 '~인 것 같다'고 하였으니 기필할 수 없다는

말이다.(此感長安時事, 乃傷秋之故. 汗馬戎衣, 吐蕃侵境也. 蔣脆樫稀, 重入秋景, 是借草木零落, 以比兵亂凋殘, 賦中有比. 思歸而曰似, 未可必之詞也.)

##《두억》: '두시즐'은 관을 쓰지 않은 것으로 바로 '나만'을 드러내준다. '대감위'는 몸이 마른 것으로 바로 '간난'을 보여준다. '장군은 전마를 생각하고, 천자가 아직도 갑옷을 입고 있다'는 것은 실제 마음으로 나라를 위하는 자가 적은 것을 보여준다. '백장'과 '안정'에서 비로소 가을을 이야기하고 있는데, 아파하는 것이 가을 때문이 아닌 것이다. 승냥이와 호랑이를 없앨 수 없어 고향에 돌아가지 못하니, 이는 모두 전마를 생각하는 자들이 진짜 장군이 아닌 것에서 연유한다. '사유'는 그럴 것 같으나 기필할 수 없다는 말이다.(頭時櫛, 不冠也, 正見懶慢, 帶減圍, 身瘦也, 正見艱難. 將軍思汗馬, 而天子尙戎衣, 見實心爲國者少. 白蔣殷樫, 才說秋, 而傷不在秋. 豺虎未能滅, 則故園未得歸, 總因思汗馬者非眞將軍也. 似有, 且然而未必之詞.)

《독두심해》: 오랜 나그네가 시절을 아파한 작품이다. '촌벽' 4구는 가을 마을의 고적한 모습이다. '나만'은 위 내용을 묶고, '간난'은 아래 내용을 일으킨다. '간난'은 난리로 막혔기 때문이다. '장취'와 '정희'는 가을 경치를 부각한 것인데, '취' 자와 '희' 자는 바로 '멸' 자를 일으키고 있다.(久客傷時之作也. 村僻四句, 秋村枯寂之況. 懶慢束上, 艱難起下. 艱難, 爲亂阻也. 蔣脆樫稀, 點綴秋色. 而脆字稀字, 正興起滅字.)

(**박홍준**)

40. 卽事

즉사시

天畔群山孤草亭[1]　江中風浪雨冥冥[2]
一雙白魚不受釣[3]　三寸黃甘猶自靑[4]
多病馬卿無日起[5]　窮途阮籍幾時醒[6]
未聞細柳散金甲[7]　腸斷秦川流濁涇[8]

하늘가 뭇 산의 초당은 외롭고
강에는 풍랑 일고 비는 어둑어둑 내리네.
한 쌍의 백어는 낚이지 않고
세 치의 황감은 아직 푸른빛이로구나.
병 많은 사마상여는 일어날 날이 없거니와
길 막힌 완적은 언제나 깨어날까?
세류영에서 갑사甲士를 해산하였다는 말 아직 듣지 못하였으니
진천에 흐린 경수가 흘러 애끊는구나.

이 시는 대력 2년 가을 양서 초당에서 지은 것이다. 바람이 불고 비 내리는 날의 주변 경물을 묘사하며 쓸쓸한 심사를 내비쳤다. 병마에 시달리고 생활도 궁핍해진 터에 토번이 장안 서북쪽 빈주와 영주로 침입해 경사에 계엄이 내려졌다는 소식까지 접하고 느낀 답답한 심정이 잘 드러나 있다.

《보주두시》 시에서 "세류영에서 갑사를 해산하였다는 말 아직 듣지 못하였다"라고 하였으니, 응당 대력 2년 9월 토번이 빈주와 영주를 노략질하여 경사에 계엄이 내려진 것을 가리킨다. 이 시는 응당 그때 지어진 것이다. 그래서 시에서 또 "세 치의 황감은 아직 푸른빛이다"라고 하였다. 양권도는 대력 원년에 편차하였는데, 《구당서》와 《자치통감》 대력 원년 조에는 토번이 쳐들어와 노략질하였다는 말이 없다. 다만 《신당서》에 원주를 함락시켰다는 말이 있지만 원주는 이미 광덕 원년에 함락되었으니, 이로써 논하건대 대력 원년작이 아니라는 사실이 매우 분명하다.(詩云, 未聞細柳散金甲, 當是指大曆二年九月, 吐蕃寇邠靈州, 京師戒嚴, 此詩當是其時作, 故詩又云, 三寸黃甘猶自靑. 梁權道編在元年, 然舊史通鑑, 大曆元年不云吐蕃入寇, 但新史云陷原州, 然原州已是廣德元年陷矣, 以此論之, 不是元年作, 甚明.)

주 석

1 天畔(천반) – 하늘가. 草亭(초정) – 양서의 초당을 가리킨다.

2 冥冥(명명) – 어둑한 모양. 자욱한 모양.

3 白魚(백어) – 백어. 물고기의 종류. '소식을 전하는 잉어'를 가리키는 것으로 보는 설도 있다. 不受釣(불수조) – 낚싯바늘을 물지 않다. 낚싯바늘을 물었다 달아나는 것으로 보는 설도 있다.

《두시상주》 '한 쌍의 흰 물고기'는 고시 〈음마장성굴행飮馬長城窟行〉의 "내게 한 쌍의 잉어를 전해주었다"를 암용한 것이다. 장순은 "삼협에는 맛 좋은 물고기가 있으니, 몸뚱아리가 길고 비늘은 가늘고 살이 옥처럼 희다. 봄 사제 전에 나왔다가 가을 사제 때면 돌아가는데, 당시는 이미 9월이었기에 '불수조'라 한 것이다"라고 하였다.(一雙白魚, 暗用古詩遺我雙鯉魚. 張純曰, 峽中有嘉魚, 長身細鱗, 肉白

如玉, 春社前出, 秋社卽歸, 時已九月, 故云不受釣.)

《두율계몽》 '불수조'란 이미 바늘에 걸렸다가 다시 달아나는 것이다.(不受釣者, 已中鉤而復脫也.)

4 黃甘(황감) – 황감.

《두시상주》 서발은 "황감은 모두 둥그런데 유독 성도에서 생산되는 것은 모양이 오리알 같기에 '세 치의 황감'이라 한 것은 그것의 길이를 말하는 것이다"라고 하였다.(徐燉曰, 凡柑皆圓, 獨成都產者形如鴨卵, 故云三寸黃柑, 言其長也.)

[一雙 2구] 강에 낚싯줄을 드리워도 물고기가 물지 않고 산의 귤도 아직 노랗게 익지 않았다는 것으로 당시 생활이 적막하였음을 이야기하였다. 물고기와 귤을 먹거리로 보아, 물고기는 잡히지 않고 귤은 아직 익지 않을 무렵이라 생활이 궁핍하였던 것이라고 풀이하는 설도 있다.

《찬주두시택풍당비해》 흰 물고기가 낚싯바늘을 피하고 노란 귤이 아직 푸르니, 이는 초당의 외롭고 쓸쓸한 모습이다.(白魚避釣, 黃甘猶靑, 此草亭孤寂之狀也.)

5 馬卿(마경) – 자가 장경長卿인 사마상여司馬相如를 가리킨다. '馬'가 '長'으로 된 판본도 있다.

《두공부시집집주》 두보의 시에 '갈량', '마경'이라 한 것을 두고 혹자는 글자를 끊어 쓰는 것이 적절치 않다고 보기도 하지만 육조 사람들에게 이미 이런 표현이 있었다. 유신의 비문에 "노수를 건넌 5월에 '갈량'에게는 깊이 들어간 군대가 있었다"라고 하였고, 설도형의 비문에 "아직 '마경'의 글을 감추고, 양송의 상주를 윤허하지 않았다"라고 하였다.(公詩葛亮馬卿, 或疑不當截字用, 然六朝人已有之. 庾信碑文, 渡瀘五月, 葛亮有深入之兵. 薛道衡碑文, 尙寢馬卿之書, 未允梁松之奏.)

《구가집주두시》 조차공 주 두보가 사마상여로 자신을 비유하였으니 또한 소갈증을 앓았던 것이다.(公以司馬長卿自況, 則亦病消渴也.)

6 窮途(궁도) – 길이 막히다. 阮籍(완적) – 삼국시대 위魏나라의 문인으로, 죽림칠현의 한 사람이다. 幾時醒(기시성) – 언제나 술에서 깰까? 오랫동안 술에서 깨지 않는다는 말이다.

《진서·완적전阮籍傳》 때로 내키는 대로 혼자 수레를 몰고 길이 아닌 데로 가다가 수레가 막히면 그때마다 통곡하고 돌아왔다.(時率意獨駕, 不由徑路, 車跡所窮, 輒慟哭而反.)

《두시조차공선후해집교》 완적은 술에 빠져 한번 마시면 60일 동안 계속되었다.(阮籍沉醉於酒, 一飮六十日也.)

[多病 2구] 사마상여처럼 병이 났고 완적처럼 술에 취해 지냈다는 말이다.

7 細柳(세류) – 세류영細柳營. 한나라의 명장인 주아부周亞夫가 장안의 곤명지 남쪽에 세운 병영 이름이다. 여기서는 당나라 관군의 병영을 뜻한다. 金甲(금갑) – 갑옷.

《두시상주》 주아부의 세류영은 장안 곤명지 남쪽에 있었다. 당시 토번으로 인한 위급상황이 있었다.(周亞夫細柳營, 在長安昆明池南, 時有吐蕃之警也.)

8 腸斷(장단) – 애가 끊기다. 秦川(진천) – 지금의 섬서성과 감숙성에 걸쳐 있는 진령秦嶺 이북의 평원 지대를 가리킨다. '川'이 '州'로 된 판본도 있으나 옳지 않다. 濁涇(탁경) – 흐린 경수涇水. 여기서는 토번이 침입하여 정세가 어지러운 상황을 비유한다.

《두시조차공선후해집교》 두보가 고향을 그리워하였기에 이런 구절이 있는 것도 당연하니, 꼭 동생들이 진천에 있었기 때문은 아니다.(公旣懷鄕, 宜有此句, 不必爲弟妹在秦川.)

《두시상주》에 인용된 《두억》 《삼진기》에 "농산의 민가에 '멀리 진천을 바라보니 간장이 끊어지네'라 하였다"라고 하였다. 여기서는 그 말을 쓴 것이다.(三秦記, 隴山俗歌云, 遙望秦川, 肝腸斷絶. 此用其語.)

《두시상주》 흐린 경수가 흐르기에 맑은 물을 보기 어려운 것이다.(流濁涇, 難見澄淸也.)

[未聞 2구] 토번이 장안 서북쪽 빈주와 영주로 침입하여 경사 주변의 당나라 관군이 계엄 중이라는 뜻이다.

#《두시상주》: 주한은 "이 시는 외로운 초정에 비바람 칠 때 (불우한 신세에 대한) 장검의 탄식을 발한 것이다"라고 하였다. 위 4구는 경물이고, 아래 4구는 감회다. 수련은 나그네살이의 쓸쓸함을 말한 것이다. '백어'는 '강'을 이어받고, '황감'은 '산'을 이어받았다. '낚이지 않고', '아직 푸르다'는 맛있는 음식을 먹기가 어렵다는 말이다. '다병'하고 '궁도'한데 진 땅에서 전쟁이 벌어져 장안으로 돌아갈 기약이 없으니 애끊는다는 것이다. 황생의 주에서는 "나그네살이, 가난과 질병은 두보가 일찍이 자주 언급하였는데, 이 시에서는 또 옛사람을 빌려 자신을 비유하였다"라고 하였다. 주한은 "'하늘가'와 '진천'으로 수미가 호응한다"라고 하였다.(朱瀚曰, 此卽孤亭風雨, 而發長鋏之歎. 上四景物, 下四感懷. 起聯, 言客居之蕭瑟. 白魚, 承江. 黃甘, 承山. 不釣猶靑, 言食味艱難也. 多病窮途, 而當秦地用兵, 則歸京無日, 所以腸斷耳. 黃生注, 羈旅貧病, 公嘗頻言, 此又借古人以自況. 瀚曰, 天畔秦川, 首尾照應.)

《두억》: 귤은 세 치짜리가 공물로 올려진다. 양신楊愼은 "세 치의 귤은 삼협의 불수감이다"라고 하였다. 앞 4구는 모두 눈앞의 쓸쓸한 경치를 묘사해 감흥을 일으킨 것이다. 몸이 바야흐로 병들어 누웠는데 또 길이 막히는 상황을 만나고, 경사 또한 다시 계엄이 내려졌다. 사서를 살펴보건대 대력 2년 9월 토번이 영주를 포위하였다. 그래서 진천의 흐린 경수에 대해 애끊는 것이니, 대체로 자신의 곤궁함을 걱정할 겨를도 없이 먼저 나라의 위급함을 걱정한 것이다. 옛 판본에 '진주'라 한 것을《두율연의》에서 '진천'으로 확정하였으니 옳다. 진 땅의 하천으로는 경수와 위수보다 큰 것이 없는데, 지금 '탁한 경수'를 언급하며 '맑은 위수'는 언급하지 않았으니 토번의 난리를 비유한 것이다. '쌍백어'는 '한 쌍의 잉어' 전고를 쓴 것이고, '불수조'는 편지를 부칠 방편이 없다는 말이다. '삼촌감'은 공물인데 여전히 푸르니 아직 들어가 (조정에) 고할 기약이 없다는 말이다. 몸은 하늘가에 묶인 채 생각이 진천의 난리에 미쳤는데, 편지를 부칠 방편이 없고 들어가 고할 기약도 없으니 어떻게 마음을 추스르겠는가? 그가 애끊는 것은 이 때문이다.(柑以三寸者入貢. 用修云, 三寸柑, 峽中佛手柑也. 前四句皆寫目前蕭條之景以起興. 而身方臥病, 又値窮途, 而京師又復戒嚴. 按史, 大曆二年九月, 吐蕃圍靈州. 所以腸斷於秦川濁涇, 蓋不暇憂身之窮, 而先憂國之危也. 舊作秦州, 演義定爲秦川, 是. 秦中川水莫大於涇渭, 今言濁涇, 不言淸渭, 喩吐蕃之亂也. 雙白魚, 用雙鯉事, 不受釣, 謂無寄書之便也. 三寸柑, 貢物, 猶自靑, 謂未有入告之期也. 身羈天畔, 念及秦川之亂, 而寄書無便, 入告無期, 將何以爲情耶. 其腸斷以此.)

《독두심해》: 분명하면서도 기험하다.(明白而峭.)

(**김준연**)

41. 耳聾
귀가 먹다

生年鶡冠子[1] 歎世鹿皮翁[2] 眼復幾時暗 耳從前月聾[3]
猿鳴秋淚缺[4] 雀噪晚愁空[5] 黃落驚山樹 呼兒問朔風[6]

평생 갈관자요
세상을 개탄한 녹피옹이었네.
눈은 또 언제 어두워질까?
귀는 지난달부터 먹었네.
원숭이 울어도 가을에 눈물이 없고
참새 지저귀어도 저녁에 시름이 없네.
누런 잎이 떨어져 산 나무에 놀라서는
아이를 불러 북풍이 부는지 물어보네.

이 시는 대력 2년 늦가을에 동둔에 머물며 지은 것이다. 평생 은자처럼 살다가 노쇠하여 귀가 먹었기에 슬픔과 시름을 주는 원숭이와 참새의 울음소리를 듣지 않아서 좋은데, 누런 잎이 북풍에 떨어져 날리는 것을 보고는 놀라게 된다. 이에 눈까지 멀기를 바란다고 자조하고 있다.

> 《보주두시》 시에서 "누런 잎이 떨어져 산 나무에 놀라서는 아이를 불러 북풍이 부는지 물어본다"라고 하였으니 마땅히 대력 2년 늦가을에 지은 것이다.(詩云, 黃落驚山樹, 呼兒問朔風, 當是大曆二年秋

晩作.)

주 석

1 生年(생년) – 평생. 鶡冠子(갈관자) – 전국시대 초楚나라 때 은자. 두보 자신을 비유한다. '鶡'은 '할'로도 읽는다.

《구가집주두시》에 인용된 《두시보유杜詩補遺》 《후한서·여복지》에서 "무관武官의 모자에는 한 쌍의 갈 꼬리를 좌우로 붙이는데 이를 '갈관'이라고 한다. 오관중랑장五官中郎將과 호분虎賁, 우림랑羽林郎은 모두 그것을 썼다. 갈은 용맹한 꿩 종류이다. 그것들이 싸우면 끝이 없는데 한쪽이 죽어야 멈춘다. 그래서 조나라 무령왕은 그것으로 모자를 만들어 무사임을 드러내었다"라고 하였다. 이 시에서 말한 갈관자는 초나라 사람으로 깊은 산속에 은거하였다. 옷이 떨어지고 신발에 구멍이 났으며 갈로 모자를 만들었다. 그 이름을 아는 사람이 없어 복장을 가지고 호칭으로 삼았는데, 책을 써서 도가의 일을 말하였다. 풍훤이 일찍이 그를 스승으로 섬기다가 뒤에 조나라에서 현달하였다. 갈관자는 그가 자신을 추천할까 염려하여 마침내 그와 인연을 끊었다.(後漢輿服志, 武冠加雙鶡尾在左右, 謂之鶡冠. 五官虎賁羽林, 皆冠之. 鶡者, 勇雉也. 其鬪無已, 一死乃止. 故趙武靈王爲冠, 以表武士. 是詩所謂鶡冠子者楚人, 隱居深山中, 衣敝履穿, 以鶡爲冠. 莫測其名, 因服成號, 著書言道家事. 馮諼嘗師事之, 後顯于趙. 鶡冠子懼其薦己, 遂與之絶.)

《두시경전》 대의는 난리를 만나 은거하였다는 것을 말한다.(大意言遭亂而隱也.)

《찬주두시택풍당비해》 '생년'은 평생과 같다. 평생 갈관자와 비슷하였다는 말이다.(生年, 猶平生也, 言平生類鶡冠子也.)

2 鹿皮翁(녹피옹) – 전설상의 은자. 두보 자신을 비유한다.

《두시상주》에 인용된 《열선전列仙傳》 녹피옹은 치천 사람으로, 사슴 가죽으로 만든 옷을 입고 잠산 위에서 살며 영지를 먹고 신선의 샘물을 마셨다. 백여 년이 지나서 하산하여 저자에서 약을 팔았다. (鹿皮翁, 菑川人, 衣鹿皮, 居岑山上, 食芝草, 飮神泉. 百餘年, 下賣藥於市.)

[生年 2구] 두보가 평생 은자처럼 살았다는 말이다.

《두보전집교주》에 인용된 《두시논문》 두 구는 귀가 먹었다는 것과 맞지 않는 것 같지만 실상 이는 귀가 먹은 병의 근원이다.(二句若與耳聾不切, 其實是耳聾之病根也.)

《두시설》 대구로 일으켰으며, 옛일을 빌려서 비유로 삼았다.(對起, 借古爲喩.)

3 聾(농) – 귀가 먹다.

4 猿鳴(원명) – 원숭이가 울다.

《두시상주》에 인용된 《파동기巴東記》 원숭이 울음소리 세 번에 눈물이 옷을 적신다.(猿鳴三聲淚沾裳.)

5 雀噪(작조) – 참새가 지저귀다.

《두시조차공선후해집교》 참새가 지저귄다는 것은 비록 전고는 없지만 지저귀는 소리는 근심 있는 사람이 들으면 매우 고약하게 여긴다. 지금 지저귀는 소리를 듣지 않으니 근심이 없어졌다.(雀噪雖無事實, 而啾噪之聲, 愁人聽之爲可惡. 今不聞噪, 則愁空矣.)

[猿鳴 2구]

《두시상주》 눈물이 없고 시름이 없는 것은 들리지 않기 때문이다.(淚缺愁空, 以不聞故也.)

《두시언해》 원숭이와 참새의 울음소리가 모두 들리지 않기에 시름과 눈물이 없는 것이다.(猿雀鳴聲, 皆不得聞, 欠愁與淚也.)

6 朔風(삭풍) – 북풍.

[黃落 2구]

《구가집주두시》 조차공 주 마지막 구는 단지 산의 나뭇잎이 누렇게 떨어지는 것만 보일 뿐 바람 소리가 들리지 않아서 아이를 불러 묻는다는 것이다.(末句但見山木葉黃落, 而不聞風聲, 所以呼兒而問.)

#《두시상주》: 이 시는 노년의 은거를 가슴 아파하여 보이지 않고 들리지 않는 것에 내맡기고자 하는 것이다. 후반 4구는 귀가 먹은 상태를 묘사하였으나 5, 6구만 들리지 않는다는 내용이고 7, 8구는 보이는 것이 있다는 것을 말하며 여전히 눈, 귀와 관계를 짓고 있다. 《두억》에서는 "'눈은 또 언제 어두워질까? 귀는 다행히 전날 먹었다'라고 하였는데 말에 분만憤懣의 감정을 담고 있다"라고 하였다.(此傷老年遯世, 欲付之不見不聞也. 下四寫耳聾之狀, 但五六屬無聞, 七八說有見, 仍與眼耳相關. 杜臆, 眼復幾時暗乎, 耳幸前日聾矣, 語含感憤.)

《두억》: 첫 2구 중 하나는 생전에 병란을 만나 싸움과 죽음이 그치지 않는 것을 개탄하였고, 하나는 세상 사람들이 기심이 많은데도 거짓으로 은거하는 것을 한탄하였다. 보는 것과 듣는 것이 모두 눈살을 찌푸리게 하기에 내 눈이 다시 언제 어두워질지 모르겠지만, 귀의 경우는 다행히 전달부터 먹었다고 말하였다. 그래서 원숭이 울음소리와 참새가 지저귀는 소리에도 시름과 눈물을 잊은 것은 귀가 먹은 효과이다. 그러나 눈은 아직 멀지 않아서 산의 나뭇잎이 누렇게 떨어지는 것을 보고 내심 놀라 북풍을 물으며 송옥처럼 비애를 느끼니, 수심을 만들어 내는 눈구멍이 남아 있어 오히려 공연히 일을 만들게 됨을 느낄 뿐이다. 이러한 세상과 마주쳤으니 차라리 귀가 먹고 눈이 멀어 듣지도 보지도 못하는 것이 더 나으리라. 근심을 그려내는 것이 이에 이르렀으니 비상비비상非想非非想(일체무소유상一切無所有想마저 초월하여 상想이 있는 것도 아니고 없는 것도 아닌 경지)에

든 것이다.(首二句, 一慨生逢兵亂而鬪死不休, 一歎世人多機而駕空隱迹. 所見所聞, 俱堪蹙頞, 因云吾眼不知復以幾時暗, 若耳則幸從前月聾矣. 故猿啼雀噪, 愁淚斯忘, 聾之效也. 但眼猶未暗, 見山木之黃落而驚心, 致問朔風, 悲同宋玉, 剩此通愁之竇, 尙覺多事耳. 當此世界, 何如旣聾且盲, 不聞不見之愈乎. 寫愁至此, 入非非想.)

《독두심해》: 귀가 먼 것을 빌려 분개하는 말을 거침없이 하였다. '생년'에는 노쇠하다는 뜻이 담겨 있고, '탄세'에는 싫어서 버린다는 뜻이 담겨 있다. 두 은자를 거론한 것은 속세와의 단절을 마음에 둔 것이다. 눈을 귀와 짝 지으면서 유달리 다행스럽다는 말을 지어 "아마도 또 눈이 어두워질 수 있겠다", "다행히 이미 귀는 먹었다"라고 말하였다. 5, 6구에서 귀가 먹은 것이 다행임을 정면으로 말하였는데, 시름과 눈물을 면할 수 있기 때문이다. 마지막에서 다시 비록 귀는 먹었지만 눈이 아직 멀지 않은 것을 한탄하였다. 북풍이 들리지 않으니 얼마나 유쾌하겠는가마는, 낙엽이 지는 것을 볼 수밖에 없기에 여전히 이러한 하나의 놀람이 남아 있으니, 아직은 아무것도 모르는 상태에 완전히 내맡길 수는 없다.(借耳聾激爲憤語. 生年字, 含衰老意. 歎世字, 含厭棄意. 擧二隱者, 意存乎絶俗也. 以眼陪耳, 偏作幸詞曰, 豈亦能暗乎, 幸已得聾矣. 五六, 正說耳聾之幸, 爲其可免愁淚也. 末復有雖聾未暗之恨, 朔風不聞, 何快如之, 而未免黃落之見, 則尙留此一驚, 是未能全付之漠然者.)

(**임도현**)

42. 獨坐二首

홀로 앉다 2수

竟日雨冥冥[1] 雙崖洗更靑[2] 水花寒落岸[3] 山鳥暮過庭
暖老思燕玉[4] 充饑憶楚萍[5] 胡笳在樓上[6] 哀怨不堪聽

종일토록 비가 어둑어둑 내려
양쪽 벼랑이 씻겨 더욱 푸르다.
물가 꽃은 추워 강 언덕에 떨어지고
산속 새는 저물어 뜰을 지나간다.
늙은 몸 데우려 연 땅 옥을 그리워하고
주린 배 채우려 초 땅 마름을 생각하는데,
누각 위에서 호가 소리가
슬피 원망하니 차마 들을 수 없다.

이 시는 초겨울에 기주에서 홀로 지내며 지은 것이다. 제1수는 비 오는 가운데 바라본 쓸쓸한 경물과 감회를 읊었고, 제2수는 맑은 날에 기주에서의 쓸쓸한 경물과 신세를 한탄하고 있다. 이 시의 저작 시기에 대해 일반적으로 대력 2년 동둔에서 지은 것으로 보고 있다. 하지만 시에 등장하는 '양쪽 벼랑', '강 언덕' 등의 경물을 볼 때 대력 원년 서각에서 지었을 가능성도 있어 보인다.

《보주두시》 시에서 "백구는 비스듬히 북쪽에 임하고, 황우는 더욱 동쪽에 있다"라고 하였으니 마땅히 기주에서 지은 시다. 또한 "물가 꽃은 추워 강 언덕에 떨어지고, 산속 새는 저물어 뜰을 지나간다"라고 하였으니 필시 동둔에서 지은 것이다.(詩云, 白狗斜臨北, 黃牛更在東, 當是夔州詩. 又云, 水花寒落岸, 山鳥暮過庭, 必在東屯作.)

《두시상주》 황학의 주에 "마땅히 대력 2년 동둔에서 지은 것이다"라고 하였다.(鶴注, 當是大曆二年東屯作.)

《두보전집교주》에 인용된 왕호王灝 주 두보가 동둔에서 곤궁하게 있을 때 마음을 통할 친구가 아주 적었고 의식 해결이 어려워 종일토록 외로이 방 안에 앉아서 일삼을 것이 없었기에 우연히 감회를 읊은 것이다. 두 수의 시는 꼭 한때의 정경은 아니다. 비 오는 날이나 맑은 날이나 다 무료함으로 귀결되기에 합쳐서 제목을 '독좌'라고 하였다.(公困守東屯, 知交最少, 衣食維艱, 終日孤坐一室, 無所事事, 偶而咏懷. 兩詩不必一時情景, 雨日晴日, 總歸無聊, 合而題曰獨坐.)

주 석

1 冥冥(명명) – 어두운 모양. 비가 자욱이 내리는 모양.

2 雙崖(쌍애) – 구당협瞿唐峽의 양쪽 벼랑. 靑(청) – '淸'으로 된 판본도 있다.

두보 〈구당양애瞿唐兩崖〉 삼협은 어느 곳이 알려졌는가? 양쪽 벼랑의 이 문이 웅장하다.(三峽傳何處, 雙崖壯此門.)

《두공부시집집주》 '쌍애'는 구당협의 양쪽 벼랑이다.(雙崖, 瞿唐兩崖也.)

3 水花(수화) – 물가의 꽃.

《두시상주》에 인용된 장원張遠 주 '수화'는 강 언덕에 떨어진 꽃이지 연꽃이 아니다.(水花, 乃岸間所落之花, 非荷也.)

4 思(사)– '須'로 된 판본도 있다. 燕玉(연옥)– 연 땅의 옥. 《수신기搜神記》에 나오는 양백옹楊伯雍이 연 땅의 밭에 옥을 심은 고사를 쓴 것이다. 좋은 옥은 여름에 시원하고 겨울에는 따뜻하기에 늙은 몸을 데우려 껴안고자 하는 것이다. 부인을 가리키는 것으로 보기도 한다.

《두시상주》 옛 주석에 "(한대漢代 무명씨의) 고시에 '연나라와 조나라에 미인이 많은데, 아름다운 이는 얼굴이 옥과 같다'라고 하였다. '수연옥'은 이른바 (《예기禮記·내칙內則》에 나오는) '80살에는 사람을 껴안지 않으면 몸이 따뜻하지 않다'는 것이다"라고 하였다. 전겸익의 《두시전주杜詩錢注》에 인용된 《수신기》에 다음과 같은 이야기가 있다. 옹백(양백옹을 가리킴)이 부모를 무종산에 장사 지냈는데 어떤 사람이 돌 한 말을 주면서 그것을 심게 하였더니 그 밭에서 옥이 생겼다. 북평의 서씨에게 딸이 있어 옹백이 구혼을 하였는데, 흰 옥 한 쌍을 요구하였다. 옹백이 옥을 심은 밭(玉田)에 이르러 다섯 쌍의 옥을 찾아서 얻자 서씨가 딸을 시집보냈다. 북평 서북 130리에 무종성이 있는데, 곧 옛날의 연 땅이라고 하였다. '연옥'은 마땅히 옥전에 옥을 심은 일이다.(舊注, 古詩, 燕趙多佳人, 美者顏如玉. 須燕玉, 所謂八十非人不暖也. 錢箋, 搜神記, 雍伯葬父母於無終山, 有人與石一斗, 令種之, 玉生其田. 北平徐氏有女, 雍伯求之, 要以白璧一雙. 伯至玉田, 求得五雙, 徐氏妻之. 在北平西北百三十里, 有無終城, 卽故燕地也. 燕玉, 當是玉田種事.)

《두율계몽》 조차공이 말하길 "'연옥'은 부인이다. 고시에 '연나라와 조나라에 미인이 많은데, 아름다운 이는 얼굴이 옥과 같다'라고 한 것이다"라고 하였다. 살펴보건대, 조씨의 주석이 심히 정확하니, 이는 다인의 원기를 취하여서 자신을 보양하는 사람들이 이른바 연단煉丹하는 기물이다.(趙叟曰, 燕玉, 婦人也. 古詩, 燕趙多佳人, 美者顏如玉. 案, 趙注甚確, 此卽採補家所謂鼎器也.)

5 楚萍(초평)– 초 땅의 마름 열매.

《두시상주》에 인용된 《공자가어孔子家語》 초나라 동요에 이르길 "초왕이 강을 건너다가 마름 열매를 얻었네. 크기는 말(斗)만 하고 붉기는 해와 같네. 쪼개어 드시니 꿀처럼 달콤하네"라고 하였다.(楚童謠云, 楚王渡江得萍實, 大如斗赤如日, 剖而食之甜如蜜.)

[暖老 2구]

《두보전집교주》에 인용된 왕원 주 본래 옥의 기운이 온화하고 윤택하다고는 하나 늙은 몸을 데울 수는 없고, 마름 열매를 비록 먹을 수는 있으나 허기를 채우기에는 부족하다고 하는데, 지금 이 두 물건을 생각하여 허기와 추위를 해결하는 방도로 삼은 것은 그가 가난함을 보여준다.(本謂玉氣雖溫潤而不可以煖老, 萍實雖可食而不足以充饑, 今思此二物以爲饑寒之計, 見其貧也.)

《두율계몽》에 인용된 고신 주 5, 6구는 두 물건이 반드시 얻을 수 없는 것임을 말하여 허기와 추위를 반드시 면할 수는 없음을 보여주었다. 전육찬錢陸燦이 말하길 "사람이 어쩔 수 없는 때에 이르면 치우쳐 망상을 많이 하고 스스로 탄식하며 비웃기 마련인데, 무한한 깊은 정이 정말 그 속에 있다"라고 하였다.(五六言二物之必不可得, 以見饑寒之必不能免耳. 錢湘靈曰, 人到無可奈何時, 偏多妄想, 自嘆自笑, 深情無限, 正在箇中.)

6 胡笳(호가) – 관악기의 일종으로, 서역에서 유입되어 군대의 악기로 사용되었다. 樓上(누상) – 기주성 위의 누각을 가리킨다.

《두시상주》 '누상'은 성 위의 누각을 가리킨다.(樓上, 指城樓.)

#《두억》: 앞의 시는 비 내리는 가운데 홀로 앉은 것이고, 뒤의 시는 맑은 때에 홀로 앉은 것이다. '난로', '충기'라는 말은 마음이 답답하여 헛되이 상상한 것으로 대개 장난삼아 한 말이다. 두보는 교유한 이가 매우 많은데 시(〈견의이수遣意二首〉)에서 "사귐이 끊어짐을 점차 기뻐한다"라고 한 것은 도리어 분하여서 한 말이지 진실한 말이 아니

다. 이 두 수의 시는 '독좌'로 제목을 정하였는데 대체로 교유가 끊어진 것을 마음 아파한 것이다. 구당협의 양쪽 벼랑을 아침저녁으로 상대하니 비에 씻겨 더욱 푸른데 그것에 질린 것 같은 것은 물가 꽃이 무정하게 추위로 인하여 강 언덕에 떨어져서이다. 유독 산속의 새는 정이 있어 저물자 뜰을 지나가니 사람이 그것만 못함을 보여준다. 늙은 몸을 데우는 데는 이불이 필요하고, 허기를 채우는 데는 음식이 필요하건만 이불도 없고 음식도 없어 생각이 '연옥'과 '초평'에 미쳤다. 이것들은 인간 세상에서 절대로 얻을 수 없는 것이다. 의복과 음식을 얻기 어려움이 이와 같으니 말은 해학적이지만 심정은 괴로운 것이다. 그래서 호가 소리는 본래 누각 위에 있어 사람과 상관이 없는데, 슬피 원망히는 소리를 다만 차마 들을 수 없는 것은 부지불식간에 슬픔과 원망이 내 마음에서 생겨서이지 호가와 관련된 것이 아니다.(前首雨中獨坐, 後首晴時獨坐. 暖老充飢語, 無聊妄想, 蓋戲言也. 公最多交游, 而有詩云, 漸喜交游絶, 乃憤詞, 非實語. 此二詩以獨坐命題, 蓋傷交游之絶也. 瞿塘雙崖, 朝夕相對, 雨洗而更靑, 若厭之者, 水花無情, 因寒落岸. 獨山鳥有情, 暮而過庭, 見人之不如也. 暖老須被, 充飢須食, 無被無食, 想及燕玉楚萍, 此人間必不可得之物, 而衣食之難得如之, 語似謔而情則苦矣. 故胡笳本在樓上, 於人何預, 而聲之哀怨殊不堪聽, 不知哀怨從吾心生, 非關笳也.)

《두시상주》: 시는 '독좌'로 제목을 정하였는데 마을의 거처가 쓸쓸한 것을 마음 아파한 것이다. 위 4구는 경물이고, 아래 4구는 감회이다. 《두억》에서 "비가 양쪽 벼랑을 씻고 왕래하는 사람이 없으니 다만 꽃이 떨어지고 새가 지나가는 것만 보일 따름이다. 늙은 몸을 따뜻하게 하는 데는 이불이 필요하고, 허기를 채우는 데는 음식이 필요하다. '연옥'과 '초평' 같은 것은 세상에서 절대로 얻을 수 없는 물건인데 생각이 여기에 미쳤으니 대체로 의식의 어려움을 심하게 말한 것일 뿐이다. 누각 위의 슬픈 호가 소리를 귀로 차마 들을 수 없는 것은 원망이 마음에서 생겨서이지 호가 때문이 아니다"라고 하였다. 두보의 시(〈공낭空囊〉)에서 "푸른 잣나무는 써도 오히려 먹으며, 밝은 노을이 높아도 먹을 수 있다"라고 한 것은 마땅히 '연옥', '초평'을 참고하여 보아야 한다.(詩以獨坐命題, 傷村居寥落也. 上四景物, 下四感懷. 杜臆, 雨洗雙崖, 無人來往, 但見花落鳥過而已. 暖老須被, 充饑須食, 若燕玉楚萍, 乃世間必不可得之物, 而思及於此, 蓋甚言衣食之艱難耳. 樓上哀笳, 耳不忍聽, 怨從心生, 非關笳也. 公詩, 翠柏苦猶食, 明霞高可餐, 正當與燕玉楚萍參看.)

《독두심해》: 두 수의 시는 아마도 낮에는 흐리고 밤에 맑은 때에 지은 것이니 제2수를 살펴보면 알 수 있다. 나그네의 떠날 기약이 막힌 것을 괴로워한 것이다. 제1수는 다만 기주에 거처하는 적막한 고통을 서술하여 제2수의 출협에 대한 생각의 발단으로 삼고 있다. 위 4구는 처량한 저물녘의 눈에 가득한 쓸쓸한 상황이다. 5, 6구는 《두억》에서 가장 잘 이해하였다. 대체로 따뜻하고 배부르기 어렵기 때문에 도리어 쉽게 얻을 수 없는 상상을 하여 솜옷 하나와 음식 하나가 거의 '연옥'과 '초평'처럼 갑자기 얻을 수 없는 것임을 보여주었다. 이곳에 사는 것만으로도 슬픔과 원망이 심한데 하물며 '애원'의 소리를 접하니 떠날 생각을 절실하게 하지 않을 수 있겠는가?(二詩恐是晝陰夜晴時所作, 觀次首可見. 惱其阻旅客之行期也. 首章, 祇述居夔落莫之苦, 以爲下章出峽之思作引. 上四, 淒其向晚, 擧目寥寥之況也. 五六, 杜臆最得解. 蓋以溫飽艱難, 轉設爲不易得之想, 以見一纊一餐, 幾如燕玉楚萍, 猝不得致. 居此亦哀怨甚矣, 況更觸以哀怨之聲, 能無汲汲思去哉.)

其二

白狗斜臨北[1]　黃牛更在東[2]　峽雲常照夜[3]　江日會兼風[4]
曬藥安垂老[5]　應門試小童[6]　亦知行不逮[7]　苦恨耳多聾

백구는 비스듬히 북쪽에 임하고
황우는 더욱 동쪽에 있다.
협곡의 구름은 늘 밤에 비치고
강의 해는 반드시 바람과 함께한다.
약을 말려 늙은 몸을 편안케 하고
문에서의 응대는 어린 동복에게 시켜보나니,
내 걸음이 미치지 못함을 또한 알며
귀가 많이 먹은 것을 심히 한탄한다.

주 석

1 白狗(백구) – 백구협白狗峽. 귀주歸州(지금의 호북성湖北省 자귀현秭歸縣)에 있다.

《두시상주》에 인용된 《수경주水經注》 자귀의 백구협은 촉강 가운데에 있다 양면이 깎은 듯하고 절벽의 틈에 숨었다가 드러나는 흰 바위가 개처럼 생겼는데 그 형상이 다 갖춰졌기에 이렇게 이름하였다.(秭歸白狗峽, 蜀江中流, 兩面如削, 絶壁之際, 隱出白石如狗, 形狀具足, 故以名焉.)

2 黃牛(황우) – 황우협黃牛峽. 귀주의 동쪽, 지금의 호북성 의창시宜昌市에 있다.

《독두심해》에 인용된 《일통지一統志》 황우산은 호광 이릉주 서쪽에 있는데 곧 황우협이다.(黃牛山, 在湖廣夷陵州西, 則黃牛峽.)

《두시상주》에 인용된 《수경주》 황우탄 앞에 거듭된 산봉우리가 첩첩이 솟아 있다. 그 가장 바깥 높은 벼랑에 바위가 있는데 형색이 사람이 칼을 지고 소를 끄는 것 같다. 사람은 검고 소는 누런데 그 모양새가 분명하다.(黃牛灘前, 有重嶺疊起, 其最外高崖間有石, 色如人負刀牽牛, 人黑牛黃, 成就分明.)

3 照夜(조야) – 밤에 비추다. 밤에 늘 구름이 끼어 달빛 등이 그 사이로 비치는 것이다.

《두시상주》 《두억》에서 구름이 밤에 비치는 것을 석양으로 여겼는데 아니다. 뒤의 시(〈운雲〉)에서 "해가 다하도록 늘 협곡에서 일어나고, 매일 밤 반드시 숲속에 퍼져 있다"라고 하였으니, '조야'는 구름 사이의 빛이 사라졌다 나타났다 하는 것을 가리킴을 알 수 있다.(杜臆, 以雲照夜爲返照, 非也. 後章云, 終年常起峽, 每夜必通林, 可見照夜指雲光之掩映.)

4 日(일) – '月'로 된 판본도 있다. 會(회) – 반드시.

5 曬藥(쇄약) – 약을 햇볕에 쬐어 말리다. 垂老(수로) – 장차 노년에 가까워지다. 늙은 나이.

6 應門(응문) – 문에서 찾아오는 사람을 응대하다.

《두시상주》 '시소동'은 그가 능한지 아닌지를 시험하는 것이다.(試小童, 試其能否也.)

이밀李密 〈진정표陳情表〉 문에서 응대할 오 척의 동복도 없다.(應門無五尺之童.)

7 行不逮(행불체) – 걸음이 미치지 못하다.

《두시상주》 황생의 주에 "'행불체'는 《논어》의 '몸(행동)이 말에 미치지 못함을 부끄러워 한다'는 말에 뿌리를 두고 있다. 두보는 세상을 구제하는 것을 자신의 사명으로 삼았는데 이처럼 쇠약해졌으니 행동이 말에 미치지 못하게 되었다"라고 하였다. 지금 살펴보건대 두보의 시(〈서각폭일西閣曝日〉)에서 "수월하게 병든 다리를 구부린다"라고 하였으니 발걸음이 미치지 못하는 것으로 보는 것이 평순하다. (黃注, 行不逮, 本論語恥躬不逮. 公以濟世自命, 而衰贖如此, 是行不逮言矣. 今按, 公詩言容易收病脚, 作足行不逮爲平順.)

#《두억》: 백구협은 귀주에 있고, 황우협은 이릉에 있는데 이릉은 또한 귀주의 동쪽에 있다. 두 협곡이 기주에서 거리가 오히려 멀지만 가까이에 함께 짝할 이가 없기 때문에 상상으로 그곳에 생각이 미쳤다. 하나는 비스듬히 북쪽에 임하고, 하나는 다시 더 동쪽에 있는데 엄연히 나와 짝하고 앉아 있는 것 같다. 그래서 전혀 그것이 협곡임을 드러내지 않았다. 이는 문인 붓끝의 유희로 새나 짐승과 함께 무리를 이룬 것과 같으니 함께하는 것에 사람의 무리가 없음을 보여준다. 눈앞에 늘 보이는 것에 이르러서는 오히려 협곡의 구름과 강의 해가 있는데, 협곡의 구름이 밤에 비친 것은 석양이다. 해가 이미 졌지만 빛이 높은 구름을 비추어 밤인데도 여전히 비치니 구름이 정이 많음을 보여준다. 강 가운데에서 본 해는 아침에 뜬 해이다. 해가 점점 높아지자 바람을 생성시켰는데 뜻이 있어 그것을 끼고 나온 것 같으니 해가 정이 많음을 보여준다. 모두 이를 빌려 인정의 박함을 형용하였다. 이 때문에 결국 출협을 생각하며 미리 계획을 세우니, 일찍 약을 말려 나의 노년을 편안히 하고, 문에서 응대하는 것으로 어린 동복의 능력을 시험하였다. 또한 자신의 설움이 이미 비칠 수 없음을 알기에 약이 아니면 안 되며, 또 귀가 먼 것을 한탄하기에 객이 이르면 명을 전할 동복이 없으면 안 되는 것이다. 두 시의 뜻은 극히 슬프지만 아득히 초월하여 형상을 드러내지 않고 찾을 수 있는 자취가 없으니

묘하여 입신의 경지에 이른 것이라 할 수 있다.(白狗峽在歸州, 黃牛峽在夷陵, 而夷陵又在歸州之東. 二峽去夔尙遠, 因近無與侶而懸想及之. 一斜臨北, 一更在東, 若儼然陪我而坐者, 而絶不露其爲峽, 此文人筆端游戱, 若鳥獸同群然者, 以見所與無斯人之徒也. 至於目前常見, 尙有峽之雲江之日, 峽雲照夜者, 返照也. 日已落而光映高雲, 夜而猶照, 見雲之多情也. 江中所見之日, 朝出之日也. 日漸高而生風, 若有意挾之而來, 見日之多情也. 皆借以形人情之薄也. 以此遂思出峽而預爲之計, 早而晒藥以安我之垂老, 又以應門試小童之能否. 亦知身之行已不逮, 非藥不可, 且恨耳聾, 客至非將命之童不可也. 二詩意極悲, 而玄超不著色相, 無跡可尋, 可謂妙入神者.)

《두시상주》: 이 시도 또한 경물을 대하고서 쓸쓸함을 탄식한 것인데 격식이 위의 시(제1수)와 같다. 백구협은 북쪽을 임하고 황우협은 동쪽에 있는데 자신은 두 협곡 사이에 앉아 오직 밤중에 비치는 구름과 해 아래 생긴 바람이 늘 나그네를 짝함을 볼 따름이다. 약을 말리는 것과 문에서의 응대는 나그네 생활을 하면서도 대략 스스로 해결할 수 있는 것이다. 하지만 발걸음이 미치지 못하니 이 몸으로 할 수 있는 일이 다시 없고, 귀는 먹은 때가 많으니 세상일도 또한 듣지 않게 된다. 평소의 웅장한 뜻과 마음이 이때에 이르러 녹아 없어졌으니, 말이 슬픔을 감당할 수 없을 지경이다. 결련은 별도로 전환하는 말을 써서 바야흐로 곡절이 있다. 《두억》에서 이르길 "'행불체'하니 약에 의지하여서 쇠한 몸을 부지하고, '이다롱'하니 동복에 의지해 명을 전한다"라고 하였다. 후반 4구를 도치하면 직설적임을 면치 못한다.(此亦對景而歎寂寥, 格同上章. 白狗臨北, 黃牛在東, 而身坐兩峽之間, 唯見夜中雲映, 日下風生, 常伴旅人耳. 曬藥應門, 旅居差堪自給, 乃足行不逮, 而此身無復有爲, 耳聽多聾, 而世事并且不聞. 平生壯志雄心, 至此銷歇, 言之不勝悲悵矣. 末聯, 另作轉語, 方有曲折. 杜臆

謂, 行不逮, 故待藥以扶衰. 耳多聾, 故藉童以將命. 四句作倒揷, 未免直致.)

《독두심해》: 제2수는 협곡을 나서려고 하다가 이루지 못하여 애오라지 노쇠한 나이에 스스로를 편히 하는 말을 하고 있다. 의중이 북으로 가고자 하고 동으로 가고자 하기에 생각이 두 협곡이 향하는 바에 이르렀다. '조야' 자를 완상해보면 밤에 비가 그치고 별과 달이 조금 나온 것을 알 수 있다. '겸풍' 자를 완상해보면 햇빛이 나오자 음습한 안개가 또 어둑해졌음을 알 수 있다. 맑은 날씨는 밤에 있고, 낮에는 다시 음습해지니 북으로 가고자 해도 갈 수 없고 동으로 가고자 해도 불가하니 이 속에 이미 '행불체'의 뜻을 몰래 포함하고 있다. 짐짓 늙은 상황을 편히 여기며 동복을 사서 심부름꾼으로 쓰니 또한 나의 행위가 미치지 못함을 아는 것이다. 바로 쇠미함이 귀가 먼 것에서 드러남과 같은 것도 또한 미치지 못하는 것의 한 가지 드러난 사실이다. 아, 입으로는 미치지 못한다고 말하지만 마음은 본디 날아가고자 할 따름이다. 예전에 '행불체'를 해석한 것은 모두 견강부회이다.(次章, 欲出峽而未遂, 聊爲衰老自安之語, 意中欲北欲東, 故想到二峽所向. 玩照夜字, 知夜雨歇而星月微露也. 玩兼風字, 知日光吐而陰霧又霾也. 晴而在夜, 晝復得陰, 則欲北不能, 欲東不可矣. 已隱含行不逮意. 姑安老景, 買童以供使令, 夫亦知吾行之不逮也, 卽如衰微見於耳聾, 亦不逮之一驗也. 噫, 口言不逮, 心固欲飛耳. 舊解行不逮, 俱牽强.)

(**강민호**)

43. 雲
구름

龍以瞿唐會[1] 江依白帝深 終年常起峽[2] 每夜必通林

收穫辭霜渚[3] 分明在夕岑[4] 高齋非一處[5] 秀氣豁煩襟[6]

용이 구당협에 모여 있고
강이 백제성에 의지해 깊기에,
해가 다하도록 늘 협곡에서 일어나고
매일 밤 반드시 숲속에 퍼져 있다.
수확하면 서리 내린 물가를 떠나
또렷하게 저녁 산봉우리에 나타나는데,
높은 집은 한 곳이 아니었으니
빼어난 기운에 답답한 가슴이 트인다.

이 시는 대력 2년 기주의 동둔에서 구름을 읊은 것이다. 깊은 강이 있기에 늘 구름이 피어오르는데 가을에는 산에 떠 있어 이를 보노라면 답답한 마음이 트인다고 하였다.

> 《보주두시》 시에서 "수확하면 서리 내린 물가를 떠나 또렷하게 저녁 산봉우리에 나타난다"라고 하였으니 마땅히 이는 대력 2년 동둔에서 지은 것이다.(詩云, 收穫辭霜渚, 分明在夕岑. 當是大曆二年東屯作.)

주 석

1 以(이) – '似'로 된 판본도 있고 '自'로 된 판본도 있다.

《두시상주》《주역》에서 "구름은 용을 따른다"라고 하였다. 용은 강을 굴로 삼는다.(易, 雲從龍. 龍以江爲窟也.)

2 終年(종년) – 한 해가 다하다. 起峽(기협) – 협곡에서 일어나다. 구름이 협곡에서 일어난다는 말이다.

3 收穫(수확) – 농산물을 수확하다. 가을이 되었음을 말한다. 辭霜渚(사상저) – 서리 내린 물가를 떠난다. 가을에는 구름이 강가에서 사라진다는 말이다.

《두시상주》'수확' 구는 바로 〈예도료영회刈稻了咏懷〉에서 밀한 "벼 수확하니 구름과 물이 공활하다"라는 것이다.(收穫句, 卽刈稻咏懷詩, 稻穫空雲水.)

4 分明(분명) – 분명하다. 또렷하다. 夕岑(석잠) – 저녁의 산봉우리.

[收穫 2구]

《구가집주두시》 조차공 주 두보가 스스로 구름이 보이는 곳을 말한 것이다. 두 구는 처음에는 구름이 서리 내린 물가에 있다가 수확하게 되어 그곳을 떠날 때엔 구름이 봉우리에 분명히 보인다는 말이다.(公自言其見雲之處. 句謂初在霜渚中, 收穫至辭出時, 乃見雲在岑分明也.)

5 高齋(고재) – 높은 곳에 있는 집. 두보의 거처를 가리킨다. 이와 달리 기주 지역의 여러 집을 가리킨다는 설도 있다.

6 豁煩襟(활번금) – 답답한 가슴을 확 트이게 하다.

《두시경전》 가을 구름이 가볍고 밝으므로 그 빼어난 모습이 보인다.(秋雲輕明, 故見其秀色.)

[高齋 2구] 두보가 기주에서 여러 군데의 높은 집에 살았는데 모두 이런 경관을 즐길 수 있었다는 말이다. 이와 달리 기주 지역의 여러 높은 집에서 보면 이러하다고 풀이할 수도 있다.

《두억》 '높은 집'은 원래 한 곳이 아니었으니 모두 이 빼어난 기운을 빌려 답답한 마음을 트이게 하였다. 육유의 〈소릉고재기〉에서 "두보가 기주에 살 때 세 번 거처를 옮겼는데 모두 '고재'라고 이름하였다. 그의 시에서 '차수문'이라고 한 것(〈숙강변각宿江邊閣〉)은 백제성의 고재이고, '의약이'라고 한 것(〈모춘제양서신임초옥오수暮春題瀼西新賃草屋五首〉 기사其四)은 양서의 고재이며, '견일천'이라고 한 것(〈자양서형비차이거동둔모옥사수自瀼西荊扉且移居東屯茅屋四首〉 기삼其三)은 동둔의 고재이다"라고 하였는데, 그렇지만 모두가 구당협에서 멀지 않다. 그리고 말구가 바로 시를 지은 본뜻이다.(高齋元非一處, 皆借此秀氣以豁煩襟. 陸務觀高齋記云, 少陵居夔, 三徙居皆名高齋, 其詩次水門者, 白帝城之高齋也. 依藥餌者, 瀼西之高齋也. 見一川者, 東屯之高齋也. 然總去瞿唐不遠, 而尾句乃作詩本意.)

《구가집주두시》 조차공 주 "고재비일처"라고 하였으니 인가마다 모두 높은 집이 있어 올라서 굽어볼 수 있는 것이다.(高齋非一處, 則人家皆有高齋, 可以登覽.)

#《두시상주》: 이 시는 구름을 읊은 것인데 강 구름과 산 구름의 구분이 있다. 강은 용이 사는 굴인데 물기운이 상승하여 숲과 협곡에 퍼지니 이것은 강 구름이다. 가을에 수확을 다하면 용은 숨고 강의 수위는 낮아진다. 그러므로 강의 물가에 있던 구름이 떠나 저녁 산봉우리에 홀로 걸려 있으니 이것은 산 구름이다. 산 구름은 엷기에 빼어난 기운에 가슴이 트인다고 말하였다.(此詩咏雲, 有水雲山雲之別. 江爲龍窟, 水氣上升而布於林峽, 此水雲也. 及秋盡收成, 則龍蟄水落矣, 故江渚雲辭, 而夕岑獨掛, 此山雲也. 山雲淡微, 故云秀氣豁襟.)

《독두심해》: 시 전체가 단숨에 이룬 것이니 또한 용이 기운을 불어 구름을 만드는 것과 같다. 한유가 (〈잡기雜記 · 용설龍說〉에서) 말하기를, "구름은 용이 부려서 신령스럽게 만들 수 있는 것이다"라고 하였는데, 이 시에서 구름을 읊으면서 입을 떼자마자 '용'이라는 글자를 제기한 것을 깨달을 수 있다. 다음과 같은 말이다. 용은 구름을 만드는 것이고 여기의 백제성과 구당협은 바로 그 굴집이니 구름이 항상 협곡에서 일어나고 그 기운이 매번 숲으로 통한다. 지금 수확이 끝난 곳은 비록 강어귀와 떨어져 있지만 이 일대에 보이는 것이 구름 기운이 빼어나게 일어나지 않는 곳이 없으니 어찌 이것이 협곡과 가깝기 때문이 아니겠는가? 요컨대 시는 양서와 동둔 지역에서 지은 것인데 가까운 곳의 산 구름을 보고서 감흥을 일으킨 것이다. 상반부는 그저 착상한 것일 뿐이니 먼 곳과 가까운 곳을 나눠서 읊은 형식이 아니다. 옛 해설은 모두 틀렸다. '고재'는 머물고 있는 곳을 스스로 가리킨 것이 아니고 산비탈에 늘어선 것이 다 그러하다는 말이다. 육유의 〈입촉기〉에서 두보 시에서 언급한 '고재'를 일일이 열거하였는데 모두 그 장소를 억지로 갖다 붙인 것으로 모두 견강부회이다.(通首一氣呵成, 亦如龍之嘘氣成雲. 韓子曰, 雲, 龍之所能使爲靈也. 可悟此詩詠雲, 開口便提龍字. 言龍, 致雲之物也. 此間白帝瞿塘, 乃其窟宅, 故雲常起峽, 而勢每通林. 只今穫畢之處, 雖與江口相懸, 而一帶所見, 無非雲氣秀發, 豈不以近峽故乎. 要之詩作於瀼西東屯之間, 因見近地山雲而發. 上半特其落想耳, 非遠近分詠之格. 舊解俱非. 高齋, 非自指所居, 凡參列山陂者皆是. 陸游入蜀記, 歷舉杜詩所言高齋, 皆強實其處, 總屬附會.)

(**임도현**)

44. 大曆二年九月三十日

대력 2년 9월 30일

爲客無時了[1] 悲秋向夕終[2] 瘴餘夔子國[3] 霜薄楚王宮[4]
草敵虛嵐翠[5] 花禁冷葉紅[6] 年年小搖落[7] 不與故園同[8]

나그네살이는 끝날 때 없지만
가을 슬퍼하는 일은 저녁이면 끝나는데,
기자의 나라에는 장기가 남아 있고
초왕의 궁에는 서리가 엷다.
풀은 산기운과 필적하여 푸르고
꽃은 찬 잎을 견디며 붉으니,
해마다 초목의 시듦이 적어서
고향과 같지 않구나.

시제에서 밝혔듯이 대력 2년 가을의 마지막 날에 기주에서 쓴 시이다. 기주의 특이한 경물을 묘사하면서 고향을 그리워하는 심사를 읊었다. 사람을 슬프게 하는 가을은 끝나가지만 나그네살이의 시름은 끝나지 않는다는 말에서 두보의 한이 진하게 느껴진다.

> 《보주두시》 시에서 "해마다 초목의 시듦이 적어서, 고향과 같지 않구나"라고 하였으니, 아마 동둔에서 지었을 것이다.(年年小搖落, 不與故園同. 蓋在東屯也.)

주 석

1 無時了(무시료) – 끝날 때가 없다.

2 悲秋(비추) – 가을을 슬퍼하는 심사. 가을을 슬퍼하는 일. '슬픈 가을'이라고 풀이하면, 제1구와의 대장 관계를 고려할 때 합당하지 않다.
向夕(향석) – 저녁 무렵.

[爲客 2구]

《두시조차공선후해집교》 시제에서 '구월삼십일'이라 하였다. 그래서 "비추향석종"이라고 하였으니, 가을의 슬퍼할 만한 일은 저녁이면 마침내 없어지게 된다는 것이다.(題是九月三十日, 故云悲秋向夕終, 則秋之可悲者, 向夕而終盡也.)

3 夔子國(기자국) – 기자의 나라. 여기서는 기주를 가리킨다.
《구가집주두시》 '어복현'은 옛 기자국이다.(魚復, 古夔子國.)
《구가집주두시》 조차공 주 기주는 옛 기자국이다.(夔州, 古夔子國.)

4 楚王宮(초왕궁) – 초나라 왕의 궁전. 이 역시 기주 지역을 두고 한 말이다.
《구가집주두시》 조차공 주 《환우기》를 살펴보면, 무산현에 초나라 궁전이 있는데 양왕이 놀던 곳이라고 한다.(按寰宇記, 巫山縣有楚宮, 云襄王所遊也.)

5 敵(적) – 필적하다. 대등하다. 虛嵐(허람) – 남기嵐氣. 산기운.

6 禁(금) – 참고 견디다. 冷葉(냉엽) – 찬 잎. 잎이 차다는 것은 날씨가 차가움을 말한다. '葉'이 '蕊'로 된 판본도 있다.
《두시상주》 '금'은 '견디다'의 뜻이니, 가벼운 서리를 두려워하지 않는다는 말이다.(禁, 耐也. 言不畏輕霜也.)
《두시택풍당비해》 '금'은 '감당하다'의 뜻이다.(禁, 堪也.)

[草敵 2구]

《구가집주두시》 조차공 주 "초적허람취"는 풀빛의 푸름이 산기운의 빛과 맞먹는다는 뜻이다. "화금랭엽홍"은 꽃의 붉은빛이 잎과 더불어 추위를 견딘다는 뜻이다. '적' 자와 '금' 자 같은 것은 기이하다고 말할 만하다.(草敵虛嵐翠, 言草色之翠與嵐光相敵也. 花禁冷葉紅, 言花之紅與葉俱耐冷也. 如敵字禁字, 可謂奇矣.)

《두시경전》 촉에는 지기가 따뜻하여 가을에도 여전히 꽃과 풀이 있음을 말한다.(言蜀中地氣之煖, 故秋間尚有花草.)

[瘴餘 4구]

《두율계몽》 장기가 남아 있고 서리가 엷은 것은 지기가 따뜻하여서이다. 풀의 푸름이 산기운과 필적할 수 있고 꽃의 붉음이 차가운 꽃술을 견딜 수 있는 것은 장기가 남아 있고 서리가 엷어서 생긴 결과이다.(瘴餘霜薄, 地氣暖也. 草之翠可敵虛嵐, 花之紅能禁冷蘂, 則瘴餘霜薄所致也.)

7 小搖落(소요락)－ 조금 떨어지다. 초목이 조금 시든다는 뜻이다. 기주 지역이 다른 지역에 비해 따뜻함을 말한다. 가을을 겨울과 대비하여 표현한 말로 보는 설도 있지만, 합당하지 않다.

《두시상주》 '소요락'은 다 시들지 않는다는 뜻이다.(小搖落, 未盡凋也.)

[年年 2구]

《구가집주두시》 조차공 주 마지막 구는 대체로 초 땅이 따뜻함을 말한다. 가을이어도 초목이 심하게 시들지 않고 단지 조금 시들 뿐이니, 이것이 고향과 다른 까닭이다.(末句蓋言楚地暖, 雖秋而草木不甚衰, 特小小搖落耳. 此其所以異故園也.)

8 故園(고원)－ 고향. 여기서의 고향이 장안을 가리키는지 낙양을 가리키는지는 분명하지 않다.

《두공부초당시전》 '고원'은 장안의 옛 거처를 가리킨다.(故園指長安舊居也.)

[草敵 4구]

《두시택풍당비해》 장기가 따뜻하고 서리가 엷어서 풀빛이 산기운 같고 꽃이 붉은 잎을 이기니, 그래서 고향과 다른 것이다.(瘴暖霜薄, 故草色如嵐, 花勝紅葉, 所以不似故園也.)

#《두시상주》: 나그네살이하며 가을을 슬퍼하는 것이 시 전체의 대의이다. 가운데 부분에서 지기가 따뜻하여 물색이 아름다움을 말하였는데, 이는 가을이 다할 무렵의 경치이다. 마지막 부분에서 시드는 모습을 보고 고향을 그리워하였으니, 이는 나그네살이의 감정이다. '연년'은 나그네살이가 오래되었음을 보여준다. 나그네살이는 다할 때가 없는데 가을은 저녁에 끝난다는 것은 계절이 누차 바뀜을 탄식한 것이다. '꽃'과 '풀'로 '시들다'의 뜻을 일으키니, 후반 4구는 시상의 끊어짐과 이어짐이 서로 만들어낸다.(爲客悲秋, 是全首大意. 中言地氣暖而物色鮮, 是秋盡之景. 末對搖落而思故園, 是作客之情. 年年, 見爲客已久. 客無盡期, 而秋向夕終, 歎節序屢移也. 以花草起搖落, 後四斷續相生.)

《독두심해》: 시상을 일으키는 법이 영활하다. 나그네살이는 다할 때가 없지만 가을은 다할 때가 있다. 하나를 버리고 다른 하나를 제기하는 식인데, 제기한 구는 도리어 주지와 반대되는 방식을 취하였다. 이하 부분은 모두 가을이 가고 겨울이 온다는 이야기에 뜻을 두고, 하나는 따뜻하고 하나는 찬 것으로 나누어 그리면서 기주의 기후에 맞추어 말하였다. '장기가 남았으니' 여전히 따뜻하고, '서리가 엷으니' 가벼운 추위가 있다. '풀이 필적하여 푸른 것'은 장기가 남았기 때문이고, '꽃이 견디어 붉은 것'은 서리가 엷기 때문이다. 서리가 엷기에 시들지만, 장기가 남았기 때문에 그 시듦이 적다. 이 모두가 고향과 같지 않은 점이니, 이 때문에 물후에 감촉하여 나그네살이의 비애가 발동하였다. 그런즉 가을로 인해 생기는 비애는 끝날 수가 있어도 나그네살이로 생기는 비애는 여전히 끝날 수가 없을 것이다.(起法跳脫. 客無了時, 秋有了時也. 一撇一提, 提句卻是反勢. 下俱在秋去冬來上用意, 以一暖一寒分寫, 貼夔土氣候說. 瘴餘, 仍得暖也. 霜薄, 有輕寒也. 草敵翠, 瘴餘故也. 花禁紅, 霜薄故也. 惟霜薄故搖落, 惟瘴餘故搖落而小, 此皆與故園不相類者, 是以感物候而動爲客之悲. 然則悲生於秋者雖可終, 而悲生於客者仍不了矣.)

《두억》: 이해는 아마 가을이 이날에 다하였을 것이다. 또 가을이 다한 날을 '소요락'이라 한 것은 아마도 아직 겨울이 남아 있음을 말한 것이리라. 고향에는 이미 푸른 풀과 노란 꽃이 없어졌다. 그래서 '같지 않은 것'이다.(是年蓋秋盡於是日, 又以秋盡日爲小搖落, 豈謂尙有冬在耶. 故園已無翠草黃花, 故不同)

《두시설》: 무릇 두보에게는 시로 읊는 일이 있고 마음속의 일이 있는데, 마음속의 일을 모두 읊는 대상으로 삼을 수가 없다. 그래서 읊는 대상을 빌려 마음의 일을 아울러 드러내는데, 교묘함이 규율 가운데 생기는 것으로는 한쪽을 버렸다가 다시 양쪽을 모아 묶는 법이 있다. 이 시의 제1구 같은 것은 마음속의 일이고 제2구는 시로 읊는 일이다. 가운데 두 연이 단지 제2구만 이었으니 제1구는 단독으로 버려졌는데, 끝 연에 이르러 읊는 일과 마음속 일 양쪽이 모아 묶였다. 두보의 시에는 이런 수법이 많이 쓰였는데, 이로써 예증할 수 있다. 시제는 특별히 드러내어 적는 방식을 써서 나그네살이의 연월을 적었으니, 곧 절로 글이 갖추어져 뜻이 드러난다. 옛사람은 시드는 모습을 보고 가을을 슬퍼하였지만, 이 지역은 장기가 많고 서리가 엷어 가을이 이미 갔어도 화초가 여전히 어여쁘기에 그 슬픔을 없앨 수 있을 것 같다. 다만 시드는 모습이 고향과 같지 않고 아주 먼 객지에서 오래 나그네살이를 하였기에 사물을 보고 아파하는 마음을 배로 느끼니, 가을은 비록 저녁이면 끝나겠지만, 슬픔이야 어찌 저녁에 끝날 수 있겠는가?(凡杜公有題事有心事, 因不能悉以心事爲題, 故借諸題以帶見心事, 而巧生於規矩之中則有單抛雙綰之法. 如此詩首句, 心事也. 次句, 題事也. 中二聯止承次句, 則首句是單抛, 至尾聯, 則題事心事雙綰. 詩中多用此法, 即此可例. 題作特書之體, 記爲客之歲月, 便自具文見意. 昔人感搖落而悲秋, 此地瘴多霜薄, 秋令已去, 花草尚妍, 宜若可殺其悲者, 特因搖落不同故園, 天涯久客, 倍覺傷心觸目. 秋雖向夕終, 悲其能向夕終耶.)

(이영주)

45. 十月一日
10월 1일

有瘴非全歇[1] 爲冬亦不難[2] 夜郎溪日暖[3] 白帝峽風寒
蒸裹如千室[4] 焦糖幸一柈[5] 玆辰南國重[6] 舊俗自相歡[7]

장기가 다 사라진 것은 아니지만
겨울 되기는 또한 어렵지 않을 것이다.
야랑의 시내는 해가 따뜻하고
백제성 협곡은 바람이 차다.
증과는 많은 집이 똑같고
초당은 한 쟁반이라 다행이다.
이날을 남방에서 중요시하여
옛 풍속을 스스로 서로 기뻐한다.

이 시는 대력 2년 10월 1일 기주에서 지은 것이다. 시제에서 밝힌 10월 1일은 기주 사람들이 기념하는 절기였다. 시에서는 이 시기 기주의 풍토와 습속을 묘사하면서 객지에서의 삶의 일단을 드러내었다.

《보주두시》 시에서 "야랑의 시내는 해가 따뜻하고 백제성 협곡은 바람이 차다"라고 하였으니 마땅히 대력 2년 동둔에서 지은 것이다.(詩云, 夜郎溪日暖, 白帝峽風寒. 當是大曆二年在東屯作.)

《두시상주》 위 시(〈대력이년구월삼십일大曆二年九月三十日〉)와 앞뒤로 지은 것이다. 황생 주에 "진은 음력 10월을 정월로 하였기 때문에 이날을 새해 첫날로 삼았는데 아마도 촉 땅에서는 진의 풍속을 따랐으므로 계절에 나오는 물품을 서로 선물하였을 것이다. 그렇기 때문에 '남국', '구속'이란 말이 있는 것이다"라고 하였다.(與上章先後作. 黃生注, 秦建亥, 以此日爲歲首, 豈蜀沿秦俗, 故以節物相餽耶, 故有南國舊俗之語.)

주 석

1 有瘴(유장) - 장기가 있다. 더운 기운이 남아 있음을 말한다.

2 爲冬(위동) - 겨울이 되다. 10월 1일은 겨울이 시작되는 날이다. 亦不(역불) - '不亦'으로 된 판본도 있다. 이 구는 겨울이 되는 데 또한 어려움이 없을 것이라는 말이다. 이와 달리 겨울이 되기 어렵지 않겠는가?, 즉 겨울이 되기가 어렵다는 의미로 보는 견해도 있다.

[有瘴 2구] 10월 1일이 되었어도 아직 더운 기운이 다 사라지지 않았지만 겨울이 되는 데는 또한 어려움이 없을 것이라는 말이다. 이와 달리 더운 기운이 다 사라지지 않았으니 겨울이 되기 어렵지 않겠는가?로 보는 설도 있고, '위동'을 '겨울을 나다'의 의미로 보아 '겨울나기가 또한 어렵지는 않을 것이다'라고 보는 설도 있으나 취하지 않는다.

《구가집주두시》 조차공 주 때가 이미 10월이 되었는데 장기는 오히려 다 사라지지 않았으니 겨울이 되기 어려운 것이다.(時已十月矣, 而瘴尙未全歇, 所以爲冬候之難.)

3 夜郎(야랑) - 지명. 기주 남쪽에 있다.

《두시상주》 《수경주》에 "온수는 장가야랑현에서 나오는데 현은 옛 야랑후국이다"라고 하였다. 주학령 주에 "당 검중도의 검주, 시주, 진주, 사주 등은 모두 옛 야랑의 땅으로 파수, 기주와 경계를 접하였다"라고 하였다.(水經注, 溫水, 出牂牁夜郎縣, 縣故夜郎侯國也. 朱注, 唐黔中道, 黔施珍思等州皆古夜郎地, 與巴夔接境.)

《독두심해》 야랑은 기주 남쪽에 있다.(夜郎, 在夔南.)

[夜郎 2구] 기주 지역에 따뜻한 기운이 남아 있으면서 바람은 차다는 말이다.

4 蒸裹(증과)– 음식 이름.

《두시경전》에 인용된 《제민요술齊民要術》 '증과'는 사방 7촌이 표준인데, 메줏물로 찹쌀을 끓이고 생강, 귤피, 셀러리, 달래, 소금을 가늘게 썰어 밥알과 볶고, 기름을 죽순 껍질에 발라 십자 모양으로 그것을 싼다.(蒸裹方七寸准, 豉汁煮秫米, 生薑橘皮胡芹小蒜鹽細切熬糝, 膏油塗箬, 十字裹之.)

5 焦糖(초당)– 음식 이름. 엿이나 사탕 종류로 보인다. '焦'는 일반적으로 '燋'로 쓴다. '糖'은 '糟'로 된 판본도 있다. 柈(반)– 쟁반. '盤'과 같다.

《두시상주》에 인용된 《방언方言》 엿을 '당'이라고 한다.(餳, 謂之糖)

《두시경전》 《제민요술》에 "백당을 졸일 때는 약한 불이어야 한다. 불이 세면 눌어붙는다"라고 하였고, 《사민월령》에는 "10월에는 먼저 얼려서 경당凉糖을 만들고 포이(급하게 졸여 당도가 낮은 엿)를 졸인다"라고 하였다.(齊民要術, 煮白餳宜緩火, 火急則焦氣. 四民月令, 十月先冰凍作京餳, 煮暴飴.)

[蒸裹 2구] 기주의 여러 집에서 만든 증과가 모두 똑같고, 이웃으로부터 한 쟁반의 초당을 받은 것을 다행스럽게 생각한다는 말이다. 이웃에게 한 쟁반의 초당을 줄 수 있는 것을 다행으로 여긴다고 보는 설도 있다.

6 玆辰(자신)– 이날. 10월 1일을 말한다. 기주에서는 이날을 절기로 삼았던 것으로 보인다.

7 舊俗(구속) – 옛 풍속. 오래된 풍속. 이 구는 옛 풍속을 따라 기주 사람들이 즐거워한다는 말이다.

[蒸裹 4구]

《구가집주두시》 조차공 주 '증과' 구, '초당' 구는 모두 기주의 10월 1일의 일이 이와 같다는 것이다. …… 기주 사람은 10월 초하루를 초동절로 삼아 음식을 서로 주고받았다.(蒸裹燋糖, 皆夔州十月一日之事如此也. …… 夔人以十月旦爲初冬節, 以飮食相饋遺云.)

#《두시상주》: 위 4구는 풍토를 기록하였고 아래 4구는 민속을 기록하였다. 장기가 아직 다 사라지지 않았는데 홀연 겨울로 접어들었다는 것은 절후를 기록한 것이다. 시내는 따뜻하여 여전히 장기를 띠고 있지만 협곡은 차가우니 겨울로 들어선 것이다. 두 구는 위 뜻을 거듭 말한 것이다. 《두억》에 "'증과' 구, '초당' 구는 기주의 풍속이 이와 같다는 것으로, 아마도 이날을 명절로 삼았을 것이다"라고 하였다. '행일반'은 쟁반 가득 보내주는 것을 다행으로 여긴 것이다. '자상환'은 나그네살이에 함께할 사람이 없음을 말한다. 혹자는 "'겨울인데 장기가 있으니 또한 겨울이 되기 어렵지 않겠는가?'라는 의미로, 놀라 탄식하는 말이다"라고 하였고, 혹자는 "겨울 초기에 장기가 있으니 겨울을 나며 고생하지는 않겠다는 의미로, 기뻐 다행으로 여기는 말이다"라고 하였다. 두 가지 설 모두 앞의 설명보다는 못하다.(上四, 記風土. 下四, 記民俗. 瘴未全消, 而忽焉交冬, 記節候也. 溪暖猶帶瘴, 峽寒則涉冬矣, 二句申上意. 杜臆, 蒸裹焦糖, 夔俗如此, 蓋以是日爲佳節. 幸一盤, 以滿盤贈遺爲幸. 自相歡, 言於客居無與也. 或云, 冬而有瘴, 不亦難乎爲冬, 乃怪歎之詞. 或云, 冬初有瘴, 則過冬不見苦難, 乃欣幸之詞. 兩說俱不如前.)

《두억》: 아마도 이날은 입동이었을 것이다. 야랑에 해가 따뜻하여 장기가 다 수그러들지 않았다. 백제성에 바람이 차기 때문에 겨울이 되기는 어렵지 않다. 요컨대 남쪽 변방에 속하여 기후가 같지 않은 것이다. '증과', '초당'을 서로 선물하는 것은 기주의 풍속이니 아마도 이날을 명절로 삼았을 것이다. '야랑계', '백제협'에서 끊어 읽는다.(蓋是日立冬也. 夜郎日煖, 故瘴非全歇. 白帝風寒, 故爲冬不難. 總屬南徼, 而氣候便不同矣. 蒸裹燋糖, 互相餽送, 此夔之俗, 蓋以是日爲佳節也. 夜郎溪白帝峽爲句.)

《독두심해》: '위동' 구에 대하여 구조오는 절후를 기록한 것이라고 말하였다. 내가 살펴보건대 '역불난'이란 것은 기운이 따뜻함과 추움의 사이에 있다는 것으로 위 구를 긴밀히 받치면서 급히 다음 연을 부르고 있으니 또한 나그네 된 자가 억지로 마음을 느긋하게 가지려는 시이다. '여천실'이란 모든 집이 다 그렇다는 말이다. '행일반'은 받은 것이 심히 드물다는 것이다. 공은 아마도 먹을 양식이 적어서 마음이 조금 쓰였을 것이다. 바로 이웃과 잘 지내는 것을 이방에서 바라기 어렵다는 점을 보인 것이다. 그렇기 때문에 결구에서 '자상환'이라고 한 것은 저들 스스로 떠들썩하다는 것인데 말투에 분명하게 드러내지 않았다. 이 시는 앞 수(〈대력이년구월삼십일〉)의 뜻과 대략 서로 비슷하다.(爲冬句, 仇云記候也. 愚按, 亦不難者, 氣在暖寒之間, 緊頂上句, 急呼次聯, 亦爲客者强爲寬解之詩. 如千室, 盡室皆然. 幸一柈, 見遺甚罕. 公豈以乾餱之微, 稍留心迹, 正見洽比之誼, 難望殊方. 故結云自相歡, 彼自熱鬧也, 而語氣渾然. 此詩與前首之旨, 大約相類.)

(**이석형**)

46. 孟冬
초겨울

殊俗還多事[1] 方冬變所爲[2] 破甘霜落爪[3] 嘗稻雪翻匙[4]
巫峽寒都薄[5] 黔溪瘴遠隨[6] 終然減灘瀨[7] 暫喜息蛟螭[8]

다른 풍속이라도 여전히 일이 많더니
겨울 되자 하는 일이 바뀌었네.
감귤을 쪼개니 서리가 손톱에 떨어지고
쌀밥을 낫보니 눈이 숟가락에서 뒤집히네.
무협은 한기가 늘 약하니
검계 장기가 멀리서부터 옴이라.
마침내 여울물이 줄어들어
교룡이 쉼을 잠시 기뻐하네.

이 시는 대력 2년 겨울에 지은 것으로 겨울날의 한가로운 정경을 써냈다. 한 해 농사하여 수확한 신선한 감귤을 까먹고 햅쌀로 지은 하얀 쌀밥을 먹으면서 한가롭게 지낸다. 당시 두보가 머물던 기주는 겨울이지만 아직 장기瘴氣가 남아 있어서 따뜻하고 강물이 줄어들어서 수해에 대한 염려도 없다. 모든 것이 평안한 초겨울 날의 풍경이다. 대력 원년 겨울에 지은 것으로 보는 주석도 있다.

《두시상주》 양권도는 대력 2년에 편재하였다.(梁氏編在大曆二年.)

《보주두시》 이 시는 분명 대력 원년에 지은 것이다. 이해 가을에 비가 많이 와서 7월에 낙수가 넘쳤다. 그래서 지금 "교룡이 쉼을 잠시 기뻐한다"라는 구절이 있게 된 것이다. 이해 겨울 사서에서는 눈이 오지 않았다고 하였는데, 그래서 또 한기가 약하고 장기가 온다고 말한 것이다. 양권도는 대력 2년으로 편재하였다.(此詩當是大曆元年作, 是年秋多雨, 七月洛水溢, 今故有暫喜息蛟螭之句, 是冬, 史書無雪, 所以又云, 寒薄而瘴隨. 梁權道編在二年.)

주 석

1 殊俗(수속) – 다른 풍속. 기주의 풍속을 가리킨다. 還(환) – 여전히. 또. 多事(다사) – 여러 가지 농사일을 가리킨다. 복잡한 시국 상황을 가리키는 것으로 보기도 한다.

2 所爲(소위) – 하는 일.

[殊俗 2구]

《구가집주두시》 조차공 주 중원에 있을 때는 본디 응수하고 접대하느라 일이 많았는데, 지금 다른 풍속에 있는데도 외려 여전히 일이 많다. 겨울 되자 하는 일이 바뀌었다고 하였으니, 감귤을 쪼개고 쌀밥을 맛보는 것이 바로 하는 일이 바뀐 것이다.(在中原時, 固應接多事矣. 雖在殊俗, 却還多事也. 方冬變所爲, 則破甘嘗稻, 方是變所爲矣.)

3 破甘(파감) – 감귤을 쪼개다. '甘'을 '瓜'로 쓴 판본도 있다. 霜落爪(상락조) – 서리가 손톱에 떨어지다. 실제 서리로 보기도 하지만 차가운 느낌을 말하는 것으로 보인다. 이 구절은 감귤이 신선함을 말한 것이다.

4 嘗稻(상도) – 쌀을 맛보다. 雪翻匙(설번시) – 눈이 숟가락에서 뒤집

힌다. 이 구절은 햅쌀로 지은 밥이 눈처럼 하얗다는 말이다.

5 巫峽(무협) – '巫岫'라고 쓴 판본도 있다. 都(도) – 모두.

6 黔溪(검계) – 검주黔州의 계곡. '烏蠻'으로 쓴 판본도 있다. 瘴(장) – 장기瘴氣. 遠隨(원수) – 멀리서부터 온다는 뜻이다.

[巫峽 2구] 검주의 장기 때문에 무협은 겨울이 되어도 그리 춥지 않다는 말이다. 무협은 겨울이 춥지 않아도 장기가 여전히 남아 있어서 살기에 적당하지 않음을 말한 것으로 보기도 한다.

《구가집주두시》 조차공 주 한기가 약한 것은 초 땅이 따뜻한 까닭이다. 그래서 시주는 장기가 없어도 검주는 장기가 있다고 늘 말하는 것이다. 검주는 기주의 남쪽에 있으니 그 장기가 거의 기주에 이르렀을 것이다.(寒薄, 則楚地暖故也. 故老言施州無瘴, 黔州有瘴. 黔州在夔之南, 則其瘴殆及夔矣.)

7 終然(종연) – 마침내. 灘瀨(탄뢰) – 여울물.

8 蛟螭(교리) – 교룡. 이 구절은 수재로 인한 환란이 멈춘다는 말이다.

《두시조차공선후해집교》 마지막 구절은 물이 가득하게 되면 교룡이 날뛰는데, 겨울이 되니 물이 날로 줄어서 잠시 교룡에 대한 걱정을 그칠 수 있다는 것이다.(末句, 水盛滿則蛟螭橫. 旣冬, 則水日落, 可以暫息蛟螭之憂也.)

[終然 2구]

《두시경전》 두 구절에서 바로 평상시의 위험을 볼 수가 있다.(二句正見得常時之險.)

#《두시상주》: 위 4구는 겨울의 사람 사는 일이요, 아래 4구는 겨울날의 풍경이다. 다른 풍속에 살아도 여전히 일이 많으니 이 시에 앞서 말한 전원을 경영한 일이다. 겨울에는 하는 일이 바뀌어서 일이 없게 됨을 즐거워하니, 오직 감귤을 쪼개고 쌀밥을 맛볼 뿐이다. '서리가

떨어진다'는 것은 그 신선함을 말한 것이고, '눈이 뒤집힌다'는 것은 그 흰 것을 형용한 것이다. 한기가 약하고 장기가 온다고 한 것은 땅의 기운이 아직도 따뜻하다는 것이요, 물결이 줄고 교룡이 숨는다는 것은 물로 인한 근심을 비로소 면하게 되었다는 것이다.(上四冬日人事, 下四冬日風景. 在殊俗而猶多事, 前此課督田園也. 冬變所爲, 則喜於無事, 惟破甘嘗稻而已. 霜落, 言其鮮. 雪翻, 形其白. 寒薄瘴隨, 地氣尙暖. 浪減蛟藏, 水患方免也.)

《독두심해》: 당시 분명히 파 땅에 위험을 알리는 작은 경계 상황이 있었다가 이 시기에 이르러 사태가 평안해졌을 것이다. 시의 처음과 끝을 완미하면 알 수 있다. 결어는 부이면서 비이다.(時必有巴中小警, 至此事平, 玩起訖可見. 結語, 賦而比也.)

《두억》: 기주 사람들의 다른 풍속이니 필경은 일이 많아 사람을 물리게 한다. 이제 초겨울에 이르러서야 하는 일이 바뀌게 된 듯하다. 감귤을 쪼개고 쌀밥을 맛보는 것과 같은 일들은 모두 만족스러운 것들이다. 사람 사는 일이야 원래 그런 것이라지만 날씨 또한 유별하여 비록 추위는 심하지 않지만 장기가 멀리서부터 찾아오니 종내 살 만한 땅이 아니어서 급히 협곡을 나가고자 한 것이다. 어찌 겨울이 되어서 드디어 여울물이 줄어들게 되어 잠시 교룡이 칩거함에 기뻐함을 말한 것일 뿐이겠는가. 이 시는 분명 처음 맞는 기주의 겨울에 지었으니, 이 겨울에 형주로 내려가기를 바란 것이다.(夔人殊俗, 畢竟多事, 令人厭之. 今至初冬, 似變其所爲. 如破甘嘗稻, 皆其可人意者. 人事固然, 風氣又別, 雖寒猶淺, 瘴氣遠隨, 終非可居之地, 故急欲出峽. 豈謂至冬遂能減去灘瀨, 而暫喜蛟螭之蟄耳. 此詩當是初到夔之冬所作, 冀以是冬下荊州也.)

(김성곤)

47. 雷

우레

巫峽中宵動[1] 滄江十月雷[2] 龍蛇不成蟄[3] 天地劃爭廻[4]
却碾空山過[5] 深蟠絶壁來[6] 何須妬雲雨[7] 霹靂楚王臺[8]

무협 한밤에 울리니
창강 시월에 우레라.
용과 뱀은 겨울잠을 못 이루고
하늘과 땅이 홀연 다투어 돈다.
빈산을 다시 갈며 지나가고
깎은 벼랑에 깊이 서려 온다.
구름과 비를 무어 시샘하여
초왕 양대에 벼락을 치는가.

초겨울 시월 한밤에 무협에 우레가 친다. 용과 뱀은 겨울잠을 자다가 깨고, 천지가 도는 듯하다. 산도 갈 만큼 커다란 연자가 도는 듯 소리가 우렁차고, 섬광은 절벽에 내리꽂힌다. 구름이 되었다 비가 되었다 양대에 내려와 초왕을 모시는 신녀를 시샘하여 저리 요란하게 번쩍이고 내려치는가 보다. 당시의 재상 원재元載가 황제의 선심을 사던 정치 상황에 빗대었다고도 풀이한다. 대력 원년 10월에 지었다. 대력 2년에 지었다는 설도 있다.

《보주두시》 이 시는 당연히 대력 원년에 지었다. 이해 겨울에는 눈이 내리지 않았고, 양기가 너무 왕성하여 늘 훈훈하였다. 그러므로 10월인데도 우레가 치고 용과 뱀이 겨울잠을 자지 않았다.(此詩, 當是大曆元年作. 是冬無雪, 愆陽常燠. 故十月而雷, 龍蛇不蟄.)
《두시상주》 잠시 채몽필의 편차를 따라 대력 2년 겨울에 넣는다.(姑依蔡編, 屬在大曆二年之冬.)

주 석

1 中宵(중소)– 한밤. 動(동)– 울리다. 움직이다. 이 구는 우레가 한밤에 울린다는 뜻이다. 또 한밤에 우레가 쳐 무협이 진동한다고도 볼 수 있다.

《두시천》 산은 본래 고요한 사물이고, 밤도 고요한 때이다. 지금 무협이 한밤에 움직이는 것은 강물에 10월 우레가 치기 때문이다.(山本靜物, 夜亦靜時. 今巫峽中宵動者, 則以滄江十月雷也.)
《두율계몽》 '동'이란 우레가 그것을 움직인다는 뜻이다.(動者, 雷動之也.)

2 滄江(창강)– 강물. 十月雷(십월뢰)– 10월에 울리는 우레.

3 龍蛇(용사)– 용과 뱀. 겨울잠을 자는 뱀 무리를 말한다. 蟄(칩)– 숨다. 겨울잠을 자다.

《주역·계사하繫辭下》 용과 뱀의 겨울잠은 몸을 보존하는 방편이다.(龍蛇之蟄, 以存身也.)

4 劃(획)– 홀연히. 갑자기. 爭廻(쟁회)– 다투어 돌다. 천지가 돈다는 뜻이다. 또 여름에 치는 우레가 초겨울에 돌아왔다는 뜻으로 볼 수도 있다.

《두율계몽》에 인용된 소보邵寶 주 "'획'은 갑자기 진탕하는 모양이고, '쟁회'는 10월에 여름 기후로 돌아갔다는 뜻이다"라고 하였다.(邵二

泉曰, 劃, 焂然震蕩之貌. 爭回, 十月反回夏令也.)

5 却(각)－ 도로. 다시. 碾(연)－ 갈다. 이 구는 우레 소리가 맷돌이나 연자방아를 돌릴 때 나는 소리처럼 크고 우렁참을 말한다.

6 深蟠(심반)－ 깊이 서리다. '반'은 한곳에 머무는 동작을 말한다. 絶壁(절벽)－ 무협의 절벽을 말한다.

[却碾 2구]

《두율계몽》 가는 움직임은 느리면서도 길어서 그 소리는 은은하여 지나간다고 하였고, 서리는 움직임은 빽빽하면서도 빨라서 그 소리는 우렁차니 온다고 하였다. 지나갈 때는 다소 느리다가 올 때는 매우 빠르다.(碾之爲勢, 舒而長, 其聲隱隱然, 故曰過. 蟠之爲勢, 鬱而疾, 其聲隆隆然, 故曰來. 過稍緩而來甚急.)

7 何須(하수)－ 무슨 필요가 있으랴. 妬(투)－ 질투하다. 雲雨(운우)－ 남녀 사이의 일.

8 霹靂(벽력)－ 벼락. 벼락이 치다. 楚王臺(초왕대)－ 양대陽臺. 무산巫山에 있었다. 초 양왕襄王이 무산 신녀와 만나는 꿈을 꾼 곳이다.

[何須 2구] 무산 신녀와 초 양왕의 고사를 이용하였다. 이 구를 대종과 원재 사이를 풍자하는 것으로 보기도 한다.

《두시상주》 노원창은 "시경(《시경·소아·십월지교十月之交》) 시에서 '10월 신묘일'에 벼락 번개를 기록한 것은 황보皇父의 난을 풍자한 것이다. (두보) 당시의 (재상) 원재가 또한 바로 황보이다"라고 말하였다. 결련의 뜻은 아마 가리키는 바가 있을 것이다.(盧元昌曰, 詩十月辛卯, 記及震電, 刺皇甫之亂也. 當時元載亦卽皇甫. 末聯意蓋有指.)

#《두시상주》: 10월에 우레가 울려서 괴이함을 기록하였다. 겨울잠을 이루지 못하는 것은 기후가 따뜻하여서이고, 홀연히 다투어 도는

것은 우레가 다시 일어나서이다. 그 소리가 앞에서 나다가 다시 뒤에서 나니 도로 빈산 가운데를 가는 것 같고, 그 기세가 맴돌아 그치지 않으니 절벽 위에 깊이 서린 듯하다. 비가 오래 내리다가 우레가 우니 구름이 흩어지고 비가 그친다. 지금은 10월 절후를 맞이하였으니 무산 운우를 질투하여 양대에 벼락을 칠 일이 무어 있으랴. 정말로 놀랄 만하다.(十月動雷, 記異也. 不成蟄, 氣候暖, 劃爭迴, 雷復起. 其聲前而復後, 如却碾空山之中, 其勢盤旋不已, 似深蟠絶壁之上. 久雨雷鳴, 則雲散雨收. 今當十月之候, 何須妬巫山雲雨, 而霹靂陽臺耶. 眞可駭矣.)

《구가집주두시》 조차공 주: '10월 우레'는 때가 맞지 않다. 그러므로 용과 뱀의 겨울잠을 깨우고, 천지의 상도常道를 바꾼다. 때에 맞지 않게 우레가 울리니 신녀가 구름과 비가 됨을 질투하여 벼락을 쳐서 뒤흔드는 듯하다.(十月雷, 非其時矣. 故驚起龍蛇之蟄, 而變易天地之常也. 雷之不時, 若妬神女之爲雲雨而霹靂以震之也.)

《두시설》: 유신의 〈애강남부〉에 "끝내 하늘의 관문을 움직이고, 다투어 땅의 축을 돌린다"라고 하였다. '연' 자와 '반' 자는 형질이 있게 말하였고, '투' 자는 성정이 있게 말하였다. 이는 반드시 마른 우레이다. 그래서 결련에서 그렇게 말하였다. 〈봉증엄팔각로奉贈嚴八閣老〉 시에 "교룡이 구름과 비를 만났다"라는 구가 있어 군신의 회합을 비유하였다. 이 시 결련의 뜻은 대체로 모함꾼이 어지럽혀 군신의 도가 끝을 맺지 못하게 함을 슬퍼하는 것이다. 초 양대의 일은 다만 차용하였을 뿐이다. '10월 우레'는 괴이를 기록한 것이다. 그러나 끝맺는 곳에는 반드시 비흥이 깃들어 있어야 비로소 그저 지은 것은 아니게 된다. 종래 시인들이 우레를 읊은 것이 적었는데 이 시가 나오자 천고에 (시인들이) 끝내 붓을 놓게 되었다.(庾信哀江南賦, 竟動天關, 爭回地軸. 碾字蟠字, 說得有形質, 妒字說得有性情. 此必乾雷, 故結云

云. 贈嚴八詩曾有蛟龍得雲雨之句, 以喩君臣際會. 此結意蓋傷讒人交亂, 使君臣之道不終耳. 楚臺事, 特借用. 十月雷, 紀異也. 然結處必寓比興, 始非徒作. 從來詩人少詠雷者, 此詩出, 千古竟擱筆矣.)

《독두심해》: 황생은 "10월 우레는 괴이를 기록한 것이다"라고 하였지만 내 생각에는 다만 한밤의 우레를 읊었을 뿐이다. 대개 더운 지방에서 10월이 되어도 우레가 치는 것은 그리 이상한 일이 아니다. 그러므로 시에는 콕 집어 가리키는 것이 전혀 없다. 첫 구는 경탄스러우니 먼저 실체를 밝히지 않고 그렸고, 뒤에서 실체를 지적함에 소리도 있고 형세도 있다. 가운데 4구는 모두 한밤에 상상한 말이다. '산을 간다'는 '획쟁회'를 받고, '절벽에 서렸다'는 '불성칩'을 받는다. 두 구는 비이고 두 구는 부인데 원관념과 보조관념이 융화되었다. 결련에서는 또 첫머리의 '무협'과 서로 비춘다. 작법은 긴밀하고 작의는 기이하다.(黄生云, 十月雷, 紀異也. 愚謂只是詠中宵之雷. 蓋炎方十月而雷, 殊非異事. 故詩中全無指切. 起句警絶, 先虛摹而後實點, 有聲有勢. 中四, 皆中宵想像之詞. 碾山, 頂劃爭廻, 蟠壁, 頂不成蟄, 兩比兩賦, 正喩都化. 結又與篇首巫峽交映. 作法緊, 作意奇.)

《두율계몽》: 이것은 무협의 우레로서 한밤중에 진동한 것이다. 결련 또한 무협과 연관되어 감정이 있다.(此爲巫峽之雷, 而中宵所以動也. 結亦照巫峽有情.)

(**이창숙**)

48. 悶

번민

瘴癘浮三蜀[1] 風雲暗百蠻[2] 卷簾唯白水 隱几亦青山[3]
猿捷長難見[4] 鷗輕故不還 無錢從滯客[5] 有鏡巧催顔[6]

장기가 삼촉에 떠 있고
풍운이 백만에 어둑하구나.
발을 걷으니 오직 흰 물뿐이요
궤안에 기대니 또한 푸른 산이구나.
원숭이 빨라 오랫동안 만나보기 힘들고
갈매기 가벼워 일부러 돌아오지 않네.
돈 없어 나그네로 머무는 것 그러려니 여기는데
거울 있어 교묘하게도 낯빛을 재촉하는구나.

이 시는 두보가 기주에서 나그네로 오래 머물며 벗어나지 못하는 신세를 한탄한 것이다. 이질적인 땅에서 지내야 하는 고민, 눈만 뜨면 봐야 하는 지겨운 경치에 대한 고민, 원숭이와 갈매기마저 보이지 않고 벗할 이 하나 없는 적막한 신세에 대한 고민을 차례로 나열하고서 마지막에는 결국 돈 없고 늙은 자신의 처량함이 모든 고민의 근본이었음을 밝히고 있다. 대력 2년에 지었다는 설과 대력 원년에 지었다는 설이 있다.

《보주두시》 시에서 "장기가 삼촉에 떠 있다"라고 하였으니, 마땅히 대력 원년에 지은 것이다. 이해 겨울에 눈이 내리지 않았으니 더운 지역의 독기가 떠다녔을 것이다.(詩云, 瘴癘浮三蜀, 當是大曆元年作. 是年冬無雪, 瘴癘所宜浮也.)

《두시상주》 잠시 예전 차례를 따라서 대력 2년 작품으로 배열한다.(姑依舊次, 列在大曆二年.)

주 석

1 瘴癘(장려) – 남방의 덥고 습한 기운. 장기瘴氣. 풍토병을 유발하는 것으로 알려져 있다. 三蜀(삼촉) – 촉 지역의 촉군蜀郡, 광한군廣漢郡, 건위군犍爲郡을 합쳐서 부르는 말로, 촉 지역을 통칭한다.

2 百蠻(백만) – 남방 소수 민족에 대한 통칭이다.

[瘴癘 2구]

《두시조차공선후해집교》 기주에서 지은 시인데 '삼촉'과 '백만'이라고 말한 것은 대개 기주가 삼촉의 아래, 백만의 북쪽에 있어서 이를 넓게 말한 것이다.(夔州詩而言三蜀百蠻, 蓋夔在三蜀之下, 百蠻之北, 廣言之也.)

3 隱几(은궤) – 궤안에 기대다.

[卷簾 2구]

《두보전집교주》에 인용된 석려거사石閭居士 주 위 구는 발을 걷고 바라보면 혹시 이 번민을 떨쳐낼 수 있을까 하였지만 발을 걷어도 오직 한 조각 흰 물만 보일 뿐이라는 말이다. 이는 번민을 떨쳐내려고 하였으나 성공하지 못한 것이다. 아래 구는 궤안에 기대고 누워 있으면 혹시 이 번민을 풀어낼 수 있을까 하였지만 궤안에 기대어도 또한 한 줄기 푸른 산만 보일 뿐이라는 말이다. 이는 번민을 풀어내고 싶어도 방법이 없는 것이다. 이 두 구는 바로 사람들이 매우 좋아하는 푸른 산과 흰 물에서 자신의 커다란 시름과 번민의 정회를 써냈으니 참으로 전에 없던 기이한 구절이며 오직 두보만이 지어낼 수 있는 것이다.(上句是說卷簾而觀, 或可以排此悶, 乃卷簾惟只有一片白水, 是欲排此悶而不果. 下句是說隱几而臥, 或可以遣此悶, 乃隱几亦只見一帶靑山, 是欲遣此悶而無由. 此二語直從人情所極喜悅之靑山白水中, 寫出自己極愁悶之情懷來, 眞從古未有之奇句, 惟公獨造也.)

4 猿捷(원첩)－ 원숭이가 빠르다. 이 구는 산을 바라보며 원숭이를 찾고자 해도 너무 빨라 어디에 있는지 찾기 어렵다는 말이다.

[猿捷 2구] 이 구를 '원숭이 빠른 모습 늘 보기 어렵고, 갈매기 가벼운 자태 짐짓 돌아오지 않네'로 풀이할 수도 있다.

5 從(종)－ 내버려두다. 받아들이다. 客(객)－ 나그네. 여기서는 두보 자신을 말한다. 이 구는 돈이 없어 길을 나서지 못하고 나그네로 오래 지내게 된 것을 받아들인다는 말이다. 이 구를 돈이 오래된 나그네를 따르지 않는다고 보는 설도 있다.

《두시상주》 '종'은 따르는 것이다. 돈이 나그네를 따르지 않는다는 말이다.(從, 隨也. 謂錢不隨旅客.)

《독두시설》 지금 살펴보건대 '종'은 "배움을 잃은 아이들은 게으른 대로 놓아둔다"(〈병적삼수屛跡三首〉 기삼其三)나 "너무 게을러 기운 옷 그대로 입는다"(〈춘일강촌오수春日江村五首〉 기이其二)에서의 '종' 자와 같다. 다른 시에 보이는 것도 또 많은데, 곧 〈객정客亭〉 시의 "이리저리 떠다니는 쑥대 같은 신세"의 '임' 자의 뜻이다. 돈이 없어 이 몸을 오래 머무는 나그네 신세로 내버려둘 수밖에 없다는 말이다. 주에서 '수'로 풀이하여 '체객' 2자를 이어 읽었는데 아주 잘못된 것이다.(今按, 從猶失學從兒嬾過嬾從衣結之從, 他詩見者尙多, 卽客亭詩飄零任轉蓬任字之意. 言無錢只可任此身留滯作客也. 注解作隨, 是以滯客二字連讀, 殊非.)

6 催顔(최안) – 낯빛을 재촉하다. 즉 늙어 보이게 한다는 것이다.

#《두시상주》: 이 시는 나그네로 오래 머물며 무료하여 지은 것이다. '백수'와 '청산'은 본래 기분을 풀 만한 것인데 남만의 독기가 나오는 땅에 살다 보니 이런 경치를 대하는 것이 다만 번민만 더하기에 족할 따름이다. 산의 원숭이와 물의 갈매기가 어찌 번민이 될까만 그 가볍고 빠르며 자유로운 모습을 보고서 마침내 나그네가 되어 오래 머무는 것을 아파하였다. 3, 4구는 위를 잇고 5, 6구는 아래를 일으키는데 마지막에서 비로소 고민에 이르게 된 이유에 대해 결말을 짓고 있다. 돈이 없다는 것은 가난을 탄식한 것이고, 낯빛을 재촉한다는 것은 늙음을 한탄한 것이다. 도개우가 "거울이 또한 어떻게 낯빛을 재촉하였겠는가만 도리어 공교로움을 거울에 돌리고 있으니, 여기서의 빼어난 표현은 〈숙식일시종문종무熟食日示宗文宗武〉 시의 '너희가 내 늙음을 재촉한다'와 같은 뛰어난 표현이다"라고 하였다.(此詩爲滯客無聊而作. 白水青山, 本堪適興, 因處蠻瘴之地, 故對此祇足增悶耳. 山猿水鷗, 何以成悶, 見其輕捷自如, 遂傷客身之留滯也. 三四承上, 五六起下, 末方結出致悶之由. 無錢歎貧, 催顔嗟老. 陶開虞曰, 鏡亦何嘗催顔, 却歸巧於鏡, 此際韻絶, 與熟食示子詩汝曹催我老同一機杼.)

《두억》: '백수'와 '청산'은 사람들이 좋아하는 것이지만 날마다 눈앞에 있으니 도리어 싫어지게 된다. 원숭이의 빠름과 갈매기의 가벼움에 무슨 정취가 있을까만 오래된 나그네가 그것을 부러워하여 굳이 '보기 힘들다' 하고 '돌아오지 않는다'고 하였으니 모두 고민스런 정회가 그렇게 만든 것이다. 그렇지만 나그네가 돈이 없어 오래 머무는 것을 받아들여야 하는데, 거울 속 얼굴은 날마다 나이가 들어가니 어찌면 그렇게 교묘하게 사람을 재촉하는가. 모든 것이 결국 돈이 없어 번민하게 된 것인데, 번민된 심사를 형용하는 데 침착하면서도 운치가 있다.(白水青山, 人情所適, 然日日在前, 反厭之矣. 猿之捷, 鷗之輕,

便有何趣. 而滯客羨之, 偏難見而不還, 總是悶懷所使. 然客旣無錢, 不得不從其滯, 乃鏡中之顔, 日老一日, 何其巧於催人也. 總爲無錢而悶, 而形容悶懷, 沈着有致.)

《두보전집교주》에 인용된 조방趙汸 주: 처음은 땅이 열악한 것으로 번민을 보였다. 3, 4구는 산수로 인하여 번민을 보였는데, '오직'이라고 하고 '또한'이라고 하였으니 따로 취할 만한 것이 없음이다. 5, 6구는 새와 짐승으로 인하여 번민을 보였는데, 원숭이는 빨라서 보기 힘들고 갈매기는 가벼워서 돌아오지 않는다는 것은 그 풍속이 경박하여 의탁할 바가 없음을 말한 것으로, 혹 가리키는 바가 있는 듯하다. 마지막은 집이 가난하고 몸이 고달프다는 것으로 번민을 보였다.(起以地惡見悶. 三四以山水見悶, 曰惟曰亦, 則他無可取矣. 五六以鳥獸見悶, 猿之難見以捷, 鷗之不還以輕, 謂其俗薄無所托者, 或有所指. 結以家貧身苦見悶.)

《독두심해》: 또한 기주에 오래 머문 것으로 인하여 번민한 것이다. 먼저 '장려'와 '백만'의 2구를 두었으니, 그렇다면 '백수'와 '청산'은 또한 나그네를 가두어 격리시키는 함정이 된다. 이런 까닭으로 원숭이와 갈매기의 가벼움과 빠름을 보고 자신이 체류하고 있음과 늙음을 아파한 것이다. 그 표현이 너무 소쇄하다.(亦爲淹久於夔而悶也. 先着瘴蠻兩句, 則白水青山, 亦是限隔行人之穽矣. 是以見猿鷗之輕捷, 而傷己之滯且老也.下語偏瀟灑.)

(박홍준)

49. 夜二首
밤 2수

向夜月休弦[1] 燈花半委眠[2] 號山無定鹿[3] 落樹有驚蟬[4]
暫憶江東膾[5] 兼懷雪下船[6] 蠻歌犯星起[7] 空覺在天邊[8]

한밤으로 접어들며 반달이 지고
등잔의 불똥이 반쯤 사그라질 때 잠자리에 들었는데,
정처 없는 사슴이 산에서 울고
놀란 매미가 나무에서 떨어진다.
잠시 강동의 회를 생각하고
아울러 눈 내리던 때의 배를 떠올려보는데,
만 지방 노래가 별을 침범하며 일어나기에
하늘가에 있음을 부질없이 깨닫는다.

이 시는 가을밤에 보고 듣고 느낀 것을 2수에 걸쳐 묘사한 연작시다. 첫째 수에서는 잠자리에 들었으나 쉬이 잠들지 못하는 모습을 담았다. 부근에서 우는 사슴과 매미 소리를 듣다가 고향과 친구를 그리워하며 뒤척이는 가운데 새벽녘에 기주의 노래를 듣고 타향살이를 실감한다고 하였다. 둘째 수에서는 기주의 어려운 형편을 경관에 담아 표현하였다. 오랜 전쟁으로 인해 무거운 세금에 시달리는 기주 백성들을 동정하면서 북쪽 고향으로 돌아가고 싶은 심정도 아울러 드러냈다. 저작 시기는 대력 2년으로 보인다.

《보주두시》 시에서 "정처 없는 사슴이 산에서 운다"라고 하고 또 "전쟁의 햇수가 오래되니, 세금으로 밤 깊어서야 돌아온다"라고 하였으니, 응당 대력 2년 기주에서 지은 것이다.(詩云號山無定鹿, 又云甲兵年數久, 賦斂夜深歸, 當是大曆二年夔州作.)

주 석

1 向夜(향야)－ 밤으로 접어들 무렵. '向'이 '白'으로 된 판본도 있다. 月休弦(월휴현)－ 달이 현의 모양을 이루기를 그만두다. 반달이 진다는 뜻이다.

《두시상주》에 인용된 《두억》 불가에서는 전반월을 '백야'라 한다. 시에서 '매미가 놀란다'고 하였으니 마땅히 가을밤이다. 상현은 초이레 초여드레 달이다.(佛家以前半月爲白夜. 詩云蟬驚, 當是秋夜. 上弦, 初七八之月.)

2 燈花(등화)－ 등불의 심지 끝이 타서 맺힌 꽃 모양의 불똥. 半委(반위)－ 반쯤 떨어지다. '委半'으로 된 판본도 있다. 이 구절은 밤이 깊어서야 잠자리에 들었음을 말한다. '委'를 '맡기다'의 뜻으로 보아 이 구절을 '등불 아래 반쯤 잠을 맡긴다'로 풀이하는 설도 있다.

《두율계몽》 등의 불똥이 자려고 할 무렵 반쯤 떨어졌다는 말이다.(謂燈花半委於將眠時也.)

3 號山(호산)－ 산에서 울다. 無定鹿(무정록)－ 정처 없는 사슴. 여기저기 뛰어다니는 사슴을 말한다.

4 落樹(낙수)－ 나무에서 떨어지다. 有驚蟬(유경선)－ 놀란 매미.

[號山 2구] 잠에 들지 못하여 사슴과 매미 소리를 들었다는 말이다.

《두시경전》 다만 경치를 묘사하였으나 난리에 달아나는 뜻이 절로 담겼다.(只寫景而亂離奔竄意自寓.)

5 江東膾(강동회) – 강동 지방에서 즐겨 먹는 회. 여기서는 장한張翰의 농어회를 가리킨다.

《진서·장한전》 장한이 이에 가을바람이 이는 것을 보고 오 땅에서 먹던 줄풀과 순채국 그리고 농어회가 생각나 "인생이란 마음에 흡족하게 사는 것이 귀중한 것이다. 어찌 수천 리 떨어진 타향에서 벼슬살이하며 명예와 작위를 찾을쏘냐?"라고 하며 마침내 수레를 몰게 하여 돌아갔다.(翰因見秋風起, 乃思吳中菰菜蓴羹鱸魚膾, 曰人生貴得適志, 何能羈宦數千里以要名爵乎. 遂命駕而歸.)

6 雪下船(설하선) – 눈 내리던 때의 배. 여기서는 눈 내린 밤에 대규를 찾아갔던 왕휘지의 배를 가리킨다.

《세설신어·임탄任誕》 왕휘지는 산음에 살았는데, 밤에 큰 눈이 내렸다. 잠에서 깨어나 방문을 열고, 술을 따르게 하고 사방을 보니 하얗게 보였다. 그래서 일어나 배회하면서 좌사의 시 〈초은招隱〉을 읊조리다가 문득 대규가 생각났다. 당시 대규는 섬剡에 있었다. 곧장 밤에 작은 배를 타고 그에게 갔다. 하룻밤이 지나서야 비로소 도착하였는데, 문에 다다르자 들어가지 않고 되돌아왔다. 어떤 사람이 그 까닭을 묻자, 왕휘지는 "나는 본래 흥이 나서 간 것인데, 흥이 다하여 돌아섰으니 굳이 대규를 만날 필요가 있겠는가?"라고 말하였다.(王子猷居山陰, 夜大雪. 眠覺, 開室, 命酌酒, 四望皎然. 因起彷徨, 詠左思招隱詩, 忽憶戴安道. 時戴在剡, 卽便夜乘小船就之, 經宿方至, 造門不前而返. 人問其故, 王曰, 吾本乘興而行, 興盡而返, 何必見戴.)

[暫憶 2구]

《두시경전》 두 구는 고향을 그리워하면서 아울러 친구를 떠올린 것이다.(二句思鄕而兼懷友也.)

7 蠻歌(만가) – 만 지방의 노래. 기주의 민가를 가리킨다. 犯星起(범성기) – 새벽별을 침범하며 일어나다. 이 구절은 아직 별이 총총한 새벽

에 만 지방의 노래가 일어났다는 말이다. 이와 달리 '起'의 주체를 두보로 보아, 두보가 노래를 듣고 새벽에 일어났다고 풀이하는 설도 있다.

《두시상주》 기주는 본래 만 지방이기에 '만 지방의 노래'라 한 것이다. 별을 보며 일어난 것은 곧 노래한 이를 가리킨다. 소보邵寶는 두보가 노래를 듣고 일어났다고 하였는데 옳지 않다.(夔本蠻地, 故云蠻歌. 當星而起, 卽指歌者. 邵云公聽歌而起, 非是.)

8 空(공) – '重'으로 된 판본도 있다. 天邊(천변) – 하늘가. 여기서는 두보가 머물고 있는 기주를 가리킨다.

[蠻歌 2구]

《두보전집교주》에 인용된 오첨태吳瞻泰 설 만 지방의 노래를 듣고 별을 침범하며 일어나서 여전히 하늘가에 머무르고 있음을 느낀 것이다. 자신이 잠 못 들고 일어났다고 말하지 않고 만 지방의 노래에 일어났다고 말하였으니 쌓인 한이 여기에 있다.(及聽蠻歌, 犯星而起, 乃覺仍滯天邊也. 不說己不眠而起, 說蠻歌起, 蓄恨在此.)

#《두시상주》: 이 수는 선경후정으로 밤의 달로부터 서술하기 시작하였다. 달을 볼 마음이 없었기에 '휴현'이라 한 것이다. 등잔의 불똥이 반쯤 떨어졌을 때가 돼서야 몸이 막 잠자리에 들었는데, 도리어 우는 사슴과 놀란 매미 소리를 듣고는 자려고 해도 잠들지 못하였다. 그래서 농어회와 눈 내리는 배에 생각이 미치니, 마치 몸이 오월 지방을 노니는 듯하였다. 홀연 만 지방의 노래가 사방에서 일어나는 것을 듣고 그제야 몸이 하늘가에 있고 예전처럼 외로이 지낸다는 것을 느꼈다. 노원창의 주에서는 "그러면 안 되는데 그런 것을 '범'이라 하는데, 두보가 '범' 자를 쓸 때는 모두 하고자 하는 말이 있었다. 〈장효이수將曉二首〉 기일其一에서는 '정처 없이 백만의 땅으로 접어든다'고 하여 늘그막에 다시 만 땅으로 들어감을 말하였다. 〈대설對

雪〉 시에서는 '북방의 눈이 장사를 침범한다'고 하여 북방의 것이 도리어 남방을 침범함을 말하였다. 여기서는 '만 지방 노래가 별을 침범하며 일어난다'고 하여 밤이 다하고 새벽으로 침입함을 말하였다"라고 하였다.(此章先景後情, 從夜月敍起. 無心看月, 故云休弦. 待燈花半落, 身方就眠, 却聞號鹿驚蟬, 雖眠不寐矣. 故思及鱸膾雪船, 如身遊吳越之間. 忽聽蠻歌四起, 方覺身在天邊, 孤棲如故也. 盧注, 不宜然而然曰犯, 公用犯字都有謂. 將曉詩曰, 飄飄犯百蠻, 言老還入蠻也. 對雪詩曰, 北雪犯長沙, 言北却侵南也. 此曰蠻歌犯星起, 言夜終冒曉也.)

《두억》: 불가에서는 전반월을 백야라 하고 후반월을 흑야라 한다. 백야라 하였으니 상현이고, 상현이면 달빛이 하루하루 밝아진다. 그러나 번민의 심회에 감정이 생겨, 비록 백야를 맞았지만 달이 지고 등잔의 불똥도 반쯤 맺어져 또 그것을 내버려두고 잠을 잔다고 하였으니, 무슨 마음으로 달을 마주하겠냐는 말이다. 사슴이 울고 매미가 떨어지는 것은 모두 밤에 자면서 들은 것으로, 처참한 경상景象이기에 자려고 해도 잠들지 못하였던 것이다. 오 땅을 노니는 것을 떠올리다 다시 대규를 방문하는 것을 생각하며 잠시 그가 먼 곳의 나그네임을 잊었다. 뜻밖에 만 지방의 노래가 날이 밝기도 전에 별을 침범하며 일어나, 몸이 하늘가에 있음을 거듭 깨닫게 되니 슬픔이 전과 같아졌다.(佛家以前半月爲白夜, 後半月爲黑夜. 白夜則上弦也, 上弦則月光日盛一日. 然感於悶懷, 謂雖當白夜, 月且休弦, 卽燈花半結, 且委之而眠, 何心對月乎. 鹿號蟬落, 皆夜眠所聞, 而悽慘之象也, 故雖眠不寐. 旣想遊吳, 還思訪戴, 暫忘其爲遠客. 不意蠻歌不待天曉, 犯星而起, 重覺身在天際, 而悲如故矣.)

《독두심해》: 이 수는 협곡을 나서는 상상으로 시 전체가 순전히 허구로 운용되었다. 달이 와서 비추기를 멈추기에 나는 비로소 몸을 밭셔 잠자리에 들었다. 안타깝게도 산의 사슴과 나무의 매미가 때때로 내 마음과 귓가를 건드려, 나로 하여금 협곡을 나가자는 마음이 불현듯 일어나게 하였고 마침내 마치 몸을 협곡 밖에 둔 것 같았다. 그런데 갑자기 새벽을 침범하는 만 지방의 노래를 듣고 보니 여전히 몸이 타향에서 나그네살이하고 있는 것이기에 개탄할 만하구나.(此是出峽之想, 全首純以虛運. 月休來照, 吾方委身就眠矣, 無奈山鹿樹蟬, 時觸我心頭耳畔, 使我出峽之情, 猛然提起, 竟似置身峽外者. 忽聞犯曉蠻歌, 仍舊身羈異俗, 可慨也夫.)

其二

城郭悲笳暮[1]　村墟過翼稀[2]　甲兵年數久[3]　賦斂夜深歸[4]
暗樹依巖落[5]　明河繞塞微[6]　斗斜人更望[7]　月細鵲休飛[8]

성곽은 슬픈 호드기 소리에 저물고
마을에 지나가는 새 드물다.
전쟁의 햇수가 오래되니
세금으로 밤 깊어서야 돌아온다.
어둠 속 나무는 바위에 기대어 잎을 떨구고
밝은 은하가 변새를 둘러 희미하다.
북두성이 기울어도 사람이 또 바라보는데
달빛 희미하니 까치야 날지 말아라.

주 석

1 悲笳(비가)－ 슬픈 호드기 소리.

2 村墟(촌허)－ 마을. 過翼(과익)－ 지나가는 새. 둥지로 돌아가는 새를 가리킨다.

3 甲兵(갑병)－ 갑옷과 병기. 여기서는 전쟁을 가리킨다. 年數(연수)－ 햇수.

4 賦斂(부렴)－ 전부田賦와 세수稅收. 세금.

《구가집주두시》 조차공 주 마을의 백성들이 저자에 들어가 관수官需를 제공하고 세금을 납부하느라 밤이 된 이후에야 돌아왔다는 말이다.(言村落之民入市供官賦斂, 以夜而後歸也.)

5 暗樹(암수)－ 어둠 속의 나무. 依巖落(의암락)－ 바위에 기대어 잎을 떨구다.

6 明河(명하)－ 밝은 은하수. 繞塞(요새)－ 변새를 두르다. 변새는 기주를 가리킨다.

7 斗斜(두사)－ 북두성이 기울다. 밤이 깊었음을 말한다.

8 月細(월세)－ 달빛이 흐리다. 달빛이 희미하다는 말이다. 鵲休飛(작휴비)－ 까치야 날지 말아라. 북쪽 고향으로 돌아가고자 하는 두보가 조조曹操의 시구를 원용하여 까치에게 남쪽으로 날아가지 말라고 하였다는 말이다. 이와 달리 조조의 시와 무관하게 달빛이 희미하고 숲이 어두워 까치가 날지 않은 것이라고 풀이하는 설도 있다.

조조 〈단가행短歌行〉 달 밝고 별 드문데 까막까치는 남으로 날아간다. 나무를 세 번 맴돌지만 어느 가지에 의지할 수 있을까?(月明星稀, 烏鵲南飛. 繞樹三匝, 何枝可依.)

《두율계몽》 '월세'는 그 빛이 가느다란 것이다.(月細, 其光細也.)

《두시경전》 끝 구는 위 무제 조조 시의 뜻을 뒤집어 썼는데도 또한 의탁할 가지가 없다는 감개가 절로 기탁되었다.(末句翻用魏武詩意, 亦自寓無枝可依之感.)

[斗斜 2구]

《구가집주두시》 조차공 주 '작휴비'는 날기를 멈춘 것이다. 달빛이 가늘어 그다지 밝지 않으니, 이것이 까치가 날기를 멈춘 까닭이다.(鵲休飛者, 休停其飛也. 月細而不甚明, 此鵲飛之所以休也.)

《두시상주》 '인갱망'은 자신을 두고 한 말이다. 까치와 대를 이루어 말하느라 '인'이라 하였다.(人更望, 屬自己. 對鵲言, 故曰人.)

《찬주두시택풍당비해》 '북두성이 기울었으니'는 밤이 깊은 광경인데 사람은 아직 잠이 들지 않았다. 달빛이 흐려 숲이 어두운 까닭에 까치가 날지 않는 것이다.(斗斜, 則夜深之景, 人尚不寐. 月細林黑, 故鵲不飛也.)

#《두시상주》: 다음 수는 경물과 감정을 끼워 서술하다가 '월세'로 마무리를 지었다. 1, 2구는 밤으로 접어드는 광경이고, 3, 4구는 기주 사람들의 겹겹의 곤고困苦함을 마음 아파한 것이다. 5, 6구는 밤이 다 지난 광경이고, 7, 8구는 자신의 외로운 생활을 마음 아파한 것이다. 이 또한 허실이 서로 엇섞이는 격식이다. '과익희'는 마을 들판의 황량함을 보인 것이다. 두보는 북쪽으로 돌아가고자 하였기에 까치가 남쪽으로 나는 것을 꺼려서 그것에게 날지 말라고 부탁한 것이다. 《두억》에서는 "두 수는 일시에 지은 것이 아니니, 앞의 수에서는 밤에 그래도 잤지만 이 시에서는 밤새 잠자리에 들지 않았다"라고 하였다.(次章, 景情夾敍, 將月細作結. 一二將夜之景, 三四傷夔人之重困, 五六夜盡之景, 七八傷一己之孤棲, 此亦虛實相間格. 過翼稀, 見村野荒涼. 公欲北歸, 而嫌鵲南飛, 故囑其休飛也. 杜臆, 兩首非一時之作, 前首夜中猶眠, 此首徹夜不寢矣.)

《두억》: 앞의 수와 제목이 같지만 일시에 지은 것은 아니다. 앞에서는 밤에 그래도 잤지만 여기서는 밤에 자지 않았기에 북두성이 기울어도 여전히 바라보았는데, 북두성이 기울면 달이 곧 질 것이라 '달이 희미하다'고 하였다. 두보는 '세' 자를 즐겨 썼지만 '월세'는 멋지지 않다. 달 밝고 별 드문데 까마귀와 까치는 남으로 날아간다. 두보는 북쪽으로 가려 하였지 남쪽으로 가려 하지 않았기에 까치에게 날지 말라고 부탁한 것이다. 달이 밝으면 날 텐데 지금은 달이 이미 가느다라니 날아서 장차 어디로 갈 것인가?(與前首同題, 然非一時之作. 前夜猶眠, 此夜不眠, 故斗斜猶望, 斗斜則月將落矣, 故云月細. 公喜用細字, 然月細不佳. 月明星稀, 烏鵲南飛, 公欲北而不欲南, 故囑鵲休飛也. 月明則飛, 今月已細, 飛將安之耶.)

《독두심해》: 이 수는 돌아가지 못하는 데 대한 느낌이다. 위 4구는 초야의 경물로부터 심야의 감정으로 이끌어갔다. 아래 4구는 심야의 경물로부터 새벽의 감정으로 이끌어갔다. 마을은 썰렁하고 세금은 과중해 오래 머물기 어렵겠기에 돌아가고자 하는 생각이 그로부터 발동한 것이다. 북두성이 기울어도 여전히 바라보는 것은 고향 생각이 그치지 않아서이다. 까치에게 날지 말라고 부탁한 것은 날아도 무익하다는 말로, 돌아가지 못함을 마음 아파하여서이다. 같은 달이지만 앞 수의 달은 그 밝음을 꺼리는 듯하였고 이 수의 달은 그 어두움을 꺼리는 듯하니, 시를 짓는 마음이 교묘히 변함을 느낄 수 있다.(此是不歸之感. 上四, 從初夜之景, 引到深夜之情. 下四, 從深夜之景, 引到將曉之情. 墟冷賦繁, 難以久處, 歸思所由動也. 斗斜猶望, 思鄉不止也. 囑鵲休飛, 飛亦無益, 傷不得歸也. 同一月耳, 前首之月, 似嫌其明, 此首之月, 似嫌其暗, 可悟文心巧變.)

(**김준연**)

50. 朝二首

아침 2수

淸旭楚宮南[1]　霜空萬嶺含[2]　野人時獨往[3]　雲木曉相參[4]

俊鶻無聲過[5]　饑烏下食貪　病身終不動　搖落任江潭[6]

맑은 아침 햇빛이 초궁 남쪽에 비칠 때
서리 내린 하늘이 많은 산봉우리를 머금었다.
야인이 때때로 홀로 가는데
구름 속 나무는 새벽에 서로 섞여 있다.
매서운 매는 소리 없이 지나가고
굶주린 까마귀는 내려와 먹기를 탐하는데,
병든 이 몸은 끝내 움직일 수 없어
요락하는 시절에 강변에 몸을 맡긴다.

이 연작시는 대력 2년 가을 겨울 무렵에 지은 것으로 보인다. 기주의 이른 아침 경물과 특이한 날씨를 묘사하면서 삼협을 나서서 고향으로 돌아가지 못하는 비애를 노래하였다.

《보주두시》 시에서 "맑은 아침 햇빛이 초궁 남쪽에 비친다"라고 하였고, 또 "무산의 겨울은 괴이하여, 어젯밤에도 치달리는 우레가 있었다"라고 하였으니, 마땅히 대력 원년 기주에서 지은 것이다. 두보의 〈뇌雷〉 시에서 "무협 한밤에 울리니, 창강 시월에 우레다" 라고 하였으니 대체로 그때이다.(詩云, 淸旭楚宮南, 又云, 巫山冬

可怪, 昨夜有奔雷, 當是大曆元年夔州作. 公有雷詩云, 巫峽中宵動, 滄江十月雷, 蓋其時也.)

《두시상주》 채몽필의 편차에 의거하여 대력 2년에 넣었다.(依蔡編入在大曆二年.)

주 석

1 淸旭(청욱)– 맑은 아침 햇빛. 楚宮(초궁)– 초왕의 궁. 무산현巫山縣 서쪽 양대陽臺 고성 안에 있었다고 한다. 기주를 가리킨다.

《독두심해》 곧 기주이다.(卽夔.)

《두율계몽》 당시는 겨울에 속하기에 맑은 아침 햇빛이 남쪽에서 뜨는 것이다.(時屬冬日, 故淸旭南出.)

2 霜空(상공)– 서리 내리는 허공. 상천霜天. 萬嶺含(만령함)– 온 산봉우리를 머금다. 이 구는 서리 내리는 하늘 아래에 수많은 산봉우리가 펼쳐진 것을 말한다. 이와 달리 '아침 햇살이 산봉우리를 머금다', '산봉우리가 햇살을 머금다'의 뜻으로 보기도 한다.

《두율계몽》 '만령함'은 (산봉우리가) 맑은 아침 햇빛 가운데 포함된 것이다.(萬嶺含, 含於淸旭之中也.)

3 野人(야인)– 두보 자신을 가리킨다. 일반 사람으로 볼 수도 있다.

4 雲木(운목)– 구름 낀 나무. 相參(상참)– 서로 섞여 있다. 나무가 서로 늘어서 있는 것이다. 이와 달리 '사람과 늘어서 있다'고 보기도 한다.

5 俊鶻(준골)– 매시운 매.

《두시상주》 '무성과'는 빨리 날아가는 것이다.(無聲過, 飛之疾也.)

6 搖落(요락)– 나뭇잎이 흔들려 떨어지는 모습. 두보 자신의 신세를 투영한 것으로 보기도 한다. 江潭(강담)– 강변.

유신庾信 〈고수부枯樹賦〉 옛날에 심은 버드나무는 한남에서 하늘거렸지. 지금 요락하는 것을 보니 강변이 쓸쓸하다. 나무도 이와 같은데 사람이 어찌 감당하랴!(昔年種柳, 依依漢南. 今看搖落, 淒愴江潭. 樹猶如此, 人何以堪.)

#《두시상주》: 제1수는 아침 경물을 대하고서 오랜 나그네 생활의 비애를 일으켰으며 4구에서 나누어진다. 서리 내리는 허공에 나뭇잎이 떨어졌기에 수많은 산봉우리가 다 햇빛을 머금었다. 얼마 뒤에 산 위로 홀로 가니, 나무 끝에 머문 구름이 어지러이 눈앞에 있는 것을 다시 보게 되었다. 《두억》에서 "해가 뜨는 즈음에 비록 새들은 각기 하는 일이 있으나 병든 몸은 움직일 수 없어 초목이 요락하는 대로 내버려두는 것과 같을 따름이다"라고 하였다. '시독왕'은 밭 사이를 한가로이 거니는 것이다. '종부동'은 삼협을 아직 나설 수 없는 것이다.(首章, 對朝景而興久客之悲, 在四句分截. 葉落霜空, 故萬嶺皆含日色. 旣而獨往山上, 又見木杪停雲, 參在眼前矣. 杜臆, 日出之際, 雖禽鳥各有所營, 而病身不動, 如草木之任其搖落耳. 時獨往, 閒步田間也. 終不動, 未能出峽也.)

《독두심해》: 두 시는 또한 오랫동안 객지에 머물면서 고생에 물려서 한 말이다. 위 4구는 새벽 경물을 그린 그림으로 볼 수 있다. 매와 까마귀는 두 가지 다른 동물인데 나는 놈은 날고 연연하는 놈은 연연하여 미련의 흥이 된다. '종부동'은 그 자신에게 허물을 돌리는 듯한 것으로, 시를 지은 뜻을 극명하게 보여준다.(兩詩亦淹留厭苦之詞. 上四, 可作曉景圖. 鶻烏二物, 翔者翔, 戀者戀, 爲尾聯興也. 終不動, 若歸咎其身者, 極見作意.)

《두억》: '상공'은 상천이다. 위에서 아래를 바라보니 수많은 산봉우리가 빽빽하게 펼쳐져 있고, 야인이 홀로 가는데 구름 낀 나무가 서로 서 있다. 새벽 경치가 아주 맑다. 다만 위에서 '청욱'을 제기하였으니

'효' 자 하나를 군더더기로 덧붙인 것 같을 뿐이다. 해가 뜨니 일이 생긴다. 날아가는 새는 각각 절로 할 일이 있건만 병든 몸은 끝내 움직일 수 없으니 하늘하늘한 버들이 강변에서 요락하는 대로 내버려 두는 것과 같을 따름이다.(霜空, 霜天也. 從高望下, 萬嶺森羅, 野人獨往, 雲木相參, 曉景淸絶. 但上提淸旭, 似贅一曉字耳. 日出事生, 飛鳥各自有營, 而病身終不能動, 如依依之柳, 任其搖落江潭而已.)

《두시상주》: 첫 연은 본래 하구로써 상구를 품은 것이다. 황생은 "만약 직설적으로 시술하였더면 다만 '수많은 산봉우리가 초 땅 남쪽에 있는데, 서리 내리는 하늘 아래 맑은 아침 햇살을 머금었다'가 될 것이다"라고 하였다. 셋째 연은 까마귀와 매를 나란히 열거한 것이다. 황생은 "굶주린 까마귀는 먹이를 탐하여 땅에 내려와 먹는데 매서운 매가 그 위에 있는 것을 알지 못하니, 이는 작록爵祿에 연연하다가 참소를 당한 자들을 마음 아파한 것이다. 그래서 잠시 강변을 빌려 기심을 잠재운 것이다"라고 하였다.(起聯, 本以下句抱上句. 黃生云, 若用直敍, 只是萬嶺楚宮南, 霜空淸旭含. 三聯烏鶻並列. 黃生云, 饑烏貪而下食, 不知俊鶻之在其上, 此傷懷祿而被讒者, 故暫借江潭以息機耳.)

其二

浦帆晨初發　郊扉冷未開[1]　林疏黃葉墜[2]　野靜白鷗來
礎潤休全濕[3]　雲晴欲半廻[4]　巫山終可怪　昨夜有奔雷[5]

포구의 돛단배는 새벽에 막 떠나는데

교외의 사립문은 추워서 아직 열지 않았다.
숲은 성긴데 누런 잎은 떨어지고
들이 고요하니 흰 갈매기가 날아온다.
주춧돌은 물기가 있으나 다 젖지 않았고
구름은 날이 개도 반쯤 돌아오려 한다.
무산은 끝내 정말 괴이하구나
어젯밤에는 치달리는 우레가 있었다.

주 석

1 郊扉(교비) – 교외의 사립문. 두보가 거처하는 집을 가리킨다.

2 林(임) – '村'으로 된 판본도 있다. 이 구는 '누런 잎이 떨어져 숲이 성기다'로 보기도 한다.

[林疏 2구]

《두율계몽》 마을이 성긴 것은 누런 잎이 떨어져서이고, 들이 고요하니 흰 학이 절로 날아온다. 인과 관계가 하나(뒤 구)는 순차적이고, 하나(앞 구)는 거꾸로 되어 있다.(村疏由黃葉之墜, 野靜則白鶴自來, 一順一逆.)

3 休全濕(휴전습) – 완전히 젖지 않다.

《두율계몽》 '휴'는 '휴지(그치다)'의 '휴'이니, 금하는 말이 아니다. (休, 是休止之休, 非禁詞也.)

4 欲半廻(욕반회) – 반쯤 돌아오려 하다. '반만 돌아가려 하다'로 보기도 한다.

[礎潤 2구]

《두율계몽》에 인용된 고신 주 주춧돌이 비록 젖기는 하였어도 아직 완전히 젖지 않아 이미 날이 개는가 의심하였는데, 구름이 비록 날이 개었으나 도리어 반쯤 돌아와 비가 올까 또 의심한 것이다. 모두 아침 경물의 흐리고 갬이 일정치 않은 것을 보여준다.(礎雖潤而未全濕, 旣疑其晴. 雲雖晴而却半回, 又疑其雨. 總見朝景陰晴之不定.)

5 奔雷(분뢰) – 소리가 맹렬한 우레.

#《두시상주》: 제2수는 아침 경치를 서술하며 기후가 다름을 탄식하였는데 역시 4구로 나뉜다. 돛단배가 막 떠나는데 사립문을 아직 열지 않은 것은 병든 몸이 추위를 두려워한 것이다. 숲이 성기고 들이 고요하여 아침에 맑은 흥취를 볼 만하지만 주춧돌이 윤기를 머금고 구름이 돌아와 여전히 비 기운을 머금고 있는 것을 어쩔 수 없으니, 어젯밤에 우레가 지나가서 날이 흐리고 갬이 아직 정해지지 않은 것이 두려울 뿐이다. '교비'는 곧 두보의 사립문이니 앞의 시(〈우雨〉)의 "교외 사립문의 내 밭에 이르렀다"에서 증명할 수 있다. 숲이 이미 성긴데 여전히 누런 잎이 날리니 이는 바로 초겨울의 기후이다. '가괴'라고 말하여 기이함을 기록하였다.(此章, 敍朝景而歎氣候之殊, 亦四句分截. 帆初發而扉未開, 病身畏寒也. 林疏野靜, 朝來淸趣可觀, 無如礎潤雲廻, 尙含雨意, 恐昨夜經雷, 陰晴還未定耳. 郊扉, 卽公柴門, 前詩郊扉及我私可證. 林已疏矣, 猶飄黃葉, 此正孟冬之候. 曰可怪, 志異也.)

《독두심해》: 수련은 배가 일찍 떠나는 것을 보고 부러워한 것이다. '미개'는 사방 늘판이 보이는 사립문을 가리킨나. 세3, 4구는 새벽에 바라본 경물이다. 아래는 곧 날이 오랫동안 개어서 포구를 떠나는 배를 본받을 수 있기를 바란 것이다. '젖기를 그치다', '돌아가려고 한다'고 한 것은 희망하는 말이다. 결련에서는 또 전환하여 밤의 우레 소리가 괴이하다고 하며, 다시 비 때문에 막힐까 끝내 걱정하고 있다.(首聯, 見發櫂者之早而羨之也. 未開, 指四野望見之扉. 三四, 曉望之景. 下乃欲得久晴, 以效浦帆之發, 休濕欲迴, 希冀之詞也. 結又轉出夜雷可怪, 終恐再爲雨阻.)

《두억》: 제2수에서 포구의 돛단배가 새벽에 떠나는데 교외의 사립문은 아직 열지 않았다고 하였으니 앞 수의 '병든 몸이 움직일 수 없다'는 뜻과 같다. 그러나 몸이 고요하고 마음이 한가로워 눈에 닿는 것마다 흥취를 이룬다. 숲은 성긴데 잎이 여전히 떨어지고, 들이 고요한데 갈매기는 절로 오니 또한 누각 속의 한 즐거움이다. 다만 새벽은 추운데 밤에 우레가 치니 겨울 날씨에 마땅한 것이 아니라서 정말 괴이할 따름이다. '초윤'은 뇌우 전의 조짐이고, '운청'은 뇌우 후의 풍경이다.(其二, 浦帆晨發而郊扉未開, 猶前病身不動之意. 而身靜心閒, 觸目成趣, 林疏而葉猶墜, 野靜而鷗自來, 亦閣中之一適也. 但晨冷而夜雷, 非冬令所宜, 是可怪耳. 礎潤是雷雨前之兆, 雲晴是雷雨後之景.)

(**강민호**)

51. 戱作俳諧體遣悶二首

장난삼아 배해체로 지어서 울적함을 풀다 2수

異俗吁可怪[1] 斯人難並居[2] 家家養烏鬼[3] 頓頓食黃魚[4]
舊識能爲態[5] 新知已暗疏[6] 治生且耕鑿[7] 只有不關渠[8]

낯선 지역의 풍속이 아아 참으로 괴이하니
이 사람들과 함께 살기 힘들구나.
집집마다 오귀를 공양하고
끼니마다 황어를 먹으며,
오래 알고 지내던 이는 겉으로 응수함에 능하고
새로 알게 된 이는 이미 속으로는 멀리하네.
생계를 꾸리며 잠시 밭 갈고 우물 파니
다만 그들과는 상관하지 않을 뿐이라네.

이 시는 기주의 풍속이 괴이함에 대해 적은 것으로 떠돌다 낯선 곳에서 체류하고 있는 자신의 신세를 자조하였다. '배해체俳諧體'는 우스갯소리 형식을 뜻한다. 대체로 대력 원년 또는 대력 2년 기주에 있을 때 지은 것으로 추정한다.

《보주두시》 '배해'는 배우의 우스갯소리를 말한다. 시에서 "서쪽 청강의 산비탈을 지나 남쪽 백제성에서 머문다"라고 하였으니 대체로 대력 원년 두보가 처음 기주에 왔을 때 지은 것이다. 그 풍습의 상이함을 괴이하게 여기고 그것을 적었다. 그러므로 첫머리에서

"낯선 지역의 풍속이 아아 참으로 괴이하다"라고 하였다.(俳諧, 謂俳優詼諧也. 詩云西歷青羌坂, 南留白帝城. 蓋大曆元年, 公初至夔州時作. 怪其習俗之異而記之, 故首云, 異俗吁可怪.)

《두시상주》 시에 "생계를 꾸리며 잠시 밭 갈고 우물 판다"라는 구가 있으니 대력 2년에 지었음을 알 수 있다.(詩有治生且耕鑿句, 知是大曆二年作.)

주 석

1 異俗(이속)– 낯선 지역의 풍속. 상이한 풍속. 吁(우)– 탄식하다. 탄식하는 소리.

2 斯人(사인)– 이 지역의 사람을 가리킨다.

3 養烏鬼(양오귀)– 오귀를 공양하다. 오귀에 대하여는 여러 가지 설이 있는데, 기주 사람들이 신으로 섬기는 대상이라는 설이 유력하다.

《두시상주》《채관부시화》에서 "원진元稹이 강릉에서 지은 시(〈수한림백학사대서일백운酬翰林白學士代書一百韻〉)에서 '병자에게 굿을 하는데 까마귀를 귀신이라 칭하고 무당이 점치는데 기왓장으로 거북껍질을 대신한다'라고 하였고 자주에서 말하기를, '남방 사람이 병에 걸리면 까마귀 귀신에 대고 다투어 굿을 하고, 늘어서 있는 초 땅 무당의 점집에서는 모두 거북점을 판다'라고 하였다. '오귀'라는 명칭은 여기에 보인다. 파초 지역에는 일찍이 사람을 죽여 귀신에게 제사 지내는 일이 있었는데 그 귀신을 '오야칠두신烏野七頭神'이라고 한다. 그러니 '오귀'는 바로 섬기는 신의 이름일 뿐이다. 혹자는 '양養' 자는 바로 '새賽' 자의 잘못이라고 하였는데 이치상 혹 그럴 수도 있겠다"라고 하였다. 소백온의 《소씨문견록邵氏聞見錄》에서 "기주와 협주의 사람들은 정월이 되면 많은 사람이 모여 밭에 희생과 술을 차려놓고 연후에 무리를 지어 병기를 쥐고 크게 소리쳐 꾸짖는데 이를 '양오귀養烏鬼'라고 한다. 장로가 말하기를, 지리적으로 오만烏蠻의 전쟁터와 가까워서 사람들에게 재앙을 초래하는 경우가 많으니 이로써 액막이를 한다고 하였다"라고 하였다. 《예원자황》에서는 '오만의 귀신'이라고 하였다. 살펴보건대 오귀에 관하여는 이와 별도로 세 가지 설이 더 있다. 《만수시화》에서는 돼지를 오귀라고 하였고, 《몽계필담》에서는 가마우지를 오귀라고 하였으며, 《산곡별집》에서는 까마귀를 신에게 바치는 것을 오귀라고 하였다. 지금 채관부와 소백온의 두 설을 옳은 것으로 한다.(蔡寬夫詩話, 元微之江陵詩, 病賽烏稱鬼, 巫占瓦代龜. 自注云, 南人染病, 競賽烏鬼, 楚巫列肆, 悉賣龜卜. 烏鬼之名見於此. 巴楚間, 常有殺人祭鬼者, 曰烏野七神頭(頭神의 잘못), 則烏鬼乃所事神名耳. 或云養字, 乃賽字之誤, 理或然也. 邵伯溫聞見錄, 夔峽之人, 歲正月, 十百爲曹, 設牲酒於田間, 已而衆操兵大噪, 謂之養烏鬼. 長老言地近烏蠻戰場, 多與人爲厲, 用以禳之. 藝苑雌黃謂烏蠻鬼. 按, 烏鬼別有三說. 漫叟詩話以猪爲烏鬼. 夢溪筆談以鸕鷀爲烏鬼. 山谷別集以烏鴉獻神爲烏鬼. 今以蔡邵二說爲正.)

4 頓頓(돈돈) – 끼니마다. 黃魚(황어) – 철갑상어의 별칭. 몸집이 큰 물고기로 기주 지역에 많이 났다고 한다.

《두시상주》에 인용된 《이아주爾雅注》 철갑상어는 몸에 두꺼운 껍질이 있고 비늘이 없으며, 살은 황색이다. 큰 것은 길이가 두세 길에 달하며, 강동 사람들은 황어라고 부른다.(鱣魚, 體有甲無鱗, 肉黃, 大者長二三丈, 江東人呼爲黃魚.)

5 舊識(구식) – 예전부터 알고 있던 사람. 能(능) – '難'으로 된 판본도 있다. 爲態(위태) – 몸가짐을 갖추다. 상대방에게 얼굴표정을 짓는 등 응수하는 것을 말한다.

《두시경전》 '태'는 교태交態(사귀는 모습)의 '태'이니 뜻 없이 습관적으로 응대하는 것을 말한다.(態卽交態之態, 謂虛意周旋也.)

6 新知(신지)－ 새로 알게 된 사람. 暗疏(암소)－ 속내로는 소원하다.

[舊識 2구] 이곳 사람들이 교유하는 데 진정이 없음을 말한 것이다.

7 治生(치생)－ 생계를 도모하다. 耕鑿(경착)－ 밭을 갈고 우물을 파다. 기주 사람들은 화전을 하고 산의 물을 끌어다가 마시는데, 이와 다른 중원의 생활방식을 염두에 두고 한 말로 보인다.

8 不關(불관)－ 상관하지 않다. 관련이 없다. '關'은 '開'로 된 판본도 있다. 渠(거)－ 그들. 기주 지역 사람을 가리킨다.

[治生 2구]

《구가집주두시》 조차공 주 밭을 갈고 우물을 파서 자급하면서 각박한 풍속과 다시 상관하지 않는다.(耕鑿自給, 不復與薄俗相關也.)

《두율계몽》 생계를 꾸리며 잠시 밭 갈고 우물 파는 것은 오귀를 공양하거나 황어를 먹을 수 없었기 때문이다. 다만 그들과는 상관하지 않고 '겉으로 응수하면서' '속으로는 멀리하는' 대로 내버려둘 따름이다.(治生且耕鑿, 不能養烏鬼而食黃魚也. 只有不關渠, 任其爲態, 暗疏而已.)

#《두시상주》: 이 시는 기주살이에 질려서 지은 것이다. '낯선 지역의 풍속'과 '살기 힘들다'고 하는 두 구로 시상을 이끌어 일으켰다. 3, 4구는 풍속이 참으로 괴이함을 말하였고, 5, 6구는 사람들이 함께 살기 어려움을 말하였다. 마지막은 불문에 부치고 아쉬우나마 이로써 울적함을 풀려고 한다는 내용이다. 노원창의 주에서 "오귀는 매우 괴이한데 집집마다 공양하니 이상한 것이 평범해졌고, 황어는 본래 평범한 것인데 끼니마다 먹으니 비록 평범하지만 또한 괴이해져버렸다"라고 하였다. 예부터 알던 이는 대부분 건성으로 대하고 새로 알게 된 이는 또한 그저 겉으로만 친하니 모두 사귐의 정이 박함을 보여준다.(此詩厭居夔州而作也. 異俗難居, 二句領起. 三四言俗之可怪, 五六

言人難並居, 未欲付之不問, 聊以遣悶也. 盧注, 烏鬼可異, 家家供養, 則以異爲常. 黃魚本常, 頓頓皆食, 則雖常亦異矣. 舊識而多倦態, 新知亦唯貌親, 總見交情之薄.)

《독두심해》: 제1수는 가운데 4구가 수련을 나누어 이어받았다. '위태'는 진정으로 서로 함께하지 않는다는 말이고 '암소'는 서로 함께하는 것이 진정 의기투합한 것이 아니라는 말이다. 7, 8구에 대해 구조오는 "불문에 부치고 아쉬우나마 이로써 울적함을 풀고자 할 따름이다"라고 하였다.(此首中四分承首聯. 爲態, 不以情實相與也. 暗疏, 相與非眞契合也. 七八, 仇云, 欲付之不問, 聊以遣悶而已.)

其二

西歷靑羌坂[1] 南留白帝城 於菟侵客恨[2] 粔籹作人情[3]
瓦卜傳神語[4] 畬田費火耕[5] 是非何處定[6] 高枕笑浮生[7]

서쪽 청강의 산비탈을 지나
남쪽 백제성에서 머무네.
호랑이는 나그네의 한스러움을 침범하고
중배끼로 인정을 표시하며,
기왓점으로 신령의 말을 전하고
화전에서 불을 놓아 경작하느라 고생하네.
옳고 그름을 어디서 정할 것인가?
높이 베개를 베고 덧없는 인생을 웃어넘기네.

주 석

1 青羌(청강)－ 원래는 고대 중국 남서 지방의 소수 민족으로, 푸른색 복식을 숭상하였다고 한다. 여기서는 서부 변방 지역을 가리킨다. 坂(판)－ 비탈. '板'으로 된 판본도 있다.

《두시상주》 원주에서 "근년에 진秦 땅에서 출발하여 농 땅을 지났고 동곡현에서 떠나 촉 땅을 다니다가 무산에 머물고 있다"라고 하였다. 《죽서기년》에서 "양 혜성왕 10년 하양 사람이 진 땅에서 민산과 청의수를 따라 와서 귀순하였다"라고 하였다. 청의현에는 몽산이 있는데 청의수가 발원하는 곳이다. 《화양국지》에서 "천한 4년 침려를 해체하고 두 부의 도위를 두었는데 하나는 모우에 치소를 두고 변방의 강족을 주관하였고 하나는 청의에 치소를 두고 한족을 주관하였다"라고 하였다. 주학령의 주에서 "당나라 가주는 본래 옛날의 청의강판이다"라고 하였다.(原注, 頃歲自秦涉隴, 從同谷縣去遊蜀, 留滯於巫山. 竹書紀年, 梁惠成王十年, 瑕陽人自秦道岷山青衣水來歸. 縣有蒙山, 青衣所發. 華陽國志, 天漢四年, 罷沉黎, 置兩部都尉, 一治旄牛, 主外羌, 一治青衣, 主漢民. 朱注云, 唐嘉州, 本古青衣羌坂.)

《두공부시집집주》 살펴보건대 당나라 가주는 본래 옛날의 청의강이다. 그 땅이 공협의 구불구불한 산비탈과 가깝기에 '청강판'이라고 하였다.(按, 唐嘉州, 本古青衣羌, 其地近邛峽九折坂, 故曰青羌坂.)

《수경주水經注》 청의수는 청의현 서쪽 몽산에서 나와서 동쪽으로 말수와 합쳐진다. 청의현은 옛날 청의강국이다.(青衣水, 出青衣縣西蒙山, 東與沫水合也. 縣, 故青衣羌國也.)

《독두심해》 이 구는 촉 땅을 떠돈 것을 가리킨다.(句指遊蜀.)

2 於菟(오도)－ 호랑이. 초 땅 방언이다. '穀於'로 된 판본도 있다.

3 粔籹(거녀)－ 중배끼. 쌀가루나 밀가루를 꿀로 반죽하여 국수다발을

만든 뒤 한 번 꼬아 양끝을 붙여서 기름에 튀긴 것이다. 作人情(작인정)― 인정을 표시하다. 교유하며 인정을 드러낸다는 말이다.

4 瓦卜(와복)― 기왓장을 깨트려서 그 무늬로 길흉을 점치는 것.

《보주두시》에 인용된 왕수 주 무속에서 기왓장을 쳐서 그 깨지고 갈라진 모습을 보고 길흉을 정한다.(巫俗擊瓦, 觀其文理分析, 以定吉凶.)

5 畬田(사전)― 화전. 불을 놓아 일군 밭. '畬'를 '여'로 읽으면 묵은 밭이다. 費(비)― 애쓰다. 火耕(화경)― 불을 놓아 경작하다. 초목을 불태우고 그 땅에 씨를 뿌려 경작하는 것을 말한다. '耕'은 '聲'으로 된 판본도 있다.

《두시상주》 초 땅 풍속에 덤불을 태워서 농사를 짓는데 이를 일러 '화경'이라고 한다.(楚俗燒榛種田, 謂之火耕.)

6 何處(하처)― 어디서. 어떻게.

7 高枕(고침)― 높이 베개를 베다. 유유자적하게 사는 것을 말한다.

[是非 2구]

《구가집주두시》 조차공 주 풍속이 곳곳에서 다르니 어느 것이 옳고 어느 것이 그른지 어찌 정하겠는가? 그저 잠 한숨에 부칠 뿐이고 이에 많이 옮겨 다닌 것에 대해 스스로 웃고 만다.(風俗處處不同, 孰是孰非, 烏有定乎. 但付之一睡而已, 於此自笑其流徙之多也.)

#《두억》: 호랑이는 기이한 사물이 아니며, '거녀'가 비록 그 모양을 알지는 못하지만 필시 쌀로 만든 것일 터이니 어찌 이상하게 여길 만하겠는가? 아마도 '취객한'과 '작인정'에 별도의 해설이 있으리라. 두보가 '밭 갈고 우물 파며' '그들과는 상관하지 않는다'라고 말해놓고서는 또 그들이 불을 놓아 경작하는 것을 괴이하게 여겼다. (〈종역차초당부지동둔모옥이수從驛次草堂復至東屯茅屋二首〉 기이其二에서) 마

당을 다지고 거두어 쌓는 것을 초 땅 사람에게서 한결같이 배운다고 한 것을 보자니 불을 놓아 경작하는 것 또한 면할 수 없게 되었다. 그러니 옳고 그름을 판단하기 어렵다고 웃어넘긴 것이다.(虎非異物, 粔籹雖不識其狀, 必以米爲之, 何足爲異. 豈傻客恨作人情有別解耶. 公言耕鑿不關渠, 而又怪其火耕, 觀其築場斂積, 一學楚人, 則火耕亦不免矣, 所以笑是非之難定也.)

《두시상주》: 제2수는 또한 기주 풍속의 매우 괴이함을 탄식한 것이다. 첫 2구는 기주에서 객살이하는 유래를 서술하였고, 가운데 4구는 지역과 풍속의 기이함을 적었다. 마지막에서는 이곳의 시비는 더불어 논할 필요 없고 그저 마땅히 일소에 부칠 뿐이라고 말하였으니 제목에서 말한바 '울적함을 푼다'는 것이다. 호랑이가 나그네를 놀라게 하니 험하여 참으로 괴이하고 중배끼를 사람에게 주니 비루하여 참으로 괴이하다. 기왓장으로 거북점을 대신하니 그 망령됨을 괴이하게 여겼고 화전 경작으로 수경을 대신하니 그 처음 봄을 괴이하게 여겼다.(次章, 亦歎夔俗之可怪也. 首二, 敘客夔之由. 中四, 記土俗之異. 末言此地是非, 不必與論, 但當以一笑置之耳, 所謂遣悶也. 於菟驚客, 險而可怪. 粔籹贈人, 陋而可怪. 瓦代龜卜, 怪其矯誣. 火當水耕, 怪其創見.)

《독두심해》: 1, 2구는 근년의 행적을 서술하였는데 오래도록 정해진 거처가 없다가 갑자기 이곳에서 체류하고 있음을 보여준다. '침객한'은 〈과벌목課伐木〉에서 말한 "집벽에 돌진하여 부딪친다"라는 것이고 '작인정'은 〈십월일일十月一日〉에서 말한 '초당은 한 쟁반'이라는 것이다. 5, 6구는 자신의 일에 대략 합친 것이다. '신어'는 초사 〈복거〉의 "무엇을 버리고 무엇을 따를 것인가?"의 뜻을 암용한 것이고, '경작하느라 고생한다'는 것은 동둔에서 농사일을 감독하고 독촉하며 검사한 일을 암암리에 가리킨다. 옳고 그름을 어떻게 정할 것이며 누구와 함께 그것을 바르게 할 것인가? 이는 제1수의 "아아 참으로 괴이하다"의 뜻과 조응한다. '소부생'은 이 삶이 어찌하여 이곳에서 행적을 섞게 되었는지 이해할 수 없다는 뜻이다. '소' 자 한 자를 붙였으니 또한 '울적함을 푼다'는 뜻이다.(一二, 敍年來遊跡, 見久無定居, 而忽此淹滯. 侵客恨, 所謂揬突屋壁者. 作人情, 所謂焦糖一柈者. 五六, 略合自身. 神語, 暗用卜居何去何從意. 費耕, 暗指東屯督促檢校事. 是非何定, 誰與正之. 此繳合吁可怪意. 笑浮生者, 不解此生何至混跡於此. 着一笑字, 亦遣悶意.)

##《독두심해》: 두 시는 기주 풍속이 매우 기이함을 적은 것인데 모두 이곳에 사는 것이 지긋지긋하다는 말이다.(兩詩志夔俗之可怪, 總是厭居之詞.)

(**임도현**)

52. 昔遊

옛날의 노닒

昔謁華蓋君[1]　深求洞宮脚[2]　玉棺已上天[3]　白日亦寂寞[4]

暮升艮岑頂[5]　巾几猶未却[6]　弟子四五人[7]　入來涙俱落[8]

余時遊名山[9]　發軔在遠壑[10]　良覿違夙願[11]　含悽向寥廓[12]

林昏罷幽磬[13]　竟夜伏石閣[14]　王喬下天壇[15]　微月映皓鶴[16]

晨溪響虛駛[17]　歸徑行已昨[18]　豈辭靑鞋胝[19]　悵望金匕藥[20]

東蒙赴舊隱[21]　尙憶同志樂[22]　伏事董先生[23]　於今獨蕭索[24]

胡爲客關塞[25]　道意久衰薄[26]　妻子亦何人[27]　丹砂負前諾[28]

雖悲髮鬢變[29]　未憂筋力弱　杖藜望淸秋[30]　有興入廬霍[31]

예전에 화개군을 뵈러
깊숙이 동궁의 산자락을 찾아갔더니,
옥관은 이미 하늘로 올라가
흰 해 또한 적막하였다.
저녁에 북동쪽 산 정상에 올랐더니
두건과 안궤를 그때까지 치우지 않아,
제자 네댓 사람이
들어와 눈물을 함께 떨구었다.
나는 당시 명산을 유람하던 중이어서
먼 골짝에 있다가 수레를 출발하였는데,
좋은 만남을 바란 숙원을 이루지 못해

처량한 마음으로 아득한 하늘을 쳐다보았다.

숲이 어두워지자 그윽한 경쇠 소리 멈추고
밤새 석각에 누웠는데,
왕자교가 천단에 내려오는 듯
가느다란 달이 흰 학을 비추었다.
새벽 시내에 헛되이 울리는 급류 소리
돌아오는 길은 어제 왔던 길.
어찌 짚신 속 발의 굳은 살을 마다하리오?
슬픈 심사로 단약을 바랐다.
동몽산 옛 은거지로 달려갔는데
아직도 뜻을 같이한 즐거움을 기억하고 있고,
동선생을 모시고 섬겼는데
지금은 나홀로 쓸쓸하다.

어찌하여 관새에 객이 되었나?
도를 추구하던 뜻 오래전에 쇠해졌다.
처자식은 또 어떤 사람인가?
단사를 찾겠다던 이전 약속 저버렸다.
비록 머리카락 변한 것 슬퍼하지만
아직은 근력이 약하다고 걱정하지 않으니,
넝아주 시팡이 짚고 맑은 가을 바라보며
여산 곽산에 들어가려는 흥이 있구나.

두보가 젊은 시절 양송梁宋 지역과 제로齊魯 지역을 유람하면서 도인을 방문하러 입산하였던 일을 회상하며 쓴 시이다. 선도仙道를 추구하려던 숙원을 이루지 못한 것에 대한 아쉬운 심사를 드러내고, 앞으로도 여산 등의 명산을 다시 찾아 나서겠다는 뜻을 밝혔다. 저작 시기는 대력 2년 가을에 기주에서 지은 것으로 추정된다. 건원 연간에 진주에서 지었다는 설도 있다.

《보주두시》 이 시는 아마 예전 제, 송 지역을 유람할 때의 일을 기록한 것이리라. 중간 부분에서 "어찌하여 관새에 객이 되었나? 도를 추구하던 뜻 오래전에 쇠해졌다"라고 하였으니, 당연히 건원 2년 진주에서 지었을 것이다. 비록 진주에서 지었다고는 하나, 아마도 지난날 왕옥산을 유람한 것을 기록한 말일 것이다.(此詩殆是記昔時遊齊宋中之事. 中云, 胡爲客關塞, 道意久衰薄, 當在乾元二年秦州作. 雖云在秦州作, 意是紀昨遊王屋語也.)

《두시상주》 이 시는 예전에 건원 2년 진주 시기에 편재하였는데, 범온范溫은 대력 2년 기주시기에 편재하였다. 살펴보건대 진주는 형산과 아주 머니, 어찌 가을에 형산에 들어가겠다고 말할 수 있겠는가? 의당 기주에 객거할 때 지은 것이리라. 예전에는 '관새' 두 글자로 인해 끝내 잘못 진주에 소속시켰지만, 두보의 시(〈추흥팔수秋興八首〉)에서 "관새는 하늘에 닿아 오직 새들만 넘는 길이 있다"라고 하였으니 기주를 말하는 것이 분명하다.(此詩舊編在乾元二年秦州, 范元實編在大曆二年夔州. 按, 秦州與衡岳絶遠, 豈得云淸秋入衡霍. 當是客夔州時作. 舊因關塞二字, 遂誤屬秦州, 公詩關塞極天惟鳥道, 明是說夔州也.)

《독두심해》 범온은 기주시기에 편입하였지만 결국 확실한 근거가 없으니, 잠시 옛 편차를 따른다.(范元實編入夔州, 究無的據. 且依

舊編.)

주 석

1 華蓋君(화개군) – 원래는 신선 왕자교를 가리키나, 여기서는 도사를 대신 칭한다.

《두시상주》《신선전》에 의하면, 옛날 주나라의 왕자교가 화개산에서 도를 닦다가, 훗날 신선이 되어 하늘로 올라갔는데 호를 화개군이라 하였다. 이 시에서는 바로 옛 신선(화개군)을 빌려서 참된 도를 닦는 도사를 비유한 것이다.《갈선옹전》에 의하면, 곤륜산은 일명 화개천주라고 하는데, 신선이 사는 곳이다.《동천복지기》에 의하면, 화개산은 둘레가 40리로 '용성태옥지천'이라 이름하며 온주 영가현에 있는데, 선인 수양공이 이곳을 다스린다.(神仙傳, 昔周王子喬養道於華蓋山, 後昇仙, 號華蓋君. 此詩乃借古仙以比道士之修眞者. 葛仙翁傳, 崑崙山, 一曰華蓋天柱, 仙人所居. 洞天福地記, 華蓋山, 周迴四十里, 名曰容成太玉之天, 在溫州永嘉縣, 仙人修羊公治之.)

《독두심해》 살펴보건대, 당시 도사 중에 화개라고 이름한 자가 필시 또 있었을 것이다.(按, 當時道士, 必亦有號華蓋者.)

2 洞宮脚(동궁각) – 신선이 사는 산의 산자락. 여기서는 왕옥산王屋山을 가리킨다. '동궁'은 신선이 사는 산의 동굴이란 뜻이다. 이 구절이 '綠袍崑玉脚'으로 된 판본도 있다.

《두시상주》《진고》에 의하면, 땅 위에 동천 36곳이 있고, 팔해 가운데의 여러 산에도 동궁이 있으며, 오악 명산에 모두 동궁이 있다.《열선전》에 의하면, 연나라 소왕이 투명하고 빛나는 구슬을 얻어 궁전을 장식하였는데, 서왕모가 그곳에 세 차례 내려왔으며 그곳을 이름하여 동궁이라 하였다.(眞誥, 厚載之中, 有洞天三十六所. 八海中諸山, 亦有洞宮. 五岳名山, 皆有洞宮. 列仙傳, 燕昭王得洞光之珠

以飾宮, 王母三降其地, 名曰洞宮.)

3 玉棺(옥관) – 여기서는 신선의 시신을 담은 관을 말한다. '玉'이 '人'으로 된 판본도 있다.

《두시상주》《신선전》에서 "하늘에서 당 위에 옥관을 내려보내니, 왕자교가 마침내 목욕하고 그 가운데 누워, 이로 인해 육신을 남겨두고 신선이 되어 올라갔다"라고 하였다. 《후한서·왕교전》에서 "하늘에서 당 앞에 옥관을 내려보냈는데 관리들이 밀었지만 끝내 움직이지 않았다. 왕교가 '하늘이 유독 나를 부르나 보다'라고 하고는, 이에 목욕하고 옷 입고 단장한 뒤 그 안에 누우니 관 뚜껑이 바로 일어나 덮었다"라고 하였다.(神仙傳, 天降玉棺於堂上, 王子喬遂沐浴臥其中, 由是尸解. 後漢王喬傳, 天降玉棺於堂前, 吏人推排, 終不搖動, 喬曰, 天帝獨召我耶, 乃沐浴服飾, 寢其中, 蓋便立覆.)

4 寂寞(적막) – 쓸쓸하다. 적막하다. '寂'이 '冥'으로 된 판본도 있다.

5 艮岑(간잠) – 북동쪽 산. '岑'이 '峰'으로 된 판본도 있다.

《두시상주》에 인용된 장원 주 '간잠'은 북동쪽 산이다.(艮岑, 東北之岑.)

6 巾几(건궤) – 두건과 안궤. 화개군의 유품이다. 却(각) – 없애다. 치우다.

《두시상주》 '건궤'는 화개군이 생전에 쓰던 물건이다.(巾几, 華蓋君生前物.)

《구가집주두시》 조차공 주 화개군이 쓰던 두건과 기대던 안궤가 아직도 있었다.(華蓋君所戴之巾所憑之几尙在.)

7 四五人(사오인) – 그곳에 있던 화개군의 제자를 말한다.

《독두심해》 바로 〈억석행〉에서 말한 '노로' 무리이다.(卽憶昔行所云盧老輩.)

8 淚俱落(누구락) – 눈물을 모두 떨구다.

9 時(시) – 당시.

10 發軔(발인) – 수레를 출발하다. 이 구는 먼 골짜기에서 수레를 출발하여 화개군을 보러 왔다는 뜻이다. 수레를 출발하여 화개군이 살던 이 먼 골짜기에 와 있다는 뜻으로 풀이하기도 한다.

11 良覿(양적) – 좋은 만남. 夙願(숙원) – 오랜 바람.

12 含悽(함처) – 처량한 심사를 머금다. '悽'가 '淒'로 된 판본도 있다. 寥廓(요확) – 하늘.

#《두시상주》: 이 단락은 처음 화개군을 찾았다가 그가 세상을 떠났기에 마음 아파한 내용으로, 양송 지역을 유람할 때의 일이다. 매 4구마다 뜻이 바뀐다. '유미각'이란 물건을 둘러보니 아직 있었다는 것이요, '향요확'은 혼을 불러보나 정처가 없어졌다는 것이다.(此初訪華蓋君, 而傷其逝世, 是遊梁宋時事. 各四句轉意. 猶未却, 覽物尙存也. 向寥廓, 招魂無定矣.)

13 幽磬(유경) – 그윽한 경쇠 소리.

14 竟夜(경야) – 밤새. 石閣(석각) – 돌계단이 있는 누각.

15 王喬(왕교) – 왕자교. 天壇(천단) – 여기서는 왕옥산의 정상을 가리킨다.

《두시상주》 지리지에 의하면, 왕옥산 정상을 천단이라 한다. 《태평환우기》에 의하면, 왕자교의 천단은 구씨현 남동 6리에 있다. 《왕교전》에 의하면, 어떤 이는 (왕교가) 바로 옛 선인 왕자교라고 하였다. 《열선전》에 다음과 같은 기록이 있다. 왕자교는 주나라 영왕의 태자인 진이다. 생황 불기를 좋아하여 봉황 소리를 내었다. 이락 지역에서 노닐다가, 도사 부구생이 맞이하여 산에 올라가 30여 년 있었다. 뒤에 산 아래에 와서 환량에게 말하기를 "내 집 사람에게 7월 7일 후씨산 머리에서 나를 기다리라고 알려다오"라고 하였다. 과연 그가 흰 학을 타고 산머리에 머물고 있었는데 바라보아도 그에게 다다를 수가 없었다. 그는 손을 들어 당시 사람에게 작별 인사를 하고 떠났다.(地志, 王屋山絶頂曰天壇. 寰宇記, 王子喬天壇, 在緱氏縣東南六里. 王喬傳, 或云卽古仙人王子喬也. 列仙傳, 王子喬, 周靈王太子晉也. 好吹笙作鳳鳴, 遊伊洛間, 道士浮丘公接上山, 三十餘年. 後來於山下告桓良曰, 告我家, 七月七日待我緱氏山頭. 果乘白鶴駐山頭, 望之不得到, 擧手謝時人而去.)

16 皓鶴(호학)– 흰 학.

[王喬 2구] 이 두 구는 두보의 환상을 말한 것이다.

《두시경전》 어렴풋이 본 것 같았다는 말이다.(言彷彿見之也.)

17 響(향)– 물소리를 말한다. '嚮'으로 된 판본도 있다. 虛駃(허쾌)– 헛되이 빨리 가다. '駃'는 '빠르다'의 뜻이다. '駃'가 '駛'로 된 판본도 있다.

《두시상주》 '향허쾌'는 물소리가 급하게 쏟아져 가는 것이다.(響虛駃, 水聲急瀉也.)

18 歸徑(귀경) 구– 돌아오는 이 길로 가던 것이 이미 어제 일이라는 뜻으로, 어제 왔던 길을 따라 돌아감을 말한다.

《두시상주》 '행이작'은 옛길을 따라 돌아가는 것이다.(行已昨, 循舊徑而歸也.)

19 靑鞋(청혜)– 짚신. 胝(지)– 발에 못이 박이는 것을 뜻한다.

《구가집주두시》 조차공 주 '청혜'는 산행할 때의 장비이다. '지'는 발에 생긴 병이다.(靑鞋, 山行之具. 胝, 足病也.)

20 悵望(창망)– '惆悵'으로 된 판본도 있다. 金匕藥(금비약)– 금 숟가락으로 조제한 약이란 뜻으로, 선약仙藥이나 선단仙丹을 말한다.

21 東蒙(동몽)– 몽산. 산 이름으로, 산동성山東省에 있다. 舊隱(구은)–

옛 은거지. 또는 옛날에 은거하던 사람.

《두시상주》 몽산은 기주에 있다. …… 동해 가에 있어서 '동몽'이라 한다.(蒙山在沂州. …… 瀕東海, 故曰東蒙.)

《두시경전》 몽산은 기주 신태현에 있다. 공이 제로 지역을 유람한 것은 양송보다 먼저였으니, '부구은'이란 마땅히 옛날에 유람하였던 곳을 다시 찾았다는 뜻이다.(蒙山在沂州新泰縣. 公遊齊魯, 在梁宋之先, 赴舊隱, 當是舊遊再過.)

22 同志樂(동지락) – 뜻을 같이한 즐거움. 이전에 이백과 함께 이 지역을 유람하였던 일을 두고 한 말인 듯하다. 이 구는 당시 함께하였던 이들과 즐거웠던 일이 지금도 기억난다는 뜻이다.

《독두심해》 이백 무리이다.(李白之流.)

[東蒙 2구]

《구가집주두시》 조차공 주 두보의 〈현도단가기원일인〉 시에서 "오랜 벗 옛날에는 동몽산에 은거하였다"라고 하였고, 또 〈여이십이백동심범십은거與李十二白同尋范十隱居〉에서 "나 또한 동몽의 나그네로서 그대 사랑하기를 형제처럼 하였다"라고 하였으니, 이른바 '부구은'과 '동지락'이라는 것이 아니겠는가?(公玄都壇歌寄元逸人曰, 故人昔隱東蒙峯. 又與李白同尋范十隱居曰, 余亦東蒙客, 憐君如弟兄. 豈所謂赴舊隱與同志樂者乎.)

23 伏事(복사) – 엎드려 섬기다. 모시고 배운 것을 뜻한다. '伏'이 '休'로 된 판본도 있다. 董先生(동선생) – 당시 동몽에 있었던 도사. 〈억석행〉에 나오는 동연사董鍊師와 동일 인물로 추정된다.

24 蕭索(소삭) – 쓸쓸하다. 이 구는 두보가 현재 혼자 외롭게 있음을 말한다.

#《두시상주》: 화개군이 이미 죽어 다시 동연사를 찾았으니, 이는 제로 지역을 유람할 때의 일이다. '임혼' 6구는 산에서 묵고 난 뒤 떠났음을

말하고 '청혜' 6구는 동몽으로 갔음을 말한다.(華蓋君已歿, 而轉尋董鍊師, 是遊齊魯時事. 林昏六句, 宿山而去. 青鞋六句, 往赴東蒙.)

25 關塞(관새) – 이 시가 기주에서 지은 것이라면 기주를 가리킨다.

26 道意(도의) – 도를 추구하는 마음.

27 妻子(처자) 구 – '처자식이 또 무엇이란 말인가'라는 뜻으로, 처자식에 얽매인 것을 한탄하고 있음을 말한다.

《두시상주》 한 무제는 "내가 황제와 같을 수 있다면 처자식 버리기를 신발 벗듯이 할 것이다"라고 하였고, 또 비장방은 처자식을 버리고 호공을 따라갔다.(漢武帝曰, 吾得如黃帝, 棄妻子如脫屣耳. 又費長房棄妻子從壺公.)

28 前諾(전낙) – 단사를 얻겠다고 지난날 다른 사람에게 동의하였음을 말한다.

[妻子 2구] 처자식이 도대체 무엇이길래 그들에게 얽매여서 단사를 찾겠다던 약속을 저버리게 되었나 하고 탄식하는 말이다.

29 髮鬒變(발진변) – 검은 머리가 흰머리로 바뀌었다는 뜻이다. '髮變鬒'으로 된 판본도 있고, '鬒髮變'으로 된 판본도 있다.

《두시상주》 《시경·군자해로君子偕老》에 "진발이 구름 같다"라는 말이 있다. '진'은 검은 머리이다. 변하면 희게 된다.(詩, 鬒髮如雲. 鬒, 黑髮也. 變則白矣.)

30 杖藜(장려) – 명아주 지팡이를 짚다. '藜'는 명아주로 만든 지팡이를 뜻한다. '杖'이 '扶'로 된 판본도 있다.

31 廬霍(여곽) – 여산과 형산衡山. 곽산이 한때 남악南岳으로 칭해져서 형산과 혼동되어 쓰였다는 사실, 〈억석행〉에 의하면 두보가 찾아가려 한 동연사가 형양에 있었다는 사실 등을 감안하면, 여기의 '곽'은 형산을 가리키는 것으로 보인다. 형산이 아니라 원래의 곽산을 가리킨다

는 설도 있다.

《보주두시》 황희는 “여산은 구강에 있고 곽산은 형양에 있다”라고 하였다. …… 형산은 곽산과 같은 산이면서 두 가지 이름을 가지고 있다.(希曰, 廬山在九江, 霍山在衡陽. …… 衡之與霍一山而有二名.)

《독두심해》 《수경주》에서 “심양군 남쪽에 여산이 있는데, 구강의 진산이다”라고 하였다. 《이아》에서 “곽산은 남악이다”라고 하였고, 그 주에서 “여강 서쪽에 있다”라고 하였다. 살펴보건대, 뒤의 〈억석행〉에서 “다시 형양의 동연사를 찾으러, 남으로 배를 띄워 일찍 소상에서 키를 움직이리라”라고 하였으니, 아마 동연사가 당시 서강에 있다가 뒤에 다시 호남에 거처하였으리라.(水經注, 尋陽郡南有廬山, 九江之鎭也. 爾雅, 霍山爲南岳. 注, 在廬江西. 按, 後憶昔行云, 更討衡陽董鍊師, 南浮早鼓瀟湘柁. 意董師今在西江, 後又居湖南耶.)

#《두시상주》: 동연사와 오랫동안 떨어져 있었기에 다시 여산과 곽산을 찾아가고 싶다는 것으로, 그때에 장차 형초 지역으로 유람하고자 한 것이다. ‘처자역하인’은 바로 두보의 시(〈기악주가사마륙장파주엄팔사군양각로오십운寄岳州賈司馬六丈巴州嚴八使君兩閣老五十韻〉)에 나오는 “처자식에 얽매인 것을 웃는다”라는 말의 뜻이다. ‘단사부전낙’은 바로 두보의 시(〈증이백贈李白〉)에 나오는 “단사를 이루지 못해 갈홍에게 부끄럽다”라는 말의 뜻이다.(董鍊師久濶, 欲再訪於廬霍, 時將有荊楚之遊矣. 妻子亦何人, 卽公詩笑爲妻子累 丹砂負前諾, 卽公詩未就丹砂愧葛洪.)

##《두시상주》 이 시는, 앞 두 단락은 지난날의 유람을 기록한 것이고 뒤 한 단락은 장래의 유람을 기다린다는 내용이다.(此章, 前二段記往日之遊, 後一段待將來之遊.)

《구가집주두시》 조차공 주: 이 편을 ‘석유’라고 이름하였는데, 아마 두보가 왕옥산과 동몽산을 유람하였던 사실을 기록한 것이리라. 왕옥산에 화개봉이 있으니, 이른바 화개군과 동선생의 이야기는 필시 실제 있었던 일일 것이므로 두보 시의 내용을 상세히 음미하면 알 수가 있다.(此篇名昔游, 蓋公紀遊王屋山與東蒙山之實也. 王屋山有華蓋峯, 所謂華蓋君董先生必是實事, 詳味公之詩意可見矣.)

《두공부시집집주》: 〈석유〉 시는 마땅히 칠언고시인 〈억석행〉과 상호 대조하여 검증해야 한다. '석유'란 왕옥산과 동몽산을 유람하던 일을 기록한다는 것이다. '화개군'은 《태백집》에 나오는 '단구자'와 마찬가지로, 아마도 개원, 천보 연간의 도사로 왕옥산에 은거한 자일 것이니, 굳이 화개의 소재지를 찾아 실제 그곳과 연관 지을 필요가 없다. 시에서 "심구동궁각"이라 하였는데, '동궁'은 바로 〈억석행〉에서 말한 "북으로 작은 동천洞天을 찾았다"라는 말에 해당하는 것이고, '각'은 산자락이라는 뜻이다. '동'이 왕옥산의 '간잠'에 있다고 하였으니, 바로 왕옥산 북동쪽 산인 것이다. '천단' 또한 왕옥산에 있다. 지리지에 의하면, 왕옥산 정상을 '천단'이라 하는데 제수가 발원하는 곳이 이곳이다. 왕옥산은 황하의 북쪽에 있다. 그래서 〈억석행〉에서 "큰 황하의 사나운 물결을 가벼운 배로 건넜다"라고 하였다. 공이 왕옥산에 이르렀을 때 그 사람이 이미 신선이 되어 날아갔던 상황이라, 〈억석행〉에서 "고생하였지만 화개군을 보지 못하였다"라고 하였다. 이 시에서 "제자사오인, 입래루구락"이라 하였고, 〈억석행〉에서 "제자 중에 누가 흰 띠집에 사나? 노로가 홀로 청동 자물쇠를 열어 주었다"라고 하였으니, '노로'가 바로 네댓 사람 중 한 사람인 것이다. 화개군을 만나볼 수 없게 되자, 이에 천단에서 처량한 심사 머금고 금 숟가락 단약을 창연히 바랐으며, 다시 동몽산으로 가게 되었다. '동몽'의 '구은'은 바로 〈현도단가기원일인〉에서 "오랜 벗 옛날에는 동몽산에 은거하였다"라고 한 것이다. 공이 동몽산에 나그네로 갔을 때 태백 등 여러 사람과 함께 노닐었으니, 이른바 '동지락'인 것이다.

그때 모시고 섬기던 이가 '동선생'인데, 바로 형양의 동연사이다. 한나라 무제가 남악을 곽산으로 옮겼기에 형산과 곽산의 칭호가 서로 혼동되었다. "장려망청추, 유흥입려곽"은 바로 〈억석행〉에서 "다시 형양의 동연사를 찾으러, 남으로 배를 띄워 일찍 소상에서 키를 움직이리라"라고 한 말의 뜻이다. 옛 주의 잘못이 어찌 천 리의 차이만이겠는가?(昔遊詩, 當與七古憶昔行互證. 昔遊者, 紀遊王屋山與東蒙山之事也. 華蓋君, 猶太白集之丹丘子, 蓋開元天寶間道士, 隱於王屋者, 不必求華蓋所在以實之也. 詩云, 深求洞宮脚, 洞宮, 卽憶昔行所云北尋小有洞也. 脚, 山足也. 洞在王屋艮岑, 卽王屋山東北之岑也. 天壇, 亦在王屋. 地志, 王屋山絶頂曰天壇, 濟水發源處是也. 王屋在大河之北, 故憶昔行曰, 洪河怒濤過輕舸也. 公至王屋時, 値其人已羽化, 故憶昔行曰, 辛勤不見華蓋君也. 此云, 弟子四五人, 入來淚俱落. 憶昔行曰, 弟子誰依白茅屋, 盧老獨啓靑銅鎖, 盧老, 正四五人之一也. 華蓋君旣不得見, 於是含悽天壇, 悵望匕藥, 而復爲東蒙之遊焉. 東蒙舊隱, 卽玄都壇歌所謂故人昔隱東蒙峰者也. 公客東蒙, 與太白諸人同遊好, 所謂同志樂也. 其時之伏事者則董先生, 卽衡陽董鍊師也. 漢武移南岳於霍山, 故衡霍之稱相亂. 杖藜望淸秋, 有興入廬霍, 卽憶昔行所謂更討衡陽董鍊師, 南浮早鼓瀟湘舵也. 舊注之謬, 何啻千里.)

《독두심해》: 이 시는 나그네살이에 얽매임이 많아서 도를 배우는 자와 함께 노닐고 싶어 하는 내용이다. 화개군을 찾은 것은 양송 지역을 유람할 때의 일이고, 동선생에게 간 것은 제로 지역을 유람할 때의 일이다. 화개군은 오래전에 죽었고 동선생은 아직 생존하였지만, 동씨가 옛 은거지에 다시 있지 않고 여곽으로 이주하였기에 그에게 가서 따르고자 하였다. 그래서 이 시를 지어 뜻을 보인 것이다. 그가 향하려는 곳은 후반부에 있으니, 전반부에서 앞서 방문한 사람을 두루 서술한 것은 바로 원인을 돌이켜 찾아서 말한 것으로, 이 편에서는 곁들여 말한 내용이 된다. 앞뒤 두 단락으로 나누어지며, 가운데 4구는 앞뒤를 연결하는 역할을 하는 것이다. 첫 4구는 찾아갔더니 이미 죽었다는 사실의 대의를 제기하였다. '모승' 4구는 찾아가 보니 사람이 이미 죽은 사실을 서술하였다. '여시' 4구는 찾아가 보니 이미 죽은 것에 대한 감정을 서술하였다. '임혼' 4구는 기숙할 때의 적막한 경치이다. 그 "왕교하천단"이라는 말은 마음에 그 신령을 본 것 같았다는 것이다. 가운데 4구는 위와 아래를 흔들어 끌며 감정과 경물을 함께 모았는데, 어제 온 길이 바로 오늘 돌아가는 길이라는 사실과 발에 못 박힌 것은 애석해할 일이 아니나 금단은 늘 마음에 담고 있던 것이라는 사실을 말한다. 그날 이 사람을 만나지 못하여 다시 다른 은자를 찾아간 일을 아득히 돌이켜 생각해보니, 신정神情이 뛰어오른다. '동몽' 이하에서 시에서 말하려는 본 내용으로 들어간다. 이 '동몽' 4구는 또한 옛일을 끌어서 지금 일을 말하는 것으로, 바로 아랫부분을 이끄는 말투이다. '호위' 4구는 약속을 저버린 현재의 상황을 슬퍼한 것이다. '수비' 4구는 장래에 다시 가기를 바란 것으로, 전편의 주제가 여기로 귀결되었다.(此因客途多累, 思與學道者遊. 華蓋之謁, 係遊梁宋間事. 董先生之赴, 係遊齊魯時事. 華蓋君久歿, 董先生尙存, 而董復不在舊隱, 移棲廬霍, 欲往從之. 故作此以見意. 其向往之處在後半, 而前半歷敍先訪之人, 乃追遡因由, 於本篇爲陪客也. 分前後兩段看, 中四句, 則上下樞紐. 起四句, 提起往訪已歿大意, 暮升四句, 敍訪而已歿之事. 余時四句, 述訪而已歿之情. 林昏四句, 託宿闃寂之景. 其曰王喬下天壇者, 意中如見其神靈也. 中四句, 上下搖曳, 情景俱會, 言昨日之來踪, 乃今日之歸徑, 足胝非所惜, 金丹常繫思也. 遙遡當日不遇斯人, 復尋他隱, 神致躍躍. 東蒙以下入正文. 此四句, 亦是援往以遞今, 乃引下口氣. 胡爲四句, 悵目前之負約. 雖悲四句, 冀將來之重赴. 全首主意, 歸結在此.)

(이영주)

53. 雨四首

비 4수

微雨不滑道　斷雲疏復行　紫崖奔處黑[1]　白鳥去邊明
秋日新沾影[2]　寒江舊落聲[3]　柴扉臨野碓[4]　半濕擣香粳[5]

가랑비라 길 미끄럽지 않고
끊긴 구름 성글다가 다시 흘러간다.
자줏빛 벼랑 내닫는 곳은 어둑한데
흰 새 날아가는 쪽은 밝다.
가을 해는 새로 젖은 빛이요
찬 강은 예전에 떨어지던 물소리다.
사립문에서 내려다보이는 들녘 방아는
반쯤 젖은 향내 나는 벼를 찧고 있다.

이 시는 4수의 연작시로 대력 원년 가을에서 겨울로 접어드는 시기에 기주 서각에서 지었다. 대력 2년 양서에서 지은 것이라는 설도 있으나 제2수에서 "높은 집은 염예퇴를 마주하고 있다"라고 하였는데 염예퇴는 서각에서 바로 내려다보이는 지점에 위치하고 있었으므로 서각에서 지은 것이 확실하다. 첫째 수는 가랑비가 오락가락하는 서각 주변의 경물을 기록하였고, 둘째 수는 비 내리는 가운데 비가 그치기를 기다리는 상황을 기록하였고, 셋째 수는 우중의 나그네 신세를 말하였고, 넷째 수는 우중의 근심을 말하였다.

《보주두시》 시에 "높은 집이 염예퇴를 마주하였다"라고 하였고 또 "신녀의 꽃 모양 머리장식이 떨어진다"라고 하였으니 비록 기주 시기 시이지만 지금 "사립문에서 내려다보이는 들녘 방아는 반쯤 젖은 향내 나는 벼를 찧고 있다", "삭풍은 휘이휘이 운다", "만물의 빛깔을 보니 한 해가 저물어가려 한다" 등의 구로써 판단하건대 마땅히 대력 2년 겨울 양서에서 지은 것이다.(詩云, 高軒當灩澦, 又云, 神女花鈿落, 雖是夔州詩, 今以柴扉臨野碓, 半濕搗香秔, 朔風鳴淅淅, 物色歲將宴等句, 當是大曆二年冬瀼西作.)

《독두심해》 4수는 또한 모두 깊은 가을 가랑비 내리는 가운데서 지은 것으로 《두억》에서 말한 '가을장마'이다. 황학은 양서의 작품으로 편차하였다. 지금 여러 시편 가운데 '애분', '염예', '신녀', '교인' 등의 글자를 살펴보건대 마땅히 서각에 우거할 때의 시이다. 앞 2수는 경물을 썼고 뒤 2수는 감정을 썼다.(四首亦皆深秋微雨中所得. 杜臆所謂秋霖也. 黃鶴編瀼西之作. 今按諸篇中崖奔灩澦神女鮫人等字, 當是寓西閣時詩. 前二首景, 後二首情.)

주 석

1 紫崖(자애) – 자줏빛 벼랑.

[紫崖 2구]

《두시상주》 고신 주에서는 "구름이 내달리는 곳에 자줏빛 벼랑이 어둡고 구름이 간 쪽에 흰 새가 또한 밝다는 것으로, '내달린다'와 '간다'는 '구름'을 가리키니 도치구가 된다"라고 하였다. 살펴보건대, 공의 〈입택삼수〉 시에 "적갑산 치닫는 봉우리 등졌다"라고 하였고 〈상추〉 시에 "산이 길어 가는 새가 작다"라고 하였으니 '내달린다'는 벼랑에 대하여 말한 것이고 '간다'는 새에 대하여 말한 것임을 모두 증명할 수 있다.(顧注謂雲奔之處, 紫崖便黑. 雲去之邊, 白鳥還明. 奔

去, 指雲, 作倒裝句. 按, 公入宅詩, 奔峭背赤甲, 傷秋詩, 山長去鳥微, 則奔就崖言, 去就鳥言, 皆可證矣.)

《두시경전》 자줏빛 벼랑 어두운 것은 구름이 가는 곳이고 흰 새 밝은 곳은 구름이 성근 곳이다. 또한 (〈춘야희우春夜喜雨〉의) "들길은 구름이 함께 어둡고, 강 배는 불이 홀로 밝다"라는 2구와 뜻이 같다.(紫崖黑是雲行處, 白鳥明是雲疏處, 亦與野徑雲俱黑, 江船火獨明二句同意.)

2 新霑影(신점영) – 새로 젖은 빛. '新霑'은 '霑新'으로 된 판본도 있다. 이 구는 비가 갠 뒤에 새로 젖은 만물을 가을 해가 비추고 있다는 말이다.

《구가집주두시》 조차공 주 가을 해는 새로 젖은 빛이라는 것은 비 때문에 그 햇빛이 몽롱하여 젖어 있는 것이다.(秋日新霑影, 則以雨之故, 其日影朦朧爲霑洒矣.)

3 舊落聲(구락성) – 옛날에 떨어지던 소리. '舊落'은 '落舊'로 된 판본도 있다. 이 구는 적은 비가 내려 강이 수량에 변화 없이 이전과 똑같은 물소리를 내며 흐른다는 말이다.

4 碓(대) – 방아. 벼를 찧는 공구. 방아가 들녘에 있으니 수력을 이용한 물방아로 추정된다.

5 半濕(반습) – 반쯤 젖다. '향갱'이 젖은 것을 가리킨다. 이와 달리 앞 구의 '야대'가 젖은 것으로 볼 수도 있다. '濕'은 '得'으로 된 판본도 있다. 香粳(향갱) – 향내 나는 벼. 또는 벼의 일종.

[柴扉 2구] 비가 갠 뒤에 사립문 밖에 있는 들녘의 방아가 벼를 찧고 있다는 말이다. 적은 비가 내렸으므로 벼가 반쯤 젖은 것이다.

#《두시상주》: 첫 수는 갑자기 날이 갰다가 갑자기 비가 내리는 모습을 기록하였다. 위 2구는 '우'와 '운'이 대를 이루며 시작하였는데 3, 4구는

'단운'을 이었고 아래 4구는 '미우'를 이었다. 벼랑이 내닫는 곳으로 구름이 흘러가 그 어두움을 보고, 새가 날아가는 쪽에 구름이 성글어 그 밝음을 본 것이다. 위 4자는 각각 이어 읽으며 시의 뜻은 본래 도치가 없이 순서대로 이루어진다.(首章, 記倏晴倏雨之象. 上二雨雲對起, 三四承斷雲, 下四承微雨. 崖奔之處, 雲行而見其黑. 鳥去之邊, 雲疏而見其明. 上四字各另讀, 詩意本順.)

《두억》: 가을에 접어들면 반은 갠 날이고 반은 비가 내리는데 비가 많이 내리지는 않지만 날이 개려고도 하지 않는다. 우리 남방은 늘 이런 날씨인데 이를 가을장마라 부른다. 지금 비가 길을 미끄럽게 하지 않고 구름은 성글다가 다시 흘러간다는 것은 바로 이런 날씨를 말한 것이다. 구름이 몰려오면 자줏빛 벼랑을 향하여 내달려서 그곳이 어둑하다가 구름이 지나가면 흰 새를 데리고 가버려 그쪽이 밝다. 한편으로는 비가 날리고 한편으로는 해가 나오기 때문에 해 아래에 새로 젖은 모습이 보이고, 비가 많이 내리지 않고 강물 역시 불어나지 않았기 때문에 강가에서 옛날에 떨어지던 물소리가 들린 것이다. 경치 묘사가 가지런하여 절로 정취가 넘쳐난다. 그런데 종성과 담원춘은 '점영', '낙성'을 기이하다고 하였고 또 사람들이 '신' '구' 두 경계를 구분해내게 하고자 하였으니 사람들을 기만함을 면치 못하였다. '야대', '향갱'은 또한 일상의 일인데 묘함은 '반습'에 있으니 거듭 '미우'를 드러내었다.(秋來半晴半雨, 雨不大而不肯晴, 吾南方常有之, 謂之秋霖. 今雨不滑道, 而雲疏復行, 正謂是也. 雲來則向紫崖以奔而其處黑, 雲過則帶白鳥以去而其邊明. 一面雨飛, 一面日出, 故日下見新霑之影, 雨旣不大, 水亦不增, 故江邊聞舊落之聲. 寫景楚楚, 自饒情致. 而鍾譚旣以霑影落聲爲奇, 又欲人分出新舊兩境, 不免欺人. 野碓香粳亦尋常事, 而妙在半濕, 仍見微雨.)

《독두심해》: '분처흑'은 산기슭이 연이어져 있는 것이 내달리는 듯하여 그 오목 들어간 곳이 하늘빛을 받지 못하는 것이다. '거변명'은 흰 새가 날아간 것이 이미 멀어 날이 갠 빛은 도리어 없어지고 어두운 빛이 도리어 드러난 것이다. 해가 잠깐 나타나서 새로 젖은 빛이 환하고 강은 언제나처럼 흘러가면서 옛날에 떨어지던 물소리 그대로이다. 네 구의 시어는 잠깐 개었다가 잠깐 비 내리는 것을 형상화하였는데 매우 교묘하고 치밀하다. 결련은 산가의 풍물을 말함에 '반습' 자를 써내어 첫 구와 호응하였다.(奔處黑, 山足連緜如奔, 其凹處不得天光也. 去邊明, 白鳥飛翔既遠, 晴光反奪, 陰色反顯也. 日乍漏而新霑之影的然, 江常瀉而舊落之聲自若. 四語狀乍晴乍雨, 十分工緻. 結就山家風物, 點出半濕字, 與起應.)

其二

江雨舊無時　天晴忽散絲　暮秋霑物冷　今日過雲遲
上馬回休出　看鷗坐不移[1]　高軒當灩澦[2]　潤色靜書帷[3]

강의 비는 옛날부터 때가 없어
날 갰다가 홀연 실 같은 비 뿌린다.
늦가을이라 젖은 만물이 차갑고
오늘은 지나는 구름도 더디다.
말에 올랐다 돌아와 나가지 않고
갈매기 보며 앉아 움직이지 않는다.
높은 집은 염예퇴를 마주하고 있어
젖은 빛이 서재 휘장에 고요하다.

주 석

1 鷗(구)– 갈매기. '鴉'로 된 판본도 있다. 移(이)– 옮기다. '辭'로 된 판본도 있다.

2 高軒(고헌)– 높은 집. '高'는 '層'으로 된 판본도 있다. 灩澦(염예)– 염예퇴. 구당협 입구에 있는 큰 바위이다.

3 潤色(윤색) 구– 젖은 빛에 서재 휘장이 고요하다로 풀이할 수도 있다.

#《두시상주》: 다음 수는 비 내리는 가운데 날이 개기를 기다리는 상황을 기록하였다. 주이준은 "가랑비와 끊긴 구름을 사람들은 지나는 비구름이라 말한다"라고 말하였다. 옛날부터 때가 없다는 것은 수시로 늘 비가 내리는 것이다. 지나는 구름이 더딘 것은 구름 가운데 비를 머금고 있기 때문이다. 말을 돌리고 갈매기를 보는 것은 비를 피하여 한 일이며 젖은 빛이 휘장에 들어오는 것은 비를 구경하는 정취이다. 위 2수에서 비를 읊은 것은 오히려 감정을 기쁘게 하는 것에 있는데 아래 2수에서 비를 읊은 것은 도리어 마음 아파하는 것에 있다.(次章記雨中候晴之景. 朱彝尊曰, 微雨斷雲, 俗謂之過雲雨. 舊無時, 不時常雨. 過雲遲, 雲中帶雨也. 回馬看鷗, 避雨之事. 潤色入帷, 觀雨之趣. 上二首咏雨, 尙在怡情處, 下二章咏雨, 却在傷心處矣.)

《두억》: 촉 땅에는 비가 많아 옛날부터 본래 때가 없었는데 다만 오늘 날이 개었다가 홀연 실 같은 비를 뿌린다고 어찌 비라고 이름 붙이겠는가? 그러나 늦가을이라 날이 추운 까닭에 젖은 만물이 차가워지니 그 지나는 구름이 더딘 것이 조금 싫은 것이다. 비록 가랑비라고는 하나 말을 타고 나갔다가 되돌아와서는 마침내 밖에 나갈 수 없으니 다만 까마귀를 바라보고 앉아 있는 것을 마다하지 못할 뿐이다. 《비아》에 이르기를 "사람들은 새가 날 때 날개가 무거운 것을 보면 장차 비가 내릴 것이라고 여긴다"라고 하였다. 새는 양에 속하는 동물로 음기를 느끼면 날개가 무거워지기 때문에 그로써 비가 내릴지 여부를 점치는 것이다. 오늘 까마귀를 본 것은 아마도 날이 개는 것을 점친 것이리라. 그러나 높은 집이 염예퇴를 마주하고 있으니 비가 젖은 빛을 덧보태고 우리 서재 휘장을 고요하게 만든다. 이 또한 절로 풍치風致를 이루니 가랑비가 무슨 방해가 되겠는가?(蜀中多雨, 舊本無時, 但今天晴而忽然散絲, 豈名爲雨. 但以暮秋天寒, 故霑物則冷, 而稍嫌其過雲之遲也. 雖云微雨, 然上馬而廻, 遂不能出, 止是看鴉而坐, 則不辭耳. 埤雅云, 俗候鳥飛翅重, 如其將雨. 鳥陽物, 感陰氣而翅重, 故以占其雨否, 今之看鴉, 蓋卜其晴也. 但以高軒當灩澦, 雨添潤色, 靜我書帷, 亦自成趣, 微雨何妨耶.)

《독두심해》: 이 장은 앞의 장과 대략 같다. 협내에는 본래 구름과 비가 많은 까닭에 첫 구에 '구' 자 하나를 쓴 것이다. 날이 개었는데 또한 실 같은 비를 흩뿌린다는 것은 바로 이른바 '옛날부터 때가 없다'는 것이다. 이 두 구는 평상시를 범연하게 말한 것이다. 3, 4구는 제목으로 들어간 것인데 위 구는 여전히 연일 날이 조금 개었음을 범연하게 말하였고 아래 구는 그날에 구름이 많음을 오로지 말하였다. 5, 6구는 하나는 일이고 하나는 경물이다. 결련은 그가 살고 있는 곳을 두고 꾸며낸 것이다.(此與上章略同. 峽內本多雲雨, 故首句下一舊字. 晴亦散絲, 正所謂舊無時也. 此二句泛言平時. 三四入題, 而上句猶泛言連日少霽, 下句乃專言本日多陰. 五六, 一事一景. 結就所居處設色.)

其三

物色歲時晏[1] 天隅人未歸[2] 朔風鳴淅淅[3] 寒雨下霏霏[4]

多病久加飯　衰容新授衣[5]　時危覺凋喪[6]　故舊短書稀

만물의 빛깔을 보니 한 해가 저물고
하늘가에 있는 사람 돌아가지 못하는데,
삭풍은 휘이휘이 울고
찬비는 부슬부슬 내리네.
많은 병에 오래도록 밥을 더 먹고
노쇠한 몸에 새로 옷을 장만하면서,
시절 위급함에 상실감을 느끼는 것은
옛 벗의 짧은 편지도 드물어서라네.

주 석

1 物色(물색)– 물체의 빛깔. 歲時(세시)– 세월. 晏(안)– 저물다. 이 구는 만물의 빛깔이 세월과 함께 저물어간다고 풀이할 수도 있다.

2 天隅(천우)– 하늘가. 지극히 멀리 떨어진 땅. 기주를 가리킨다. 人(인)– 두보를 가리킨다.

3 朔風(삭풍)– 북풍. 淅淅(석석)– 바람 부는 소리.

4 霏霏(비비)– 비 내리는 모양.

5 授衣(수의)– 겨울옷을 장만하는 것을 말한다.
《시경·빈풍豳風·칠월七月》"九月授衣"의 모전毛傳 9월에 서리가 내리기 시작하고 부녀자의 일이 이루어져서 겨울옷을 줄 수가 있었다.(九月霜始降, 婦功成, 可以授冬衣矣.)

6 凋喪(조상)– 의기가 저상하다. 의기소침하다. '喪亂'으로 된 판본도

있다.

#《두시상주》: 셋째 수는 비 내리는 가운데 나그네의 상황을 서술하였다. 첫 2구는 총체적으로 제시한 것이다. 3, 4구는 만물의 빛깔이 장차 저물어가는 것에 호응하였고 아래 4구는 하늘 모퉁이에서 돌아가지 못하는 것에 호응하였다. '석석'은 바람이 약하게 부는 소리이다. '비비'는 비가 가늘게 내리는 모양이다. '가반', '수의'는 나그네가 스스로 위로하는 것이다. 친구에게서 편지가 드물어 또 자신이 슬픈 것을 느낀 것이다.(三章, 敍雨中客況. 首二總提, 三四應物色將晏, 下四應天隅未歸. 淅淅, 風細聲. 霏霏, 雨微貌. 加飯授衣, 旅人自慰. 故舊書稀, 又覺自傷矣.)

《두억》: 한 해가 저물어 가는데 아직 돌아가지 못한다는 데 생각이 미치자 비바람이 싫증난다고 느껴진다. 그래도 기쁜 것은 병이 있지만 오랫동안 밥을 더 먹었으니 장차 낫게 될 것이란 점이다. 노쇠한 몸인데 겨울옷을 장만하고 보니 활기가 생겨난다. 그러나 근력이 있고 나서야 사방을 경영할 수 있는지라, 병은 조금 편안해졌지만 시국의 위급함에 생각이 미치자 곧 상실감을 느끼게 된다. 게다가 친구들의 짧은 편지도 오히려 드무니 세상 사람 역시 나를 폐인으로 대하게 될 것인데 나 또한 이 세상에 어떤 마음이겠는가? 벗들이 서로에게 주는 것은 가까운 벗에게는 짧은 편지, 멀리 떨어진 벗에게는 긴 편지이다. 짧은 편지도 오히려 드문드문한데 하물며 긴 편지는 어떠하겠는가? 가까운 벗도 또 그러한데 하물며 멀리 있는 벗은 어떠하겠는가?(想到歲晏而未歸, 便覺風雨之可厭. 所喜病久加飯, 則將愈矣. 衰容授衣, 有起色矣. 然有膂力而後可營四方, 病雖稍安, 而念及時危, 便覺凋喪. 乃故舊之短書猶稀, 則世亦以廢人待我矣, 我亦何心於斯世耶. 友朋相與, 近者短書, 遠者長書, 短書猶稀, 况長書乎. 近者且然, 况遠者乎.)

《독두심해》: 이 수와 다음 수는 비를 마주한 느낌을 적은 것이다. 이 수는 자신의 일에 대하여 말한 것인데 돌아갈 기약이 막힌 것이다. 위 4구는 일관된 상쾌함의 기운을 가지는데, 한 해가 저물어 갈 때에 객거하고 있는 상황에서 비를 곁들여내어 표현 하나하나가 청신하고 영활靈活하다. 아래는 근황을 한번 이야기하고서 변화를 주어 '조상', '서희'를 말하였다. 몸은 비록 대체로 편안하지만 고향 소식을 물어보기 어려우니 돌아가는 것은 끝내 점칠 수 없게 되었다.(此與下章, 對雨而志感. 本章就身事言, 阻歸期也. 上四, 爽朗一氣, 從歲晚客居情事, 帶出雨來, 筆筆空靈. 下將近況一頓, 跌出凋喪書稀. 身雖粗安, 鄉關難問, 歸終未卜矣.)

其四

楚雨石苔滋[1]　京華消息遲　山寒青兕叫[2]　江晚白鷗飢
神女花鈿落[3]　鮫人織杼悲[4]　繁憂不自整　終日灑如絲[5]

초 땅에 비가 내려 돌이끼 불어나는데
경사의 소식은 더디기만 하구나.
산은 추워 검푸른 외뿔소 울어대고
강 저무는데 흰 갈매기 주려 있네.
신녀의 꽃 모양 머리장식 떨어지고
교인의 베 짜는 북이 슬퍼하는 듯.
많은 근심 스스로 추스르지 못하는데
종일토록 뿌려대는 것이 실과 같네.

주석

1 石苔滋(석태자)－ 돌이끼가 불어나다. 돌이끼가 젖다.

2 靑兕(청시)－ 검푸른 외뿔소. 검은빛이 나는 외뿔소를 말한다.

3 神女(신녀)－ 무산 신녀를 말한다. 花鈿(화전)－ 금, 비취 등의 보배로 만든 꽃 모양의 머리 장식.

《두시상주》 무산에 신녀의 사당이 있었다. 설몽부 주에 "《신당서·거복지車服志》에 의하면 명부 복식의 경우 풍성한 양쪽 옆머리는 보배로 상감한 금 꽃 장식으로 꾸민다"라고 하였다.(巫山有神女廟. 薛夢符注, 唐志, 命婦之服, 兩博鬢飾以寶鈿金花.)

4 鮫人(교인)－ 신화·전설상의 인어. 교인의 눈물이 진주로 변하였다고 한다.

장화張華《박물지博物志》 남해 밖에 교인이 있었는데 물에 사는 것이 물고기와 같았고 길쌈하는 것을 쉬지 않았다. …… 물에서 나와 인가에 머무르면서 여러 날 명주를 팔았다. 떠나려 할 때 주인에게 그릇 하나를 달라고 하고 눈물을 흘려 쟁반 가득 구슬을 만들어서는 그것을 주인에게 주었다.(南海外有鮫人, 水居如魚, 不廢織績. …… 從水出, 寓人家, 積日賣絹. 將去, 從主人索一器, 泣而成珠滿盤, 以與主人.)

5 絲(사)－ 실. 생각한다는 의미의 '사思'로도 읽을 수 있는 쌍관어이다.

#《두시상주》: 넷째 수는 우중의 근심을 서술하였다. 이 시의 구조에 대하여 사람들은 다만 수미가 서로 관련되어 2구는 7구와 호응하고 1구는 8구와 호응하는 것만 알 뿐, 가운데 부분이 경물에 뜻을 기탁하여 모두 쌍관이라는 것은 알지 못하였다. 《두억》에 이르기를 "가운데 4구는 흉악한 사람이 뜻을 얻고 깨끗한 선비가 있을 곳을 잃어 과부와 궁민이 전쟁과 부세에 고통을 당함을 비유한다. 근심이 심히 많은데

스스로 추스를 수 없어서 실처럼 내리는 비를 마주하며 슬픔을 일으킨 것이다"라고 하였다. 비가 소식을 막았다는 것은 위 수의 친구의 편지가 드물다는 것을 받은 것이다. 외뿔소가 우는 것은 우중에 들은 것이고, 갈매기가 주린 것은 우중에 본 것이다. 신녀의 화전이 떨어진다는 것은 산의 비에 호응한 것이고, 교인의 베틀 북이 슬퍼한다는 것은 강의 비에 호응한 것이다. 황생의 주에 "근심을 스스로 정돈하지 못하니 마음이 어지럽다. 그래서 비가 흩뿌리는 것이 실과 같다는 말로 이었으니, 시율이 정교하고 세밀하기가 이와 같다"라고 하였다.(四章, 敍雨中憂緖. 此詩結構, 人但知首尾相關, 二與七應, 一與八應, 而不知中間卽景寓意, 俱是雙關. 杜臆云, 中四, 比凶人得志, 淸士失所, 寡婦窮民, 苦於兵賦. 憂多不能自理, 故對雨絲而興愴. 雨沮消息, 承上親故書稀. 兕吽, 雨中所聞. 鷗飢, 雨中所見. 神女鈿落, 應山雨. 鮫人杼悲, 應江雨. 黃生注, 憂不自整, 則心亂, 故接以雨灑如絲, 詩律工細如此.)

《두억》: 전반적으로 세상을 걱정하는 뜻을 펴냈는데 걱정하는 바는 바로 경사이다. 가운데 4구는 흉악한 사람이 뜻을 얻고 버림받은 선비가 곤궁하고 과부와 궁민이 전란의 재앙과 부세의 핍박에 고통을 당함을 비유한다. 근심이 심히 많은데 스스로 추스를 수 없어서 실처럼 내리는 비를 마주하며 슬픔을 일으킨 것이다.(全發憂世之意, 而所憂乃京師也. 中四比凶人得志, 負士坎壈, 寡婦窮民, 苦於兵凶賦急. 憂端甚多, 不能自理, 所以對雨絲而興愴也.)

《독두심해》: 이 수는 세상일에 대하여 말한 것으로 바로 위 수의 '시위'의 뜻이다. 첫 구는 제목을 표현하였고 다음 구는 뜻을 표현하였다. 가운데 4구는 표면적으로는 제목을 썼으나 실질적으로는 작가의 뜻을 썼다. '산이 춥다', '강이 저문다', '신녀', '교인'은 그 지역과 딱 들어맞으면서 비 오는 경치를 형상하였다. '규'라 말하고 '기'라 말하고 '낙'이라 말하고 '비'라고 말하였는데 표현한 글자가 매우 애처롭다. 바로 경사에서 소식이 끊겼기 때문에 듣고 보는 것에 괴로운 상황이 아닌 것이 없다. 교묘하게 '번우'와 이어져 '소식'과 호응하고, 이어서 바로 '여사'와 합쳐져 '초우'와 호응한다. 그런데 비가 가는 것이 실과 같고 많은 근심의 실마리가 그것과 닮았으니 두 구는 또다시 스스로 서로 합쳐진다. 이 시는 이른바 표면상으로는 같지 않으나 실질적으로는 일치하는 것이다.(此就世事言, 卽上章時危意. 首句出題. 次句出意. 中四, 貌則寫題, 而神則寫意. 山寒江晚神女 鮫人, 切地而狀雨景也. 曰呌曰饑曰落曰悲, 出字悽慘. 正由京華信斷, 故所聞所見, 無非苦況. 恰好接落繁憂, 與消息應. 隨卽拍合如絲, 與楚雨應, 而雨細如絲, 繁憂之緖似之, 兩句又復自相湊泊. 此詩所謂貌離而神合者.)

(**이석형**)

54. 大覺高僧蘭若

대각 고승의 가람

巫山不見廬山遠[1]　松林蘭若秋風晚[2]
一老猶鳴日暮鐘[3]　諸僧但乞齋時飯[4]
香爐峰色隱晴湖[5]　種杏仙家近白榆[6]
飛錫去年啼邑子[7]　獻花何日許門徒[8]

무산에서 여산의 혜원을 뵙지 못하였는데
솔숲 가람이 저물녘 가을 바람 속에 있네.
노승 하나 여전히 저녁 종을 울리고
여러 승려는 오직 재시에 공양을 찾는다네.
향로봉 빛이 갠 호수에 은은하고
살구나무 심은 선가는 백유성에 가까운데,
석장을 날리며 떠난 지난해 마을 사람들 울었느니
꽃을 바치는 일 어느 날에나 제자들에게 허하실까.

이 시는 대력 2년 가을과 겨울 사이 기주에서 지은 것으로 보인다. 제목 아래에 "스님이 지난 겨울 호수 남쪽으로 갔다(和尙去冬往湖南)"라는 원주가 붙어 있다. 여기서 호수는 구강의 파양호鄱陽湖를 가리키는 것으로 보인다. 제목의 '대각'은 고승의 법명이다. 대각 고승이 계신 절을 방문하였으나 스님은 이미 지난 겨울 호수 남쪽으로 떠났으므로 그 아쉬운 마음을 시로 적어 남겼다. 고승이 떠난

절의 쓸쓸함을 표현하고 아울러 고승에 대한 숭모의 마음을 드러내고 있다. '난야蘭若'는 '아란야阿蘭若'의 준말로 작은 규모의 사찰을 가리킨다. 대력 4년에 지은 것으로 보기도 한다.

《두시상주》 '대각'은 의당 고승의 이름이다. 양권도는 대력 연간 기주 시에 편재하고 있다. 《석씨요람》에 "(난야는) 범어로는 '아란야'요, 중국어로는 다툼이 없다는 뜻의 '무쟁'이다. 《사분율》에서는 '비고 깨끗한 곳'이라 하였다"라는 기록이 있다.(大覺, 當是高僧名. 梁氏編在大曆間夔州詩內. 釋氏要覽, 梵言阿蘭若, 唐言無諍, 四分律云, 空淨處.)

《보주두시》 시에서 "무산은 보이지 않고 여산은 멀다"라고 하였으니 분명 호남에서 지은 것이다. 그런데 양권도는 대력 2년 기주 시에 편재하고 있다. 만약 기주에서 지은 것이라면 어째서 무산이 보이지 않는다고 하였겠는가. 시에서 또 "향로봉 빛이 갠 호수에 은은하다"라 하였는데, 여산에 향로봉이 있지만 형산에도 있다. 《당서·지리지》에 의하면 무종이 즉위하면서 불교의 전례典禮를 폐지하여 천하에 허문 절이 사천육백 곳이요 초제와 난야가 사만 곳이었다고 하였으니 난야는 아마도 절보다는 작은 규모였을 것이다. 스님 중에 덕행이 높은 자를 기록한 《고승전》, 《속고승전》이 있다. 대력 4년에 지었다.(詩云, 巫山不見廬山遠, 當是在湖南作, 而梁權道編在大曆二年夔州詩內. 若在夔州作, 何以言巫山不見, 詩又云, 香爐峰色隱晴湖, 雖廬山有香爐峰, 而衡岳亦有之. 唐志, 武宗卽位, 廢浮圖法, 天下毁寺四千六百, 招提蘭若四萬, 然則蘭若殆小於寺者. 有高僧傳續高僧傳載僧之德行高者. 大曆四年作.)

주석

1 廬山遠(여산원) – 여산의 혜원 스님. 이 구절을 "무산은 보이지 않고 여산은 멀다"로 해석하는 경우도 있는데 전체적인 맥락에서 보자면 옳지 않다. 대각 스님을 여산의 혜원 스님으로 비유하고 그를 만나지 못함을 말한 것이다.

《두시상주》 '여산원'은 혜원 스님이다. 이백의 시 〈별동림사승別東林寺僧〉에 "웃으며 여산의 혜원과 헤어지다"라는 구절이 있다.(廬山遠, 遠公也. 李白詩, 笑別廬山遠.)

《두시조차공선후해집교》 '여산원'은 여산의 혜원이다. 대각 스님은 비록 무산의 승려였지만 그를 혜원공에게 견준 것이다. 공이 가서 그를 뵈려 하였지만 만나지 못하였다. 그래서 "무산에서 여산의 혜원을 보지 못하였다"라고 한 것이다.(廬山遠者, 廬山惠遠也. 大覺和尙雖是巫山之僧, 而比之爲遠公. 公往謁之而不遇, 故云巫山不見廬山遠.)

2 松林(송림) – 솔숲. '林'을 '間'으로 쓴 판본도 있다.

3 一老(일로) – 나이가 많고 덕망이 높은 노인. 여기서는 늙은 스님을 가리킨다.

《두시조차공선후해집교》 '일로'라는 글자에는 다음과 같은 전고가 있다. 한나라 초기에 응요는 회양산에 은거하였다. 사호와 함께 조정의 부름을 받았으나 응요만은 가지 않았다. 당시 사람들이 말하기를 "남산의 사호는 회양의 한 늙은이만 못하다"라 하였다. 또 관녕이 편지하여 "오직 폐하께서 야인의 자연에서 살고자 하는 뜻을 들어주셔서 한 늙은이로 그 미천한 목숨을 다할 수 있게 하였습니다"라고 하였다. 그 본원을 따지자면 노나라 애공이 공자를 가리켜 '일로'라고 한 것이다.(一老字, 則漢初應曜隱於淮陽山中, 與四皓俱徵, 曜獨不至.

時人語曰, 南山四皓, 不如淮陽一老. 又, 管寧書曰, 唯陛下聽野人山藪之願, 使一老者得盡微命. 若本出, 則魯哀公指孔子爲一老.)

4 但(단) - '尙'으로 된 판본도 있다. 乞(걸) - 구하다. 齋時(재시) - 불교 용어로 일반적으로 승려가 공양하는 오전 시간을 가리킨다.

《두시상주》에 인용된 전겸익 전 왕안석의 《능엄소》에 "부처님과 비구승은 진시와 사시 사이에 공양에 응하는데 이때를 '재시'라고 한다"라는 기록이 있다.(荊公楞嚴疏, 佛與比丘, 辰巳間應供, 名爲齋時.)

[一老 2구]

《두억》 고승이 호수 남쪽으로 가서 돌아오지 않으니, 그 가람을 읊어서 고승이 떠났어도 가람에서는 의구하게 종이 울리고 공양이 이루어지고 있음을 말하였다.(高僧往湖南未回, 而題其蘭若, 言僧去而蘭若之鳴鍾飯僧如故.)

5 隱晴湖(은청호) - 갠 호수에 은은하다. 여기서 호수는 구강에 있는 파양호鄱陽湖를 가리킨다.

6 種杏(종행) - 살구나무를 심다. 白楡(백유) - 별자리 백유성白楡星을 뜻한다.

《두시상주》 혜원 법사의 〈여산기廬山記〉에 "산 동남쪽에 향로산이 있는데 외로운 봉우리가 수려하게 솟아 있고 유동하는 구름 기운이 그 위를 덮고 있어서 마치 향불 연기처럼 자욱하였다. 그 남쪽 봉우리는 궁정호에 임해 있고 아래에 신묘가 하나 있는데 궁정이란 이름을 썼다"라 하였다. 또 이르기를, "뭇 봉우리 중에서 세 번째 봉우리가 매우 높고 험준한데, 봉우리 아래 빈 리 쯤에 첩첩 비위기 있고 위로 현애절벽이 있는데 옛 선인이 살던 곳이다. 한나라 때 동봉이 바위 아래 집을 지어 항상 사람들에게 병을 치료해주었다. 병이 나은 자에게 살구나무 다섯 그루를 심게 하니 수년 사이에 울창한 숲이 되었다.

동봉이 인간 세상에 있음이 근 삼백 년을 헤아렸으나 그 얼굴 모습이 항상 서른 시절과 같았는데, 얼마 후에 신선이 되어 승천하여 살구나무 숲에서 자취를 감추었다"라고 하였다.(山東南有香爐山, 孤峰秀起, 遊氣籠其上, 即焚熖若香煙. 其南嶺臨宮亭湖, 下有神廟, 以宮亭爲號. 又曰, 衆嶺中第三嶺極高峻, 嶺下半里許有重巖, 上有懸崖, 古仙之所居也. 漢董奉館於巖下, 常爲人治病, 病愈者令栽杏五株, 數年之間, 蔚然成林. 計奉在人間近三百年, 容狀常如三十時, 俄而昇仙, 絕迹於杏林.)

《두시상주》에 인용된 《신선전神仙傳》 동봉이 여산에 살며 병을 고쳐주었다. 병이 중한 자는 살구나무 다섯 그루를 심었고, 병이 가벼운 자는 한 그루를 심었으므로 동봉 신선의 살구나무 숲이란 뜻의 '동선행림'으로 불렀다.(董奉居廬山治病, 重者種杏五株, 輕者一株, 號董仙杏林.)

《두시상주》 고시 〈농서행隴西行〉에 "하늘에는 무엇이 있나, 백유를 줄줄이 심었다"라는 구절이 있다.(古詩, 天上何所有, 歷歷種白楡.)

《두공부시집집주》 《춘추운두추》에 "옥형성이 흩어져 백유가 된다"라는 말이 있다. '백유에 가깝다'는 것은 그곳이 높아서 하늘과 가깝다는 말이다.(春秋運斗樞, 玉衡星散爲楡. 近白楡, 言其高近乎天也.)

[香爐 2구]

《두공부시집집주》 두 구절은 모두 여산의 일을 인용하였으니 '은청호'의 호수는 바로 팽려호이다. 제목 아래 원주의 '호남'은 팽려호의 남쪽을 말한다.(二句皆用廬山事, 則隱晴湖乃彭蠡湖, 題下所注湖南, 謂蠡湖之南.)

7 飛錫(비석) – 석장錫杖을 날리다. 스님의 출타를 비유한다. 去年(거년) – 지난해. 邑子(읍자) – 동향 사람.

《두시상주》에 인용된 《석씨요람釋氏要覽》 옛날 고승이 산봉우리에 은거하면서 오대에서 노닐고 회서로 나갔는데 석장을 던져 허공을 날아서 서천으로 갔다.(昔有高僧隱峰, 遊五臺, 出淮西, 擲錫飛空而往西天.)

8 獻花(헌화) – 꽃을 바치다. 門徒(문도) – 제자. 이 구절은 대각 스님이 언제나 돌아와 제자들을 만나게 될 것이냐는 말이다.

《두시상주》에 인용된 《인과경因果經》 선혜 선인이 꽃 일곱 송이를 들고 부처님께 바치고자 하였다. 당시 등조왕이 성을 나와 부처님을 맞았는데, 왕과 신하들이 예를 다해 공경하며 좋은 꽃을 흩뿌려 바쳤지만 꽃이 모두 땅에 떨어졌다. 선혜가 즉시 다섯 송이를 뿌리니 모두 공중에 머물러서 꽃 누각으로 변하였다. 후에 두 송이를 뿌렸더니 역시 공중에 머물러 있었다. (이 사람이) 바로 석가모니불이다.(善慧仙人, 持花七莖, 欲以獻佛, 時燈照王出城迎佛, 王臣禮敬散獻名花, 花悉墜地. 善慧卽散五花, 皆住空中, 化成花臺, 後散二莖, 亦止於空, 卽釋迦牟尼佛也.)

[飛錫 2구]

《두시조차공선후해집교》 그가 작년에 호남 지역으로 갔음을 말하였다. 〈천태산부〉에 "나한이 석장을 날려서 허공을 거닐었다"라는 구절이 있는데, 주석에서 "참된 도를 깨친 사람은 석장을 잡고 허공을 다닌다"라고 하였다. 그래서 '날린다'고 한 것이다. '읍자'는 동향 사람이란 뜻으로 이 용어는 《한서·주매신전》의 "때마침 동향인 엄조가 높은 지위에 올라 임금의 총애를 입자 주매신을 천거하였다"라는 구절에서 나왔다. 헌화하는 일은 《후분경》에 석가모니가 당초 정혜 선인이었을 때 연등불께 연꽃 다섯 송이를 바친 일이 기재되어 있는데 이것이 헌화의 시작이다. 그 후에 나한에 헌화한 것으로는 《법주기》에 "용신이 발우를 들고 몸을 굽히며, 천녀가 헌화하며 호궤하였다"라는 기록이 있다.(言其去年往湖南也. 天台山賦, 應眞飛錫而躡虛. 注云, 得眞道之人, 執錫杖而行於虛空, 故云飛也. 邑子, 同邑之子也. 字出朱買臣傳, 會邑子嚴助貴幸, 薦買臣. 獻花事, 後分經載釋迦

初爲淨慧仙人時, 獻五蓮花於燃燈佛. 此獻花之祖也. 其後獻花於羅漢者, 如法住記云, 龍神捧鉢而曲躬, 天女獻花而胡跪.)

#《두시상주》: 이는 고승이 이미 호수 남쪽으로 떠났으므로 절에서 시를 지은 것이다. 위 4구는 무산의 일을 말하였고, 아래 4구는 여산의 일을 말하였다. 노승 한 사람과 여러 승려가 절의 전하는 법규를 지키고 있다. 향로와 행림은 여산의 승적이다. 동향 사람을 울렸다는 것은 이전에 그가 떠났음을 애석해한 것이요, 제자들에게 허락한다는 구절은 지금 그가 돌아오기를 바라는 것이다.(此高僧已往湖南, 而題詩於寺也. 上四言巫山事, 下四言廬山事. 一老諸僧, 守寺遺規. 香爐杏林, 廬山勝迹. 啼邑子, 前惜其去. 許門徒, 今望其回.)

《독두심해》: 원주에서 "스님이 호수 남쪽으로 갔다"라고 하였는데, 또 시에서 말한 것이 모두 여산이니 호수는 강서의 팽려호이다. 공이 무산의 가람을 노닐었으므로 이 시를 지은 것이다. 첫 구는 힘 있게 전체를 이끌고 있다. 다음 3구는 가까이에서 가람을 묘사한 것이요, 제5, 6구는 멀리 여산을 생각한 것이다. 제7, 8구는 그의 떠남을 아쉬워하며 가서 그를 따라 노닐고자 생각한 것이다.(原注云, 和尙往湖南. 而詩所云, 皆謂廬山, 則湖是江西之彭蠡也. 公遊巫山蘭若, 因題此詩. 首句總挈有力. 次三句, 近寫蘭若. 五六, 遙想廬山. 七八, 惜其去, 而思欲往從之遊.)

(**김성곤**)

55. 謁眞諦寺禪師

진체사 선사를 뵙다

蘭若山高處[1] 煙霞嶂幾重[2] 凍泉依細石[3] 晴雪落長松[4]
問法看詩妄[5] 觀身向酒慵[6] 未能割妻子[7] 卜宅近前峰[8]

절집은 산 높은 곳,
연하 낀 멧부리 몇 겹.
언 샘물은 세석에 붙어 있고
갠 날 눈은 장송에서 떨어집니다.
불법을 물으니 시 보는 일 허망하고
몸을 살피니 술 마시기 게을러집니다.
처자식은 떼버릴 수 없으니
앞 봉우리 가까이 집터 잡겠습니다.

깊고 높은 산속 멀리 진체사를 찾아 선사를 만나 깨달음을 얻고 절 가까이 살고 싶은 마음을 표현하였다. 불법 앞에서는 시도 허망하고, 자신을 돌아보니 술 마시기도 꺼려진다. 불문에 귀의하고 싶지만 처자식은 차마 떼버릴 수 없으니 절 앞산 봉우리 가까운 곳에 집을 짓고 살면서 자주 불법을 듣고 싶다. 사홍현射洪縣의 진자앙陳子昂 고택 가까운 곳에 진체사라는 절이 있었지만 역대의 주석가들은 그 진체사를 이 시의 진체사로 간주하지 않았다. 송나라 때부터 진체사는 기주에 있다고 간주했으며, 이 시를 대력 원년 겨울에 지은 것으로 추정하는 설이 있다. 하지만 진체사는 사홍현에

엄연히 있었으며, 두보가 사홍현에 머무르며 진체사를 방문한 때는 보응 원년 11월이다. 이 시의 내용과 시인이 사홍현 진체사를 방문한 시기, 사홍현 진체사의 자연환경 등은 대체로 일치한다. 따라서 이 진체사가 사홍현의 진체사일 가능성을 배제할 수는 없다. 이 시는 두보가 보응 원년 11월 사홍현 진체사를 방문하였을 때 지었을 가능성이 매우 높다.

《두시상주》〈진습유고택陳拾遺故宅〉 시에 인용된 양덕주楊德周 주 진자앙의 옛집은 사홍현 동무산 아래에 있었으며 현에서 북쪽으로 1리쯤 된다. 《진백옥집陳伯玉集》에 진자앙의 사세조(증조)인 진방경이 도를 좋아하여 이곳에 은거하였다고 하였다. 당나라 때 도관의 터가 있었으며, 진체사는 그 왼쪽에 있었다.(陳拾遺故宅, 在射洪縣東武山下, 去縣北里許. 本集云, 子昂四世祖陳方慶, 好道, 隱於此. 有唐朝道觀址, 而眞諦寺在其左.)

송 위요옹魏了翁 〈기주와룡산기夔州臥龍山記〉 또 몇 리 가면 바로 정상에 다다른다. 노인들이 전하는 말에 충무후 제갈양이 이 산에 군대를 주둔시켰다고 한다. …… 절은 높은 봉우리 매우 서늘한 곳에 자리 잡아 한여름에도 겹옷을 입어야 한다. 산의 샘과 솔에 대해 사람들은 두자미의 〈알진체사선사〉 시가 기주의 여러 사찰 중 오직 여기에만 해당하니 이 절이 반드시 진체사일 것이라고 여긴다. 이치상 혹 그럴 만하다.(又數里乃至絶頂, 耆舊相傳謂諸葛忠武侯駐軍此山, …… 寺居高峯極淸寒, 盛夏可裌衣. 山之泉之松, 人謂杜子美眞諦寺詩, 夔之諸刹, 惟此可當, 是必爲眞諦. 理或然也.)

《보주두시》 시에서 "언 샘물은 세석에 붙어 있고, 갠 날 눈은 장송에서 떨어진다"라고 하였으니 기주에서 지은 작품이 맞다. 대력 원년 겨울 작품에 둔 옛 편차를 따른다.(詩云凍泉依細石, 晴雪落長

松, 當是在夔州作. 從舊次大曆元年冬作.)

《두시조차공선후해집교》(수정본) 시구에 "갠 날 눈은 장송에서 떨어진다"라고 하였으니 겨울 아니면 봄이다. 예전에 가을 시에 넣은 것은 틀렸다.(句云晴雪落長松, 非冬則春矣. 舊在秋詩中, 非也.)

《두시상주》 이 시는 지은 연도를 따지기 어려우므로 여기서는 옛 편차를 따라 기주 시에 넣는다.(此詩年次難考, 今依舊編列在夔州.)

《두보전집교주》 진체는 원래 고인도 바라문교의 용어로, 불교에서 따라 사용하였다. 체는 진실하고 헛되지 않은 이치를 가리킨다. 각파의 해석이 같지 않다.(眞諦, 原爲古印度婆羅門教用語, 爲佛教所沿用. 諦, 指眞實不虛之理. 各派解釋不同.)

주 석

1 蘭若(난야)－ 절. 불교 사원. 범어梵語 아란야阿蘭若의 준말로, 고요하고 고뇌와 어지러움이 없는 곳을 뜻한다.

《두공부초당시전보유》 난야는 절에 대한 칭호이다. 《석씨요람》에서 "난야는 범어로 아란야이며, 중국어로는 말다툼이 없다는 뜻이다. 《사분율》에서는 '비고 고요한 곳'이라 하였고, 《살바다론》에서는 '한적한 곳'이라 하였고, 《지도론》에서는 '멀리 떨어진 곳'이라 하였고, 《대자경》에서는 '여러 바쁜 일에서 벗어나는 것'이라 하였다"라고 말하였다. 여러 설이 같지 않지만 그 실질은 말다툼이 없다는 것이다.(蘭若, 寺名. 釋氏要覽, 蘭若者, 梵言阿蘭若, 唐言无諍也, 四分律云, 空靜處, 薩婆多論云, 閑靜處, 智度論云, 遠離處, 大慈經, 離諸悤務, 諸說不同, 其實則无諍也.)

2 煙霞(연하)－ 구름 노을. 嶂(장)－ 높고 가파른 봉우리. '障'으로 된

판본도 있다. 幾重(기중)– 몇 겹.

3 凍泉(동천)– 언 샘. '凍'은 '冷'으로 된 판본도 있다.

4 晴雪(청설)– 날이 갠 후의 쌓인 눈. 落長松(낙장송)– 장송에서 떨어지다.

《두시조차공선후해집교》(수정본) "갠 날 눈은 장송에서 떨어집니다"라는 시구는 의미가 자명하다. 날이 개어 햇볕이 쬐면 눈은 높은 솔에서 아래로 떨어진다. 옛 주에서는 〈천태산부〉의 "낙락지장송"이라는 구를 인용하였다. 이 '낙락' 자는 소나무의 형상이니 어찌 증거로 삼을 수 있겠는가.(晴雪落長松, 其句自明. 雪以晴日所照, 自高松而墜落. 舊注引天台山賦, 落落之長松. 此落落字, 乃松之狀也, 豈可證乎.)

[凍泉 2구] 이 연은 높은 산의 샘물이 얼어 자잘한 돌에 붙고, 날이 개자 키 큰 소나무에 쌓였던 눈이 아래로 떨어지는 광경을 묘사하였다.

《두보전집교주》에 인용된 《장운산방두율상해藏雲山房杜律詳解》의 석려거사石閭居士 주 '세석'은 땅 아래의 깨진 돌이다. 돌가의 샘이 얼어서 멀리 흐를 수 없으므로 '의세석'이라고 하였다. '장송'은 하늘 가운데의 높은 소나무이다. 소나무에 쌓인 눈은 날이 개면 오래 남을 수 없으므로 '낙장송'이라고 하였다. 한 구는 가로로 말하였고, 한 구는 세로로 말하였으며, 한 구는 굽어본 경물이고, 한 구는 우러러본 경물이다. 한 구는 한랭하고 한 구는 따뜻하다. 한 구는 동중정의 형상이고, 한 구는 정중동의 형상이다. 10자 안에 음양과 향배의 이치를 모두 담았고, 조화와 소멸생성의 비밀을 포함하였다.(細石者, 地下之碎石也, 石邊之泉, 因凍不能遠流, 故曰依細石. 長松者, 天半之高松也, 松間之雪, 因晴不能久留, 故曰落長松. 一句是横說, 一句是豎說, 一句是俯察之景, 一句是仰觀之景, 一句是寒冷, 一句是暄暖, 一句是動中之靜象, 一句是靜中之動象, 十字內曲盡陰陽向背之理, 包含造化消長之機.)

《두시해杜詩解》 '동천'과 '청설'은 다시 눈 앞의 경물이기는 하나 선사의 위의가 이 10자에 다 들어 있다.(凍泉晴雪, 雖復即景, 然禪師威儀, 盡此十字矣.)

5 問法(문법)- 불법을 묻다. 여기서 '法'은 불법을 말한다. 妄(망)- '忘'으로 된 판본도 있다.

6 觀身(관신)- 자신의 몸을 성찰하다. 여기서는 마음을 수양함을 말한다. 向酒(향주)- 술을 향하다. 술을 마시려고 하다.

[問法 2구] 불교의 이치를 물어서 들으니 시 보는 일이 의미가 없고, 자신의 내면을 돌아보니 술 마시기가 꺼려진다는 뜻이다.

《두시조차공선후해집교》(수정본) 경련에서 말한 바는 '불법을 물었기 때문에 시를 보아도 잊어버리고, 몸을 성찰하였기 때문에 술 마시기가 게을러진다'는 뜻이다.(腹聯所云, 蓋是以問法之故, 所以看詩而忘, 以觀身之故, 所以向酒則慵.)

7 割(할)- 끊다. 떼버리다. 妻子(처자)- 처와 자식.

8 卜宅(복택)- 집터를 잡다.

[未能 2구] 이 연은 처자식을 버리고 집터를 앞 봉우리 절 가까운 곳에 잡을 수 없다, 즉 속세를 떠나 불문에 귀의할 수 없다는 뜻으로 풀이하기도 한다.

《구가집주두시》 비장방은 처자식을 버리고 호공을 따랐다.(費長房棄妻子以從壺公.)

《구가집주두시》 조차공 주 송나라 주옹의 경우에는 불법에 뛰어나 종산 서쪽에 은거할 집을 세우고 평생 늘 채식하며, 처자식이 있었지만 홀로 살았다. 이 고사는 절 가까이 집터를 잡겠다는 말의 뜻을 증명할 수 있다. 옛날에는 비장방의 일을 인용하였으나 틀렸다.(如宋周顒長於佛理, 於鐘山西立隱舍, 終日長蔬, 雖有妻子, 獨處之. 此於卜宅近寺爲可證也. 舊引費公事, 非.)

[問法 4구]

《두억》 '문법' 구와 '관신' 구는 선의 이치이다. 그러나 처자식을 떼버리지 못하면서 시와 술을 끊을 수 있을까. 결련은 10자가 한 구이다.(問法觀身二句是禪理. 然未能割妻子, 其能斷詩酒乎. 結語十字爲句.)

《두시해》 시 보는 일이 허망하기는 하지만 시가 아니면 성정을 기쁘게 할 수 없다. 술 마시기를 게을리하지만 술이 아니면 쓸쓸함을 달랠 수 없다. 모두가 처자식을 떼버리지 못하기 때문이다. 그러므로 시와 술, 처자식은 속체에 가깝다. 유독 속체로써 진체를 형상하였으니 묘하다.(看詩雖妄, 然非詩無以悅情性. 向酒雖慵, 然非酒無以慰寂寥. 總因未能割妻子. 故詩酒妻子, 近于俗諦, 偏以俗諦形眞諦, 妙.)

#《두시설》: 앞에서는 절에 도착하였을 때의 경물을 서술하였고, 뒤에서는 나아가 뵙는 뜻을 서술하였다. 첫 구에서 높음을 말하였고, 다음 구에서 깊음을 말하였다. 높음은 드러난 말이고, 깊음은 숨은 말이다. 마지막에 '전봉'이라는 글자를 써서 조응하며 변화하였다. 3, 4구는 경물 중에 때를 드러냈으니 왕유王維 (〈과향적사過香積寺〉) 시의 "샘물 소리는 높은 돌에서 흐느끼고, 햇빛은 푸른 솔에 차다"와 같은 구법이다. 그러나 왕유 시의 뛰어남은 '열' 자와 '냉' 자에 있고, 이 시의 뛰어남은 '동' 자와 '청' 자에 있다. 선사를 따라 불법을 물으면서 자기 몸을 되돌아보니 몽환 같아서 문득 모든 것을 깨부수고 지심으로 귀의하고 싶지만 다만 처자식을 떼버릴 수 없음이 한스럽다. 앞 봉우리 가까이 집터를 잡아 때때로 선사의 가르침을 받기를 허락해주시는 것, 이것이 소원일 뿐이다. 몸이 허망하니 일체가 허망하다. 평소 가장 탐닉한 것은 시와 술만 한 것이 없지만 지금은 그 역시 전혀 맛이 없다. 그런데 '망' 자는 몸을 살핀다는 말에는 오히려 적절하지 않으니 그가 시어를 다듬고 대구를 탁마하는 묘를 보라. 타고난 성벽이 아름다운 시구를 탐하니 명예를 좋아하는 근성이 그렇게 만들

뿐이다. 몸조차 허망하니 죽은 뒤 어찌 이름이 있으랴. '간시망' 석 자는 실로 이 뜻일 뿐이다. 다른 것은 다 떼버릴 수 있으나 오직 처자식은 떼버릴 수 없다. 선사 앞에서 거짓말을 하지 않으니 다만 이 한 가지 일만으로도 바로 도에 합치한다. 세상 사람들은 재물을 좋아하면서 유독 재물 말하기를 꺼리고, 색을 좋아하면서 유독 색을 말하기를 꺼린다. 시에서 청고한 척하거나 쇄탈한 척하는 말을 많이 쓰면 불법에서 꾸짖을 뿐만 아니라 시인 역시 침 뱉고 받아들이지 않을 것이다.(前述到寺之景, 後述進謁之意. 首句言高, 次句言深. 高, 明說, 深, 暗說. 結用前峰字應轉. 三四景中見時, 與右丞泉聲咽危石, 日色冷青松同一句法. 然彼工在咽字冷字, 此工在凍字晴字. 因從禪師問法, 返觀己身, 有同夢幻, 頓欲破除一切, 至心皈依, 但恨未能割妻子, 肯容卜宅近前峰, 時時領師開示, 是所願耳. 身妄故一切俱妄, 平日所最耽者, 莫如詩酒, 今亦索然無味, 妄字却不安在觀身上, 看其煉句琢對之妙. 爲人性僻耽佳句, 不過名根使然耳, 身且妄矣, 于身後名何有. 看詩妄三字, 實只此意. 他皆可割, 只妻子不能割. 在禪師前不作誑語, 只此一事便可入道. 世人好財, 偏諱言財. 好色, 偏諱言色. 詩中多作假淸高假脫灑之語, 匪第佛法所訶, 卽詩家亦唾而不受矣.)

《두시상주》: 황생 주에 "전반은 절에 이르는 경물이고, 후반은 나아가 선사를 뵙는 마음이다"라고 하였다. 또 "첫 구는 높음을 말하였고, 다음 구는 깊음을 말하였으며, 결련에서는 '전봉'이라는 글자를 써서 조응하면서 변화하였다"라고 하였다. 또 "몸이 허망하니 모두가 허망하다. 평소 가장 탐한 것으로 시와 술만 한 것이 없지만 지금은 전혀 맛이 없다"라고 하였다. 이는 깨달음 후의 말이다. 《두억》에서 "처자식은 떼버리기가 술보다 더 어려우므로 떼버릴 수 없음을 스스로 한탄하였다"라고 하였다.(黃生注, 前半到寺之景, 後半進謁之意. 又曰, 首句言高, 次句言深, 結用前峰字應轉. 又曰, 身妄故一切俱妄. 平

日所最躭者, 莫如詩酒, 今亦索然無味. 此作悟後語. 杜臆, 妻子難割甚於詩酒, 故自歎未能.)

《두시논문杜詩論文》: 절은 산 높은 곳에 있어 구름 노을 낀 봉우리를 몇 겹이나 지난 뒤에야 다다랐다. 그 높음을 쓰면서 아울러 그 멂도 썼다. 다다른 뒤에 세석에 얼어붙어 흐르지 않는 샘물과 하늘 가득하다가 갠 뒤에 문득 떨어지는 눈을 본다. (앞) 4구는 절의 경치이다. 불법을 물어 깨달음이 있으므로 비로소 시의 허망함을 알고, 몸을 성찰함이 절실하니 술 마시기도 게을러진다. (문법) 2구는 선사를 뵘이다. 그리하여 처자식은 내버리고 가까이 집터를 잡아 때때로 와서 불법을 들을 수 없음을 한탄한다.(寺在山之高處, 故烟霞嶂嶺, 歷幾重而後至也. 寫其高, 兼寫其遠. 既至則見凍泉依細石而不流, 晴雪滿長空而忽落. 四句, 寺景. 問法有得, 始知詩之妄, 觀身既切, 卽飮酒亦慵矣. 二句, 謁禪師. 因歎未能撥置妻子而卜宅相近, 時來聽法也.)

장원張遠《두시회수杜詩會粹》: '문법', '관신'에서 살짝 끊어 읽어 아래 3자가 위를 받는다. 불법을 물었기 때문에 비로소 앞서 지은 시는 보아하니 모두 허망함을 알았고, 내 몸을 되돌아보니 성색과 향미가 모두 없어져서 술을 향하는 것 역시 게을러진다. 그리하여 결련의 말로 이어진다.(問法觀身微讀, 下三字承上. 唯其問法, 始知前此之詩, 看來俱妄, 返觀吾身, 聲色香味俱無, 向酒亦慵矣. 因接以末聯云云.)

《두율계몽》: 1, 2구는 절을 바라보는 경상이고, 3, 4구는 절에 도착한 경상이다. 뒤 4구는 선사를 배알하는 심정이다. 불법에는 언어와 문자가 없으므로 시를 보는 것이 허망하고, 술은 본성을 어지럽힐 수 있어 불가에서는 금지하므로 술 마시기에 게을러진다. 처자식은 떼버리기 어렵기가 시와 술보다 심한데, (이는) 집착하는 아녀자의 작태가 아니다. 난리를 만나 떠돌아 살면서 처자식을 떼버리고 선문으로 도망가고자 하면 실로 잔인한 사람이다. 당연히 우리 부처님도 허락하지 않을 일이다.(一二, 望寺之景, 三四, 到寺之景. 後四, 謁師之情. 佛法無語言文字, 故看詩妄. 酒能亂性, 佛家戒之, 故向酒慵. 妻子難割, 甚於詩酒, 非沾沾兒女態也. 當離亂羈棲, 而欲割妻子以逃禪, 實爲忍人. 當亦我佛所不許耳.)

(**이창숙**)

56. 上卿翁請修武侯廟遺像缺落時崔卿權夔州

최경옹께 무후묘의 소상塑像이 파손된 것을 보수해주길 청하는 글을 올리다. 이때에 최경께서 기주자사를 대리하셨다

大賢爲政卽多聞[1]　刺史眞符不必分[2]
尙有西郊諸葛廟[3]　臥龍無首對江濆[4]

크게 어진 분이 다스리셔서 바로 좋은 소문이 많으니
자사의 진짜 부절은 나눌 필요도 없겠습니다.
서쪽 교외에 아직 제갈묘가 있는데
와룡이 머리도 없이 강가를 대하고 있습니다.

이 시는 두보가 당시 기주자사를 대리하고 있던 최씨에게 무후묘의 보수를 부탁하며 올린 것이다. 최씨는 두보의 외숙이다. '경'과 '옹'은 그를 존칭하는 말이다. 시는 최씨의 치적을 칭송한 후에 무후묘의 상태를 알리고 있다. 대력 2년 기주에서 지은 것으로 보인다.

《보주두시》 두보가 대력 원년 기주에 왔던 그때는 백도독이었다. 두보는 일찍이 백도독을 대신하여 감사하며 올리는 표(〈위기부백도독사상표爲夔府柏都督謝上表〉)를 지었고, 또 〈배백중승관연장사이수陪柏中丞觀宴將士二首〉라는 시도 있다. 그 시는 겨울에 지었으니 최경이 기주를 대리 통치한 것은 틀림없이 대력 2년일 것이다. 이 시는 응당 대력 2년에 지은 것이다.(公大曆元年至夔時, 乃柏

都督. 公嘗爲柏作謝上表, 又有陪柏中丞陪宴將士二首. 其詩作於冬, 則崔卿權州, 必在二年. 此當是二年作.)

《독두심해》 대력 2년에 두보는 〈봉송왕신주음북귀奉送王信州崟北歸〉 시를 지은 바 있다. 신주는 곧 기주이며, 왕음이 자사직을 그만두고 돌아갔기에 최경옹이 기주의 일을 대리하였다.(大曆二年, 公有送王信州崟北歸詩. 信卽夔也, 王罷守而去, 故崔卿翁權攝州事.)

《두시경전》 최경옹은 두보의 외숙부이다.(崔卿翁, 公之舅氏.)

주 석

1 大賢(대현)－ 크게 어진 사람. 당시 기주를 대리 통치하고 있던 최씨를 가리킨다. 多聞(다문)－ 많이 듣다. 이 구는 최씨가 훌륭한 정치를 한다는 소문을 많이 들었다는 말이다. 혹은 그런 소문을 곧 많이 듣게 될 것이라는 말로 볼 수도 있다.

《구가집주두시》 조차공 주 '다문'은 소문으로 전해지는 선정이 많다는 말이다.(多聞, 言多有所傳聞之善政也.)

2 眞符(진부)－ 진짜 부절. 不必分(불필분)－ 나눌 필요가 없다. 이 구는 최씨가 기주자사의 직을 대리로 맡아 훌륭하게 수행하고 있음을 말하는 것이다.

《구가집주두시》 한나라 제도에 자사를 제수할 때는 동호부, 죽사부를 나누었다. 안사고가 이르기를 "각각 그 반을 나누어서 오른편은 경사에 남겨두고 왼편은 그에게 주었음을 말한다"라고 하였다. '진부불필분'은 곧 그가 대리로 주를 다스린다는 사실을 말한 것이나.(漢制, 除刺史, 則分銅虎符竹使符. 師古曰, 謂各分其半, 右留京師, 左以與之. 眞符不必分, 則言其權爲州也.)

《두보전집교주》에 인용된 주전周篆 주 '진부불필분'이라는 것은 진짜로 자사가 된 연후에야 큰일을 하게 되는 것은 아니라는 것이다. 기주를 대리로 다스리기에 그 말을 하였다.(眞符不必分者, 不必眞爲刺史, 然後有所作爲也. 以權夔州言之.)

3 諸葛廟(제갈묘) – 제갈양의 사당. 그의 사당 중 기주에 있던 사당을 말한다.

《두시상주》 두보는 무후묘에 대해 자주 시를 썼는데, "남아 있는 사당에 단청이 떨어졌다(〈무후묘武侯廟〉)"와 "머리도 없이 물가를 대하고 있다"는 마땅히 같은 곳을 말한다. "남은 초상이 엄숙히 맑고 높다(〈영회고적오수詠懷古跡五首〉 기오其五)"와 "송백이 하늘을 찌르며 길게 솟았다(〈기주가십절구夔州歌十絕句〉 기구其九)"는 아마도 또 다른 곳일 것이다.(杜公頻題武侯廟, 遺廟丹青落與無首對江濆, 當是一處. 遺像肅淸高與松柏參天長, 恐又是一處也.)

왕십붕王十朋 〈기주신수제갈무후사당기夔州新修諸葛武侯祠堂記〉 익주와 기주에서 모두 제갈 승상을 제사하였는데, 그런 일이 다 두보의 시에 보인다. "금관성 밖 잣나무 빽빽한 곳(〈촉상蜀相〉)"은 익주이고, "와룡은 머리도 없이 강가를 대하고 있다"는 기주이다. 기주 영안현은 삼협의 상류에 있는데, 물은 구당협과 염예퇴가 있고 산은 적갑산과 백염산이 있어 형세가 천하에서 험하다. 승상이 예전에 선주와 더불어 병사를 주둔시키고 병법을 훈련하여 오나라와 위나라를 제압하고 중원의 일을 경영하던 장소로 팔진도와 영안궁과 와룡산 유적이 이곳에 있으니, 제사 지내고 사당에 모셔 받드는 것이 마땅하다. 그러나 사당이 기주의 남쪽 귀퉁이에 있어 땅이 높고 건조하지 않으며 길에 높은 나무가 없고 건물이 낮고 누추하며 단청이 검게 벗겨지고 제사가 엄숙하지 못하니, '벌레와 뱀이 그림 벽을 뚫고 나오는(〈제갈묘諸葛廟〉)' 때와 다를 것이 없고 다만 머리가 없는 것을 면하였을 따름이다. 아, 한탄스럽다.(益與夔皆祠諸葛丞相, 並見於杜少陵詩. 錦官城外柏森森者, 益也, 臥龍無首對江濆者,

夔也. 夔州永安縣據三峽上流, 水有瞿塘灩澦, 山有赤甲白鹽, 形勢險天下. 丞相昔與先主屯兵講武, 控扼吳魏, 經營中原之所, 有八陣圖永安宮臥龍山遺迹在焉. 祀而廟食, 宜矣. 然祠在州之南隅, 地非爽塏, 巷無喬木, 堂廡庳陋, 丹靑黝剝, 祀事弗嚴, 無異乎蟲蛇穿畫壁時, 僅免無首而已. 吁, 可歎也.)

4 臥龍(와룡)－ 숨은 용. 제갈량을 가리킨다. 여기서는 제갈량의 소상塑像을 가리키는 것으로 보인다. 無首(무수)－ 머리가 없다. 제갈량의 소상이 깨지고 부서진 것을 말한다. 江濆(강분)－ 강가. 이 구는《주역》의 '군룡무수'라는 성어를 차용하여 제갈묘의 소상이 파손된 것을 재미있게 표현한 것인데,《독두심해》에서는 너무 장난스럽다고 하였다.

《두시조차공선후해집교》 '와룡'은 무후를 가리켜 말하였다.(臥龍, 指言武侯.)

《두시경전》《주역·건괘乾卦》의 '뭇 용이 머리가 없다'는 구를 차용하였다.(借用易羣龍無首字.)

《독두심해》 무후는 와룡이라 불렸기에 마침내《주역》문장의 '무수'라는 글자를 빌려 신상이 깨지고 떨어진 일을 묘사한 것인데 너무 장난스럽다.(武侯號臥龍, 遂借用易文无首字以狀神像缺落, 然太涉戲.)

#《두시상주》: 위 2구는 최씨가 기주의 일을 대리한 것이고, 아래 2구는 남아 있는 소상의 보수를 청한 것이다.(上二崔權州事, 下二請修遺像.)

《두보전집교주》에 인용된 장원張遠 설: 처음 2구는 최경이 기주를 대리 통치한 것에 조응하고, 뒤 2구는 남아 있는 소상이 깨지고 떨어진 것에 조응하니 한 자도 허투루 쓰지 않았다.(起二句照崔卿權夔州, 後二句照遺像缺落, 一字不苟.)

(**박홍준**)

57. 奉送卿二翁統節度鎭軍還江陵

최경께서 절도사의 진주군을 통솔하여 강릉으로 돌아가시기에 받들어 전송하다

火旗還錦纜[1] 白馬出江城[2] 嘹唳吟笳發[3] 蕭條別浦淸[4]
寒空巫峽曙[5] 落日渭陽情[6] 留滯嗟衰疾[7] 何時見息兵[8]

붉은 깃발에 비단 줄로 돌아가느라
흰말을 타고 강가의 성을 나서시는데,
처량하게 호가 부는 소리 울리고
쓸쓸하니 이별의 포구 맑다.
차가운 하늘은 무협의 새벽
지는 해는 위수 북쪽의 마음.
객지에 머물며 늙고 병든 것 탄식하니
언제나 전란이 그치는 것 보게 될까?

이 시는 대력 2년 기주에서 지은 것이다. 경이옹은 두보의 외숙인 최경崔卿으로 당시 기주를 대리로 다스렸다. 대리직 수행을 마치고 본직이 있던 강릉으로 돌아갈 때 두보가 이 시를 지어 그를 배웅하였다. 최경과 이별하는 안타까움을 노래하는 한편 전쟁이 그치지 않는데 대한 안타까움도 드러냈다.

《보주두시》 경이옹은 성이 최로, 곧 두보의 외숙이며, 기주를 대리로 다스린 적이 있었다. 그래서 이 시에서 “지는 해는 위수 북쪽의

마음"이라 하였으니, 응당 대력 2년에 지은 것이다.(卿二翁姓崔, 乃公舅氏, 嘗權夔州, 故此詩云, 落日渭陽情, 當是大曆二年作.)

《독두심해》 두보에게는 〈상경옹청수무후묘유상결락上卿翁請修武侯廟遺像缺落〉 절구가 있는데, 시제 말미에 이르기를 "이때 최경께서 기주를 대리하여 다스리셨다"라고 하였다. 여기서는 임시로 다스리는 일이 끝나 강릉의 본직으로 돌아가는 것이다. 경이옹은 성이 최로, 두보의 외숙이다.(公有上卿翁修武侯像絶句, 題末云, 時崔卿權夔州. 玆則權攝事竣, 還就江陵本職也. 卿二翁, 姓崔, 公之舅氏.)

주 석

1 火旗(화기) - 붉은 깃발. 가장자리에 불꽃무늬가 있는 깃발이다. 還(환) - 돌아가다. 錦纜(금람) - 비단으로 만든 닻줄. 이 구절을 '붉은 깃발이 배로 돌아간다'로 풀이하는 설도 있다.

《주례周禮·고공기考工記·주인輈人》 용기가 아홉 기각旗脚인 것은 대화성(창룡칠수蒼龍七宿의 하나)을 상징한다.(龍旂九斿, 以象大火也.)

'용기'에 대한 정현鄭玄의 주 용을 교차시켜 깃발을 만드니 제후가 세우는 것이다.(交龍爲旂, 諸侯之所建也.)

2 白馬(백마) - 백마를 탄 장군이라는 뜻으로 여기서는 최경을 가리킨다. 江城(강성) - 강가의 성. 기주를 가리킨다.

《구가집주두시》 조차공 주 방덕이 흰말을 타기 좋아해 백마장군으로 불렸기에 이로써 경이옹을 비긴 것이다.(龐德好騎白馬, 號白馬將軍, 以比卿二翁也.)

《삼국지·위서·방덕전龐德傳》 나중에 (방덕이) 몸소 관우와 교전할 때 관우에게 활을 쏘아 이마를 명중시켰다. 방덕은 늘 백마를 탔는데 관우의 군대는 그를 백마장군이라고 부르며 꺼려하였다.(後親與關羽交戰, 射羽中額, 德常乘白馬, 羽軍謂爲白馬將軍, 憚之.)

3 嘹唳(요려)－ 소리가 크고 처량한 모양. 吟笳(음가)－ 호가 부는 소리. '吟'이 '鳴'으로 된 판본도 있다.

4 蕭條(소조)－ 쓸쓸한 모양. 한적한 모양. 別浦(별포)－ 이별의 포구.

[嘹唳 2구] 이별하는 시점에 호가 소리가 처량하고 이별하는 장소가 쓸쓸하다는 말이다.

《구가집주두시》 조차공 주 '음가'는 군중에서 부는 것이다. '별포'는 배를 매어둔 곳이다.(吟笳, 軍中之所吹也, 別浦, 則舟經之處也.)

5 寒空(한공)－ 차가운 하늘. 巫峽曙(무협서)－ 무협의 새벽.

6 落日(낙일)－ 지는 해. 渭陽情(위양정)－ 외숙에 대한 정. '위양'은 본래 위수의 북쪽이라는 뜻이나, 여기서는《시경》을 빌려 외숙을 가리킨다. '情'이 '明'으로 된 판본도 있다.

《시경·진풍秦風·위양渭陽》 내가 외숙을 전송하여 위수 북쪽에 이르렀다.(我送舅氏, 至於渭陽.)

[寒空 2구] 새벽에 송별연이 시작되어 해가 질 때까지 이어졌다는 말로, 이로써 숙질간의 깊은 정을 드러냈다.

《보주두시》에 인용된 조차공 주 무협은 기주를 말하고 위수 북쪽은 장안을 말하니, 이로써 최경을 그리워한 것이다.(巫峽, 言夔州, 渭陽, 言長安, 所以懷卿也.)

7 留滯(유체)－ 나그네로 객지에 머무르다. 嗟(차)－ 탄식하다. 衰疾(쇠질)－ 늙고 병들다.

8 息兵(식병)－ 전란이 그치다.

《두율계몽》 결련은 또한 삼협을 나서려는 본래의 뜻을 드러내면서 전란이 그칠 때를 기약으로 삼았으니, 권고하는 바가 깊다.(結亦露出

峽本志, 而以息兵爲期, 其所規者深矣.)

#《두시상주》: 위 4구는 최경이 돌아가는 일이고, 아래 4구는 송별의 정이다. '붉은 깃발'과 '비단 줄'은 군사들이 배를 도열하고 기다리는 것이다. '흰말을 타고 성을 나선다'는 것은 군대를 통솔해 장차 길을 떠나려는 것이다. 이때 호가 소리가 슬프고 참담하니 부지불식간에 이별의 포구가 쓸쓸해진다. 새벽으로부터 저녁이 되었으니 이별을 아쉬워하는 정이 깊다. '언제 전쟁이 그칠까'는 세상의 어지러움에 감회가 있는 것이다.(上四崔還之事, 下四送別之情. 朱旗錦纜, 軍士列舟以待也. 白馬出城, 統軍將啓行矣. 於時笳聲悲慘, 不覺別浦蕭條. 自曙而夕, 惜別情深. 何時息兵, 有感世亂也.)

《두억》: 붉은 깃발과 흰말은 그가 군대를 통솔함을 보인 것이다. 새벽에 출발해 해가 질 때까지 아쉬워 머뭇거렸다는 것은 외숙에 대한 정을 보인 것이다.(火旗白馬, 見其統軍. 曙發而留連至落日, 見渭陽情.)

《독두심해》: 경이옹이 돌아가는 광경과 송별하는 감정을 이어서 써 내려갔다.(翁還之景, 送別之情, 蟬聯而下.)

(김준연)

58. 久雨期王將軍不至

오랜 비에 기약하였던 왕장군이 오지 않다

天雨蕭蕭滯茅屋[1] 空山無以慰幽獨
銳頭將軍來何遲[2] 令我心中苦不足
數看黃霧亂玄雲 時聽嚴風折喬木[3]
泉源泠泠雜猿狖[4] 泥濘漠漠飢鴻鵠[5]
歲暮窮陰耿未已[6] 人生會面難再得
憶爾腰下鐵絲箭[7] 射殺林中雪色鹿
前者坐皮因問毛[8] 知子歷險人馬勞
異獸如飛星宿落 應弦不礙蒼山高[9]
安得突騎只五千[10] 崒然眉骨皆爾曹[11]
走平亂世相催促 一豁明主正鬱陶[12]
恨昔范增碎玉斗[13] 未使吳兵著白袍[14]
昏昏閶闔閉氛祲[15] 十月荊南雷怒號[16]

하늘의 비가 쓸쓸히 내려 띠집에 오래 머무니
빈산에서 고독을 위로할 수 없다.
머리 뾰족한 장군은 오는 것이 어찌 그리 더딘가
내 마음을 심히 불편하게 한다.

누런 안개가 검은 구름 어지럽히는 것을 자주 보고
찬 바람이 높은 나무 꺾는 소리를 때때로 듣는다.

샘물 소리 맑은데 원숭이 울음이 섞였고
진창이 넓게 펼쳐져 고니가 굶주린다.
세모에 극히 음침하여 근심이 그치지 않는데
사람이 살아가면서 다시 만나기는 어렵구나.

그대가 허리춤에 찬 가는 화살로
숲속의 눈같이 하얀 사슴을 쏴 죽인 일을 기억하나니,
이전에 가죽 방석에 앉아 있길래 무슨 털이냐고 묻고서
당신이 험한 곳을 지나며 사람과 말이 힘들었음을 알았다.
기이한 짐승이 나는 듯 달리다가 별처럼 떨어지니
푸른 산 높은 것도 활로 명중시키는 데 장애가 되지 않네.

어찌하면 다만 5천의 돌기병이라도
높은 눈썹 뼈가 다 너희 무리 같은 이를 얻어,
달려 난세 평정하기를 서로 재촉하여
밝은 군주의 한창 답답해하는 마음을 한번 풀어줄 수 있으리오?
옛날에 범증이 옥두를 부순 것을 한탄하나니
오나라 군대로 하여금 흰 도포를 입지 못하게 하였지.
어둑어둑하게 궁궐이 요상한 기운에 갇혀 있어
시월에 형남에서 우레가 노하여 운다.

이 시는 대력 2년 겨울에 기주에서 지은 것으로 보인다. 당시에 기주에 물러나 있던 왕장군은 두보 집에 찾아오기로 약속을 하였는데 비가 오래 내려 오지 않았다. 그래서 빗속에서 쓸쓸히 기다리는 심정과 왕장군에 대한 그리움을 서술하고, 지난날 왕장군의 모습과 뛰어난 사냥 솜씨 등을 생각하였다. 끝에서는 그가 중용되어 난리를 평정하고 군주의 근심을 풀어주기를 바라고 있다. 왕장군을 왕승준王承俊으로 보기도 하는데 확실치 않다. 그는 용모가 진秦나라 명장인 백기白起와 비슷하고 활을 잘 쏘며 용맹한 장군이었던 것 같다. 대력 원년에 지은 것으로 보기도 한다.

《보주두시》 시에서 "시월에 형남에서 우레가 노하여 운다"라고 하였으니 마땅히 대력 원년에 지은 것이다. 상세한 내용은 주 및 뒤에 나오는 〈기증왕십장군승준寄贈王十將軍承俊〉 시(《두시상주》에서는 이 시를 상원上元 2년의 작품으로 보고 앞에 편재함)에 보인다.(詩云, 十月荊南雷怒號, 當是大曆元年作. 詳見注及後篇寄王十將軍承俊詩.)

《두시상주》에 인용된 정명선鄭明選 주 대력 2년 9, 10월에 토번이 영주와 빈주를 노략질하여 경사에 계엄이 내려졌다. 마땅히 그해 겨울에 지은 것이다.(大曆二年九十月, 吐蕃寇靈邠, 京師戒嚴, 當是其年冬作.)

주 석

1 天(천) – '山'으로 된 판본도 있다. 蕭蕭(소소) – 비가 내리는 소리, 모양. 滯(체) – 막혀 있다. 두보가 띠집에 오래 머물고 있는 것이다. 비가 오래 내리는 것으로 보기도 한다. '帶'로 된 판본도 있다.

《두공부초당시전·보유補遺》 '체'는 비가 오래 내리는 것을 말한다.(滯, 謂久雨也.)

2 銳頭將軍(예두장군) – 백기白起를 가리킨다. 여기서는 왕장군을 비

유한다.

《두시상주》 '예두장군'은 백기의 머리가 작고 뾰족한 것과 같은 것이다.(銳頭將軍, 如白起之頭小而銳.)

#《두시상주》: 빗속에 왕장군과 기약하였는데 오지 않은 것을 서술하였다.(敍雨中期王不至.)

3 嚴風(엄풍)— 한풍寒風.

4 泉源(천원)— 샘물의 발원지. 泠泠(영령)— 물소리가 맑고 시원한 모양. 猿狖(원유)— 원숭이.

5 泥濘(이녕)— 진창. 진흙으로 질퍽질퍽한 곳. '濘'은 '滓'로 된 판본도 있다. 漠漠(막막)— 넓게 퍼져 있는 모양.

6 窮陰(궁음)— 극히 음침한 날씨. 耿(경)— 편치 않은 마음. 근심.

#《두시상주》: 오랜 비에 왕장군을 생각하는 뜻을 거듭 펴고 있다.(申久雨思王之意.)

7 鐵絲箭(철사전)— 화살이 가늘고 화살촉이 매우 뾰족한 화살. 철사를 맨 화살로 보는 설도 있다.

《두보전집교주》에 인용된 소보 주 가는 철사를 화살에 맨 것으로 화살 중에 좋은 것이다.(以細鐵絲而繫箭, 箭之善者.)

8 皮(피)— 녹피鹿皮. 그가 사냥하여 잡은 사슴 가죽으로 만든 깔개를 가리킨다.

9 應弦(응현)— '응현이도應弦而倒'의 뜻. 활시위를 당기자마자 사냥감이 넘어지다. 활 솜씨가 매우 뛰어난 것을 뜻한다.

#《두시상주》: 장군이 사냥한 일을 추억하여 서술하고 있다. 《두억》에서 "'가죽에 앉았기에 털을 묻는다'는 털이 눈빛 같아 기이하게 여기고 그것을 묻고서 비로소 그가 활을 잘 쏴서 얻은 것임을 알았다는 것이

다”라고 하였다. 여기에서 도치법을 썼다.(追述將軍射獵事. 杜臆, 坐皮問毛, 見毛如雪色, 異而問之, 始知其善射所得, 此用倒插法.)

10 突騎(돌기)－ 적진으로 돌격하는 기병.

11 崒然(줄연)－ 높이 솟은 모양.

12 豁(활)－ 활달하게 하다. 시원하게 하다. 鬱陶(울도)－ 근심이 쌓인 모양.

13 恨(한)－ ‘憶’으로 된 판본도 있다. 范增(범증)－ 항우項羽의 책사. 玉斗(옥두)－ 옥으로 만든 술 그릇. 홍문鴻門의 연회에서 항우가 범증의 말을 듣지 않아 유방劉邦이 탈출하게 되자 범증은 장량張良이 바친 옥두를 칼로 쳐서 깨뜨렸다.

《두시상주》에 인용된 《전한서前漢書》 홍문의 연회에서 장량이 옥두를 범증에게 바쳤는데 범증은 칼을 뽑아 쳐서 그것을 깨뜨렸다.(鴻門之會, 張良以玉斗獻范增, 增拔劍撞而破之.)

14 未(미)－ ‘來’로 된 판본도 있다. 白袍(백포)－ 흰 도포. 전공이 있는 용맹한 군대를 가리킨다.

《두시상주》 《남사》에 “진경지 휘하의 병사는 다 흰 도포를 입었는데 향하는 곳마다 적군을 다 궤멸시켰다. 그 이전에 낙양의 노래에 이르길 ‘유명한 군대의 대장들이여 스스로 견고하다 여기지 마라. 천군만마가 흰 도포 입은 병사를 피한다네’라고 하였다”라고 하였다. 옛 주에서는 후경이 동오에 모였는데 병사들이 다 흰 도포를 입었다는 것을 인용하여 최간이 입조한 일을 가리킨다고 하였다. 만약 그 설에 따른다면 ‘미사’는 마땅히 ‘내사’가 되어야 한다. 또한 일설에 ‘오병’, ‘백포’는 여몽이 (관우의 군대를 속이기 위해) 군사들에게 (장사치인 듯) 흰옷을 입혀 노를 젓게 한 일을 가리킨다고 한다.(南史, 陳慶之麾下悉着白袍, 所向披靡, 先是洛中謠曰, 名軍大將莫自牢, 千兵萬馬避白袍. 舊注引侯景會東吳, 兵盡着白袍, 謂指崔旰入朝. 若依其說, 則

未使當作來使矣. 又一說, 吳兵白袍, 是用呂蒙白衣搖櫓事.)

[恨昔 2구] 왕장군이 범증 같은 지모를 가지고 있는데 쓰이지 못하여 진경지처럼 뛰어난 군공을 세우지 못한 것을 한탄하고 있다.

15 閶闔(창합) – 궁궐의 문. 궁전을 가리킨다. 氛祲(분침) – 요상한 기운.
《독두심해》 당시 토번이 영주 등을 노략질하였다.(時吐蕃寇靈州等處.)

16 荊南(형남) – 형주荊州 일대. 남방 지역을 가리킨다.
《두시경전》 우레가 나오는 것이 때가 아니니 또한 전쟁의 기운에 감응한 것이다.(雷出非時, 亦兵氣所感.)

[恨昔 4구] 시사와 관련이 있다는 설도 있다.
《두억》 '범증', '백포'라는 말은 필시 시사에 대해 가리키는 바가 있으나 감히 밝혀 말할 수 없었던 것이다. '창합', '분침'이라는 말을 보면 알 수 있다.(范增白袍語, 必於時事有指而不敢明言, 觀閶闔氛祲語可見.)

#《두시상주》: 마지막 단락에서는 용맹한 장수로 난리를 평정하길 생각하여 왕장군이 쓰이지 않은 것을 애석해하고 있다. '상최촉'은 급히 난리를 구제하고자 한다는 것이다. '활', '울도'는 군주의 근심을 풀어줄 수 있다는 것이다. '범증' 구는 노성한 지모가 쓰이지 않은 것을 비유한다. '백포' 구는 군공을 세우지 못한 것을 말한다. '창합', '분침'은 토번이 침입하여 노략질한 것을 말한다. '시월 형남의 우레'는 재앙이 그치지 않은 것을 말한다. 이 단락의 뜻을 완상해보면 왕씨는 아마도 예전에 장군이었다가 물러나 기주에 거주하고 있는 자일 것이다. 황학은 그를 지칭하여 왕승준이라고 하였는데 잘못이다. 왕승준은 성도에 있었기에 형남과는 상관이 없다.(末思猛士以靖亂, 惜將軍之不用也. 相催促, 急於救亂. 豁鬱陶, 能寬主憂. 范增, 比老謀不用. 白袍, 言軍功未立. 閶闔氛祲, 言吐蕃入寇. 十月荊雷, 言災變未弭. 玩

此段之意, 王蓋昔爲將軍, 而退居夔州者. 黃鶴指爲王承俊, 誤矣. 承俊在成都, 於荊南無與.)

##《독두심해》: 목전에서 왕장군과 기약한 것은 고독을 위로하고자 함이다. 마음속에서 왕장군에게 기대한 것은 난리를 평정하고자 함이다. 오면 장차 그와 더불어 난리를 평정할 계책을 말하려고 하였다. 그래서 오지 않자 그가 난리를 평정할 자질을 가지고 있음을 멀리서 생각하였다. 앞에서는 제목의 내용에 대해 썼고, 뒤에서는 속마음을 썼다. 각 4구마다 뜻이 바뀐다. '천우' 4구는 비 내리는 가운데 (왕장군이) 오지 않아 느낀 심정이다. '삭간' 4구는 비 내리는 가운데 홀로 처한 상황이다. 이 이상은 서사이다. '세모' 4구는 지금 보지 못함으로 말미암아 옛날 일을 소급한 것이다. 2구는 위를 이어받고, 2구는 아래를 일으킨다. '전자' 4구는 사냥에 대해 물어본 경위를 서술하고 그의 사냥하는 용기에 대해 거듭 서술하였다. 장군을 생각하는 이유가 여기에 있고 바로 뒤 글의 바탕이 된다. 이 단락은 상하의 관건이다. '안득' 4구는 그 무리 같은 사람을 많이 기용하여 공을 세우기를 바란 것이다. '한석' 4구는 오래도록 그를 버려두어 난리가 길어진 것을 애석해한 것이다. 옥두 깨뜨린 것을 한탄함은 이미 정해진 계책이 끝내 버려졌기 때문이다. 흰 도포를 입지 못한 것은 기이한 공훈을 세우지 못하였다는 것이다. 조정에 어려움이 많으니 초와 촉에 편안할 날이 적어 멀리서 개탄하고 있는 것이다. 이 이상이 뜻을 편 것이다. 대략 세 단락으로 나누어 볼 수 있다.(目前之期王將軍者, 慰幽獨也. 意中之期王將軍者, 平禍亂也. 至則將與之言定亂之謀, 故不至則遙憶其有定亂之具. 前寫題面, 後寫衷腸. 每四句轉意. 天雨四句, 雨中不至之情. 數看四句, 雨中獨處之況. 此以上敍事也. 歲暮四句, 由今之不見, 遡昔之已事. 兩蒙上, 兩起下. 前者四句, 述問獵之情節, 申射獵之勇概, 所由憶將軍者在此, 正爲後文張本. 此一段, 上下關目也. 安得四句, 冀

多得其人而建功. 恨昔四句, 惜久廢其身而長亂. 恨玉斗, 成謀終棄也. 未白袍, 奇勳莫建也. 朝廷多難, 楚蜀少寧, 有遠慨焉. 此以上發意也. 約分三截看.)

《두시천》: 당시 두홍점이 최간을 추천하여 최간이 입조하였기에 '창합', '분침'의 구가 있는 것이다. 왕장군이 성도에 있을 때 두홍점이 그를 임용하여 최간의 난리를 평정하지 않았으니, 시의 말뜻은 여기에 있다. 작품 속에서 누런 안개가 구름을 어지럽히는 것은 살기가 하늘을 덮은 형상이고, 찬 바람이 나무를 꺾는 것은 대장이 군대의 규율을 통제하지 못하는 형상이고, 원숭이가 섞여 거처하는 것은 소인들이 쥐처럼 훔치는 형상이며, 고니가 심히 굶주린 것은 백성들이 살 곳을 잃은 형상이다. 모두 비를 빌려 시사를 곁들여 말한 것이다.(時杜鴻漸薦崔旰, 崔旰入朝, 故有閶闔氛祲之句. 王將軍在成都, 鴻漸不用之以平崔旰亂, 詩言在此. 篇中黃霧亂雲, 殺氣蔽天之象, 嚴風折木, 大將失律之象, 猿狖雜處, 小人鼠竊之象, 鴻鵠苦飢, 民生失所之象. 都借雨傍時事說.)

(**강민호**)

59. 虎牙行

호아의 노래

秋風欻吸吹南國[1]　　天地慘慘無顏色[2]
洞庭揚波江漢迴[3]　　虎牙銅柱皆傾側[4]
巫峽陰岑朔漠氣[5]　　峰巒窈窕溪谷黑[6]
杜鵑不來猿狖寒[7]　　山鬼幽陰霜雪逼[8]
楚老長嗟憶炎瘴[9]　　三尺角弓兩斛力[10]
壁立石城橫塞起[11]　　金錯旌竿滿雲直[12]
漁陽突騎獵青丘[13]　　犬戎鎖甲圍丹極[14]
八荒十年防盜賊[15]　　征戍誅求寡妻哭[16]
遠客中宵淚霑臆[17]

가을바람 쏴아아 남쪽 나라에 부니
하늘과 땅이 쓸쓸히 빛을 잃었다.
동정호에 물결 치솟아 장강과 한수가 거꾸로 흐르고
호아산과 동주탄이 모두 기울었다.
무협의 깊숙한 곳을 북방 사막의 기운이 뒤덮으니
이어진 봉우리 유심하며 계곡이 시커멓고,
두견새는 오지 않으며 원숭이는 추위에 떠는데
산 귀신은 숨어 있으며 눈서리가 핍박한다.

초 땅의 늙은이는 길게 탄식하며 더위 장기를 그리워하니 석 자 각궁은 두 곡의 힘을 써야 한다지.
벽처럼 선 바위성은 변새를 가로질러 일어나고
금으로 장식한 깃대는 구름에 가득 곧게 솟았다.
어양의 정예 기병은 청구에서 사냥하고
견융의 쇠 갑옷은 궁궐을 포위하였지.
천하에서 십 년 동안 도적을 방비하느라
먼 곳에서 수자리하고 강제로 세금 징수하여 부인이 곡을 하니
먼 곳 떠도는 나그네는 한밤중에 눈물이 가슴을 적신다.

이 시는 무협에 추위가 닥치자 오랜 전쟁과 핍박받는 백성들을 생각하며 지은 것이다. 대체로 대력 2년 기주에서 지은 것으로 추정한다. 원문의 '秋'에 근거하여 가을에 지었다는 설과 '秋'가 '北'으로 된 판본에 근거하여 겨울에 지었다는 설이 있다. '호아'는 산의 이름으로 지금의 호북성 의창宜昌 남동쪽 장강 북쪽 기슭에 있다. 이와 달리 여울의 이름이라는 설도 있다. 이 시는 호아산을 전적으로 읊은 것은 아니며, 당시 험난한 세태를 비유하기 위해 '호아'라는 지명에 착안하여 지은 것으로 보인다.

《보주두시》 지금 시에서 "천하에서 십 년 동안 도적을 방비하였다"라고 하였으니 마땅히 대력 2년에 지은 것이다. 또 "견융의 쇠갑옷 소리가 궁궐에 들린다"라고 하였는데 토번이 빈주와 영주를 침범하여 경사가 삼엄히 경계하였음을 가리킨다.(今詩云, 八荒十年防盜賊. 當是大歷二年作. 又云犬戎鎖甲聞丹極, 指吐蕃寇邠靈, 京師戒嚴也.)

《두시상주》에 인용된 사성謝省 설 시에 '호아' 두 글자가 있기에 그것을 따서 제목으로 삼았으며 호아산을 정면으로 읊은 것은 아니다. 다음에 있는 〈금수행〉 역시 그러하다.(因篇內有虎牙二字, 摘以爲題, 非正賦虎牙也. 下錦樹行亦然.)

《두시상주》 《수경주》에서 "장강이 또 동쪽으로 형문과 호아 사이를 지나간다"라고 하였고, 주에서 "형문은 남쪽에 있는데 위는 연결되어 있고 아래는 트여 있어 모양이 문과 같다. 호아는 북쪽에 있는데 석벽의 빛이 붉은빛이며 중간중간에 있는 흰무늬가 이빨 모양과 비슷하다. 두 산은 초 땅의 서쪽 변새이며 물살이 급하고 세다"라고 하였다. 《후한서》 주에서 "지금의 협주 이릉현 남동쪽에 있다"라고 하였다.(水經注, 江水又東歷荊門虎牙之間. 注, 荊門在南, 上合下開, 狀如門. 虎牙在北, 石壁色紅, 間有白文, 類牙形. 二山, 楚西塞也, 水勢急峻. 後漢書注, 在今峽州夷陵縣東南.)

《보주두시》에 인용된 왕수 주 호아는 여울의 이름으로, 매우 험하다. 소선이 강릉에서 황제를 참칭할 때 이곳에 주둔하였다. 후에는 병사가 주둔하는 곳이 되었다.(虎牙, 灘名也. 險絶. 蕭銑僭江陵日, 屯兵于此. 後常爲屯戍之地.)

주 석

1 秋風(추풍)－ 가을바람. '秋'는 '北'으로 된 판본도 있다. 歘吸(훌흡)－ 매우 빠른 모양인데 여기서는 바람이 세차게 부는 것을 가리킨다. '歘歘'로 된 판본도 있다. 南國(남국)－ 남방 지역을 가리키는데, 여기서는 기주, 강릉, 동정호, 한수 등 장강 일대를 아울러 가리킨다.

《구가집주두시》 조차공 주 '추풍'이 사민첨 본에는 '북풍'으로 되어 있는데 그것이 옳다. 대체로 아래는 모두 겨울의 뜻이다.(秋風, 師民瞻本作北風, 是. 蓋下皆冬意.)

2 慘慘(참참) – 쓸쓸한 모양. 無顔色(무안색) – 빛이 없다. 경물에 생기가 없다는 말이다.

3 江漢迴(강한회) – 장강과 한수가 거꾸로 흐르다. 바람이 세찬 것을 과장하여 표현한 것이다.

《두시상주》 '강한회'는 거꾸로 흐른다는 뜻이다.(江漢廻, 卽倒流意.)

4 銅柱(동주) – 지금의 중경 부근에 있는 여울의 이름. 傾側(경측) – 기울다.

《두시상주》 《수경주》에서 "장강물이 또 동쪽으로 한평을 지나 이백 리를 흘러가고, 왼쪽으로 꺾어 부릉에서 동쪽으로 백여 리를 지나면 적석에 이르는데 동쪽이 동주탄이다"라고 하였다. 《일통지》에서 "동주탄은 중경부 부릉강 입구에 있다"라고 하였다.(水經注, 江水又東逕漢平二百餘里, 左自涪陵東出百餘里而屆於積石, 東爲銅柱灘. 一統志, 銅柱灘, 在重慶府涪陵江口.)

《태평환우기太平寰宇記》 부릉강에 동주탄이 있다. 옛날 어떤 사람이 이곳에서 정박하다가 물 바닥에 구리 기둥이 있는 것을 보았는데 그래서 동주탄이라고 하였다.(涪陵江中有銅柱灘. 昔人于此維舟, 見水底有銅柱, 故名銅柱灘.)

[洞庭 2구]

《두시조차공선후해집교》 동정, 강한, 호아, 동주, 무협은 비록 서로 멀리 떨어져 있지만 모두 남국의 땅이다. 초사에서 "동정호의 물결이여, 낙엽이 떨어진다"라고 하였는데 이로써 가을의 때를 말하였다. 지금은 겨울이 되어 바람이 부니 그래서 "동정호에 물결 치솟는다"라고 하였다. 《시경》에서 "도도한 장강과 한수, 남국의 벼리이다"라고 하였다. 지금은 겨울이 되어 바람이 부니 그 흐름이 거꾸로 가는 것이다. …… 호아산은 또 동주탄 아래에 있다. 지금은 바람이 불어 산과 여울의 형세가 모두 기울어졌다.(洞庭江漢虎牙銅柱巫峽, 雖相

去遠, 皆南國之地. 楚辭云洞庭波兮木葉下, 以言秋時. 今冬矣, 以風吹之, 故云洞庭揚波. 詩, 滔滔江漢, 南國之紀. 今冬矣, 以風吹之, 故其流回轉. …… 虎牙山, 又在銅柱灘下. 今以風吹, 故山與灘勢皆傾倒.)

5 陰岑(음잠) – 깊숙한 모양. 어두운 봉우리 또는 북쪽 봉우리로 볼 수도 있다. 朔漠氣(삭막기) – 북쪽 사막의 기운. 찬 기운을 뜻한다.
《구가집주두시》 조차공 주 무협은 비록 남방에 있지만 바람이 불어 추우니 그늘진 봉우리가 되어 북방 사막의 기운과 같아졌다.(巫峽雖在南方, 以風寒, 故成陰岑而如朔漠之氣.)

6 峰巒(봉만) – 이어진 봉우리. 窈窕(요조) – 유심한 모양. 심원한 모양.

7 猿狖(원유) – 원숭이와 긴꼬리원숭이. 寒(한) – '啼'로 된 판본도 있다.
《구가집주두시》 조차공 주 겨울은 시기적으로 봄과 가까우니 두견새가 또한 올 수도 있는데 바람이 불어 추우니 깊이 숨어서 오지 않는다.(冬時近春, 杜鵑亦可以來. 以風寒, 故深藏而不來.)

8 幽陰(유음) – 으슥하고 깊다. 여기서는 숨어 있다는 말이다. '陰'이 '憂'로 된 판본도 있다. 霜雪(상설) – '雪霜'으로 된 판본도 있다.

#《두시상주》: 이 시는 가을 변새에서 난리를 가슴 아파한 것이다. 첫 단락에서는 가을 음기의 숙살하는 기운을 그렸다. 위 4구는 동정호의 원경이고 아래 4구는 무협의 근경이다.(此詩在秋塞而傷亂也. 首寫秋陰肅殺之氣, 上四洞庭遠景, 下四巫峽近景.)

9 楚老(초로) – 초 땅의 늙은이. 기주 지역 노인을 가리킨다. 이와 달리 초 땅에서 변새로 징발된 노인 병사를 가리키는 것으로 볼 수도 있다. 嗟(차) – 탄식하다. 炎瘴(염장) – 더위로 인한 장기. 이 구는 지금 바람과 추위가 거세서 오히려 여름의 장기를 생각하게 된다는 말이다.
《구가집주두시》 조차공 주 남방은 더위의 장기가 있지만 지금 바람이 불어 추우니 초 땅의 노인이 도리어 길게 탄식하면서 더위의 장기를 그리워한다.(南方炎瘴, 今以風寒, 故楚之老人翻長嗟而憶炎瘴.)

《보주두시》 지금 무협의 깊숙한 곳에 늘 북방 사막의 기운이 많아 늙은이가 남방의 장기를 그리워한다고 하였는데, 대체로 전쟁이 해마다 이어지고 살기가 날로 성해졌음을 마음 아파하기 때문이다.(今云巫峽陰岑常多朔漠之氣, 老者憶南方之瘴, 蓋傷兵戈連年, 殺氣日盛也.)

《두보전집교주》에 인용된 왕호汪灝 주 더위의 장기는 초 땅 사람이 싫어하는 것인데 추위 때문에 도리어 더위의 장기를 그리워하게 되었다.(炎瘴, 楚人所惡, 因寒反憶炎瘴.)

10 角弓(각궁) – 동물의 뿔로 장식한 활. 또는 동물의 뿔로 만든 활. 斛(곡) – 원래는 곡식 등의 용량 단위인데, 옛날 사람들이 활을 당기는 힘을 계량하는 단위로도 사용하였다. 이 구는 추위로 인해 활이 단단해져서 당기기 힘들어졌다는 말이다.

《구가집주두시》 조차공 주 삼 척의 각궁은 당기는 힘이 많이 들지 않는데 바람이 불어 추우니 단단해져서 당기기 어려워 두 곡의 힘과 같다.(三尺角弓, 斗力未多, 以風寒, 故堅勁難開, 如兩斛之力.)

11 石城(석성) – 백제성을 가리킨다. 백제성은 바위산 위에 세워져 있다. '石'은 '古'로 된 판본도 있다.

12 金錯(금착) – 금을 칠하거나 상감하여 장식하는 것을 말한다. 旌竿(정간) – 깃대. 이 구는 화려한 깃발이 구름 속에 가득한 듯 높고 많이 세워져 있다는 말이다.

《두보전집교주》에 인용된 정천범程千帆 주 '만운직'은 많고 또 높아서 마치 층층 구름에 우뚝 솟은 것과 같다는 말이다.(滿雲直, 謂多而且高, 若矗立雲層.)

13 漁陽(어양) – 지금의 북경 인근의 시명으로 안록산이 반란을 일으킨

근거지이다. 突騎(돌기)– 정예 기병을 말한다. 靑丘(청구)– 지명. 지금의 산동성에 있었다.

14 犬戎(견융)– 오랑캐. 여기서는 토번을 가리킨다. 鎖甲(쇄갑)– 쇠고리를 엮어서 만든 갑옷. 圍(위)– '聞'으로 된 판본도 있다. 丹極(단극)– 궁궐을 가리킨다.

15 八荒(팔황)– 천하를 뜻한다. 十年(십년)– 안록산의 난이 일어난 천보 14년부터 대력 2년까지는 12년인데 여기서는 대략의 수를 말한 것이다.

《구가집주두시》 조차공 주 사조의가 광덕 원년 정월에 죽었고 토번이 이해 8월에 경사를 함락하였는데 지금으로부터 4년 전이다. 시에서 이를 언급한 것은 대체로 시간을 거슬러 말한 것인데 아래 '십년 동안 도적을 방비하였다'는 구를 이끈다.(史朝義滅於廣德元年正月, 吐蕃是年陷京師於八月, 去今四年, 而詩及之, 蓋追言之, 引下十年防盜賊之句也.)

《보주두시》 이 구 앞에 한 구가 빠진 것 같다.(此句上疑脫一句.)

16 征戍(정수)– 먼 곳에 가서 수자리를 서다. 誅求(주구)– 세금을 강제로 징수하다. 寡妻(과처)– 부인.

17 遠客(원객)– 고향에서 멀리 떠난 나그네. 여기서는 두보 자신을 가리킨다. 中宵(중소)– 한밤중. 淚霑臆(누점억)– 눈물이 가슴을 적시다.

[征戍 2구]

《두공부초당시전》 마땅히 이때 장부는 군역에 끌려 나가 외지에 있었고 오직 부인이 집을 지키고 있는데 또 세금을 강제로 징수하여 고달파하니 이 때문에 두보가 눈물로 가슴을 적시며 아파한 것이다.(當是時夫征役在外, 唯寡妻守家, 復苦誅求, 是以甫淚霑臆而傷之也.)

#《두시상주》: 이 단락은 관문과 요새에 머물러 있는 병사를 보고 감회가 생긴 것이다. 위 4구는 목전의 일을 가리키는 것이고 아래 5구는 지난 일을 기억한 것이다. 예전에는 가을이라도 더위의 장기가 있었는데 지금 갑자기 바람이 차고 활이 굳어지니 이는 바로 전쟁의 징후이다. 성이 변새 위를 가로지르고 깃발이 곧게 서 있으니 당시 한창 도적을 방비하고 있는 것이다. '어양'은 안록산과 사사명을 가리키고 '견융'은 토번을 가리킨다. '초로'는 기주 사람을 말하고 '원객'은 공이 자신을 말한 것이다. 가행시의 결말에는 매번 운을 중첩하기도 하니 만일 '곡' 자가 협운이면 '단극' 다음에 빠진 구가 있다고 의심할 필요는 없다. 황학의 주가 반드시 맞는 것은 아니다.(此見關塞屯兵而有感. 上四指目前事, 下五憶往日事. 舊時秋猶炎瘴, 今忽風寒弓勁, 此卽兵象也. 城橫塞上而旌竿直立, 時方備寇也. 漁陽, 指安史. 犬戎, 指吐蕃. 楚老, 謂夔人. 遠客, 公自謂. 歌行結尾, 每用疊韻, 若哭字用叶, 不必疑丹極下有漏句矣. 鶴注未然.)

##《독두심해》: 차가운 바람이 맹렬하기에 지은 것인데 대체로 세상이 어지럽고 백성이 가난한 것에 대한 탄식이다. 위 8구는 북풍이 음산한 경관을 묘사하였다. 난리를 겪는 상황에서 객살이하는 자가 이러한 경관을 대하니 숙살의 기운이 바로 전쟁의 징후에 상응함을 느끼게 된다. 이 단락의 묘사는 일찌감치 뒤 단락의 근거가 된다. 아래 8구는 시사를 서술하였는데 앞 4구는 목전에 있는 굳센 활과 많은 깃발을 가리키고 뒤 4구는 재앙의 처음으로 미루어 올라가 총괄하여 헤아렸다. 이로써 그 감개를 기탁하였으며 그 경물은 또한 차가운 바람을 따라 드러났다. 결구는 그저 한 구로 거두어 맺었는데, 두 단락을 총괄하였고 느낌이 처연하다.(値寒風猛烈而作, 蓋世亂民貧之歎也. 上八句, 狀朔風陰慘之景, 在經亂作客者當之, 覺肅殺之氣, 正應兵象. 此段摹寫, 早爲後幅作地矣. 下八句, 述時事, 而前四指目前之弓勁旌

多, 後四推禍始而總計之, 以寄其慨. 而其景色, 亦從陰風中顯出. 結只用單句收住, 兩截總括, 神致黯然.)

(임도현)

60. 錦樹行

비단 나무의 노래

今日苦短昨日休　歲云暮矣增離憂[1]
霜凋碧樹作錦樹[2]　萬壑東逝無停留[3]
荒戍之城石色古[4]　東郭老人住青丘[5]
飛書白帝營斗粟[6]　琴瑟几杖柴門幽[7]
青草萋萋盡枯死[8]　天馬跛足隨氂牛[9]
自古聖賢多薄命　姦雄惡少皆封侯[10]
故國三年一消息　終南渭水寒悠悠[11]
五陵豪貴反顚倒[12]　鄉里小兒狐白裘[13]
生男墮地要膂力[14]　一生富貴傾邦國[15]
莫愁父母少黃金　天下風塵兒亦得[16]

오늘은 아주 짧고 어제는 끝나버려
한 해가 저무니 이별의 시름 더한다.
푸른 나무는 서리에 시들어 비단 나무가 되었고
만 골짝 물은 쉼 없이 동으로 흘러간다.

돌 빛이 오래된 황량한 둔영의 성
청구에 사는 동곽의 노인.
백제성에 편지 날려 한 말 조를 마련하며
금슬과 궤장으로 살고 있는 사립문이 그윽하다.

무성하던 푸른 풀이 다 시들어 죽어
천마가 쩔뚝거리며 들소를 따른다.
자고로 성현은 많이들 박명하고
간웅과 악소년은 모두 공후에 봉해졌지.

고향은 삼 년에 소식 한 번뿐
종남산과 위수는 한기가 아득하리라.
오릉의 호족은 신세가 도리어 뒤바뀌어
향리의 아이들이 호백구를 입었구나.
사내아이 낳아 땅 위에 떨어지면 근력이 필요한 법
한평생 부귀가 나라를 기울게 할 것이니,
부모에게 황금이 적다고 시름하지 말라
천하 풍진의 시절에 애들도 또한 이를 얻을 것이니.

이 시는 대력 2년 겨울 동둔에서 지었다는 설이 있다. 그러나 '황수지성', '동곽' 등의 표현이 성곽 가까이에 있었던 양서와 어울리고 양계 너머에 있었던 동둔과는 어울리지 않기 때문에 양서에서 지었을 가능성이 크다. 세월의 흐름이 덧없어 한 해가 저물어가니, 고향을 떠나 객지에서 사는 이의 시름이 더해진다. 고향 소식을 늘 기다리지만 드물기만 하다. 장안의 상황은 지금 어떠한가? 간웅과 소인배가 득세하여 오릉의 호족 신분이 뒤바뀌었다. 이런 시절에는 사내자식이 체력만 좋으면 부모의 도움 없이도 출세할 수 있다. 인사人事가 혼란하고 천도天道가 공정하지 않다는 탄식이 절로 나오는 세상이다. 시제의 '금수'는 단풍이 든 나무를 뜻한다. 시 속에 나오는 '금수'를 취하여 시제로 삼았을 뿐, 금수를 읊은 시가 아니다.

《보주두시》 시에서 "돌 빛이 오래된 황량한 둔영의 성, 청구에 사는 동곽의 노인. 백제성에 편지 날려 한 말 조를 마련하며 금슬과 궤장으로 살고 있는 사립문이 그윽하다"라고 하였으니, 의당 대력 2년 동둔에서 지었을 것이다.(詩云, 荒戍之城石色古, 東郭老人住青丘, 飛書白帝營斗栗, 琴瑟几杖柴門幽. 當是大曆二年東屯作.)

《두시상주》 《서경잡기》에 "종남산에 어떤 나무가 있는데 잎이 하나는 푸르고 하나는 붉어 알록달록하기가 금수 같아 장안에서는 그것을 단청수라고 불렀다"라는 기록이 있다. 석지현釋智炫의 시(〈유삼학산遊三學山〉)에 "나무의 비단은 짜는 베틀이 없고, 잔나비 울음소리가 어찌 현을 빌리랴"라는 구절이 있다. '금수'라는 말은 여기에서 유래한다.(西京雜記, 終南山有樹, 葉一青一丹, 斑駁如錦繡, 長安謂之丹青樹. 釋智元詩, 樹錦無機織, 猿鳴詎假弦, 錦樹本此.)

주 석

1 歲云暮矣(세운모의) – 한 해가 저물다. 離憂(이우) – 고향과 떨어져 있는 시름.

2 作(작) – '行'으로 된 판본도 있고, '待'로 된 판본도 있다. 錦樹(금수) – 단풍이 들어 나무의 빛깔이 알록달록한 것을 말한다.

《두시경전》 나무의 빛이 알록달록한 것이 비단 같음을 말한다.(謂樹斑駁如錦也.)

3 東逝(동서) – 동으로 가다. 골짝의 물이 동으로 흘러감을 말한다.

[霜凋 2구]

《구가집주두시》 조차공 주 위 구는 나뭇잎이 서리를 맞아 붉은 것이 비단 같다는 것이고, 아래 구는 (《논어·자한子罕》에 나오는) "가는 것이 이와 같다"라는 말의 뜻이다.(上句, 木葉經霜而紅若錦. 下句, 逝者如斯夫之意也.)

#《두시상주》: 이 시는 한 해가 끝나 쓸쓸해지니 감상이 생겨나 지은 것이다. 첫 단락에서는 시간이 쉽게 지나감을 마음 아파하였다. '작일휴'는 하루가 또 지나갔음을 말한다.(此歲終寥落而有感也. 首段, 傷時光之易度. 昨日休, 言又過一日矣.)

4 荒戍之城(황수지성)– 황폐해진 둔영屯營이 있는 성. 여기서는 백제성을 가리킨다. '戍'는 변방의 군대가 주둔하는 군영이다.

5 東郭老人(동곽노인)– 당시 두보가 기주 동쪽 성곽 지역인 양서에 살고 있어서 자신을 이렇게 칭하였을 것이다. 《사기》에 보이는 '동곽선생'을 차용한 표현으로 보인다. 靑丘(청구)– 푸른 언덕. 양서의 거처하던 곳을 가리키는 말인 듯하다. '청계'를 가리키는 것으로 보는 설도 있다. 이 구의 '동곽노인'과 '청구'는 가공의 인물과 지명일 뿐, 두보 자신의 자호나 살던 곳을 말하는 것이 아니라는 설도 있다.

《사기·골계열전》 동곽선생은 오래도록 공거에서 조서를 기다렸기에 빈곤하여 굶주리고 추위에 떨었다.(東郭先生久待詔公車, 貧困飢寒.)

《두공부시집집주》 '동곽'은 두보의 거처지이다. 살펴보건대, 〈조우부득귀양서감림阻雨不得歸瀼西甘林〉 시에서 "동성의 모퉁이에 우두커니 서다"라고 하였고 〈시문柴門〉 시에서 "동성의 바짝 마른 하늘"이라 하였으니, 두보의 양서 거처가 기주 동쪽 성곽에 있었음을 증명할 수 있다. 또 살펴보건대, 《사기》에 "제나라 사람 동곽선생이 공거에서 조서를 기다렸다"라는 말이 있는데, 두보가 동곽선생으로 자신을 비유하였기에 '청구에 산다'고 한 것이다. '청구'는 제나라 땅으로, 청주 낙안현에 있다.(東郭, 公所居. 按阻雨詩, 佇立東城隅, 柴門詩, 東城乾旱天, 可證公瀼西居在夔州東郭. 又按史記, 齊人東郭先生待詔公車. 公以東郭先生自擬, 故云住青丘. 青丘, 齊地, 在青州樂安縣.)

[荒戍 2구]

《두시조차공선후해집교》 '황성의 돌 빛'이란 (앞의 〈호아행虎牙行〉 시에서) 이른바 '석성'이다. '동곽'은 기주의 외성을 가리킨다. 앞 시(〈조우부득귀양서감림阻雨不得歸瀼西甘林〉)에서 "동성의 모퉁이에 우두커니 서다"라고 하였다. '동곽노인'은 두보가 자신을 말한 것이다. '청구에 산다'고 하였으니, 양서의 거처가 동곽에 있었는데 그곳을 또한 청구라고 이름하였을 것이다. 아마 (〈호아행〉에 나오는) 제 지역의 청구와는 우연히 이름이 같았을 뿐이리라.(荒城石色, 則所謂石城也. 東郭, 指夔州之郭也. 前篇云佇立東城隅. 東郭老人, 則公自言. 住青丘, 則瀼西之居在東郭, 亦名青丘乎. 蓋與齊地之青丘偶同名耳.)

《두시상주》 '청구'는 아마 청계일 것이다.(青丘, 恐是清溪.)

6 營斗粟(영두속) – 적은 양의 곡식을 구하려고 한다는 뜻이다.

7 几杖(궤장) – 안궤와 지팡이.

8 青草(청초) – 푸른 풀. '青'이 '春'으로 된 판본도 있다.

9 天馬(천마) – 준마를 뜻한다. '馬'가 '驥'로 된 판본도 있다. 跛足(파족) – 다리를 절뚝거리다. '跛'가 '跂'로 된 판본도 있다. 氂牛(이우) – 들소. 모우牦牛의 일종으로, 털이 검고 길다.

《두시상주》 《산해경》에서 "형산은 그 안에 이우가 많다"라고 하였는데, 주에서 "모우 무리이다. 서남쪽 변방 밖에서 나는데, 검은색이다"라고 하였다.(山海經, 荊山, 其中多氂牛. 注, 旄牛屬也, 出西南徼外, 黑色.)

[青草 2구] '천마'는 뛰어난 인물을 비유하고 '이우'는 열등한 자를 비유한다.

《구가집주두시》 조차공 구 풀이 마르면 천마의 먹이를 충족할 수 없어, 들소와 다를 바가 없게 된다. …… 《한서·예악지》에 "천마가 서쪽 극지에서 왔다"라는 말이 있다. '이우'는 바로 남만 지역의 소이다.(草枯則無以充天馬之飼, 與犛牛無異. …… 漢書禮樂志, 天馬來從西極. 犛牛則蠻中牛.)

10 惡少(악소) – 악소년惡少年. 품행이 나쁜 젊은이. 皆封侯(개봉후) – 모두 제후에 봉해지다. '皆封'이 '封公'으로 된 판본도 있다. 이 구는 간악한 인물과 나이 어린 소인배가 모두 높은 관작官爵을 받았다는 뜻이다.

#《두시상주》: 다음 단락에서는 객지 생활의 처량한 상황을 서술하였다. '천마'와 '이모'는 성현과 품행 나쁜 젊은이를 비유한다.(次敍客居淒凉之況. 天馬犛毛, 喻聖賢惡少.)

11 終南(종남) – 산 이름. 渭水(위수) – 강 이름. 이 구는 장안 일대의 겨울 날씨를 추측하여 말한 것이다. 寒悠悠(한유유) – 차가운 기운이 멀고 넓게 펼쳐져 있음을 말한다.

12 五陵(오릉) – 장안 부근에 있는 서한 황제들의 다섯 능묘, 즉 고조高祖의 장릉長陵, 혜제惠帝의 안릉安陵, 경제景帝의 양릉陽陵, 무제武帝의 무릉茂陵, 소제昭帝의 평릉平陵을 말한다. 한나라 때 제왕들은 능묘를 만들고 사방의 호족을 그 부근으로 이주시켰는데, 이로 인해 오릉은 호족이 사는 곳을 지칭하게 되었다. 豪貴(호귀) – 지위가 높고 권세를 가진 사람. 호족. 顚倒(전도) – 여기서는 신분이 뒤바뀐 것을 뜻한다.

《두시상주》 '전도'는 부귀가 일정치 않음을 말한다.(顚倒, 謂富貴不常.)

13 狐白裘(호백구) – 여우 겨드랑이의 흰 털가죽으로 만든 옷. 진귀한 옷이다.

《두시상주》 '향리' 구는 복식이 사치하여 분수에 넘침을 말한다.(鄕里句, 言服飾之奢僭.)

14 墮地(타지)– 땅에 떨어지다. 땅에 떨어뜨리다. 사람이 태어나는 것을 뜻한다. 膂力(여력)– 체력. 근력.

15 一生(일생)– '生女'로 된 판본도 있다. 傾邦國(경방국)– 한 나라가 다하게 한다는 뜻이다. 온 나라 사람의 마음이 기운다는 뜻으로 볼 수도 있다. 이 구는 한 나라가 다할 정도의 부귀를 일생 누리게 된다는 뜻이다. 온 나라 사람이 그의 일생의 부귀를 부러워한다는 뜻으로 볼 수도 있다.

《구자집주두시》 조차공 주 사내아이에게 근력이 있기에 무력으로 공을 이루어 부귀를 취함이 국가를 기울게 한다. (이연년李延年의 〈미인가美人歌〉에서 말한) "미인의 용모는 한 번 돌아보면 성 사람 모두 그에게 마음이 기울고 두 번 돌아보면 나라 사람 모두 그에게 마음이 기운다"의 '기울다'와는 뜻이 다르다.(男有膂力之故, 可以用武致功, 取富貴傾動家國, 與美人容貌一顧傾人城, 再顧傾人國之傾不同.)

16 風塵(풍진)– 전란을 뜻한다.

《두시상주》 '풍진'은 전쟁으로 혼란함을 말한다.(風塵, 謂兵戈擾攘.)

[生男 4구]

《두공부시집집주》 살펴보건대, 양귀비 때에 민간에서 말하기를 "아들 낳았다고 기뻐하지 말고 딸 낳았다고 슬퍼하지 말라. 그대 보시라, 딸을 낳아 문 상인방을 만든 것을"이라고 하였다. 시의 끝부분은 바로 이를 뒤집어서, '전란의 시기에는 사내아이도 좋으니, 반드시 딸을 낳아야만 부귀를 얻을 수 있는 것이겠는가'라고 말한 것이다. 세상 변화에 대한 감개가 더욱 깊어 더욱 비통하다.(按, 貴妃時, 民間語曰, 生男勿喜女勿悲, 君看生女作門楣. 詩末正翻此, 言風塵之時,

男兒亦好, 豈必生女能致富貴乎. 世變之感, 愈深愈痛.)

#《두시상주》: 마지막 단락에서는 장안 소년 중에 갑자기 부귀해진 자를 개탄하였다.(末慨長安少年之驟貴者.)

##《두억》: 이런 부류의 시는 모두 기피하는 게 있다. 그래서 그 말을 뒤바꾸거나 애매하게 한다. 예를 들어 "황수지성석색고"는 바로 '석성'으로 두보의 시에서 누차 언급되었는데, 백제성인 듯하다. '동곽노인'은 두보가 자신을 말한 것이다. '청구'는 두보의 시에서 누차 보이는데, 필시 양계와 동둔 지역에 있었을 것이다. '비서백제' 또한 두보가 자신의 행위를 말한 것인데, 가리키는 대상을 알 수 없다. '천기' 또한 자신을 말한다. 대체로 무인武人과 악소년이 난을 틈타 벼슬을 얻고 함부로 포학하게 굴었으니, '여력', '풍진' 등의 말을 보면 알 수 있다. 양귀비가 총애를 얻고부터 "아들 낳는 것을 중히 여기지 않고 딸 낳는 것을 중히 여긴다"라는 이야기가 생겨났는데, 이 시에서는 이를 뒤집어 '온 세상이 전란이어서 힘깨나 쓰는 시골 무지렁이가 모두 벼슬을 얻고 금을 많이 갖게 되어 그 부모를 영광스럽게 할 수 있다'고 말하였다.(此等詩皆有所避忌, 故顚倒朦朧其語. 如荒戍之城石色古, 卽石城也, 公詩屢及之, 似卽白帝城. 東郭老人, 公自謂也. 靑丘, 公詩屢見, 必在瀼溪東屯之間. 飛書白帝, 亦公自謂, 而不知所指. 天驥, 亦自謂. 大抵有武夫惡少, 乘亂得官, 而豪橫無忌, 觀膂力風塵語可見. 自玉環得寵, 有不重生男重生女之說, 此又反之, 謂天下風塵, 有力村夫, 皆可得官, 多金而榮其父母矣.)

《독두심해》: 나그넷길에서 늙었고 곤궁한 신세가 오래되었기에 무인들이 득의하는 것에 대해 개탄하는 마음이 발동하였다. 첫 4구는 감정과 경물이 서로 어우러졌으니 대체로 흥의 표현 방식이다. 가운데 12구에서는 곤궁한 채 늙어가는 것을 마음 아파하며 갑자기 신분이 귀해진 자에 대해 놀라고 의아해하였는데, 4구는 자신에 대해 서술하였고

4구는 뒤바뀐 상황에 대해 범연하게 말하였고 4구는 시국을 실제로 지적하였다. 이 단락에서 뜻을 이미 다 서술하였지만, 이런 무리가 귀하게 된 연유는 아직 설명하지 않았다. 그래서 마지막 단락 4구에서 무인의 힘에 대한 이야기를 하며 시상을 마무리하여 시 전체의 뜻이 귀착되게 하였다. 이런 무리가 귀하게 되고 우리 무리는 아마도 끝내 곤궁할 것이니, 긴 탄식을 이길 수 있겠는가? '동곽노인'은 두보의 자호가 아니다. '청구'는 우거하는 기주의 지명이 아니다. 아마도 '악소', '소아' 등의 말이 너무 드러내놓고 지적하는 것으로 느껴졌기에 스스로 그 이름을 감추고 (〈자허부子虛賦〉에서처럼) '자허', '무시공無是公' 같은 사람에 가탁하여 당시 사람이 꺼릴 일을 회피하였을 뿐이다. 주학령 주에서는 무리한 주장을 하여 그것이 실재하는 것임을 증명하다 보니, 도리어 작자의 뜻을 잃게 되었다. '풀이 시들어' 천마가 먹을 것이 부족해 들소와 섞여 지낸다고 하여 성현이 박명함을 비유하였다. 결미의 말을 읽으니 나를 탄식하게 한다. 난을 좋아하고 화를 즐기니, 이런 화란을 키우는 것이 어디서 끝나리오? 그러니 또 단지 이런 무리 때문에 개탄하는 게 아니라, 바로 세상의 도와 사람의 마음 때문에 개탄한 것이다.(客途遲暮, 久於困窮, 因動武夫得志之慨. 起四, 情景交會, 蓋興體也. 中十二, 傷窮老而詫耗騾貴者. 四自敍, 四泛言顚倒, 四實指時局. 此段敍意已竟, 而此輩得貴之由, 尙未說明. 末四, 結出武力來, 爲全旨歸宿. 此輩貴而我輩其終窮矣, 可勝浩歎. 東郭老人, 非公自號. 靑丘, 非寓夔地名, 蓋因惡少小兒等語, 太覺顯斥, 故自隱其名, 而託爲子虛無是之人, 以避時忌耳. 朱注強辭坐實, 反失作者之意. 草枯, 故天馬乏食, 而混於犛牛, 喩聖賢之薄命. 讀結語, 令我喟然. 喜亂樂禍, 長此安窮, 又不徒爲此輩慨, 直爲世道人心慨也.)

(이영주)

61. 自平

평정하고서부터

自平中官呂太一[1]　收珠南海千餘日[2]
近供生犀翡翠稀[3]　復恐征戍干戈密[4]
蠻溪豪族小動搖[5]　世封刺史非時朝[6]
蓬萊殿前諸主將[7]　才如伏波不得驕[8]

환관 여태일을 평정하고서부터
남해에서 진주를 거두어들인 지가 천여 일인데,
근래에 산 코뿔소와 비취 바치는 일 드무니
정벌을 나가 전쟁이 많아질까 또 두렵다.
만계 호족에게 작은 소요가 있어도
대대로 자사를 봉하고 때에 따라 조현하게 하지는 않았으니,
봉래전 앞 여러 주장들
재주가 복파장군 같아도 교만할 수 없으리.

이 시는 대력 2년 기주에서 지은 것이다.《구당서》에 의하면 광덕 원년에 환관 여태일이 대외교역을 관리하는 시박사로 나가 광주에서 난리를 일으키자 이듬해 조정에서 이를 평정하였다. 여태일의 난이 평정된 이후에도 조정에서는 계속 환관을 파견하여 대외교역을 관리하게 하였는데 그들의 전횡으로 인해 남방 지역의 소요가 계속되었다. 이 시는 바로 이러한 시국을 배경으로 남만의 소동에

대해 걱정하면서 변방을 회유하는 도리를 밝히고 있다. 시제 '자평'은 시의 첫 두 자를 가져다 쓴 것이다.

《보주두시》《구당서·대종기代宗紀》를 살펴보면 광덕 원년 12월 갑진에 환관 시박사 여태일이 광남절도사 장휴를 내쫓고 군대를 풀어 광주를 크게 약탈하였다. 지금 시에 "환관 여태일을 평정하고 서부터 남해에서 진주를 거두어들인 지가 천여 일이다"라고 하였으니 시는 마땅히 대력 2년에 지어진 것이다. 대체로 광덕 원년 12월 여태일이 바야흐로 반란을 일으켰고 그것을 평정한 것은 필시 광덕 2년일 것이며 그때로부터 대력 2년까지는 3년이 되기 때문에 천여 일이라고 한 것이다. 양권도는 영태 원년에 편재하였는데 이런 사실과는 부합하지 않는다.(按舊史, 廣德元年十二月甲辰, 宦官市舶使呂太一逐廣南節度張休, 縱兵大掠廣州. 今詩云, 自平宮中呂太一, 收珠南海千餘日, 則詩當作於大曆二年. 蓋自廣德元年十二月太一方反, 平之必在二年, 至大曆二年爲三年, 故曰千餘日也. 梁權道編在永泰元年, 與此不合.)

주 석

1 中官(중관) – 환관. '宮中' 또는 '中宮'으로 된 판본도 있다. 呂太一(여태일) – 대종 때 환관. 광남시박사로 있을 때 반란을 일으켰다가 평정되었다.

《두시상주》 옛 판본에는 '궁중'으로 되어 있고, 어떤 판본에는 '중궁'으로 되어 있는데 동파가 '중관'으로 확정하였다.(舊作宮中, 一作中宮, 東坡定作中官.)

《구가집주두시》 여태일은 대종 때 광남시박사였다. 《동파시화》에 "'자평궁중여태일'에 대하여 세상에 그 뜻을 아는 사람이 없어서 망령된 자가 당나라에 자평궁이 있다고 하였다. 우연히 《현종('대종'의 잘못)실록》을 읽었는데 중관 여태일이 광남에서 반란을 일으킨 일이 있었다. 시는 아마도 '자평중관여태일'이라고 말한 것이리라. 그렇기 때문에 아래 글에 남해에서 진주를 거둔다는 구가 있는 것이다. 독서를 폭넓게 하지 않고서 경솔하게 글자를 고친다면 비웃음을 당하지 않는 경우가 드물다"라고 하였다.(呂太一, 代宗時爲廣南市舶使. 東坡詩話, 自平宮中呂太一, 世莫曉其義, 妄者以唐有自平宮. 偶讀玄宗實錄, 有中官呂太一叛于廣南, 詩蓋云自平中官呂太一, 故下文有南海收珠之句. 見書不廣, 輕改文字, 鮮不爲笑.)

《두시상주》 《구당서·대종기》에 의하면 광덕 원년 12월 환관 시박사 여태일이 광남절도사 장휴를 내쫓고 군대를 일으켜 광주를 크게 약탈하였다. 《통감》에 의하면 장휴는 성을 버리고 단주로 달아났고 여태일이 군대를 일으켜 불사르고 약탈하자 관군이 그를 토벌하여 평정하였다.(舊唐書代宗紀, 廣德元年十二月, 宦官市舶使呂太一, 逐廣南節度使張休, 縱兵大掠廣州. 通鑑, 張休棄城走端州, 太一縱兵焚掠, 官軍討平之.)

2 收珠(수주) – 진주를 공물로 거두다. 千餘日(천여일) – 여태일의 반란이 평정된 광덕 2년부터 대력 2년까지는 3년이 되기 때문에 천여일이라 말한 것이다.

3 生犀(생서) – 살아 있는 코뿔소. 翡翠(비취) – 비취. 물총새.

4 征戍(정수) – 정벌을 나가 변방을 지키다. '戍'는 '戎'으로 된 판본도 있다. 干戈密(간과밀) – 전쟁이 많음을 말한다.

5 蠻溪(만계) – 남방의 시내. 남만이 살고 있는 지역을 뜻한다. 小動搖(소동요) – 작은 소요. '小'는 '山'으로 된 판본도 있다.

《두시상주》 《구당서》에 의하면 대력 2년 9월 계주의 산료가 계주성을 함락하자 자사 이양이 도망갔다. 그래서 '소동요'라고 말한 것이다.(舊書, 大曆二年九月, 桂州山獠陷州城, 刺史李良遁去, 故曰小動搖.)

6 世封刺史(세봉자사) – 대대로 자사에 봉하다. 또는 대대로 봉해진 자사. 時朝(시조) – 때에 따라 조현하다. '時'는 '常'으로 된 판본도 있다.

《두시상주》《신당서》에 의하면 태종 때 계동의 남만 두목 가운데 귀순한 자들은 모두 대대로 자사를 제수하였다.(唐書, 太宗時, 溪洞蠻酋歸順者, 皆世授刺史.)

[蠻溪 2구] 당 초기부터 남만 호족에게 소동이 있더라도 불문에 부쳤고 대대로 자사로 봉하고서 때에 따라 조현하지 않아도 책임을 묻지는 않았다는 말이다.

7 前(전) – '裏'로 된 판본도 있다. 諸主將(제주장) – 여러 주장. 금병을 관장하는 환관을 가리킨다.

《두시경전》 환관 가운데 금군을 관장하는 자를 가리켜 말한 것이다. (指中官掌禁軍者而言.)

8 伏波(복파) – 복파장군. 한漢 장군 명칭의 하나로, 여기서는 동한 마원馬援을 가리킨다. 마원은 복파장군에 봉해져 교지交趾를 정벌한 적이 있다. 驕(교) – 교만하다. 가볍게 보다. 이 구는 복파장군 같은 재주를 가졌다 해도 남만 정벌을 가볍게 볼 수는 없다는 말이다. 이와 달리 남만 호족들에 대한 경고의 말, 즉 조정의 금군을 관장하는 장군의 재주가 복파장군과 같이 훌륭하니 함부로 날뛰지 말라는 뜻으로 보는 설도 있으나 취하지 않는다.

《두시경전》 마원은 복파장군에 배수되어 일찍이 교지를 평정하였다. 그러나 마원이 뒤에 오계의 남만을 정벌하였을 때 오히려 호두에서 곤란이 있었으니 쉽게 볼 수 있겠는가. 만약 여태일을 거울로 삼지 않는다면 바로 두려워서 굴복한다는 것은 아마도 기대하기 어려울 것이고 다만 소동과 위해가 많아질 뿐이다.(馬援拜伏波將軍, 曾平交趾. 然援後征五溪蠻, 尙有壺頭之困, 其可易視乎. 倘不以太一爲鑒, 正恐懾服難期, 徒滋擾害耳.)

[蠻溪 4구] 남만 호족들의 동요에 대하여 대대로 그들을 자사로 봉하고 조현의 책임을 묻지 않았던 당 태종 이래의 변방 회유책을 소개하면서 남만 정벌이 결코 쉬운 일이 아니니 함부로 조정 환관을 주장으로 하여 군대를 파견하지 말라고 경계하는 말이다.

《구가집주두시》 조차공 주 이는 또한 계동만을 경계하고 단속한 것이다. 그들에게 작게 동요가 있으면 우리 당에 의하여 대대로 자사로 봉해졌는데 때에 따라 조현하는 예를 따르는 자들은 아니었다. 궁전 앞에서 군대를 주관하는 장군의 재주가 복파장군과 같고 남방을 정벌하는 일을 처리할 수 있음을 모르고 있으니 너희는 스스로 교만하고 사납게 행동하여서는 안 된다는 말이다.(此又戒約溪洞蠻也. 謂其小有動搖, 便受吾唐世封爲刺史, 非是從時朝之禮者. 不知殿前主兵之將, 才如伏波可辦征南之事, 汝不得自驕悍也.)

#《두시상주》: 위 4구는 남해의 난리를 걱정하였고 아래 4구는 먼 곳을 회유하는 도리를 말하였다. 주학령 주에 "여태일이 평정된 뒤 만계 호족이 다시 작은 저항을 하였는데 공은 진수하러 나간 사람이 갑자기 군대를 일으켜 사달을 낼까 두려웠기 때문에 회유의 뜻을 가져다가 그것을 경계한 것이다"라고 하였다. 전겸익 전에 "만계 호족은 비록 작은 소동이 있어도 항상 불문에 부쳤고 대대로 자사에 봉하되 그들의 조공에 대하여는 정해진 기일을 책임지게 하지 않았다. 이 말은 당 초기 조치한 법이 이와 같아서 만이가 순종하였으니 비록 복파 같은 장군이 있다 하더라도 밖에서 사달을 낼 수는 없을 것이라는 뜻이다. 봉래전 앞 제장은 환관 가운데 금병을 관장하는 자를 가리킨다"라고 하였다. 《두억》에 "복파장군이 친히 그 땅에 간다 하더라도 감히 가볍게 볼 수 없는 것은 오계를 정벌한 고사로 증명할

수 있다"라고 하였다.(上四, 憂南海之亂. 下四, 言柔遠之道. 朱注, 太一平後, 蠻豪復小梗, 公恐出鎭者, 遽興兵生事, 故援羈縻之義, 以戒之. 錢箋, 蠻溪豪族, 雖有小警, 常置之不問. 世封刺史, 其於朝貢, 則不責常期. 此言唐初處置之法如此, 則蠻夷率俾, 雖有伏波之將, 不得生事於外矣. 殿前諸將, 指中官之掌禁兵者. 杜臆, 伏波親履其地, 不敢輕視, 征五溪故事可證也.)

《두억》: 남해에서 진주를 거두어들인 것이 천여 일에 그쳤으니 얻은 것이 얼마나 되겠는가? 게다가 근래에 공물이 드물고 전쟁으로 소동을 일으키니 얻는 것보다 잃는 것이 많은 상황이 되었다. 남만 호족이 작은 동요를 일으키면 대대로 자사를 봉하였으나 때에 따라 입조하는 이들이 아니니 누가 그들을 제압할 수 있겠는가? 대체로 산 코뿔소나 비취 같은 공물은 모두 궁전의 여러 신하가 주관하였고 여태일 같은 이도 역시 궁궐의 환관이었다. 이리하여 봉래전 가운데의 여러 장군에게 말하기를 "저들 가운데의 일의 형세는 모습을 바꾸어 일정함이 없으니 어찌 멀리서 헤아릴 수 있겠는가? 비록 재주가 복파장군과 같아 친히 그 땅을 밟는다 하더라도 감히 가볍게 볼 수 없다는 것은 오계를 정벌한 고사로 증명할 수 있다"라고 한 것이다.(收珠南海止千餘日, 所得幾何. 乃近來貢物旣稀, 干戈騷動, 得不償失矣. 蠻豪小動, 便世封刺史, 然非以時入朝者, 誰能制之. 大抵生犀翡翠之貢, 皆宮殿諸臣主之, 如呂太一亦宮闈也. 因語蓬萊殿中諸將云, 彼中事勢, 變態無恒, 豈能遙度. 雖才如伏波, 親履其地, 而不敢輕視, 征五溪故事可證已.)

《독두심해》: 전겸익 전과 주학령 주는 모두 남만에 소동이 있어 환관이 군대 일으키기를 좋아한다는 것을 위주로 하고 있지만 전혀 시의 취지를 파악하지 못하였다. 시의 뜻을 자세히 살펴보면, 틀림없이 여태일이 평정된 뒤에도 소성이 이들 서울로 삼지 않고 여전히 환관을 보내 대외교역에서 이익을 탈취하도록 하였기 때문에 이 시를 쓴 것이다. 첫 2구의 말을 보면 분명하다. 공의 뜻은 여태일의 난이 지난 일이 되었는데도 여전히 전철을 밟는다면 뒤에는 장차 소요를 더하고 변란을 부추기는 일이 다시 있게 되리라는 것이다. 위세에 기대어 마음대로 탐하면 토산물에 한계가 있을 것이고, 위로 공급하는 것이 한번 모자라게 되면 정벌이 반드시 일어나게 된다. 재화가 다하여 환난이 생기면 재앙은 또 헤아릴 수 없다. 그렇기 때문에 남만 호족이 쉽게 소요를 일으킨다는 것과 대대로 봉하였으나 조현하지 않았다는 사실로 그들을 경계하였던 것이다. 멀리에 있는 이들이 험준한 지형에 의지하여 반란을 일으킨다면 비록 장군에게 명령하여 군대를 수고롭게 하더라도 아마도 뜻대로 될 수 없을 것이니 다만 위신을 잃고 나라를 욕되게 하는 데에만 그치지는 않을 것이다. 명 신종 말년에 광산을 관리하던 환관과 세수를 담당하던 환관의 해독이 세상에 만연하여 변방이 소동하고 나라의 운명이 그것을 따르게 되었으니 이 시구를 낭송하면서 그 때문에 세 번 탄식하였다.(錢箋朱注, 俱主蠻方有警, 中官喜兵, 殊未得旨. 詳詩義, 當由太一旣平, 朝廷不以爲鑒, 仍遣中使攘利市舶而發. 觀起二語了了. 公意以太一之亂, 其已事矣, 仍蹈覆轍, 後將復有滋擾激變之事. 蓋憑威肆貪, 土物有限, 上供一缺, 征伐必興. 貨竭患生, 禍且不測. 故以蠻豪易動, 世封不朝惕之. 迨至遠人負險, 雖命將勞師, 恐不得逞, 不獨損威辱國而已. 明神宗之季, 礦璫稅璫, 毒流海內, 邊陲騷動, 國運隨之. 誦斯言也, 爲之三歎.)

(**이석형**)

62. 寄裴施州

시주자사 배공에게 부치다

廊廟之具裴施州[1]　宿昔一逢無比流[2]
金鐘大鏞在東序[3]　氷壺玉衡懸淸秋[4]
自從相遇減多病[5]　三歲爲客寬邊愁[6]
堯有四岳明至理[7]　漢二千石眞分憂[8]
幾度寄書白鹽北[9]　苦寒贈我靑羔裘[10]
霜雪廻光避錦袖[11]　龍蛇動篋蟠銀鉤[12]
紫衣使者辭復命[13]　再拜故人謝佳政[14]
將老已失子孫憂[15]　後來況接才華盛[16]

조정의 그릇이신 시주자사 배공
옛적 한번 만났더니 견줄 부류가 없었네.
금종과 대용이 학교에 있음이요
명월과 북두성이 맑은 가을 하늘에 걸림이라.

그대 만난 뒤로 많은 병이 줄었고
삼 년 객살이 변새의 근심을 덜었다네.
요임금에겐 지극한 다스림을 밝힌 사악이 있었고
한의 태수는 진실로 임금의 근심을 나누었다네.

몇 번을 백염산 북쪽으로 편지를 부치셨던가

혹한에 검푸른 새끼 양 가죽옷을 내게 보내주셨네.
눈과 서리는 빛을 되돌려 비단 옷소매를 피하고
용과 뱀이 서함書函에서 움직이며 은구를 두르고 있네.

자색 옷의 사자가 복명하려 작별 인사를 하니
오랜 벗에게 재배하며 훌륭한 정치에 사례한다네.
장차 늙어감에도 자손 걱정이 이미 사라졌나니
하물며 후세가 성대한 재능을 접하게 될 것임에 있어서랴.

이 시는 대력 2년 겨울 두보가 기주 동둔에 거처할 때 시주자사인 배공에게 부친 것이다. 시주는 기주에서 남쪽으로 오백 리쯤 떨어진 지역으로, 당시 검중도黔中道에 속하였다. 시주자사가 편지와 선물을 보냈으므로 감사의 뜻으로 보낸 것이다. 황학은 시주자사 배공을 당나라 숙종과 대종의 조정에서 벼슬한 배면裴冕으로 보고 있으나 여러 주석서에서는 배면의 벼슬 경력이 시기적으로 두보의 행적과 일치하지 않는다는 이유로 황학의 견해를 부정하면서 누구를 가리키는지 알 수 없다고 적고 있다.

> 《보주두시》 배면은 이보국에 붙으려는 생각으로 이보국이 친애하는 술사 유훤을 산릉사 판관에 임명해줄 것을 요청하는 표문을 올렸다. 유훤이 법에 저촉되니 배면은 그 일에 연좌되어 시주로 폄적되었다. 그는 수개월 후에 풍주로 옮겼다가 다시 좌복야로 부름을 받았다가 대력 4년 12월에 죽었다. 《구당서》를 살펴보면 대력 2년 2월 무인일에 풍주자사 배면을 좌복야로 삼았다고 하였으

니 이 시는 영태 원년 겨울에 지은 것이다. 대개 사서에서 시주자사로 있은 지 수개월 만에 풍주자사로 옮겼다고 하였고, 산릉사로 있다가 연좌되어 폄적된 것이 광덕 원년 9월 병신일이며, 또 이 시에서 "몇 번을 백염산 북쪽으로 편지를 부치셨던가, 혹한에 검푸른 새끼 양 가죽옷을 내게 보내주셨다"라고 하였으니 분명 영태 원년 겨울이다. 양권도는 대력 2년에 편재하고 있는데 전혀 살펴보지 않은 것이다.(裴冕以附李輔國, 表輔國親昵術士劉烜充山陵使判官. 烜坐法, 冕坐貶施州. 數月移澧州, 復徵爲左僕射. 以大曆四年十二月卒. 按舊史, 大曆二年二月戊寅, 以澧州刺史裴冕爲左僕射, 則是詩在永泰元年冬作. 蓋史云, 刺施州止數月, 遂移澧州, 而由山陵使坐貶在廣德元年九月丙申, 而此詩云, 幾度寄書白鹽北, 苦寒贈我青羔裘, 故定爲在永泰元年冬. 梁權道編在大曆二年, 殊不考也.)

《두공부시집집주》 《당서》에서는 "시주 청강군은 검중도에 속한다"라고 하였다. 배시주를 황학은 배면이라 하였다. 《구당서·배면전》을 살펴보면, 영태 원년 3월 배면이 배준경 등과 함께 집현대제가 되었으며 얼마 후에 산릉사에 임명되었다. 이보국이 친애하는 술사 유훤을 산릉사판관으로 임명할 것을 요청하는 표문을 올렸다. 유훤이 법에 저촉되니 배면이 연좌되어 시주자사로 폄적되었다. 수개월 뒤에 풍주로 옮겼으며, 다시 좌복야로 부름을 받았다. 또 《구당서·대종기》에 의거하면, 보응 원년 9월에 우복야 산릉사 배면을 시주자사로 폄적하고, 광덕 2년 2월에 풍주자사 배면을 좌복야 겸 어사대부로 삼았다고 하였으니 배면이 시주자사로 좌천된 세월에 대해 〈대종기〉와 〈배면전〉의 서로 다름이 이와 같다. 살펴보건대, 광덕 원년 3월은 현종과 숙종을 장례하였으니 배면을 산릉사에 임명한 명령은 광덕 원년 이전에 있었던 일이지 영태 원년에 있었던 일이 아님이 분명하다. 배면이 풍주에서 부름을 받고 돌아와 영태 원년 3월에 이르러 비로소 대제집현 벼슬을 하였으니 대개 〈배면전〉의 기록이 잘못되었을 것이다. 공이 기주에 이르렀을 때는 배면이 이미 조정에 오랫동안 거하고 있었으니 이런 편지가 있을 수 없다. 시에서 말한 "몇 번을 백염산 북쪽으로 편지를 부치셨던가, 혹한에 검푸른 새끼 양 가죽옷을 내게 보내주셨다"라는 구절을 살펴보자. 공은 대력 2년 가을에 동둔으로 이사하였는데, 동둔이 바로 백염산의 북쪽이다. 공의 〈자양서형비차이거동둔모옥사수自瀼西荊扉且移居東屯茅屋四首〉 시의 "(동둔은) 백염산의 높은 봉우리 북쪽"이라는 구절이 그 증거이다. 그러므로 이 시는 대력 2년 겨울에 지은 것임을 알 수 있다. 사서에서는 대력 2년 2월 좌복야 배면이 곽자의의 저택에서 잔치를 베풀었다고 하고 있으니 이해 겨울 어떻게 시주에 있을 수 있겠는가. 또 하물며 배면이 먼저 성도를 진수하였으니 공이 필히 그와 왕래가 있었을 터인데 시에서는 전혀 언급이 없는 것은 어찌겠는가. 시에서 "그대 만난 뒤로 많은 병이 줄었고, 삼 년 객살이 변새의 근심을 덜었다"라고 한 것을 보면 아마도 공이 배공을 만난 것은 촉을 떠나던 해였을 것이다. 그 사람의 이름은 알 수가 없지만 그가 배면이 아닌 것은 분명하다. 황학은 잘못하여 배면으로 보고 있으나 다른 주석가들은 이런 설명이 전혀 없다. 또 운안시에 편입하고 있는데, '백염산에 편지를 부친다'는 말과 특히 어긋나니 특별히 바로잡는다.(唐書, 施州淸江郡屬黔中道. 裴施州, 黃鶴云, 裴冕也. 按, 舊書裴冕傳, 永泰元年三月, 冕與裴遵慶等幷集賢待制, 俄充山陵使, 表李輔國所昵術士劉烜爲山陵使判官. 烜抵法, 冕坐貶施州刺史. 數月移澧州, 復徵爲左僕射. 又, 代宗紀, 寶應元年九月, 右僕射山陵使裴冕貶施州刺史. 廣德二年二月, 以澧州刺史裴冕爲左僕射兼御史大夫. 冕貶施州歲月, 紀傳互異如此. 考, 廣德元年三月, 葬玄宗肅宗, 則冕山陵之命, 必在廣德元年以前, 而不在永泰元年明矣. 冕自澧州徵還, 至永泰元年三月, 方待制集賢, 蓋本傳誤也. 公到夔州, 冕已久居

朝廷, 不應有此寄及, 考詩云, 幾度寄書白鹽北, 苦寒贈我靑羔裘. 公以大曆二年秋移居東屯, 東屯正在白鹽之北, 公移東屯詩, 白鹽危嶠北可證, 則知是詩乃大曆二年冬所作也. 史載二年二月, 左僕射裴冕置宴於子儀之第, 是冬年何得在施州. 又況冕先鎭成都, 公必與相往還, 詩中絶不及之. 所云自從相遇減多病, 三歲爲客寬邊愁, 意公遇裴在去蜀之年. 其人名不可考, 而必非卽裴冕也. 黃鶴誤以爲冕, 他家都無此說. 又編入雲安詩, 與寄書白鹽語尤刺戾, 特爲正之.)

《두시경전》 황학은 배면이라고 하였으나 주학령 주에서 그것이 옳지 않음을 분변하였다.(黃鶴謂是裴冕, 朱注辨其非是.)

주 석

1 廊廟之具(낭묘지구)– 조정의 그릇. 조정의 중임을 맡은 자를 가리킨다.

《두시상주》에 인용된 《촉지蜀志·허정전許靖傳》의 평어評語 허정은 일찍부터 좋은 평판이 있어서 장제가 그를 조정의 그릇이 될 자질이 있다고 여겼다.(靖夙有名譽, 蔣濟以爲有廊廟之器.)

2 宿昔(숙석)– 이전. 옛날. 無比流(무비류)– 견줄 만한 부류가 없다. '比'를 '此'로 쓴 판본도 있다.

3 金鐘(금종)– 쇠로 만든 종. 大鏞(대용)– 큰 종. '금종대용'은 소리가 웅장하게 울리는 큰 종으로 원대한 지향이나 힘찬 기백을 갖춘 인재를 비유한다. 東序(동서)– 하夏나라 때의 대학. 혹은 궁중의 도서를 수장하는 곳.

4 氷壺(빙호)– 명월을 비유한다. 玉衡(옥형)– 북두성. '衡'을 '珩'으로 쓴 판본도 있다. '빙호'를 얼음 항아리, '옥형'을 천체 측정기구로 보기도 하나 여기에서는 합당치 않나.

[金鐘 2구]

《구가집주두시》 조차공 주 지금 금종과 대용이 동서에 걸려 있다는 말을 썼으니 역시 국가의 큰 그릇을 취하여 배군의 중함을 비유한 것이며, '빙호'와 '옥형' 두 가지 물상의 맑고 빛남으로 배군의 맑음을 비유하였다. '맑은 가을에 걸렸다'는 것은 또 기상이 상쾌한 때를 당하여 그 맑음이 더욱 심한 것이다.(今使金鐘大鏞在東序, 則亦取國家大器比裴君之重. 冰壺玉衡二物淸瑩比裴君之淸. 懸淸秋又當氣象之爽時, 其淸尤甚.)

#《두시상주》: 첫 단락에서는 옛날 배공을 만난 일을 서술하였다. 《두억》에서는 "조정의 그릇임을 바로 '금종'과 '옥형'이란 말에서 드러내었다. '종용'은 그 도량이 넓음을 묘사한 것이요, '빙옥'은 그 감식안이 맑고 밝음을 묘사한 것이다"라 하였다.(首敍往日逢裴. 杜臆, 廊廟之具, 正於金鐘玉衡見之. 鐘鏞, 狀其器宇恢弘. 冰玉, 狀其識鑒淸朗.)

5 自從(자종) – ~로부터. 相遇(상우) – 그대를 만나다. 減多病(감다병) – 병이 많이 줄다. '減'을 '感'으로 쓴 판본도 있다. 이 구절은 두보가 배공을 만난 시점을 말하는 것인데, 두보가 촉을 떠나기 전에 만난 것으로 보기도 하고, 이곳 기주에서 만난 것으로 보기도 한다

《두시경전》 이곳에서 다시 만난 것을 말한다.(謂此間再遇.)

6 三歲爲客(삼세위객) – 삼 년 동안 객이 되다. '삼세'는 두보가 촉을 떠난 영태 원년부터 현재 기주에 머물러 있는 대력 2년까지의 기간을 말한다. 寬邊愁(관변수) – 변방의 근심을 풀어주다. 변방이 안정되어 걱정하지 않게 되었다는 말이다. '邊'을 '旅'로 쓴 판본도 있다.

《두시조차공선후해집교》 ('삼세' 구는) 변방에서 나그네가 되었는데, 배공이 삼 년 동안 시주에서 정치를 잘한 까닭에 자신의 근심을 달랠 수 있었다고 말한 것이다.(公言其在邊地爲客, 以裴君爲政三年於施, 可以寬吾之愁也.)

7 四岳(사악)- 요임금의 신하로, 사방 제후를 관리하던 자. 전하는 바에 따르면 희중羲仲, 희숙羲叔, 화중和仲, 화숙和叔 네 사람을 가리키는데, 네 명이 아닌 한 사람이라는 설도 있다. 至理(지리)- 지극한 다스림.

《두시상주》에 인용된 《서경》 주 '사악'은 사방을 주관하는 제후이다.(四岳, 主四方諸侯者.)

《두시경전》 ('이理'는) 다스림이다.(治也.)

8 二千石(이천석)- 군수. 태수. 진의 군수는 한에 이르러 태수로 명칭이 바뀌었는데 봉록이 이천 석이었다. 分憂(분우)- 황제가 져야 할 걱정을 나눠 진다는 말이다.

《두시상주》에 인용된 《한서·백관공경표百官公卿表》 군수는 진나라 관리로, 봉록이 이천 석이다.(郡守秦官, 秩二千石.)

《두시상주》에 인용된 《한서·선제기宣帝紀》 나와 함께 다스릴 자는 오직 훌륭한 태수뿐이로다.(與我共理者, 唯良二千石乎.)

[堯有 2구] '사악'과 '이천석'은 모두 배시주를 비유한 것이다.

《두시조차공선후해집교》 '사악'과 '이천석'은 옛날 제후와 태수의 일이다.(四岳, 二千石, 乃古諸侯與太守事.)

#《두시상주》: 두 번째 단락에서는 근년에 다시 만나게 된 것을 서술하였다. 《두억》에서는 "그대 만나 병이 줄었다는 것은 삼 년 동안 변방이 안정되어 나그네 마음도 안정되었다는 말일 것이다. 정치의 업적이 요와 한을 따라잡을 만하니 조정의 그릇임이 시행한 일에서 이미 드러났다"라고 하였다.(次敍近年再遇. 杜臆, 相遇病減, 蓋三歲中邊方安而客心亦安. 政績可追唐漢, 則廊廟之具, 已見諸施行矣.)

9 白鹽北(백염북)- 백염산의 북쪽. 당시 두보가 거처하던 동둔東屯 지역을 가리킨다. 이 구절은 시주자사 배공이 여러 차례 두보에게 편지를 부쳐 왔다는 말이다.

10 苦寒(고한) – 모진 추위. 靑羔裘(청고구) – 검푸른 어린 양 가죽으로 만든 옷. 옛날 제후나 경대부들이 조복朝服으로 입었다. '羔'를 '絲' 혹은 '縑'으로 쓴 판본도 있다.

《두시상주》에 인용된 《서경잡기》 유향이 탄기를 만들어 성제에게 바쳐 축국을 대신하게 하니, 황제가 크게 기뻐하며 검푸른 어린 양 가죽옷과 자색 실 신발을 하사하였다.(劉向作彈棋獻成帝, 以代鞠蹴. 帝大悅, 賜靑羔裘紫絲履.)

11 霜雪廻光(상설회광) – 서리와 눈이 빛을 되돌리다. 옷이 따뜻하여서 춥지 않다는 뜻이다. 錦袖(금수) – 비단 소매. 가죽옷 소매를 비단으로 만들었기에 한 말이다.

《두시조차공선후해집교》 푸른 양의 가죽으로 옷의 몸통을 만들고 비단으로 소매를 만들었을 것이다.(蓋以靑羔之皮爲身, 而以錦爲袖也.)

12 龍蛇(용사) – 용과 뱀. 여기서는 필체가 용과 뱀처럼 구불구불하고 힘찬 것을 비유한다. '蛇'를 '蛟'로 쓴 판본도 있다. 篋(협) – 편지를 담은 서함書函. 각종 서예 진적 등속을 담아놓은 상자로 보기도 한다. 蟠銀鉤(반은구) – 은구를 두르다. 혹은 은구가 서리다. '은구'는 아름다우면서도 강인한 느낌의 서체를 비유하는 말이다. 이 구절은 시주자사 배공이 보내온 편지의 서체를 칭송한 것이다.

《두시상주》에 인용된 《서수書藪》 태자율경령太子率更令 구양순歐陽詢의 비백 서체는 으뜸이니 용과 뱀이 싸우는 형상이 있다.(歐陽率更書飛白冠絶, 有龍蛇戰鬪之象.)

《두시상주》에 인용된 왕승건王僧虔의 《논서論書》 삭정은 자신의 서예에 긍지가 매우 높았는데, 그 서체를 은으로 된 갈고리와 전갈 꼬리라는 뜻의 '은구채미'라고 이름하였다.(索靖甚矜其書, 名其字書曰銀鉤蠆尾.)

《두시조차공선후해집교》 배공은 필시 글씨를 잘 썼을 것이다. 그래서 전편 〈정전설자시주귀鄭典設自施州歸〉에서 "지난날 은갈고리 글씨를 주셔서 빽빽이 늘어선 창날을 보았다"라고 하였다. '은구'라는 용어는 삭정이 서체에 대해 말하기를 "예쁘기가 은구와 같다"라고 한 경우가 있다. 이미 그 서체를 은구와 같다고 비유하였는데 위에서 용과 뱀이 상자에서 움직인다고 한 것은 공의 명서와 진적을 담은 상자에 그 서체들이 용과 뱀 같은데, 지금 배공의 은구를 그 가운데 넣었더니 용과 뱀이 상자에서 꿈틀대게 되었다는 것이다.(裴君必善寫字, 故前篇有云, 他日辱銀鉤, 森疏見矛戟也. 銀鉤字, 索靖之言書曰, 婉若銀鉤. 旣比其書如銀鉤, 而上云龍蛇動篋, 則公所盛名書眞蹟之篋, 其書如龍如蛇, 今藏裴公銀鉤於其中, 所以龍蛇動於篋也.)

[幾度 4구]

《구가집주두시》 조차공 주 '백염'은 기주의 산이다. 공은 백염산의 북쪽에 살았다. 배공이 공에게 편지를 부친 것이다. '눈과 서리가 빛을 되돌린다'는 것은 그 가죽옷을 말한 것이다. '용사'와 '은구'는 그 서체를 말한다.(白鹽, 夔州山, 公居白鹽之北. 裴君寄書與公也. 霜雪迴光言其裘, 龍蛇銀鉤言其書.)

#《두시상주》: 이 단락은 배공이 선물을 보내온 정황을 서술하였다. 가죽옷을 입으니 따뜻하여 서리와 눈도 한기를 되돌린다. 서법이 아름다워 용과 뱀이 서함에서 움직이는 듯하다.(此敍裴寄贈之情. 衣裘暖, 故霜雪迴寒. 書法美, 如龍蛇動篋.)

13 紫衣使者(자의사자) – 자색 옷을 입은 사자. 여기서는 배공의 편지와 선물을 들고 두보를 찾아온 관리를 가리킨다. 辭(사) – 작별하다. '辟'으로 된 판본도 있다. 復命(복명) – 복명하다. 여기서는 심부름 온 사자가 돌아가 보고하는 것을 말한다.

《두시조차공선후해집교》 자색 옷의 사자는 심부름 온 사람이다. '사복명'을 옛 판본에서는 '벽복명'이라고 쓰고 있는데 의미가 없다. 사민첨 본에서 '사' 자를 쓰고 있는데, 그래야 비로소 의미가 있다.(紫衣使者, 則所差來之人也. 辭復命, 舊本作辟復命, 無義. 師民瞻本作辭字, 方有義也.)

14 故人(고인)－ 오랜 벗. 여기서는 배공을 가리킨다. 謝佳政(사가정)－ 아름다운 정치에 대해 사례하다.

15 子孫憂(자손우)－ 자손에 대한 걱정. 이 구절은 배공의 훌륭한 정치로 인해 두보가 늘그막에도 자손들을 걱정하지 않을 수 있게 되었다는 말이다.

《두시경전》 뒷사람을 맡길 수 있음을 말하였다.(謂可託後人也.)

16 才華(재화)－ 뛰어난 재능. 이 구절은 후인들이 배공 자손들의 뛰어난 재능을 접하게 될 것이라는 말이다. 배공의 재능이 출중하여 후세 사람들에게 법도가 될 것이라고 칭송한 것으로 보기도 한다. 후대에 배공의 자손들과 두보의 자손들이 교유를 이어가게 될 것을 말한 것으로 풀이하기도 한다. 《문원영화文苑英華》에는 이 구절 아래에 "요억서루벽지영遙憶書樓碧池映"이라는 구절이 있다.

《두시조차공선후해집교》 마지막 구에서 '재화성'은 마땅히 배공의 자식들을 말한 것이다. 대개 다음과 같은 뜻이니, 내가 비록 늙었어도 자손 걱정을 면한 것은 딴게 아니라 후대의 사람들이 배공 자식들의 성대하고 아름다운 재능을 접하게 될 것이기 때문이라는 말이다.(末句, 才華盛應言裴君諸子, 蓋云, 我雖老而免憂子孫, 無它, 以後來之人相接有裴君諸子才華之盛美也.)

#《두시상주》: 이 단락은 부쳐 온 편지에 답하여 사례한 뜻이다. 《두억》에서는 "배공에게 이런 훌륭한 정치가 있어서 자손이 여전히 장차 그 은택을 더불어 입게 될 것인데, 하물며 문장이 나라를 영화롭게

하여 더욱 후세의 법도가 될 것임에 있어서랴. 뒤의 두 말은 앞 두 단락을 다 거두고 있다"라고 적고 있다.(此寄書答謝之意. 杜臆, 裴有此佳政, 子孫猶將與被其澤, 況文章華國, 更可爲後世法程乎. 後二語, 收盡前兩節.)

##《독두심해》: 이 작품은 배공이 편지를 부쳐 가죽옷을 선물하니 거기에 답신을 보낸 것이다. 전반의 4구로 된 두 단락은 칭송하고 찬미한 말이고, 후반의 4구로 된 두 단락은 감사의 편지를 부친 뜻이다. 세분하자면, 첫 단락은 평소의 노량과 식견에 대해 말하였고, 둘째 단락은 현재 시주에서 베푸는 위정에 대해 말하였다. 편지를 부쳐 와 서함에 용과 뱀이 움직이고 가죽옷을 보내와 빛이 눈서리를 되돌린다는 것은 높은 우의友誼를 서술한 것이다. '사복명'은 세 번째 단락을 수렴하였고 '사가정'은 두 번째 단락을 수렴하였다. 자손은 대대로 강학하는 우의를 맺을 수 있게 되었으니, 훌륭한 재능이 후대에까지 다시 이어져 두 집안이 계속 흥기하고 우정이 더욱 장구하게 될 것이다. 여음이 쟁쟁하다.(此以裴寄書贈裘而復之也. 前兩四句, 頌美之詞. 後兩四句, 寄謝之旨. 細分之, 起一層, 就平時器識言. 次一層, 就現在設施言. 寄書而篋動龍蛇, 贈裘而光迴霜雪, 敍高誼也. 辭復命, 收第三段. 謝佳政, 收第二段. 子孫可訂世講, 才華再接後來, 及到兩家繼起, 交誼更長. 餘音鏗爾.)

《두억》: (배공이) 조정의 그릇임을 바로 '금종'과 '옥형' 두 말을 가지고 드러내고 있다. '금종'과 '대용'은 그 넓고 시원스러움을 묘사한 것이요, '빙호'와 '옥형'은 그 맑고 고상함을 묘사한 것이다. 그리고 요의 사악과 힌의 이친 석이리고 말한 것은 (배공이) 조정의 그릇임을 실제 일에서 드러낸 것이다. 그래서 배공을 한번 만나 그 병이 줄어든 것이다. 그를 만난 이래로 객살이 이미 3년인데 변방에서의 근심을 덜게 되었으니, 대개 변방의 백성은 쉬이 어지러워지는데 변방이 평안해야 객살이 하는 자도 평안하기 때문이다. 보내준 가죽옷은 눈서리가 빛을 되돌려 피하고 부쳐 온 편지는 교룡이 서함에서 움직이며 서려 있다고 하였는데 이는 그 새끼 양 가죽옷의 아름다움과 서예의 뛰어남을 찬미한 것이다. 심부름꾼이 복명함에 이르러서 선물에 대해 사례하지 않고 훌륭한 정치를 사례하고 있으니, 이는 공의 마음 씀이 백성을 우선시하고 자신을 뒤로함을 보여준다. 그렇지만 역시 백성이 평안한 후에 자신도 평안한 것이다. 마지막 2구는 "배공에게 훌륭한 정치가 있어 내 비록 늙었어도 자손이 장차 더불어 그 은택을 입을 것인데 하물며 문장이 나라를 빛나게 하여 또한 후세의 법도가 될 수 있음에 있어서랴"라고 말한 것이다.(廊廟之具, 正以金鐘玉衡二語見之. 金鐘大鏞, 狀其軒朗, 冰壺玉衡, 狀其淸高. 而堯之四岳, 漢二千石, 則廊廟之具見於實事者也. 所以一相遇而減其病. 相遇以來, 作客已三歲, 而寬邊愁. 蓋邊民易亂, 邊方安而作客者亦安也. 所贈之裘, 霜雪迴光而避, 所寄之書, 蛟龍動篋而蟠. 贊其羔裘之美, 與書法之妙也. 至於使者復命, 不謝腆惠而謝佳政, 此見公之存心, 先民而後身也, 然亦民安而後身安. 末二句謂裴公旣有佳政, 吾雖老而子孫將與被其澤, 況文章華國, 又可爲後世法程也.)

(**김성곤**)

63. 鄭典設自施州歸

정전설이 시주에서 돌아오다

吾憐滎陽秀[1] 冒暑初有適[2] 名賢愼出處[3] 不肯妄行役[4]
旅兹殊俗遠[5] 竟以屢空迫[6] 南謁裴施州[7] 氣合無險僻[8]
攀援懸根木[9] 登頓入天石[10] 青山自一川[11] 城郭洗憂戚[12]
聽子話此邦[13] 令我心悅懌[14] 其俗則淳樸[15] 不知有主客[16]
溫溫諸侯門[17] 禮亦如古昔[18] 敕廚倍常羞[19] 杯盤頗狼籍[20]
時雖屬喪亂[21] 事貴當匹敵[22] 中宵愜良會[23] 裴鄭非遠戚[24]
群書一萬卷[25] 博涉供務隙[26] 他日辱銀鉤[27] 森疏見矛戟[28]
倒屣喜旋歸[29] 畫地求所歷[30] 乃聞風土質[31] 又重田疇闢[32]
刺史似寇恂[33] 列郡宜競惜[34] 北風吹瘴癘[35] 羸老思散策[36]
渚拂蒹葭塞[37] 嶠穿蘿蔦冪[38] 此身仗兒僕[39] 高興潛有激[40]
孟冬方首路[41] 强飯取崖壁[42] 歎爾疲駑駘[43] 汗溝血不赤[44]
終然備外飾[45] 駕馭何所益[46] 我有平肩輿[47] 前途猶準的[48]
翩翩入鳥道[49] 庶脫蹉跌厄[50]

내 가련하구나, 형양의 수재가
더위 무릅쓰고 처음 시주로 갔으니.
명현은 나고 머묾을 삼가서
행역을 함부로 하지 않지만,
이 풍속 다른 먼 곳을 떠돎은
끝내 자주 독 비어 시달려서라네.

남으로 시주자사 배공을 뵈러 함에
의기 맞아서 험하고 외진 데도 없어.
뿌리 매단 나무 더위잡아 당기며
하늘에 닿는 바위를 오르내렸지.
푸른 산에 절로 한 평지,
성곽은 시름 번뇌 씻어 주었네.

그대의 이 고장 이야기 들으니
내 마음 기쁘고 흐뭇해진다.
그곳 풍속은 순박하여
주인과 손 있는 줄도 모른다지.
온화한 제후의 아문
예법도 옛날과 같았으며,
부엌에 평소 음식 두 배를 명하여
배반이 자못 낭자하였다지.
시절이야 상란을 만났지만
귀한 분 섬김에 제짝을 만나서
한밤에 좋은 모임이 흡족하였으니
배씨 정씨는 먼 친척이 아니라네.
일만 두루마리 많은 글을
일 틈에 널리 섭렵하였고,
지난날 은갈고리 글씨를 주셔서
빽빽이 늘어선 창날을 보았다지.

신 거꾸로 신은 채 돌아옴을 반기고

땅에 그리며 지나온 곳 물었다.
듣자니 풍토가 질박하고
게다가 논밭도 넓다고 하네.
자사는 구순 같아서
여러 고을이 마땅히 다투어 빌리겠지.

북풍이 장기 염병 날려버리니
쇠약한 늙은이 산책하고파.
물가에서 갈대 추위 스쳐 가고
산길에서 넝쿨 장막 뚫는다.
이 몸 아이와 종복에 기대지만
높은 흥취 슬며시 자극받아
초겨울에 막 길을 나서서
밥 힘써 먹고 절벽을 타야지.
한탄하노라, 너 지친 노둔한 말
겨드랑이 땀 붉지 않음을.
겉치레야 갖출지언정
멍에 지워 몰아봐야 무슨 이익.
내게는 평견여 있으니
앞길이 과녁 같으리라.
새 다니는 길로 훨훨 들어서면
자빠지는 액도 행여 면할 디.

동궁의 전설랑을 지낸 정씨가 타지에서 고생하다가 남쪽 시수로 자사 배공을 찾아갔다 돌아왔다. 정씨가 시주로 간 때는 여름이며, 돌아온 때는 초겨울 무렵이다. 두보는 그를 반갑게 맞이하여 시주의 풍속과 인심, 토지의 넓음과 자사의 후의에 대해 듣고는 자신도 시주로 가고 싶은 충동을 느낀다. 시주로 가는 길은 험하지만 가마를 타면 안전하리라고 여긴다. 그러나 두보는 끝내 시주로 가지는 않았다. 전설랑을 지낸 정씨는 누구인지 알 수 없다. 전설은 관명官名으로, 태자太子 속관屬官이다. 남제南齊 때 설치한 재거국齋居局에서 비롯되었으며, 당나라 때는 고종高宗 용삭龍朔 2년에 이전의 태자재수太子齋帥를 전설국典設局으로 바꾸었다. 대제사大祭祀에 목욕, 소쇄, 자리 깔기 등의 직무를 맡았다. 시주는 지금의 호북성湖北省 은시토가족묘족자치주恩施土家族苗族自治州 지역에 해당한다. 대력 2년에 지었으며, 영태 원년에 지었다고 보는 견해도 있다. 당시 시주자사는 배면裴冕이라고도 하지만 배면이 아니라는 설이 더 유력하다.

> **당 두우杜佑《통전通典·직관職官》** 전설국. 전설랑 4인, 종6품하이다. …… 전설랑은 목욕, 소쇄, 포진의 일을 관장한다.(典設局, 典設郎四人, 從六品下. …… 典設郎掌湯沐灑掃鋪陳之事.)
>
> **《두시상주》** 이 시는 대력 2년 작이 맞다. 《신당서·백관지百官志》에 "동궁관에 전설랑 4인이 있고, 태자의 목욕과 소제, 포진의 일을 담당한다"라고 하였다.(此當是大曆二年作. 唐志, 東宮官, 典設郎四人, 掌太子湯沐汎掃鋪陳事.)
>
> **《원화군현지元和郡縣志·강남도江南道》** 시주. …… 춘추시대에는 파나라 영역이었고, 전국시대에는 초나라 무군의 땅이었으며, 진나라 때는 검중군에 속하였고, 한나라 때는 무현의 땅이었다. 무현은 바로 지금의 기주 무산현이 그곳이다. 오나라 때는 구사와 거현

으로 나누었고, 양나라, 진나라에 이르도록 바꾸지 않았다. 주나라 무제 건덕 3년에 여기에 시주를 설치하였고, 수나라 때는 청강현으로 바꾸었다. 의녕 2년에 다시 군을 설치하였다.(施州. …… 春秋巴國之界, 七國爲楚巫郡之地, 秦屬黔中郡, 漢爲巫縣之地. 巫縣卽今夔州巫山縣, 是也. 吳分丘沙渠縣, 至梁陳不改, 周武帝建德三年, 于此置施州, 隋改爲淸江縣, 義寧二年復置郡.)

《보주두시》 배면은 이보국에 붙었다가 시주로 폄적되고 풍주로 옮겼으며, 대력 2년에 풍주자사에서 좌복야로 임명되었으니 영태 원년 겨울에 지었음에 틀림없다. 그러므로 시에서 "초겨울에 막 길을 나서다"라고 하였다. 자세한 것은 뒤의 〈기배시주寄裵施州〉 시의 주에 보인다.(裵冕以附李輔國, 貶施州移澧州, 而大曆二年, 自澧州拜左僕射, 則是當時在永泰元年冬作. 故詩云, 孟冬方首路. 詩(詳의 오자)見後寄裵施州詩注.)

《두억》 시주는 옛날에는 기주로에 속하였는데, 국조(명나라)에 이르러 시주위로 바꾸고 호광에 소속시켰다. 기부의 건시현은 옛날에 시주에 예속되었고, 기부 남쪽 500리에 있었다. 《대명일통지大明一統志》에 "백성에 요족이 섞여 있으나 중화의 기풍에 가깝다"라고 하였다.(施州, 舊屬夔州路, 至國朝改施州衛屬湖廣, 而夔之建始縣, 舊隸施州, 在夔府之南五百里. 志云, 民雜夷獠, 猶近華風.)

《두공부시집집주》 《구역지》에서 시주는 기주에 인접하여 기주 남쪽 300여 리에 있다고 하였다.(九域志, 施與夔爲鄰, 在夔之南三百餘里.)

주 석

1 憐(연) – 불쌍히 여기다. 아끼다. 滎陽秀(형양수) – 형양의 뛰어난 인물. 정전설을 가리킨다. 정전설은 형양 출신이다.

명明 소보邵寶《각두소릉선생시분류집주刻杜少陵先生詩分類集注》 형양현은 지금은 하남 개봉부 정주에 속하며, 정전설이 살던 땅이다.(滎陽縣, 今隸河南開封府鄭州, 鄭典設所居之地.)

《두시상주》 형양은 정씨의 고을 이름이다.(滎陽, 鄭氏郡名.)

2 冒暑(모서) - 더위를 무릅쓰다. 初有適(초유적) - 처음 가다. 정전설이 여름에 처음 시주로 갔음을 말한다.

《각두소릉선생시분류집주》 '초유적'은 그의 행역을 처음 보았다는 말로, 거동을 함부로 하지 않았음을 뜻한다.(初有適, 初見其行役, 不妄擧動也.)

[吾憐 2구] 이 연은 정전설이 여름날 시주로 처음 갔음을 두보가 가련히 여겼다는 뜻이다. 또 두보가 아끼는 정전설이 여름에 처음 시주로 갔다고 풀이하기도 한다.

3 愼(신) - 삼가다. 신중히 행동하다. 出處(출처) - 나고 머묾. 출사出仕와 귀은歸隱. '所出'로 된 판본도 있다.

4 妄(망) - 함부로 하다. 行役(행역) - 일 때문에 멀리 가는 것.

5 玆殊俗遠(자수속원) - 이 풍속 다른 먼 곳. '수속원'은 풍속이 다른 먼 곳, 즉 타지를 가리킨다. 구체적으로는 시주를 가리킨다. 이와 달리 기주를 가리킨다고 보는 견해도 있다. '遠'은 '還'으로 된 판본도 있다.

《두보전집교주》 '자'는 시주를 가리킨다.(玆, 指施州.)

6 屢空(누공) - 자주 비다. 식량이 자주 떨어졌다는 말로, 늘 궁핍하였음을 말한다. 迫(박) - 다그치다. 핍박하다. 이 구는 정전설이 종내 가난에 시달렸음을 말한다.

《논어·선진先進》 공자께서 말씀하셨다. "안회는 거의 이루었구나. 자주 쌀독이 비었다."(子曰, 回也其庶乎, 屢空.)

《사기·백이열전伯夷列傳》 또 칠십 제자의 무리 중에 공자는 안연만이 배우기를 좋아한다고 추천하였다. 그러나 안연은 쌀독이 자주 비어 조강도 배불리 먹지 못하고 끝내 요절하였다.(且七十子之徒, 仲尼獨薦顔淵爲好學. 然回也屢空, 糟糠不厭, 而卒蚤夭.)

[旅茲 2구]

《두시조차공선후해집교》(수정본) '수속'이라는 어휘는 〈모시서毛詩序〉에서 말하는 '가읍家邑마다 풍속을 달리한다'는 뜻이 아니다. 유신은 '편방수속'이라고 하였는데 공은 중원에서 왔기 때문에 기주를 가리켜 '수속'이라고 하였다. 그 짝이 되는 '누공'이라는 어휘는 곧 (《논어·선진先進》의) "안연은 거의 이루었구나. 자주 쌀독이 비었다"에서 나왔다.(殊俗字, 非是詩序云家殊俗也. 庾信云偏方殊俗. 公自中原而來, 故指夔爲殊俗. 其對屢空字, 則顔淵其庶乎. 屢空也.)

#《두시상주》: 첫 단락은 시주로 간 까닭을 서술하였으니, 더위를 무릅쓰고 간 것은 궁핍에 쫓겼기 때문임이 보인다.(首敍往施之故, 見冒暑而行, 爲迫於空乏耳.)

7 南謁(남알)– 남쪽으로 가서 알현하다. 시주는 기주의 남쪽에 있었다. 裴施州(배시주)– 시주자사 배씨裴氏. 당시 시주자사는 배면이라는 견해도 있으나 옳지 않다.

8 氣合(기합)– 의기투합하다. 無險僻(무험벽)– 험하고 외진 곳도 상관하지 않는다.

[南謁 2구]

《두공부초당시전》 배씨와는 의기가 서로 투합하는 사이 같아서 험준하다고 하여 외진 곳으로 여기지 않음을 말한다.(謂與裴如義相投合, 不以險阻爲僻也.)

[吾憐 8구]

《분문집주두공부시分門集注杜工部詩》 왕수는 말하였다. "그가 의리로 움직였음을 말한다." 사씨는 말하였다. "나고 머묾은 군자의 큰 지향이니 함부로 움직이지 말아야 한다. 정공이 더위를 무릅쓰고 가는 일이 있었지만 대체로 정공이 매양 궁핍하였기 때문이다. 따라서 남쪽으로 가서 배시주를 알현함 또한 의리로 움직였지 함부로 행역을 하려고 하지는 않은 것이다."(洙曰, 言其以義而動也. 師曰, 出處君子之大致, 不可妄動. 鄭公雖冒暑有適, 蓋以鄭子每乏, 是以南謁裴施州亦有義動, 不肯妄行役也.)

9 攀援(반원)－ 더위잡아 당기다. 懸根木(현근목)－ 높은 절벽 위에서 자라면서 뿌리가 바깥으로 드러난 나무. 이와 달리 용수처럼 가지에서 뿌리가 돋아 땅에 드리운 나무로도 본다.

《두억》 '현근목'은 광동의 용수(벵골보리수) 같은 것으로, 뿌리가 가지에서 돋는다.(懸根木, 如廣東之榕, 根生枝上.)

《두시상주》에 인용된 《두억》 현근목은 아마 용수이리라. 뿌리가 가지에서 돋아 주렁주렁 아래로 처져서 안 본 사람은 기이하게 여긴다.(懸根木, 蓋榕也. 根生枝上, 纍纍下垂, 未見者以爲奇.)

《각두소릉선생시분류집주》 현근목은 산이 험하니 나무가 높은 절벽에 걸려 뿌리가 모두 밖으로 드러난 것을 말한다.(懸根木, 言山險則樹挂危崖, 根俱露外也.)

10 登頓(등돈)－ 오르내리다. 가다 쉬다. 入天石(입천석)－ 높이 솟아 허공으로 들어간 바위. '天'은 '矢'로 된 판본도 있다. '入矢石'은 범같이 생긴 바위로 한나라 때 이광李廣 장군이 바위를 범으로 오인하여 활을 쏘아 화살이 박혔다는 고사에서 유래한다.

《구가집주두시》 사윤師尹 주 또 시주에 하늘에 닿는 바위가 있다.(又施州有連天石.)

《두공부시집집주》 '입천석'은 바위의 형세가 하늘을 찌름을 말한다.(入天石, 言石勢之參天也.)

《두시상주》 '입시석'은 '입천석'이 되어야 한다. 포조의 시(〈종등향로봉從登香爐峯〉)에 "푸르스름 어둑히 연무를 흔드는 나무, 둥그렇게 걸터앉아 하늘을 진 돌"이라고 하였고, 공의 〈구당양애瞿唐兩崖〉 시에서 "하늘로 들어가도 여전히 바위 빛이다"라고 하였으니 '시' 자가 잘못임을 충분히 증명한다.(入矢石, 當作入天石. 鮑照詩, 靑冥搖烟樹, 穹跨負天石, 公瞿唐詩, 入天猶石色, 足證矢字之訛.)

《보주두시》에 인용된 왕수 주 (입시석은) 험준함을 말한다.(言險阻也.)

《집천가주두시集千家注杜詩》 '입시석'은 돌이 범 같음을 말한다. 이광 장군의 고사를 몰래 사용하면서 범이라고 하지 않고 화살이 들어갔다고 하였으니 바로 시에서 고사를 묘하게 쓴 예이다.(入矢石, 謂石之如虎也. 暗用李廣事, 不言虎而言入矢, 政是詩中用事之妙.)

11 自(자)－ 저절로. 一川(일천)－ 한 평원. 또는 한 줄기 시내. 이 구는 산지가 끝나고 평평한 들이 펼쳐졌다는 뜻이다. 또 푸른 산 사이로 시내가 흐른다는 뜻으로 보기도 한다.

《두공부초당시전》 험준함이 다한 곳, 시주는 따로 하나의 평지임을 말한다.(言險阻旣盡處, 施州別是一平川也.)

12 城郭(성곽)－ 성곽. 시주의 성곽을 말한다. 憂戚(우척)－ 시름과 번뇌. '戚'은 '慼'으로 된 판본도 있다. 이 구는 정전설이 험한 여정 끝에 시주에 도착하여 성곽을 보자 시름이 사라졌음을 말한다.

《분문집주두공부시》에 인용된 조차공 주 공에게 일찍이 (〈배왕시어동등동산최고정연요통천만휴주범강陪王侍御同登東山最高頂宴姚通泉晩攜酒泛江〉) 시가 있어 "성곽을 내려보며 사람 근심 녹인다"라고 하였다.(公嘗有詩曰, 下視城郭消人(일반적으로 銷我로 되어 있다)憂.)

《두시상주》 '우척'과 (아래 구의) '원척'의 '척' 자는 글자는 같지만 뜻이 다르니 중복을 범한 것이 아니다.(憂戚與遠戚, 字同意異, 不作犯重.)

[靑山 2구]

《두억》 남방 먼 지역은 산수가 험악하여 푸른 산과 내 하나로도 곧 마음이 즐거워지고 시름과 번뇌를 씻을 수 있다.(南荒山水麤惡, 靑山一川, 便足賞心, 可洗憂戚.)

#《두시상주》: 둘째 단락은 시주로 가는 경물과 일을 서술하였다. 의기가 서로 투합하여 험하고 외짐을 잊었다. '반원' 2구는 중도에 험난함을 겪었음을 말하고, '청산' 2구는 도착하였을 때 승경을 구경하였음을 말한다.(次敍往施景事. 意氣相投, 忘乎險僻矣. 攀援二句, 中途歷險, 靑山二句, 到時覽勝.)

13 聽子(청자) 구 – 그대가 이 고장 이야기하는 것을 듣다. 정전설이 시주에 대해 말하는 것을 들었다는 뜻이다.

《두보전집교주》 '자'는 정전설을 가리키고, '차방'은 시주를 말한다.(子, 指鄭. 此邦, 謂施州.)

14 令(영) – ~하게 만들다. 悅懌(열역) – 기쁘고 흐뭇하다.

15 則(즉) – '甚'으로 된 판본도 있다.

16 主客(주객) – 주인과 빈객. 이 구는 시주 사람들은 객이 와도 주인과 서로 허물없이 지냄을 말한다.

17 溫溫(온온) – 온화한 모양. 諸侯門(제후문) – 제후의 아문. 여기서는 배시주자사의 아문 또는 그의 가문을 말한다.

18 古昔(고석) – 옛날. 고인古人.

19 敕廚(칙주) – 부엌에 명령하다. 倍常羞(배상수) – 평소 음식보다 두 배로 좋은 음식.

《구당서·배면전裴冕傳》 (배면은) 성품이 본래 사치스러워 수레와 의복을 화려하게 꾸미기 좋아하고 진귀한 음식을 마련하였다. 마구

간의 명마는 값이 수백 금 나가는 것이 늘 십수 마리였으며, 손과 벗들에게 연회를 열 때마다 진미의 종류에 대해 자리의 손 가운데 그 이름을 모르는 이가 있었다.(性本侈靡, 好尚車服, 及營珍饌, 名馬在櫪直數百金者常十數. 每會賓友, 滋味品數, 坐客有昧於名者.)

20 杯盤(배반) – 잔과 쟁반. 술과 음식을 말한다. 頗(파) – 자못. 매우. 狼籍(낭적, 낭자) – 어지럽다. 많다.

[其俗 6구]

《보주두시》에 인용된 왕수 주 외지고 멀지만 손을 공경하는 뜻은 중화와 다르지 않음을 말한다.(言雖幽遠, 而敬客之意不異於中華也.)

21 時(시) – 때. 현재의 상황. 屬(촉) – 만나다. 당하다.

22 事貴(사귀) – 귀한 자를 섬기다. 當匹敵(당필적) – 필적한 이를 만나다. 상대할 만한 사람을 만나다. 이 구는 배시주자사와 정전설이 서로 상대할 만한 사람임을 말한다. '當'은 '賞'으로 된 판본도 있다. 또 '일은 좋은 짝 만나는 것을 귀하게 여긴다'로 풀이하기도 한다.

《두공부초당시전》 '필적'은 동류로서 서로 찾음을 말한다. 오직 현자만이 현자를 대접할 수 있으므로 이에 진실로 상찬할 수 있다.(匹敵, 言以類相求也. 惟賢者乃能待賢, 玆固可稱賞也.)

《각두소릉선생시분류집주》 '상필적'은 손과 주인이 대등한 예를 행함을 말한다.(賞匹敵, 言賓主行抗禮也.)

《두시상주》 《좌전·성공成公 2년》에서 빈미인이 말하였다. "소동숙자는 다른 사람이 아니라 저희 임금님의 어머니입니다. 대등한 관계로 말하면 역시 신나라 임금님의 어머니에 해당합니다." 《좌전》에서는 제나라와 진나라가 서로 대등함을 말하였고, 시에서 인용하여 배시주자사와 정전설이 서로 대등함을 나타냈다.(左傳, 賓媚人曰, 蕭同叔子非他, 寡君之母也. 若以匹敵, 則亦晋君之母也. 傳言齊晋相

匹, 詩引之以見裴鄭之相匹耳.)

《두보전집교주》에 인용된 곽증흔郭曾炘 주 이 구에 대한 제가의 풀이는 모두 원만하지 않다. 내 생각에 '당'은 '대당'의 당으로 읽어야 하고, '귀'는 귀중의 귀이다. 시주자사가 빈객을 귀중히 여겨 필적하는 예로 대우함을 말한다. 그러나 끝내 풀이가 어려우니 양륜楊倫이 뜻이 모호한 구라고 한 것이 참으로 그러하다.(此句, 諸家所解皆不圓. 竊意當讀如對當之當, 貴乃貴重之貴, 謂施州能重客以匹敵之禮相待也. 然終費解, 楊西河以爲晦句, 良然.)

[其俗 8구]

《두억》 주인과 손을 모른다니 이는 풍속에서 가장 비루한 것이지만 공은 도리어 순박하다고 하여 취하였다. "사귀상필적"은 풀이할 수가 없다. 주에서 '상'은 '당'으로 쓴 판본도 있다고 하였으니 그러면 오히려 풀이할 수 있다. 존귀한 자를 섬김에 서로 대등한 이로 보아서 그가 두려워할 만한 귀한 사람인 줄 모르고, 또한 권세를 끼고 깔보지 않아서 주인과 손을 모르는 경우와 서로 비슷하니 이것이 참으로 순박한 풍속이다.(不知主客, 此俗之最鄙者, 公反以純朴取之. 事貴賞匹敵, 不可解. 註云, 賞一作當, 猶可解, 言事尊貴與匹敵相當, 不覺其可畏而貴者, 亦不挾勢以淩之, 與不知主客相似, 此眞純朴之俗也.)

23 中宵(중소) – 한밤. 愜(협) – 흡족하다. 유쾌하다.

24 裴鄭(배정) – 배시주자사와 정전설. 또는 배씨 집안과 정씨 집안을 말한다. 非遠戚(비원척) – 먼 친척이 아니다. 즉 가까운 사이임을 말한다.

《각두소릉선생시분류집주》 '비원척'은 배시주자사와 정전설이 매우 가까운 친척임을 말한다.(非遠戚, 言裴鄭乃至親.)

25 群書(군서) – 많은 글. 배시주자사의 장서를 말한다. 卷(권) – 두루마리.

26 博涉(박섭) – 널리 섭렵하다. 務隙(무극) – 업무의 틈, 여가.

[群書 2구] 정전설이 시주에서 업무 여가에 배시주자사의 장서를 읽었다는 뜻이다. 또 배시주자사가 업무 여가에 많은 글을 섭렵하였다고 보기도 한다.

《두보전집교주》 배시주자사가 학문을 좋아하여 일하는 여가에 군서를 박람하였음을 말한다.(謂裴施州好學, 於治事之暇則博覽群書也.)

27 他日(타일)－ 다른 날. 지난날. 과거를 말한다. 辱(욕)－ 욕스럽게. 상대가 내게 베푼 행위에 대해 자신을 낮추어 하는 말. 銀鉤(은구)－ 은으로 만든 갈고리. 여기서는 글씨를 말한다.

《보주두시》에 인용된 왕수 주 '은구'는 글씨이다. 자체가 교차하며 이어져 굳세게 굽어서 은갈고리와 같음을 말한다.(銀鉤, 書也, 言字體交連勁曲如銀鉤.)

《두시경전》 앞 시(〈기배시주寄裴施州〉)의 "몇 번을 백염산 북쪽으로 편지를 부치셨던가"라는 구에 해당한다. 배시주자사가 글씨를 잘 썼을 것이다.(卽上首幾度寄書白鹽北也. 想裴善書.)

28 森疏(삼소)－ 빽빽하게 늘어서다. 矛戟(모극)－ 창. 장창과 갈래창. 굳센 서체를 비유한다.

[他日 2구] 정전설이 배시주자사로부터 글을 받았음을 말한다. 또 두보가 배시주자사에게 글을 받았다고 보기도 한다.

《두보전집교주》 2구는 배시주자사가 글씨를 잘 쓴다고 칭찬한다.(二句, 譽裴善書.)

[群書 4구]

《두시조차공선후해집교》(수정본) 위 2구는 시주자사 배씨의 장서와 호학을 말한다. "타일욕은구"는 배시주자사가 글씨를 잘 씀을 말하는데 "삼삼견모극"은 또 그 자획의 시원함을 거듭 말한다. '욕'은 욕스럽게 그의 글을 주었음을 말한다. '군서'라는 글자는 《한서·사마천전司馬遷傳》의 "(유향과 양웅이) 군서를 널리 접하였다"라는 구절에서 나왔다. '은구'라는 글자는 옛 주에서 "자체가 교차하며 이어져 굳세게 굽어서 은갈고리 같다"라고 하였다. 그 뜻은 옳지만 다만 모호하게 말하고 출처를 밝히지 않았다. 이 글자는 삭정의 〈서초서세敘草書勢〉에 "아름답기는 은갈고리 같고, 나부끼기는 놀란 난새 같다"라고 한 말에서 나왔다. '모극'이라는 글자에 대해 설몽부는 《북사·이의심전李義深傳》을 인용하여 "이의심은 세상을 감당할 재능이 있으나 마음 씀이 험상궂어 당시 사람들이 '모극삼삼이의심'이라고 한 데서 나왔다"라고 하였다. 두전은 또 《세설신어》를 인용하여 "배영이 종사계를 품평하여 무기고를 보니 다만 '모극'만 보인다고 한 데서 나왔다"라고 하였다. 모두 옳지 않다. 두전은 도리어 또 이 시에서 말한 '모극'을 자세히 보면 마음의 험상궂음이 아니라 대개 글씨의 시원하고 날카로움이 빽빽한 '모극' 같음을 말한다고 하였다. 《서원》에서 "구양순은 행서에 더욱 뛰어났으니 대령에서 나와서 빽빽하기가 무기고의 모극 같다"라고 하였으니 두전의 이 말이 옳다. 대령은 왕희지(왕헌지의 잘못)이다.(上兩句則言裴施州之藏書好學. 他日辱銀鈎, 以言裴施州之能書. 森森見矛戟, 又申言其書畫之快. 辱, 則辱其書之相及也. 群書字, 劉向傳(司馬遷傳의 잘못), 博極群書. 銀鈎字, 舊注云, 字體交連勁屈如銀鈎然. 其義雖是, 但止模稜, 不引所出. 此乃索靖敘草書云, 婉若銀鈎, 漂若驚鸞也. 矛戟字, 薛夢符引北史, 李義深有當世才而用心險峭, 時人語曰, 矛戟森森李義深. 杜田又引世說, 裴令目鍾士季如觀武庫, 但見矛戟. 皆非是. 杜田却又云, 詳觀是詩所謂矛戟, 非心之險峭, 蓋言書之快利, 森森如矛戟也. 書苑云, 歐陽詢尤工行書, 出於大令, 森然如武庫之矛戟. 其說是. 大令, 王羲之也.)

#《두시상주》: 셋째 단락에서는 정전설의 말을 서술하였다. 앞 4구에서 시주 풍속의 아름다움이 보이고, 가운데 8구에서 배공의 교유하는 정이 두터움이 보이며, 아래 4구에서 정전설 학문의 우수함을 아울러

기록하였다. 주인과 손을 모르니 모두 친하고 도타울 수 있다. '제후문'은 배시주자사를 가리킨다. 《두억》에서 "가서 존귀한 이를 섬김에 마침 필적하는 사람을 만났다"라고 말하였다. 일설에는 '시절은 상란을 만났지만 일은 필적하는 자와 서로 상찬함을 귀하게 여긴다'는 뜻이라고 한다. '귀' 자와 '수' 자가 상응하여 모두 활자(여기서는 동사나 접속사 등을 뜻함)에 속하지만 앞의 풀이만 못하다. 배시주자사는 공에게 일찍이 편지를 보낸 적이 있으므로 (〈기배시주寄裴施州〉 시에) "용과 뱀이 서함書函에서 움직이며 은구를 두르고 있다"라는 시구가 있다. 이 시에서 '은구', '모극'이라고 하였으니 그가 명필임을 바로 끌어서 증명할 수 있다. 정전설에게 글을 주었다고 하면 아마 '욕' 자는 설명할 수가 없으리라.(次述典設之言. 上四, 見施州風俗之美, 中八, 見裴公交情之厚, 下四, 兼誌典設文學之優. 不知主客, 皆能親厚, 諸侯門, 指裴刺史. 杜臆, 往事尊貴, 適當匹敵之人也. 一說, 時雖值乎喪亂, 而事則貴與匹敵者相賞. 貴字與雖字相應, 皆屬活字, 不如前解. 裴向曾寄書於公, 故有龍蛇動篋蟠銀鈎之句. 此云銀鈎矛戟, 正引證其善書耳. 若云贈書於鄭, 恐辱字說不去.)

29 倒屣(도사)— 신발을 거꾸로 신다. 손님을 매우 반가이 맞이하는 행동을 말한다. 旋歸(선귀)— 돌아오다.

《삼국지·위지魏志·왕찬전王粲傳》 당시 채옹蔡邕은 재능과 학문이 현저하여 조정에서 중시되었으며, 늘 수레와 말이 골목을 메우고 빈객이 자리에 가득하였다. 왕찬이 문 앞에 있다는 말을 듣자 신을 거꾸로 신고 그를 맞았다. 왕찬이 이르자 나이도 어리고 생김새도 단소하여 좌중이 모두 놀랐다. 채옹이 말하였다. "이 사람은 왕공의 손자요. 기이한 재능이 있어 나는 그만 못하오."(時邕才學顯著, 貴重朝廷, 常車騎塡巷, 賓客盈坐. 聞粲在門, 倒屣迎之. 粲至, 年旣幼弱, 容狀短小, 一坐盡驚. 邕曰, 此王公孫也, 有異才, 吾不如也.)

30 畵地(화지)– 땅에 그리다. 求(구)– '來'로 된 판본도 있다. 所歷(소력)– 지나온 곳. 거쳐온 곳.

31 質(질)– 질박하다. 소박하다.

32 又重(우중)– 또. 다시. 田疇(전주)– 논밭. 闢(벽)– 트이다. 넓다.

33 刺史(자사)– 시주자사 배씨를 말한다. 寇恂(구순)– 후한의 개국공신. 영천태수를 지냈으며, 후에 영천에 도적 떼가 일어나자 광무제를 수행하여 진압에 공을 세웠다. 떠날 때 백성들이 길을 막고 광무제에게 그를 다시 영천태수에 임명해달라고 요청하였다.

《보주두시》〈봉기장십시어奉寄章十侍御〉"猶宜借寇恂" 왕수 주 후한의 구순은 광무제가 하내를 취한 후 그를 태수로 삼고 대장군직을 겸하게 하였다. 후에 영천에서 도적이 떼로 일어나자 황제가 "영천은 경사에 붙었으니 제때 평정해야 하며, 오직 경만이 평정할 수 있다"라고 하고, 그날로 직접 남방을 정벌하니 구순이 수행하여 영천에 이르렀다. 도적이 모두 항복하였지만 끝내 군수로 임명하지 않았다. 백성들이 길을 막고 "폐하께서 구순을 다시 1년만 빌려주시기를 바랍니다"라고 말하였다. 이에 구순을 남겨 관리와 서민을 진무하고 나머지 항복을 받았다.(後漢寇恂, 光武取河內, 拜恂爲太守行大將軍. 後潁州(川의 잘못)盜賊羣起, 帝曰, 潁川迫近京師, 當以時定, 惟卿能平之. 卽日車駕南征, 恂從至潁川, 盜賊悉降, 而竟不拜郡. 百姓遮道曰, 願從陛下復借寇君一年, 乃留恂鎭撫吏人, 納餘降也.)

34 列郡(열군)– 여러 고을. 宜競借(의경적·의경차)– 의당 다투어 빌리다. '借'는 '惜'으로 된 판본도 있다.

#《두시상주》: 넷째 단락은 돌아왔을 때의 일을 서술하여 위를 맺고 아래를 일으킨다. 지나온 곳을 땅에 그린다는 말은 위의 산천에 조응하고, 풍토와 논밭은 위의 풍속이 순박하다는 말에 조응하고, 구순을

빌릴 것이라는 말은 위의 제후에 조응한다.(此敍歸來情事, 乃結上起下. 畵地所歷, 應上山川, 風土田疇, 應上俗淳, 寇恂宜借, 應上諸侯.)

35 北風(북풍)－ 북풍. 계절이 겨울임을 말한다. 吹(취)－ 불어 날리다. 瘴癘(장려)－ 장기瘴氣. 또는 장기에 걸려 생기는 병.

36 羸老(이로)－ 여윈 늙은이. 두보 자신을 말한다. 散策(산책)－ 지팡이를 짚고 걷다.

《두공부초당시전》 '책'은 지팡이를 말한다. 두보는 시주자사의 풍도를 듣고 역시 지팡이를 짚고 가서 한번 뵙고자 하였기 때문이다.(策, 謂杖也. 甫聞施州之風義, 亦欲杖策而一謁故也.)

37 渚(저)－ 물가. 拂(불)－ 스치다. 蒹葭寒(겸가한)－ 갈대가 우거진 물가의 추위. '寒'은 '塞'로 된 판본도 있다.

《시경·진풍秦風·겸가》 갈대는 창창하고, 흰 이슬 서리 되네.(蒹葭蒼蒼, 白露爲霜.)

38 嶠(교)－ 높은 봉우리. 穿(천)－ 뚫다. 蘿蔦冪(나조멱)－ 덩굴풀이 엉켜 처져 장막처럼 된 것.

《시경·소아·보전지습甫田之什·규변頍弁》 겨우살이, 댕댕이덩굴이 소나무, 잣나무에 엉켰네.(蔦與女蘿, 施于松柏.)

[渚拂 2구] 겨울이 되자 북풍이 불어 장기를 날려버리자 지팡이를 짚고 집 주변의 물가와 산봉우리를 산보한다는 뜻이다. 물가와 산봉우리를 장차 시주에 갈 때의 여정으로 보는 견해도 있다.

39 此身(차신)－ 이 몸. 두보 자신을 말한다. 仗(장)－ 기대다. 의지하다. 兒僕(아복)－ 아이와 종복.

40 高興(고흥)－ 높은 흥치. 潛有激(잠유격)－ 슬며시 격동됨이 있다. 몰래 자극받다.

[北風 6구]

《두시조차공선후해집교》(수정본) "북풍취장려"에서 "고흥잠유격"까지는 정전설이 가을에 돌아왔으며, 공은 이때 산책하고 노닐면서 물가를 스치고 산길을 뚫었으니 (그곳이) 모두가 산책한 곳이었음을 말한다.(風吹瘴癘至高興潛有激, 則鄭典設歸在秋時, 而公當是時散策遨遊, 拂渚穿嶠, 皆散策之地也.)

41 孟冬(맹동)－ 초겨울. 方(방)－ 막. 바야흐로. 首路(수로)－ 길을 나서다. 출발하다.

42 强飯(강반)－ 힘써 밥을 먹다. 崖壁(애벽)－ 절벽.

43 爾(이)－ 너. 말을 가리킨다. 정전설을 가리킨다는 견해도 있다. 疲(피)－ 지치다. 駑駘(노태)－ 노둔한 말.

44 汗溝(한구)－ 말의 앞겨드랑이. 앞발과 가슴이 이어지는 오목한 곳. 말이 달릴 때 땀이 솟는 곳이다. 血不赤(혈부적)－ 땀이 붉지 않다. 붉은 땀을 흘리는 명마가 아님을 말한다.

45 終然(종연)－ 비록. '종연縱然'과 같다. '마침내'로 풀이하기도 한다. 備外飾(비외식)－ 겉치장을 갖추다.

46 何所益(하소익)－ 무슨 도움이 되랴.

[歎爾 4구]

《각두소릉선생시분류집주》 그대가 탄 노둔한 말은 겉치레만 있을 뿐 실제 아름다운 재능이 아님을 한탄하노라.(嘆爾所乘駑馬, 徒有外飾, 實非美材.)

《두시논문》 그대는 노둔한 말을 타고 갔으니 겉치레는 있지만 몰기에는 적당하지 않다고 또다시 말하였다.(又復言汝乘駑馬而去, 雖有外飾, 不中駕馭.)

47 平肩輿(평견여)－ 가마의 일종. 의자에 멜대를 달아 사람이 어깨로

메고 이동한다. 주로 등산용으로 쓴다.

48 猶(유) – 같다. 準的(준적) – 과녁. 표준. 준칙. 이 구는 앞길이 바로 과녁과 같다는 말로, 길을 나서면 바로 시주에 도달하리라는 기대를 표현한다.

[我有 2구]

《조차공선후해집교》(수정본) 노둔한 말은 이미 몰 수가 없으므로 가마를 타고 간다.(既以駑駘之不可馭, 則以乘轎而往.)

《두보전집교주》 준적은 화살 과녁이며, 목표라는 뜻으로 파생되었다. 여기서는 시주를 가리킨다.(準的, 箭靶, 引申爲目標. 此指施州.)

49 翩翩(편편) – 훨훨. 鳥道(조도) – 새의 길. 새가 날아다니는 경로. 높고 험한 길을 말한다.

《보주두시》에 인용된 사씨 주 '조도'는 나는 새의 길을 말한다. 대개 높고 험하다는 말이다.(鳥道, 謂飛鳥之道, 蓋言高險也.)

50 庶(서) – 거의. 다행히. 바라다. 蹉跌(차질) – 실족하여 넘어지다. 厄(액) – 불운. 재앙.

《구가집주두시》 조차공 주 "서탈차질액"은 견여를 타고 노둔한 말을 타지 않아서 실족하여 넘어지는 불운을 절로 면한다는 것이다.(庶脫蹉跌厄, 乘肩輿而不騎駑駘, 自免蹉跎困跌之厄.)

#《두시상주》: 다섯째 단락은 시주로 가고 싶은 마음을 서술하였다. 위 8구는 가려는 날을 잡음이요, 아래 8구는 가려는 계획을 헤아려봄이다. '산책'은 지팡이를 짚고 걷는 것이다. '저불' 구는 물길로 가는 것이고, '교천' 구는 산길로 가는 것이다. '방수로'는 초겨울에 바로 길을 떠남을 말한다. 장원張遠의 주에 험로를 거쳐야 하니 노둔한 말이 감당할 바가 아니라 반드시 견여라야 넘어지고 비틀거림을 면할 수 있다고 하였다. 자신을 곁들여 마무리하여 글의 뜻이 갑작스럽게 일탈하여 여운이 있다.《두억》에서 "뒤 몇 구는 대면하여 의논하는

말을 그때그때 시에 넣었으니 이것이 진정이요 실사이다”라고 하였다.(此自敘欲往施州之意. 上八擬行期, 下八商行計. 散策, 杖策而行, 渚拂, 水行也, 嶠穿, 山行也, 方首路, 謂孟冬方啓行. 遠注, 歷險, 非駑馬所堪, 必肩輿可免蹉跌. 將自己陪結, 文情逸宕. 杜臆, 後數句, 乃對面商量之語, 輒以入詩. 此是眞情實事.)

《두공부초당시전》: 두보는 먼 길 여행에 대비할 빠른 말이 없지만 가마가 안전하여 자빠지는 위험을 면할 수 있음이 더 좋다고 탄식하였다. 그러나 이 구 또한 조정에서 쓰는 자가 훌륭한 인재가 아니어서 기울어 넘어질 화란이 있음을 풍자하는 뜻을 담고 있다.(甫歎無快馬以備行役, 不若肩輿爲穩, 庶免嗟跌之厄. 然此亦託諷朝廷所用非良才, 是以有傾危之禍也.)

##《두시조차공선후해집교》(수정본): 이 시는 서술이 매우 분명하니 두 단락의 문장이다. 첫 구부터 “삼소견모극”까지 28구가 한 단락이다. 정전설이 가서 배시주를 알현하고 의기가 서로 투합하고 정분이 농밀하였으며, 또 그에게 간책의 즐거움이 있음을 말하였다. 아래 연에서는 공이 일찍이 배시주자사의 글을 받은 적이 있음을 말하면서 또 정전설이 글씨를 잘 씀을 칭찬하였다. “도사희선귀”부터 “서탈차질액”까지 20구(22구의 착오)가 한 단락으로서 정전설이 돌아와 겪은 일을 들려줘 기쁘고, 태수가 어짊을 듣고 기뻐서 공이 가서 알현하고픈 마음이 일어서 초겨울에 가마를 타고 가야겠다고 말하였다. 한 편의 시가 두 단락이지만 지금 글자가 많아 걱정이니 각각 단락에 따라 다시 나누었다.(此篇鋪敍甚明, 乃兩段之文. 自上句至森踈見矛戟二十八句是一段. 鄭典設之往謁裴施州, 意氣相投, 情分款密, 且言其有簡册之樂焉. 下則公言嘗得裴之惠書, 而又美鄭能寫字也. 自倒屣喜旋歸至庶脫蹉跌厄二十句是一段, 言喜鄭典設之歸語行歷事, 喜聞太守之賢而公動往謁之懷, 當在孟冬乘轎而往. 一篇雖兩段, 今恐文字

之多, 各隨段更分也.)

《독두심해》: 이 시는 정전설이 돌아와 시주의 아름다움을 진술함을 기뻐한 것인데, 처음에는 그가 막부로 간 까닭을 밝혔고, 다음에는 그가 구술한 말을 서술하였으며, 자신도 가고자 하는 마음으로 끝을 맺었다. 서두에 정전설을 쓰면서 매우 품새가 있다. "의기 맞아서 험하고 외진 데도 없다"라는 말은 뒤를 이끄는데 힘이 있고, 다음 두 연은 하나는 험함, 하나는 외짐으로 단락을 묶어내었다. '청자' 한 단락은 이른바 의기가 맞음이다. '기속' 2구는 시주 땅의 아름다움이고, '온온' 4구는 배공의 우의의 두터움이다. '상란' 구는 시사를 범연하게 끼워 출구出句로 삼았고, 일은 그 상대가 될 수 있음을 중시하였다. 이 구는 아래를 이끈다. 대체로 배시주자사와 정전설이 좋은 만남을 이룬 것은 모두가 세족이면서 세의를 겸하였기 때문이리라. 책을 모아 섭렵하게 한 것은 막부 중의 즐거운 일이다. 은갈고리가 빽빽하게 늘어섰다고 하여 배시주자사 글씨의 훌륭함을 아울러 표현하였고, 또한 우아한 운치가 서로 대등한 곳을 정면에서 드러냈다. 이상 시주 막부가 의지할 수 있음을 모두 보인다. '도사' 한 단락은 앞을 마무리하고 뒤를 일으키는 글이다. 마지막 단락은 가고자 하는 마음을 스스로 표현하였다. '차신' 2구는 가는 계획을 결정함이요, '맹동' 2구는 가는 기일을 정함이다. '탄이' 이하는 멋들어진 흥취가 여기저기서 생기는 것으로, 늙어서 말을 타지 않고 평견여를 타야 함을 말한다. 《두억》에서 말한 '얼굴 맞대고 의논한 말을 그때그때 시에 넣었다'는 것이다. 공은 끝내 시주로 가지 않았지만 이렇게 말한 것은 다만 그 솔깃한 말에 흔들려 마침내 그 말을 빌려 감정을 담은 문장의 별스런 흥치로 삼았을 뿐이다.(此喜典設歸述施州之美, 而首原其赴幕之因, 次述其口述之語, 終之以欲往之情也. 起寫典設, 極有身分. 氣合無險僻一語, 提掇有力. 下兩聯, 一險一僻束住. 聽子一段, 所謂氣之合也. 其俗二句,

施土之美, 溫溫四句, 裴誼之厚. 喪亂句, 泛揷時事作開, 而事則貴乎適當其匹. 此句引下. 蓋裴鄭良會, 皆世族而兼世誼也. 聚書供渉, 幕中樂事. 銀鈎森踈, 帶表裴翰之工, 亦正顯出雅韻相匹處. 以上總見施幕之可依. 倒屣一段, 束前起後之文也. 末自致欲往之情. 此身二句, 决行計, 孟冬二句, 擬行期. 歎爾以下, 姿趣横生, 言老不任騎, 須就平輿. 杜臆所謂對面商量之語, 輒以入詩者也. 公究不往施, 而爲此云云者, 特動於其娓娓之言, 遂借作情文波致耳.)

(이창숙)

64. 觀公孫大娘弟子舞劍器行並序

공손대낭 제자의 〈검기〉 춤을 보고 지은 노래- 서를 아울러 쓰다

大曆二年十月十九日, 夔州別駕元持宅,[1] 見臨潁李十二娘舞劍器,[2] 壯其蔚跂.[3] 問其所師, 曰,[4] 余公孫大娘弟子也.[5] 開元三載,[6] 余尙童稚, 記於郾城觀公孫氏舞劍器渾脫,[7] 瀏灕頓挫,[8] 獨出冠時. 自高頭宜春梨園二伎坊內人,[9] 洎外供奉舞女,[10] 曉是舞者, 聖文神武皇帝初,[11] 公孫一人而已. 玉貌錦衣,[12] 況余白首,[13] 今玆弟子, 亦匪盛顔. 旣辨其由來, 知波瀾莫二.[14] 撫事慷慨,[15] 聊爲劍器行. 昔者吳人張旭,[16] 善草書書帖, 數嘗於鄴縣見公孫大娘舞西河劍器,[17] 自此草書長進, 豪蕩感激,[18] 卽公孫可知矣.

대력 2년 10월 19일, 기주 별가 원지의 집에서 임영 사람 이십이낭의 〈검기〉 춤을 보니 그 웅혼하고 다채로운 자태가 장관이었다. 스승을 물으니 "저는 공손대낭의 제자입니다"라고 말하였다. 개원 3년 내가 아직 어릴 때 언성에서 공손씨의 〈검기〉, 〈혼탈〉 춤을 본 기억이 났다. 날렵하고 꺾는 자태가 특출하여 당시의 으뜸이었다. 앞줄에 서는 의춘원, 이원 두 기방의 내인에서부터 그 밖의 공봉 무녀에 이르기까지 이 춤에 밝은 사람은 성문신무황제 초에는 공손대낭 한 사람뿐이었다. 공손대낭은 그때 옥 같은 용모에 비단옷을 입었다. 하물며 내가 흰머리가 되었으니, 이제 제자 또한 젊은 얼굴이 아니다. 그 유래를 따져보고 춤사위가 다르지 않음을 알았다. 옛일을 추억하니 강개해져 애오라지 〈검기행〉을 지었다. 옛날 오 땅 사람 장욱은 초서 서첩을 잘 썼다. 업현에서 공손대낭의 〈서하검기〉 춤을 자주 보고서 이로부터 초서에 큰 진전을 이루어 필체가 호탕하고 격정적으로 되었으니 공손대낭을 알 만하다.

昔有佳人公孫氏[19]　一舞劍器動四方[20]
觀者如山色沮喪[21]　天地爲之久低昂[22]
㸌如羿射九日落[23]　矯如群帝驂龍翔[24]
來如雷霆收震怒[25]　罷如江海凝淸光[26]
絳脣珠袖兩寂寞[27]　晩有弟子傳芬芳[28]
臨潁美人在白帝[29]　妙舞此曲神揚揚[30]
與余問答旣有以[31]　感時撫事增惋傷[32]
先帝侍女八千人[33]　公孫劍器初第一[34]
五十年間似反掌[35]　風塵鴻洞昏王室[36]
梨園弟子散如煙[37]　女樂餘姿映寒日[38]
金粟堆南木已拱[39]　瞿唐石城草蕭瑟[40]
玳筵急管曲復終[41]　樂極哀來月東出[42]
老夫不知其所往[43]　足繭荒山轉愁疾[44]

옛날 가인 공손대낭이 있어
〈검기〉 춤 한 번으로 사방을 진동하였어라.
구경꾼 산처럼 모여 낯빛을 잃었고
하늘과 땅도 이 때문에 오래도록 들썩였지.
번쩍임은 후예가 아홉 해를 쏘아 떨어뜨리는 듯
솟구침은 뭇 천신이 용을 몰고 나는 듯.

시작할 때는 천둥 번개가 진노를 거두는 듯
마칠 때는 강과 바다에 맑은 빛이 엉긴 듯.

붉은 입술 구슬 소매 둘 다 적막하지만
만년에 제자 있어 향기를 전하였으니,
임영의 미인이 백제성에서
이 곡을 절묘하게 춤추어 정신이 드날린다.
나와 묻고 대답한 데는 이미 그 까닭이 있었으니
시절에 감개하여 옛일 추억하니 슬픔이 더하노라.

선제 시녀 팔천 명
공손대낭 〈검기〉 춤이 애초에 제일이었지.
오십 년 세월이 손바닥 뒤집듯
풍진이 가득하여 왕실이 어둑하다.
이원 제자들 연기처럼 흩어지고
여악의 남은 자태 차가운 해에 비친다.

금속퇴 남쪽에 나무 벌써 아름드리
구당 석성에는 풀이 소슬하구나.
화려한 잔치 자리에서 빠른 관악 연주로 곡이 다시 끝나니
즐거움 다하고 슬픔 올 제 달은 동녘에 솟는다.
늙은이는 갈 곳을 모른 채
거친 산에서 발에 굳은살 박여 더욱 시름겹노라.

이 시는 이십이낭李十二娘의 〈검기〉 춤을 보고 지은 것으로, 저작 시기는 대력 2년 가을로 추정된다. 당 현종 시절 춤의 명인이었던 공손대낭의 절묘한 춤사위에 대해 묘사하고, 이십이낭이 그 춤을 계승하였다는 사실을 지적한 후, 공손대낭을 회상하면서 느낀 개원 천보 이후의 흥망치란에 대한 감개를 기탁하였다.

《보주두시》 대력 2년 10월에 공은 동둔에 있었지만, 지금 서문에서 '기주별가 원지의 집에서 이십이낭의 〈검기〉 춤을 보았다'고 하였으니 아마도 공이 부 안으로 잠시 갔을 것이다.(大曆二年十月, 公雖在東屯, 而今序云夔州別駕元持宅, 見李十二娘舞劍器, 殆是公暫出府中也.)

주 석

1 別駕(별가)－ 지방관 자사刺史의 보좌관. 元持(원지)－ 인명. '持'는 '特'으로 된 판본도 있다.

2 臨潁(임영)－ 지명. 하남성에 속한다. 劍器(검기)－ 옛날 무무武舞의 곡명. 또는 그 곡에 따라 추는 춤의 이름. 남장한 무녀가 추는 춤인데, 검을 쥐고 춘다는 설도 있고 맨손으로 춘다는 설도 있다.

진양陳暘《악서樂書》 〈검기〉 춤은 오색 수놓은 비단저고리를 입고, 절상건을 쓰며, 교각강수화를 신고, 검을 짚고 기계를 쥔다. 당나라 개원 연간에 공손대낭이 있어 〈검기〉 춤을 잘 추어 이웃을 감격시킬 수 있었다. 회소가 보고 초서가 마침내 뛰어나게 되었으니 대개 그 돈좌하는 춤사위를 형상하였기 때문이다. 두보에게 〈관공손대낭제자무검기행〉 시가 있으니 역시 그 일이다. 지금 교방악 중려궁에 그것이 들어 있다.(劍器之舞, 衣五色繡羅襦, 折上巾, 交脚絳繡靴, 仗劍執械. 唐開元中有公孫大娘, 善舞劍器, 能爲鄰里感激. 懷素見之,

草書遂長, 蓋狀其頓挫勢也. 老杜有舞劒器行辭, 亦其事歟. 今教坊中呂宮有焉.)

방이지方以智《통아通雅》〈검기〉는 무무의 곡명이다. 건무는 무무이고, 연무는 문무이다.《문헌통고文獻通考》에〈검기〉곡이 있다. 기녀가 남자 복장을 하고 빈손으로 춘다. 두보의〈관공손대낭제자무검기행〉시에 검과 관련 있는 글자가 한 자도 없으니 알 수 있다.(劍器, 乃武舞之曲名. 健舞, 武舞也, 輭舞, 文舞也. 通考有劍器曲, 用女妓而雄裝空手舞. 子美公孫大娘歌無一字涉劍, 可知矣.)

3 壯其蔚跂(장기울기) – 장관이라 할 만큼 웅혼하며 다채로웠다. '장기'는 '장연壯然'과 같은 뜻의 부사어이다. '울기'는 웅혼하고 다채로운 자태라는 뜻인데, 여기서는 그런 춤사위를 말한다. 이 구를 '그 웅혼하고 다채로운 춤사위를 장관이라 생각하였다'로 풀이할 수도 있다.

《독두심해》'울기'는 그 광채가 찬란하고 발을 들어 높이 날 듯한 기세가 있음을 말한다.(蔚跂, 言其光彩鬱然, 而有擧足凌厲之勢.)

4 曰(왈) – '答曰'로 된 판본도 있다.

5 公孫大娘(공손대낭) – 당 현종 시절에 활약하였던 춤의 명인.

6 開元三載(개원삼재) – 개원 3년. 이해에 두보는 4세였다. 두보가 공손대낭의〈검기〉춤을 본 때는 개원 5년, 6세 때라는 견해도 있다.

《전주두시》('三載'는) '五載'로 된 판본도 있다. (개원 5년) 당시 두보는 6세였다. 두보는 7세에 생각이 씩씩하였으니 6세에〈검기〉춤을 보는 것도 불가하지는 않을 듯하다. 시에서 "오십 년 세월이 손바닥 뒤집듯"이라고 하였으니 개원 5년부터 이해까지 모두 51년이나.(一作五載. 時公年六歲. 公七齡思卽壯. 六歲觀劍, 似無不可. 詩云五十年間似反掌, 自開元五年至是年, 凡五十一年.)

7 郾城(언성) – 지명. 하남성에 속한다. 渾脫(혼탈) – 춤 이름. 원래 동물의 전신 가죽으로 만든 자루로서 바람을 넣어 물에 띄우는 부구浮

具나 액체를 담는 용기로 쓴다. 머리에 모자처럼 쓰기도 하며, 이것을 쓰고 추는 춤이나 무용대舞踊隊를 가리키기도 한다. '脫'의 음이 평성으로 '타'라는 설이 있다.

왕사정王士禎《거이록居易錄》 태복 이개선李開先의 〈새상곡〉 중 한 수를 보니 "황하는 만 리에 변새를 막고 있지만 교활한 오랑캐 근년에 들어 모략이 특출나네. 가벼운 돛, 짧은 노 쓰지 않고도 혼타로 날듯이 건너니 순식간일 뿐"이라고 하였다. …… 이개선은 직접 주를 달아 "'脫'는 음이 '駝'이다"라고 하였다. 그 후에 '혼타무'와 '혼타모' 모두 평성으로 읽어야 함을 알았다.(閱李中麓開先太僕塞上曲一首云, 黃河萬里障邊隅, 黠虜年來謀計殊. 不用輕帆并短棹, 渾脫飛渡只須臾. …… 李自注云, 脫音駝, 然後知渾脫舞渾脫帽皆當作平聲也.)

왕명성王鳴盛《아술편蛾術編》 '渾脫' 두 자는 모두 평성이다. '渾'은 음이 '혼'으로, 거성으로 읽지 않는다. '脫'는 음이 '타'로, 입성으로 읽지 않는다.(渾脫二字, 皆平聲, 渾音魂, 不讀去聲, 脫音佗, 不讀入聲.)

8 瀏灕(유리) – 날렵한 모습. 頓挫(돈좌) – 이리저리 꺾여 돌며 변화하는 춤사위의 모습을 뜻한다.

9 高頭(고두) – 황제의 앞이라는 뜻으로, 우수한 무녀임을 말한다. 宜春(의춘) – 의춘원宜春院. 개원 2년에 궁궐에 설치한 관기官妓의 거주처. 낙양에도 있었다. 梨園(이원) – 현종이 설치한 궁중의 예인 교습소. 伎坊(기방) – 교방敎坊. '伎'는 '敎'로 된 판본도 있다. 內人(내인) – 의춘원과 이원의 여성 예인을 지칭한다.

10 洎(기) – ~에 이르기까지. 外(외) – 의춘원이나 이원 외라는 뜻이다. 궁 밖을 뜻하는 것으로 볼 수도 있다. 供奉舞女(공봉무녀) – 황제에게 춤을 바치는 무녀. '공봉'은 춤 등의 기예로 황제를 모시는 사람을 말한다. '舞女'가 없는 판본도 있다.

11 聖文神武皇帝(성문신무황제) – 당 현종. 개원 27년 신료들이 올린 존호尊號이다.

12 玉貌錦衣(옥모금의) – 공손대낭의 용모와 의복을 말한다. '錦'이 '繡'로 된 판본도 있다. 이 구절 아래에 공손대낭이 죽은 사실을 말하는 구절이 누락되었을 것이라는 설이 있다.

13 況余(황여) – '恍余' 또는 '晩餘'가 되어야 한다는 견해가 있다.

[玉貌 4구] '옥모금의'는 두보가 어린 시절에 본 공손대낭을 묘사한 말이고, '백수'는 시인 자신을 말한다. 어린 시절에 본 공손대낭은 옥 같은 용모에 비단옷을 입은 미인이었지만 지금은 죽고 없고, 대여섯 먹었던 자신도 하물며 지금은 흰머리 노인이 되었으니 이십이낭도 당연히 젊은 나이가 아니라는 뜻이다.

14 波瀾莫二(파란막이) – 파란이 다르지 않다. '파란'은 춤사위의 태를 말한다. 공손대낭의 춤 솜씨가 제자 이십이낭에게 그대로 전수되었음을 뜻한다.

15 撫事(무사) – 사적을 회상하다. 그 일을 생각하다.

16 張旭(장욱) – 당나라 때 초서草書의 대가. 음중팔선飮中八仙의 한 사람이다.

17 數嘗(삭상) – 자주. '嘗'이 '常'으로 된 판본도 있다. 鄴縣(업현) – 고을 이름. 하남성에 속한다. '鄴'은 '葉'으로 된 판본도 있다. 西河劍器(서하검기) – 무곡 이름.

18 豪蕩感激(호탕감격) – 장욱의 초서 필체가 호탕하고 격정적이라는 뜻이다.

#《두시상주》: 《당서》에 "임영, 언성 두 현은 모두 허주에 속한다"라고 하였다. 단안절의 《악부잡록》에 "건무곡에 〈능대〉, 〈아련〉, 〈자지〉,

〈검기〉, 〈호선〉, 〈호등〉이 있고, 연무곡에 〈양주〉, 〈녹요〉, 〈소합향〉, 〈굴탁〉, 〈단원선〉, 〈감주〉 등이 있다"라고 하였다. 장이공의 《정자통》에 "〈검기〉는 옛 무무의 곡명이며, 그 춤은 기녀가 남자 복장을 입고서 하는데 맨손으로 춤을 춘다. 《문헌통고 · 무부》에 보인다"라고 하였다. 이 시는 바로 무무를 가리켜 말한 것이다. 혹자는 '검기'를 도검이라고 여기지만 잘못이다. 《통감》에 "중종이 근신들에게 연회를 베풀면서 각자 재주를 보여 즐기라고 명하자 장작대장 종진경은 〈혼탈〉을 추었다"라고 하였는데, 호삼성의 주에 "《당서 · 오행지》에 '장손무기가 검은 양털로 혼탈 전모를 만들었더니 사람들이 많이 따라서 만들면서 조공혼탈이라고 부르고, 꾸며서 춤으로 만들었다'는 기록이 있다"라고 하였다. 최영흠의 《교방기》에 "우교방은 광택방에 있고, 좌교방은 연정방에 있다. 우교방에는 노래 잘하는 이가 많고, 좌교방에는 춤 잘 추는 이가 많다. 기녀가 의춘원에 들어가면 내인이라고 부른다. 또한 전두인이라고도 하니 항상 주상의 앞에 있기 때문이다"라고 하였다. 《옹록》에 "개원 2년 정월, 교방을 봉래궁 옆에 설치하고 주상이 직접 법곡을 가르쳐 이원제자라고 불렀다. 천보 초년에 동궁에 의춘북원을 설치하고 궁녀 수백 인을 이원제자로 삼으라고 명하였다. 이원은 광화문 북쪽에 있었다. 광화문은 금원 남면의 서쪽 첫 번째 문이다"라고 하였다. 《명황잡록》에 "주상은 본래 음률에 밝아 안녹산이 백옥소관을 바치자 이원에 갖추어두고 사용하니 이때부터 음향이 인간 세상과는 달랐다. 여러 공주와 괵국부인 이하가 다투어 귀비의 제자가 되었는데, 곡조 전수를 마칠 때마다 언제나 대대적으로 진봉하는 일이 있었다. 당시에 공손대낭이 민간의 곡조와 〈배장군만당세〉, 〈서하검기〉, 〈혼탈무〉를 잘하여 아름답고 멋들어진 솜씨가 모두 그 시절의 으뜸이었다"라고 하였다. 황생은 "이 서문은 석숭의 〈사귀인〉과 작품의 체제가 다르지 않다"라고 말하였다. 신함광은 "시의 서문에 빠진 글자가 많다. '옥모금의' 아래에 어떻게 '황여백수'

가 연결되는가. 끝에서는 장욱의 일을 인용하여 오히려 운치가 있다"라고 말하였다. '況余'는 '恍余'여야 한다. 어느덧 벌써 늙었다는 말이다. 이조의《국사보》에 "장욱은 초서에서 필법을 터득한 후에 최막, 안진경에게 전수하였다. 장욱이 일찍이 '애초에 나는 공주의 가마꾼들이 길 다투는 것을 보고 필법의 뜻을 얻었고, 후에 공손씨의 〈검기〉 춤을 보고 그 정신을 얻었다'라고 하였다"라고 하였는데, 바로 이 시의 주석이다.(唐書, 臨潁郾城二縣, 俱屬許州. 段安節樂府雜錄, 健舞曲有稜大, 阿連, 柘枝, 劍器, 胡旋, 胡騰. 軟舞曲有涼州, 綠腰, 蘇合香, 屈拓, 團圓旋, 甘州等. 張爾公正字通云, 劍器, 古武舞之曲名, 其舞用女妓雄妝, 空手而舞, 見文獻通考舞部. 此詩正指武舞言, 或以劍器爲刀劍, 誤也. 通鑑, 中宗宴近臣, 令各效伎藝爲樂, 將作大匠宗晉卿舞渾脫. 胡三省注, 唐五行志, 長孫無忌以烏羊毛爲渾脫氈帽, 人多效之, 謂之趙公渾脫, 因演以爲舞. 崔令欽敎坊記, 右敎坊, 在光宅坊, 左敎坊, 在延政坊. 右多善歌, 左多工舞. 妓女入宜春院, 謂之內人, 亦曰前頭人, 以常在上前也. 雍錄, 開元二年正月, 置敎坊於蓬萊宮側, 上自敎法曲, 謂之梨園弟子. 天寶初, 卽東宮置宜春北院, 命宮女數百人爲梨園弟子. 梨園, 在光化門北. 光化門者, 禁苑南面西頭第一門. 明皇雜錄, 上素曉音律, 安祿山獻白玉簫管, 陳於梨園, 自是音響不類人間, 諸公主及虢國以下, 競爲貴妃弟子. 每授曲之終, 皆廣有進奉, 時公孫大娘能爲里曲及裴將軍滿堂勢, 西河劍器渾脫舞, 姸妙皆冠絶於時. 黃生曰, 此序與石崇思歸引波瀾不異. 申涵光曰, 詩序太剝落, 玉貌錦衣下, 如何接況余白首. 末引張顚事, 却有致. 況余, 當是恍余, 言恍忽已老也. 李肇國史補, 張旭草書得筆法, 後傳崔邈顔眞卿. 旭嘗言, 始吾見公主擔夫爭路, 而得筆法之意, 後見公孫氏舞劍器, 而得其神. 正此註脚.)

《독두심해》: 〈검기〉 춤을 춘 이는 이십이낭이다. 춤을 보고 느낀 대상은 그의 스승 공손대낭이다. 공손대낭에게서 느낀 것은 명황에게서 느낀 것이다. 이로써 〈검기〉는 다만 기탁의 단서이며, 이십이낭 또한 흥을 일으키는 소재일 뿐임을 알겠다. 이 정경은 바로 상중채방사의 잔치 자리에서 이구년의 "홍두생남국" 노래를 듣고 온 자리가 처연해진 것과 동일한 슬픔을 자아낸다. 제목을 붙이는 방법을 보니 그 뜻이 있는 곳을 알겠다. 서문에서 '공손대낭 제자' 구와 '성문신무황제' 구는 작시의 눈이다. '옥모'라는 말로 공손대낭을 추억하고, '백수'라는 말로 지금의 나를 슬퍼한 것은 도리어 한가한 감상感傷으로 곁들여 돋보이게 한 말에 속한다. 이른바 '옛일을 추억하며 강개한다'는 것은 앞에서 말한 내용에 있다. 끝에서는 장욱을 인용하여 그 춤의 신묘함을 드러냈으니 또 공의 시(〈우제偶題〉)에서 "여파기려위"라고 칭한 것이다.(舞劍器者, 李十二娘也. 觀舞而感者, 乃在其師公孫大娘也. 感公孫者, 感明皇也. 是知劍器特寄託之端, 李娘亦興起之藉. 此段情景, 正如湘中採訪使筵上. 聽李龜年唱紅豆生南國, 合坐淒然, 同一傷惋. 觀命題之法, 知其意之所存矣. 序中公孫大娘弟子句, 及聖文神武皇帝句, 爲作詩眼目. 玉貌, 憶公孫, 白首, 悲今我, 轉屬閒情襯貼, 而所謂撫事慷慨者, 則在前所云云也. 末引張顚以顯其舞之神妙. 又公詩所稱餘波綺麗爲者.)

《구가집주두시》: 두보는 시로써 산문을 지어 의미상 돈좌하고 촉급한 것이 많다. 이 서문에는 장욱의 초서를 인용하여 은연중에 그 정태를 자못 표현하였으니, 공이 아니고서는 이런 묘치妙致를 들을 수가 없다.(子美以詩爲散語, 故意多頓促. 此序引張顚草書, 隱暎頗逹情態, 非公不聞此妙.)

19 公孫氏(공손씨) – 공손대낭을 말한다. 그녀의 이름은 미상이다.

20 動(동) – 진동하다.

21 沮喪(저상) – 대경실색하다.

22 低昂(저앙)－ 오르락내리락하다. 들썩이다. 하늘과 땅이 그 높고 낮은 위치를 바꾸는 것으로 풀이하는 설도 있다.

23 爠(곽)－ 밝다. 번쩍이다. 羿(예)－ 후예后羿. 고대의 신화에서 활을 잘 쏜 사람. 원래 태양이 열 개 있어 초목이 마르고 사람이 살 수 없게 되자 후예가 하나를 남기고 아홉을 활로 쏘아 떨어뜨렸다고 한다. 射(석)－ 쏘아 맞히다.

《회남자·본경훈本經訓》 요의 때에 이르러 열 개의 태양이 나란히 나타나 곡식을 태우고 초목을 죽여 백성들은 먹을 것이 없었다. …… 요가 이에 예를 시켜 …… 위로 열 개의 태양을 쏘아 맞혔다. …… 만민이 모두 기뻐하여 요를 모셔 천자로 삼았다.(逮至堯之時, 十日並出, 焦禾稼, 殺草木, 而民無所食. …… 堯乃使羿 …… 上射十日, …… 萬民皆喜, 置堯以爲天子.)

24 矯(교)－ 솟구치다. '씩씩하다'의 뜻으로 풀이할 수도 있다. 群帝(군제)－ 여러 천신을 뜻한다. 驂龍(참룡)－ 용을 몰다. 용을 타다.

25 來(내)－ '末'로 된 판본도 있다. 雷霆(뇌정)－ 천둥과 번개. 收(수)－ 거두다. 또는 '모으다', '집중하다'로 풀이하기도 한다.

26 罷(파)－ 파하다. 마치다.

[爠如 4구]

《보주두시》에 인용된 왕주 주 모두 〈검기〉를 출 때의 돌고 빠르고 느린 변화하는 자태를 말한다.(皆言舞劍器回旋疾徐變態也.)

#《두시상주》: 공손대낭의 훌륭한 춤에서부터 서술을 시작하였다. '저상'은 놀라울 정도로 신기함을 말한다. '저앙'은 높고 낮은 위치를 바꾼다는 말이다. 번쩍이며 아래로 내려올 때는 아홉 개의 태양이 동시에 떨어지는 듯하고, 힘차게 위로 올라갈 때는 용을 몰아 공중을 나는 듯하다. 올 때는 순식간이라 번개는 지나갔으나 천둥은 아직 남은

듯하고, 마칠 때는 문득이라 강과 바다가 맑아서 물결이 잠깐 가라앉은 듯하다. 모두 춤사위를 세밀히 묘사한 것이다. 황생의 주에 "《교방기》를 보니 〈검기〉는 건무이다. 그러므로 서문에서 '그 웅혼하고 다채로운 자태가 장관이었다'고 하고, 시에서 '곽여爠如', '교여矯如', '내여來如', '파여罷如'로 형용하였다. 아래 1구가 더욱 묘하니 남장을 한 건아가 아님이 비로소 드러난다"라고 하였다.(從公孫善舞敘起. 沮喪, 謂神奇可駭. 低昂, 言高卑易位. 爠然下垂, 如九日並落, 矯然上騰, 如駕龍翔空. 其來忽然, 如雷霆過而響尚留, 其罷陡然, 如江海澄而波乍息. 皆細摹舞態也. 黃生注, 考敎坊記, 劍器, 乃健舞也, 故序云, 壯其蔚跂, 而詩以四如形容之. 下一句尤妙, 方見不是雄裝健兒.)

27 絳脣(강순)— 붉은 입술. 공손대낭의 아름다운 용모를 말한다. 珠袖(주수)— 진주로 장식한 소매. 공손대낭이 춤출 때의 복식으로, 그녀의 춤을 의미한다. 兩寂寞(양적막)— 공손대낭의 모습과 춤사위 둘 다 적막해지다. 공손대낭이 죽고 그의 춤도 볼 수 없게 되었음을 말한다.

《두공부초당시전》 공손대낭이 이미 죽었음을 말한다.(言公孫已沒也.)

28 晩(만)— '脫'로 된 판본도 있고, '況'으로 된 판본도 있다. 弟子(제자)— 공손대낭의 제자 이십이낭을 말한다. 傳芬芳(전분방)— 향기를 전하다. 〈검기〉 춤을 전수하였음을 말한다.

29 臨潁美人(임영미인)— 임영 출신 이십이낭을 말한다. 白帝(백제)— 백제성. 여기서는 기주를 말한다.

《두공부초당시전》 백제는 기주 어복현이다. 이십이낭은 공손대낭의 기예를 배워 이곳에 와서 노닐었다.(白帝, 夔州魚復縣. 李十二娘傳其術而來遊于此也.)

30 此曲(차곡)— 무곡 〈검기〉를 말한다. 揚揚(양양)— 드날리다.

31 以(이)－ 까닭. 유래. 이 구는 서에서 언급한 것처럼 이십이낭이 두보와 문답을 하게 된 것에는 까닭이 있었다는 뜻으로, 두보가 이십이낭의 춤이 대단한 것을 보고 혹 그녀가 공손대낭과 관련이 있나 궁금하여 묻게 되었음을 말한다.

32 撫事(무사)－ 옛일을 추억하다. 惋傷(완상)－ 한탄하며 슬퍼하다.

#《두시상주》: 이 단락은 이십이낭의 춤을 보고 감회를 느낀 것이다. '적막'은 공손대낭이 이미 죽은 것을 마음 아파한 것이고, '분방'은 이십이낭이 여전히 생존한 것을 기뻐한 것이다.(此見李舞而感懷, 寂寞, 傷公孫已亡. 芬芳, 喜李氏猶存.)

33 先帝(선제)－ 현종玄宗을 말한다. '帝'가 '皇'으로 된 판본도 있다. 侍女(시녀)－ 기녀妓女 등을 가리킨다.

34 初(초)－ 본래, 당초에.

35 五十年間(오십년간)－ 두보가 공손대낭의 〈검기〉 춤을 본 이후 다시 그 제자 이십이낭의 칼춤을 보기까지의 50년. 似反掌(사반장)－ 손바닥을 뒤집는 듯하다. 시국 상황이 쉽게 바뀌었음을 말한다. 눈 깜짝할 사이에 세월이 흘렀음을 말하는 것으로 보기도 한다.

36 風塵(풍진)－ 안녹산의 난을 말한다. 澒洞(홍동)－ 가득하여 끝이 없는 모양. 연속되는 모양. '傾動'으로 된 판본도 있다.

《두공부초당시전》 안녹산과 사사명의 난을 가리켜 말한다.(指言祿山思明之亂也.)

37 梨園弟子(이원제자)－ 현종이 직접 가르친 여성 예인.

《보주두시》에 인용된 왕수 주 안녹산의 난에 이원제자와 잡기가 모두 흩어졌다.(祿山之亂, 梨園弟子及雜伎皆流散也.)

38 女樂(여악)－ 여성 예인. 餘姿(여자)－ 남아 있는 춤의 자태. 이십이낭

의 춤사위를 말한다. 寒日(한일)－ 차가운 해. 두보가 이십이낭의 〈검기〉 춤을 본 때는 초겨울이다.

《두공부초당시전》 이십이낭을 가리켜 말한다. 두보는 10월 19일에 그를 보았다. 이 때문에 '차가운 해에 비친다'라고 말하였다.(指言李十二娘也. 甫十月十九日見之. 此所謂映寒日也.)

#《두시상주》: 이 단락은 현종 대의 성쇠에 대한 감회이다. '풍진'은 안녹산의 경사 함락을 말한다. '여자'는 이십이낭의 춤사위이다.(此先朝盛衰之感. 風塵, 指祿山陷京. 餘姿, 卽臨潁舞態.)

39 金粟堆南(금속퇴남)－ 금속산의 남쪽. 현종의 무덤을 가리킨다. 木已拱(목이공)－ 나무가 이미 아름드리로 자랐다. 즉 세월이 많이 흘렀음을 말한다.

《두공부초당시전》 명황이 죽어서 무덤의 송백이 이미 아름드리가 되었음을 말한다. 금속퇴는 장안의 명황 태릉 북쪽에 있다. 《구당서》 본기에 의하면, 현종이 친히 오릉을 참배하고 예종의 교릉에 이르러 금속산 산등성이에 용이 서리고 봉황이 날아오르는 기세가 있음을 보고는 모시는 신하에게 "내 천추 만세 후에 마땅히 여기에 묻어야 할 것이다"라고 말하였다고 한다.(謂明皇化去, 墓之松柏已拱矣. 金粟堆, 長安明皇泰陵之北. 唐舊書紀, 玄宗親拜五陵, 至睿宗橋陵見金粟山, 岡有龍盤鳳翥之勢, 謂侍臣曰, 吾千秋萬歲後, 宜葬此.)

40 瞿唐(구당)－ 구당협. 기주를 말한다. 石城(석성)－ 백제성을 말한다. 草(초)－ '暮'로 된 판본도 있다.

41 玳筵(대연)－ 성대한 잔치 자리. 急管(급관)－ 빠른 관악기 소리.

42 樂極哀來(낙극애래)－ 즐거움이 다하고 슬픔이 오다. 흥진비래興盡悲來.

43 老夫(노부)－ 두보 자신을 말한다.

44 足繭(족견)— 발에 굳은살이 박이다. 愁疾(수질)— 깊은 시름. 시름이 깊다. '疾'은 급격하고 맹렬하다는 뜻이다. 또는 '시름으로 병이 들다'로 보기도 한다. '疾'은 '寂'으로 된 판본도 있다.

《두공부초당시전》 두보는 여기서 검무를 보았는데 다시 병란을 만나 떠날지 머물지 결정하지 못하였고, 따라서 지금 다만 거친 산에서 분주하느라 발에 누에고치처럼 굳은살이 박였다.(甫於此見舞劍, 復值兵亂, 去留未定, 今徒奔走荒山, 而足胝如繭也.)

#《두시상주》: 이 단락은 잔치 자리에서 받은 만남과 헤어짐에 대한 감회이다. '금속'은 '선제'를 받고, '구당'은 '백제'를 받고, '낙극'은 '묘무'를 받고, '애래'는 '무사'를 받는다. 발에 굳은살이 박여 걸음이 느린데 오히려 시름은 매우 급격하여 떠나려다가 차마 떠나지 못한다.(此當席聚散之感. 金粟, 承先帝. 瞿唐, 承白帝. 樂極, 承妙舞. 哀來, 承撫事. 足繭行遲, 反愁太疾, 臨去而不忍其去也.)

##《두시상주》에 인용된 유극장劉克莊 설: 이 시와 〈비파행〉은 하나는 헌걸차게 적진으로 달려가는 장사 같고, 하나는 사랑과 미움으로 서로 너나들이하는 아녀자 같다. 두보에게는 건안 황초 연간의 기상이 있고, 백거이는 장경체를 벗어나지 못하였다.(此篇與琵琶行, 一如壯士軒昂赴敵場, 一如兒女恩怨相爾汝. 杜有建安黃初氣, 白未脫長慶體耳.)

《독두심해》: 서문에서는 제자로부터 거꾸로 올라가 공손대낭에 이르렀고, 시에서는 공손대낭에서부터 순서대로 제자를 끌어내었다. 첫 8구에서 먼저 공손대낭의 묘한 〈검기〉 춤을 묘사하였다. 문득 엎드렸다가 문득 일어섰다고 하여 그 춤사위를 그렸다. 문득 왔다가 문득 마친다고 하여 처음과 끝을 합하여 형용하였다. (첫 8구의) 끝구의 내용이 있어서 위 3구의 뛰어오르는 것에 대한 표현이 더욱 분명해지고, 위 3구가 있어서 끝구에 보이는 편안함이 더욱 얻기 어려운 표현이 된다. 서문에서 말한 '울기'가 바로 이와 같은 것이다. '강순' 6구는 이십이낭에게 귀착되며, 이 시편에서 일을 서술한 곳이다. 춤의 묘함은 이미 공손대낭에게서 자세히 묘사하였고, 여기서는 다만 '신양양' 3자로 개괄하였으니 허와 실을 섞어 쓰는 법을 알아볼 수 있다. '감시무사' 구는 작시의 본의를 이끌어낸다. '선제' 6구는 지난 일에 대한 감회이니 이것이 본의이다. 공손대낭을 말하여 여악에 통틀어 다다랐고, 여악을 말하여 선제에 대해 깊이 감개하였다. 그러므로 하단에서는 끝내 '금속퇴'로 보완하여 연결하였다. 이 아래에서는 바로 한탄하고 슬퍼하는 감정을 묘사하여 1구는 선제에게 붙고, 1구는 자신에게 돌아간다. '화려한 잔치 자리'의 '슬픔과 즐거움'은 별가의 집을 곁들여 말한다. 끝 2구는 (《세설신어·언어言語》에 나오는) "이를 대하여 아스라하니 온갖 생각이 교차한다"라는 말이다. 가자니 갈 데가 없고 머무르자니 머무를 데가 없다. 작자와 독자가 모두 한바탕 소리 내어 울고 싶다.(序從弟子逆推至公孫, 詩從公孫順拖出弟子. 首八句, 先寫公孫劍器之妙. 忽然而伏, 忽然而起, 狀其舞態也. 忽然而來, 忽然而罷, 總始末而形容也. 有末句, 益顯上三句之騰踔. 有上三句, 尤難末句之安閑. 序所謂蔚跂者, 正如此. 絳脣六句, 落到李娘, 爲篇中敍事處. 舞之妙, 已就公孫詳寫, 此只以神揚揚三字括之, 可識虛實互用之法. 感時撫事句, 逗出作詩本旨. 先帝六句, 往事之慨, 此本旨也. 言公孫而統及女樂, 言女樂, 卽是感深先帝. 故下段竟以金粟堆作輔接. 此下正寫惋傷之情. 一句着先帝, 一句收歸本身. 玳筵哀樂, 幷帶別駕宅. 結二語, 所謂對此茫茫, 百端交集, 行失其所往, 止失其所居. 作者讀者俱欲噭然一哭.)

《두억》: "시작할 때는 천둥 번개가 진노를 거두는 듯하다"라고 하였는데, 무릇 우레와 번개가 진노하여 커다랗게 울린 뒤에 으르렁거리며 멀리 달려가면서도 진노하는 우레 소리가 크게 남아 있으니 '수' 자의 묘함을 알겠다. 만약 커다란 소리 한 번 내고 싹 그친다면 진노하더라도 기이하지 않을 것이다. "마칠 때는 강과 바다에 맑은 빛이 엉긴 듯하다"라고 하였는데, 종성鍾惺은 "이 한 마디가 홀로 묘하다"라고 하였으니 참으로 그렇다. 종성은 총평하여, "제목은 공손대낭 제자이지만 서문과 시에서 감정과 사건이 모두 공손대낭에게 귀속되어 절로 조용히 깊이 생각하게 된다"라고 하였는데, 나는 그것으로 다하지 않는다고 생각하니 종성은 감정과 사건이 모두 현종에게 귀속됨을 모른 것이다. 그래서 서문에서 "옛일을 추억하니 강개해져 애오라지 〈검기행〉을 지었다" 하였으니 그 뜻이 〈검기〉에 있지 않음을 알겠다. 시에서 "시절에 감개하여 옛일 추억하니 슬픔이 더한다"라고 하였으니 "오십 년 세월이 손바닥 뒤집듯"이라는 몇 구가 시를 지은 본의이다. '거친 산에서 발에 굳은살 박였다'는 말은 이로부터 왔으니 사람을 더욱 조용히 깊이 생각하게 만든다.(來如雷霆收震怒, 凡雷霆震怒, 轟然之後, 纍纍遠馳, 赫有餘怒, 故知收字之妙, 若轟然一聲, 闃然而止, 雖震怒不爲奇也. 罷如江海凝淸光, 鍾云, 此一語獨妙, 信然. 鍾總評. 題是公孫大娘弟子, 而序與詩, 情事俱屬公孫氏, 便自穆然深思. 余謂未盡也, 不知情事俱屬玄宗, 故序云, 撫事慷慨, 聊爲劍器行. 知其意不在劍器也. 詩云, 感時撫事增惋傷, 則五十餘年似反掌數句, 乃其賦詩本旨. 足繭荒山, 從此而來, 尤使人穆然深思也.)

(**이창숙**)

65. 寫懷二首

감회를 쓰다 2수

勞生共乾坤[1] 何處異風俗 冉冉自趨競[2] 行行見羈束[3]

無貴賤不悲 無富貧亦足 萬古一骸骨 隣家遞歌哭[4]

鄙夫到巫峽[5] 三歲如轉燭[6] 全命甘留滯 忘情任榮辱[7]

朝班及暮齒[8] 日給還脫粟[9] 編蓬石城東[10] 采藥山北谷[11]

用心霜雪間 不必條蔓綠 非關故安排[12] 曾是順幽獨[13]

達士如弦直 小人似鉤曲 曲直吾不知 負暄候樵牧[14]

수고로운 인생들이 천지를 함께하니
그 어딘들 풍속이 다르랴?
바삐 스스로 다투어 달리니
가고 가면서 얽매이게 된다.
귀한 자가 없다면 천한 자도 슬플 게 없고
부유한 자가 없다면 가난한 자도 만족할 터.
만고에 하나같이 해골이 될 신세거늘
이웃집엔 노랫소리 곡소리가 번갈아 들린다.

비루한 사내가 무협에 와서
삼 년 동안 흔들리는 촛불 신세.
목숨을 보전하고자 체류하는 것 달게 받아들이며
이런저런 감정 잊고 영욕을 초월한다.
노년에야 조정의 벼슬 받아

매일 먹는 것이라곤 그저 거친 쌀.
석성 동쪽에 쑥대로 문을 엮고
산 북쪽 골짝에서 약초를 캔다.
눈서리 사이에서도 애를 써
가지 덩굴 푸른 때만이 아니니,
굳이 추이를 편하게 받아들여서가 아니라
조용히 혼자 지내는 성품에 순응하여서라네.

통달한 선비는 활줄처럼 곧고
소인배는 갈고리처럼 굽었다지만,
굽음과 곧음은 내 알 바 아니니
햇볕이나 쬐면서 나무꾼 목동 돌아오기를 기다린다.

대력 2년 겨울 기주에서 쓴 2수의 연작시이다. 제1수는 수고로운 인생살이가 어디에서나 마찬가지라는 사실을 전제로 하여 고단한 자신의 삶을 달관하겠다는 뜻을 피력하였고, 제2수는 현세를 개탄하면서 질박하였던 상고시대를 이상으로 내세우고 있다. 그러나 이는 모두 현실 상황에 대한 분개와 자신의 삶에 대한 역설일 뿐이다.

《보주두시》 시에서 "비루한 사내가 무협에 와서 삼 년 동안 흔들리는 촛불 신세"라 하였다. 살펴보건대 공은 영태 원년에 운안에 와서 대력 원년에 기주 성곽으로 이주하였고 대력 3년에 삼협을 떠났으니, 이 시는 의당 대력 2년에 지은 것이다. 그래서 '3년'이라 한 것이다. 시는 또 말미에서 "햇볕이나 쬐면서 나무꾼 목동 돌아오기를 기다린다"라고 하였고 "세모라 해와 달이 치달린다"라고 하였으니 아마 대력 2년 겨울일 것이다.(詩云, 鄙夫到巫峽, 三歲如轉燭. 按, 公永泰元年至雲安, 大曆元年移居夔州郭, 三年下峽, 此當是大曆二年作, 故云三歲. 詩又末云, 負暄候樵牧, 歲暮日月疾, 殆二年冬也.)

주 석

1 勞生(노생) 구— 수고로운 인생을 사는 사람들이 천지 어디나 마찬가지라는 뜻이다.

《장자·대종사大宗師》 저 자연이 육체로 나를 실어주고 삶으로 나를 수고롭게 한다.(夫大塊, 載我以形, 勞我以生.)

2 冉冉(염염)— 바쁜 모양. 趨競(추경)— 분주하게 경쟁하다.

3 行行(행행)— 가고 가다. 사람의 여러 행위를 뜻한다는 설도 있다.

《두공부초당시전》 모든 행위가 다만 쉽게 구속되어 자유롭지 못함을 말한다.(謂凡百所行, 但易羈束不自由也.)

[冉冉 2구]

《두시상주》 사람이 다투어 달리면 구속을 받게 된다.(人競奔趨, 則受羈束矣.)

[無貴 2구]

완적 〈대인선생전大人先生傳〉 대저 귀한 자가 없으면 천한 자가 원망하지 않고 부유한 자가 없으면 가난한 자가 다투지 않아 각기 자신에 만족하여 구하는 것이 없게 된다.(夫無貴則賤者不怨, 無富則貧者不爭, 各足于身而無所求也.)

4 歌哭(가곡)— 기뻐서 노래하고 슬퍼서 울다.

#《두시상주》: 이 수는 스스로에 대해 서술한 것으로 세상을 개탄하는

내용으로 말을 시작하였다. 온 천지 안에서 함께 명리를 향해 달리는데, 만약 달관할 수 있다면 궁달이나 생사를 모두 똑같이 볼 수 있으니 어찌 반드시 이런 슬픔과 즐거움이 많겠느냐는 말이다.(此章自敍, 從慨世說起, 言乾坤之內, 共趨名利, 苟能達觀, 則窮達生死皆可一視, 何必多此哀樂乎.)

5 鄙夫(비부) – 두보 자신을 가리킨다.

6 轉燭(전촉) – 촛불이 바람에 따라 이리저리 움직이는 것으로, 사람의 삶이 안정되지 못하거나 세상사가 변화하는 것을 말한다. 시간이 빨리 감을 뜻한다는 설도 있다.

두보 〈가인佳人〉 세상인심이란 쇠락함을 싫어하고, 만사는 바람에 흔들리는 촛불을 따른다.(世情惡衰歇, 萬事隨轉燭.)

《보주두시》에 인용된 왕수 주 시간이 빨리 감을 말한다.(言光景之迅速也.)

7 忘情(망정) – 희로애락의 감정을 버리는 것을 말한다. 任榮辱(임영욕) – 영욕에 개의치 않고 그 주어진 상황에 맡겨둔다는 뜻이다.

8 朝班(조반) – 조정의 반열. 벼슬한 것을 뜻한다. 이 구는 만년에 공부원외랑이 된 것을 말한다. 전에 좌습유 벼슬을 하였고 후에 공부원외랑을 한 두보가 노년이 되었음을 뜻한다는 설도 있지만, 좌습유 벼슬을 계속 유지한 것이 아니기 때문에 합당한 설이 아닌 것으로 보인다.

9 脫粟(탈속) – 껍질만 벗기고 도정하지 않은 쌀. 현미玄米. 거친 음식을 뜻한다.

[朝班 2구] 공부원외랑이라는 이름뿐인 벼슬을 얻어 생계가 어려움을 말한다.

《구가집주두시》 조차공 주 공이 일찍이 좌습유가 되었고 지금은 상서공부원외랑이니 바로 조정 반열에 참여한 자이다. 당시 나이가

56세이니 이른바 '모치'이다. 두 벼슬이 먹고사는 원천이거늘 날마다 먹는 것이 껍질만 벗긴 거친 쌀로 지은 밥일 뿐이다.(公嘗爲左拾遺, 今爲尙書工部員外郞, 乃通籍於朝班者. 時年五十六, 所謂暮齒. 二者當奉養之原, 而日給還脫粟飯而已.)

10 編蓬(편봉)— 쑥대를 엮어 문을 만들다. 띠집을 지은 것을 뜻한다. 石城(석성)— 기주성을 가리킨다.

《두시상주》 '석성'은 바로 기주성이다.(石城, 卽夔州城.)

11 北(북)— '林'으로 된 판본도 있다.

[用心 2구] 약초를 캐는 일을 가을과 겨울에도 애써 하며 굳이 봄과 여름을 기다리지 않는다는 뜻이다.

12 故(고)— 의도적으로. 억지로. 安排(안배)— 편안하게 자연의 추이에 맡기다. 여기서는 주어진 상황을 편히 받아들이며 사는 것을 뜻한다.

《장자·대종사》 편안히 추이에 맡기어 변화해가면 곧 고요하게 하늘과 하나가 되는 경지에 들게 된다.(安排而去化, 乃入於寥天一.)

13 曾(증)— '乃'와 같은 뜻이다. 幽獨(유독)— 조용히 혼자 살기를 좋아하는 성품을 뜻한다.

#《두시상주》: 다음 단락은 기주에서 나그네 생활을 하는 상황을 서술하였다. '목숨을 보전하려 하고', '감정을 잊었다'는 것은 처한 환경에 따라 편안함을 말한다. '조반' 4구는 거처와 음식이 조악함을 말한다. '용심' 4구는 약초 캐는 일을 말한다. 오견사의 《두시논문》에서 "서리와 눈 사이에서 뿌리를 찾으니 반드시 가지와 넝쿨이 푸를 때에 하는 것이 아니다. 이 또한 추이를 편안히 받아들이려는 데에는 생각이 없고, 다만 그 조용히 살려는 천성에 순응하여서일 뿐이다"라고 하였다.(次敍客夔之況, 全命忘情, 言隨寓而安. 朝班四句, 言居食粗給. 用心四句, 卽指采藥事. 吳論, 尋根霜雪之間, 不必條蔓之綠, 此亦無意於

安排, 但順其幽居之性而已.)

14 負暄(부훤) – 햇빛을 쬐다. 《열자》에 보이는 송나라 농부의 고사에서 나온 말로, 소박한 마음을 뜻한다.

《열자·양주楊朱》 옛날 송나라에 농부가 있었는데 언제나 삼으로 솜을 대신한 옷을 입고서 근근이 겨울을 지냈다. 봄이 되어 농사일을 하게 되면 스스로 햇볕을 쬐면서 천하에 넓은 집과 따스한 방이나 솜옷과 여우나 담비 갖옷이 있음을 알지 못하였다. 그가 그의 아내를 돌아보며 "따뜻한 햇볕을 쬐는 일을 사람들이 모르오. 이것을 우리 임금님께 바치면 큰 상을 받을 것이오"라고 하였다.(昔者宋國有田夫, 常衣緼黂, 僅以過冬. 暨春東作, 自曝於日, 不知天下之有廣廈隩室綿纊狐狢. 顧謂其妻曰, 負日之暄, 人莫知者, 以獻吾君, 將有重賞.)

#《두시상주》: 마지막 단락에는 천운에 맡겨 자연스럽게 지내려는 뜻이 담겨 있다. 남과 곡직을 다투지 않겠다는 것은 다시 시작 부분에서 생을 달관하겠다는 뜻과 서로 호응한다.(末有任運自然之意. 不與人情競曲直, 仍與起處達生相應.)

##《독두심해》: 첫 수는 세 단락으로 나뉜다. 시작하는 단락에서 세태가 사람을 바꿈을 말하였고 가운데 단락에서 그가 일삼는 것을 스스로 서술하였고 마지막에선 세속의 견해를 초월하였다. '수고로운 인생', '어디가 다르랴' 하는 것은 온 세상이 모두 그렇다는 것이다. '바쁘다', '가고 간다'는 것이 이른바 수고로운 삶이다. '귀한 자가 없다'와 '부유한 자가 없다'는 뒤집어 한 말로, 가령 사람의 처지에 궁달이 없다면 사람 또한 담담하게 잊고 살 것이라는 말이다. 그러나 같지 않으니 어찌하겠는가? 그래서 비록 다 같이 주는 신세지만 상황을 만났을 때 노래하고 곡하는 것을 면하기 어렵다. '전촉'은 순식간이라는 말과 같다. 영욕을 초월하면 세태에 의해 바뀌지 않는다. 일찍이 조정 반열에 참석하였지만 홀연 늙어버려 겨우 껍실 벗신 쌀이 공급되며, 오직

쑥대로 문을 엮고 약초를 캐면서 그 타고난 삶을 온전히 할 뿐이니, 이것이 바로 영욕을 초월하는 것이다. ‘용심’ 2구는 ‘채약’을 잇고, ‘비관’ 2구는 ‘전명’과 ‘망정’을 총괄하여 맺는다. 마지막 4구는 전편을 마무리한다. ‘활줄같이 곧다’는 것은 조용히 혼자 사는 성품을 따를 뿐 추이를 편하게 받아들이지 않는 경우이고, ‘갈고리처럼 굽었다’는 것은 수고롭게 살며 다투어 달리다 얽매이는 경우이다. 굽음과 곧음을 아울러 알 바가 아닌 것으로 하는 경지에 이르렀으니 얼마나 쇄탈한가?(首章分三段, 起言世態之移人, 中自敍其所事, 末則超然於世俗見解之外矣. 勞生何異, 擧世皆是也. 冉冉行行, 所謂勞生也. 無貴無富, 反踢語, 言使遇無窮達, 則人亦淡忘. 而無如其不齊也, 是以雖歸同盡, 而當境之歌哭難免已. 轉燭, 猶言轉瞬. 任榮辱, 不爲世態所移也. 曾點朝班, 忽焉暮齒, 薄有脫粟之給, 惟編蓬采藥, 以全其天而已, 此正任榮辱處. 用心二句, 蒙采藥. 非關二句, 總束全命忘情. 末四收全篇, 如弦直, 順幽獨而不安排也, 似鉤曲, 勞生而趨競羈束也. 至曲直幷付之不知, 何其洒脫.)

其二

夜深坐南軒[1]　明月照我膝　驚風翻河漢[2]　梁棟日已出[3]
群生各一宿　飛動自儔匹　吾亦驅其兒　營營爲私實[4]
天寒行旅稀　歲暮日月疾　榮名忽中人[5]　世亂如蟣蝨[6]
古者三皇前[7]　滿腹志願畢　胡爲有結繩[8]　陷此膠與漆[9]
禍首燧人氏[10]　厲階董狐筆[11]　君看燈燭張　轉使飛蛾密
放神八極外[12]　俛仰俱蕭瑟[13]　終然契眞如[14]　得匪金仙術[15]

깊은 밤 남쪽 창가에 앉으니
밝은 달이 내 무릎을 비추는데,
사나운 바람이 은하를 뒤집을 듯하더니
들보와 마룻대에 해가 이미 떠올랐다.
뭇 생물 각기 하룻밤을 자고 나서
날고 움직이며 절로 짝을 지으니,
내 또한 아이 시켜
바쁘게 살림살이 꾸린다.

날이 차니 행인이 드물고
세모라 해와 달이 치달린다.
영예로운 명성에 사람은 갑작스레 해를 입으니
서캐와 이처럼 어지러운 세상이어라.
옛날 삼황시대 전에는
배만 채우면 바람이 다하였는데
어쩌자고 결승을 하여서
이 아교와 옻의 얽매임에 빠뜨렸는가?
화의 시작은 수인씨,
재앙의 단서는 동호의 붓이라.
그대 보아라, 등불을 켜면
도리어 나방이 빽빽하게 몰려드는 것을.

팔극 밖에 마음을 두면
위아래 보이는 것이 모두 공허할 터,
마침내 진여와 들어맞게 되리니
이것이 금선의 묘술이 아니겠는가?

주 석

1 南軒(남헌) – 남쪽 창가. 남쪽 마루.

《두시상주》에 인용된 《광운廣韻》 처마의 끝부분이 '헌'이니, 긴 행랑에 창이 있는 것이다.(檐宇之末曰軒, 長廊之有窗者.)

2 翻河漢(번하한) – 바람이 불어 은하수를 뒤집을 것 같다는 뜻이다.

3 日已出(일이출) – '已出日'로 된 판본도 있다.

4 營營(영영) – 쉬지 않고 애쓰는 모습, 바쁜 모습. 私實(사실) – 사사로운 재물. 두보 자신의 재물을 뜻한다. '實'은 재물이다. '實'이 '室'로 된 판본도 있다.

《두시상주》에 인용된 《국어·초어楚語》 '蓄冢聚實'의 주 '실實'은 재물이다.(實, 財也.)

#《두시상주》: 둘째 수는 세상을 개탄한 것으로, 자기 이야기로부터 서술하였다. 아침과 저녁의 경물과 일을 서술하였으니, 바로 앞 수의 "수고로운 인생들이 천지를 함께한다"라는 말의 뜻이다.(次章慨世, 從自敍說起. 述旦暮景事, 卽前章勞生共乾坤意.)

5 榮名(영명) – 영예로운 이름. 세속의 명리를 뜻한다. 忽(홀) – '惑'으로 된 판본도 있다. 中人(중인) – 사람을 해치다.

6 如蟣蝨(여기슬) – 이가 사람 몸 여기저기에 있는 것과 같이 어지럽다는 뜻이다. 다투는 것이 사소하다는 뜻으로 풀이하기도 한다.

《구가집주두시》 조차공 주 세상이 어지러운 것이 이가 분주히 움직이는 것 같다.(世之紛亂如蟣蝨之營營也.)

《두시상주》 '기슬'은 다투는 것이 사소한 것임을 말한다.(蟣蝨, 言所爭者小.)

7 三皇(삼황) – 고대 전설상의 세 제왕인 천황天皇, 지황地皇, 인황人皇.

이와 다른 설도 있다.

8 結繩(결승)— 문자를 사용하여 일을 기록하게 된 것을 뜻한다.

9 膠與漆(교여칠)— 아교와 옻. 여기서는 얽혀서 풀리지 않는 상황을 뜻한다.

《장자·변무駢拇》 갈고리와 먹줄, 곱자와 그림쇠에 의지하여 바로잡는 것은 그 본성을 손상하는 것이며 노끈과 새끼, 아교와 옻에 의지하여 단단하게 하는 것은 그 덕을 해치는 것이다.(且夫待鉤繩規矩而正者, 是削其性者也, 待繩約膠漆而固者, 是侵其德者也.)

《두시상주》 '교칠'은 풀 수 없음을 말한다.(膠漆, 言不可解.)

10 燧人氏(수인씨)— 사람에게 불을 피워 음식을 익혀 먹는 법을 가르쳤다는 전설상의 인물이다. 문자를 이용한 정치가 그에 의하여 시작되었다고도 한다. 수인씨가 화의 시초가 되는 이유에 대해 구조오 등은 그가 음식에 대한 욕망을 알게 하였기 때문이라 하였고 포기룡은 문자를 이용하여 정치를 하였기 때문이라 하였는데 앞의 '호위胡爲' 구와의 맥락을 고려하면 포기룡의 설이 옳은 듯하다.

《두시상주》에 인용된 《제왕외기帝王外紀》 수인씨가 처음으로 사람에게 익혀 먹는 것을 가르쳤다.(燧人氏始教人火食.)

《독두심해》에 인용된 《제왕외기》 수인씨가 처음으로 결승을 이용하여 정치를 하였다.(燧人氏始作結繩之政.)

11 厲階(여계)— 재앙의 단서. 董狐(동호)— 춘추시대 진晉나라의 사관. 사실史實을 왜곡하지 않고 곧이곧대로 기록하였다.

[禍首 2구]

《구가집주두시》 수인씨가 화식火食을 하여 다투어 욕심내는 마음이 생겨났고 동호가 직필하여 시비의 단서가 일어났다. 그래서 수인씨가 화의 시초가 되고 동호가 재앙의 단서가 된다.(燧人火化, 而爭欲之心生, 董狐直筆, 而是非之端起, 故以燧人爲禍首, 以董狐爲厲階.)

[胡爲 4구] 사람들이 문자를 배우고서부터 교묘한 지혜가 생겨 갖가지 환난에 얽히게 되었고, 기사紀事하여 시비곡직을 따지게 되자 재앙이 생겨났다는 뜻이다.

#《두시상주》: 다음 단락은 사람의 마음이 명예와 이익에 쫓기는 것을 탄식하였다. 영예로운 명성이 사람의 마음을 해치니, 이에 다투어 추구하다가 난을 키우게 되었다. 삼황 이전에는 본래 분별하지 않고 작위하지 않았는데 결승한 이후로 지혜와 기교가 날로 생겨남을 면할 수 없었다. 먹고 마시는 것을 추구하기 시작하자 탐욕스러운 사람이 이익을 추구하게 되었다. 그러므로 수인씨가 화의 시초가 된다. 명교를 내세우자 열사가 명예를 따랐다. 그러므로 동호가 재앙의 단서가 된다. 나방이 불에 달려든다는 것은 그 몸이 죽어도 상관하지 않음을 기롱한 것이다.(次歎人情之迫於名利者. 榮名中於人心, 此爭趨所以長亂. 若三皇以前, 本渾沌無爲, 自結繩以後, 不免智巧日生矣. 飮食起而貪夫殉利, 故燧人爲禍之首. 名敎立而烈士殉名, 故董狐爲亂之階. 飛蛾赴燭, 譏其滅身而不顧也.)

12 八極外(팔극외) – 세상 밖. 세속을 초월한 경지를 뜻한다.

13 俛仰(부앙) – 내려다보고 올려다보다. 蕭瑟(소슬) – 쓸쓸하다. 모든 것이 소멸하여 없는 상태를 뜻한다.

14 眞如(진여) – 불가어佛家語. 영원히 존재하는 실체, 실상을 뜻한다. 이 구절이 "終契如往還"으로 된 판본도 있다.

15 得(득) – '歸'로 된 판본도 있다. 金仙(금선) – 부처의 별호別號이다. '金'이 '合'으로 된 판본도 있다.

《두시상주》에 인용된 《석전釋典》 부처를 대각금선이라 부른다.(佛號大覺金仙.)

#《두시상주》: 끝 단락에는 달관하여 같이 변화하겠다는 뜻이 있다. 스스

로 말하기를, 명예와 이익은 관심 갖기에 부족하고 오직 물외에 정신이 노니니 굽어보고 우러러봄에 모두가 공허하여, 능히 진여의 본성과 맞아 행여 부처의 묘술을 이룰 수 있으리라 하였다.(末有達觀齊化之意. 自言名利不足關心, 唯神遊物外, 俯仰皆空, 能契眞如本性, 庶金仙之術可致也.)

##《독두심해》: 이 수 또한 세 단락으로 나뉜다. 첫 단락은 현재의 경물과 일에서 단서를 열었다. 가운데 단락은 지혜와 계교計巧가 시작된 것에 대해 돌이켜 허물하였으니 바로 분격하여서 한 말이다. 끝에서는 진여는 움직이지 않는다는 설로 돌아갔다. 처음 4구는 밤 이야기로 새벽 이야기를 이끌어내었다. '뭇 생물'이 '날고 움직인다'는 말은 아래의 '아이를 시켜' '자신의 살림을 한다'는 말을 일으켰으니 바로 전편의 약을 캐는 따위의 일이다. '행려'와 '일월'은 새벽 경물을 빌려 시상을 전환하였다. 영예로운 명성이 사람을 해친다는 생각은 '자신의 살림'이라는 말에서 촉발된 것이다. '세란' 자는 중요하지 않다. '서캐나 이와 같이 된 것'은 영예로운 명성 때문이다. 상고시대에는 배부르기만 하면 충분하였는데 지혜와 기교가 날로 생겨나고부터 세상 인정이 물들어 아교와 옻같이 되어버렸다. 하물며 재앙의 단서인 기록이 분명해져서 답답한 상황이 날로 심해지고 명리를 쫓는 것이 더욱 어지러워졌는데, 이는 촛불이 밝으면 나방이 몰려드는 것같이 도리어 밝음에 의하여 해를 입은 것이니 탓할 바는 촛불이다. 옛 주에서 이를 잘못 이해하였다. 아래에서 바로 본뜻을 말하였으니, 오직 정신을 역외에 놓아야 몸과 마음이 탁 트여서 행위에 구속된 자는 모두 허무해져버림을 깨닫는다. 진여와 맞으면 본성이 맑아져 여여하여 움직이지 않으니 이것이 바로 부처의 묘술이어서 막힌 것을 버리고 해탈을 얻을 수 있게 된다. 전편에서 '매일 먹는 것'에 '애를 쓴다'고 하여 애오라지 분수를 편히 받아들였다. 여기서는 이렇게

'애를 쓰는 것'도 여전히 답답하게 막힌 것임을 말하여 전편의 뜻을 뒤집어 한층 더 나아갔다. 그 대의를 요약하면 달관하여 운에 맡기는 마음으로 다 돌아가 그 맞닥뜨린 곤궁함을 위로하여 풀려는 것이다. 장연은 전편은 곤궁한 상황에 처하여도 형통한 것으로 보고 이 편은 성명聖明과 지혜를 버리는 것으로 보았는데, 갑자기 성현을 이야기하다 갑자기 노불을 이야기하여 순식간에 두 갈래로 나누어지게 되었으니 잘못이다.(此章, 亦分三段. 起就現前景事發端. 中段, 追咎智計之所始, 乃憤激之詞也. 末則歸於眞如不動之說. 起四, 以夜引曉, 群生飛動, 興下句驅兒爲私, 卽前篇采藥等事. 行旅日月, 借曉景轉落. 榮名中人, 從私實觸起. 世亂字不重, 如蟣蝨, 爲榮名也. 上古得飽已足, 自智巧日生, 世味之沾染若膠漆矣. 況階之載記分明, 而沈悶日遠, 而趨競愈淆, 是猶燭明而蛾集, 反爲明者所害也, 所咎在燭. 舊注失之. 下乃吐出本旨. 惟放神域外, 身心廓然, 覺局於俯仰者, 俱成蕭瑟. 契眞如, 則本性瑩徹, 如如不動, 此乃金仙之術, 足以祛蔽錮而得解脫者. 前篇言日給用心, 聊且安分, 此言如是營營, 尙屬浥濃, 又就前意翻上一層也. 要其大旨, 總歸於達觀任運, 以慰解其所遇之窮. 張綖以前篇爲處困而亨, 此篇爲絶聖棄智, 忽聖賢, 忽老佛, 頃刻兩岐, 誤矣.)

###《두시상주》에 인용된 장연張綖 설: 전편에서는 곤궁한 상황에 처하여도 형통하였다 하니, 이는 성현의 큰 도이다. 이 편에서는 성명聖明과 지혜를 버린다 하였으니 노장의 현묘한 담론이다. 전편은 평이하고 진실되게 말하였으니 자신이 겪은 일을 말한 것이요, 이 편에서는 거리낌 없이 마음대로 말하였으니 세속에 분격하여 말한 것이다. 독자는 글로 인해 뜻을 오해하지 않아야 한다.(前篇處困而亨, 是聖賢大道, 此篇絶聖棄智, 是老莊玄談. 前篇說得平實, 是身歷之詞, 此篇說得放曠, 是憤俗之語, 觀者勿以辭害意, 可也.)

《독두심해》: 오랫동안 기주에서 고생하였기에 달관하여 천운에 맡긴다는 말을 한 것으로, 두 수가 같은 뜻이다.(久困於夔, 而發爲達觀任運之詞, 二詩同旨.)

(**이영주**)

66. 冬至
동지

年年至日長爲客[1]　忽忽窮愁泥殺人[2]
江上形容吾獨老[3]　天涯風俗自相親[4]
杖藜雪後臨丹壑[5]　鳴玉朝來散紫宸[6]
心折此時無一寸[7]　路迷何處是三秦[8]

해마다 맞는 동짓날인데 오랜 나그네 신세라
심란하여 곤궁한 시름 사람에게 착 붙어 있는데,
강 위에 비친 모습 나 홀로 늙었고
하늘 끝 풍속 저들만 친하게 지내네.
눈 내린 뒤 명아주 지팡이 짚고 붉은 골짜기 내려다보는데
아침이 되면 옥패를 울리며 자신전에서 흩어지겠지.
이때에 마음 꺾여 한 치도 남지 않고
길을 잃어버렸으니 어디가 삼진 땅인가.

이 시는 대력 2년 겨울 동지 무렵 양서에서 지은 것이다. 오랜 나그네살이에 지친 두보가 답답한 심경에 괴로워하며, 고독하게 늙어가는 자신의 신세를 한탄하였다. 기분을 풀어보려 밖으로 나가 보지만 조정의 일이 생각나서 더욱 상심하고 만다.

《보주두시》 시에서 "강 위에 비친 모습 나 홀로 늙었다"라고 하였

고, 또한 "눈 내린 뒤 명아주 지팡이 짚고 붉은 골짜기 내려다본다"라고 하였으니 마땅히 대력 2년에 지은 것이다. 당시 두보는 양서에 있었다.(詩云, 江上形容吾獨老. 又云, 杖藜雪後臨丹壑, 當是作於大曆二年. 時在瀼西.)

주 석

1 至日(지일) – 하지와 동지. 여기서는 동지를 가리킨다. 長爲客(장위객) – 오랫동안 나그네로 있다. 두보는 건원 2년(759년) 벼슬을 버리고 진주와 성도, 기주 등지에서 계속 나그네로 떠돌고 있었다.

2 忽忽(홀홀) – 실의하여 정신이 아득한 모양. 窮愁(궁수) – 곤궁한 시름. 泥殺(니살) – 아주 달라붙다. '니'는 얽어매다, 달라붙다, 답답하게 하다의 뜻이고, '살'은 매우 심한 상태를 나타내는 말이다.

《두보전집교주》 '홀홀'은 '울울'과 같다. 마음이 불안정하고 실의한 모양이다. 시홍보는 (《독두시설》에서) "'홀홀'이라는 글자는 사마천의 〈보임소경서報任少卿書〉에 나오는 '집에 거할 적에는 혼미하여 무엇을 잃은 듯 하였다'는 말에서 유래한 것이니, 대개 정신이 멍한 상태인데 이는 바로 곤궁한 시름을 풀지 못하여 그렇게 된 것이다"라고 하였다.(忽忽, 猶鬱鬱, 恍惚失意貌. 施鴻保曰, 忽忽字, 本太史公保任安書, 居則忽忽若有所忘. 蓋神情恍惚之狀, 正以窮愁莫解而然.)

《두시경전》에 인용된 고신 주 '니'는 막혔다는 것이다. 나그네로 체류하며 돌아갈 수 없음을 말한다.(泥, 滯也. 言滯於客而不能歸也.)

3 形容(형용) – 모습. 외모.

굴원 〈어부사漁夫辭〉 굴원이 쫓겨나 강가를 떠돌고 못가에서 다니며 읊조리는데 안색은 초췌하고 모습은 수척하였다.(屈原既放, 游於江潭, 行吟澤畔, 顏色憔悴, 形容枯槁.)

4 天涯(천애) – 하늘 끝. 여기서는 두보가 나그네로 떠도는 기주 등지를

가리킨다. '涯'는 '邊'으로 된 판본도 있다. 自相親(자상친)— 자신들만 서로 친하다. 두보와는 어울리지 않음을 말하는 것이다. 이와 달리 두보가 그들과 어울리는 것으로 보는 설도 있다.

《두시경전》 바로 고시(〈음마장성굴행飮馬長城窟行〉)에서 "문에 들어서면 저들끼리만 친하게 지내고, 누구도 나에게 안부를 물으려 하지 않는다"라고 한 뜻이다.(卽古詩入門各自媚, 誰肯相爲言意.)

《두율계몽》 '자상친'은 저들이 서로 친하게 굴며, 나와는 상관하지 않는다는 것이다.(自相親, 彼自相親, 於我無與也.)

《두억》 오랜 나그네 신세이기에 풍속과 친한 것이다.(長爲客, 故風俗相親.)

《두보전집교주》에 인용된 고신 주 여러 주석에서 '오랫동안 하늘 끝에서 나그네살이를 하여 저들의 풍속과 친하다'고 하였는데, 그렇다면 '나만 홀로 늙었다'는 말을 할 수 없다.(諸注謂久客天涯, 與彼中風俗相親, 不應云吾獨老矣.)

[江上 2구]

《두보전집교주》 '강상'과 '천애'는 모두 기주를 가리켜 말한 것이다.(江上, 天涯, 具指夔州言.)

5 杖藜(장려)— 명아주 지팡이를 짚다. 丹壑(단학)— 붉은 골짜기.

6 鳴玉(명옥)— 옥을 울리다. 옥패玉佩를 울린다는 말이다. 이와는 달리 말굴레를 장식하는 '옥가'를 가리킨다는 설도 있다. '明主'로 된 판본도 있다. 朝來(조래)— 아침이 되다. '조회하다'로 풀이할 수도 있다. 散(산)— 흩어지다. 조회에 참여하였던 자들이 산회함을 말한다. 紫宸(자신)— 궁전의 이름. 자신전.

《두보전집교주》 '명옥'은 (장화張華 〈경박편輕薄篇〉의) "승마명옥가"의 줄임이다. '옥가'는 말굴레를 조개로 장식한 것인데, 빛깔이 옥처럼 희고, 다닐 때 움직이면 소리를 낸다.(鳴玉, 爲乘馬鳴玉珂之

省文. 玉珂, 馬勒以貝飾之, 色白如玉, 行走振動則有聲.)

《두시조차공선후해집교》 '자신'은 궁전의 이름이다. 동내 대명궁에 있었다.(紫宸, 殿名也, 在東內大明宮.)

《두시경전》 동지가 되었기에 조회에서 임금을 뵈었던 일을 생각한 것이다.(因冬至而思朝覲也.)

[杖藜 2구]

《두시조차공선후해집교》《장자·양왕讓王》 편에 "원헌이 명아주 지팡이를 짚고 (자공子貢을) 문에서 마중하였다"라는 말이 있어서 '명옥'과 대가 된다. 이 말은 반악 〈서정부〉의 "비취색 갓끈을 날리고 옥패 소리를 내며 궁전으로 출입하는 사람이 많았다"라는 말에서 왔다.(莊子載原憲杖藜應門, 故對鳴玉. 其字則西征賦, 翡翠緌, 拖鳴玉, 以出入禁門者衆矣.)

7 心折(심절) – 마음이 꺾이다. 몹시 상심하였음을 의미한다. 無一寸(무일촌) – 한 치도 남지 않다. 본래 심장의 크기를 사방 한 치라고 하는데, 마음이 꺾였기에 한 치도 되지 않는다고 한 것이다.

《두시조차공선후해집교》 심장을 사방 한 치 정도의 공간이라고 생각하여 '촌심'이라고 하는데, 지금 시구에서 일촌이라고 말하였으니 대단히 교묘하다고 할 만하다.(心謂之方寸之地, 故曰寸心. 今句言一寸, 可謂巧矣.)

8 是(시) – '見'으로 된 판본도 있다. 三秦(삼진) – 진 지역을 가리키는 말이다. 항우가 진 지역을 셋으로 나눈 데서 생겨난 말이다. 여기서는 수도인 장안을 가리키는 말로 사용되었다.

《두시조차공선후해집교》 '삼진'은 항우가 삼진의 왕을 세운 것에서 연유하는데, 그래서 삼진이라는 말이 있게 되었다.(三秦, 緣項羽立三秦王, 故有三秦之名.)

《두시상주》에 인용된《사기》 항우가 진 땅을 셋으로 나누었는데, 장한이 옹왕이 되어 폐구를 도읍으로 삼았고, 사마흔이 새왕이 되어 역양을 도읍으로 삼았으며, 동예가 적왕이 되어 고노를 도읍으로 삼았다. 이 지역을 가리켜 '삼진'이라고 한다.(項羽分秦地爲三, 章邯爲雍王都廢邱, 司馬欣爲塞王都櫟陽, 董翳爲翟王都高奴. 謂之三秦.)

#《두시상주》: 위 4구는 나그네로 지내며 동지를 맞이한 것을 말하였고, 아래는 장안의 동지를 추억하였다. 나그넷길에 오래 막혀 있었기에 시름에 얽매이게 된 것을 스스로 상심하였다. 모습이 홀로 늙은 것은 모두 곤궁한 시름 때문이다. 풍속이 저들끼리 친하니 나그네 된 자와는 상관하지 않는다. 몸은 붉은 골짜기를 내려다보지만, 마음으로 자신전을 그리워하였기에 마음이 꺾이고 길을 잃어버린 감개를 지니게 되었다. 마음이 꺾였기에 곤궁한 시름이 더욱 심해지고, 길을 잃었기에 오랜 나그네가 돌아가기 어렵게 되었다.(上四言旅居冬至, 下憶長安冬至也. 惟客途久滯, 故自傷泥殺. 形容獨老, 皆窮愁所致. 風俗自親. 於爲客無與. 身臨丹壑, 而意想紫宸, 故有心折路迷之慨. 心折則窮愁轉甚, 路迷則久客難歸矣.)

《두억》: '니살' 2자는 괴로운 심정에서 나온 것이다. 곤궁한 시름이 있기에 모습이 홀로 늙었고, 오랜 나그네 신세이기에 풍속과 친한 것이다. 눈 내린 후 명아주 지팡이 짚고 아래로 붉은 골짜기를 내려다본 것은 울적한 마음을 풀고자 한 것인데, 돌연 자신전에서 조회 마치는 일이 생각나서 자신도 모르게 마음이 꺾였다. 한 치 마음마저 꺾였으니 곤궁한 시름은 더욱 깊어졌다. 삼진으로 가는 길도 모두 잃어버렸으니 나그네살이 어느 때에야 마칠 수 있겠는가.(泥殺二字, 發自苦衷. 窮愁故形容獨老, 長爲客故風俗相親. 雪後杖藜, 下臨丹壑, 庶以寫憂, 而忽想紫宸罷朝, 不覺心折. 寸心旣折, 則窮愁轉深. 三秦之路俱迷, 而爲客何時得了也.)

《두율계몽》: '궁수' 2자를 주된 말로 삼았다. 제3구는 늙음을 말하였고, 제4구는 고독을 말하였다. 하단은 붉은 골짜기를 내려다보게 되어 자신전의 조회를 생각하게 되니, 그로 인하여 마음이 꺾였다는 것이다.(以窮愁二字爲主. 三句言其老, 四句言其孤. 下則因臨丹壑而想紫宸之朝, 故爲之心折耳.)

《독두심해》: '장위객' 3자가 전체 시의 강령이다. '자상친'은 저들끼리만 서로 친하게 지낸다는 것이다.(長爲客三字, 一詩綱領. 自相親, 彼自相親也.)

(**박홍준**)

67. 柳司馬至

유사마가 이르다

有客歸三峽[1]　相過問兩京[2]　函關猶出將[3]　渭水更屯兵[4]
設備邯鄲道[5]　和親邏逤城[6]　幽燕唯鳥去[7]　商洛少人行[8]
衰謝身何補[9]　蕭條病轉嬰[10]　霜天到宮闕[11]　戀主寸心明[12]

길손이 삼협에 돌아와
들렀기에 두 경사에 대해 물어보니,
"함곡관에는 아직도 장수가 출정하고
위수에는 다시 군대가 주둔하였습니다.
한단 길에 방비를 갖추고
라사 성과 화친하니,
유주와 연 지역에는 오직 새만 가고
상락에는 다니는 사람이 적습니다"라 한다.
늙은 이 몸이 무슨 보탬이 되겠는가?
쓸쓸하니 병이 더욱 감싼다.
서리 내리는 하늘이 궁궐에 이르니
임금을 그리워하는 마음 밝기만 하다.

이 시는 대력 2년 기주에서 지은 것이다. 유사마가 경사에서 기주로 돌아와 두보를 찾아왔기에 그에게 장안과 낙양이 어떤지 물었다. 두보는 토번의 침입과 번진의 발호로 여전히 나라가 어지럽다는 소식을 접하고, 노쇠하여 나라가 어려움을 헤쳐나가는 데 도움이 되지 못하는 자신을 한탄하면서도 우국의 마음은 여전히 사그라들지 않았음을 드러냈다.

《보주두시》 시에서 "사신이 삼협에 돌아와 들렀기에 두 경사에 대해 물어보니, '함곡관에는 아직도 장수가 출정하고, 위수에는 다시 군대가 주둔하였습니다'라 한다"라고 하였으니, 응당 대력 2년에 지은 것이다. 이해 9월과 10월에 경사에는 토번의 침입으로 인해 두 차례 계엄이 내려졌다.(詩云, 有使歸三峽, 相過問兩京. 函關猶出將, 渭水更屯兵. 當是大曆二年作. 是年九月十月, 京師以吐蕃入寇, 兩戒嚴.)

주 석

1 客(객) - '使'로 된 판본도 있다.

2 兩京(양경) - 두 경사. 장안과 낙양을 가리킨다.

[有客 2구]

《두보전집교주》에 인용된 주전周篆 주 '귀'는 경사에서 돌아온 것이다. '과'는 유사마가 찾아온 것이다. '문'은 두보가 그에게 물은 것이다.(歸, 自京歸. 過, 司馬見過. 問, 公問之.)

3 函關(함관) - 함곡관. 出將(출장) - 장수를 출정시키다. 장수가 출정하다. '出'이 '自'로 된 판본도 있다.

4 更(갱) - '自'로 된 판본도 있다. 屯兵(둔병) - 군사를 주둔시키다. 군사가 주둔하다.

5 設備(설비) - 방비를 갖추다. 邯鄲道(한단도) 한단으로 가는 길.

한단은 전국시대 조나라의 수도로, 지금의 하북성에 있었다.

6 邏迦城(라사성)– 토번의 도성. 지금의 서장西藏 라싸에 있었다.

《두시상주》 ('迦'가) 《당서》에는 '娑'로 되어 있다. 《고금운회거요古今韻會擧要》에 "'娑'는 혹 '迦'로도 쓰는데 '些'와 통용한다"라고 하였다.(唐書作娑. 韻會云, 娑, 或作迦, 通作些.)

《구당서·토번전》 토번을 혹자는 남량 독발리록고의 후예라고 한다. …… 독발을 국호로 삼았는데 말이 와전되어 토번이라 부르게 되었다. …… 그 나라의 도성을 라사성이라 부른다.(吐蕃, 或云南涼禿發利鹿孤之後也. …… 以禿發爲國號, 語訛謂之吐蕃, …… 其國都城號爲邏些城.)

7 幽燕(유연)– 하북河北의 북부로, 유주幽州와 연燕 지역을 가리킨다. 당시 반군의 근거지였다.

《구가집주두시》 조차공 주 '유연' 구는 북쪽 땅이 아직 통하지 않는다는 것으로, 아마도 안사 반군이 비록 소멸되었어도 번진이 서로 이어가며 발호하였기 때문이리라.(幽燕唯鳥去, 則北地猶不通, 豈以安史雖滅, 而藩鎭相繼跋扈耶.)

8 商洛(상락)– 상락. 장안 동쪽의 지명이다.

[函關 6구] 앞 4구는 장안에 토번이 침입한 일을 가리키고 뒤 2구는 낙양에서 반란이 일어난 일을 가리킨다. 이와 달리 6구 전체가 장안과 낙양을 한 구씩 번갈아 언급한 것으로 보는 견해도 있다.

9 衰謝(쇠사)– 늙다. 시들다. 何補(하보)– 무슨 보탬이 되겠는가?

10 蕭條(소조)– 쓸쓸한 모양. 嬰(영)– 두르다.

11 霜天(상천)– 서리 내리는 하늘. 늦가을 하늘을 가리킨다.

12 戀主(연주)– 임금을 그리워하다. 寸心(촌심)– 마음.

[霜天 2구] 기주의 가을 하늘이 장안의 궁궐에 이르는 것을 바라보며

임금을 그리워하는 마음도 밝아진다는 말이다. 이와 달리 임금을 그리워하는 마음이 하늘을 따라 장안의 궁궐에 이른 것으로 보는 견해도 있다.

#《두시상주》: 첫 2구는 유사마가 기주에 이르렀기에 소식을 물은 것이다. 가운데 6구는 유사마가 대답한 말이다. 아래 4구는 두보가 자신에 대해 서술한 것이다. 장수가 출정하고 군대가 주둔하며 방비를 갖추고 화친한 것, 이는 장안에서의 토번 일을 가리킨다. 유주와 연 지역 길이 막히고 상락 지역에 사람이 적다는 것, 이는 낙양에서 반란을 일으킨 장수의 일이다. 《두억》에서는 "서리 내리는 하늘에 궁궐을 바라보니 천 리가 맑고 깨끗한데, 오직 임금을 그리워하는 일편단심이 그것과 더불어 함께 빛나니 이는 십자구법이다"라고 하였다.(首二, 柳至夔而問信也. 中六, 柳答詞. 下四, 公自敍. 出將屯兵, 設備和親, 此指西京吐蕃事, 幽燕路梗, 商洛人稀, 此指東京叛將事. 杜臆, 霜天望闕, 千里明淨, 唯戀主丹心, 與之共明耳, 此十字句法.)

《두억》: 서리 내리는 하늘이 밝고 깨끗하여 촉으로부터 경사에 이르는 수천 리에 아무런 장애물이 없으니, 임금을 그리워하는 마음이 그것과 더불어 아울러 깨끗하여 밝고도 뚜렷하다. 열 자가 한 구절을 이루는데 유신옹劉辰翁은 이 점을 놓쳤다.(霜天明淨, 自蜀到京, 數千里毫無障翳, 而戀主寸心, 與之並徹, 朗然明白. 十字爲句, 而須溪失之.)

《독두심해》: 이 당시에 하북에서는 입조하지 않고 토번이 다시 침입하였다. 유사마가 북쪽에서 왔기에 물어본 것이다. 가운데 6구는 유사마가 대답한 말을 기술한 것으로, 층차에 따라 나누어 받았다. '함관'은 출정하여 동쪽을 향한 것으로, 구절이 하북을 제시하고 있으니 이는 낙양에 가까운 일이다. '위수'는 주둔하여 서쪽을 향한 것으로, 구절이 토번을 제시하고 있으니 이는 장안에 가까운 일이다. 두 경사를 물어

본 까닭은 이 때문이다. '한단'은 곧장 하북을 가리키니 '출장'을 받은 것이다. '라사'는 곧장 토번을 가리키니 '둔병'을 받은 것이다. '유연'은 다시 한단으로부터 먼 곳을 말해간 것이다. 그 땅이 하북에 의해 막혔기에 '유조거'라 하였다. '상락'은 반대로 라사로부터 가까운 곳으로 말하여 돌아온 것이다. 당시에 토번이 점차 가까이 왔기에 '소인행'이라 하였다. 뒤 4구는 자술한 것이다. '도궁궐'은 마음이 이르는 것이다. '명' 자는 서리 내리는 하늘이 빛을 발하는 데서 나온 것이다.(是時河北不朝, 吐蕃復寇. 司馬自北來, 故問之也. 中六句, 述柳答詞, 逐層分頂. 函關, 出而東也. 句提河北, 是近東京事. 渭水, 屯而西也. 句提吐蕃, 是近西京事. 所爲問兩京者以此. 邯鄲, 正指河北, 頂出將. 邏沙, 正指吐蕃, 頂屯兵. 幽燕, 更從邯鄲說到遼遠處. 地爲河北所隔, 故曰惟鳥去. 商洛, 卻從邏沙說歸密邇處. 時以吐蕃漸逼, 故曰少人行. 後四, 自述. 到宮闕者, 寸心到也. 明字從霜天照耀而出.)

(김준연)

68. 別李義

이의와 이별하다

神堯十八子[1] 十七王其門 道國洎舒國[2] 實維親弟昆[3]

中外貴賤殊[4] 余亦忝諸孫[5] 丈人嗣三葉[6] 之子白玉溫[7]

道國繼德業 請從丈人論 丈人領宗卿[8] 肅睦古制敦[9]

先朝納諫諍[10] 直氣橫乾坤 子建文章壯[11] 河間經術存[12]

爾克富詩禮[13] 骨清慮不喧[14] 洗然遇知己[15] 談論淮湖奔[16]

憶昔初見時 小襦繡芳蓀[17] 長成忽會面[18] 慰我久疾魂

三峽春冬交 江山雲霧昏 正宜且聚集 恨此當離樽

莫怪執杯遲 我衰涕唾煩[19] 重問子何之 西上岷江源[20]

願子少干謁[21] 蜀都足戎軒[22] 誤失將帥意 不知親故恩[23]

少年早歸來 梅花已飛翻 努力慎風水[24] 豈惟數盤飧[25]

猛虎臥在岸 蛟螭出無痕 王子自愛惜[26] 老夫困石根[27]

生別古所嗟 發聲爲爾吞[28]

신요황제 고조의 열여덟 아들 중에
열일곱 가문이 왕으로 봉해졌는데,
도국왕과 서국왕은
신실로 친형세였네.
안팎으로 귀천이 다르나
나도 또한 외람되이 후손이라네.
어르신이 삼대의 왕업을 이으셨고

그대는 흰 옥처럼 온윤하구나.

도국왕의 덕업을 계승하였으니
청컨대 어르신부터 논하리라.
어르신이 종경을 맡았을 때
엄숙하고 화목하여 옛 법도가 돈독해졌네.
이전 조정에서 간쟁을 받아들이니
곧은 기운이 천지를 가로질렀네.
조자건 같은 문장은 웅장하고
하간헌왕 같은 경술을 남겼네.

그대는 시와 예에 능하시니
기골이 맑고 생각이 번잡하지 않네.
기쁘게 지기를 만나서는
담론이 회수와 태호의 물처럼 치달리네.
옛날 처음 보던 때를 생각해보니
향초를 수놓은 작은 저고리를 입고 있었는데,
장성하여 홀연히 만나니
나의 오랜 병든 넋을 위로해주네.

삼협에 봄과 겨울이 교차하고
강산에 구름과 안개가 자욱하네.
진정 잠시 모여 있는 것이 마땅하기에
이런 이별의 술을 대하는 것을 한탄한다.
술잔 잡는 것 미적댄다고 탓하지 말게

나는 노쇠하여 콧물과 침이 많다네.
그대는 어디로 가는지 거듭 물으니
서쪽 민강 근원지로 올라간다 하네.

바라건대 그대는 간알을 하지 말게나
촉도에는 군대가 많다네.
잘못하여 장수의 뜻을 어기면
친척이나 친구 같은 은정은 알지 못한다네.
젊은 나이에 일찍 돌아오게
매화꽃이 이미 휘날리나니.
힘써 풍파를 조심해야 하나니
어찌 밥 먹는 은혜 자주 받는 일뿐이리오?
사나운 호랑이는 언덕에 누워 있고
교룡은 나와도 흔적이 없다.
왕자께서는 스스로를 아끼시게
이 늙은이는 산기슭에서 곤궁할 뿐이네.
생이별은 예부터 탄식하는 바이지만
탄식 소리를 내려다가 그대를 위해 삼킨다네.

이 시는 대력 2년 늦겨울에 기주에서 지은 것이다. 이의李義는 당唐 고조高祖 이연李淵의 16번째 아들인 도왕道王 이원경李元慶의 현손玄孫이며 이연李鍊의 아들이다. 당시 이의는 기주에 와 있다가 촉 땅에 들어가 간알을 하려고 하였기에 두보가 시를 지어 이별한 것이다. 먼저 이의의 가계家系와 부친에 대해 칭송하고 두보 자신도 종실의 외손임을 밝히고 있다. 이어서 촉 땅은 병란으로 위험하니 조심하라고 하며 권면의 뜻과 이별의 슬픔을 표현하고 있다. 《보주두시》에서는 "三峽春夏交"로 된 판본을 따라 대력 2년 늦은 봄에 지었다고 보기도 한다.

> **《보주두시》** 시에서 "삼협에 봄과 여름이 교차하고, 강산에 구름과 안개가 자욱하네. 진정 잠시 모여 있는 것이 마땅하기에, 이런 이별의 술을 대하는 것을 한탄한다"라고 하였으니 응당 기주에 있을 때이다. 양권도는 대력 3년에 편재하고 있다. 그러나 대력 3년 정월에 출협하였으니 이의와 삼협에서 봄여름이 교차되는 즈음에 모인 것과 상응하지 않는다. 마땅히 대력 2년 3월 말에 지은 것이다.(詩云, 三峽春夏交, 江山雲霧昏, 正宜且聚集, 恨此當離樽, 當是在夔州. 梁權道編在大曆三年, 然三年正月出峽, 不應與義聚集於三峽春夏之交. 當是二年三月末作.)
> **《두시상주》** 이 시는 마땅히 대력 2년 겨울에 지은 것이다. 노원창의 주에 "이의는 이연의 아들이다. 이연은 명황의 조정에 있으면서 일찍이 기산의 신神인 동안공에게 제사를 지내도록 파견되었다. 이연은 곧 종실의 현인이며, 이의는 그 훌륭함을 계승할 수 있었다"라고 하였다.(此當是大曆二年冬作. 盧注, 李義, 李錬之子. 錬在明皇朝, 曾遣祭沂山東安公. 錬乃宗室之賢, 義能繼美.)

주 석

1 神堯(신요) – 당나라 고조高祖 이연李淵을 가리킨다.

[神堯 2구]

《두시상주》 《자치통감》에 "천보 13년 2월에 고조의 시호를 높여

'신요대성광효황제'라 하였다"라고 하였다. 포표鮑彪가 말하길 "고조는 22명의 아들이 있는데 위회왕 이현패와 초애왕 이지운은 모두 먼저 죽었다. 태자 이건성과 소왕 이원길은 일 때문에 죽임을 당해 조칙에 의해 제적되었기에 다만 '열여덟 아들'이라고 말하였다. 태종이 천하를 소유하자 단지 열일곱 명의 아들만 왕에 봉해졌다"라고 하였다.(通鑑, 天寶十三載二月, 上高祖謚曰, 神堯大聖光孝皇帝. 鮑曰, 高祖二十二子, 衛懷王玄霸楚哀王智雲, 皆先薨. 太子建成巢王元吉以事誅, 詔除籍, 故止言十八子. 太宗有天下, 止十七子封王.)

2 道國(도국) - 도왕道王 이원경李元慶을 가리킨다. 그는 당 고조의 16번째 아들이다. 洎(기) - ~와. '及'으로 된 판본도 있다. 舒國(서국) - 서왕舒王 이원명李元名을 가리킨다. 그는 당 고조의 18번째 아들이다.

《두시상주》에 인용된 《당서唐書》 도왕 이원경은 고조의 16번째 아들이고, 서왕 이원명은 18번째 아들이다.(道王元慶, 高祖第十六子. 舒王元名, 第十八子.)

3 實(실) - '督'으로 된 판본도 있다. 維(유) - 곧. '乃', '是'의 뜻이다. 親弟昆(친제곤) - 친형제. 동복형제임을 말한다.

4 中外(중외) - 중외손中外孫. 친손자와 외손자를 뜻한다. 이의는 도왕 이원경의 고손高孫이기에 '中'에 해당하고, 두보는 서왕 이원명의 외손의 외손이기에 '外'에 해당한다.

5 忝(첨) - 더럽히다. 외람되이. 겸사謙辭로 쓴 것이다.

6 丈人(장인) - 이의의 부친 이연李鍊을 가리킨다. 嗣三葉(사삼엽) - 삼대를 계승하다. 삼대의 왕업을 계승하였다는 뜻이다. 이원경의 도왕道王 봉호封號를 아들 이유李誘, 손자 이미李微에 이어 증손자 이연李鍊이 계승한 것을 말하다. '三葉'은 '王業'으로 된 판본도 있다.

7 之子(지자) - 이 사람. 이의를 가리킨다.

《시경·진풍秦風·소융小戎》 우리 임 생각하니, 온윤溫潤하기 옥과 같다.(言念君子, 溫其如玉.)

#《두시상주》: 세계世系와 친척의 정의情誼로부터 서술을 시작하였다. 주학령의 주에 "이의는 두보와 내외종의 친척이기에 '안팎으로 귀천이 다르다'고 한 것이다"라고 하였다. 조차공은 이르길 "'장인'은 이의의 부친 이연을 가리키며, '지자'는 이의를 가리킨다. 시의 뜻을 자세히 음미해보면 이의는 도국왕의 후손이고, 두보는 서국왕 후손의 외손이다"라고 하였다. 전겸익의 전에 "두보의 〈제외조조모문〉에 이르길 '기국왕(이신李慎. 태종太宗의 10번째 아들. 두보 외조모의 할아버지)은 부인(두보의 외조모)의 가문이고, 서국왕은 부군(두보의 외조부)의 외부다'라고 하였는데, '외부'는 곧 외할아버지다. 두보는 서국왕의 외손자의 외손자다. 그래서 '나도 또한 외람되이 후손이다'라고 하였다. 조차공의 주는 상세하지 않다"라고 하였다. 이의의 부친으로부터 위로 거슬러 올라가 도국왕에 이르면 3대이기에 '사삼엽'이라고 하였다.(從世系親誼敍起. 朱注, 義與公爲中表戚, 故云中外貴賤殊. 趙曰, 丈人, 指義之父鍊, 之子, 則指李義也. 詳味詩意, 李義者, 道國之裔孫, 而公則舒國後裔之外孫也. 錢箋, 公祭外祖祖母文曰, 紀國則夫人之門, 而舒國則府君之外父. 外父者, 卽外王父也. 公爲舒國外孫之外孫. 故曰余亦忝諸孫. 趙注未詳. 從義之父, 上遡至道王爲三世, 故曰嗣三葉.)

8 領(영) - 신분이 높은 사람이 낮은 관직을 맡는 것을 일컫는다. 宗卿(종경) - 벼슬 이름. '종정경宗正卿', '종정시경宗正寺卿'의 약칭.

《독두심해》에 인용된 《구당서》 이연은 사도왕에 세습되어 봉해졌고, 광덕 연간에 종정경 벼슬을 하였다.(鍊, 襲封嗣道王, 廣德中, 官宗正卿.)

《두시상주》에 인용된 《당서唐書》 종정시경 1인은 종3품이며 천자 족친의 족보를 관장하여 소목(신주를 모시는 차례)을 분별한다.(宗正寺卿一人, 從三品, 掌天子族親屬籍, 以辨昭穆.)

9 肅睦(숙목) - 엄숙하고 화목하다.

《두시상주》 '숙목'은 공경하고 화목한 것이다.(肅睦, 敬而和也.)

10 先朝(선조) - 현종玄宗 때의 조정을 가리킨다.

11 子建(자건) - 조식曹植의 자字.

12 河間(하간) - 하간헌왕河間獻王 유덕劉德. 經術(경술) - 경학經學.

[子建 2구]

《두시조차공선후해집교》 '자건'은 위나라 진류왕 조식으로, 문장에 능하다. '하간'은 한나라 효경제의 아들 하간헌왕 유덕으로, 경학에 밝다. 여기서는 이의의 부친을 말한 것이다.(子建, 魏陳留王曹植也, 能文章. 河間, 漢孝景帝之子河間獻王德也, 明於經術. 此以言李義之父.)

#《두시상주》: 이 단락에서는 "장인사삼엽"의 뜻을 거듭 말하면서 아울러 그의 충의와 문장 학술을 거론하였다.(此申丈人嗣三葉, 兼擧其忠義文學.)

13 爾(이) - 너. 이의를 가리킨다. '溫'으로 된 판본도 있다. 克(극) - ~할 수 있다. 富詩禮(부시례) - 시와 예를 풍부하게 익히다. '詩禮'는 《시경詩經》과 《삼례三禮》로 널리 알려진 유가 경전經典을 가리킨다. 이 구는 이의가 부친의 가학家學을 계승할 수 있음을 말한다.

14 喧(훤) - 어지럽다. 번잡하다.

15 洗然(선연) - 편안하고 쾌적한 모양. 기쁜 모양.

16 淮湖(회호) - 회수淮水와 태호太湖. '湖'는 '河'로 된 판본도 있다.

《두시상주》에 인용된 왕수 주 '회호분'은 담론이 벌 떼처럼 일어나 치달리는 파도가 끝이 없는 것 같음을 말한다.(淮湖奔, 言談論蜂起, 如奔濤之不可涯涘.)

17 小襦(소유)– 작은 저고리. 짧은 옷. '襦'는 '孺'로 된 판본도 있다. 繡(수)– 수놓다. 芳蓀(방손)– 향초 이름.

18 會面(회면)– 만나 얼굴을 보다.

[長成 2구]

《두시경전》 두보는 천보 연간에 경사에서 이의를 만났다. (이의는) 지금 무협에 왔다가 장차 간알하러 촉으로 들어가려고 한다.(公天寶中會見義於京師, 今來巫峽, 將入蜀干謁.)

#《두시상주》: 이 단락에서는 "지자백옥온"의 뜻을 거듭 말하면서 그의 인품과 사귀는 정을 상세히 서술하고 있다.(此申之子白玉溫, 備述其人品交情.)

19 涕唾(체타)– 콧물과 침. 코를 풀고 침을 뱉다. 煩(번)– 번다煩多하다. 많다.

20 岷江(민강)– 장강의 상류 지류로, 촉 땅을 흐르는 강 이름.

《두시상주》 기주의 강은 하류에 있기에 촉으로 가려면 서쪽으로 올라가는 것이다.(夔江居下流, 故赴蜀爲西上.)

#《두시상주》: 이 단락에서는 기주의 강에서 전별하는 뜻을 서술하고 있다.(此敍夔江餞別之意.)

21 少(소)– ~하지 마라.

22 戎軒(융헌)– 병거兵車. 군대나 장수將帥를 가리킨다.

《두시조차공선후해집교》 (이 구는) 장수가 한 사람이 아님을 말한다.(言將帥非一人也.)

23 知(지) – '如'로 된 판본도 있다.

[願子 4구]

《두시경전》 살펴보건대, 이때 최간이 서천에서 전횡하고 있었기에 두보는 그가 가는 것을 심히 좋아하지 않았다. 〈기적명부박제寄狄明府博濟〉 시와 같은 뜻이다.(按, 是時崔旰專制西川, 公頗不喜其往也, 與寄狄明府詩同意.)

24 風水(풍수) – 세상 풍파風波. 배 타고 갈 때의 풍파로 보는 설도 있다.

25 數(삭) – 자주. 盤餐(반찬) – 소반에 담은 음식. 다른 사람의 작은 도움이나 은혜를 가리킨다.

《두시경전》 (조심해야 할 것이) 다른 사람의 작은 은혜를 받는 일만이 아님을 말한다. 옛 주석은 옳지 않다.(言非徒受人小惠而已. 舊注非.)

[努力 2구] 세상 풍파를 조심하고 다른 사람의 은혜를 받는 일에도 신중해야 함을 말한다. 이와 달리 도중의 풍수를 조심하고 밥을 잘 챙겨 먹는 데 힘쓰라는 뜻으로 보기도 한다.

《두시조차공선후해집교》 두 구는 모두 그 일을 실제로 말하는 것이다. 그에게 '신풍수'를 당부한 것은 배가 갈 때 마땅히 조심해야 할 바이기 때문이다. '삭반찬'은 밥을 더 먹으라는 말이다. 두 가지는 모두 '노력'에 달려 있다. 그래서 그에게 노력할 것을 당부하고 있다.(兩句皆是實道其事. 以囑之愼風水, 則舟行之所當愼也. 數盤餐, 則加餐飯之謂. 二者皆在努力, 所以囑之努力.)

26 王子(왕자) – 이의를 가리킨다.

27 石根(석근) – 산각山脚. 바위가 많은 기주의 산기슭을 가리킨다.

《두시경전》 그를 도와줄 수 없음을 말한다.(言無能相助也.)

28 發聲(발성) – 소리를 내다. 탄식 소리를 내는 것을 말한다.

《두시경전》 탄식 소리를 내다가 다시 삼킨 것은 그가 슬퍼할까 걱정한 것이다.(聲出復吞, 恐其悲也.)

#《두시상주》: 끝 단락에서는 이별에 임해 경계하고 면려하는 말을 하고 있다. 사람의 정은 본래 믿을 만한 것이 못 되고, 사물의 해악 또한 위험할 수 있다. 두보는 마음이 통하는 친구에게 정의情誼가 절실하기에 반복하여 간절히 권고함이 이에 이르렀다.(末致臨別戒勉之辭. 人情旣不足恃, 而物害又復可危. 公於知交誼切, 故反覆丁寧至此.)

##《두억》: 당시 전란으로 무부가 많았기에 두보는 심히 두려워하여 시에서 매번 언급하였다. 여기에서 "잘못하여 장수의 뜻을 어기면, 친척이나 친구 같은 은정은 알지 못한다"라고 하였고, 또한 "힘써 풍파를 조심해야 하나니, 어찌 밥 먹는 은혜 자주 받는 일뿐이겠는가?"라고 하였다. '數'는 음이 '束'이다. (〈우과소단雨過蘇端〉에서 말한 것처럼) "밥 한 끼에 종적은 쓸어버린 듯하다"라는 것이 세상의 인정이다. 그래서 자주 다른 사람에게 들러 밥을 먹는 것을 경계하고 있으니 모두 충고이다. 이의는 젊기에 세상 경험이 아직 미천하다. 그래서 그 간절한 마음을 표현한 것이다.(當時戎軒多武夫, 公所甚畏, 詩每及之, 而此云誤失將帥意, 不如親故恩. 又云努力愼風水, 豈惟數盤飧. 數音束. 一飯跡便掃, 世情也. 故以頻過人飯爲戒, 皆忠告也. 李少年, 涉世尙淺, 故致其惓惓.)

《독두심해》: 시는 네 단락으로 나눠진다. 첫 8구는 구조오가 "조상의 계통과 친척의 정의情誼로부터 서술을 시작하였다"라고 하였다. '장인'과 '지자'는 이미 아래 단락을 이끄는 말이다. 다음 12구에서 8구는 '장인'에 조응하고, 4구는 '지자'에 조응하니 주학령의 주는 진실로 옳다. 그 사람을 칭찬할 때에는 반드시 그의 덕 있는 선조에게 근본을 두어 집안의 명성이 오래되고 대를 이은 이가 현명함을 보여야 한다. 또한 다음 12구는 전체 작품에서 서사를 한 곳으로, 《두시박의》에서

“두보가 예전에 일찍이 경사에서 이의를 보았는데 나이가 아직 어렸다. 이의가 지금 무협으로 와서 장차 촉으로 들어가 간알하려고 한다”라고 하였다. 끝 14구에 대해 구조오는 “이별에 임해 경계하고 면려하는 말이다”라고 하였다. 내 생각으로 ‘족융헌’은 그 땅에서 벼슬하는 자는 무관이 많음을 말한다. 한번 그 뜻을 잃으면 친척이나 친구들이 정으로 기꺼이 양해할 수 있는 것과는 같을 수 없다. 하물며 나이가 젊어 세상 경력이 많지 않으니 마땅히 ‘매화’ 피는 때에 이르면 ‘일찍 돌아와야’ 한다. ‘노력’ 4구는 ‘융헌’에서 뜻을 거스르기 쉬움을 거듭 지적하고, 허물을 부를 수 있는 곳이 매우 많아서 먹고 마시는 접대에서 경시받는 것만이 아니라 호랑이가 엎드리고 교룡이 숨어 있는 것과 같아 도처에 다 풍수의 근심이 있음을 말한다. ‘왕자’ 이하는 피차를 함께 묶어 경계하고 권면함이 더욱 지극하다. 탄식 소리를 내다가 삼키니 심히 두려워한 것이다. 아! 무신과 사나운 군사들이 사대부를 노예로 삼았기에 기주에 거처할 때의 시에서 누차 탄식과 분노를 표현하였다. 독자들은 이런 시대를 보고서 개탄하게 된다.(詩分四段. 首八句, 仇云, 從世系親誼敍起也. 而丈人之子, 已爲下段提筆. 次十二句, 八應丈人, 四應之子, 朱注良是. 而稱其人, 必本其舊德者, 見家聲遠而繼世賢也. 又次十二句, 爲篇中敍事處, 博議云, 公昔曾見義於京師, 年尙少, 義今來巫峽, 將入蜀干謁也. 末十四句, 仇云, 臨別戒勉之詞也. 愚按足戎軒, 言官其地者多武弁也. 一失其意, 不能如親故之肯以情諒矣. 況少年涉世未深, 宜及梅花而早歸也. 努力四句, 申戎軒易忤, 言召尤之處甚多, 不惟餔啜見輕而已. 如虎伏蛟潛, 隨地皆有風水之虞也. 王子以下, 彼此總束, 而戒勉愈至, 聲發仍呑, 畏之甚. 噫, 武臣悍卒, 奴隸士夫, 居夔之詩, 屢形歎憤, 讀者觀此世而慨然也.)

《두공부시집집주》에 인용된 《두시박의杜詩博議》: 《구당서》를 살펴보니 “도왕 이원경은 인덕 원년에 죽었다. 아들 인회왕 이유가 뒤를 이었으며 둘째 아들이 이순이다. 이순의 아들 이미가 신룡 초에 사도왕嗣道王으로 봉해졌으며 경운 원년에 종정경 벼슬을 하다가 죽었다. 아들 이연이 개원 25년에 사도왕으로 세습되어 봉해졌으며 광덕 연간에 종정경 벼슬을 하였다"라고 하였다. 《신당서·종실세계표》의 도효왕 이원경 아래에 먼저 사왕嗣王 이유라 쓰여 있고, 다음에 사왕 종정경 이미, 사왕 종정경 이연, 사왕 경조운 이실이라고 쓰여 있다. 《곤학기문》에 이르길 "이의는 아마도 이미의 아들이다"라고 하였다. 내가 고찰해보니 그렇지 않다. 이의는 곧 이연의 아들이고 이실의 동생이다. 시에서 "장인사삼엽"이라고 하였는데 장인은 이연을 말한다. 이유부터 이연까지 사도왕이 된 것이 삼대이기에 '사삼엽'이라고 하였다. 또 (시에서) 이르길 "어르신이 종경을 맡았을 때, 엄숙하고 화목하여 옛 법도가 돈독해졌다. 이전 조정에서 간쟁을 받아들이니, 곧은 기운이 천지를 가로질렀다"라고 하였다. 《구당서·예의지禮儀志》를 살펴보면 천보 10년 정월에 태자율경령太子率更令 사도왕 이연을 파견하여 기산 동안공에게 제사하게 하였다고 한다. 곧 이연은 현종 대에 이미 사신의 임무를 맡았으니 이른바 "선조납간쟁"은 아마도 현종을 말한다. 또 이르길 "옛날 처음 보던 때를 생각해보니, 향초를 수놓은 작은 저고리를 입고 있었는데, 장성하여 홀연히 만나니, 나의 오랜 병든 넋을 위로해준다"와 "젊은 나이에 일찍 돌아오게, 매화꽃이 이미 휘날리나니", "왕자께서는 스스로를 아끼시게, 이 늙은이는 산기슭에서 곤궁할 뿐이네" 등은 다 전배로서 타이르고 권면하는 말이다. 두보는 대략 천보 연간에 일찍이 경사에서 이의를 보았는데 나이가 아직 어렸다. 이의가 지금 무협으로 와서 장차 촉으로 들어가 간알하려고 하기에 '맹호'와 '교리'로써 경계하였다. 만약 이의가 이미의 아들이라면 이미는 경운 연간에 죽었으니 대력 2년과 또한 56~57년 떨어져 있어 이의의 나이가 두보보다 많게 되니 어찌 두보가 그를 지목하여 소년이라 하고 스스로를 노부라고 할 수 있겠는가?

이로 말미암아 말하면 이의가 이연의 아들인 것은 분명하다.(按舊書, 道王元慶, 麟德元年薨. 子臨淮王誘嗣, 次子詢. 詢子微, 神龍初, 封爲嗣道王. 景雲元年, 官宗正卿, 卒. 子鍊, 開元二十五年, 襲封嗣道王. 廣德中, 官宗正卿. 新書宗室世系表於道孝王元慶之下, 首書嗣王誘, 次書嗣王宗正卿微嗣王宗正卿鍊嗣王京兆尹實. 困學紀聞云, 義蓋微之子. 以予考之, 不然. 義乃鍊之諸子, 而實之弟耳. 詩云, 丈人嗣三葉, 丈人, 謂鍊. 自誘至鍊, 爲嗣道王者三世, 故曰嗣三葉也. 又云, 丈人領宗卿, 肅穆古制敦. 先朝納諫諍, 直氣橫乾坤. 按舊志, 天寶十載正月, 遣太子率更令嗣道王鍊, 祭沂山東安公. 則鍊在玄宗時, 已蒙任使, 所云先朝納鍊諍者, 蓋玄宗也. 又云, 憶昔初見時, 小襦繡芳蓀. 長成忽會面, 慰我久客魂. 與少年早歸來, 梅花已飛翻, 王子自愛惜, 老夫困石根等語, 皆前輩諄勉之詞. 蓋公天寶中曾見義於京師, 年尙少, 今來巫峽, 將入蜀干謁, 故以猛虎蛟螭戒之. 若令義爲微之子, 則微卒於景雲中, 去大曆二年且五十六七載, 義之齒當長於公, 安得目爲少年而自居老夫乎. 由此言之, 則義爲鍊之諸子審矣.)

(강민호)

69. 送高司直尋封閬州

낭주자사 봉공을 찾아가는 고사직을 송별하다

丹雀銜書來[1] 暮棲何鄉樹 驊騮事天子[2] 辛苦在道路

司直非冗官[3] 荒山甚無趣[4] 借問泛舟人[5] 胡爲入雲霧[6]

與子姻婭間[7] 旣親亦有故[8] 萬里長江邊[9] 邂逅亦相遇[10]

長卿消渴再[11] 公幹沈綿屢[12] 淸談慰老夫[13] 開卷得佳句

時見文章士[14] 欣然談情素[15] 伏枕聞別離[16] 疇能忍漂寓[17]

良會苦短促[18] 溪行水奔注[19] 熊羆咆空林[20] 遊子愼馳騖[21]

西謁巴中侯[22] 艱險如跬步[23] 主人不世才[24] 先帝常特顧[25]

拔爲天軍佐[26] 崇大王法度 淮海生淸風[27] 南翁尙思慕[28]

公宮造廣厦[29] 木石乃無數[30] 初聞伐松柏 猶臥天一柱[31]

我病書不成[32] 成字讀亦誤[33] 爲我問故人[34] 勞心練征戍[35]

주작은 글을 물고 오는 것인데

저물녘에 어느 마을의 나무에 깃들이려는가?

화류마는 천자를 섬기는 것인데

고생하며 길에 있네.

사직은 쓸모없는 관직이 아니어서

거친 산에는 심히 흥취가 없을 텐데,

배 띄운 이에게 묻나니

어찌하여 구름 안개 속으로 들어가는가?

그대와는 혼인으로 맺은 관계로
이미 친척인 데다 또한 옛 사귐이 있었는데,
만 리 떨어진 장강 가에서
우연히 또한 서로 만나게 되었네.
사마상여처럼 소갈병이 재발하고
유정처럼 고질병이 잦은데,
청담으로 늙은이를 위로해주었고
그대의 시권을 열어보니 좋은 구절을 얻게 되었네.

때맞춰 문장하는 선비를 만나
흔연히 진심을 말하다가,
베개에 엎드려 헤어진다는 말을 들으니
떠도는 삶을 누가 참을 수 있겠는가?
좋은 모임은 진실로 짧구나
수로로 갈 때 물이 거세고,
곰이 빈 숲에서 으르렁거릴 것이니
떠나는 그대는 너무 빨리 감을 조심하게.
서쪽으로 파중의 제후를 알현하러 가니
험난한 길도 반걸음과 같으리라.

그곳의 주인은 불세출의 재주를 가져
선제께서 일찍이 특별히 돌아보셔서,
선발되어 황제의 군대를 보좌하여
왕의 법도를 높이고 크게 하였으며,
회해에서는 맑은 기풍을 일으켰기에

남녘 부로들이 늘 그리워하였네.
궁궐에서 큰 집을 지으면
목재와 석재가 헤아릴 수 없이 필요한데,
소나무와 측백을 벤다는 말을 애초 들었지만
오히려 하늘을 받치는 기둥 하나는 누워 있었지.

나는 병들어 글도 제대로 쓸 수 없고
글자를 이루어도 읽어보면 또 틀리니,
날 대신하여 친구에게 안부를 물어주시게
멀리 나와 수자리 서는 군사 훈련 시키느라 마음고생한다고.

이 시는 기주에서 만난 고사직이 낭주자사인 봉씨에게 가는 것을 전송하며 지은 것이다. 앞부분에서는 고사직이 뛰어난 재능을 가지고 있음에도 이리저리 떠도는 것을 가슴 아파한 뒤, 병중에 그를 만나 다시 활력을 찾아 즐거웠지만 떠난다고 하니 애석하다고 하면서 앞길을 조심할 것을 당부하였다. 뒷부분에서는 낭주자사 봉씨의 재능을 칭송하면서 역시 크게 쓰이지 못함을 안타까워한 뒤 안부를 전하는 말로 맺었다. 저작 시기는 대력 2년으로 추정한다.

《보주두시》 시에서 "만 리 떨어진 장강 가에서, 우연히 한 번 서로 만나게 되었다"라고 하였고 또 "서쪽으로 파중의 제후를 알현하러 간다"라고 하였으니 마땅히 이는 기주에서 지은 것이다. 양권도는 대력 3년에 편재하였다. 하지만 시에서 또 "베개에 엎드려 헤어진다는 말을 들으니 떠도는 삶을 누가 참을 수 있겠는가?"라고 하였는데, 이해 정월에 두보가 협곡을 나갈 때는 병이 있다는 말을 한 적이 없다. 이해가 대력 2년이라는 것은 산속에서 늙고 병들었다는 시(〈노병老病〉)와 작은 과수원에서 병을 달래며 지은 여러 시(〈가일소원산병장종추채독륵경우겸서촉목暇日小園散病將種秋菜督勒耕牛兼書觸目〉, 〈소원小園〉)를 보면 알 수 있다.(詩云萬里長江邊, 邂逅一相遇, 又云西謁巴中侯, 當是在夔州作. 梁權道編在大曆三年. 然詩又云伏枕聞別離, 疇能忍漂寓. 是年正月公出峽, 未嘗言病意. 是大曆二年, 觀老病山裏之詩與小園散病諸作, 可知也.)

《두시상주》 사직은 대리시의 관직이다. 후위 영안 2년에 사직 10명을 두었고 당나라 제도에서는 6명이었다. 대리시에 의심스런 사안이 있으면 참여하여 의론하였다.(司直, 大理寺官. 後魏永安二年, 置司直十人. 唐制, 六人. 寺有疑讞, 則參議之.)

주석

1 丹雀(단작)– 신화에서 상서로움을 상징하는 붉은 새.

《두시상주》《주례소》에 인용된《상서중후尙書中候·아응》에서 "9월 갑자일에 적작이 붉은 글을 물고 풍 땅에 들어와서는 희창(문왕)의 문에 내려앉았다. 희창이 절을 하고 계수하고는 그 글을 받았다"라고 하였다.《둔갑》에서 "적작이 보이지 않으면 나라에 현자가 없다"라고 하였고, 주에서 "적작은 글을 물고 다니는 것을 주관하는데, 태양의 정령이다"라고 하였다.(周禮疏, 中候我應云, 季秋甲子, 赤雀銜丹書入豐, 止於昌戶. 昌拜稽首, 受其文. 遁甲, 赤雀不見, 則國無賢. 注, 赤雀, 主銜書, 陽精也.)

2 驊騮(화류)– 준마의 이름으로, 주나라 목왕의 수레를 끌었다.

《두시상주》 주나라 목왕은 여덟 마리의 준마가 끄는 수레를 몰았는데, 오른쪽 복마가 화류였다.(周穆王駕八駿之乘, 右服驊騮.)

[丹雀 4구] 천자를 섬겨야 할 고사직이 지방에서 떠돌며 고생하고 있음을 비유적으로 표현한 것이다.

《구가집주두시》 조차공 주 '단작'과 '화류'는 고사직을 비유한다.(丹雀驊騮, 以比高司直.)

《두시경전》 첫머리는 고사직이 조정에서 관직을 하지 않고 나그네가 되어 간알하는 것을 비유한다.(首喩司直不官於朝, 而作客干人.)

3 冗官(용관) – 쓸데없는 관직.

4 荒山(황산) – 거친 산. 조정이 아닌 재야를 가리킨다.

[司直 2구]

《보주두시》에 인용된 왕수 주 사직은 고귀한 직위인데 거친 산에 있으니, 이것이 흥취가 없는 이유이다.(司直, 華選也, 而在荒山, 此所以無趣.)

5 泛舟人(범주인) – 배를 띄운 사람. 여기서는 이리저리 떠도는 고사직을 가리킨다.

《두시조차공선후해집교》 '범주인'은 고씨를 가리킨다.(泛舟人, 則指高君也.)

6 入雲霧(입운무) – 구름 안개 속으로 들어가다. 앞길이 순탄하지 않고 많은 장애가 있을 것이라는 말이다.

#《두시상주》: 첫 단락은 고사직이 촉 땅으로 들어가는 것을 서술하였다. 위 4구는 비유이고 아래 4구는 서술이다. 조차공이 말하기를, "고씨는 궁궐을 출입하며 주상을 섬겼으니, 문왕의 주작과 목왕의 화류로 비유하였다. 거친 산과 구름 안개는 고사직이 의당 거쳐야 하는 곳이 아니니, 애석해하며 물었다"라고 하였다.(首敍司直入蜀. 上四比興, 下四賦詞. 趙曰, 高通籍事主, 故比丹雀之於文王, 驊騮之於穆王. 荒山雲霧, 非司直所宜經, 故惜而問之.)

7 子(자)– 그대. 고사직을 가리킨다. 姻婭(인아)– 혼인으로 맺어진 친척관계.

8 有故(유고)– 교유관계가 있다.

《두시상주》 '유고'는 오래된 사귐을 말한다.(有故, 謂故交.)

9 長江邊(장강변)– 여기서는 기주를 가리킨다.

10 邂逅(해후)– 우연히 만난 것을 뜻한다. 相遇(상우)– 서로 만나다.

11 長卿(상경)– 사마상여의 자字.

12 公幹(공간)– 건안칠자 중 한 명인 유정劉楨의 자字. 그의 시 〈증오관중랑장贈五官中郎將〉에서 "나는 고질병에 걸려서 맑은 장수의 물가에 몸을 숨겼다.(余嬰沉痼疾, 竄身淸漳濱.)"라고 하였다. 沈綿(침면)– 오래도록 낫지 않는 병을 말한다.

[長卿 2구] 두보가 오래도록 병으로 고생하고 있음을 말한 것이다.

《보주두시》에 인용된 조차공 주 두보가 자신의 병이 사마상여, 유정과 같다고 스스로 말한 것이다.(公自言其病與相如公幹同.)

13 老夫(노부)– 두보를 가리킨다.

#《두시상주》: 이 단락은 서로 만나 정을 나눈 것을 서술하였다. 그의 청담과 좋은 구절을 얻었기에 비록 소갈병과 고질병이 있었지만 또한 문득 나을 수 있었다.(此敍相遇交情. 得其淸談佳句, 雖消病沉綿, 亦可頓蘇矣.)

14 時(시)– 때마침. 때때로. 文章士(문장사)– 문장을 잘하는 선비. 여기서는 고사직을 가리킨다.

15 欣然(흔연)– 기뻐하는 모양. 談(담)– '澹'으로 된 판본도 있다. 情素(정소)– 진심. 평소 가지고 있던 마음.

16 伏枕(복침) – 베개에 엎드리다. 병이 들었음을 말한다. 聞別離(문별리) – 헤어진다는 말을 듣다. 고사직이 떠나간다는 소식을 들었다는 말이다.

17 疇(주) – 누구. 漂寓(표우) – 떠돌며 살다.

18 良會(양회) – 좋은 만남. 苦(고) – 진실로. 短促(단촉) – 시간이 짧다.

19 溪行(계행) – 수로로 배를 타고 가다. 奔注(분주) – 물이 거세게 흘러가는 것을 말한다.

20 熊羆(웅비) – 곰과 큰곰. 咆(포) – 으르렁거리다.

21 遊子(유자) – 길을 떠나는 사람. 여기서는 고사직을 가리킨다. 馳鶩(치무) – 빠른 속도로 가다.

22 巴中侯(파중후) – 파중의 제후. 여기서는 낭주자사 봉씨를 가리킨다.
《두시상주》 '파중후'는 낭주자사 봉씨를 가리킨다.(巴中侯, 指封閬州.)

23 艱險(간험) – 험난하다. '險'은 '難'으로 된 판본도 있다. 跬步(규보) – 반걸음. 거리가 매우 가까운 것을 비유한다. 이 구는 험난한 길이지만 가깝게 여긴다는 말이다. 이와 달리 반걸음마다 험난함이 있다고 보는 설도 있지만 취하지 않는다.

[西謁 2구]
《두시조차공선후해집교》 낭주가 파중이니 '파중후'는 낭주자사 봉씨이다. "간험여규보"는 고씨가 먼 곳을 꺼리지 않음이 이와 같았다는 말이다.(閬爲巴中, 巴中侯, 則封閬州也. 艱險如跬步, 則高君之不憚遠如此.)

#《두시상주》: 이 단락은 사직과 헤어짐을 애석해하는 것이다. '청담'은 고사직에게 속하고 '담정'은 두보에게 속한다. 물길로 갈 때는 거센

물에 막힐까 두렵고 뭍으로 갈 때는 곰을 만날까 두렵다. 다만 파땅 제후와의 옛 사귐 때문에 위험한 길을 반걸음으로 여길 뿐이다.(此爲司直惜別. 淸談, 屬高. 談情, 屬公. 水行恐阻奔注, 陸行恐遇熊羆, 特以巴侯舊契, 故視艱險如跬步耳.)

24 主人(주인) – 낭주자사 봉씨를 가리킨다. 不世才(불세재) – 불세출의 재주. 좀처럼 이 세상에 나타나지 않는 뛰어난 재주.

25 先帝(선제) – 대력 연간의 황제는 대종이니 아마 숙종이나 현종일 것이다.

26 天軍(천군) – 황제의 군대. 여기서는 금군禁軍을 가리킨다. 佐(좌) – 보좌하다.

27 淮海(회해) – 서주徐州를 중심으로 한 회하淮河 이북과 해주海州 일대를 가리킨다. 生淸風(생청풍) – 맑은 기풍이 생겨나다. 지방장관으로서 잘 다스렸음을 말한다.

28 南翁(남옹) – 여기서는 회해 지역의 부로父老들을 가리킨다. 두보를 가리킨다는 설도 있지만 취하지 않는다.

29 公宮(공궁) – 궁궐. 廣厦(광하) – 넓은 집.

30 木石(목석) – 나무와 돌. 집을 짓는 재료이다. 無數(무수) – 헤아릴 수 없다. 매우 많다는 뜻이다.

31 天一柱(천일주) – 하늘을 받치는 기둥. 또는 하늘까지 닿을 만한 높은 기둥. 여기서는 봉씨를 비유한다. 이와 달리 고씨를 비유한다는 설도 있으나 취하지 않는다.

[公宮 4구]

《두시조차공선후해집교》 이(천일주)는 낭주자사 봉씨 같은 조정관원의 그릇이 아니라면 담당하기에 부족하다는 말이다. 옛 주는 '공궁'

이라는 글자에 현혹되어서 도리어 주에서 "막부에서 한창 재능이 있는 자가 필요하니 아마도 고사군을 가리켜 말한 것이리라"라고 하였으나 옳지 않다.(此非封閬州之爲廊廟器不足當之. 舊注惑於公宮字, 却注云, 幕府方須材, 意以指高使君言之, 非是.)

《독두시설》 이는 낭주에서 비록 여러 인재를 불러들였지만 오히려 고사직을 빠트렸다는 말이다. 필시 고씨가 봉씨의 막부에 머무르고자 하여 두보가 이 시를 빌려 칭찬하여 끌어준 것이다. '천일주'는 고씨를 말한다. 《두시상주》의 주에서 "봉씨는 처음에 궁궐호위직이었다가 또 일찍이 회해에 부임하였다. 넓은 건물을 지을 때 재목이 필요하여 이에 소나무와 측백나무를 중시하면서도 하늘을 받치는 기둥을 버려두었다는 것은 그가 아직 크게 기용되지 못한 것을 애석해한 것이다"라고 하였으니 여전히 낭주자사를 말하는 듯하다. 하지만 고씨를 송별하는 시의 뜻에는 맞지 않는다.(是言閬州雖致衆才, 尙遺司直. 必高欲留在封幕, 公借詩爲吹噓, 天一柱, 謂高也. 注言封初爲宿衛官, 又嘗仕於淮海, 廣厦須材, 乃重松柏而舍天柱, 惜其未得大用, 似仍說閬州, 于送高意無着矣.)

#《두시상주》: 이 단락은 낭주자사의 뛰어남을 칭송한 것이다. 봉씨는 처음에 궁궐호위직이었다가 또 일찍이 회해에 부임하였으니 바로 역임한 벼슬의 자취이다. 또 넓은 건물을 지을 때 동량의 재목이 필요하여 이에 소나무와 측백나무를 베면서도 하늘을 받치는 기둥을 버려두었다고 하였으니, 그가 아직 크게 기용되지 못한 것을 애석해한 것이다.(此稱閬州之賢. 封初爲宿衛官, 又嘗仕於淮海, 乃歷來宦迹. 且廣厦須梁棟之材, 乃採松柏而舍天柱, 惜其未得大用也.)

32 病(병) – '瘦'로 된 판본도 있다. 書不成(서불성) – 글자가 제대로 모양을 갖추지 못한다는 말이다.

33 讀(독) – '字'로 된 판본도 있다. 이 구는 병으로 글을 조리 있게 쓸

수 없다는 말이다.

34 故人(고인) – 봉씨를 가리킨다.

35 征戍(정수) – 변방으로 정벌 나와 수자리를 서다. 낭주의 병사를 가리킨다.

[我病 4구] 두보가 병으로 편지를 직접 써줄 수 없으니 대신 소식을 전해달라는 말이다.

#《두시상주》: 마지막 단락은 낭주자사에게 말을 부치면서 맺었다. 병으로 글도 제대로 못 쓴다는 것은 앞의 소갈병과 고질병에 호응한다. 군사를 훈련시켜 멀리 수자리 서게 하는 것은 당시 영토를 지키는 시급한 임무였다.(末以寄語閬州作結. 病不成書, 應前消渴沉綿. 練兵征戍, 乃當時守土急務.)

##《독두심해》: 이는 할 말을 쭉 나열하여 있는 그대로 서술한 문장이다. 모두 고씨와 봉씨 두 사람이 조정에 등용되어 크게 쓰이지 못한 것을 크게 애석해한 것으로 한 명은 길에서 고생하고 있고 한 명은 지방관원으로 뜻을 굽히고 있기 때문인데, 두보 자신의 모였다 헤어지는 것에 대한 감정과 안부를 전하는 정감이 그 사이에 엇섞어 서술되어 있다. 하지만 고씨를 위주로 하고 봉씨를 부차적으로 하였으니 어휘 구사에 절로 선후가 있다. 처음 8구는 사직이 직위를 잃고 분주하게 다니는 것을 애석해한 것인데 비흥의 수법을 사용하여 일으켰다. '여자' 8구는 오래된 사귐을 서술하고 객지에서 만난 것을 기뻐하였다. '시견' 10구는 갑자기 만났다가 곧바로 헤어지는 것을 서술하였는데 또 앞길을 조심하라는 말을 하였다. 대개 촉 땅에는 전란이 많아 발을 움직일 때마다 위험하기 때문이다. 이 말은 또한 낭주로 보면 거꾸로 돋보이게 하는 것인데 봉씨가 대체로 훌륭한 관리이기 때문이다. 이상은 모두 고사직에 대한 말이다. '주인' 10구는 낭주자사 봉씨

에 대한 이야기로 들어가는데, 그가 역임한 관직과 행적을 서술하였으며 현재 크게 기용되지 못함을 애석해하였다. 큰 건물을 지을 때 재목이 필요한데 하늘을 받치는 이 기둥을 빠트렸다고 하였으니 또한 비유하는 말이다. 마지막 4구는 자신에 대해 서술한 것인데, 낭주자사에게 부치는 말로 맺었다. '나를 대신하여 안부를 물어달라'고 하였는데 여전히 이는 고씨에게 부탁하는 말이니, 거두고 맺음에 빠트림이 없다.(此平鋪直敍之文, 總以高封兩人不得登朝大用, 深致婉惜, 一勞於道塗, 一屈於外吏也. 而在己聚散之感, 寄問之情, 錯敍於其間. 然高爲主, 封爲賓, 措詞自有先後. 首八句, 惜司直之失位而奔走, 用比興起. 與子八句, 敍舊誼而喜客遇. 時見十句, 敍乍遇而卽別, 且爲致戒前途. 蓋蜀多戎軒, 故動步卽險, 亦正爲閬州作反剔, 封蓋循吏也. 以上皆對司直語. 主人十句, 入封閬州, 敍其歷官往跡, 而惜其目前小用. 造厦需材, 遺此天柱, 亦比語也. 末四, 自敍, 而以寄語閬州作結. 曰爲我問, 仍是託高之詞, 收縮不漏.)

(**임도현**)

70. 可歎

한탄스럽다

天上浮雲似白衣[1] 斯須改變如蒼狗[2]
古往今來共一時[3] 人生萬事無不有[4]
近者抉眼去其夫[5] 河東女兒身姓柳[6]
丈夫正色動引經[7] 酆城客子王季友[8]
群書萬卷常暗誦 孝經一通看在手[9]
貧窮老瘦家賣屐[10] 好事就之爲攜酒[11]
豫章太守高帝孫[12] 引爲賓客敬頗久[13]
聞道三年未曾語[14] 小心恐懼閉其口[15]
太守得之更不疑 人生反覆看已醜[16]
明月無瑕豈容易[17] 紫氣鬱鬱猶衝斗[18]
時危可仗眞豪俊[19] 二人得置君側否[20]
太守頃者領山南[21] 邦人思之比父母[22]
王生早曾拜顏色[23] 高山之外皆培塿[24]
用爲羲和天爲成[25] 用平水土地爲厚[26]
王也論道阻江湖[27] 李也疑丞曠前後[28]
死爲星辰終不滅[29] 致君堯舜焉肯朽[30]
吾輩碌碌飽飯行[31] 風后力牧長迴首[32]

하늘에 뜬 구름이 흰옷 같더니

순식간에 바뀌어 푸른 개 같네.
예로부터 지금까지가 공히 한때로
인생 만사 없는 게 없네.

근자에 지아비와 반목하여 떠나간
하동의 여인은 성이 유씨.
그 지아비는 낯빛을 바르게 하고 번번이 경전을 인용하였으니
풍성의 나그네인 왕계우라네.
뭇 책 만 권을 늘 암송하거니와
《효경》 한 통은 보아하니 손에 들려 있네.
빈궁하고 늙고 마른 몸으로 집에서 신을 만들어 파는데
좋아하는 사람들은 술을 들고 그에게 가네.

예장태수는 고제의 후손인데
그를 빈객으로 끌어들이고 공경한 지 자못 오래되었는데,
듣건대 삼 년이나 말을 한 적 없다 하니
조심하고 두려워하여 그 입을 닫은 게지.
태수는 그를 얻고서 다시 의심하지 않았으니
인생사 반복하는 짓이야 이미 추함을 보았네.
명월주에 흠이 없기가 어찌 쉬우랴?
가득한 보랏빛은 여전히 남두성을 찌르네.

시절이 위태하니 진정한 호걸에 의지해야 옳을 터
이 두 사람이 임금의 옆에 놓일 수 있을까?
태수가 전에 산남을 이끌었는데

그 지역 사람이 그를 그리워하는 심사는 부모에 비견되네.
왕생은 일찌감치 그 얼굴을 뵌 적이 있는데
그 높은 산 밖에는 모두 조그만 언덕 같았지.
그들을 등용하여 희화로 삼으면 하늘이 이루어질 것이고
등용하여 물과 흙을 다스리면 땅이 두터워지리라.

왕씨는 도를 논하면서도 강호에 떨어져 있고
이씨는 임금을 보필할 자인데 앞자리와 뒷자리가 비어 있네.
죽어서는 별이 되어 끝내 사라지지 않을 터
군주를 요순의 경지로 이끌 능력이 어찌 썩고지 하겠는가?
무능한 우리 무리야 밥이나 배부르게 먹고 가면서
풍후와 역목을 길이 돌아본다네.

왕계우王季友는 어려운 살림살이에도 학문을 좋아하고 절조를 굳게 지켰다. 실로 올곧은 선비의 삶을 살았지만 부덕한 그의 처가 그를 버리고 떠났다. 그를 막부로 불러들인 예장태수 이면李勉이 그의 사람됨을 알아보고 각별히 예우하였기에 두보는 이 시를 지어 왕계우를 변호하였고, 그를 알아준 이면도 아울러 높이 평가하였다. 저작 시기는 대력 2년으로 추정된다. 일반적으로 이면이 경조윤에 배수되어 입조한 뒤에 지은 것으로 보지만 "이야의승광전후李也疑丞曠前後" 같은 구의 내용으로 보아 입조 전에 지은 것으로 보인다.

《두시상주》 이 시는 황학의 설에 근거하면 의당 대력 2년 말에 편재해야 할 것이다. 황학의 주에서 "융흥에 있는 석당(돌기둥)에 이면이 홍주자사라는 사실을 기재하면서 장호의 뒤, 위소유의 앞에 두었다. 장호가 광덕 2년 9월에 죽고 이면이 바로 이달에 그를 이었으니 대력 2년에 이르면 모두 3년이 된다. 이해에 이면이 입조하여 4월에 경조윤에 배수되었는데, 이 시는 바로 이면이 장안에 들어간 뒤에 지은 것이다. 그래서 '삼 년 동안 말을 한 적이 없다'고 한 것이다"라고 하였다. 지금 살펴보건대, 시에서 또 "이씨는 임금을 보필할 자인데 앞자리와 뒷자리가 비어 있다"라 하였으니, 이 역시 입조하고 나서 이 말로써 그를 송찬한 것이다. 황학은 대력 4년 이면이 광주로 들어갔을 때 지은 것이라고 또 의심하였는데, 이는 아마 '산남'을 '광남'으로 오인하였기 때문일 것이다. 시 속의 '산남'은 본래 이전 일을 돌이켜 논한 것일 뿐이다.(此詩據黃氏, 當編在大曆二年之末. 鶴注, 隆興有石幢, 載李勉爲洪州刺史, 在張鎬之後, 魏少游之前. 鎬以廣德二年九月卒, 勉卽以是月繼之, 至大曆二年, 凡三年. 是年勉入朝, 四月拜京兆尹. 此詩乃勉入京後作, 故曰三年未曾語. 今按, 詩又云, 李也疑丞曠前後, 亦是旣入朝而以此頌之. 黃鶴復疑四年勉入廣時作, 蓋誤認山南爲廣南也. 詩中山南, 本追論前事耳.)

《보주두시》 시에서 "태수가 전에 남산에 있었다"라 하였으니, 시는 이면이 대력 2년 입조하여 경조윤이 된 후에 지었을 것인데, 의당 대력 4년 이면이 광주에 들어갔을 때 두보가 담주에서 지은 것이리라. 양권도는 대력 원년 기주 시 안에 편재하였는데 이면이 이때는 아직 경조윤이 되지 않았다는 사실을 살펴보지 못하였기 때문이다.(詩云, 太守頃者在南山, 則詩作於李勉大曆二年入朝爲京尹後, 當是大曆四年勉入廣時公在潭州作. 梁權道編在大曆元年夔州詩內, 不考勉是時尙未爲南山守也.)

《보주두시》 살펴보건대, 《예장도경》에서 "당나라 왕계유는 풍성 사람으로 집안이 가난하여 신을 팔았는데 뭇 서적에 널리 통달하였다. 이면이 불러 빈객으로 삼았는데 낯빛을 바르게 하고 경전을 인용하여 이면이 그를 심히 공경하였다. 시를 잘 지어 원결의 《협중집》에 보인다"라고 하였다. 또 융흥에 있는 석당에 자사의 이름과 작위가 기재되어 있는데 이면이 장호의 뒤, 위소유의 앞에 있다. 장호가 광덕 2년 9월에 죽고 이면이 이해 9월에 그를 이었다. 《구당서·대종기》에 "광덕 2년 9월 신유일에 홍주자사 이면을 부지선사로 명하였다"라는 기록이 있고, 또 《구당서·이면전》에 "대력 2년에 내조하여 경조윤 겸 어사대부에 배수되었다"라는 기록이 있다. 그래서 시에서 "태수가 전에 남산에 있었다"라 하였으니, 경조에 종남산이 있기에 그렇게 말한 것이다. 그러므로 시는 의당 대력 2년 뒤에 지어졌을 것이다. 이면은 대력 4년 12월에 이미 광주에 있으면서 풍숭도와 주제의 난을 평정하였는데, 그가 광주자사가 된 것 역시 그해이다. 뒤에 덕종 초에 평장공, 검교좌복야의 작위가 더해졌으니, 공의 "이야의승광전후" 구를 저버리지 않았다고 할 수 있을 것이다.(按, 豫章圖經, 唐王季友, 酆城人, 家貧賣履, 博極群書, 李勉引爲賓客, 正色引經, 勉甚敬之, 善爲詩, 見元結篋中集. 又隆興有石幢, 載牧守名爵, 李勉在張鎬之後魏少游之前, 而鎬以廣德二年九月卒, 勉以其年九月繼之. 舊史代宗紀, 廣德二年九月辛酉命洪州刺史李勉副知選事, 又舊史李勉傳, 大曆二年來朝拜京兆尹兼御史大夫, 故詩曰, 太守頃者在南山, 以京兆有南山而云, 然則詩當作於二年後也, 勉大曆四年十二月已在廣平馮崇道朱濟之亂, 則其刺廣亦在其年, 後當德宗之初, 加平章公檢校左僕射, 可謂不負公李也疑丞曠前後之句.)

주 석

1 似(사) – '如'로 된 판본도 있다.

2 蒼狗(창구) - 푸른 개.

[天上 2구] '백의'와 '창구'는 구름의 모습을 형용한다. 이 중 '창구'는 전설에 의하면 불행한 일이 일어날 때 나타난다고 하니, 이 시에서는 왕계우의 불행한 일을 암시하는 작용도 할 것이다.

《두시상주》 《진서·천문지》에 "정나라 구름이 붉은 옷 같다"라는 말이 있고, 또 말하기를 "장운은 모양이 개와 같은데 붉은색이며 긴 꼬리가 있다"라고 하였다. 《한서·오행지》에 "푸른 개 모양의 물체가 보인다"라는 말이 있다. 《유마경》에서 "이 몸이 뜬구름 같아 순식간에 변하여 사라진다"라고 하였는데, 여기서 그 뜻을 사용하였다. (晉天文志, 鄭雲如絳衣, 又云, 牂雲, 如狗, 赤色長尾. 漢五行志, 見物如蒼狗. 維摩經, 是身如浮雲, 須臾變滅, 此用其意.)

《한서·오행지》 고후(여태후呂太后) 3년 8월 파상에서 액막이 제사를 지내고 돌아오다가 지도를 지났을 때, 푸른 개 모양의 물체가 고후의 겨드랑이를 움켜잡는 것이 보이다가 홀연 보이지 않았다. 점을 쳐보니 조왕 유여의劉如意의 원혼이 재앙을 내린 것이라고 하였는데, 마침내 겨드랑이의 상처가 병이 되어 붕어하였다.(高后三年八月, 祓霸上, 還過枳道, 見物如蒼狗, 撠高后掖, 忽而不見. 卜之, 趙王如意爲祟, 遂病掖傷而崩.)

3 古往今來(고왕금래) - 예로부터 지금까지. 共一時(공일시) - 모두 한때이다. 동일한 상황임을 말한다. 이 구절은 예로부터 지금까지 어느 때나 마찬가지라는 뜻이다.

《독두심해》 '공일시'는 고금이 같은 추향趨向이라고 말하는 것과 같다.(共一時, 猶言古今一轍.)

4 人生(인생) 구 - 하늘의 구름에 인간사 모든 일의 양상이 나타난다는 뜻이다.

[古往 2구] 예나 지금이나 마찬가지로 인생사에 온갖 일이 있다는 뜻이다.

《두시조차공선후해집교》 뜬구름은 원래 변하는 모습이 무상한 물질이다. 그렇지만 처음에는 흰옷이었다가 푸른 개로 바뀌었으니, 일의 일정하지 않음이 이와 같다. 이 말로써 고금이 한때이고 만사의 변함을 말로 형용할 수 없다는 사실을 비유한다.(浮雲固變態不常之物, 然初白衣而變爲蒼狗, 則事之無定如此, 以譬古今一時而萬事之變不可名狀也.)

#《두시상주》: 첫 단락은 단서를 빌려 흥을 부쳤다. 뜬구름이 바뀌는 것으로 인사가 무상함을 비유하고, 아래에 나오는 부인이 지아비를 버린 이야기를 일으켰다.(首段, 借端託興. 以浮雲變幻, 比人事不常, 起下婦人棄夫.)

5 近者(근자)－ 근자. 근래. 抉眼(결안)－ 눈을 파내다. 여기서는 부부간에 반목하는 것을 뜻한다. 夫(부)－ '眯'로 된 판본도 있다.

《두시상주》《두억》에서 "'결안'은 '반목'이라고 말하는 것과 같다"라고 하였다. 조차공은 "유씨가 그 지아비를 좋아하지 않아서 눈 안의 물체를 파내어버리듯이 그를 떠났다. 동북 지역 사람의 방언은 만나서 기쁘지 않은 사람에 대해 매번 '결안'이라 한다"라고 하였다. 《사기·오세가》에 "오자서가 죽게 되었을 때 '내 눈을 파서 오나라 동문에 두어라'라고 하였다"라는 기록이 있다.(杜臆, 抉眼, 猶云反目. 趙曰, 柳氏不喜其夫, 如抉眼中之物而去之. 東北人方言, 不喜見者, 每曰抉眼. 吳世家, 子胥將死, 曰抉吾眼, 置吳東門.)

《구가집주두시》 조차공 주 ('抉眼'이) '抉眯'로 된 판본이 있는데, 틀렸다.(一作抉眯, 非是.)

6 河東(하동) 구－ 왕계우의 처가 성이 유씨이고 하동 출신임을 말한다. 유씨가 왕계우의 처가 아니고 다른 사람이라는 설이 있으나 옳지 않다.

《두시상주》 '하동'은 유씨의 출신지 군 이름이다.(河東, 乃柳氏郡名.)

7 動(동) – 번번이. 툭하면. 引經(인경) – 경전을 끌어들이다. 경전을 인용하다. 이 구절은 왕계우가 평소 몸가짐을 반듯하게 하고 경전의 가르침을 중시하였다는 사실을 말한다. 이와 달리 그가 처를 질책할 때 하는 행위로 보는 설도 있으나 합당하지 않다.

8 酆城(풍성) – 현 이름. 당나라 때 예장군에 속하였다.

《두시상주》에 인용된 《신당서》 풍성현은 홍주 예장군에 속한다.(豐城縣, 屬洪州豫章郡.)

9 通(통) – 책이나 문서 등을 헤아릴 때 쓰는 양사量詞. 看在手(간재수) – 손에 있음을 보다. 이 구절은 사람들이 일상에서 왕계우의 손에 《효경》이 들려 있는 것을 보았음을 말한다.

10 瘦(수) – '叟'로 된 판본도 있다. 賣屩(매갹) – 신을 팔다. 신을 팔아 생계를 꾸림을 말한다. '屩'이 '屐'으로 된 판본도 있고 '履'로 된 판본도 있다.

11 好事(호사) – 호사가. 어떤 일을 좋아하는 사람. 여기서는 도나 학문을 좋아하는 사람을 말한다. 就之(취지) – 그에게 가다. 그에게 묻고 배우러 가는 것이다. 爲攜酒(위휴주) – 그를 위해 술을 가져가다.

《구가집주두시》 조차공 주 '휴주' 구는 《한서·양웅전》에 나오는 '호사자들이 술과 안주를 싣고 와서 그를 따르며 배웠다'는 고사를 은연중 사용하였다.(攜酒, 暗使揚雄傳, 好事者載酒肴從游學.)

#《두시상주》: 이 단락은 왕씨의 고향에서의 일을 서술하였다. 왕씨에게 정론이 있었으나 떠나간 부인의 마음을 만류할 수 없었으니, 이는 일 중에 한탄스러운 것이다. 그러나 그는 집안이 가난해도 배우기를 좋아하여 사람들이 와서 그에게 질정을 구하니, 이와 같다면 또한 평소의 품행에 무슨 해가 되겠는가?(此敍王生家鄉之事. 王有正論, 不能挽去婦之心, 此事之可歎者, 然其家貧好學, 人來就正, 如此則亦

何害於素行乎.)

12 豫章太守(예장태수)－ 이면을 가리킨다. '예장'은 군 이름이다. 高帝(고제)－ 당나라 고조 이연李淵.

《두공부초당시전》 예장은 남창의 옛 고을 이름이다.(豫章, 南昌故郡也.)

《두시상주》 '고제손'은 이면이다. 《신당서 · 세계표》에 "정혜왕 원의는 안덕군공 임을 낳았고, 임은 택언을 낳았고, 택언은 면을 낳았다"라는 기록이 있다. 《구당서》에서 "이면은 하남윤을 역임하고 홍도자사, 강서관찰사로 옮겼다. 대력 2년 4월 경조윤, 어사대부에 배수되었다"라고 하였다.(高帝孫, 李勉也. 唐書世系表, 鄭惠王元懿生安德郡公琳, 琳生擇言, 擇言生勉. 舊唐書, 勉歷河南尹, 徙洪都刺史江西觀察使, 大曆二年四月, 拜京兆尹御史大夫.)

13 引爲賓客(인위빈객)－ 끌어와 빈객으로 삼다. 빈객으로 불러들이다. 여기서는 이면이 왕계우를 막료로 초빙하였음을 말한다.

14 聞道(문도)－ ~라는 이야기를 듣다. '聞'이 '問'으로 된 판본도 있다. 未曾語(미증어)－ 말한 적이 없다. 왕계우가 처에 대한 이야기를 한 적이 없음을 말한다.

《두시경전》 처가 버린 일을 언급한 적이 없음을 말한다.(謂未語及婦棄事也.)

15 小心(소심)－ 조심하다.

16 反覆(반복)－ 반복무상反覆無常함을 말한다.

[太守 2구] 인간사 반복무상하여 추악하다는 사실을 이면이 알고 있었는데, 왕계우는 이와 달랐기에 등용한 뒤에 의심하지 않았다는 뜻이다.

17 明月(명월)－ 명월주明月珠. 귀한 진주이다. 옥벽 이름이라는 설도 있다. 瑕(하)－ 흠. 티.

《두시조차공선후해집교》 '명월'에 대해서는 진주와 옥벽玉璧에 모두 명월이란 명칭이 있다. (흠이 없는 것을) 옥벽의 경우 '무하'라 하고, 진주의 경우 '무뢰'라 한다. 지금 '무하'라 하였으니 명월이란 명칭의 옥벽이다. 옛 주에서는 명월이란 명칭의 진주라 하였는데, 옳지 않다.(明月者, 珠與璧皆有明月之稱, 而在玉謂之無瑕, 在珠謂之無纇. 今言無瑕, 則明月之璧矣. 舊注謂明月之珠, 非是.)

18 紫氣(자기)－ 보랏빛 기운. 검기劍氣를 뜻한다. 鬱鬱(울울)－ 기운이 가득한 모양. 기운이 튀어 오르는 모양. 〈우제偶題〉 시에 나오는 "울울성신검鬱鬱星辰劍"과 연관지어 보면, 빛이 나지 않는 모양 또는 답답한 모양을 뜻하는 것으로 볼 수도 있다. 衝斗(충두)－ 남두성에 부딪히다. 이 구는《진서·장화전張華傳》 등에 보이는 진나라 장화의 고사와 연관이 있다. 장화가 남두南斗와 견우牽牛 사이에 기이한 기운이 있는 것을 보았는데, 그것은 보검의 정기가 하늘에 닿았기 때문이다. 그는 그 보검이 풍성豊城에 있다는 사실을 뇌환雷煥에게 듣고서 뇌환을 풍성의 현령으로 임명하여 보냈다. 뇌환은 감옥의 바닥을 파다가 용천검龍泉劍과 태아검太阿劍을 찾아내 한 자루는 장화에게 보내고 한 자루는 자신이 보관하였다.

《독두심해》 검기를 빌려 진주의 빛에 견주었는데, 풍성이라는 지역에 딱 들어맞는다.(借劍氣擬珠光, 於酆城爲切.)

#《두시상주》: 이 단락은 왕씨의 막부에서의 일을 서술하였다. 태수는 (왕씨를) 공경하고 또 믿었는데, 왕씨가 조심하고 삼가서 말을 밖으로 발설하지 않아 인정이 반복무상한 자와는 같지 않았기 때문이다. '명주'는 그의 덕이 순수함을 비유하고, 검기는 그의 재주가 쓸 만함을 말한다. 주학령 주에서 "유씨가 지아비를 버렸다. 이는 반복무상하여 추하게 여길 만한 일이다"라고 하였는데, 위 문구의 뜻과 맥락이 이어지지 않는다.(此敍王生幕府之事. 太守敬而且信, 以王生小心愼密, 語

不外洩, 與人情反覆者不同也. 明珠比其德之粹, 劍氣言其才可用. 朱注謂柳氏棄夫, 此事之反覆而可醜者, 於上句語氣不接.)

19 仗(장) – 의지하다.

20 二人(이인) – 이면과 왕계우를 말한다.

21 頃者(경자) – 전에. 근래에. 領山南(영산남) – 이면이 산남서도관찰사가 된 것을 말한다. '山南'이 '南山'으로 된 판본도 있지만, 이는 잘못된 것이다.

《두시상주》에 인용된 《구당서》 숙종 보응 초에 이면은 양주자사, 산남서도관찰사가 되었다.(肅宗寶應初, 勉爲梁州刺史山南西道觀察使.)

22 邦人(방인) – 이면이 다스리던 산남서도의 주민을 말한다.

23 拜顔色(배안색) – 배알하다. 두보가 왕계우를 만난 것을 뜻한다. 왕계유가 이면을 알현한 것이라는 설도 있다.

24 培塿(부루) – 작은 언덕이나 작은 산을 말한다.

[王生 2구]

《구가집주두시》 조차공 주 왕씨가 태수의 안색을 배알할 때 높은 산을 우러러보는 것 같았으니, 나머지 사람은 정말로 작은 언덕이었다.(王生之拜太守顔色, 如仰高山, 餘人眞培塿也.)

25 羲和(희화) – 희숙羲叔, 화숙和叔, 희중羲仲, 화중和仲. 요堯의 신하이다. 天爲成(천위성) – 하늘이 이루어지게 되다. 하늘의 뜻이 이루어진다는 뜻이다.

26 平水土(평수토) – 물과 흙을 다스리다. 하천 및 토지와 관련된 일을 잘 처리하는 것을 뜻한다. 地爲厚(지위후) – 땅이 두터워지다. 땅이 인간에게 베푸는 이익이 커짐을 말한다.

[用爲 2구]

《구가집주두시》 조차공 주 《서경·요전》에 "희숙, 화숙, 희중, 화중에게 나누어 명하여 사시를 주관하게 하였다"라는 말이 있는데, 그래서 '천위성'이라 하였다. 《서경·대우모大禹謨》에 "땅을 다스려 하늘의 뜻을 이루다"라는 말이 있다. 《서경·요전》에 또 "백우를 사공으로 삼다", "너(백우)는 물과 흙을 다스려라" 등의 말이 있다. 그래서 '지위후'라고 하였다. 이 부분은 두 공을 아울러 말하였다.(堯典, 分命羲叔和叔羲仲和仲, 以主四時, 故曰天爲成. 書, 地平天成, 堯典, 又曰伯禹作司空, 汝平水土, 故曰地爲厚, 此并二公.)

#《두시상주》: 이 단락은 왕씨와 이씨의 재능이 대임을 맡을 수 있다고 칭찬한 것이다. 본래는 왕계우를 표창表彰하려 하였는데 갑자기 태수를 아울러 칭찬하여 한때의 빈객과 주인이 모두 심상치 않은 사람임을 보였다. 장원은 "이른바 '그 사람을 모르면 그 벗을 살펴라'라는 말과 같은 것이 이 경우이다"라고 하였다. '배안색'은 두보가 왕씨와 일찍 만났다는 것이고, '개부루'는 뭇사람이 모두 작게 보였다는 것이다.(此稱王李之才, 可當大任. 本欲表章季友, 忽將太守並稱, 見一時賓主, 俱不尋常. 張遠云, 如所謂不知其人視其友, 是也. 拜顔色, 公與王相遇之早. 皆培塿, 視衆人皆卑小矣.)

27 論道(논도)－ 도를 논하다. 삼공처럼 나라를 경영하는 사람이 하는 행위를 말한다. 阻江湖(조강호)－ 강과 호수에 막히다. 강과 호수에 떨어져 있다. 조정에 가지 못하고 초야에 있는 것을 뜻한다.

28 疑丞(의승)－ 고대에 천자의 앞과 뒤에서 보필하는 신하를 말한다. 曠前後(광전후)－ 앞자리와 뒷자리가 비다. '공전절후空前絶後'의 뜻으로 풀이하는 설도 있으나 합당하지 않다.

《두시상주》 황학 주에서 "덕종 초년에 이면은 평장사, 검교좌복야의 직위를 더하였다. 시에서 '의승광전후'라고 하였으니 사람을 먼저 알아보았다고 할 수 있을 것이다"라고 하였다. 《상서대전尙書大全》에 "옛날에 천자에게는 반드시 네 명의 보좌하는 대신이 있었는데, 앞쪽에 있는 이를 '의'라고 하고 뒤쪽에 있는 이를 '승'이라 하고 왼쪽에 있는 이를 '보'라고 하고 오른쪽에 있는 이를 '필'이라 한다"라는 말이 있다.(鶴注, 德宗初年, 勉加平章事檢校左僕射, 詩言疑丞曠前後, 可謂知人先見矣. 書大傳, 古者天子必有四鄰, 前曰疑, 後曰丞, 左曰輔, 右曰弼.)

[王也 2구]

《구가집주두시》 조차공 주 대체로 '논도'는 그가 삼공이 될 수 있음을 말한다. 《서경·주관周官》에 "삼공은 도를 논하여 나라를 경영한다"라는 말이 있고, 《주례·고공기》에 "앉아서 도를 논하는 이를 왕공이라 한다"라는 말이 있다. '승'과 '의'는 그가 재상이 될 수 있음을 말하니, 경서의 전주傳注에 "왼쪽에 있는 이를 '보'라고 하고 오른쪽에 있는 이를 '필'이라 하고 앞쪽에 있는 이를 '의'라고 하고 뒤쪽에 있는 이를 '승'이라 한다"라는 말이 있다. '조강호'는 강호에 체류하여 벼슬길이 막혔다는 것이다. '광전후'는 천자의 앞뒤에 이런 인물이 빠져 있다는 것이다.(蓋論道言其可爲三公. 書, 三公論道經邦. 考工記, 坐而論道, 謂之王公. 丞疑言其可爲宰相. 傳, 左輔右弼, 前疑後丞. 阻江湖, 留滯江湖而阻隔於致身. 曠前後, 天子前後曠闕斯人也.)

29 死爲星辰(사위성신) – 죽어서도 영원히 빛나는 존재가 된다는 뜻이다. 《두시상주》에 인용된 《장자》 부열은 이 도를 얻어서 무정의 재상이 되었고, 동유에 올라 기수箕宿와 미수尾宿를 타서 여러 별과 나란히 하게 되었다.(傅說得之, 以相武丁, 乘東維, 騎箕尾, 而比於列星.)

30 致君堯舜(치군요순) – 군주를 요순의 경지에 이르게 하다.

31 碌碌(녹록) – 범용한 모습. 무능한 모습.

32 風后力牧(풍후력목) – '풍후'와 '역목'은 모두 전설에 나오는 황제黃帝

를 보필한 일곱 신하의 일원이다. 여기서는 이면과 왕계우를 비유한다. 長迴首(장회수)－ 오랫동안 머리를 돌려보다. 두보가 이면과 왕계우를 오래도록 돌아보고 생각한다는 뜻이다. 이면과 왕계우가 두보 무리의 한심한 꼴을 돌아본다는 뜻으로 풀이하는 설도 있으나 합당하지 않다.

《구가집주두시》 풍후와 역목은 황제의 신하이다.(風后力牧, 黃帝臣.)

《두시상주》에 인용된 《제왕세기帝王世紀》 황제가 바다 모퉁이에서 풍후를 얻어 재상으로 등용하였고, 큰 소택沼澤에서 역목을 얻어 장군으로 등용하였다.(黃帝得風后於海隅, 進以爲相. 得力牧於大澤, 進以爲將.)

《두공부초당시전》 두보는 왕계우 등 두 공을 풍후와 역목에 견주었다. 도를 논할 수 있고 의와 승이 될 수 있어 왕실을 보필한다. 그래서 머리를 돌려 그들을 그리워하였다.(甫以王季友二公, 比之風后力牧, 可以論道, 可以疑丞, 以輔王室, 故廻首以眷思之也.)

[吾輩 2구]

《구가집주두시》 조차공 주 두 공에 미치지 못하고 그저 밥이나 배부르게 먹을 뿐이라고 스스로 말하였다. '풍력'과 '역목'은 황제를 보필한 일곱 신하 중 두 사람으로, 인명이다. '장회수'는 우리 무리가 밥이나 배부르게 먹는 꼴을 비웃는 뜻을 담고 있어, 이로써 두 공이 재상이 될 수 있는 것이 당연히 풍후와 역목 같다는 사실을 형용한다.(自謂其不逮二公, 徒飽飯而已. 風后力牧, 黃帝七輔之二, 人名. 長回首, 則有笑吾輩飽飯之意, 以形容二公可爲宰輔, 當如風后力牧.)

#《두시상주》: 마지막 단락은 그들이 크게 쓰일 수 없음에 개탄하여 이를 심히 애석해한 것이다. 두 사람의 재능은 죽어서 이름난 신이 될 수 있고 살아서는 이름난 재상이 될 수 있으니 이들은 풍후와 역목 같은 부류의 사람이다. 그래서 늘 머리 돌려 그들을 바라본다.

(未慨其不能大用而深惜之. 二人之才, 可殁爲名神, 生爲名相, 此風后力牧之儔也, 故常迴首而望之.)

##《두시상주》: 왕사석은 "시제를 '가탄'이라 하였는데, 이는 그가 재주를 품고서도 쓰이지 않은 것을 탄식한 것이지 그 부부 사이가 서로 어그러진 것을 탄식한 것이 아니다. '하동여아'는 왕계우의 처를 가리키는 것이 아니다. 왕씨가 단지 이 일을 보고 정색하며 질책하였던 것이다"라고 말하였다. 지금 살펴보건대, 과연 그의 설과 같다면 왕생이 우연히 이를 논한 것이니, 또한 그 자신과 무슨 상관이 있다고 이 이야기를 들어 말을 시작하였겠는가? 시작 부분의 '창구' 한 단락은 감개가 아주 깊으니, 분명 왕계우의 처 때문에 말한 것이다. 주매신이 처에게 버림받은 일은 옛사람 또한 이 일을 밝혔는데, 또 하필 왕계우를 위해 사실 밝히기를 피하겠는가?(王嗣奭云, 詩題曰可歎, 是歎其懷才不用, 非歎其夫婦乖離. 河東女兒, 不指季友之妻. 王特見此一事, 而正色斥之. 今按, 若果如其說, 則王生偶然論此, 亦何關於其身, 而舉此以發端乎. 開首蒼狗一段, 感慨甚深, 斷是爲季友妻而發. 朱買臣見棄於妻, 古人亦明有之, 又何必爲季友諱耶.)

《두억》: '백의'와 '창구'의 비유는 대체로 세속의 바뀌는 모습이 무상하여 반드시 단정한 사람을 얻어 이를 바로잡아야 함을 탄식한 것이니, 대체로 왕씨와 이씨 두 사람을 위해 제기한 것이리라. "인생만사무불유"라고 한 말에 이르러, 그것은 바로 아래의 '하동녀'를 제기하였고, '하동녀'는 다시 오로지 왕계우 때문에 언급한 것이니, '하동녀'에 대해 탄식한 것이 아니다. '결안'은 '반목'이라고 말하는 것과 같다. 지아비를 버리고 바람나 달아난 것은 실로 추하게 여길 만한 일이지만, (《시경》에 나오는) 당풍(하동은 당 지역에 속함)이 음란함에 가까우니 또한 심히 놀랄 일은 아니다. 왕씨가 '정색을 하고 경전을 인용하여' 그녀를 질책하였으니 반듯한 선비임을 알 수 있다. 왕씨가 가난하여 신발을 팔 지경에 이르렀음에도 예장태수가 귀한 신분을 잊고 아래 사람과 사귀어 빈객으로 그를 예우하였으니, 또 태수도 반듯한 사람임을 알 수 있다. 두보는 시절을 근심함이 절실하고 군주를 사랑함이 깊어서, 이 두 사람을 얻어 군주의 곁에 두면 반드시 시절의 위태함을 구할 수 있으리라 생각하였다. 그런데 왕씨는 앉아서 도를 논할 수 있음에도 강호에 떨어져 있고 이씨는 의와 승이 될 만함에도 앞뒤 자리가 비었으니, 그래서 간절하게 뜻을 표한 것이다. 마지막 부분에서 우리 무리는 무능하여 그저 밥만 먹을 수 있을 뿐이지만 세상에는 '풍후'와 '역목' 같은 이가 있어 길이 머리를 돌려보며 그들이 등용되기를 바란다고 하였다. 멀리 '풍후'와 '역목'을 끌어들인 것은 대체로 그들에게 예스러운 마음이 있었음을 취한 것이었으리라. 주에서 인용한 이면은 숙종이 영무에서 즉위하였을 때 이미 어사였고 관숭사를 탄핵하여 조정을 높였다. 주에 의거하면 또 대력 2년 입조하여 경조윤 겸 어사대부에 배수되었으니 군주의 옆에 있지 않았던 자가 아니다. 여기에는 필시 오류가 있으니, 의당 다른 사람일 것이다.(白衣蒼狗之喻, 蓋嘆世俗之變態無恒, 須得端方之人以砥之, 蓋爲王李二人而發. 至人生萬事無不有, 則起下河東女, 而河東女又專爲王季友而及之, 非歎河東女也. 抉眼猶云反目. 棄夫淫奔誠可醜, 而唐風近淫, 亦不甚以爲駭. 王生正色引經以斥之, 知爲端士. 王生貧至賣屐, 而豫章太守忘貴下交而賓禮之, 又知太守之爲端人. 公憂時切, 愛君深, 便思得二人者置之君側, 必能救時之危. 乃王也可以坐而論道而阻江湖, 李也可疑可丞而曠于前後, 所以惓惓致意也. 結謂吾輩碌碌止能喫飯, 但世有如風后力牧者, 長廻首而望其登用也. 遠引風后力牧, 蓋取其有古心者. 註所引李勉, 肅宗卽位靈武時已爲御史, 劾管崇嗣以尊朝廷. 據註亦以大曆二年入朝, 拜京兆尹兼御史大夫, 非不在君側者, 此必有誤, 當是兩人.)

《독두시설》: 〈가탄〉 시에서 "하동여아신성류"라고 하였는데, 《두시상주》에서 "'하동'은 유씨의 출신지 군 이름이다. 《두억》에서 '당풍이 음란함에 가깝다'고 하였다"라고 하였다. 지금 살펴보건대, 〈모시서〉에서는 당나라 풍속이 인색하다 하였지 음란함에 가깝다고 말한 적이 없으니, 《두억》은 바로 하동 사람을 모함한 것이다. 또 이 시는 유씨가 지아비를 버렸다는 사실만 말하였지 지아비를 버린 까닭은 말하지 않았다. 아래의 '장부정색' 운운한 말로 보아 주매신의 처와 자못 유사하니, 지아비가 빈궁하고 늙고 말랐으면서도 책이나 읽고 일의 변통을 모르는 것을 싫어하였을 뿐인 듯하다. 그러니 《두억》의 이 설은 또 유씨를 음란한 사람으로 모함한 꼴이니 아주 잘못이다.(可嘆云, 河東女兒身姓柳, 注, 河東, 柳氏郡名, 杜臆以爲唐風近淫. 今按毛詩序, 唐俗儉嗇, 未嘗言近淫也, 杜臆直誣河東人矣. 且此詩但言柳氏棄夫, 不言棄夫之故, 據下丈夫正色云云, 頗與朱買臣妻相類, 似嫌丈夫貧窮老瘦, 讀書不知變計耳. 杜臆此說, 又似誣柳氏以淫矣, 殊非.)

《두시상주》에 인용된 노원창 설: 왕계우의 시(〈수이십륙기酬李十六岐〉)에 "스스로 경작하고 베어서 먹는 일을 하늘로 삼으며, 사슴처럼 들의 샘을 마신다. 세상 공경이 귀함을 또 알면서도 그저 산중 초목의 세월을 살아간다" 등의 시구가 있으니, 그 사람됨이 가난하게 살면서도 뜻을 독려하였음을 알 수 있다. 이 시에서 말한 것은 바로 사실 그대로의 기록이다.(王季友詩, 有自耕自刈食爲天, 如鹿如麋飮野泉, 亦知世上公卿貴, 且養山中草木年等句, 其爲人食貧勵志可知. 此詩所云乃實録也.)

《두공부시집집수》: 이 시는 왕계우를 위해 지었다. 왕계우는 숙종과 대종 시절의 사람인데, 은번은 "그의 시는 자유분방하고 기험한 풍격을 좋아하여 그렇게 하려고 힘썼다. 그러나 흰머리 되어서도 거친 베로 만든 짧은 옷을 입었다"라고 하였다. 전기에게 홍주의 막부로 가는 왕계우에게 증정한 시(〈송왕계우부홍주막하送王季友赴洪州幕下〉)가 있어, "여러 군이 모두 무용武勇을 쓰는데 남으로 가서 누구를 따르려나? 제후가 재략을 중시하여 그대를 옥 가지처럼 여긴다네"라고 하였는데, 바로 예장에서 빈객이 된 일이다. 반순의 시화에, 당나라 강서의 새 석당石幢에 기록된 제명에서 '사겸어사중승이면', '겸감찰어사왕계우'라고 하였다라는 사실이 기재되어 있다. 대체로 이면이 하남윤 직을 그만두고 어사중승으로 어사대에 돌아왔다가 강서관찰사로 나갔기에 관함官銜이 이와 같았던 것이다. 우소의 〈송왕사의계우부홍주서〉에서 이르기를 "홍주가 큰 고을이 된 것이 오래다. 조정에서 진수하여 안정시킴을 중히 여겨, 아아! 일가 사람 이면을 어사중승의 자리에서 옮겨 태수의 직책을 맡게 하니, 이 때문에 왕사의가 부관이 되어 따를 수 있게 되었다"라고 하였다. 지금 살펴보건대, 이 시에서 '풍성객자' 운운하였으니 왕계우는 단지 이면의 막부에 있었을 뿐이다. 석당의 제명 및 우소의 서에서 말한 것은 흰머리 되어서도 거친 베로 만든 짧은 옷을 입었다는 사실과 부합하지 않는다. 아마도 어사나 사의는 단지 이름뿐인 직함이었고 조정에서 벼슬한 적이 없었을 것이다. 왕계우가 비록 호걸이었다고 해도 어찌 좋은 재상으로 인정하기까지 하겠는가? 대체로 왕계우가 처에게 버림받아 당시의 여론 중에 필시 그를 비웃는 것이 많았을 것이기에, 두보가 그를 대단하게 칭송하여 세속인의 견해를 깨고, 일의 변화가 무상한 것은 현자에게 누가 되기에 부족함을 밝혔던 것이리라.(此詩爲季友作也. 季友, 肅代間人, 殷璠謂其詩放蕩, 愛險務奇, 然而白首短褐. 錢起有贈季友赴洪州幕詩云, 列郡皆用武, 南征所從誰, 諸侯重才畧, 見子如瓊枝. 卽豫章賓客之事也. 潘淳詩話載, 唐江西新幢子記題名云, 使兼御史中丞李勉, 兼監察御史王季友. 蓋勉罷河南尹, 以御史中丞歸西臺, 出爲江西觀察使, 故結銜如此. 于邵送王司議季友赴洪州序云, 洪州之爲連率, 舊矣, 朝廷重於鎭定, 咨爾宗支勉, 移獨坐之權, 專方面

之寄, 是以王司議得爲副車. 今按, 此詩豐城客子云云, 則季友秪在勉幕府耳. 題名及序所云, 與白首短褐語不合, 疑御史司議止是虛銜, 未嘗官於朝也. 季友雖云豪俊, 何至許以良相. 蓋季友爲妻所棄, 時議必多嗤薄之者, 公盛稱其人, 以破俗見, 明事變無常, 不足爲賢者累也.)

《독두심해》: 시의 뜻을 상세히 살펴보니, 풍성의 왕계우가 가난하게 살면서도 뜻을 애써 견지하였는데, 일찍이 처에게 버림받아 속인 중에 혹 그를 추하게 여긴 자가 있었기 때문에, 이 시를 지어 뭇사람의 미혹을 깨우쳐준 것이다. 시제를 '가탄'이라 하였는데, 부부 사이가 어그러져서 탄식한 것이 아니고, 재주를 가지고도 쓰이지 않은 것을 탄식한 것도 아니다. 바로 그가 뭇사람의 입에 의해 헐뜯어진 것을 탄식하였을 뿐이다. 주지는 본래 왕씨를 위해 제기된 것이다. 왕씨는 예장태수 이면의 관할 지역 사람인데, 사람들이 많이들 그를 추하게 여겼지만, 태수는 유독 그를 끌어들이고 가까이하였으니, 이 사람은 아주 통달한 식견이 있는 사람일 것이다. 그래서 후반에 왕씨를 찬미하면서 태수도 아울러 찬미하고, 두 사람의 재능이 모두 좋은 재상이 될 만하다고 하였다. 그런 말이 지나친 면이 없지는 않지만, 두보의 감식 능력은 세속 사람을 넘어섰던 것이다. 비흥의 수법으로 시상을 제기하여 표연하다. '무불유' 세 자는 이미 시를 지은 대의를 은연중에 이끌어내어, 인생에서의 이변이 추하게 여길 만한 게 아니라는 것을 보여준다. '근자' 4구는 처에게 버림받은 사실을 지적하여 드러낸다. '군서' 4구는 그가 경전을 밝게 알고 행실을 잘 닦아 곤궁해도 벗의 마음을 얻었다는 사실을 표명하여, 왕씨를 위해 독자적인 판단을 펼쳐내었다. '예장' 8구는 태수의 특별한 식견을 표명하여, 또다시 왕씨를 위해 뭇사람의 미혹을 풀어주었다. '삼 년이나 입을 닫았다'고 하였으니, 굳은 절조를 알 만하다. 막부에 있었을 때의 일에서 말하면, 태수가 그를 입어 귀로 듣고 눈으로 보아 알고 나서는, 다시는 처가 버렸다는 혐의로 그에게 잘못된 행실이 있었으리라 의심하지 않게 되었다. 그러나 인생사 불행히도 반복무상함이 이 지경에 이르러, 본 사람이 오래전에 이미 그를 추하게 여긴 것은 어찌할 수 없으니, 이 구절이 시를 지은 연유이다. 그러나 밝은 진주라고 어찌 전혀 티가 없겠는가마는 영명한 기운은 절로 가릴 수 없으니, 그것이 귀중한 보물이 되는 데 해될 것이 없다. 이 2구가 시를 지은 본 취지이다. 국면은 이에 이르러 이미 끝났으니, 이하 왕씨와 이씨를 합쳐 찬양한 부분은 바로 실질이 없는 형식적인 장치이다. 대임을 맡을 수 있다는 말까지 곧장 해나갔는데, 상고의 재상도 끌어와 같은 무리로 삼았으니, 이는 여론餘論 중 가장 성대한 내용이다. 이 단락은 한 기운으로 읽어야지 끊어서는 안 된다.(詳詩意, 爲酆城王季友食貧苦志, 嘗見棄於妻, 俗人或有醜之者, 故作此以破衆惑. 題曰可歎, 非以夫婦乖違而歎, 亦非以懷才不用而歎, 乃歎其見毁衆口耳. 主意本爲王而發, 而王爲豫章守李勉之部民, 人多醜之, 太守獨引而親之, 此其有特達之識者. 故後半美王生, 兼美太守, 以謂二人之才, 皆可爲良相. 其言不無過當, 然公之識鑒, 度越流俗矣. 比興起, 飄忽. 無不有三字, 已暗逗作詩大意, 見人生異變, 不足醜也. 近者四句, 點見棄於妻事. 群書四句, 表其經明行修, 窮而得友, 爲王生申獨斷也. 豫章八句, 表太守之特識, 又爲王生解衆惑也. 三年閉口, 堅操可知. 就在幕言, 太守旣得之耳聞目見, 更不以妻棄之嫌, 而疑其有遺行矣. 無如人生不幸反覆至此, 看者久已醜之, 此句爲作詩之由. 然明珠豈盡無瑕, 英氣自不可掩, 無害其爲重寶也. 此二句爲作詩本旨. 局至此已竟, 以下王李合贊, 乃一派虛機, 直說到可當大任, 皇古輔相, 且引爲徒, 此餘波之最淋漓者. 此段一氣讀, 勿斷.)

(이영주)

71. 奉賀陽城郡王太夫人恩命加鄧國太夫人
양성군왕 태부인께 은명으로 등국태부인이 더해진 것을 받들어 축하하다

衛幕銜恩重[1] 潘輿送喜頻[2] 濟時瞻上將[3] 錫號戴慈親[4]
富貴當如此 尊榮邁等倫[5] 郡依封土舊 國與大名新
紫誥鸞回紙[6] 清朝燕賀人[7] 遠傳冬筍味[8] 更覺彩衣春[9]
奕葉班姑史[10] 芬芳孟母隣[11] 義方兼有訓[12] 詞翰兩如神[13]
委曲承顏體[14] 騫飛報主身[15] 可憐忠與孝[16] 雙美畵麒麟[17]

위씨 막부에 은혜 입음이 무겁고
반씨 가마에 기쁜 소식 보내옴이 빈번하다.
시국 구제에 주장主將을 쳐다보는지라
명호를 내려 자친을 받들게 하셨다.
부귀는 마땅히 이와 같아야 할 터
존영은 같은 부류들을 뛰어넘었다.
고을은 봉토를 따라 옛날 그대로인데
나라는 큰 이름과 더불어 새롭다.

자줏빛 조고詔誥는 난새가 종이에 휘도는 듯하고
맑은 아침에 제비가 사람을 축하하는구나.
멀리 겨울 죽순 맛에 대한 소문이 전하는데
더욱 채색 옷의 봄날임을 알게 되었다.
대대로 이어진 반씨 여자의 역사요

향기로움은 맹자 모친의 이웃이라.
규범과 도리는 겸하여 가르침이 있고
시문과 서법은 둘 다 신묘한 듯하다.

세심하게 낯빛을 살펴 모시는 몸이요
훨훨 날아올라 주상께 보답할 몸이라.
부러워할 만하다 충과 효가
쌍으로 아름다워 기린각에 그려지는 것이.

이 시는 대력 2년 말 기주에서 지었다. 시제 아래의 원주에는 "양성군왕은 위백옥이다(陽城郡王, 衛伯玉也.)"라고 하였다. 대력 2년 6월 형남절도사 위백옥이 양성군왕에 봉해지고 그의 모친에게도 등국태부인이란 명호가 더해졌는데 두보가 이 시를 지어 태부인이 봉호를 받은 것을 축하하고, 아울러 위백옥이 충과 효를 모두 성취하게 된 것을 칭송하였다. 저작 시기를 광덕 2년 이후에서 대력 원년 이전으로 보는 설도 있다.

'태부인'은 관리의 모친을 지칭하는 말이다. '양성'은 《신당서》, 《구당서》에 모두 '성양城陽'으로 기재되어 있다. 《구당서·지리지》에 의하면 진秦 대에 양성현을 설치하였는데 당 무덕 초년에는 숭주嵩州를 설치하여 양성을 다스렸고, 정관 3년에 숭주를 줄이고 양성을 낙주洛州에 예속시켰으며, 무칙천 등봉登封 원년 숭산에서 봉선封禪하고는 현 이름을 고성告成으로 바꾸었다.

《보주두시》 양성군왕은 바로 강릉절도사 위백옥이다. 옛 편차

및 양권도는 모두 대력 3년에 지은 것으로 보았다. 《신당서》, 《구당서》를 살펴보면, 대력 초에 위백옥이 모친상을 당하여 조정에서 왕앙으로 하여금 그의 직책을 대신하게 하자 장수와 사졸들을 부추겨 …… 마침내 상기를 채우지 않고 부름을 받아 다시 복직하게 되었다. 지금 시에서 그 모친이 봉호를 받은 것을 축하하였으니 대력 3년에 지은 것이 아니라는 것은 매우 분명하다. 《구당서》에서는 또 말하기를 "광덕 원년 천자가 섬주에 행차하였는데 위백옥에게 다스림의 재능과 모략이 있어서 강릉윤 형남절도등사에 배수하고 조금 있다가 양성군왕에 봉하였다"라고 하였다. 이 말은 대체로 대력 초 모친상을 당하기 전에 해당한다. 그래서 이 시에서 "군의봉토구"라고 한 것이다. 마땅히 위백옥이 왕에 봉해질 때 모친이 함께 봉호를 받은 것이다. 그런데 《구당서·대종기》에는 또 "대력 2년 6월 임인에 형남절도사 위백옥이 양성군왕에 봉해졌다"라고 하여 위백옥전과는 분명하게 차이가 난다. 그러나 모친상을 당한 것은 대력 초에 있었음이 옳다. 이 시는 마땅히 광덕 2년 이후, 대력 원년 이전에 지은 것이다. 만약 대종기에서 말한 것과 같다면 대력 2년은 위백옥의 모친이 이미 사망한 뒤이다. 또 대력 원년에는 어사중승 백무림이 동생 백별가를 보내어 명을 받들고 강릉에 가서 태부인의 안부를 묻게 하였으니 당시에는 이미 태부인의 칭호가 있었던 것이 된다.(陽城郡王, 乃江陵節度衛伯玉. 舊次及梁權道皆以爲大曆三年作. 案新舊史, 大曆初, 伯玉丁母憂, 朝廷以王昂(昻의 잘못)代其任, 諷將士云云 …… 遂起復再任. 今詩乃賀其母受封, 則非三年作甚明. 舊史又云, 廣德元年, 乘輿幸峽(陝의 잘못), 伯玉有幹畧, 乃拜江陵尹荊南節度等使, 尋封陽城郡王. 此語蓋在大曆初丁母憂之前, 故此詩云郡依封土舊, 當是伯玉封王時, 母同受封. 而舊史帝紀又云, 大曆二年六月壬寅, 荊南節度使衛伯玉封陽城郡王, 與傳自異. 然丁母憂在大曆初爲是. 此詩當在廣德二年後大曆元年前

作. 若如紀言, 則大曆二年衛之母已死. 又元年柏中丞遣柏別駕, 將命江陵起居太夫人, 時已有太夫人之稱矣.)

《두공부시집집주》 살펴보건대 《구당서·대종기》에 "대력 2년 6월 임인에 형남절도사 위백옥이 성양군왕에 봉해졌다"라고 하였다. 또 본전에는 "대력 초에 모친상을 당하였는데 당시 위백옥은 장수와 관리들을 부추겨 자신을 만류하게 하여 마침내 상기를 채우지 않고 부름을 받아 다시 복직하게 되었다"라고 하였다. 지금 시는 바로 그의 모친이 봉호를 받은 것을 축하하고 있으니 아마도 위백옥이 왕에 봉해진 후 모친 역시 대국에 진봉되었을 것이다. 그런즉 대력 초에는 모친이 아직 세상을 떠나지 않았다. 본전은 이미 잘못되었고 《통감》 또한 위백옥이 모친상을 당한 것은 대력 6년 여름 4월이라고 하였으니 더욱 《신당서》, 《구당서》와 어긋난다. 널리 들어 아는 사람이 이에 대해 고찰하기를 기다린다.(按, 舊書代宗紀, 大曆二年六月壬寅, 荊南節度使衛伯玉, 封城陽郡王. 又本傳, 大曆初, 丁母憂, 當代, 伯玉諷將吏留己, 遂起復再任. 今詩乃賀其母受封, 蓋伯玉封王後, 母亦進封大國, 則大曆初母未嘗沒也. 本傳既誤, 通鑒又以伯玉遭母憂在六年夏四月. 益與二史牴牾, 俟博聞者考焉.)

《두시상주》 《구당서·대종기》에 의하면 대력 2년 6월에 형남절도사 위백옥이 성양군왕에 봉해졌다. 공의 시는 바로 그의 모친이 봉호를 받은 것을 축하하고 있으니 아마도 위백옥이 왕에 봉해진 후 모친 역시 대국에 진봉되었을 것이다. '양성'은 《신당서》, 《구당서》에 '성양'으로 되어 있다.(舊書代宗紀, 大曆二年六月, 荊南節度使衛伯玉, 封城陽郡王. 公詩乃賀其母受封, 蓋伯玉封王後, 母亦進封大國也. 陽城, 新舊唐書作城陽.)

주 석

1 衛幕(위막)– 위청衛靑의 막부. 성이 같은 위청의 고사를 빌려서 위백옥을 말한 것이다. 銜恩重(함은중)– 은혜를 입음이 무겁다. 이 구는 위백옥이 양성군왕에 봉해진 것을 위청이 흉노 정벌 후 막부에서 황제로부터 대장군을 배수받은 것에 비유한 것이다.

《두시상주》에 인용된 《한서·위청전》 위청이 흉노를 정벌하여 크게 이기고 노획하자 황제가 가서 막부에서 대장군을 배수하였다.(衛靑征匈奴, 大克獲, 帝就拜大將軍於幕中.)

2 潘輿(반여)– 반악 모친이 탄 가마. 여기서는 위백옥의 모친을 가리킨다. 送喜頻(송희빈)– 기쁜 소식을 보내오는 것이 빈번하다. 이 구는 위백옥의 모친이 등국태부인의 봉호를 받게 된 것을 말한다.

《두시상주》에 인용된 반악 〈한거부閒居賦〉 태부인이 이에 판여를 타고 경헌에 올랐다.(太夫人乃乘板輿, 升輕軒.)

3 濟時(제시)– 시국을 구제하다. 上將(상장)– 주장主將. 여기서는 형남절도사 위백옥을 가리킨다.

《두시상주》 '상장'은 절도사이다.(上將, 爲節度也.)

4 錫號(석호)– 봉호를 하사하다. 戴(대)– 받들다. 봉대奉戴하다. 慈親(자친)– 자애로운 부모. 위백옥의 모친을 가리킨다.

5 尊榮(존영)– 존귀와 영화. 邁(매)– 뛰어넘다. 等倫(등륜)– 같은 부류.

[郡依 2구] 형남절도사 위백옥이 양성군왕에 봉해졌는데 그 봉토가 달라지지 않았기 때문에 '옛날 그대로'라 하였고, 모친에게는 등국태부인이라는 봉호가 새로 더해졌기 때문에 '새롭다'고 하였다. 《두시언해》에서는 "고을은 봉작封爵한 땅의 옛것을 따르고, 나라는 큰 이름과 더불어 새롭다"라고 풀이하였다. 고을은 옛날의 봉토를 따랐고, 나라

는 새로 큰 이름을 주었다고 풀이할 수도 있다.

《두공부시집집주》 군의 봉토가 여전히 양성인 까닭에 '구'라고 말하였고, 부인에게 등국의 봉호가 더해졌으므로 '신'이라고 말하였다.(郡封仍是陽城, 故曰舊. 夫人加號鄧國, 故曰新.)

#《두시상주》: 첫 단락은 '양성'과 '등국'을 서술하였다. 《두억》에 "처음 2구는 시제를 붙잡아 쓰고 있는데 뜻은 완전하고 말은 훌륭하다. 또 '위막' 구와 '반여' 구는 천연스러워 멋진 대우를 이루었다"라고 하였다. '함은'은 위공이 시국을 구제할 수 있었기 때문이고, '송희'는 자친이 명호를 하사받았기 때문이다. '부귀' 구와 '존영' 구는 위를 이어 아래를 일으킨다.(首敍陽城鄧國. 杜臆, 起二擒題, 意完詞偉, 且衛幕潘輿, 天然佳對. 銜恩, 以衛公能濟時也. 送喜, 以慈親膺錫號也. 富貴尊榮, 承上起下.)

6 紫誥(자고)－ 조서詔書를 가리킨다. 옛날에 조서는 비단 주머니에 넣어 자줏빛 진흙으로 입구를 봉하고 그 위에 인장을 찍었다.

《두시상주》에 인용된 조차공 주 자줏빛 비단 주머니 안의 조서는 그 종이 위에 빙빙 도는 난새의 기세가 있다.(紫錦之誥, 其紙上有迴鸞之勢.)

7 淸朝(청조)－ 맑은 아침.

《독두심해》 '청조'는 맑은 새벽이란 말과 같다.(淸朝, 猶言淸晨.)

8 遠傳(원전)－ 멀리 전하다. 멀리 소문이 전해지다. 冬筍味(동순미)－ 겨울 죽순의 맛. 맹종의 고사를 썼다. 이 구는 위백옥의 효성에 대한 소문이 당시 널리 전해졌음을 말한다.

《삼국지·오지吳志·손호전孫晧傳》 '사공맹인司空孟仁'의 배송지裴松之 주에서 인용한 진晉 장방張方 《초국선현전楚國先賢傳》 맹종의 모친이 죽순을 좋아하였는데 동절기로 접어들어 당시 죽순이 아직 나지 않았다. 맹종이 죽림에 들어가 슬프게 탄식하니 죽순이 그를 위해 땅에서 솟아나와 이것으로 어머니를 공양할 수 있었다. 사람들은 모두 지극한 효에 감응한 것이라고 여겼다.(宗母嗜筍. 冬節將至, 時筍尙未生, 宗入竹林哀嘆, 而筍爲之出, 得以供母. 皆以爲至孝之所致感.)

9 更覺(갱각)－ 더욱 깨닫다. 彩衣春(채의춘)－ 채색옷을 입은 봄날. 노래자의 고사를 썼다. 이 구는 효도하는 위백옥 집안의 화목한 기운을 더욱 느끼게 되었다는 말이다.

《예문유취藝文類聚》에 인용된 《열녀전列女傳》 옛날 초나라의 노래자는 양친을 효성으로 봉양하였는데 나이 칠십이 되어서도 어린아이처럼 스스로 어리광을 부리며 늘 오색 색동옷을 입고 부모를 위하여 마실 것을 가져다드렸다.(昔楚老萊子孝養二親, 行年七十, 嬰兒自娛, 常著五色斑斕衣, 爲親取飮.)

[遠傳 2구] 위백옥의 효도에 대한 소문이 널리 전해지고 있었는데 이번에 봉호가 더해졌다는 소식이 알려지면서 더욱 효성이 넘치는 집안의 화목한 기운을 느끼게 되었다는 말이다.

《두시상주》 '동순'은 맹종의 고사를 썼고, '채의'는 노래자의 고사를 썼다.(冬笋, 用孟宗事. 綵衣, 用老萊子事.)

10 奕葉(혁엽)－ 대대로 이어지다. 반표에 이어 아들 반고와 딸 반소가 역사 기록의 가업을 이었다는 말이다. 班姑史(반고사)－ 반씨 여자가 쓴 역사. 반고를 이어 누이 반소가 완성한 《한서》를 가리킨다. 이 구는 위백옥 모친의 문장 재능이 반소에 견줄 만하다는 말이다.

《두시상주》에 인용된 《후한서·열녀전》 부풍 조세숙의 처는 같은 고을 반표의 딸로, 이름은 소이고 자는 혜희이다. 오빠 반고는 《한서》를 저술하다가 그 8표와 천문지를 마치지 못한 채 세상을 떠났는데 화제가 조서를 내려 반소로 하여금 동관 장서각에 가서 이어서 《한서》를 완성하게 하였다.(扶風曹世叔妻者, 同郡班彪之女, 名昭, 字惠

姬. 兄固, 著漢書, 其八表及天文志未竟而卒. 和帝詔昭就東觀藏書閣踵而成之.)

11 芬芳(분방) – 향기롭다. 훌륭한 덕행이나 명성을 비유한다. 孟母隣(맹모린) – 맹자 모친의 이웃. 맹자의 모친은 주위 환경이 어린 아들에게 영향을 준다는 것을 고려하여 몇 차례 이사를 하였고 마지막에는 학관과 이웃함으로써 맹자를 훌륭한 학자로 키웠다. 이 구는 위백옥의 모친이 맹자의 모친이 인정할 만한 현덕을 갖추었음을 칭송한 것이다.

12 義方(의방) – 준수해야 할 규범과 도리. 흔히 자식에게 가르쳐야 할 바른 도리를 말한다. 兼有訓(겸유훈) – 겸하여 가르침이 있다.

《좌전·은공3년》 신은 자식을 사랑하면 바른 도리로 자식을 가르친다고 들었습니다.(臣聞愛子教之以義方.)

13 詞翰(사한) – 시문과 서법. 兩如神(양여신) – 두 가지가 신묘한 듯하다.

#《두시상주》: 둘째 단락은 양성군왕의 효성과 등국태부인의 현덕을 썼다. 고명이 처음 반포되었을 때는 마침 제비가 날아오는 때였다. 반찬에 겨울 죽순을 사용하고 몸에 채색옷을 입었다는 것은 모친을 즐겁게 하려는 위백옥의 뜻을 말한다. '의방'으로 맹자의 모친에 견주고 '사한'이 반고의 누이를 이을 만하다는 것은 또 모친이 명호를 받은 것이 우연이 아님을 보인 것이다.(次記郡王之孝及鄧國之賢. 誥命初頒, 適當燕來之候. 膳用冬笋, 身服綵衣, 言伯玉娛親之意. 義方比諸孟母, 詞翰可繼班姑, 又見母氏之受封不偶.)

14 委曲(위곡) – 자세하고 꼼꼼하다. 세심하다. 承顔(승안) – 안색을 살펴 모시다. 이 구는 위백옥이 매우 세밀하게 모친의 낯빛을 살펴 모셨음을 말한다.

15 騫飛(건비) – 훨훨 날아오르다. 벼슬길에 나아가는 것을 비유한다.

16 可憐(가련) – 부러워할 만하다.

17 雙美(쌍미) – 두 가지가 훌륭하다. 위백옥의 충과 효가 모두 훌륭함을 말한다. 畵麒麟(화기린) – 기린각에 그리다. 한 무제 때 공신의 화상을 기린각에 그려 그 공업을 기렸다. '畵'는 '映'으로 된 판본도 있다. '麒麟'은 '騏驎'으로 된 판본도 있다.

#《두시상주》: 마지막 단락은 충과 효로써 함께 칭찬하고, 아울러 위백옥을 면려하는 뜻을 전하였다. 《두억》에 "기린각에 그려진 사람은 충은 가지고 있지만 그의 효는 아직 알 수 없다. 위백옥이 효를 옮겨 충으로 만든 것은 홀로 두 가지의 훌륭함을 가진 것이 아닌가?"라고 하였다. 이 시는 앞 두 단락은 각각 8구이고 마지막 단락은 4구로 거두었다.(末以忠孝兼稱, 幷致勉衛之意. 杜臆, 畵麒麟者, 忠則有之, 未卜其孝. 若衛之移孝作忠, 非獨擅雙美者乎. 此章, 前兩段各八句, 末段四句收.)

##《두억》: 이 시의 묘함은 처음과 끝에 있다. 처음 2구는 파제와 같은데 뜻은 완전하고 말은 훌륭하다. 또 '위막' 구와 '반여' 구는 천연스러워 묘하게 대를 이루고 있다. 제2연은 승제이다. 기린각에 그려진 사람은 충은 가지고 있지만 그의 효는 아직 알 수 없다. 그런데 위백옥이 효를 옮겨서 충으로 만든 것은 홀로 두 가지의 훌륭함을 겸한 것이니 가장 뛰어난 자가 아니겠는가?(此詩妙在起結. 起來二句如破題, 意完而詞偉, 且衛幕潘輿, 天然妙對. 第二聯則承題也. 畵麒麟者, 忠則有之, 未卜其孝, 而衛之移孝爲忠, 獨兼雙美, 非最勝者乎.)

《독두심해》: 처음 8구는 직접적으로 시제의 문면을 쓴 것이다. '부귀' 구와 '존영' 구를 제외하면 모두 한 구는 아들에 대하여 쓰고 한 구는 모친에 대하여 써서 구를 따라 나누어 받았다. 의리상으로 보면 아들을 따르는 전장典章과 합하고, 법에 있어서는 모친에게 귀속하는 것을 위주로 하였다. 가운데 4구는 위아래가 연결되는 맥락으로, 위로는 봉고의 영예를 이었고 아래로는 모친을 드러내는 효를 일으켰다. 뒤 8구는 곡진하게 시제의 뜻을 펼쳐내었다. 모친에 대한 것이 4구이고 아들에 대한 것이 4구여서 두 개의 층이 쌍으로 맺는다. '반고'의 '사한'이 있고 '맹모'의 '의방'을 겸하였으니 '은명'을 입은 것이 부끄러움이 없게 되었다. '승안'을 '보주'에 귀속시키고 '효'를 옮겨 바로 '충'으로 만들었으니 '은명'에 빛이 있게 되었다. 대체로 또 모친을 칭송하는 뜻을 아들을 칭송하는 문장 속에 들어가게 하여 곳곳에서 입언이 체격을 얻었다. '화기린'에 '효' 자를 끼워 넣은 것은 참신함이 대단하다.(起八, 直敍題面. 除富貴尊榮一聯外, 俱一子一母, 逐句分頂. 於義則合從子之文, 於法則以歸親爲主. 中四, 上下遞脈. 上承封誥之榮, 下起顯親之孝也. 後八, 曲暢題情. 以母四子四, 兩層雙綰. 有班姑之詞翰, 兼孟母之義方, 被恩命爲無愧矣. 承顔歸於報主, 移孝卽以作忠, 於恩命爲有光矣. 蓋又以頌母之義, 納入頌子文中. 處處立言得體. 畵麒麟, 夾入孝字, 新甚.)

《두시경전》: 위에서 축하의 뜻을 완결하고 아래에서는 이 때문에 모친과 군왕의 사랑과 효심을 칭송하였다. 아울러 시의 끝부분에 권면의 뜻을 기탁하여 첫 부분에 호응하면서 거듭 위공으로 돌아갔으니 입언이 체격을 얻었다.(上完賀意, 下因稱母及王之慈孝, 而兼寓勸勉於篇終, 應起處仍歸到衛公, 立言得體.)

(**이석형**)

72. 送田四弟將軍將夔州柏中丞命起居江陵節度使陽城郡王衛公幕

기주도독 백중승의 명을 받아 강릉절도사 양성군왕 위공의 막부로 문후를 드리러 가는 전장군을 전송하다

離筵罷多酒[1] 起柁發寒塘[2] 回首中丞座[3] 馳箋異姓王[4]
燕辭楓樹日[5] 雁度麥城霜[6] 定醉山翁酒[7] 遙憐似葛彊[8]

전별연 그 많은 술 다 마신 후에
차가운 물에서 배를 출발하네.
고개 돌려 중승의 자리를 바라보고
이성의 군왕께 서신을 전하러 달려간다네.
제비는 단풍나무의 해를 이별하고
기러기는 맥성의 서리를 넘어오는데,
반드시 산옹의 술에 취하려니
갈강 같은 사람을 멀리서 어여삐 여기리라.

이 시는 대력 2년 가을 기주에서 지은 것으로 보인다. 기주도독인 백무림柏茂琳이 휘하의 전장군을 강릉으로 보내 양성군왕이자 형남절도사인 위백옥衛伯玉에게 문안하게 하였는데, 그 전별 자리에서 두보가 전장군을 위해 쓴 송별시이다. 위백옥을 진나라 때 양양을 진수하던 정남장군征南將軍 산간山簡에 비유하고 전장군을 산간이 아꼈던 휘하 장수 갈강葛彊에 비유하여 전장군이 위백옥으로부터 인정을 받을 것이라고 축복하고 있다. '起居'는 안부를 묻는다는 말이다. 제목을 '夔府送田將軍赴江陵'으로 쓴 판본도 있다.

《보주두시》 백중승은 바로 임금께 감사하는 표문을 공이 대신 써주었던 기부 백도독인데, 자세한 것은 앞 시의 주석에 보인다. 대력 원년 가을에 지은 것이 분명하다. 이듬해 최경옹이 기주도독을 대리하였다.(栢中丞, 卽公爲夔府栢都督謝上表者, 詳見前注, 當是大曆元年秋作. 明年卿二翁權夔州矣.)

《두시상주》 위백옥이 왕에 봉해진 것이 대력 2년이니 이 시 역시 대력 2년에 지은 것이다. 황학이 대력 원년에 편재한 것은 잘못이다.(衛伯玉封王, 在大曆二年, 此詩亦二年所作, 黃鶴編在元年者, 非.)

《두시조차공선후해집교》 이 시를 대력 2년 8월에 지은 것으로 정한 것은 구절 안에 제비가 떠나고 기러기가 건너온다는 말이 있는 것에서 알 수 있기 때문이다.(所以定此詩爲八月者, 以句有燕辭雁度知之也.)

주 석

1 離筵(이연) – 이별의 자리. 전별연. '筵'을 '宴'으로 쓴 판본도 있다. 罷(파) – 마치다. 그만두다.

2 起舵(기타) – 배를 출발하다. '起地'로 된 판본도 있다. 寒塘(한당) – 차가운 못. 제방을 뜻하는 것으로 볼 수도 있다.

《두시조차공선후해집교》 "기지발한당" 구는 전장군이 출발하는 지점이 기주의 한당임을 말한다.(起地發寒塘, 言田將軍所起發之地在夔州之寒塘也.)

《두억》 '기지'는 의미가 없다. 분명히 '기타'의 잘못이다.(起地無謂, 當是起柁之誤.)

3 中丞座(중승좌) – 중승의 자리. 기주도독 백무림을 가리킨다. 이 구절은 전장군이 떠나가면서 고개를 돌려 그의 상관인 백무림을 바라본다는 말이다.

《두시조차공선후해집교》 중승의 자리로 고개를 돌린다는 것은 중승에게 하직인사를 하고 떠났음에도 여전히 고개를 돌려 그리워한다는 것이다. 중승에는 꼭 '좌'라는 말을 하니, 어사중승을 '독좌'라고 일컫기 때문이다.(回首中丞座, 則辭中丞而行, 猶回首顧戀也. 中丞必言座, 則御史中丞謂之獨座也.)

4 馳箋(치전) – 서신을 갖고 달려간다는 말이다. 異姓王(이성왕) – 황제와는 다른 성의 제후. 여기서는 양성군왕에 봉해진 위백옥을 가리킨다.

5 燕辭(연사) – 제비가 작별하다. 楓樹日(풍수일) – 단풍나무에 비치는 해. 이 구절은 단풍이 물드는 가을날 제비가 이곳 기주를 떠나 남쪽으로 날아간다는 말이다. '풍수'를 기주에 있는 청풍강靑楓江을 가리키는 것으로 보기도 한다.

6 雁度(안도) – 기러기가 건너다. 麥城霜(맥성상) – 맥성에 내리는 서리. 맥성은 전장군이 가는 강릉 부근의 지명이다.

《두시경전》에 인용된 《원화군국지》 형주 당양현 동남쪽에 맥성이 있다.(荊州當陽縣東南有麥城.)

[燕辭 2구] 송별하는 시점이 제비는 떠나고 기러기가 찾아오는 가을날임을 말한 것이다.

《두시조차공선후해집교》 전장군의 출발이 가을인 8월에 있었기에 제비가 단풍나무의 해를 작별한다고 하여 제비의 떠나감을 말하였고, 기러기가 맥성의 서리를 넘는다고 하여 기러기가 찾아옴을 말하였다. 반드시 단풍나무를 언급하는 것은 초 땅에 단풍나무가 많기 때문이다. 송옥은 〈초혼招魂〉에서 "장강의 물은 맑디맑아라, 강가에는 단풍나무 있다"라고 하였고, 완적은 〈영회詠懷〉에서 "맑디맑은 장강수, 강가에 단풍 숲이 있다"라고 하였다.(田之行在秋之八月, 故曰燕辭楓樹日, 以言燕之去, 雁度麥城霜, 以言雁之來. 必言楓樹, 則楚地多楓. 宋玉云, 江水湛湛兮上有楓, 而阮籍云, 湛湛長江水, 上有楓樹林也.)

《두시경전》 이 두 구는 경치를 묘사하면서도 또한 이별의 마음을 띠고 있다.(二句寫景, 亦帶離情.)

7 定(정) – 반드시. '空'으로 된 판본도 있다. 山翁(산옹) – 진나라 때 정남장군을 지낸 산간山簡을 가리키는데, 여기서는 위백옥을 비유한다. 전장군을 보내는 백중승으로 보기도 한다.

8 遙憐(요련) – 멀리서 어여삐 여기다. 두보가 강릉에 도착한 전장군을 어여삐 여긴다는 말이다. 似葛疆(사갈강) – 갈강과 같다. 전장군이 산간이 아끼던 휘하 장군 갈강과 같다는 말이다.

《두시상주》 양양의 동요에 "(산간이) 채찍을 들어 갈강에게 묻기를 '내 모습이 유주, 병주의 아이들과 비교하면 어떤가'라고 하였다"라는 내용이 있는데, 갈강은 산간이 사랑하는 부하 장수이다.(襄陽兒童謠, 擧鞭問葛疆, 何如幽幷兒. 葛疆, 山簡愛將也.)

[定醉 2구] 산간으로 위백옥을 비유하고, 갈강으로 전장군을 비유하여 산간이 자신의 휘하 장군인 갈강을 아꼈듯이 전장군도 위백옥으로부터 인정을 받을 것이라는 뜻이다.

《두시경전》 산옹은 위공을 비유하고 갈강은 전장군을 비유하니, 전장군이 위공의 막부에 이르러 서로 의기투합할 것을 미리 헤아린 것이다.(山翁比衛公, 葛疆比田將軍, 預擬其至衛幕而相得也.)

《두시조차공선후해집교》 이 두 구절은 산간으로 백중승을 비유하고 갈강으로 전장군을 비유한다.(句以山簡比柏中丞, 以葛强比田將軍也.)

《두억》 강릉에는 습가지가 있어서 산옹(산간)의 일을 쓴 것이다. 산옹은 당연히 양성군왕 위백옥을 가리킨다. 줄곧 혼자 술을 마셨으므로 '공취'라고 하였다. 지금 전장군이 막부에 들어 갈강 역할을 할 수 있게 된 것이다. 한데 공의 입장에서 말하였으므로 '요련'이라고 말한 것이다.(江陵有習池, 故用山翁事, 山翁當指衛王. 向來獨酌, 故云空醉, 今有田四入幕, 可當葛强, 而由公言之, 故云遙憐.)

#《두시상주》: 첫 두 구는 전장군을 전송함이요, 3, 4구는 위공에게 나아감이요, 5, 6구는 송별의 가을 경치요, 7, 8구는 강릉의 정황이다. '풍수'는 청풍강을 가리키니 그래서 맥성과 짝을 이룬다. 산간은 위공을 비유하고 갈강은 전장군을 비유한다. 장원 주에 "이 시에서는 두 차례 '주' 자로 구의 마지막 글자를 썼는데 옛사람은 이런 방식을 피하지 않았다. 하지만 두 개의 '주' 자가 서로 다르니, 이별연에서의 술은 공이 전송할 때요, 산옹의 술은 강릉에 도착한 때이다. 전장군이 술을 좋아하였으므로 이렇게 말한 것 같다. '기타'는 배를 출발하여 간다는 것이니, 앞서 〈단가행송기록사귀합주인기소사군短歌行送祁錄事歸合州因寄蘇使君〉 시에서 "그대 이제 배를 움직여 봄 강을 따라 흘러간다"라고 한 것을 증거로 삼을 수 있다. 옛 판본에 '기지'로 된 것은 잘못 판각되었음이 명백하다.(首二送田, 三四赴衛, 五六送別秋景, 七八江陵情事. 楓樹, 指靑楓江, 故對麥城. 山簡, 比衛. 葛彊, 比田. 遠注, 此詩兩以酒字作句脚, 古人不避, 然兩酒字不同. 離宴酒, 公送時也. 山翁酒, 到江陵時也. 意田將軍好酒, 故云. 起舵, 起船而行, 前有短歌行, 君今起舵春江流, 可證. 舊作起地, 刊誤無疑.)

《두억》: '이연' 구는 전별자리가 성대함을 보여준다. 때는 분명 8월인데, 이달에 제비는 돌아가고 기러기가 오기 때문이다. 5, 6구는 그 시기를 바로 기록하였는데 대개 3, 4구를 나누어 받는다. '풍수'는 '맥성'을 내하여 썼으니 의당 기주의 지명으로, 〈추흥팔수〉에서 말한 '풍수림'

같은 것이 바로 그것이다. 맥성은 당양현에 있으니 형문주에 속하며 강릉에 있다. 아마도 제비와 기러기를 가지고 전장군의 왕래가 그 시기를 놓치지 않음을 비유한 것일 게다.(離宴罷多酒, 見餞送之盛. 時必八月, 是月玄鳥歸, 鴻雁來, 五六正紀其時, 蓋分頂三四, 楓樹對麥城, 當是夔州地名, 如秋興所云楓樹林是也. 麥城在當陽縣, 屬荊門州, 在江陵, 蓋以燕雁比田四往來不爽其期也.)

《독두심해》: 제목을 서술함이 분명하고 자연스럽다. 7, 8구는 시제 내용 이후의 일로 들어간 것으로, 그가 위공의 막부에 이르러 서로 의기투합할 것을 미리 헤아린 것이다.(敍題明順. 七八, 入題後去, 預擬其到衛幕而相得也.)

(**김성곤**)

73. 題柏學士茅屋

백학사 띠집에 쓰다

碧山學士焚銀魚[1]　白馬却走身巖居[2]
古人已用三冬足[3]　年少今開萬卷餘[4]
晴雲滿戶團傾蓋[5]　秋水浮階溜決渠[6]
富貴必從勤苦得[7]　男兒須讀五車書[8]

푸른 산속 학사는 은어부를 사르고
백마를 돌려 가서 몸은 암혈에 산다.
옛사람은 하마 세 겨울 넉넉함을 썼거니와
젊은이는 이제 만 권 넘게 펼치도다.
맑은 구름은 문 가득 둥글어 기운 수레 덮개인 듯
가을 물 섬돌에 넘쳐 흐르니 도랑 터진 듯.
부귀는 반드시 각고의 노력에서 얻나니
사내는 모름지기 다섯 수레 글을 읽어야지.

백학사는 어지러운 세상을 피해 산속에 숨어 사는 사람으로서 문장에 능하고 장서가 풍부하다. 그의 집에는 구름이 둥실 떠 있고, 가을 물이 도랑이라도 터진 듯 마당에 그득하다. 집안의 자제들은 백학사의 책을 이미 많이 읽었다. 두보는 젊은이들에게 부귀를 얻으려면 더욱 독서에 매진하라고 면려한다. 이 시는 대력 2년에 지었다. 학사는 이 나음 시(〈세백내형제산거옥벽이수題柏人兄弟山居屋壁

二首〉)에 나오는 백씨 형제의 숙부라고 하나, 누구인지는 알 수 없다. 학사가 백씨 형제라고 하는 설도 있으나 옳지 않다.

《보주두시》 당나라 때는 홍문학사, 집현학사, 한림학사가 있었다. 여기서 학사라고 부른 자는 누구인지 모르나, 앞(〈제백대형제산거옥벽이수〉)에서 말한 백씨 형제임에 틀림없으리라. 그렇지만 학사로서 띠집에 살고 또 독서를 만 권이나 하였으니 또한 그 어짊을 알 수 있다. 옛 편차를 따라 대력 2년 작으로 한다.(唐有弘文集賢翰林學士. 此稱學士者, 雖未詳爲何人, 意必前所謂栢大兄弟也. 雖然, 以學士而居茅屋, 又且讀書萬卷, 亦可知其賢矣. 從舊次爲大曆二年作.)
《두시상주》 황학의 주에 옛 편차를 따라 대력 2년 작에 넣었으니 시를 보낸 것(〈기백학사림거寄柏學士林居〉 시를 말함)이 먼저이고 집에 쓴 것(이 시를 말함)이 나중이리라. 고신의 주에 공은 학사의 띠집에 들렀다가 그 배양한 품덕이 높고 독서에 부지런함이 부러워 그 띠집에 이와 같이 썼다고 하였다. 살펴보건대 시에서는 독서로써 부귀를 얻는다고 말하였으니 학사에게는 오히려 어울리지 않는다. 황생은 그의 아들과 조카를 면려하는 말이라고 하였으니 옳다.(鶴注, 依舊次編在大曆二年, 蓋寄詩在先, 而題屋在後也. 顧注, 公過學士茅屋, 羨其立品之高, 讀書之勤, 故題其茅屋如此. 按詩言讀書以取富貴, 於學士尙不相似. 黃氏謂勗其子姪者, 得之.)
《독두심해》 학사도 난리 후에 기주에 우거하는 사람이다. 〈기백학사림거〉 시가 있다.(學士亦亂後寓夔者. 有寄柏學士林居詩.)
청清 진정경陳廷敬《두율시화杜律詩話》 백학사에 대하여는 제가들 사이에 정론이 없다. 내가 살펴보건대 〈남백중승겸자질수인제관제사인술부자형제사미재가사륜覽柏中丞兼子姪數人除官制詞因述父子兄弟四美載歌絲綸〉 시가 있으니 이 백학사는 중승의 아들이나 조카임이 틀림없다. 학사는 혹 받은 벼슬이리라. 전집의 이 시 뒤는 바로 〈제백대형제산거옥벽이수〉이고, 또 〈기백학사림거일수〉가 있으니 모옥은 바로 '산거'이자 '임거'이다. 이 시에서 "백마를 돌려 가서 몸은 암혈에 산다"라고 하였고, 뒤 시에서는 "산에 살며 전적에 정통하다"라고 하였으며 또 "아아, 저이는 책을 싣고 은거하여 쓸쓸히 산언덕에 의지하여 몸을 드러내놓고 있다"라고 하였다. 여기서는 "맑은 구름은 문 가득 둥글어 기운 수레 덮개인 듯, 가을 물 섬돌에 넘쳐 흐르니 도랑 터진 듯"이라 하였고, 뒤에서는 "들 집에 차가운 강물 흐르고, 산울타리는 엷은 구름을 띠고 있다"라고 하였으니 말의 뜻이 모두 맞아 의심할 바가 없다. 전집에 〈남경정백중승覽鏡呈柏中丞〉, 〈배백중승관연장사陪柏中丞觀宴將士〉, 〈봉송촉주백이별가장중승명부강릉기거위상서태부인인시종제행군사마위奉送蜀州柏二別駕將中丞命赴江陵起居衛尙書太夫人因示從弟行軍司馬位〉 시가 있다. 〈원관송채園官送菜〉 시에서 "늘 이 지역 주인의 은혜를 입는다"라고 하였고, 〈원인송과園人送瓜〉 시에서 "백공이 기나라를 진수한다"라고 하였으니 공은 백씨 형제 부자와 교유가 돈독하였다. 백공은 바로 백무림이며, 혹 '茂琳'으로도 쓰고, 백정절과 같은 사람이다. 이 백학사는 절대 문음으로 임용되려 하지 않고 문장으로 이름을 날리려 한 사람이니 대대로 장군의 가문임을 의심할 필요는 없다. 또 옛 시문에서 말하는 학사가 모두 관명인 것은 아니며, 또한 문학지사라고 포괄적으로 말하는 경우도 있다. 백씨 자제는 이미 은어부를 지니고서도 배우기를 좋아하니 학사라고 불러도 역시 무방하다.(柏學士, 諸家無定論. 愚按, 全集有覽柏中丞兼子姪數人除官制詞因述父子兄弟四美載歌絲綸, 此柏學士應是中丞子姪, 學士或卽所除之官. 全集此詩後卽題柏學士山居壁二首, 又寄柏學士林居一首, 茅屋卽山居林居也. 此詩云, 白馬却走身巖居, 後詩, 公山居精典籍. 又云, 歎彼幽居載典籍, 蕭然暴露山之阿, 此云, 晴雲滿戶團傾蓋, 秋水浮階溜決

渠. 後云, 壄屋流寒水, 山籬帶白雲, 語意皆合, 無所疑也. 全集有覽鏡呈柏中丞陪柏中丞觀宴將士奉送柏二別駕將中丞命赴江陵. 送菜詩云, 常荷地主恩, 送瓜詩云, 柏公鎭夔國, 公遊於柏氏父子兄弟間熟矣. 柏公卽柏茂林, 或作茂琳, 與柏貞節是一人. 此柏學士必不屑以門蔭進身, 而願以文章顯名者, 何必以世系將門爲疑哉. 又古詩文所云學士, 不盡官名, 亦有泛言文學之士者. 柏氏子弟已有銀魚而好學, 以學士稱之亦無妨也.)

주 석

1 碧山學士(벽산학사) – 푸른 산속에 사는 학사. 백학사를 가리킨다. 銀魚(은어) – 은어부銀魚符. 은으로 만든 물고기 모양의 부절. 당나라 때 5품 이상의 관원이 찼으며, 품급을 나타내고 병사를 동원하고 궁문과 성문을 출입하는 신표로 사용하였다. '벽산학사'는 양梁나라 천감天監 연간에 장포張褒가 탄핵되자 인장을 사르고 휘파람을 불며 푸른 산으로 떠났다는 고사에서 나온 말이라는 설이 있지만 이런 고사는 애당초 있지 않았다.

《보주두시》에 인용된 소蘇씨 주 장포는 양나라 천감 연간에 학사직을 수행하지 않아서 어사가 탄핵하려 하였다. 장포는 "벽산은 나를 저버리지 않으리라"라고 말하고 바로 인장을 사르고 길게 휘파람을 불며 떠났다.(張褒, 梁天監中不供學士職, 御史欲彈劾. 褒曰, 碧山不負吾, 乃焚章長嘯而去.)

2 白馬(백마) – 백마. 학사가 탄 말. 안녹산을 비유한다고 보는 설도 있으나 취하지 않는다. 却走(각주) – 돌려서 달리다. 巖居(암거) – 산중의 거처.

《구가집주두시》 조차공 주 백군은 학사가 되었는데도 은어부를 사르고 띠집에 살며 독서하였다. 말구에서 또 비로소 부귀를 언급하였으니 당나라 때는 과거에 다른 종목이 있어 백군이 응시하려고 하였던가. 내가 일찍이 《국사보》를 보았더니 "진신은 지위가 최고일지라도 신하된 자로서 진사를 거치지 않으면 끝내 아름답게 여기지 않는다"라고 하였다. 또 《노씨쇄잡기》를 보았더니 "두승은 습유로서 비의를 받고 나서 도리어 과거에 응시하여 급제하고 다시 습유에 임명되어 당시에 '착비진사'라고 불렀다"라고 하였다. 그러니 백학사라는 이도 은어부를 태우고 따로 독서하였으니 그가 도모한 바가 이런 유였다. '분은어' 석 자는 또 이른바 '작례분고어(박주를 따르고 마른 물고기를 굽는다)'라는 말을 모방하였고, 역사서(《십육국춘추十六國春秋》)에 '암거혈처(암혈에 거처)'한 선비의 전기가 있다.(柏君旣爲學士矣, 乃焚銀魚而居於茅屋之下讀書. 末句又方言及富貴, 豈唐有別科目而柏君將應之邪. 次公嘗觀國史補云, 縉紳雖位極, 人臣不由進士者, 終不爲美. 又觀盧氏瑣雜記云, 杜昇自拾遺賜緋, 却應擧及第, 又拜拾遺, 時號著緋進士, 則柏學士者焚銀魚而別讀書, 其所圖類此矣. 焚銀魚三字 又倣所謂酌醴焚枯魚, 史有巖居穴處之士.)

《문선》에 실린 응거應擧 〈백일시百一詩〉 농가에는 아무것도 없어 박주를 따르고 마른 물고기 굽네.(田家無所有, 酌醴焚枯魚.)

최홍崔鴻 《십육국춘추十六國春秋·촉록蜀錄·범장생전范長生傳》 범장생은 부릉 단여 사람이다. 일명 연구이며, 또 이름을 구중이라고도 하고, 또 지라고도 하며, 자는 원수이다. 암혈에 살면서 도를 찾고 뜻을 길러 명성과 덕망이 높았고, 천문에 아울러 능하고 술수에 자못 밝았으며, 나이는 백 세가 넘었다.(范長生, 涪陵丹輿人也. 一名延久, 又名九重, 又名支, 字元壽. 巖居穴處, 求道養志, 甚有名德, 兼善天文, 頗曉術數, 年過百歲.)

《후한서·장담전張湛傳》 광무제가 조회에서 혹 게으른 빛이 있으면 장담은 번번이 그 잘못을 늘어놓으며 간언하였다. 늘 백마를 탔으므로 광무제가 장담을 보면 번번이 "백마생이 또다시 간언하겠구나"라고 말하였다.(光武臨朝, 或有惰容, 湛輒陳諫其失. 常乘白馬, 帝每見

湛, 輒言白馬生且復諫矣.)

《독두심해》 〈기백학사림거〉 시에 "오랑캐가 방패와 창 잡고 반역하고부터 천하의 학사들 또한 바쁘게 달아났다"라고 하여 안녹산의 난을 만났음을 말하였다.(林居詩, 自胡之反持干戈, 天下學士亦奔波, 謂遭祿山亂也.)

《두시경전》 아마 안녹산의 난을 만나 벼슬을 버리고 여기 사는 사람이리라.(蓋遭祿山之亂, 棄官居此者.)

3 古人(고인) – 옛사람. 여기서는 동방삭을 말한다. 백학사를 비유한다. 三冬足(삼동족) – 3년간 익힌 학문이 풍족하다. 삼동은 세 겨울, 즉 3년을 말한다.

《한서漢書·동방삭전東方朔傳》 나이 열셋에 글을 배워 세 겨울을 지나서 문서 기사에 대한 지식이 이용하기에 충분하다.(年十三學書, 三冬文史足用.)

왕선겸王先謙《한서보주漢書補注》 '三冬文史足用'의 주 살펴보건대 삼동은 3년을 말하니 삼춘, 삼추라는 말과 같다.(案, 三冬謂三年, 猶言三春三秋耳.)

《예기·문왕세자文王世子》 무릇 세자를 가르치고 사를 가르침에 반드시 때가 있다. …… 봄에는《시》를 외우고 여름에는 현악기로 연주하는데 태사가 고종에서 가르친다. 가을에《예》를 가르치니 예를 담당하는 자가 가르치고, 겨울에《서》를 읽히니《서》를 담당하는 자가 가르친다.《예》는 고종에서 하고,《서》는 상상에서 한다.(凡學世子及學士, 必時. …… 春誦, 夏弦, 大師詔之瞽宗, 秋學禮, 執禮者詔之, 冬讀書, 典書者詔之. 禮在瞽宗, 書在上庠.)

4 年少(연소) – 젊다. 젊은이. 백학사 집안의 젊은이들을 가리킨다. 今(금) – '曾'으로 된 판본도 있다. 開(개) – 열다. 펼치다. 여기서는 두루마리를 펴서 읽는다는 뜻이다. 萬卷餘(만권여) – 만 권 넘게. '여'는 압운을 위해 쓴 글자이다.

《두율계몽》 '여' 자는 뜻은 어울리지 않지만 운을 맞추기 위해 쓴 글자이다.(餘字, 趁韻.)

5 晴雲(청운)– 맑은 날의 구름. 團傾蓋(단경개)– 기운 수레 덮개처럼 둥글다. 둥글기가 기울어진 수레 덮개 모양임을 말하니, 수레 덮개는 앞뒤가 긴 원형이다. 여기서는 구름의 모양을 형용한다. 이 구절은 두보가 백학사를 처음 만났다는 뜻이 들어 있다고도 풀이한다.

《구가집주두시》 조차공 주 '경개'라는 어휘를 써서 백군과 처음 만났음을 보였다. 《공자가어孔子家語》에 공자가 담나라로 가다가 길에서 정선생을 만나 수레 덮개를 기울이고 얘기하다 하루가 다 가도록 흠뻑 즐거워하였다고 하였다.(用傾蓋字, 因以見與柏君初相見也. 家語曰, 孔之郯, 遭程先生於途, 傾蓋而語, 終日盡歡.)

《사기·노중련추양열전魯仲連鄒陽列傳》 속담에 "흰머리가 되어도 처음 만난 듯한 사이도 있고, 수레를 타고 가다가 만났어도 오래 사귄 듯한 사이도 있다"라고 하였다. 왜 그런가? 알아주고 몰라주고의 차이이다.(諺曰, 有白頭如新, 傾蓋如故. 何則, 知與不知也.)

6 浮階(부계)– 섬돌 위에 떠 있다. 溜決渠(유결거)– 터진 도랑에서 흘러 떨어진 듯하다. 물살이 급함을 비유하였다.

[晴雲 2구]

《두시경전》 2구는 띠집 앞의 풍경이다.(二句, 茅屋前景.)

7 從(종)– ~로부터. ~을 따라서. 勤苦(근고)– 각고의 노력.

8 五車書(오거서)– 수레 다섯 대 분량의 책.

《장자莊子·천하天下》 혜시는 방술이 많았으며, 그 책이 다섯 수레였다.(惠施多方, 其書五車.)

#《두시상주》: 학사의 띠집에 옛날부터 장서가 있었다. 위 4구는 서사이고, 5, 6구는 집 앞의 가을 경치이며, 7, 8구는 그 아들과 조카들을 면려하는 것이다. 하반부는 위를 잇는다. 물고기 모양의 은 부절이

불살라지고 백마를 돌려 갔다는 것은 안녹산의 난을 만났음을 말한다. 구름이 기운 수레 덮개처럼 둥글다고 하여 그 짙음을 말하였고, 물은 도랑이 터져 흐르는 듯하다고 하여 그 빠름을 말하였다.(學士茅居, 舊有藏書. 上四, 叙事, 五六, 屋前秋景, 七八, 勉其子姪. 下截承上, 銀魚見焚, 白馬却走, 遭祿山之亂也. 雲如傾蓋之團, 言其濃, 水似決渠之溜, 言其急也.)

《두억》: 몸은 학사가 되었지만 오히려 은어부를 사르고 암혈에 숨어 살면서 외우고 읽으니 옛사람과 상우하는 자가 아니랴. 5, 6구는 띠집을 정면에서 읊었고, 마지막 연은 '학사도 그러니 하물며 부귀를 구하는 데 뜻을 둔 자야'라는 말이다. 대체로 학사를 빌려 사람들을 면려한 것이다.(身爲學士, 猶焚銀魚, 隱巖誦讀, 豈非尙友古人者耶. 五六, 正賦茅屋, 落句, 謂學士且然況志求富貴者. 蓋借學士以勉人也.)

《독두심해》: 공이 학사의 띠집에 들러 그 장서가 풍부하고 또 훌륭한 자제가 있어 읽을 수 있음을 기뻐하여 벽에 서둘러 썼다. '경개'와 '결거'는 당시 쓰이던 표현이다. 7, 8구에서는 학사 집안의 이전의 공을 가리켜 찬탄하는 말을 하였다. 옛 풀이는 면려하는 말이라고 보았으나 비루하다.(公過學士茅屋, 喜其藏書之富, 又有佳子弟能讀, 率題於壁. 傾蓋決渠, 當時現成名色. 七八, 就學士家前效, 作指點歎羨語. 舊解作勉語, 便陋.)

《두시상주》에 인용된 주한 설: 은어부를 살랐으나 그 까닭을 말하지 않아 시구의 뜻이 분명하지 않다. 제3구는 동방삭의 일을 써서 금을 두드려 쇠로 만들었다. '삼동문사족용'을 '이용삼동족'으로 만들었으니 되겠는가. '금개만권여'는 '개' 자와 '여' 자가 궤이지(들어맞지) 않고 '연소'를 '고인'에 짝지었으니 훌륭하지 않다. '청운만호', '추수부계'는 이 말만으로 충분하다. '단경개', '유결거'는 사족이 길다. 아래구는 그래도 풀이할 수 있으니 '섬돌 위에 떠서 터진 도랑으로 흐른다'

는 말이다. 단, 시법이 아니다. '단경개'에 대하여는 주석 달기가 어렵다. 맑은 구름은 높고 묘하여 또한 문에 가득할 리가 없다. (〈백제白帝〉 시의) "백제성 안 구름은 문에서 난다"라는 말은 원래 뇌우를 위해 꾸민 경색일 뿐이다. 7, 8구는 시골 서당에 붙일 만하다. 소릉은 평생 도의와 공업으로 자부하였건만 왜 이런 말을 하였을까. '오거서' 역시 '만권여'와 중복을 저질렀다.(朱瀚曰, 焚銀魚, 不言其故, 句意未明. 第三句, 使東方曼倩事, 點金爲鐵, 以三冬文史足用爲已用三冬足, 可乎. 今開萬卷餘, 開字餘字不貫, 年少對古人, 不工. 晴雲滿戶, 秋水浮階, 足矣. 團傾蓋溜決渠, 蛇足輪困. 下句猶可解, 云浮於階而溜於所決之渠, 但非詩法耳. 至於團傾蓋, 則難乎箋注矣. 晴雲高妙, 亦無滿戶之理. 白帝城中雲出門, 自爲雷雨設色耳. 七八, 可粘村塾. 少陵生平以道義功業自許, 何出此語. 五車書, 亦與萬卷餘犯重.)

《두시설》: 이전에는 이 시가 동몽들에게 배움을 권하는 시의 남상이자 백학사를 두고 하는 말 같지가 않아서 싫어하였다. 후에 전집을 보니 칠언고시 〈기백학사림거〉가 있고, 율시 〈제백대형제산거옥벽이수題柏大兄弟山居屋壁二首〉가 있어서 비로소 그 말뜻을 알았다. 칠언고시에서 "오랑캐가 방패와 창 잡고 반역하고부터 천하의 학사들 또한 바쁘게 달아났다. 아아, 저이는 책을 싣고 은거하여 쓸쓸히 산언덕에 의지하여 몸을 드러내놓고 있다"라고 하였고, 오언율시에서는 "숙부는 붉은 문에 사는 귀한 분이고, 낭군은 옥수 높이 선 듯하다. 산에 살며 전적에 정통하고, 글은 우아하여 〈국풍〉과 〈이소〉를 섭렵하였다"라고 하였으니 학사는 백대 형제의 숙부이고, 백대의 산속 집은 바로 학사의 띠집이다. 학사가 바삐 달아나며 싣고 간 것(책)이 바로 백대가 산에 살며 정통하였던 것이다. 두 시에서 대체로 시어가 서로 뜻을 보여준다. 이 시는 합하여 말하여 그 자제를 면려하면서 그 부형에 근거하여 언사를 꾸며 취지가 그 말에서 명료하다. 이 시의 첫 연의 말은 앞 칠언고시 첫 연의 말과 한뜻이다. '백마'라는 시어는 또한 "청사백마수양래"라는 동요를 이용하여 안녹산의 난을 비유한다. 다음 연에서 학사는 이미 옛사람처럼 세 겨울 문사를 익혀 넉넉히 써서 세상에서 현귀해졌고, 지금 그 자제들이 바야흐로 만 권을 펼치니 모두 학사가 읽고 남은 것이라고 말하였다. 5, 6구는 띠집의 경치를 지적하고, '암거'를 받아 한 구절을 썼다. 결련에서는 그리하여 노력으로 부귀를 얻는다고 면려하여 말하였다. 숙부가 이미 이전의 공이 있었으니 젊은이가 학문을 쌓는 공을 어이 빠뜨릴 수 있으랴. '단'은 모인다는 뜻이다. 조비의 시(〈잡시雜詩〉)에 "서북쪽에 뜬구름 있어 우뚝하기가 수레 덮개 같다"라고 하였다. 여기서는 그 말을 바꾸어 이용하였다. '결거' 역시 가을 물의 아름다움이 시냇물이 터진 듯하다는 비유이다. 두 시어는 경물을 묘사하지만 사실 '경개'는 교우를 비유하고 '결거'는 독서를 비유하여 젊은이들에게 겸손과 근면의 공을 알려주었다.(舊惡此詩爲蒙童勸學詩濫觴, 兼不似對栢學士語. 後閱全集, 有寄栢學士七言古, 及題栢大兄弟山居屋壁二律, 始知其說. 七言云, 自胡之反持幹戈, 天下學士亦奔波. 嘆彼幽棲載典籍, 蕭然暴露依山阿. 五律云, 叔父朱門貴, 郎君玉樹高. 山居精典籍, 文雅涉風騷. 是學士乃栢大之叔父, 栢大之山居, 卽學士之茅屋. 學士奔波之所載, 卽柏大山居之所精. 二詩, 語蓋互見, 此詩則合而言之, 勉其子弟, 而本其父兄以爲辭, 旨意暸然言下矣. 此詩起語, 與前七言古起語一意. 白馬字亦用青絲白馬之謠, 喻祿山之亂也. 接聯言學士已如古人, 三冬文史足用, 而貴顯於世矣, 今其子弟方開萬卷, 皆學士所讀之餘也. 五六, 點茅屋之景, 承巖居寫一句. 結因勉之云以勤苦取富貴爾. 叔父業有前效, 則年少積學之功, 安可少哉. 團, 聚也. 曹丕詩, 西北有浮雲, 亭亭如車蓋. 此變用其語. 決渠, 亦比秋水之勝, 如河渠之決也. 二語雖寫景, 其實, 傾蓋喻交友, 決渠喻讀書, 示年少以遜敏之功耳.)

(이창숙)

74. 題柏大兄弟山居屋壁二首

백씨 형제 산속 거처 집 벽에 쓰다 2수

叔父朱門貴[1] 郎君玉樹高[2] 山居精典籍[3] 文雅涉風騷[4]
江漢終吾老[5] 雲林得爾曹[6] 哀絃繞白雪[7] 未與俗人操[8]

숙부는 붉은 문에 사는 귀한 분이고
낭군은 옥수 높이 선 듯하네.
산에 살며 전적에 정통하고
글은 우아하여 〈국풍〉과 〈이소〉를 섭렵하였나네.
장강과 한수에서 나의 노년을 마치려는데
구름 낀 숲에서 그대들을 얻었네.
슬픈 현에 〈백설〉 곡이 맴돌고 있으니
아직 속인과는 더불어 연주하지 않았다네.

이 시는 백씨 형제의 산속 거처를 방문한 뒤 그들의 훌륭한 학문과 품성을 칭찬하고, 그 거처의 고요한 운치를 그린 것이다. 앞 시(〈제백학사모옥題柏學士茅屋〉)와 같은 때인 대력 2년에 지었다. 제목의 '백대'는 백씨 형제 중 맏이를 뜻한다. 백씨 형제는 바로 앞 시에 나오는 백학사의 조카이다. 백학사는 난리를 피해 기주로 온 사람인데, 성명은 미상이나. 이와 달리 백씨 형제가 앞 시의 '백학사'이며, 그들의 숙부가 어사중승을 지낸 백정절이라는 설이 있지만 합당하지 않다. 첫째 수에서는 백씨 형제가 귀한 집안 출신이고 고매한 품성을 지녔으면서도 학문에 정진하고 문학에 뛰어난 것을 칭송하면서 자신을 알아줄 지음을 얻었다고 기뻐하였다. 둘째 수에서는 산속 거처의 외지고 고요한 정취를 담아내면서, 집안의 붓걸이와 서첨을 묘사하며 문자향文字香과 서권기書卷氣가 가득한 풍경을 그려내었다.

《보주두시》 시에서 "숙부는 붉은 문에 사는 귀한 분이고, 낭군은 옥수 높이 선 듯하다"라고 하였으니, '백대'는 곧 백정절의 조카이다. 백씨의 아들과 조카들 중에 관직에 제수된 자가 허다할 것이나, 백씨 형제는 또 산속 거처에서 전적에 정통하니 특히 훌륭하다. 마땅히 대력 2년에 지은 것이다.(詩云, 叔父朱門貴, 郎君玉樹高, 則栢大乃貞節之猶子, 栢之子姪除官者多, 而柏大兄弟方且精典籍於山居, 則其尤賢也. 當是大曆二年作.)

《두시상주》 황학은 "백대는 아마도 백정절의 조카일 것이다. 백씨는 어사중승을 지냈으니, 이것이 곧 '주문귀'이다. 한 가문에서 4명의 인재가 배출되었으니, 이것이 곧 '옥수고'라는 말이다"라고 하였다. 황생은 "백대는 곧 백학사의 조카이다. 시에서 '산에 살며 전적에 정통하다'고 하였는데, 이는 바로 앞 시(〈기백학사림거寄柏學士林居〉)의 "아아, 저이는 책을 싣고 은거한다"와 같은 말이다. 또한 '들 집에 강물이 흐른다', '산울타리는 구름을 띤다'고 하였는데, 이는 바로 앞 시(〈제백학사모옥題柏學士茅屋〉)의 '뜬구름이 문 가득하다', '가을 물 섬돌에 넘치다'와 같은 말이다"라고 하였다. 후자의 설이 맞는 것 같다. 이 시는 마땅히 대력 2년 기주에서 지은 것이다.(黃鶴謂, 柏大, 蓋柏貞節子姪. 柏爲中丞, 是卽朱門貴, 一門四美, 是卽玉樹高也. 黃生謂, 柏大乃柏學士子姪. 詩云, 山居精典籍, 卽前詩歎彼幽棲載典籍也. 又云, 野屋流水, 山籬帶雲, 卽前詩浮雲滿戶秋水浮階也. 後說近是. 此應是大曆二年夔州作.)

《독두심해》 (두보에게는) 〈기백학사림거〉 칠언고시와 〈제백학사모옥〉 칠언율시가 있다. 학사는 아마도 난리를 만나 아들과 조카를 데리고 기주에 우거한 자일 것이다. '백대 형제'는 바로 그 아들과 조카이다. 황생의 설을 따른다.(有寄柏學士林居七古, 題柏學士茅屋七律兩詩. 學士蓋遭亂而携子姪寓夔者. 柏大兄弟, 卽其子姪也. 從黃生說.)

《두시경전》 '백대 형제'는 바로 백학사의 조카이다.(柏大兄弟, 乃柏學士之姪.)

주 석

1 叔父(숙부) – 숙부. 여기서는 앞 시(〈제백학사모옥〉)에 나오는 '백학사'를 가리키는 듯하다. 朱門(주문) – 붉은색 대문. 귀족이나 부호富豪의 집을 가리킨다.

2 郎君(낭군) – 귀족 집안의 자제를 일컫는 호칭. 여기서는 백씨 형제를 가리킨다. 玉樹(옥수) – 옥으로 된 나무. 전설 속 신비한 나무인데 빼어난 자질을 지닌 자제를 칭찬하는 말로 사용되었다.

유의경劉義慶《세설신어世說新語·언어言語》 사태부(사안謝安)가 여러 아들과 조카에게 물었다. "너희들 자제가 또한 나와 무슨 상관이 있다고 잘 성장하기를 바라는 것인가?" 그들 중 아무도 대답하는 이가 없었다. 그런데 거기車騎(사현謝玄, 곧 사안의 조카)가 대답하였다. "비유컨대 지란과 옥수를 뜰에서 잘 자라게 하려는 것이 아니겠습니까."(謝太傅問諸子姪, 子弟亦何預人事, 而正欲使其佳. 諸人莫有言者. 車騎答曰, 譬如芝蘭玉樹, 欲使其生於階庭耳.)

《두시조차공선후해집교》 낭군에 대하여는 곧 남북조시대 이후로 귀인의 자제를 낭군이라고 불렀다. 숙질 사이 또한 부자 관계라 할 수 있으므로 낭군이라는 말을 사용할 수 있다.(郎君, 則魏宋以來,

貴人之子曰郎君. 叔姪則亦父子, 故可使郎君.)

3 精(정)－ 정통하다. 典籍(전적)－ 서책. 이 구는 앞 시(〈제백학사모옥〉)의 "젊은이는 이제 만 권 넘게 펼친다(年少今開萬卷餘)"라는 구절과 관련이 있다.

4 風騷(풍소)－〈국풍國風〉과 〈이소離騷〉. 빼어난 시문을 가리키는 말이다. 이 구는 백씨 형제의 문장이 뛰어남을 칭송한 것이다.

《두시상주》 '풍소'는 〈국풍〉과 〈이소〉이다.(風騷, 國風離騷也.)

5 江漢(강한)－ 장강長江과 한수漢水. 여기서는 기주를 말한다. 장강과 한수 부근의 형초荊楚 지역을 가리킨다는 설도 있다. 吾老(오로)－ 나의 늙음. 여기서 '나'는 두보 자신을 가리킨다.

《두시조차공선후해집교》 공이 형초 이남 지역으로 가고자 하여 '나의 노년을 마치려 한다'고 한 것이다.(公欲適荊楚而南, 故云終吾老也.)

6 雲林(운림)－ 구름 낀 숲. 은거하고 있는 장소를 가리킨다. 爾曹(이조)－ 그대들. 여기서는 백씨 형제를 가리킨다.

7 哀絃(애현)－ 슬픈 현. 수준 높은 음악을 가리킨다. 백씨 형제가 손님을 위해 연주한 음악이다. 이와 달리 두보를 가리킨다고 보는 설도 있으나 합당하지 않다. 白雪(백설)－ 전국시대 초나라의 곡명. 고아하고 수준 높은 작품을 가리킨다. 춘추시대 진晉나라 악사인 사광師曠이 지은 음악이라는 설도 있다.

《예기·악기樂記》 현악기의 소리는 슬프다. 슬프기에 정직함을 세우고, 정직하기에 지조를 세운다.(絲聲哀, 哀以立廉, 廉以立志.)

《두시상주》 송옥이 초나라 양왕의 말에 대답하여 "초나라 도읍 영에서 노래하는 객이 있었는데, 처음에 〈하리파인〉을 노래하자 도성 안에서 노래를 따라 부르는 자가 수천 명이었습니다. 하지만 그가 〈양춘〉과 〈백설〉을 노래하자 따라 부르는 자가 수십 인에 그칠 뿐이었습니다"라고 하였다.(宋玉對楚襄王曰, 客有歌郢中者, 其始下里巴人, 國中屬和數千人, 其爲陽春白雪, 國中屬而和者數十人而已.)

《두시경전》에 인용된 사희일謝希逸의 〈금론琴論〉 〈백설〉은 사광이 만든 것으로, 상조의 곡이다.(白雪, 師曠所作, 商調曲也.)

8 操(조) – 연주하다. 다루다.

[哀絃 2구] 백씨 형제가 연주하는 음악을 감상하며 그 수준이 높음을 칭송한 것이다. 이와 달리 두보가 백씨 형제와 함께 연주하는 것으로 보거나 두보의 심경을 비유한 것으로 보는 설도 있으나 합당하지 않다. 이 구는 두보가 백씨 형제를 칭송하며 자신의 지음으로 인정한 것이다.

《두시조차공선후해집교》 송옥이 "〈양춘〉과 〈백설〉의 곡조는 더욱 고상하니 따라 부르는 자가 더욱 적다"라고 말하였다. 슬픈 가락으로 연주하는 곡이 〈백설〉이니, 속인들이 이 금을 연주할 수 있는 것이 아니다.(宋玉曰, 陽春白雪之曲, 唱彌高而和彌寡. 於哀絃之中, 所彈者白雪, 非俗人所能操此琴也.)

《두억》 '애현'은 공이 스스로를 말한 것이다. '요백설'은 같은 소리로 서로 호응함을 보인 것이다. 귀한 집안 자제로서 운림에 숨어 공부하기에 〈백설〉 곡에 화답하는 사람 적은 것이 마땅하니, 어찌 속인들이 능히 연주할 수 있는 것이겠는가?(哀絃, 公自謂也. 繞白雪, 見同聲相應也. 以朱門子弟而隱學於雲林, 宜白雪之寡和也, 豈俗人所能操哉.)

《두시경전》 마지막 연은 아마도 백씨를 지음으로 허여한 것이리라.(末蓋許柏爲知音也.)

#《두시상주》: 첫 장은 백씨 형제가 배우기를 좋아하여, 자신이 지음을 얻게 되었음을 기뻐하는 것을 기록하였다. '정전적'은 고전에 해박한 것이다. '섭풍소'는 글을 잘 짓는다는 것이다. 이는 바로 '옥수'의 자질이며 귀족 집안 '주문'에 국한되지 않는다. '애현' 구는 서로 더불어

금을 연주하며 노래 부르는데 속인들과는 취향이 같지 않다는 것이니, 이는 '운림' 구를 이어받은 것으로, 비가 아니라 부의 수법이다.(首章, 記柏氏好學, 喜得知音. 精典籍, 則博古. 涉風騷, 則能文. 此正玉樹之姿, 不囿於朱門者. 哀絃白雪, 言相與彈琴咏歌, 不與俗人同調, 此承雲林句來, 是賦, 非比.)

《독두심해》: 첫 장에 대해 구조오는 "백씨가 배우기를 좋아하여, 자신이 지음을 얻게 되었음을 기뻐하는 것을 기록하였다"라고 하였다.(首章, 仇云, 誌柏氏好學, 喜得知音.)

其二

野屋流寒水[1] 山籬帶薄雲[2] 靜應連虎穴[3] 喧已去人群[4]
筆架霑窗雨[5] 書籤映隙曛[6] 蕭蕭千里足[7] 個個五花文[8]

들 집에 차가운 강물 흐르고
산울타리는 옅은 구름을 띠고 있구나.
고요함은 응당 호랑이 굴에 이어졌을 것이고
소란함은 이미 사람들의 무리를 떠나 있음에랴.
붓걸이는 창으로 들이친 비에 젖었고
서첨에는 틈으로 들어온 석양빛이 비친다.
히힝 하고 천리마 우는데
하나하나가 다섯 꽃잎 무늬로다.

주 석

1 野屋(야옥) – 들 집. 시제에 나오는 백씨 형제의 산속 거처를 말한다.

2 薄雲(박운) – 엷게 낀 구름. '薄'은 '白'으로 된 판본도 있다.

3 虎穴(호혈) – 호랑이 굴. 이 구는 백씨 형제의 거처가 외진 곳에 있다는 것이다.

4 喧(훤) – 떠들썩함.

도연명《음주飮酒 · 기오其五》 사람 사는 곳에 오두막 지었으나, 수레와 말의 시끄러움이 없다.(結廬在人境, 而無車馬喧.)

[靜應 2구] 백씨 형제의 거처가 고요하여 호랑이 굴에 이어질 만하며, 사람들의 시끄러움은 이미 벗어났음을 말한다.

《두보전집교주》 두 구는 산속 거처가 외지고 고요함을 말한 것이다.(二句謂山居僻靜.)

《두억》 산속에 거하는 집이 호랑이 굴과 연이어 있고 사람들과는 떨어져 있으니, 이는 세속을 피하는 뜻이 호랑이를 피하는 것보다 심함이다.(其山居之屋, 連虎穴而隔人羣, 是避俗深於避虎也.)

5 筆架(필가) – 붓걸이. 霑(점) – 젖다.

6 書籤(서첨) – 책의 제목을 종이, 비단, 상아 조각, 대나무 조각 등의 재료에 기록한 부분이다. 종이나 비단은 책의 전면 표지에 붙이고, 상아 조각, 대나무 조각은 권축에 매단다. 隙曛(극훈) – 틈으로 들어온 석양.

7 蕭蕭(소소) – 말 우는 소리. 千里足(천리족) – 천리마. 뛰어난 인재를 비유하는데, 여기서는 백씨 형제를 가리킨다. '足'은 '馬'로 된 판본도 있다.

《시경·소아·거공車攻》 히힝 말이 울고, 펄럭펄럭 깃발이 움식이네.

(蕭蕭馬鳴, 悠悠旆旌.)

8 五花文(오화문) – 말갈기를 잘라 다섯 꽃잎 모양으로 만든 무늬. 여러 색이 섞여 있는 말의 털 무늬로 보기도 한다.

《두시상주》〈고도호총마행高都護驄馬行〉에 인용된 곽약허郭若許 주 '오화'란 것은 말갈기를 잘라 땋아서 만든 것으로, 세 잎 꽃 또는 다섯 잎 꽃으로 만든다.(五花者, 剪鬃爲辮(瓣), 或三花, 或五花.)

《두시상주》 '오화'는 털에 다섯 색이 있는 것이다.(五花, 毛有五色也.)

[蕭蕭 2구]

《두시조차공선후해집교》 이 편은 앞 6구의 뜻이 매우 분명하고, 오직 마지막 구만이 준마로 백씨 형제를 비유하였다. 공은 일찍이 (〈고도호총마행〉에서) "다섯 꽃이 흩어져 구름이 온몸에 가득하다"라고 하였다.(此篇前六句甚明, 惟末句以駿馬比柏之兄弟矣. 公嘗曰, 五花散作雲滿身.)

#《두시상주》: 둘째 장은 산속 거처의 경물과 일을 서술하여 백씨 형제의 재주 많음을 상찬하였다. 경계가 한갓지고 땅이 외진 가운데 이러한 필가와 서첨을 보게 되니 진실로 전적에 정통하고 풍소를 섭렵할 수 있었음을 알 수 있다. 앞 장에서 '옥수고'가 그 자질의 빼어남을 비유하였다면, 이 장에서는 '천리마'가 그 재주가 훌륭함을 비유한 것이다. '개개'는 백씨 형제에 해당한다.(次章, 敍山居景事, 而贊其多材. 境幽地僻之中, 見此筆架書籤, 知眞能精典籍而涉風騷矣. 上章玉樹高, 比其質秀. 此章千里馬, 比其才良. 個個, 該柏氏兄弟也.)

《두시경전》: 앞 수는 백씨 형제에 대해 말하였고, 이 수는 산속 거처에 대해 말하였는데, 끝부분에서 거듭 앞 편을 포괄하고 있다.(上首就柏兄弟說, 此首就山居說, 而結仍抱前篇.)

《독두심해》: 둘째 장은 산속 거처에 대해 묘사하였는데, '창우', '극훈'은

‘서첨’, ‘필가’와 짝을 이루어 거듭 앞 장의 ‘문아’와 조응한다. ‘천리족’은 또한 숙부, 낭군과 관련된다. ‘개개’라는 글자를 붙임으로써 또한 제목 가운데 있는 형제라는 말이 분명히 드러나도록 하였다.(次章, 就山居摹寫, 而窗雨隙曛, 搭上書籤筆架, 仍與前章文雅應合. 千里足, 又與叔父郎君關會. 着箇箇字, 又使題中兄弟清出.)

(**박홍준**)

75. 白帝樓

백제루

漠漠虛無裏[1] 連連睥睨侵[2] 樓光去日遠[3] 峽影入江深[4]

臘破思端綺[5] 春歸待一金[6] 去年梅柳意[7] 還欲攪邊心[8]

아득한 허공 속을
이어지는 성가퀴가 침범하는데,
성루의 빛 해로부터 멀고
협곡 그림자 강에 들어 깊다.
섣달이 다 가기에 한 단의 비단을 생각하고
봄이 돌아오기에 일금을 기대해보노라니,
작년 매화와 버들의 정취
다시 변방의 마음을 어지럽히려 한다.

이 시는 기주에서 지은 것으로, 저작 연도가 대력 원년이라는 설과 대력 2년이라는 설이 있다. 대력 2년 섣달이면 삼협을 나설 계획을 구체화하던 때이므로 대력 원년 설이 더 근리해 보인다. 백제루는 백제성 안에 있던 누각이다. 겨울이 다 가고 봄을 맞이할 무렵에 백제루에 올라 주변 경물을 묘사하면서 기주를 떠날 수 있기를 바라는 마음을 담았다.

《보주두시》 시에서 "섣달이 다 가기에 한 단의 비단을 생각하고, 봄이 돌아오기에 일금을 기대해본다"라 하고, 또한 "작년 매화와 버들의 정취, 다시 변방의 마음을 어지럽히려 한다"라고 하였으니, 응당 대력 2년 세밑에 지은 것이다.(詩云, 臘破思端綺, 春歸待一金, 又云, 去年梅柳意, 還欲攪邊心, 當是大曆二年歲晏作.)

《두시상주》 두보는 대력 원년 기주에 도착하였는데 지금 "작년 매화와 버들의 정취"라 하였으니, 대력 2년 겨울이 다 지나갔을 때이다.(公於元年至夔州, 今云去年梅柳意, 則是二年冬盡時矣.)

《두보전집교주》 조차공은 이 시를 대력 원년 겨울 기주 서각에서 지은 것으로 판정하였다.(趙次公定此詩於大曆元年冬在夔州西閣作.)

주 석

1 漠漠(막막) – 아득히 끝이 없는 모습. 虛無(허무) – 텅 비어 드넓은 모양. 허공.

2 連連(연련) – 끝없이 이어지다. 睥睨(비예) – 성가퀴. 여장女牆. 성 위에 쌓는 낮은 담. 侵(침) – 침범하다.

[漠漠 2구] 이 두 구는 백제성이 높다는 말이다.

《구가집주두시》 조차공 주 '침'은 허공 속으로 침입하였다는 것으로, 그것이 높음을 말한다.(侵則侵虛無之裏, 言其高也.)

3 樓光(누광) – 성루의 빛. 去日遠(거일원) – 산에 가려져 해로부터 멀리 떨어지다.

《두율계몽》 '햇빛이 성루로부터 멀다'는 말인데, 산에 가려졌기 때문이다. 도치를 하여 성운이 서로 어울리게 함을 도모하였으나 (시의 의) 분명함이 부족해졌다.(日光去樓遠, 爲山遮也. 倒過, 取聲相叶而欠明.)

4 峽影(협영) – 협곡의 그림자. 강물에 비친 것을 성루 또는 해로 보고

풀이하는 설도 있다.

《찬주두시택풍당비해》 성이 대단히 높은 곳에 있고 아래로 깎은 듯 가파른 곳에 임한 까닭에 성루의 그림자가 땅에 떨어지면 해로부터 지극히 멀어지고 협곡 그림자는 또 강물 속으로 깊이 잠긴다. 이 두 구는 두 경치가 하나의 뜻이다.(城在高絶, 下臨陡削, 故城樓光影落地, 極遠於日, 峽影則又深浸江心. 此兩句兩景一意.)

《두보전집교주》에 인용된 기용서紀容舒 주 성루가 성 위에 있어 햇빛이 비쳐 빛이 나는데 그것이 사람에서 떨어진 것이 거의 해와 같이 멀다는 것이니, 이는 바로 '허무리'를 말한 것이다. 성이 협곡 사이에 있어 강에 임하여 그림자가 지는데 그것이 물에 든 모습이 실로 강과 같이 깊으니, 이는 바로 '비예침'을 드러낸 것이다.(樓在城上, 映日而有光, 其去人也, 幾與日同遠, 此正言虛無裏. 城在峽間, 臨江而有影, 其入水也, 實與江共深, 此正見睥睨侵.)

5 臘破(납파) - 섣달이 지나다. 겨울이 다한다는 뜻이다. 端綺(단기) - 한 단의 비단. 한 단은 반 필에 해당한다.

6 一金(일금) - 화폐의 단위로, 스무 냥을 가리킨다.

[臘破 2구] 겨울이 가고 봄이 오면 봄옷을 지을 옷감을 얻어야 하므로, 이에 필요한 얼마간의 돈을 기대한다는 말이다. 뒤의 구절을 봄에 삼협을 떠나기 위한 돈이 마련되기를 기대한 것이라고 보는 설도 있다.

《독두시설》 두 구는 단지 하나의 뜻으로, 섣달이 지나고 봄이 돌아오면 한 단의 비단을 얻어 봄옷을 지어야 하기에 일금이 생기기를 아직 기대한다는 말이다.(二句只一意, 言臘盡春回, 欲得端綺而製春服, 尙待有一金也.)

[臘破 4구]

《두율계몽》 한 단의 비단으로 섣달을 견디고 일금으로 돌아가는 노잣돈을 삼으려 한다. 그러나 작년에 매화와 버들을 보고 돌아가지 못해 이 마음이 그로 인해 어지러워졌는데, 올해도 작년과 같을까 다만 걱정하고 있다.(端綺御殘臘, 一金作歸資. 但去年見梅柳而不得歸, 此心爲之攪亂, 只恐今年似去年耳.)

7 梅柳意(매류의) – 매화와 버들의 정취. 봄날의 뜻.

8 攪(교) – 어지럽히다. 邊心(변심) – 변방의 마음. 변방에서 고향을 그리워하는 마음을 가리킨다.

《두시상주》에 인용된 《두억》 '변심'은 몸은 변방에 있으나 마음은 고향을 그리워하는 것이다.(邊心, 身在邊而心思鄕也.)

#《두시상주》: 위 4구는 성루의 경치이고 아래 4구는 삼협을 나서고자 하는 마음이다. 하늘을 성가퀴가 위로 침입하였다는 것은 성이 높고 험준함을 극적으로 말한 것이다. 해가 물을 비추면 그 빛이 위로 되비치는데, 누각이 높은 까닭에 해로부터 멀다는 것이다. 협곡은 강가에 있어 그 그림자가 아래로 드리워지는데, 물이 빠진 까닭에 협곡 그림자가 깊다는 것이다. 겨울이 지나고 봄이 돌아왔으니 바로 삼협을 나설 만하다. 한 단의 비단과 일금으로 봄옷을 짓고 노잣돈을 삼고 싶지만 아직 얻을 수 없으니, 아마도 여전히 작년처럼 머물게 될 것 같았던 까닭에 매화와 버들을 대하고 다시 변방의 마음이 발동하였던 것이다.(上四城樓之景, 下四出峽之情. 太虛之際, 城堞上侵, 極言城之高峻. 日照水而其光上映, 惟樓高, 故去日遠. 峽臨江而其影下垂, 惟水落, 故峽影深. 臘盡春回, 正可出峽. 思端綺一金制春服而作行資, 尙不可得, 恐仍似去年之留滯耳, 故對梅柳而還動邊心.)

《두억》: '누광' 구는 '광' 자를 써서 광경이 바로 특별해졌다. (〈야숙서각효정원이십일조장夜宿西閣曉呈元二十一曹長〉 시의) "문의 까치는 새벽빛에 일어난다" 구를 훨씬 뛰어넘는다. 강물이 빠진 까닭에 협곡 그림자가 깊은 것이다. 봄날에 돌아갈 것을 생각하며 일금을 기대하지만 얻지 못하니 막다른 길이 가련하다. 매화와 버들의 넘치는 정취가 작년에 변방의 마음에 의해 어지럽혀지고도 돌아가지 못하였는데, 올해도 여전히 면하지 못할 것이 두렵다.(樓光去日遠, 用一光字, 景象便別. 過門鵲晨光起遠矣. 江水落, 故峽影深. 春日思歸, 待一金而不得, 窮途可憐. 梅柳盛意, 去年被邊心所攪而不歸, 恐今年猶未必免耳.)

《독두심해》: 성루에 오름으로써 오랜 나그네살이를 한탄한 것이다.(因登樓而歎久客也.)

(김준연)

76. 白帝城樓
백제성 누각

江度寒山閣[1]　城高絶塞樓[2]　翠屛宜晚對[3]　白谷會深遊[4]
急急能鳴雁[5]　輕輕不下鷗[6]　夷陵春色起[7]　漸擬放扁舟

강은 차가운 산의 서각을 지나가고
성은 먼 변방의 누각을 높게 하네.
푸른 병풍은 저물녘에 대하니 좋고
흰 골짜기는 깊이 노닐어야 하리.
잘 우는 기러기는 급히 날아가고
내려오지 않는 갈매기는 경쾌하게 떴네.
이릉에 봄빛이 일어날 터이니
점점 작은 배를 놓아 가고 싶어라.

이 시는 기주에서 대력 2년 연말에 지은 것으로 보기도 하고, 대력 원년 연말에 지은 것으로 보기도 한다. 백제성 누각에 올라 여러 풍광을 바라보며 배 타고 삼협을 나가고 싶은 마음을 적었다.

《보주두시》 이 시는 마땅히 대력 2년 세모에 지은 것이다. 명년 정월에 두보는 협곡을 나갔다. 그래서 "이릉에 봄빛이 일어날 터이니, 점점 작은 배를 놓아 가고 싶다"라는 구절이 있다.(此詩當是大曆二年歲晏作. 明年正月, 公出峽, 所以有夷陵春色起, 漸擬放扁舟之句.)

주 석

1 寒山閣(한산각)－ 차가운 산의 누각. 백제성의 서각西閣을 가리킨다. '閣'을 각도閣道, 즉 잔도棧道로 보기도 한다.

《두시경전》 '각'은 각도를 말한다.(閣謂閣道.)

2 絶塞樓(절새루)－ 먼 변방의 누각. 백제성루를 가리킨다. 이 구는 백제성의 지세가 높아 그 누각을 높게 한다는 말이다.

3 翠屛(취병)－ 푸른 석병石屛. 누각에서 바라본 푸른 바위산을 가리킨다.

4 白谷(백곡)－ 지명으로 보인다. 기주 백제산白帝山의 골짜기로 보기도 하고, 무산巫山의 골짜기로 보기도 한다. 會(회)－ 응당.

《구가집주두시》 조차공 주 '백곡'은 기주의 골짜기 이름인 것 같다.(白谷疑是夔州谷名.)

《두억》 '백곡'은 곧 백제산의 골짜기이다.(白谷卽白帝山之谷.)

《두시상주》에 인용된 소보 주 '백곡'은 무산의 골짜기이다.(白谷, 巫山之谷.)

[翠屛 2구]

《두율계몽》 '취병', '백곡'은 모두 누각 위에서 본 것이다. '의만대'는 현재를 말하고, '회심유'는 미리 기약한 것이다.(翠屛白谷, 皆樓上所見. 宜晩對, 說現在, 會深遊, 是預期.)

5 急急(급급)－ 급한 모양. 能鳴雁(능명안)－ 잘 우는 기러기. 《장자》에서는 거위를 뜻하나 여기서는 글자 그대로 기러기로 보아야 한다.

《장자·산목山木》 장자가 산에서 나와 친구의 집에 머물렀다. 친구는 기뻐하며 동복에게 명하여 거위를 죽여 삶도록 하였다. 동복이 물었다. "한 마리는 잘 울고, 한 마리는 잘 울지 못하는데 어느 것을 잡을까요?" 주인이 말하였다. "잘 울지 못하는 것을 잡아라."(夫子出

於山, 舍於故人之家. 故人喜, 命豎子殺雁而烹之. 豎子請曰, 其一能鳴, 其一不能鳴, 請奚殺. 主人曰, 殺不能鳴者.)

6 不下鷗(불하구)－ 내려오지 않는 갈매기.

《열자列子·황제黃帝》 바닷가에 사는 사람 중에 갈매기를 좋아하는 자가 있었다. 매일 아침에 바닷가로 가서 갈매기를 따라 노닐었는데 그에게 이른 갈매기가 백 마리도 넘었다. 그의 아버지가 말하였다. "내가 듣기로 갈매기가 너를 따라 노닌다고 하니, 네가 잡아 오면 내가 그것을 가지고 놀겠다." 다음 날 바닷가에 가니 갈매기가 춤을 추면서 내려오지 않았다.(海上之人, 有好漚鳥者. 每旦之海上, 從漚鳥游, 漚鳥之至者百數而不止. 其父曰, 吾聞漚鳥從汝游, 汝取來, 吾玩之. 明日之海上, 漚鳥舞而不下也.)

[急急 2구]

《두시상주》 진자앙의 〈숙양하역포宿襄河驛浦〉에 "잘 우는 거위에 미치지 못하여, 그저 바닷가의 갈매기를 생각한다"라고 하였다. 5, 6구는 이에 근본한 것인데 말이 더욱 공교하고 빼어나다.(陳子昂詩, 不及能鳴雁, 徒思海上鷗. 五六本此, 而語更工秀.)

7 夷陵(이릉)－ 지금의 호북성湖北省 의창宜昌으로, 삼협을 지나서 있다.

《두시경전》 이릉은 협주를 말하며 기주의 밖에 있다.(吏陵謂峽州, 在夔外.)

《독두심해》 삼협의 밖에 있다.(在峽外.)

#《두시상주》: 이 시는 누각에 올라 삼협을 나설 것을 생각하게 된 것으로, 4구에서 끊어진다. 공은 예전에 서각에 살았기에 백제성 누각에 올라 고개를 돌려 바라보았다. 저물녘에 대하면 석양이 더욱 곱고, 깊이 노닐면 아름다운 곳을 두루 지나게 된다. 이것이 누각 앞에서 본 것이다. 또한 우는 기러기와 가벼운 갈매기로 봄날에 배를 놓아

갈 시상을 일으키고 있다. 이것은 강변에서 느낀 것이다. 《두억》에서 "'고'와 '도'는 대를 이루는데 모두 동사로 활용한 것이다. 누각이 높은 것은 성의 위치가 높기 때문임을 말하는데, 〈백제성최고루〉 같은 시에서 볼 수 있다"라고 하였다.(此詩, 登樓而有出峽之思, 在四句分截. 公舊居西閣, 因上城樓而回望之. 晩對則返照增姸, 深遊則佳境遍歷, 此樓前所見者. 又以鳴雁輕鷗, 興起春日放舟, 此江邊所感者. 杜臆, 高與度對, 皆作活字用, 言樓之高, 由城高之也, 如白帝城最高樓可見.)

《두억》: 곧 서각이다. 이 이하의 서각에 대한 여러 시는 모두 응당 앞 권(대력 원년)으로 옮겨야 한다. 날이 차면 물이 빠지는데 성루에서 그것을 바라보니 언덕 너머의 산이 서각과 이어져 강을 건너서 오는 것 같아 보인다. '백곡'은 백제산의 계곡이다. 배를 놓아 가고 싶은 마음이 간절하기에 급히 나는 기러기와 가벼운 갈매기를 보고 자기도 모르게 느낀 바가 있는 것이다.(卽西閣也. 此下西閣數詩, 皆應移置前卷. 天寒則水落, 自城樓望之, 見隔岸之山與閣連接, 若度江而來者. 白谷卽白帝山之谷. 放舟心切, 故見雁之急鷗之輕, 不覺其相感也.)

《독두심해》: 앞의 시(〈백제루白帝樓〉)와 뜻이 같다. 첫 연에서 '각'과 '누'를 같이 보면 곧 합장이다. 아마도 오던 길의 각도로 오른 성루와 짝한 것이다. 3, 4구는 느슨하게 이어받은 한 필치로 이곳도 머물 만한 것 같다는 것이다. 아래에서는 이에 본래의 감회를 이끌어내고 있다. 잠깐 사이에 기러기와 갈매기를 보고서 봄 흥취가 동하였고, 기러기와 갈매기가 급하고 경쾌한 것을 보고서 배를 놓아 삼협을 나서려는 흥취가 또한 동하였다. 정신이 약동하는 것 같다.(與上篇同旨. 起聯, 閣與樓混看, 便合掌, 蓋以來路之閣, 陪所登之樓也. 三四, 緩受一筆, 此中宜若可留者. 下乃逗出本懷, 俛仰之間, 見雁鷗而春興動, 見雁鷗之急急輕輕, 而放舟出峽之興亦動. 神情躍躍.)

(강민호)

77. 有歎
탄식이 있다

壯心久零落[1] 白首寄人間[2] 天下兵常鬪 江東客未還[3]
窮猿號雨雪 老馬怯關山[4] 武德開元際[5] 蒼生豈重攀[6]

씩씩하던 마음 스러진 지 오래
흰머리로 인간 세상에 빌붙어 있는데,
천하에 병사들 항상 싸우니
강동으로 나그네가 돌아가지 못하네.
곤궁한 원숭이는 눈비 속에 울부짖고
늙은 말은 관문의 산을 겁내는데,
무덕과 개원 즈음으로
백성들이 어찌 다시 더위잡고 오르겠는가?

이 시는 오랫동안 타향을 떠돌며 늙어가는 것을 한탄하면서 지은 것인데, 계속되는 전쟁으로 피폐해진 백성들이 다시 태평성세를 만나기를 기원하는 것으로 마무리하였다. 저작 시기는 대력 2년으로 추정한다.

《보주두시》 시에서 "천하에 병사들 항상 싸우니, 강동으로 나그네가 돌아가지 못한다"라고 하였으니 마땅히 대력 2년 겨울 기주에서 지은 것이다. 이해에 토번이 들어와 노략질하여 경사는 두 번 경계를 삼엄하게 하였기에 이렇게 말하였다. '강동객'은 두보가 자신을 말한 것이다.(詩云, 天下兵常鬪, 江東客未還. 當是大歷二年冬夔州作. 是年吐蕃入冦, 京師兩戒嚴, 故云. 江東客, 公自謂也.)

《두시상주》 원주에서 "전해 듣건대 촉 땅의 관군이 보주에서 퇴각하였다"라고 하였는데, 이는 별도의 다른 일이다.(原注云, 傳蜀官軍自普還却. 另是一事.)

《독두심해》 원주에서 "전해 듣건대 촉 땅의 관군이 보주에서 퇴각하였다"라고 하였다. 《당서》에서 "보주는 자주를 나누어서 설치하였으며 검남도에 속한다"라고 하였다. 살펴보건대, "보주에서 퇴각하였다"라고 하였는데 대체로 수자리 방어하는 군사가 오가면서 변고가 많았음을 말한다.(原注, 傳蜀官軍自普還却. 唐書, 普州, 析資州置, 屬劍南道. 按, 自普還却, 大抵戍防軍士往還多故之謂.)

《두공부시집집주》 원주에서 "전해 듣건대 촉 땅의 관군이 스스로 보주와 수주를 포위하였다"라고 하였다. '수'는 '환'으로 된 판본도 있다.(原注, 傳蜀官軍自圍普遂. 遂, 一作還.)

주 석

1 零落(영락)－ 시들다. 쇠락하다.

2 寄人間(기인간)－ 인간 세상에 빌붙어 있다.

《두시상주》 '기인간'은 타향에 부쳐 산다는 말이다.(寄人間, 謂僑寓他鄉.)

3 江東(강동)－ 장강의 동쪽 지역. 기주 지역을 가리킨다고 보는 설, 장강 하류 지역을 가리킨다고 보는 설, 고향을 가리킨다고 보는 설이 있다. 客(객)－ 두보를 가리킨다. 강동을 장강 하류로 보고 그곳에 있는 두보의 동생을 가리킨다는 설이 있지만 취하지 않는다.

《두시상주》 노원창의 주에서 "《수경》에 따르면 장강물은 동쪽으로 적갑을 지나고 또 동쪽으로 어복을 지나며 또 동쪽으로 무협을 지나고 또 동쪽으로 기주성을 지난다. 그러므로 '강동객'이라고 하였다. 아우 두풍이 강동에 있음을 말한 것이 아니다"라고 하였다. 주학령의 주에서 〈원일시종무元日示宗武〉 시의 "강동의 아우가 보이지 않는다"를 인용하여 증거로 삼았으나 옳지 않다.(盧注, 水經云, 江水東逕赤甲, 又東逕魚復, 又東逕巫峽, 又東逕夔城, 故曰江東客. 非弟豐在江左之謂. 朱注, 引元日詩不見江東弟爲證, 非是.)

《독두심해》 '강동'은 오 땅과 초 땅을 말한다. 오 땅과 초 땅은 두보가 예전에 노닐던 곳인데, 지금 다시 그곳으로 가려고 생각하였기에 '돌아간다'고 하였다. 주학령과 노원창 등 여러 주석가는 '강동객' 세 글자를 이어서 읽었기에 약간의 천착을 낳았다.(江東, 謂吳楚也. 吳楚爲公舊遊, 今又思往其地, 故曰還. 朱盧諸家, 將江東客三字連讀, 生幾許穿鑿.)

《두억》 '강동객'에 대해 유씨는 "촉 땅에서 돌아가는 길은 모두 강동이라고 말할 수 있다"라고 하였지만 적확하지 않다. 두보는 서쪽 성도에서 강물을 따라 기주에 도착하여 여정을 끝냈는데, 그곳을 원래 서강이라 하였고 여기서 내려가면 바로 강동이 되니 지명이 아니다. 대체로 그가 멀리 떠나온 나그네가 되었음을 스스로 보여줄 따름이다.(江東客, 劉云, 自蜀歸, 皆可言江東. 未的. 公西自成都, 沿流至夔門而極, 元名西江, 下此卽江東矣, 非地名也. 蓋自見其爲遠客耳.)

《두공부시집집주》 두보의 다섯 번째 동생 두풍이 당시 강동에서 객살이를 하고 있었다. 〈원일시종무〉 시에서 "강동의 아우가 보이지 않는다"라고 하였는데 바로 이것이다.(公第五弟豊, 時客江東, 元日詩, 不見江東弟. 是也.)

《두시경전》 촉 땅은 장강 서쪽에 있으니 고향은 모두 '강서'라고 할 수 있다. 옛 주는 틀렸다.(蜀在江西, 則故鄕皆可言江東. 舊注非是.)

4 怯(겁)－ 겁내다. 두려워하다. '望'이나 '泣'으로 된 판본도 있다. 關山(관산)－ 관문의 산. 이 구는 두보가 고향으로 돌아가지 못하고 걱정하고 있음을 표현한 것이다. 이와 달리 관군이 난리를 평정하지 못하는 상황을 표현한 것이라고 보는 설도 있다.

[窮猿 2구]

《두시상주》 《관자》에서 "늙은 말의 지혜는 쓸 만하다"라고 하였다. 《두억》에서 "'노마' 구는 (〈고시십구수〉의) '호 땅의 말은 북풍에 의지한다'는 표현에서 온 것으로, 돌아가기를 생각한다는 뜻을 비유한 것이다"라고 하였다.(管子, 老馬之智可用. 杜臆, 老馬句, 從胡馬依北風來, 比思歸之意.)

《두억》 '궁원' 구는 나그네살이의 괴로움을 비유하고 '노마' 구는 고향으로 돌아가려는 생각의 절실함을 비유한다.(窮猿句, 比作客之苦. 老馬句, 比思歸之切.)

5 武德(무덕)－ 고조의 연호. 開元(개원)－ 현종의 연호.

《독두심해》 고조의 무덕에서 현종의 개원까지 모두 당나라의 전성기이다.(自高祖武德至玄宗之開元, 皆有唐全盛時.)

6 蒼生(창생)－ 백성. 重攀(중반)－ 다시 더위잡고 오르다. 다시 그때를 만난다는 말이다.

#《두시상주》: 위 4구는 노쇠하여 난리를 당한 것을 말하였는데 이것이 탄식을 하게 된 이유이다. 5, 6구는 '객미환'을 이어받았는데 떠돌면서 돌아가기를 생각한다는 말이다. 7, 8구는 '병상투'를 이어받았는데 난리가 극에 달해 평정되기를 생각한다는 말이다. '기인간'은 타향에 부쳐 산다는 말이다. '궁원'과 '노마'는 떠돌며 살 곳을 잃은 신세를 스스로 비유한 것이다. 노원창의 주에서 "여기서 무덕과 개원을 말하면서 정관(태종의 연호)과 영휘(고종의 연호)를 말하지 않았는데, 무덕은 당나라 치세의 시작이고 개원은 당나라 치세의 끝이어서 고조

와 현종을 들어 태종과 고종 두 사람을 포함하였기 때문이다"라고 하였다. 결련은 또한《시경·하천》에서 "주나라 경사를 생각한다"라고 한 것과 같은 것이리라.(上四, 言衰老而當亂離, 此發歎之故. 五六, 承客未還, 流落思歸也. 七八, 承兵常鬪, 亂極思治也. 寄人間, 謂僑寓他鄕. 窮猿老馬, 自況流離失所. 盧注, 此言武德開元而不及貞觀永徽者, 武德爲唐治之始, 開元爲唐治之終, 擧高祖明皇以該二宗也. 末聯, 亦猶下泉之念周京歟.)

《독두심해》: 이 시는 노년에 객지를 떠돌았기에 전쟁의 실마리가 사라지지 않고 나그넷길에 어려움이 많은 것을 한탄한 것이다. 태평성세를 회상하면서 조용히 생각이 깊어졌다. 구조오는 "《시경 · 하천》에서 '주나라 경사를 생각한다'라고 한 것과 같은 것이리라"라고 하였다. (此因衰年羈旅, 而歎兵端之未靖, 客路之多艱也. 追想盛時, 穆然神遠. 仇云, 猶下泉之念周京歟.)

(**임도현**)

78. 舍弟觀赴藍田取妻子到江陵喜寄三首

아우 관이 남전에 가서 처자식을 데리고 강릉에 이르렀기에 기뻐서 부친 시 3수

汝迎妻子達荊州[1]　消息眞傳解我憂
鴻雁影來連峽內[2]　鶺鴒飛急到沙頭[3]
嶢關險路今虛遠[4]　禹鑿寒江正穩流[5]
朱紱卽當隨綵鷁[6]　青春不假報黃牛[7]

네가 처자식을 맞아 형주에 도착하였을 텐데
그 소식이 정말로 전해져 내 시름을 풀어준다.
기러기 그림자 와서 협곡 안에 이어지니
할미새 급히 날아 모랫가에 이른다.
요관의 험한 길 이제는 헛되이 멀고
우임금이 뚫은 차가운 강이 마침 잔잔하게 흐르고 있어,
붉은 폐슬로 즉시 채색 익조를 따르리니
푸른 봄에 누런 소에게 알릴 필요가 없으리라.

대력 2년 겨울 기주에서 지은 것이다. 당시 두보는 가족을 데리고 강릉으로 이주할 계획이었는데, 마침 그의 아우 두관이 가족을 데리고 강릉으로 왔다는 소식을 듣고 기쁜 마음에 이 시를 부쳤다. 제목의 '사제'는 친동생을 말한다. '남전'과 '강릉'은 지명이다. 제1수는 두관이 강릉에 왔다는 소식을 듣고 기뻐하며 곧 그에게 가겠다는

뜻을 나타내었다. 제2수는 두관이 강릉에 오느라 고생하였을 일을 마음 아파하면서, 앞으로 그와 만나 즐겁게 지낼 일을 상상하여 말하였다. 제3수는 그곳에 가서 집을 마련하고 함께 지낼 일을 상상하여 말하였다.

《보주두시》 시에서 "붉은 폐슬로 즉시 채색 익조를 따르리니, 푸른 봄에 누런 소에게 알릴 필요가 없으리라"라고 하였고 또 "처마를 돌며 매화의 웃음 함께해야 할 것인데, 싸늘한 꽃술 성근 가지노 반쯤은 참지 못하리라"라고 하였으니 의당 대력 2년 겨울에 지었을 것이다. 다음 해 정월에 과연 삼협을 나섰다.(詩云, 朱紱卽當隨綵鷁, 靑雲('春'의 잘못)不假報黃牛. 又云, 巡簷索共梅花笑, 冷蕊疏枝半不禁, 當是大曆二年冬作. 明年正月果出峽.)

주 석

1 汝(여) – 두관을 가리킨다. 妻子(처자) – 처자식. 처만 뜻한다는 설도 있는데, 어느 설이 맞는지 분명하지 않다. 荊州(형주) – 지금의 호북성 형주로, 천보 초에는 강릉이라 하였다.

《두시상주》에 인용된 소보 주 천보 초에 형주가 강릉이 되었다.(天寶初, 荊州爲江陵.)

《독두시설》 지금 살펴보건대, 앞에 〈사제관귀람전영신부송시이수 舍弟觀歸藍田迎新婦送示二首〉 시가 있는데 '신부'라고 하였으니 의당 새로 맞아들인 것이다. 황학은 앞 시를 대력 2년 여름에 지은 것으로 편정編定하였고 이 시는 바로 이해 겨울에 지은 것으로 편정하였으니, 기간이 겨우 반 년 차이가 나기 때문에 이미 자식이 있을 리가 없다. 앞 시에서 "여거영처자"라고 한 것과 이 시 시제의 '취처자'에서 모두 '자'를 아울러 말한 것은 《일지록》에서 말한 바를 (그 글자의 의미는 없이) 연용連用한 어휘이다.(今按, 前有舍弟觀歸藍田迎新婦詩, 云新婦, 當是新娶. 前詩, 黃鶴定是大曆二年夏作, 此詩, 定卽是年冬作, 相去只半年, 不應已有子. 前詩汝去迎妻子, 與此詩題取妻子, 皆兼子言, 卽日知錄所云連及之詞也.)

2 鴻雁(홍안) – 기러기. 옛사람은 기러기가 줄지어 날아가는 모습으로 형제들이 서열에 따라 대열을 이루는 것을 비유하였다. 이 구는 동생에게서 소식이 왔다는 사실을 기러기를 빌려 말한 것이다. 동생이 가까운 강릉에 온 사실을 가리키는 것으로 볼 수도 있다. 峽內(협내) – 두보가 거주하고 있는 삼협 지역을 말한다.

3 鶺鴒(척령) – 할미새. 《시경·상체常棣》에 나오는 할미새 이야기로 인하여 할미새의 나는 모습이 형제간에 급한 일을 서로 걱정하고 돕는 것을 비유하게 되었다. 沙頭(사두) – 지명. 강릉에서 멀지 않은 곳에 있다. 지명이지만 '모랫가'라는 뜻을 가지고 있어 출구의 '협내'와 짝을 이루니, 이른바 차대借對이다. 이 구는 두보가 급히 사두로 가려고 한다는 뜻이다.

《두시상주》에 인용된 **《방여승람方輿勝覽》** 사두의 저자는 강릉에서 15리 떨어져 있다.(沙頭市, 去江陵十五里.)

[鴻雁 2구]

《두시상주》 《예기·왕제王制》의 '안행'은 선후 간에 순서가 있음을 비유하고, 《모시·상체常棣》의 '척령'은 급한 상황에서는 서로 도움이 필요함을 비유한다. 그러므로 두 새로 형제를 비유한다.(禮記雁行, 比先後有序. 毛詩鶺鴒, 比急難相須. 故以二鳥喻兄弟.)

《두율계몽》 제3구는 아우가 강릉에 이르러 기주와 아주 가까움을 말한다. 제4구는 자신의 몸은 비록 기주에 있지만 마음은 강릉으로 갔음을 말한다.(三句言弟達江陵, 去夔甚近. 四句言身雖在夔, 神赴江陵.)

4 嶢關(요관) – 남전관. 장안 남쪽에 있는 관문이다. 이 구는 두관이 강릉으로 올 때 여기를 이미 지났을 것이니, 지금은 그곳이 의미 없어졌다는 뜻이다. 다시는 요관을 거쳐 남전으로 갈 필요가 없게 되었다는 뜻으로 풀이하는 설도 있다.

《두시상주》 '요관'은 남전관이다. 남전에서 처자식을 맞이하면 반드시 요관 험지를 경유해야 한다. '요'는 음이 '요堯'이다. 그래서 '우'와 차대를 이룬다.(嶢關卽藍田關. 從藍田迎妻子, 必經嶢關之險. 嶢音堯, 故與禹作借對.)

《구가집주두시》 조차공 주 '험로금허원'은 두관이 이미 지난 지역이어서 지금은 헛되이 먼 곳이 되었다는 것을 말한다.(險路今虛遠, 言觀所已經之地, 故今虛遠矣.)

5 禹鑿寒江(우착한강) – 우임금이 파서 뚫은 장강. 전설에 의하면 우임금이 장강의 물길을 텄다고 한다. 穩流(온류) – 안온하게 흐르다. 물결이 잔잔함을 말한다. 이 구는 물길이 안온하여 두보가 편안하게 강릉으로 갈 수 있음을 말한다. 두관이 강릉으로 올 때 거치는 강을 가리키는 것으로 보는 설도 있으나 합당하지 않다.

《두시언해》 '한강'은 두관이 지나온 장강과 한수의 물을 가리킨다.(寒江, 指觀所歷江漢之水.)

[嶢關 2구]

《두율계몽》 '험한 길이 헛되이 멀다'고 한 것은 이미 강릉에 이르렀기 때문으로 제3구를 이어받는다. '강물이 마침 잔잔히 흐른다'고 한 것은 사두에 갈 수 있다는 것으로, 제4구를 이어받는다.(險路虛遠, 已達江陵也, 承三句. 江流正穩, 可赴沙頭也, 承四句.)

6 朱紱(주불) – 예복에 딸린 붉은색 폐슬蔽膝을 말하는데 흔히 관복을 의미한다. 두보가 공부원외랑이어서 비의緋衣를 착용하였는데, 주불이 같은 붉은색 관복이어서 그것에 견주었던 것으로 보인다. 綵鷁(채

익)－ 채색 익조. 원래 익조는 바람과 파도를 잘 견딘다는 전설상의 새 이름이다. 여기서는 뱃머리에 이 새의 그림을 그리거나 혹은 이 새의 모양을 만들어 뱃머리를 장식한 배를 가리킨다.

《구가집주두시》 조차공 주 두보는 상서공부원외랑이 되어 비의緋衣와 어부대魚符袋를 하사받았다. 그래서 (시에서) 누차 '주불'을 언급하였다.(公爲尙書工部員外郎, 賜緋魚袋, 故屢言朱紱.)

《독두심해》 '주불'은 자신을 말한다.(朱紱, 自謂.)

7 不假(불가)－ 빌리지 않다. 필요로 하지 않는다. 報黃牛(보황우)－황우에게 알리다. '황우'는 서릉협(지금의 호북성 의창시宜昌市 북서쪽에 위치) 부근에 있는 황우탄黃牛灘을 가리킨다. 이곳에는 깎아지른 절벽의 바위에 한 사람이 등에 칼을 지고 누런 소를 끌고 있는 듯한 무늬가 자연적으로 새겨져 있다고 한다. 이 시구의 황우는 두보가 있는 삼협에 대칭하는 말로 쓰인 것으로 보인다. 황우탄이 양서에 있다는 설이 있으나 확실하지 않다.

《구가집주두시》 조차공 주 '청춘' 구는 미리 알릴 필요가 없으니 봄에 배가 반드시 운행하여 지나갈 것이라는 말이다.(靑春不假報黃牛, 言不須預報之, 靑春之時船定行而經過也.)

《독두심해》〈동둔월야東屯月夜〉 황우탄은 비록 이릉에 속하지만, 기주 강의 입구 밖 가까이에 있다.(黃牛峽, 雖屬夷陵, 然近在夔江口外.)

[朱紱 2구] 내년 봄이면 바로 두관에게 갈 예정이니 두관이 굳이 두보가 있는 삼협 쪽으로 다시 연락해 올 필요가 없다는 뜻이다. 내년까지 기다리지 않고 지금 바로 가겠다는 뜻으로 풀이하는 설도 있으나, 제2수의 '생춘색生春色'과 관련지어 보면 합당하지 않아 보인다. '보報'를 '제사 지내다'의 뜻으로 보고 '봄을 기다려 황우에게 제사 지내지 않고 잔잔한 물길 따라 바로 내려갈 것이다'라는 뜻으로 풀이하는 설도 있다.

《두시경전》 황우탄은 기주 협곡의 입구 밖에 있다. 내가 바로 협곡을 나갈 것이니 네가 다시 사람을 보내 나와 약정할 필요가 없다는 말이다.(黃牛灘在夔州峽口外, 言我卽當出峽, 不必汝更遣人相約也.)

《두억》 양서에 황우탄이 있다. 이 겨울에 바로 배를 띄울 것이니 봄을 기다려 황우에게 평안함을 알릴 필요가 없다는 것을 말한다.(瀼西有黃牛灘, 謂今冬卽當放舟, 至青春不假報平安于黃牛也.)

《두공부시집집주》 내가 바로 협곡을 나갈 것이니 네가 사람을 시켜 황우에게 알릴 필요가 없다는 말이다.(言我卽當出峽, 不必汝之遣報於黃牛也.)

《두율계몽》 제7구와 제8구는 내년 봄에 바로 강릉에 갈 것이니 집 편지를 기주에 부칠 필요가 없음을 말한다.(七八言明春卽赴江陵, 家信不必寄夔州矣.)

《찬주두시택풍당비해》 황우는 사당이다. 봄을 기다려 황우에게 영험을 빌리지 않고 바로 잔잔한 물길 따라 순항해 내려가겠다는 것을 말하였을 뿐이다. '보'는 '보 제사'의 '보'이다.(黃牛, 神祠. 言不待青春藉靈黃牛, 而卽當安流順下云耳. 報卽報祀之報也.)

#《두시상주》: 제1수는 아우가 강릉에 이르러 기뻐한 것이다. 하반부는 가려고 하는 뜻을 서술하였다. '홍안영래'는 '소식' 구를 잇고, '척령비급'은 '형주' 구를 잇는다. 아우가 사두에 이르렀으니 요관은 그 멂이 보이지 않게 되었다. 몸이 찬 강에 있으니 잔잔한 흐름이라 바로 협곡을 나설 수 있게 되었다. 이로부터 배를 타고 동쪽으로 내려가리니 협곡 안에 편지를 부치는 번거로움이 없게 될 것이다. '주불'을 입고 '채익'을 탄다고 하였는데, 형제는 골육이라 이런 위로의 말을 해야 하니, 거창하고 과장된 표현이라고 꺼리지 않은 것이다. 이 시의 끝 두 구는 (〈문관군수하남하북聞官軍收河南河北〉 시의) "곧 파협에서부터 무협을 뚫고 나아가, 바로 양양으로 내려갔다가 낙양으로 향해야지"와 말뜻이 비슷하다. 단 그 시의 어세는 높고 활달한데,

이 시에서는 '주'와 '채', '청'과 '황'을 짝지어 졸렬함을 면하지 못하였다.(首章, 弟到江陵而喜. 下半敍欲往之志. 鴻雁影來, 承消息句. 鶺鴒飛急, 承荊州句. 弟到沙頭, 則嶢關不見其遠矣. 身在寒江, 則穩流正可出峽矣. 從此乘舟東下, 無煩報書峽中也. 衣朱紱而乘彩鷁, 兄弟骨肉, 須作此慰勞語, 不嫌侈張也. 此詩末二句, 與卽從巴峽穿巫峽, 便下襄陽向洛陽, 語意相似, 但彼詩語勢軒豁, 此將朱綵靑黃作對, 不免拙滯矣.)

《독두심해》: 제1수는 시제의 뜻을 분명하게 서술하여, 가려는 마음을 급히 보여주었다. 제1구와 제2구는 시제의 뜻에 대한 서술을 이미 완결하였다. '연협내'는 아우가 강릉에 이르러 이곳과 아주 가까워졌다는 것이다. '도사두'는 마음이 아우 있는 곳에 가니 급히 서로 의지하고자 한다는 것이다. '요관이 헛되이 멀다'는 '연협'의 뜻을 되풀이하며 남전을 찾을 필요가 없게 되었다는 것이다. '차가운 강이 잔잔하게 흐르다'는 '도사'의 뜻을 되풀이하며 바로 편안하게 길을 나설 수 있게 되었다는 것이다. 제7구는 바로 가겠다는 뜻을 분명히 지적하였다. 제8구는 그가 다시 약속할 필요가 없음을 당부하였으니 바로 그에게 반드시 갈 것이라는 사실을 충분히 전하였다. '청춘'은 협곡을 나설 시기를 예정한 것이다. 가운데 4구에 대한 옛 풀이는 모두 틀렸다.(首章, 敍淸題面, 而急示往就之情. 一二, 敍題已完. 連峽內, 弟至江陵, 距此甚近也. 到沙頭, 神往弟處, 急欲相依也. 嶢關虛遠, 申連峽, 不消尋向藍田矣. 寒江穩流, 申到沙, 正可安然就道矣. 第七, 點明卽往, 第八, 囑其不必申訂, 正繳足相就之決. 靑春, 預定出峽之期也. 舊解中四, 都非.)

其二

馬度秦山雪正深[1]　北來肌骨苦寒侵
他鄉就我生春色[2]　故國移居見客心[3]
歡劇提攜如意舞[4]　喜多行坐白頭吟[5]
巡簷索共梅花笑[6]　冷蕊疏枝半不禁[7]

말이 진령을 넘을 때 눈이 한참 깊이 쌓였을 것이고
북쪽에서 오느라 살과 뼈에 지독한 추위가 파고들었겠지.
타향으로 나에게 오니 봄빛이 생기겠지만
고향에서 옮겨 와 사니 나그네 심사 알리라.
아주 즐거워 손잡고 여의무를 추겠고
많이 기뻐서 걷거나 앉거나 백두음을 노래하겠지.
처마를 돌며 매화의 웃음 함께해야 할 것인데
싸늘한 꽃술 성근 가지도 반쯤은 참지 못하리라.

주석

1 度(도)－ 넘다. '瘦'로 된 판본도 있다. 秦山(진산)－ 진령秦嶺. '山'이 '關'으로 된 판본도 있다.

2 他鄉(타향)－ 여기서는 강릉을 가리킨다. 두보가 타향에 있음을 말한다는 설도 있다. 就我(취아)－ 나에게 오다. 여기서 '아'는 두보를 가리

킨다. 이 구는 두관이 타향으로 이주하여 두보에게 왔는데, 두보가 그를 만날 때가 이듬해 봄일 것임을 말한다. '타향인 강릉이 나(또는 우리)에게 봄빛을 만들어줄 것이다'라는 뜻으로 풀이할 수도 있다.

《두시조차공선후해집교》 두보는 촉 땅으로부터 초 땅으로 들어가고 아우 두관은 거처를 옮겨 초 땅으로 오니, 바로 이 때문에 두보에게 와서 같이 사는 것이다. '춘색'은 봄빛이 생기는 때임을 말한다. 대체로 두보가 협곡으로부터 형주에 가는 것을 봄 시절로 예측하였을 것이다. 그래서 타향으로 나에게 오면 바로 봄빛이 생길 것이라 말한 것이다.(公自蜀入楚, 而弟觀移居來楚, 乃所以就公一處也. 春色, 言春色生之時. 蓋公自峽往荊, 卜以春時矣, 故云他鄉就我, 卽是生春色也.)

《두억》 내가 타향에 있는데, 아우가 나에게 와서 봄빛을 만들어 준다.(我在他鄉, 而弟來就我, 以生春色也.)

3 見客心(견객심)– 두관이 나그네 심사를 알게 된다는 뜻이다.

4 歡劇(환극)– 즐거움이 심하다. 아주 즐겁다. '剩欲'으로 된 판본도 있다. 提攜(제휴)– 손잡다. 이끌다. 두보가 동생인 두관의 손을 잡고 이끄는 것을 말할 것이다. 두관에게 자식이 있었다고 하면, 여의무의 고사에 나오는 왕융이 왕도王導의 조카라는 사실을 고려할 때 두관의 아이들을 이끄는 것으로 볼 수도 있다. 如意舞(여의무)– 여의를 들고 추는 춤. 진晉나라 왕융이 기뻐서 철여의鐵如意를 들고 춤을 추었다는 고사에서 유래한 말로, 흔히 즐거워 추는 춤을 뜻한다.

《두시상주》에 인용된 《세설신어》 왕융이 여의무 추기를 좋아하였다.(王戎好作如意舞.)

5 白頭吟(백두음)– 고대의 악곡 이름. 사마상여가 첩을 들이려고 하자 탁문군卓文君이 이를 지었다는 고사가 있지만, 여기서는 그 고사와 관계없이 '흰머리를 읊다'라는 곡명의 의미만 차용한 것으로 보인다.

《독두심해》에 인용된 주한朱瀚 설 '백두음'은 육조 사람 공덕소와 원랑이 모두 통용하였으니 탁문군에게 전적으로 해당하지는 않는다.(白頭吟, 六朝人孔德紹袁朗皆通用, 不專屬文君.)

6 巡簷(순첨)－ 처마를 돌다. 처마 아래 기둥을 따라 도는 것을 말할 것이다. 索(색)－ 반드시. 모름지기. '찾다'의 뜻으로 풀이하는 설도 있지만 옳지 않다. 共梅花笑(공매화소)－ 매화의 웃음을 함께하다. 또는 '매화와 함께 웃다'로 풀이할 수도 있다. '共'이 '近'으로 된 판본도 있다.

《두시설》 '색' 자는 바로 '수득' 두 자를 (합쳐서) 급히 한 말이다.(索字乃須得二字急口之語.)

《독두심해》 《방언》에 "'수색'은 '요'의 뜻이다"라는 말이 있는데, 바로 이 '색' 자의 풀이이다.(方言有須索要之語, 正此索字之解.)

7 冷蕊疏枝(냉예소지)－ 싸늘한 꽃술 성근 가지. 매화꽃이 핀 가지를 표현한 말이다. '蕊'는 '落'으로 된 판본도 있다. 半不禁(반불금)－ 거의 참지 못하다. 거의 견디지 못하다. 매화가 웃음을 거의 참지 못할 것이라는 뜻이다.

[巡簷 2구]

《두시설》 (〈원중만청회서곽모사院中晩晴懷西郭茅舍〉 시의) "완화계에 국화는 실컷 웃을 터, 내가 관리와 은자의 이름을 겸하였다고 믿어나 줄까?"는 그 꽃이 자신의 마음을 믿지 않는 것을 말하고, "처마를 돌며 매화의 웃음 함께해야 할 것인데, 싸늘한 꽃술 성근 가지도 반쯤은 참지 못하리라"는 그 꽃이 사람의 뜻을 잘 이해하는 것을 말한다. 그런 설을 아는 이는 오직 엄우嚴羽뿐일 것이니, (《창랑시화滄浪詩話·시변詩辯》에서) 시에는 별취가 있어 이치와 관계되지 않는다고 하였다.(浣花溪裏花饒笑, 肯信吾兼吏隱名, 言其不信己衷. 巡簷索共梅花笑, 冷蕊疏枝半不禁, 言其善會人意. 知其說者, 其

惟嚴滄浪乎. 曰, 詩有別趣, 非關理也.)

[歡劇 4구] 두보가 이듬해 봄 강릉에서 두관을 만난 뒤의 일을 상상한 것이다. 이와 달리 두보가 두관의 소식을 듣고 당시 기주의 집에서 즐거워한 모습이라고 보는 설도 있다.

《두억》 후반 4구는 모두 자신의 기쁨을 그렸다.(後四句皆寫自家之喜.)

《두율계몽》 제5구와 제6구는 지금 현재의 기쁨을 바로 그린 것이다. 포기룡은 서로 만나게 되었을 때를 예측한 것이라 하였는데, 잘못이다. 처마를 돌며 웃으려고 하자 매화 또한 스스로 참지 못하니 기쁨을 알 수 있다.(五六, 正寫當下之喜, 浦謂預擬相見時者, 非. 至巡檐索笑, 而梅亦不能自禁, 則喜可知矣.)

#《두시상주》: 제2수는 아우가 멀리서 올 때의 심정을 연민한 것인데 하반부는 기뻐하며 위로하는 뜻을 그렸다. 노세각이 말하기를 "'타향취아'와 '고국이거'는 시제의 뜻으로 돌아가 나타낸 것이 분명하고 깔끔한데, 뜻은 더욱 따뜻하고 깊다. '아주 즐겁고', '많이 기쁘지만' 아직도 아우와 어느 정도 서로 떨어져 있었으니, 걸어서 처마 아래 기둥을 돌고 매화를 찾아 함께 웃었다. 이때 매화가 반쯤 피었으니 바로 싸늘한 꽃술이 달린 성근 가지가 또한 웃음을 참지 못하는 듯하였다. 무정물을 정이 있는 것처럼, 실정에 맞지 않는 것을 맞는 것처럼 말하였다"라고 하였다. '타향'은 강릉을 가리키고, '고국'은 남전을 가리킨다. 아우가 여정에 있었기에 '객심'이라고 하였다.(次章, 憫弟遠來之情, 下半寫喜慰之意. 盧世㴶曰, 他鄕就我, 故國移居, 還題明淨, 而意更溫深. 歡劇喜多, 尙與弟相隔許程, 於是步繞檐楹, 索梅花共笑. 此時梅花半開, 卽冷蕊疏枝, 亦若笑不能禁矣. 說得無情有情, 極迂極切. 他鄕指江陵, 故國指藍田, 弟在客途, 故云客心.)

《독두심해》: 앞 수에서 자기의 뜻을 밝혔기에 이 수에서는 아우의 정을 표현하였고, 그래서 함께 기쁘게 모인 즐거움을 미리 모사摹寫하였다. 제1구와 제2구는 그를 위로한 것이다. 제3구와 제4구는 그의 정성을 곡진하게 헤아린 것이다. 제5구와 제6구는 점층법으로 써 내려갔는데, 즐거움은 갑자기 만나 서로 손잡고 신나게 여의의 춤을 추는 것만 한 것이 없고, 오래 살면서 함께 걷고 앉으며 백두의 읊조림을 호소하는 데에서 기쁨이 더욱 많아진다는 것이다. 이때 이런 경치를 감상하며 매화를 마주하고 웃으니, 꽃 또한 그 정을 스스로 견디지 못하게 된 것이다. '매화'는 '청춘' 시절에 호응하는 것이다.(前章明己之志, 此章表弟之情, 因而預摹聚首歡會之樂. 一二, 慰勞之也. 三四, 曲諒其誠也. 五六, 淺深遞下. 歡莫劇於乍見相提攜, 而暢爲如意之舞. 喜更多於習處同行坐, 而訴與白頭之吟. 當斯時也, 撫斯景也, 笑對梅花, 花亦情不自禁矣, 梅花應青春時候.)

其三

庾信羅含俱有宅[1]　春來秋去作誰家[2]
短牆若在從殘草[3]　喬木如存可假花[4]
卜築應同蔣詡徑[5]　爲園須似邵平瓜[6]
比年病酒開涓滴[7]　弟勸兄酬何怨嗟[8]

유신과 나함 모두 살던 집이 있는데
봄가을이 오고 가서 누구 집이 되었을까?
낮은 담이 있다면 풀 시든 채로 둘 것이며
높은 나무 남았으면 꽃을 빌릴 수 있으리라.

집을 짓는다면 응당 장후처럼 길을 내야겠고
밭을 가꾼다면 모름지기 소평처럼 외를 심어야 하리.
근년에 술병이 났어도 몇 방울 마시리니
아우와 형이 권커니 잣거니 하면 무슨 한이 있으리오?

주 석

1 庾信(유신) – 남조 양梁나라 때의 문인. 羅含(나함) – 동진東晉 때의 문인. 이 구는 유신과 나함이 살던 집이 강릉에 있었음을 말한다.

《두시상주》 유신은 후경의 난 때문에 건강에서 강릉으로 도망쳐 와서 송옥의 옛집에 살았는데, 집이 성 북쪽 3리 되는 곳에 있었다. 나함은 환온의 별가가 되었는데, 강릉성 서쪽 3리 되는 작은 사주沙洲에 초가를 짓고 살았으며 베옷을 입고 거친 음식을 먹으면서도 태평하였다.(庾信因侯景之亂, 自建康遁歸江陵, 居宋玉故宅, 宅在城北三里. 羅含爲桓溫別駕, 於江陵城西三里小洲上立茅屋而居, 布衣蔬食, 宴如也.)

《두공부초당시전》 유신의 집은 바로 송옥의 옛집이다.(庾信宅卽宋玉故宅也.)

2 春來秋去(춘래추거) – 세월이 흘렀음을 뜻한다.

3 從(종) – 내버려두다. 그대로 두다. 殘草(잔초) – 황폐해진 풀. '남아 있는 풀'의 뜻으로 볼 수도 있다.

《두시상주》 '종'은 내맡겨둔다는 뜻이다.(從, 任從也.)

4 假花(가화) – 꽃을 빌리다. 임시 거처이기 때문에 빌린다고 말한 것이다.

[庾信 4구] 강릉에 있던 유신과 나함의 집이 현재 누구의 소유인지 모르

겠지만, 만약 그 집을 빌려서 살 수 있다면 낮은 담장 옆에 풀이 황폐하게 되었더라도 그대로 둘 것이며 크게 자란 나무에 꽃이 피면 그것을 감상할 것이라는 뜻이다.

5 卜築(복축)－ 새로 가옥을 짓는 것을 뜻한다. 蔣詡徑(장후경)－ 장후의 길. 흔히 은자의 거처를 비유한다. 장후는 한나라 사람이다.

《두시상주》 장후는 집 앞 대나무 아래에 세 길을 내었는데, 오직 구중과 양중이 그를 따라 놀았다. 연주자사가 되었는데 왕망이 섭정을 하게 되자 병으로 사직하고 시골로 돌아갔다.(蔣詡舍前竹下開三徑, 惟求仲羊仲從之遊. 爲兗州刺史, 及王莽居攝, 以病免, 歸田里.)

6 邵平瓜(소평과)－ 진秦나라 때 동릉후東陵侯였던 소평이 진나라가 망하자 장안성 동쪽에 외를 심었는데, 맛이 아주 좋아서 사람들이 그 외를 '소평과'라고 하였다.

[卜築 2구] 두보 형제가 강릉에 새로 가옥을 짓게 되면 예전의 은자 같은 삶을 살겠다는 뜻이다. 장후와 소평이 장안 사람이었다는 사실에 근거하여 이 두 구가 앞으로 강릉을 떠나 장안에 가게 되면 집을 짓고 살겠다는 뜻을 표출한 것으로 풀이하는 설도 있지만, 내용상 비약이 있어 합당하지 않다.

7 比年(비년)－ 근년. '年'이 '因'으로 된 판본도 있다. 病酒(병주)－ 술로 병이 나다. '病'이 '斷'으로 된 판본도 있다. 開涓滴(개연적)－ 술을 조금 마시기 시작하다. '연적'은 소량의 술을 뜻한다. '개'는 금주禁酒하던 것을 그만두고 술을 다시 마시는 것을 뜻한다.

《구가집주두시》 조차공 주 "비년병주개연적"이라 하였으니, 이 앞에 지은 〈계추소오제영강루야연최십삼평사위소부질삼수季秋蘇五弟纓江樓夜宴崔十三評事韋少府姪三首〉에서 "늙은이는 술병으로 인해, 꿋꿋이 앉아서 그대들 술잔 기울이는 걸 본다"라고 하였는데 이제 비로소 술을 다시 마시려고 한다는 것이다.(比年病酒開涓滴,

則前此江樓夜宴云, 老人因酒病, 堅坐看君傾, 至此方欲開酒矣.)

8 怨嗟(원차)－ 원망하고 한탄하다. 이 구는 형제간에 술을 함께 마시면서 살게 되면 원망하고 탄식할 일 없이 기쁘기만 할 것이라는 뜻이다.

#《두시상주》: 제3수는 강릉에 거처 정하기를 도모한 것인데, 하반부에서 같은 집에 함께 살게 된 것을 기뻐하였다. 유신과 나함의 옛집은 오랜 세월을 거쳤기에 지금 누구 집이 되었는지 알 수가 없다. 만약 옛집이 아직도 보존되어 있다면, 비록 풀 한 포기 나무 한 그루라도 차마 해칠 수 없을 것이다. 만약 따로 집을 지어야 한다면, 또한 의당 장후의 집 같은 길을 내어 객을 맞아들이고 소평의 외 재배를 배워 생계를 꾸릴 것이다. '형제가 술을 권하고 따르다'는 바로 새 집에서의 즐거운 일을 예측하여 말한 것이다. '유신'과 '나함'은 강릉을 두고 말한 것이다. '장후'와 '소평'은 본래 장안의 인물인데, 두보가 고향의 선현을 우연히 생각하게 되어 언급한 것이지, 장안에 거처를 정하려고 한다는 말이 아니다. 전겸익 전은 심한 천착이다. 황생이 말하기를 "이는 선현의 옛집을 빌려 뜻을 나타낸 것이니, 바로 시정의 곡진함과 시취의 영활함을 보여준다"라고 하였다.(三章, 謀卜居江陵, 下半喜同室聚首也. 庾羅舊宅, 久曆春秋, 未知今屬誰家. 倘故宅猶存, 雖一草一木, 亦不忍傷也. 若須別爲營構, 亦當開蔣徑以延客, 學邵瓜而治生. 兄弟勸酬, 乃豫道新居樂事. 庾信羅含, 就江陵而言. 蔣詡邵平, 本長安人物. 公以故里先賢偶憶及之, 非謂欲卜居長安也. 錢箋太泥. 黃生曰, 此借先賢舊宅以寓意, 乃見詩腸之曲, 詩趣之靈.)

《두시상주》: 편 안에 '유신', '나함', '장후', '소평' 네 명의 옛사람이 중첩되어 쓰였다. 유신과 나함을 인용한 것은 옛집을 빌리려는 일 때문이다. 장후와 소평을 인용한 것은 새 집을 지으려는 일 때문이다. 요컨대, 두보의 아우가 이리저리 전전하여 초 땅에 이르렀으니 가지고 온 짐이 썰렁하여 또한 집 짓기를 도모할 겨를이 없었을 터인데, 다만 그 마음속에 계획하는 바를 따라 기뻐하여 시에 썼던 것이다.(篇中庾信羅含蔣詡邵平, 疊用四古人. 引庾羅者爲儆舊居也. 引蔣邵者, 爲構新居也. 要之公弟間關至楚, 行李蕭條, 亦不暇謀及營室, 但從意中所籌畫者, 喜而筆之於詩.)

《두시전주》: '유신'과 '나함'에게 집이 있다는 것은 강릉의 우거를 말한다. '춘래추거'는 제비로 자신을 비유한 것이다. '단장'과 '교목'은 진 땅의 옛 거처를 가리킨다. '장후'와 '소평'은 한 사람은 두릉에서 살았고 한 사람은 동릉에서 살았는데, 모두 장안에서 늙은 사람이다. '제권형수'는 진 땅으로 돌아갔을 때의 즐거움을 말한 것이다.(庾信羅含有宅, 謂江陵之寓居也. 春來秋去, 以燕自況也. 短墻喬木, 指秦中故居, 蔣詡邵平, 一居杜陵, 一居東陵, 皆老於長安者也. 弟勸兄酬, 言歸秦之樂也.)

《독두심해》: 제3수는 거처를 도모하는 일을 바로 당부한 것으로, 또한 거처를 정하여 서로 모여 사는 즐거움으로 시상을 맺었다. 유신과 나함의 집은 강릉에 있고 장후와 소평의 집은 장안에 있었으니, 타향의 옛집을 사들이게 되면 아련히 고향 마을의 풍경과 같으리라는 것을 말한다. 그래서 서로 더불어 이곳에 모여 살며 끊었던 술을 다시 마시며 형제가 서로 권할 것이니 그 즐거움을 알 수 있다. 전겸익전은 장안에 천착했고 구조오는 장안의 의미를 버렸으니 둘 다 오류이다.(卒章, 直囑以謀居之事, 亦結到定居相聚之樂. 庾羅宅在江陵, 蔣邵家在長安, 言買得他鄉之故宅, 恍如故里之風景, 因相與聚居於此. 斷酒重開, 弟兄相勸, 樂可知已. 錢箋泥著長安, 仇氏脫卻長安, 兩謬.)

##《누시상수》에 인용된 노세각盧世㴶 설: 세 수의 시는 구설구설이 기뻐하는 내용이고 구절구절이 부치는 내용이다. 만약 얼굴을 마주하여 화목하게 하는 말만 같고 만다면, 부치는 글이 되지 않는다.(三詩句句是喜, 句句是寄, 若竟像對面浹洽語, 便不是寄矣.)

《두시상주》에 인용된 주한朱瀚 설: 제1수에서는 '해아우'라고 하였고 제2수에서는 '환극', '희다'라고 하였고 제3수에서는 '하원차'라고 하여, 시제 속의 '희'와 '기' 두 자와 조응하면서 선후 순서가 자연스럽게 이루어져 있다.(一首云解我憂, 二首云歡劇喜多, 三首云何怨嗟, 顧題中喜寄二字, 次第天然.)

(**이영주**)

79. 夜歸

밤에 돌아오다

夜半歸來衝虎過[1]　山黑家中已眠臥
傍見北斗向江低　仰看明星當空大[2]
庭前把燭嗔兩炬[3]　峽口驚猿聞一個[4]
白頭老罷舞復歌[5]　杖藜不睡誰能那[6]

한밤중에 돌아오면서 범과 부딪치며 지났는데
산은 어둡고 집안사람들은 이미 잠들어 누웠다.
옆으로 보니 북두성은 강을 향하여 낮고
위로 보니 밝은 별은 하늘에 크게 떠 있다.
뜰 앞에 켜놓은 촛불 두 자루에 성을 내는데
협곡 입구에 놀란 원숭이 한 마리 소리 들린다.
흰머리에 늙어 지친 내가 춤추고 또 노래하면서
지팡이 짚고 잠 못 이루는 것을 누군들 어찌하랴?

이 시는 대력 2년 양서에서 지은 것으로 추정된다. 밤에 범이 있는 위험한 밤길을 지나서 양서 초당에 도착하니 식구들은 이미 잠자리에 누웠다. 하늘에는 북두성이 낮게 떠 있고 위에는 밝은 별이 크게 빛난다. 집이 가난한지라 쓸데없이 뜰 앞을 밝히고 있는 촛불 두 자루에 대해 화를 내는데 이 소리에 놀랐는지 원숭이 한 마리의 울음소리가 협곡 입구에서 들려온다. 결련에서는 늙어가는 자신에 대한 회한을 담아내었다.

《보주두시》 시에 "협곡 입구에 놀란 원숭이 한 마리 소리 들린다"라고 하였으니 기주에 있을 때 지은 것이다. 또 "밤에 돌아오면서 범과 부딪치며 지났는데, 산은 어둡고 집안사람들은 이미 잠들어 누웠다"라고 하였으니 양서에 살 때 지은 것이다. 대력 2년이다.(詩云峽口驚猿聞一箇, 則是在夔作. 又云夜來歸來衝虎過, 山黑家中已眠臥, 則是在瀼西居時作. 大曆二年.)

《두시상주》에 인용된 황학 주 이 시는 대력 2년 양서에서 지었다.(此詩作於大曆二年瀼西.)

주 석

1 衝虎過(충호과) – 범과 부딪치며 지나다. 범이 출현하는 위험한 산길을 지나왔음을 말한다.

2 明星(명성) – 밝은 별. 태백성을 말한다.

《두시상주》 《이아》에 "명성明星은 계명啓明이라고 한다"라고 하였다. 그 주에 "태백성이다. 새벽에 동쪽에 보이는 것이 계명이고 저녁에 서쪽에 보이는 것이 태백이다"라고 하였다.(爾雅, 明星謂之啓明. 注, 太白星也. 晨見東方爲啓明, 昏見西方爲太白.)

3 把燭(파촉) – 파수把守하는 촛불. 두보가 밤이 되도록 돌아오지 않아 켜놓은 촛불을 말한다. 嗔(진) – 성내다. '嗅'으로 된 판본도 있다. 兩炬(양거) – 두 자루. 이 구는 두 자루의 촛불을 켜놓은 것에 대해 성을 내었다는 것으로, 양서에서의 삶이 가난하였음을 보여준다.

4 一個(일개) – 한 마리.

5 老罷(노피) – 늙고 지치다. 舞復歌(무부가) – 춤추고 또 노래하다.

6 杖藜(장려)– 명아주 지팡이를 짚다. 誰能那(수능나)– 누군들 어찌 할 수 있겠는가? 어찌할 수 없다는 뜻이다.

《두시상주》《좌전》"棄甲則那"의 주에 "'那'는 '何'이다"라고 하였다. 황생 주에 "'那'는 개구호로, 바로 '奈' 자이다. 이는 집안사람이 빨리 자라고 재촉하는 것에 대꾸하는 말로, 또한 심야의 답답한 상황을 보여준다."(左傳, 棄甲則那. 注, 那, 何也. 黃生注, 那, 開口呼, 卽奈字. 此對家人促睡之語, 亦見深夜無聊之況.)

#《두시상주》: 위 6구는 밤에 돌아올 때의 경물이고 아래 2구는 밤에 돌아와서의 감회이다.(上六夜歸之景, 下二夜歸感懷.)

《두억》: 어두운 밤에 산으로 돌아오는 것에 무슨 기이하고 특별한 것이 있겠는가? 몸이 지나온 곳과 마음이 생각한 것, 눈과 귀로 보고 들은 것은 모든 사람들이 그려내기를 달가워하지 않는 것인데 하나하나 시에 그것을 그려내었다. 글자마다 영활하고 말 한 마디 한 마디가 또렷하여 밤빛이 처연하고 밤경치는 고요함을 깨닫게 되니 또 다른 사람이 써낼 수 없는 경지이다. 아마도 공이 심야에 돌아왔을 때 필시 마음에 맞지 않는 일이 있었을 것인데, 또 사람들에게 편하게 이야기할 수 없는 것이어서 명아주 지팡이를 짚고 잠들지 못한 채 춤추고 또 노래하였던 것이리라. 한 자루의 촛불이면 충분한데 두 자루를 밝혀놓았으니 쓸데없이 낭비한 것이 된다. 그래서 거기에 성을 낸 것이다. 이는 빈궁한 유자의 모습이다. 감정이 참되고, 그래서 묘하다.(黑夜歸山, 有何奇特. 而身之所經, 心之所想, 耳目所聞見, 皆人所不屑寫, 而一一寫之於詩, 字字靈活, 語語淸亮, 覺夜色凄然, 夜景寂然, 又人所不能寫者. 蓋公之深夜而歸, 必有不如意事, 而又未易語人者, 所以杖藜不睡, 而舞復歌也. 一炬足矣, 兩則多費, 故嗔之, 此窮儒之態也. 情眞, 故妙.)

《독두심해》: 경치를 보고 시를 이루어 지극히 고상한 흥취가 있고, 따로 기탁한 말은 없다.(卽景成詩, 極有高興, 別無寓言.)

(이석형)

80. 前苦寒行二首
전고한행 2수

漢時長安雪一丈　　牛馬毛寒縮如蝟[1]
楚江巫峽冰入懷　　虎豹哀號又堪記
秦城老翁荊揚客[2]　　慣習炎蒸歲絺綌[3]
玄冥祝融氣或交[4]　　手持白羽未敢釋[5]

한나라 시절 장안에 눈이 한 길이나 내리니
소와 말의 털이 추위에 고슴도치처럼 움츠러들었다지.
초강과 무협은 얼음이 품에 든 듯하니
호랑이와 표범이 슬피 울어 또 기록할 만하구나.
장안의 늙은이 형주와 양주의 나그네 되니
더위에 익숙하여 해마다 갈포 옷을 입었거니,
현명과 축융의 기운이 서로 바뀔까 하여
손에 든 백우선을 아직 놓을 수가 없구나.

이 두 수의 시는 대력 2년 겨울 기주에서 지은 것이다. 이해 겨울 기주는 예년과는 다르게 대설이 내렸고 날씨가 별나게 추웠으므로 두보는 이 두 편의 시를 지어 당시의 특별한 정황을 적었다. 강물이 얼어붙고 배고픈 짐승들이 울부짖는 풍경과 칡옷이나 베옷만 입고 겨울을 나던 기주 사람들의 당혹스러운 사정을 적고 있다.

《두시상주》 제2수의 설명에 따르면 공이 백제성에서 두 번 눈을 맞은 것으로 분명 대력 2년 겨울에 지은 것이다. 황학은 영태 원년 정월 계사일에 눈이 1척이 쌓였고, 영태 2년 정월 정사 초하루에 대설이 내려 평지에 2척이 쌓였다는 《구당서》의 기록을 인용하여 이 시를 대력 원년에 지은 것으로 보고 있는데 잘못이다. 사서에서 눈을 기록한 것은 장안의 일이니 기주와는 다를 것이다.(據次章之說, 是公兩遇白帝之雪, 明係大曆二年冬作. 黃鶴引舊唐書, 永泰元年正月癸巳, 雪盈尺, 二年正月丁巳朔, 大雪, 平地二尺, 遂以此詩爲大曆元年作, 誤矣. 史所記雪, 乃長安事, 恐與夔州不同.)

《보주두시》 시에서 "작년 백제성은 눈이 산에 있더니, 올해 백제성은 눈이 평지에 있다"라고 하였으니 의당 대력 원년 정월 공이 운안에 있을 때 지은 것이다.(詩云, 去年白帝雪在山, 今年白帝雪在地, 當是大曆元年正月公在雲安作.)

《보주두시》 《구당서》에 영태 원년 정월 계사일에 눈이 1척이 쌓였고, 영태 2년 정월 정사 초하루에 대설이 내려 평지에 2척이 쌓였다는 기록이 있는데 《신당서》는 기록하지 않았다. 《신당서》는 간결하고 엄정한 것을 중시하여 사건과 물상을 세세하게 다 기록하지 않는 경우가 많으니 이런 일이 비일비재하다. 당나라 역사서를 보는 자는 의당 두 당서를 합하여 함께 보아야 한다. 영태 원년 백제성에 내린 눈을 공은 비록 보지 못하였지만 틀림없이 소문으로 들었을 것이다.(舊史, 永泰元年正月癸巳, 雪盈尺, 二年正月丁巳朔, 大雪, 平地二尺, 而新史不書. 新史務簡嚴, 而事物之紀多不該盡, 如斯之類非一. 觀唐史者, 當合新舊書並觀之. 永泰元年白帝之雪, 公雖不見, 殆得於所聞也.)

《독두심해》 기주와 초 땅은 더위와 장기가 많고 얼음과 눈이 적다. 공이 객거한 것이 2년이어서 그 풍토에 대해 익숙하였다. 이해에 갑자기 대설을 만나게 되어 기주의 사람들이 기이한 일이라 여겨

〈고한행〉을 지었으니 대개 사실을 적은 기사시인 셈이다.(夔楚多炎瘴, 少冰雪. 公客居二年, 稔其風土. 是歲忽遇大雪, 夔俗以爲異, 作苦寒行, 蓋紀事詩也.)

주 석

1 縮如蝟(축여위) – 고슴도치처럼 움츠러들다.

《두시상주》에 인용된 《자곡자炙轂子》 고슴도치는 쥐와 닮았는데 성격이 사납고 고집스러우며 외물이 조금이라도 건드리면 가시털이 모여 일어난다.(蝟似鼠, 性獰鈍, 物少犯則毛刺攢起.)

[漢時 2구]

《두시상주》에 인용된 《서경잡기》 한 무제 원봉 2년에 큰 추위가 와서 눈이 5척이나 쌓였고, 들의 새와 짐승이 모두 죽었으며 우마가 고슴도치처럼 움츠렸고 삼보의 백성 중에 얼어 죽은 자가 열에 두셋이나 되었다.(元封二年大寒, 雪深五尺, 野中鳥獸皆死, 牛馬踡跼如蝟, 三輔人民凍死者十有二三.)

2 秦城(진성) – 장안을 가리킨다. 荊揚(형양) – 형주와 양주. 장강 중하류 지역을 범칭하는 말이다. 이 구절은 본래 장안 지역에서 살았던 두보가 지금 장강 일대에서 객으로 떠돌고 있다는 말이다.

《두시조차공선후해집교》 '진성노인'은 자신이 장안 사람임을 스스로 말한 것이다. '형양객'은 자신이 지금 외지에서 떠돌고 있음을 말한 것이다. 비록 기주에 있어도 이미 형주와 양주로 갈 기약이 있었다.(秦城老翁, 自言其長安人也. 荊揚客, 則言其今旅泊於外也. 雖在夔而已有遊荊揚之期矣.)

《독두심해》 형주와 양주는 기주와 가깝다.(荊揚與夔近.)

3 歲(세) – 해마다. '한 해 내내'의 뜻으로 풀이할 수도 있다. 絺綌(치격) – 갈포葛布로 만든 옷. 더울 때 입는 옷이다.

4 玄冥(현명) – 수신水神. 겨울을 주관하고 북방을 다스리는 신. 祝融(축융) – 화신火神. 여름을 주관하고 남방을 다스리는 신.

《두시경전》 겨울과 여름이 서로 비슷함을 말한다.(謂冬夏相似.)

《독두심해》 현명은 겨울을 주관하고 축융은 여름을 주관한다.(玄冥主冬, 祝融主夏.)

5 白羽(백우) – 백우선白羽扇.

[玄冥 2구]

《두시조차공선후해집교》 초 땅이 열기가 많은 까닭에, 지금이야 비록 몹시 춥지만 (겨울을 주관하는) 현명이 일을 할 때에 (불의 신인) 축융의 기운이 혹시 교대할 수도 있으니 여전히 부채를 사용해야만 한다는 것이다.(以楚地多熱, 今雖苦寒, 然當玄冥用事之時, 而祝融之氣或相交, 仍當使扇矣.)

#《두시상주》: 이 시는 기주에서 눈을 만나 지은 것이다. 장안에 눈이 오고 추운 것을 옛날에 재앙으로 여겼는데 무협에 얼음이 얼고 추운 지금이야 더욱 이상하다 할 만하다. 남방은 한 해 내내 늘 따뜻하였는데 지금 땅의 기운이 갑자기 변하였음을 또 탄식하였다. 얼음이 품에 들었다는 것은 냉기가 살갗을 에는 듯하다는 것이요, 호랑이와 표범이 운다는 것은 눈 가운데 먹을 것이 없기 때문이다. 진 땅의 늙은이가 형 땅의 나그네 되었음은 공이 북에서 남으로 온 것이요, 현명과 축융 구절은 겨울과 여름이 서로 비슷함을 말한 것이다.(此夔州遇雪而作也. 長安雪寒, 古以爲災. 巫峽冰寒, 今更可異. 又歎南方經歲常暖, 而今則地氣忽變矣. 冰入懷, 冷氣切膚. 虎豹號, 雪中無食. 秦翁荊客, 公自北而南. 玄冥祝融, 謂冬夏相似.)

《독두심해》: 이 시는 옛날 북쪽 땅의 추위를 가지고 지금 남방의 추위를 형용하기 시작하였는데, 하반부에서는 여전히 남방의 따뜻한 기운을 써서 몸을 뒤집는 작법으로 마무리하였다. 전체 시는 모두 남북의 이상 기후 위에서 구상하였다. 북쪽은 추운 것이 일상인데도 오히려 한 무제 원봉 연간의 기록이 있으니 지금 남방이 이처럼 추운 것을 기록하지 않을 수 있겠는가. 앞 4구는 시를 짓게 된 이유이다. 그런데 공이 비록 북쪽의 노인이지만 오랫동안 남쪽에서 떠돌았으므로 이미 풍토에 익숙하게 되었으니, 지금 이러한 한기도 당장 바뀔 수 있음을 걱정하여 잠시 부채를 가지고 기다릴 뿐이다.(此以古時北地之寒, 形起今日南方之寒. 下半仍以南方氣暖, 作翻身勢結. 通首俱在南北異候上立意. 北寒其常也, 尙有元封之記. 今南方如此, 可勿記乎. 四句乃作詩之故. 然公雖北翁, 久爲南客, 已曾慣習土風. 則今玆寒氣, 恐當卽轉, 姑持扇以俟之耳.)

《두억》: '얼음이 품에 든다'는 것은 강심조차 모두 얼어붙었음을 말한 것으로, 그래서 기이하게 여긴 것이다. '호랑이와 표범이 슬피 운다'는 것은 눈이 쌓여 먹을 것을 얻지 못했기 때문이다. 형주와 양주는 겨울이 따뜻한 것에 익숙해져 언제나 그럴 것이라 여겼는데 이처럼 얼어붙었으니 장안에 한 길 눈이 내린 것과 나란히 기록해야 마땅하다. '현명' 구는 더위가 잠깐 추워질 때도 있지만 부채를 끝내 놓지 않는다는 말이다.(冰入懷, 謂江心皆凍, 所以爲異. 虎豹哀號, 因積雪而無所得食故也. 荊揚冬暖, 習以爲恒, 而冰凍如此, 當與長安丈雪者竝記矣. 玄冥祝融氣或交, 謂暑有時乍寒, 而扇終不釋也.)

其二

去年白帝雪在山　今年白帝雪在地
凍埋蛟龍南浦縮[1]　寒刮肌膚北風利[2]

楚人四時皆麻衣[3]　楚天萬里無晶輝[4]
三尺之烏足恐斷[5]　羲和送之將安歸[6]

작년 백제성은 눈이 산에 있더니
올해 백제성은 눈이 평지에 있구나.
교룡을 얼려 묻은 남포는 줄어들었고
살갗을 차갑게 깎는 북풍은 날카롭구나.
초 땅의 사람들 사철 다 삼베옷을 입는데
초 땅의 하늘 만 리에 햇빛이 없구나.
삼족오 다리가 부러질까 걱정하나니
희화는 그를 보내어 장차 어디로 가게 할꼬.

주 석

1 南浦(남포) – 남쪽 포구. 기주의 어복포魚復浦를 가리킨다고 보기도 한다.

《두시조차공선후해집교》 남포가 줄어들었다는 것은 물이 줄어든 것이다.(南浦縮, 水涸少也.)

2 刮(괄) – 깎다. '割'로 된 판본도 있다.

3 麻衣(마의) – 베옷.

《두시경전》 줄곧 매우 더웠음을 말한다.(言向來苦熱.)

4 萬里(만리) – '萬頃'으로 된 판본도 있다. 晶輝(정휘) – 햇빛.

[楚人 2구]

《두시조차공선후해집교》 초 땅은 열기가 많아 사철 베옷을 입는데 눈이 오니 의아하게 여긴 것이다. "초 땅의 하늘 만 리에 햇빛이 없다"라는 것은 눈 내리는 하늘이 이와 같다는 것이다.(楚地多熱, 故四時麻衣, 以雪爲訝也. 楚天萬里無晶輝, 則雪下之天如此也.)

5 三尺之烏(삼척지오) – 삼족오三足烏. 태양 속에 산다고 하는 세 발 달린 까마귀로, 태양을 비유한다. '尺'은 '足'의 잘못으로 보인다.

《두시경전》 여러 판본에서 '尺'으로 잘못 적었다.(諸本訛作尺.)

《독두심해》 '足'으로 해야 할 듯하다.(恐當作足.)

《두시상주》에 인용된《고금주古今注》 태양 속에 빛이 없는 부분이 있는데 그것이 삼족오이다.(日中無光者, 三足烏也.)

6 羲和(희화) – 태양을 모는 신. 이 구절을 '羲和迭送將安歸', '羲和送將安所歸', '羲和送將何所歸'로 쓴 판본도 있다.

[三尺 2구] 이 구절은 과거형으로 보아 '삼족오 다리가 아마도 부러졌나 싶으니, 희화는 그를 어디로 보냈는가'로 풀이하기도 한다.

《두시조차공선후해집교》《회남자》에 "태양 가운데 준오가 있다"라는 말이 있는데 그 주에 "'준'은 '지'이니, 삼족오를 말한 것이다"라 하였다. 희화는 해를 모는 자이다. 눈이 내리고 추워서 삼족오의 다리가 부러졌으니 희화가 해 수레를 몰고 갈 곳을 잃어버린 것이다. 모두 눈이 많이 내렸다는 뜻을 형용한 것이다.(淮南子曰, 日中有踆烏. 注云, 踆, 趾也. 謂三足烏也. 羲和者, 日御也. 以雪寒而烏足斷, 則羲和馭日車失其所歸矣. 皆以形容雪深之意.)

#《두시상주》: 이 시는 해를 이어 눈이 내리고 추워졌음을 기록한 것이다. 눈이 산에 있다는 것은 한기가 아직 미미하다는 것이요, 눈이 평지에 쌓였다는 것은 혹한이 심해진 것이다. 마지막에서는 햇빛이 어둑한 것을 보고 개탄하는 말을 하였다. 겨울 해가 빛이 나지 않은 것은 아마도 삼족오가 추위를 두려워하여 희화가 그를 숨겨버린 것이리라. 이 구절은 〈구당양애瞿唐兩崖〉의 "희화가 겨울에 가까이서

몰다가, 해 수레가 뒤집힐까 근심하고 두려워한다"라는 구절과 같이 상상하는 말에 속한다.(此記連歲雪寒也. 雪在山, 寒氣尙微. 雪到地, 祁寒甚矣. 末見日色陰霾, 而設爲慨歎之詞. 冬日無光, 豈日烏畏寒, 而羲和使之匿影耶. 此與羲和冬馭近, 愁畏日車翻, 同屬憑空想像語.)

《독두심해》: 이 시는 이 지역에 두 해 동안 이상 기온이 있었다는 것으로부터 말을 시작하였는데, 아래에서는 여전히 이 지역이 본래 따뜻하였는데 갑자기 추워졌다는 말로 맺고 있어서 앞 시의 맺음과는 정반대가 되었다. 눈이 산에 있다는 것은 높은 곳에 한기가 조금 있는 것이니 바로 춥지 않다는 것을 말한 것이다. 눈이 평지에 있다는 것은 한기가 심해진 것이다. 교룡이 움츠린 것은 앞 시의 호랑이와 표범이 울부짖는다는 뜻이고, 살갗을 깎는다는 것은 앞 시의 얼음이 품에 든다는 뜻이다. '초인'과 '초천' 두 구절은 한 번은 풀어주었다가 한 번은 사로잡는 격이다. 마지막에서 햇빛이 숨어버렸다고 하는 것은 햇빛이 없다는 말을 거듭한 것이다. 당시의 추위가 원래《서경잡기》에서 말한 것과 반드시 같지는 아니하였을 터, 다만 기주에서만 추위라 여길 뿐임을 알아야 한다. 주해하는 자가 이를 재변으로 여긴 것은 너무 심각하게 본 것이다.(此卽就本地兩年異候說起, 下仍以地本暖而忽寒作結. 與上篇結意正相反. 雪在山, 高處微有寒氣, 正言不寒也. 雪在地, 卽寒甚矣. 蛟龍縮, 卽虎豹號意. 刮肌膚, 卽冰入懷意. 楚人楚天二句, 一縱一擒. 末言日光匿耀, 申無晶輝也. 須知當時之寒, 原未必如西京雜記所云, 特於夔爲寒耳. 解者認是災變, 太看深了.)

《두억》: '동매' 구는 대단히 기이하니, 역시 얼음이 품에 들어옴이 이처럼 심한 상태임을 묘사한 것이다. 초 땅의 하늘에 햇빛이 없다는 것은 해가 빛나지 않음을 말한 것이다. 해가 빛나지 않는 것은 필시 추위를 두려워함 때문이니 삼족오의 다리가 얼어 부러질까 걱정하였다. "희화질송장안귀"에서 '질' 자는 의미가 없다. 집에 옛 판본이 있어 '송장안소귀'라고 적고 있는데 의당 옳다.(凍埋蛟龍南浦縮, 大奇, 亦狀冰入懷者如是之極. 楚天無晶輝, 謂日無光也. 日無光必因畏寒, 故恐烏足之凍折. 羲和迭送將安歸, 迭字無謂, 家有舊本作送將安所歸, 當是.)

(**김성곤**)

81. 晩晴

저녁에 개다

高唐暮冬雪壯哉[1] 舊瘴無復似塵埃[2]
崖沈谷沒白皚皚[3] 江石缺裂青楓摧[4]
南天三旬苦霧開[5] 赤日照耀從西來[6]
六龍寒急光徘徊[7] 照我衰顏忽落地[8]
口雖吟咏心中哀[9] 未怪及時少年子[10]
揚眉結義黃金臺[11] 汩乎吾生何飄零[12]
支離委絶同死灰[13]

고당 늦겨울 눈발이 성대하구나
오랜 장기 다시는 먼지 같지 않아.
절벽도 잠기고 골짜기도 사라져 새하얗고
강돌은 갈라지고 푸른 신나무 꺾였다.

남쪽 하늘 서른 날의 짙던 안개 개니
붉은 해 밝은 빛이 서쪽에서 온다.
육룡은 추위가 심해 그 빛이 머뭇대며
내 시든 얼굴 비추다가 문득 땅에 떨어지니
입으로는 읊조리지만 마음속은 애달프다.
괴이하지 않다네, 한창때 젊은이들
눈 치켜뜨고 황금대에서 결의함이.
빠르구나 내 생이여, 하도 떠돌아서
떠돌다가 쇠약하니 식은 재 같도다.

눈이 내리다가 저녁 무렵에 그치고, 뿌연 장기도 사라졌다. 골짜기며 절벽도 눈에 잠기고, 강가의 돌은 끝만 삐죽삐죽 눈 위로 나왔으니 마치 깨지고 갈라진 것 같다. 추위에 태양도 운행을 멈춘 듯하다가 어느새 석양이 졌다. 혈기왕성한 젊은이들 날뛰는 꼴이 전에는 미웠지만 지금은 부럽다. 오히려 시들고 초췌한 내 마음이 식은 재 같아 서러울 뿐이다. 대력 2년 늦겨울 기주에서 지었다.

《보주두시》 시에서 "고당 늦겨울 눈발이 성대하다"라고 하였으니 대력 2년 겨울에 지었음에 틀림없다. 대력 원년 봄에 기주에 왔고, 이해 겨울에는 역사서에 눈에 대한 기록이 없으며, 대력 3년 봄에는 또 이미 협곡을 내려갔기 때문에 대력 2년 시임을 알 수 있다.(詩云, 高唐暮冬雪壯哉, 當是二年冬作. 蓋以元年春到夔, 而是年史書冬無雪, 三年春又已下峽, 故知爲二年詩.)

주 석

1 高唐(고당) – 고당관高唐觀. 暮冬(모동) – 늦겨울.

《두공부초당시전》 '唐' 자는 옛날에 '堂' 자로 썼는데, 지금 사민첨본을 따라 바로잡았다. 고당관은 기주에 있다.(唐, 舊作堂, 今從師民瞻本爲正. 高唐觀, 在夔州.)

2 舊瘴(구장) – 이전의 장기瘴氣. 장기는 남방의 덥고 습한 기운이다. 復(부) – 다시.

《보주두시》에 인용된 왕수 주 협곡 안에서는 산에 장기가 낄 때마다 먼지처럼 하늘을 가린다.(峽中每嵐瘴起, 如塵埃翳天.)

3 崖沈谷沒(애침곡몰) – 절벽은 잠기고 골짜기는 사라지다. 대설에 절벽과 계곡이 모두 덮였음을 말한다. 白皚皚(백애애) – 새하얗다. '애

애'는 눈처럼 흰빛을 말한다.

4 江石(강석)- 강가의 돌. 缺裂(결렬)- 깨지고 갈라지다. 青楓(청풍)- 푸른 신나무.

#《두시상주》: 쌓인 눈에서부터 서술하였다. 땅에 모두 눈이 쌓였으니 절벽과 골짜기도 숨었고, 눈 가운데 돌이 드러났으니 그 모양이 깨진 듯하며, 눈이 신나무 숲을 눌렀으니 그 형세가 꺾인 듯하다.(從積雪敘起, 地皆積雪, 故崖谷隱, 雪中露石, 故狀似裂, 雪壓楓林, 故勢若摧.)

5 南天(남천)- 남쪽 하늘. 기주 지역을 말한다. 三旬(삼순)- 30일. 苦霧(고무)- 농무濃霧. 짙은 안개.

6 赤日(적일)- 붉은 해. 태양. 照耀(조요)- 밝게 비추다.

7 六龍(육룡)- 태양을 실은 수레를 끄는 여섯 마리 용. 태양을 상징한다. 徘徊(배회)- 앞으로 나아가지 못하다. 머뭇대다.

《보주두시》에 인용된 왕수 주 육룡은 해를 끄는 말이다.(六龍, 日馭也.)

《보주두시》 황희 주 《한서·고후기高后紀》 '배회왕래' 구에서 안사고는 "'배회'는 '방황'과 같아서 나아가지 못한다는 뜻이다"라고 풀이하였다.(高后紀, 徘徊往來, 師古曰, 徘徊, 猶徬徨, 不進之意.)

8 忽落地(홀락지)- 갑자기 땅에 떨어지다. 어느덧 땅거미가 져 저녁이 되었음을 말한다.

9 吟咏(음영)- 시나 문장을 읊조리다. 心中哀(심중애)- 마음속으로 슬프다.

10 未怪(미괴)- 괴이하지 않다. 나무라지 않다. 及時(급시)- 때를 만나다. 한창때. 少年子(소년자)- 젊은이.

11 揚眉(양미)- 눈을 치켜뜨다. 득의하거나 시름하거나 분노하는 모양.

黃金臺(황금대)- 황금대. 전국시대 연燕나라 소왕昭王이 지금의 하북성河北省 역현易縣 동남쪽 역수易水 남쪽에 지은 누대. 금대金臺, 연대燕臺라고도 한다. 소왕은 여기에 천금千金을 두고 천하의 인재를 모집하였다.

임방任昉《술이기述異記》 연 소왕이 곽외를 위해 대를 쌓았다. 지금 유주 연왕 고성 안에 있다. 지역 사람들은 현사대라고 부르고, 또 초현대라고도 한다.(燕昭王爲郭隗築臺, 今在幽州燕王故城中, 土人呼爲賢士臺, 亦謂之招賢臺.)

《문선·방가행放歌行》"豈伊白璧賜, 將起黃金臺" 구의 이선 주 왕은의 《진서》에 "단필제가 석륵을 토벌하고 고안현 옛 연나라 태자 단의 금대에 나아가 주둔하였다"라고 하였다. 《상곡군도경》에 "황금대는 역수 동남쪽 18리에 있으며, 연나라 소왕이 황금대에 천금을 놓고 천하의 인재를 초빙하였다"라고 하였다. 두 가지 설이 전혀 달라서 모두 인용한다.(王隱晉書曰, 段匹磾討石勒, 進屯故安縣故燕太子丹金臺. 上谷郡圖經曰, 黃金臺, 易水東南十八里, 燕昭王置千金於臺上, 以延天下之士. 二說旣異, 故具引之.)

[照我 4구]

《두시경전》 늙은이와 젊은이는 의기가 다름을 말하니, 해가 짧아 시든 나이에 감회가 있었기 때문이다.(言老少意氣不同, 因日短而感衰年也.)

12 汩(율)- 물 흐르듯이 빠르다. 빨리 가다. '汨'로 된 판본도 있다. 飄零(표령)- 떠돌아다니다.

《초사·이소離騷》의 "汩余若將不及兮, 恐年歲之不吾與" 구의 왕일王逸 주 '율'은 가는 모양으로, 물 흐르듯 빠른 것이다.(汩, 去貌, 疾若水流也.)

13 支離(지리) 초췌하다. 쇠잔하다. 인용되지 않는다는 뜻도 있다. 委絶

(위절) – 초췌하다. 쇠로하다. 死灰(사회) – 식은 재.

《구가집주두시》 '지리'는 당시에 쓰이지 않았음을 말한다.(支離, 言不爲時所用也.)

《장자·인간세人間世》 그 형체가 초췌한 자는 오히려 그 몸을 보양하여 그 천수를 마칠 수 있는데, 또 하물며 그 덕이 초췌한 자야.(夫支離其形者, 猶足以養其身, 終其天年, 又況支離其德者乎.)

《장자·제물론齊物論》 남곽자기가 궤안에 기대 하늘을 우러러 한숨을 쉬며 그 짝을 잃은 듯 망연자실하였다. 안성자유가 앞에서 모시고 있다가 말하였다. "왜 그러십니까? 형체는 진실로 마른 나무처럼 하시고, 마음은 진실로 식은 재처럼 하십니까?"(南郭子綦隱机而坐, 仰天而噓, 荅焉似喪其耦. 顔成子游立侍乎前, 曰, 何居乎. 形固可使如槁木, 而心固可使如死灰乎.)

#《두시상주》: 이 단락은 저녁에 날이 개자 느낀 바가 있었던 것이다. 겨울 해는 짧아서 추위가 빨리 오고, 석양이 기울었으므로 땅에 떨어졌다. 늘그막을 슬퍼하니 마음이 아프다. 늙고 젊음을 말하지는 않았으나 의기가 같지 않아서 경물을 대하여 스스로 슬퍼하였다.(此晚晴有感. 冬晷短, 則寒急, 夕影斜, 故落地, 傷暮年, 故心哀. 未言老少, 意氣不同, 對景而自傷也.)

《두시상주》: 두시 가행체는 전반 단락은 격구 압운이 많고, 후반 단락은 첩구 압운이 많다. 이 시는 앞에서는 모두 첩구 압운하였고, 뒤에서는 거꾸로 격구 압운하였다. 또 하나의 변체이다.(杜詩歌行, 前半段多隔句用韻, 後半段多疊句用韻. 此篇前俱疊韻, 後反隔韻, 又另一變體也.)

《독두심해》: 이 시는 눈이 온 후 저녁에 개어서 차가운 빛이 그림자를 비춰 몸이 시들었음을 느끼기에 이르렀음을 말한다. 앞 4구는 쌓인 눈에서 시작하여 필세가 휘날리고, 가운데 3구는 저녁에 갠 상황의 정면이고, 뒤 6구는 생각이 홀린 듯하고 글의 정이 곡진하다. 쇠퇴한 모양은 하마 스스로 볼 길이 없었으나 문득 맑은 빛을 따라 비스듬한 그림자가 후줄근한 노태를 비춰내고 눈에 보이는 것마다 슬픔을 자아내니 지극히 기묘하고 지극히 적확하다. 또 젊은이들이 각축하여 때를 만나 치달리니 이전에는 혹 괴상히 여기기도 하였지만 지금은 괴상하지 않고, 공명은 모름지기 빨리 세워야 하며, 내가 떠돌아다니며 시들어서 씩씩한 마음도 재가 되어버렸음을 보지 못하였느냐고 말한다. 이와 같을 따름이다. 마음은 시들어 씁쓸한 듯하고, 말은 실로 시원하고 헌걸차다.(此因雪後晩晴, 寒光照影而感及身衰也. 前四句, 從積雪起, 筆勢飄飄. 中三句, 晩晴正面. 後六句, 思路幻, 筆情曲. 衰頹之狀, 已亦無由自見, 忽從晴光斜影照出龍種老態, 觸目生哀, 極奇極確. 又謂年少角逐, 及時馳騁, 向或怪之, 今無怪也. 功名須早立也, 不見我飄零委絶, 壯心灰盡, 如此乎. 意似衰颯, 語實磊落英多.)

(이창숙)

82. 復陰
다시 흐리다

方冬合沓玄陰塞[1] 昨日晚晴今日黑
萬里飛蓬映天過[2] 孤城樹羽揚風直[3]
江濤簸岸黃沙走[4] 雲雪埋山蒼兕吼[5]
君不見夔子之國杜陵翁[6] 牙齒半落左耳聾[7]

바야흐로 겨울이 되어 중첩된 검은 음기 꽉 찼으니
어제는 저녁에 맑다가 오늘은 어두워졌다.
만 리에 날리는 쑥대는 하늘에 비치며 지나고
외로운 성에 세운 깃발은 바람에 날리면서 곧게 서 있다.
강 파도가 언덕을 흔들어놓으니 누런 모래 내달리고
구름과 눈이 산을 덮어 창시가 울부짖네.
그대 보지 못했는가, 기자국의 두릉옹이
이는 절반이나 빠지고 왼쪽 귀가 먹은 것을.

이 시는 겨울날 연이은 음산한 날씨를 바라보며 노쇠한 자신의 신세를 한탄한 것이다. 앞 시(〈만청晚晴〉)와 이어진 시로 보인다. 대력 2년 겨울 기주에서 지었다.

《보주두시》 (〈만청〉과) 마찬가지로 대력 2년 겨울에 지은 것이다. 시에서 "어제는 저녁에 맑다가 오늘은 어두워졌다"라고 하였는데,

〈만청〉은 바로 앞에서 읊은 시이다.同是大曆二年冬作. 詩云, 昨日晩晴今日黑, 晩晴, 卽前所賦之詩也.)

《두시상주》 이 시는 앞 시(〈만청〉)와 같은 때 지은 것이다.(此與上章同時作.)

주 석

1 合沓(합답)－ 중첩되다. 계속되다. 여기서는 겨울 날씨가 반복하여 흐려짐을 말한다. 玄陰(현음)－ 검은 음기. 겨울철 성한 음기를 가리킨다. 塞(색)－ 가득하다. 꽉 차 있다.

《두공부초당시전》 '합답'은 서로 이어진 모양이다. 겨울이 되어 음기가 성해 눈이 내리려 한다는 말이다.(合沓, 相繼貌. 謂冬來陰氣盛, 欲作雪也.)

2 飛蓬(비봉)－ 날아다니는 쑥대. 映(영)－ 비치다. 혹은 가리다의 뜻으로 풀이하는 설도 있다.

《문선文選》 안연지顔延之 〈응조관북호전수應詔觀北湖田收〉 "樓觀眺豐穎, 金駕映松山" 구의 이선 주 '영'은 '폐' 자와 같다.(映, 猶蔽也.)

3 孤城(고성)－ 외로운 성. 백제성을 가리킨다. 樹羽(수우)－ 세운 깃발.

《두시경전》 주둔하며 지키는 군사를 말한다.(謂屯戍之兵.)

《두시조차공선후해집교》 외로운 성에 세운 깃발은 곧 백제성에서 주둔하며 지키는 군영의 깃발이다.(孤城樹羽, 則白帝城上屯戍之旗也.)

4 簸岸(파안)－ 강 언덕을 흔들다. '簸'는 '欺'로 된 판본도 있다. 黃沙(황사)－ 누런 모래.

5 蒼兕(창시)－ 전설 속 물짐승의 이름이다. 吼(후)－ 울부짖다.

6 夔子之國(기자지국)－ 기자국. 기주夔州는 주나라 때 기자국이었다.

杜陵翁(두릉옹) - 두릉의 늙은이. 두보 자신을 말한다.

《구가집주두시》 기주는 옛 기자국이다. 두릉은 두보의 고향이다.(夔州, 古夔子國. 杜陵, 子美故里.)

7 聾(농) - 귀먹다.

[君不 2구]

《두시경전》 나그네로 떠도는 노쇠한 늙은이로 이런 참담한 경물을 마주하였으니 그 마음이 어찌 견뎌낼 수 있겠는가.(以客子衰翁, 當此境象黯慘, 情其何以堪耶.)

#《두시상주》: 이 시는 날이 개었다가 다시 흐려졌기에 지은 것이다. 위 6구는 겨울 음기로 처참한 경상이다. 아래 2구는 노년에 나그네살이를 하는 감회이다. 노원창 주에서 "이가 빠지고 귀먹었다 하였는데, 이는 따지지 않고 듣지 않고자 하는 것이다"라고 하였다.(此爲旣晴復陰而作也. 上六, 冬陰悽慘之象. 下二, 老年作客之感. 盧注, 齒落耳聾, 欲付之不議不聞矣.)

《두시천杜詩闡》: '다시 흐리다'는 다스려졌다가 다시 어지러워진 형상이다. 이가 빠지고 귀먹었다 하였으니, 공에게 당시의 일은 논의하지 않고 치란治亂은 듣지 않고자 하는 뜻이 있는 것이다.(復陰者, 治而復亂之象. 說到齒落耳聾, 公有付時事於不論不議, 置理亂於不聞意.)

《두억》: '기자국의 두릉옹'이라고만 말하였는데 만 리 밖에서 떠돌아다니는 상황이 바로 드러난다. 또한 "이는 절반이나 빠지고 왼쪽 귀가 먹은 것을"이라고 하였으니, 슬픔을 말하지 않았으나 슬픔이 절로 드러난다.(只說夔子之國杜陵翁, 便見漂泊于萬里之外, 又云, 牙齒半落左耳聾, 不言悲而悲自見.)

《독두심해》: 〈만청〉 편에 이어진 시 같다. 그래서 제목도 '부음'이라고 한 것이다. 경물의 참담함이 이와 같고, 더구나 나그네로 노쇠한 늙은

이가 이를 마주했으니 또 어찌하리오.(似接晩晴篇來, 故題曰復陰也. 境象黯慘如此, 況以客子衰翁値之, 當復奈何.)

(박홍준)

83. 後苦寒行二首

후고한행 2수

南紀巫廬瘴不絶[1] 太古以來無尺雪[2]
蠻夷長老畏苦寒[3] 崑崙天關凍應折[4]
玄猿口噤不能嘯[5] 白鵠翅垂眼流血[6]
安得春泥補地裂[7]

남쪽 지방 무산과 여산에는 장기가 그치지 않아
예로부터 눈이 한 자나 온 적이 없었거늘,
남쪽 오랑캐 지방 늙은이도 심한 추위를 두려워하니
곤륜산 관문도 응당 얼어서 부러지겠네.
검은 원숭이 입이 붙어 울지 못하고
흰 고니 날개를 늘어뜨린 채 눈에서 피를 흘리는데
어디서 봄 진흙을 얻어 땅 갈라진 곳 메울까?

이 시는 〈전고한행이수前苦寒行二首〉에 이어 기주의 폭설과 혹한을 근심한 것이다. 제2수에 보이는 '강문江門'이 구당협 입구의 기문夔門을 가리킨다고 보면, 저작 시기는 기문 인근의 서각이나 적갑에 거주하던 대력 원년으로 추정되는데, 대력 2년이라는 설도 있다. 첫째 수에서는 폭설이 내린 후 불어닥친 추위를 묘사하였다. 기주의 노인들조차 처음 겪는 강추위라 원숭이와 고니도 꼼짝달싹하지 못한다고 하였다. 둘째 수에서는 강풍과 유빙을 묘사하였다.

토번을 물리치는 살벌한 기운이 남쪽으로 내려와 기주 협곡까지 유빙이 떠다니는 것을 보면 하늘의 뜻인가 싶기도 하다고 하였다. 기상 이변과 이민족의 침입을 함께 걱정하는 마음이 잘 드러나 있다.

《보주두시》 위의 시(〈전고한행이수〉)와 같은 해(대력 원년)에 지은 것이다. …… 영태 원년 8월 토번, 회흘, 당항강, 혼, 노랄이 변경을 침략하였다. 9월에 예천과 봉선을 노략질하였고, 당항강, 혼, 노랄이 또 동주와 주질을 노략질하였다. 10월에 토번이 또 회흘과 함께 변경을 침략해 봉천, 동주, 흥평을 노략질한 것을 주지광, 곽자의, 이회방 등이 패퇴시켰다.(同上年作. …… 永泰元年八月, 吐蕃廻紇黨項羌渾奴刺寇邊. 九月, 寇醴泉奉先, 黨項羌渾奴喇又寇同州盩厔. 十月, 吐蕃又與迴紇寇邊, 寇奉天同州興平, 周智光郭子儀李迴方等敗之.)

《두시상주》 채몽필은 〈만청晩晴〉과 〈부음復陰〉 시 다음에 〈후고한행〉을 편차하였는데, 차례가 대단히 명쾌하다. 시에서 "천자의 군대가 청해의 오랑캐를 새로 베었다"라고 하였는데, 대력 2년 토번이 빈주와 영주를 노략질하였기에 그렇게 말한 것이다. 황학이 영태 원년의 사건을 지목한 것은 틀렸다.(蔡氏編後苦寒在晴陰二詩之後, 次第特淸. 詩云天兵新斬靑海戎, 大曆二年, 吐蕃寇邠靈州, 故云然. 黃鶴指永泰元年者, 非也.)

《독두심해》 채몽필의 편차에서 〈만청晩晴〉과 〈부음復陰〉 두 편의 시로 〈전고한행〉과 〈후고한행〉 둘을 띄워놓은 것을 두고 평자들이 안목을 갖췄다고 칭송하였다. 전후의 시는 당초 두 차례 지을 뜻 없이 다만 두 수를 완성한 후에 다시 두 수를 지었기에 두 개의 제목을 나누었을 뿐임을 모르는 것이다.(蔡編以晴陰二詩隔開前後兩行, 說者稱爲具眼. 不知前後初無兩番意, 特旣成一首後, 復作一

首, 故分兩題耳.)

주 석

1 南紀(남기)－ 남쪽 지방의 벼리. 장강과 한수 이남 지방을 가리킨다. 巫廬(무려)－ 무산과 여산. 瘴(장)－ 장기. 무덥고 습한 기운.

《시경·소아·사월四月》 도도한 장강과 한수는 남쪽 나라의 벼리이다.(滔滔江漢, 南國之紀.)

《신당서·천문지天文志》 상락에서 남쪽으로 장강과 한수를 건너, 무당과 형산을 옆으로 끼고 형양에 이른 뒤 동쪽으로 오령五嶺 이남 지역을 따라가면 동구와 민중에 이르는데, 이 지역을 남기라고 한다.(自上洛南逾江漢, 携武當荊山, 至于衡陽. 乃東循嶺微, 達東甌閩中, 是謂南紀.)

《두시상주》 옛 주에 "무산과 여산 두 산은 남쪽 지방의 벼리이다"라고 하였다. 황학의 주에 "무산과 여산이라 하여 두 산을 합쳐서 말하였지만, 여산은 장강의 남쪽에 있어 무산이 무더운 장기와 가까운 것과는 같지 않다"라고 하였다.(舊注, 巫廬二山, 南國之綱紀也. 鶴注, 巫廬, 合二山而言, 然廬山在大江之南, 未若巫山之迫於炎瘴.)

2 太古(태고)－ 옛날. 尺雪(척설)－ 한 자가량 쌓인 눈.

3 蠻夷(만이)－ 남쪽 오랑캐. 여기서는 기주를 가리킨다. 長老(장로)－ 늙은이. 畏(외)－ '怨'으로 된 판본도 있다. 苦寒(고한)－ 심한 추위.

4 崑崙(곤륜)－ 곤륜산. 天關(천관)－ 관문. 곤륜산 궁궐의 관문을 뜻한다. 북극성으로 보는 설도 있다. 凍(동)－ 얼다. 應(응)－ '欲'으로 된 판본도 있다. 折(절)－ 부러지다. 이 구절은 곤륜산의 관문이 추위에 얼어서 부러진다는 말이다. '천관'을 북극성으로 보아 곤륜산과 북극성이 얼어서 부러진다고 풀이하는 설도 있다.

《두시상주》 〈장양부〉에 "북두성과 북극성을 따라 천관을 운행시킨다. 큰 바다를 건너 곤륜산을 흔든다"라고 하였고, 이선 주에 "《천관성점》에 '북극성을 천관이라고도 한다'라고 하였다"라 하였다. 곤륜산과 북극성이 부러지려 한다는 것은 하늘과 땅이 모두 얼어붙었다는 말이다. 《두억》에서는 '천관'이 마땅히 천주(곤륜산의 별칭)의 별명일 것이라며, 《산해경》(의 곽박郭璞 주)에서 "하늘이 서북쪽에는 부족하여서 촉룡이 불을 물고 천문을 비추었다"라고 한 것을 인용해 증거로 삼아 '천문'이 바로 '천관'이라고 하였다.(長楊賦云, 順斗極, 運天關. 横巨海, 漂崑崙. 李善注, 天官星占曰, 北辰一名天關. 崑崙天關欲折, 言天上地下皆凍也. 杜臆謂天關, 當是天柱之别名, 引山海經爲證, 天不足西北, 燭龍銜火以照天門. 天門, 即天關也.)

《독두심해》 '곤륜'과 '천관'은 서쪽 지방의 높은 산을 뭉뚱그려 말한 것이니 나누어 주해할 필요가 없다.(崑崙天關, 渾言西界高山, 不必分疏.)

《독두시설》 '천관'은 곤륜산 궁궐의 관문이라는 것과 같다. '동욕절'은 가장 높은 곳에서는 관문도 추위에 얼어서 부러진다는 말이다.(天關, 猶云崑崙山宮闕之關耳. 凍欲折者, 言最高之處, 關猶爲寒凍折也.)

5 玄猿(현원)— 검은 원숭이. 口噤(구금)— 입이 붙다. 입이 추위에 얼어붙어 벌릴 수 없는 것을 말한다. 嘯(소)— 울다.

6 白鵠(백혹)— 흰 고니. 翅垂(시수)— 날개를 늘어뜨리다. 流(류)— '出'로 된 판본도 있다.

두보 〈주봉행朱鳳行〉 몸을 기울여 멀리 돌아보며 그 무리를 찾는데, 날개는 늘어지고 입은 붙고 마음은 처량하다.(側身長顧求其曹, 翅垂口噤心勞勞.)

7 安(안)— 어찌. 어디서. 春泥(춘니)— 봄의 진흙. 補(보)— 메우다. 地裂(지열)— 땅이 얼어 터진 곳.

#《두시상주》: 이 수는 눈과 추위의 심함을 묘사하였다. 끝 구절은 추위가 심해 봄을 그리워한다는 것으로, 곧 그 상도常道를 말한 것이다.(此章寫雪寒之苦. 末句, 寒極思春, 乃道其常.)

《독두심해》: 이 수는 곧 앞 두 수의 뜻을 개괄한 것이다. '남쪽 오랑캐 지방 늙은이'는 곧 기주 사람을 가리킨다. '늙은이'라 한 것은 나이 든 사람조차 이런 추위를 겪지 않았음을 보인 것이다. '동응절'은 심한 추위가 이와 같으니 상상컨대 천관의 기둥이 부러져나가 차가운 기운을 막을 길이 없으리라는 뜻이다. 봄에 따뜻해지면 땅이 습윤해지므로 갈라진 곳을 메울 수 있는데, 이는 다만 뒤의 한 층차에서 제목을 기탁하는 법으로, 별다른 뜻은 없다. '곤륜의 천관이 부러진다'로 이미 다음 수의 시상을 불러일으켰다.(此卽隱括前二首之意. 蠻夷長老, 卽指夔人. 曰長老者, 見年老之人, 尙未經此也. 凍應折者, 苦寒若此, 想是關柱折去, 寒氣無從捍蔽耳. 春溫則土潤, 故可以補裂, 此祇是後一層託題法, 無別意. 崑崙關折, 已逗動後首作意.)

其二

晚來江門失大木[1]　猛風中夜吹白屋[2]
天兵斬斷靑海戎[3]　殺氣南行動坤軸[4]
不爾苦寒何太酷[5]　巴東之峽生凌澌[6]
彼蒼回斡人得知[7]

저녁이 되자 장강 대문의 큰 나무들이 사라지더니

사나운 바람이 한밤중에 흰 집으로 불어온다.

천자의 군대가 청해의 오랑캐를 베어

살벌한 기운이 남쪽으로 가며 지축을 흔든 것이리니

그렇지 않다면 심한 추위가 어찌 그리 혹독하겠는가?

파동의 협곡에 유빙이 생겼으니

저 하늘이 도는 것을 사람이 알 수 있겠는가?

주 석

1 晚(만) – '曉'로 된 판본도 있다. 江門(강문) – 장강 구당협 입구의 기문夔門을 가리키는 것으로 보인다. '門'이 '間' 또는 '邊'으로 된 판본도 있다. 失大木(실대목) – 큰 나무가 사라지다. 큰 나무가 바람에 쓰러진 것을 말한다.

2 猛風(맹풍) – 사나운 바람. 中夜(중야) – 한밤중. 吹(취) – '飛'로 된 판본도 있다. 白屋(백옥) – 흰 집. 가난한 이의 집으로, 여기서는 두보의 띠집을 가리킨다.

《두시조차공선후해집교》 '취백옥'은 두보가 자신의 집을 말한 것이다.(吹白屋, 公自言其屋也.)

[晚來 2구] 포기룡은 '晚'이 '曉'로 된 판본을 따라 이 두 구가 다음 날 새벽을 먼저 이야기하고 이어서 전날 한밤중을 이야기한 도치로 이해했다.

3 天兵(천병) – 천자의 군대. 관군. 斬斷(참단) – 베다. '新斬'으로 된 판본도 있다. 靑海戎(청해융) – 청해의 오랑캐. 청해는 지금의 신강 자치구 청해 지역이며, '청해의 오랑캐'는 이 지역에 출몰하였던 토번을 가리킨다.

《두시조차공선후해집교》 '청해융'은 토번을 가리켜 말한 것이다.(青海戎, 指言吐蕃.)

4 殺氣(살기)－ 살벌한 기운. 坤軸(곤축)－ 지축.

5 不爾(불이)－ 불연(不然). 그렇지 않으면. 何太酷(하태혹)－ 어찌 그리 혹독하겠는가. '太'가 '其'로 된 판본도 있다.

[天兵 3구] 장강의 발원지가 청해에 있기 때문에 '청해의 오랑캐'인 토번을 언급한 것으로 보인다. 장강 상류에서 천자의 군대가 토번을 물리치는 살벌한 기운이 장강을 타고 기주까지 내려와 강추위가 온 것이 아닌가 하는 추론을 펼치고 있다.

6 巴東(파동)－ 여기서는 기주를 가리킨다. 기주는 본래 파동군에 속하였다. 凌澌(능시)－ 유빙流氷. '澌'가 '凘'로 된 판본도 있으나 옳지 않다. 이 구절은 날씨가 추워 기주 협곡에 유빙이 생겼다는 말이다. 이와 달리 날씨가 조금 풀려 얼음이 녹았다고 풀이하는 설도 있다.

《수경주·강수江水》 어부가 이렇게 노래하였다. "파동의 삼협 중에서 무협이 가장 긴데, 원숭이가 세 번 울고나면 눈물이 옷을 적신다."(漁者歌曰, 巴東三峽巫峽長, 猿鳴三聲淚沾裳.)

7 彼蒼(피창)－ 저 창천蒼天. 하늘을 뜻한다. 回斡(회알)－ 돌다. 운행하다. '斡'은 옛 판본에 '軻'로 되어 있고, '軒'으로 된 판본도 있다. 人(인)－ '那'로 된 판본도 있다. 이 구절은 하늘의 운행하는 이치를 사람이 알기 어렵다는 것이다. 이와 달리 겨울이 지나고 봄기운이 올지도 모른다고 풀이하는 설도 있다.

《시경·진풍秦風·황조黃鳥》 저 푸른 하늘이여, 우리 훌륭한 이를 죽이셨네.(彼蒼者天, 殲我良人.)

[巴東 2구]

《두공부시집집주》 음기가 극에 달하면 양기가 생기듯 협곡의 얼음이 녹는 것도 본디 때가 있으니, 하늘이 원기를 운행하는 것을 사람이 어찌 알겠느냐는 말이다.(言陰極陽生, 峽中氷解, 固有其時, 彼蒼之轉旋元氣, 人豈知之耶.)

#《두시상주》: 다음 수는 바람과 추위의 심함을 묘사하였다. 끝부분에서는 협곡의 물에 얼음이 생겼기에 그 이변을 걱정한다는 말이다. 군대가 청해에 있어 살벌한 기운이 남쪽으로 가니, 이는 현재를 생각한 것이다. 파동의 협곡에 유빙이 생겨 푸른 하늘을 헤아리기 어려우니, 이는 장래를 걱정한 것이다. 중간의 '불이' 구에 억양과 돈좌의 감정이 지극하다. 이해 5월에 양자림이 성도를 습격하자 최관이 양자림을 격파하여 과연 전쟁이 있었으니 이변이 공연히 생겨나는 것이 아님을 알겠다. 주학령 주에서는 "파동의 얼음이 녹으니 하늘에 돌아가는 기미가 있음을 알겠다"라고 하였는데, 도리어 위 수의 결어와 같은 뜻이 된다. 게다가 시에서는 유빙이 생긴다고 하였지 녹는다고 말한 적이 없다.(次章寫風寒之苦. 末言峽水生冰, 乃慮其變. 兵臨青海, 殺氣南行, 此想其現在. 巴峽生凌, 蒼天難測, 此患其將來. 中間不爾句, 極抑揚頓挫之情. 是年五月, 楊子琳襲成都, 崔寬攻破子琳, 果有兵戈之事, 知變不虛生矣. 朱注謂, 巴東冰解, 知彼蒼有旋轉之機. 却與上章結語同意. 且詩云生凌, 未嘗言解凍也.)

《두억》: 저녁에 큰 나무를 뽑은 것이 바로 이 사나운 바람인데, 한밤중에 또 흰 집에 불어왔다며 중간에 사나운 바람을 끼워 넣어 위아래를 갈마들어 보이니 구법이 신기하다. '천병' 3구는 발상이 기이할뿐더러 시어까지 단단히 단련되었으니 얼마나 필력이 있는가. 게다가 앞 수에서 '현원', '배호'의 말로 괴로움이 극심함을 나타냈는데 여기서는 도리어 괴로움 가운데 하나의 쾌감을 그려냈으니 얼마나 변화가 있는가. 마지막 두 구에 이르러서는 급히 온 것을 느긋하게 받았으니 본디 체세가 응당 그런 법이지만 발라비틀어진 데서 홀연 생기를 드러내 사람으로 하여금 환히 웃게 만든다.(晩來拔大木, 卽此猛風, 而中夜又飛白屋, 中挿猛風, 而上下互見, 句法新異. 天兵三語, 想頭旣奇, 詞復堅鍊, 何等筆力. 且前章玄猿白鵠語, 形容苦極, 而此却寫出苦中一快, 何等變換. 至末二句急來緩受, 固體勢應爾, 而枯槁忽露生意, 令人解頤.)

《독두심해》: 이 수는 일단 시상을 일으키자마자 바람의 기세에서 심한 추위를 보여주었다. 두 구는 도치하는 방식을 활용한 것이다. '천병' 3구는 시상이 대단히 기이하니, 이는 아마도 하늘의 마음이 난리에 물려 맹렬한 위세로 적을 죽이자 차가운 기운이 격동해 남쪽으로 간 것 아니겠는가. 그렇지 않다면 어찌 추위가 이렇게 혹독하겠냐는 말이다. '파동 협곡의 유빙'은 '심한 추위'에 대해 한마디 부연한 것이다. '피창회알'은 '천자의 군대가 오랑캐를 잘라낸다'는 뜻과 호응한다. 대체로 서쪽 오랑캐가 번성한 지 오래되었는데 어쩌면 기세와 기미가 변화하여 장차 이 추한 무리를 없애려는 것인가 하는 말이다. '인득지'는 '하늘의 뜻을 대체로 알 수 있다'고 말하는 것과 같다. 추위의 위세와 살벌한 기운을 빌려 도적을 섬멸할 마음을 한번 펼치니 생각이 (생각을 초월한 경지인) 비유상천으로 들어섰다.(此一起, 就風勢上見出苦寒. 二句用倒勢. 天兵三句, 作意絶奇, 言此殆天心厭亂, 厲威殺賊, 寒氣激而南行乎. 不爾, 何寒之酷若此. 巴峽凌澌, 就苦寒敷衍一筆. 彼蒼回斡, 卽繳足天兵斷戎意. 蓋言西戎熾盛久矣, 意者氣機旋轉, 將欲滅此醜類耶. 人得知, 若曰, 天意蓋可知矣, 借寒威殺氣, 一暢殄寇之懷, 思入非有想天.)

(**김준연**)

84. 元日示宗武

설날에 종무에게 보여주다

汝啼吾手戰[1] 吾笑汝身長 處處逢正月 迢迢滯遠方[2]
飄零還柏酒[3] 衰病只藜牀[4] 訓諭靑衿子[5] 名慚白首郎[6]
賦詩猶落筆 獻壽更稱觴[7] 不見江東弟[8] 高歌淚數行

너는 내 손이 떨린다고 울지만
나는 네 키가 자란 것에 웃는다.
곳곳에서 정월을 만나니
아득히 먼 지방에서 체류하는 신세라네.
떠도는 중에 다시 백엽주를 마시고
늙고 병든 몸에 단지 명아주 평상만 있네.
푸른 옷깃의 아들을 가르치지만
흰머리의 낭관이라는 이름이 부끄럽네.
시를 지으며 여전히 붓을 대어 쓰는데
장수를 축원하며 다시 잔을 들어 바치네.
강동의 아우가 보이지 않으니
높이 노래하며 몇 줄기 눈물을 흘리네.

이 시는 대력 3년 설날에 아들 종무에게 지어준 것이다. 설날을 맞아 한 살을 더 먹어서인지 부쩍 노쇠해진 아버지를 보고 종무가 슬퍼하였다. 두보는 그런 아들을 위로하면서 객지에서 설날을 맞은 정경과 보지 못하는 아우에 대한 그리움도 담았다. 이 한 수로는 부족하였기에 다음의 〈우시종무又示宗武〉 시에서 "훈유청금자"를 이어받아 종무를 가르치는 구체적인 말을 썼고, 그다음 〈원회사제영관등遠懷舍弟潁觀等〉 시에서 "불견강동제"를 이어받아 아우들을 그리워하는 마음을 자세히 썼다.

《보주두시》 두보는 대력 3년 정월에 삼협을 나갔는데, 지금 시에서 "강동의 아우가 보이지 않으니, 높이 노래하며 몇 줄기 눈물을 흘린다"라고 하였으니 곧 그해에 지은 것이다. 아마도 그의 동생 두관이 한 해 전에 이미 가족을 맞아 강릉에 이르렀기에 두보는 이미 삼협을 나갈 결심을 하였을 것이다. 그래서 유독 강동의 아우가 보이지 않는 것으로 근심을 삼고 있다. 당시 동생 두풍은 강동에 있었다.(公以大曆三年正月出峽, 而今詩云, 不見江東弟, 高歌淚數行, 則是其年作. 蓋其弟觀隔年已迎家至江陵, 公已決意出峽, 故以獨不見江東之弟爲憂. 時弟豐在江東也.)
《두시상주》 황학은 대력 3년 정월 설날에 편재하였다. 다음 시(〈우시종무〉)에서 "열다섯 살 남아의 뜻"이라고 말한 것에 근거하면 당시 나이가 아마도 열다섯 살이었을 것이다.(黃鶴編在大曆三年正月元日. 據次章言十五男兒志, 時年蓋十五歲矣.)

주 석

1 手戰(수전) – 손이 떨리다. 당시 두보는 노쇠하여 수전증이 나타났다.

[汝啼 2구]

《두억》 "여제오수전"은 내가 늙고 병든 것을 근심한 것이고, "오소여신장"은 그가 자란 것을 기뻐한 것이다.(汝啼吾手戰, 憂吾老病也,

吾笑汝身長, 喜其成長也.)

2 迢迢(초초) – 아득히 먼 모양. 遠方(원방) – 먼 지방. 기주를 가리킨다.

3 柏酒(백주) – 백엽주柏葉酒. 설날에 제사와 축수를 위해 쓰는 술로, 마시면 액을 피할 수 있다고 한다. 초주椒酒와 함께 쓰여 초백주椒柏酒로도 불린다. '酒'는 '漿'이나 '葉'으로 된 판본도 있다.

《두시상주》에 인용된 종늠宗懍《세시기歲時記》 정월 초하루에 초백주를 올린다. 무릇 마실 때에 차례는 나이가 어린 순서로 시작한다.(正月一日, 進椒柏酒. 凡飮, 次第從小起.)

4 藜牀(여상) – 명아주 줄기로 엮은 평상. 누추한 평상을 가리킨다. 이 구는 늙고 병든 몸을 명아주 평상에 기대어 지내고 있음을 말한다.

5 訓諭(훈유) – 가르치다. '諭'는 '喩'로 된 판본도 있다. 靑衿子(청금자) – 푸른 옷깃의 아들. 종무를 가리킨다.

《두시상주》《시경·정풍鄭風·자금子衿》의 "푸르고 푸른 그대의 옷깃"의 주석(모전毛傳)에 "푸른 옷깃은 배우는 사람이 입는 것이다"라고 하였다. 정현의 전에 의하면《예기禮記》에 "부모가 살아 계시면 청색으로 옷에 테를 두른다"라고 하였다.(詩, 靑靑子衿. 注, 靑領, 學子之所服. 鄭箋, 禮, 父母在, 衣純以靑.)

6 名慚(명참) – '慚爲'로 된 판본도 있다. 白首郞(백수랑) – 흰머리의 낭관. 검교공부원외랑檢校工部員外郞인 두보를 가리킨다. 이 구는 늙은 나이에 낭관직을 제대로 수행하지 못하고 허명만 받은 것을 부끄러워한 것이다.

《두시조차공선후해집교》 '백수랑'은 두보가 자신을 말한 것이다. 풍당은 늙어서 낭관이 되었는데, 좌사左思의 〈영사〉 시에 "풍공이 어찌 위대하지 않았겠냐마는 흰머리에도 부름을 받지 못하였다"라고 하였다.(白首郞, 公自謂也. 馮唐老而爲郞, 左太沖詠史詩曰, 馮公豈不偉, 白首不見招也.)

7 獻壽(헌수) – 헌례축수獻禮祝壽. 稱觴(칭상) – 잔을 들어 축주祝酒하다.

반악潘岳 〈한거부閑居賦〉 만수를 축원하며 술잔을 바치는데, 모두 한편으로 두려우면서 한편으로 기쁘다.(稱萬壽以獻觴, 咸一懼而一喜.)

8 江東弟(강동제) – 강동의 아우. 두풍杜豐을 가리킨다. 원주原注에 "다섯째 동생은 강동을 떠돌고 있는데 근래에 소식이 없다(第五弟漂泊江左, 近無消息.)"라고 하였다.

#《두시상주》: 첫 수는 설날의 감정과 일을 서술하였다. 첫 연에서는 아버지와 아들을 언급하고, 끝 연에서는 형제를 언급하였으며, 중간은 다 눈앞의 정경을 보고 마음 아파한 것이다. 《두억》에서 "손이 떨린다고 우는 것은 아들이 효성스러움을 보여주고, 키가 자란 것에 웃는 것은 아버지가 자애로움을 보여준다. '부시', '낙필'은 앞의 '수전'에 호응하기에 '유' 자를 썼다. '헌수', '칭상'은 위의 '백주'로 인한 것이기에 '갱' 자를 더하였다"라고 하였다.(首章敍元日情事. 首言父子, 末及兄弟, 中皆觸景而傷懷. 杜臆, 啼手戰, 見子孝. 笑身長, 見父慈. 賦詩落筆, 應前手戰, 故用猶字. 獻壽稱觴, 因上柏酒, 故加更字.)

《두시상주》: 이 시는 모두 희비를 아울러 말하고 있다. 손이 떨린다고 우는 것은 비이고, 키가 자란 것에 웃는 것은 희이다. '봉정월'은 희이고, '체원방'은 비이다. 백엽주를 대하는 것은 희이고, 명아주 평상에 앉는 것은 비이다. 자식이 가르칠 만한 것은 희이고, 몸이 관직을 떠난 것은 비이다. 시를 읊고 잔을 드는 것은 또한 희이고, 동생을 생각하며 눈물 흘리는 것은 또한 비이다. 다만 뜻을 따라 서술하였는데도 각각 조리가 있다.(此詩皆悲喜並言. 啼手戰, 是悲, 笑身長, 是喜. 逢正月, 是喜, 滯遠方, 是悲. 對柏酒, 是喜, 坐藜牀, 是悲. 子可教, 是喜, 身去官, 是悲. 賦詩稱觴, 又是喜, 憶弟淚行, 又是悲. 只隨意序述, 而各

有條理.)

《독두심해》: 정이 진실하고 말이 질박한 작품인데 자연스럽게 격률에 들어맞는다. 첫 4구는 네 가지 뜻으로, 전체 시를 다 이끌고 있다. '백엽'과 '여상'은 '봉정'과 '체원'에서 나온 것이다. '청금'과 '백수'는 '소여'와 '제오'에서 나온 것이다. '낙필'과 '칭상'은 동생 이야기로 넘어가는 과맥이다. 술잔에 임하여 동생을 생각하니 진정 술 마시기를 그치고 싶고, 붓을 들다가 높이 노래하니 연이어 슬픈 읊조림에 기탁하게 된다. 한때의 감정과 일이 뚜렷하게 눈앞에 있다. 이 4구는 또한 '처처'와 '초초' 안에서 나온 것이다.(情眞語質之篇, 自然合律. 起四句, 四意, 提盡通篇. 柏葉黎牀, 從逢正滯遠衍出. 靑衿白首, 從笑汝啼吾衍出. 落筆稱觴, 過遞語脈. 臨觴而憶弟, 止欲輟飮, 振筆而高歌, 聯託悲吟. 一時情事, 歷歷在目. 此四句, 亦從處處迢迢內衍出也.)

(**강민호**)

85. 又示宗武

또 종무에게 보여주다

覓句新知律[1] 攤書解滿牀[2] 試吟青玉案[3] 莫羨紫羅囊[4]
暇日從時飮[5] 明年共我長[6] 應須飽經術[7] 已似愛文章
十五男兒志[8] 三千弟子行[9] 曾參與游夏[10] 達者得升堂[11]

시 구절을 찾으며 새로 격률을 알게 되고
책을 벌여놓아 책상을 가득하게 할 줄 아는구나.
'푸른 옥소반'을 한번 읊조려보려무나
자줏빛 비단 향주머니는 부러워하지 말고.
쉬는 날에 때로 술 마시게 내버려둘 것이고
내년에는 나와 키가 같아지겠구나.
응당 경술로 배부르게 해야 할 터
이미 문장은 사랑하는 듯하구나.
열다섯 살 남아의 뜻은
삼천 제자의 무리에 들어,
증삼과 자유, 자하처럼
통달한 자가 되어 당에 오르는 것이다.

이 시는 설날 다시 종무에게 지어준 것이다. 이미 시와 문장은 좋아하는 것 같은데 앞으로 경술을 열심히 하여 공자의 제자 같은 훌륭한 사람이 되기를 바라는 마음을 표현하였다. 앞의 시(〈원일시

종무元日示宗武〉)와 같은 시기인 대력 3년에 기주에서 지은 것으로 추정한다. 당시 종무는 만 13세였다. 이와 달리 보응 원년 〈종무생일宗武生日〉 시와 같이 지은 것이라는 설이 있지만 틀렸다.

《보주두시》 살펴보건대 두보는 지덕 원년 〈견흥〉 시에서 "기자는 잘난 아들, 지난해 말을 배울 제"라고 하였으니 종무가 지덕 초에는 막 두세 살이었다. 지금 시에서 "시 구절을 찾으며 새로 격률을 알게 되고, 책을 벌여놓아 책상을 가득하게 할 줄 안다"라고 하였는데 이는 여덟아홉 살 때 하는 일이다. 〈종무생일〉 시 뒤에 또 시를 지어 제목에서 '또 보여주다'라고 한 것이니 대력 원년에 지은 것이 아님이 또한 분명함을 알 수 있다. 지덕 원년부터 이때까지 10년(실제로는 7년이다)이니 종무가 태어나서 막 열 살이 되었다. 그러므로 "열다섯 살 남아의 뜻"이라는 말로 그에게 기대하였다. 만약 양권도처럼 대력 원년에 편재한다면 진정 열다섯 살이 되는데 겨우 격률을 알고 책을 벌여놓을 줄 안다면 어찌 두보의 아들이겠는가? 그러므로 앞의 시(〈종무생일〉)와 같아서 보응 원년에 지은 것이다.(按, 公至德元載遣興詩云, 驥子好男兒, 前年學語時, 則宗武在至德初, 方兩三歲. 今詩云, 覓句新知律, 攤書解滿牀. 乃八九歲時事. 于宗武生日詩後, 題云又示, 可知非大曆元年作亦明. 至德元載至此十年, 宗武度方十歲, 故以十五男兒志期之. 若如梁編在大曆元年, 則誠十五歲矣. 才能知律攤書, 豈公之子也. 故以同上篇爲寶應元年作.)

《두시조차공선후해집교》 이 시는 옛 판본에는 앞에 있는 〈종무생일〉 시 다음에 있었으니 지금 편정編定해놓은 것과는 백여 편 정도 떨어져 있다. (옛 판본에 따르면) 시의 뜻이 합치되지 않을 뿐만 아니라 제목에서 '다시 보여준다'고 한 뜻과도 합치되지 않는다.

앞 시(〈원일시종무〉)에서 '설날에 종무에게 보여준다'고 하였고 이 시에서 '다시 종무에게 보여준다'고 하였으니 모두 (대력 3년) 설날 보여준 것이고, 그래서 '우'라고 한 것이다.(此詩舊在已前宗武生日詩下, 相去今所定一百篇餘. 非徒詩義不合, 而於題云又示之義不合. 前篇云元日示宗武, 今篇云又示宗武, 則皆元日示之, 所以爲又也.)

주 석

1 覓句(멱구)– 시 구절을 찾다. 다른 사람의 시를 찾는 것 또는 시를 구상하여 구절을 짓는 것을 말한다. 知律(지률)– 시의 격률에 대해 이해하다. 이 구는 시의 격률을 알아 시를 짓는다는 것으로 해석할 수도 있다.

2 攤書(탄서)– 책을 늘어놓다. 여러 책을 참고하는 모습이다. 解(해)– 할 줄 알다.

3 靑玉案(청옥안)– 장형張衡의 〈사수四愁〉 시에 나오는 말인데, 여기서는 이러한 옛 시를 가리킨다.

장형 〈사수〉 아름다운 이가 내게 비단으로 수놓은 천을 주었는데 무엇으로 보답할까? 푸른 옥으로 장식한 소반이지.(美人贈我錦繡段, 何以報之靑玉案.)

《두시조차공선후해집교》 〈사수〉 같은 시를 짓도록 한다는 말이다.(使爲詩如四愁者也.)

4 羨(선)– 부러워하다. '帶'로 된 판본도 있다. 紫羅囊(자라낭)– 자줏빛 비단 주머니. 노리개 같은 것을 가리킨다.

《진서晉書·사현전謝玄傳》 사현이 어렸을 때 자줏빛 비단으로 만든 향주머니 차는 것을 좋아하였다. 사안이 이를 염려하면서도 그의 마음을 상하게 하지 않으려고 장난으로 내기를 하여 따자마자 불태웠다. 이에 그런 것 차는 것을 그만두었다.(玄少好佩紫羅香囊. 安患之, 而不欲傷其意, 因戲賭取, 卽焚之, 於此遂止.)

《독두심해》 이것은 어린아이가 복식이나 노리개에 마음을 흩트리는 습성이다.(此是少年分心服玩之習.)

5 暇日(가일) – 한가한 때. 여기서는 '원일'을 고려한 말로 보인다. '暇'는 '假'로 된 판본도 있다. 從時飮(종시음) – 때로 술을 마시는 것을 내버려두다. 이와 달리 '때에 맞춰 술을 마시다'로 풀이할 수도 있다.

6 共我長(공아장) – 나와 키가 같다는 말이다.

[暇日 2구]

《두시조차공선후해집교》 "가일종시음"은 비록 부자지간이지만 또한 끝내 술 마시는 것을 금지할 수 있겠냐는 것이다. 이는 두보의 진실한 감정이다. '종시음'은 때때로 술을 마시도록 내버려둔다는 것이다. "명년공아장"이라고 하였으니 설날 그에게 보여주는 뜻이 더욱 분명하다. 대체로 올해 체구가 이와 같으니 내년에는 더욱 자라서 나의 키와 같게 될 것이라는 말이다. 이는 부자간의 진실한 말이다.(假日從時飮, 則雖父子之間, 亦豈遂禁其飮乎. 此杜公之眞情也. 從時飮, 則從使有時而飮也. 明年共我長, 則元日示之之意尤明. 蓋今年身材如此, 至明年更長, 則共我長矣. 此父子之至言也.)

7 飽經術(포경술) – 경술로 배를 가득 채우다. 유가 경전을 많이 익힌다는 뜻이다.

[應須 2구] 두보가 보기에 종무가 이미 문장은 좋아하게 되었는데 앞으로 경술을 많이 익혀야 한다고 말한 것이다.

8 十五(십오) – 열다섯 살.

《두시상주》 '십오' 구는 공자가 열다섯 살에 학문에 뜻을 두었다는 말을 암용하였다.(十五句, 暗用孔子十五志學語.)

9 三千弟子(삼천제자) – 공자의 제자를 말한다. 行(항) – 무리. 반열. 《사기·공자세가孔子世家》 공자가 시, 서, 예, 악으로 제자를 가르쳤는데, 대체로 삼천 명이었다.(孔子以詩書禮樂敎弟子, 蓋三千焉.)

10 曾參(증삼) – 공자의 제자로, 효성이 지극하였다. 游夏(유하) – 공자의 제자인 자유와 자하. 이들은 학문에 출중하였다.

11 升堂(승당) – 당에 오르다. 학문에서 일정 정도의 경지에 올랐음을 말한다.

《공자가어孔子家語》 위나라 장군 문자가 자공에게 물어 말하기를, "…… 방에 들어가거나 당에 오른 사람이 칠십여 명인데, 누가 현명한가?"라고 하였다.(衛將軍文子問於子貢曰, …… 入室升堂者, 七十有餘人. 其孰爲賢.)

[曾參 2구]

《두시조차공선후해집교》 '증삼'은 효행을 기대하는 것이고 '유하'는 학문을 기대하는 것이다. 공자가 말하기를, "자로는 당에 올랐다"라고 하였다. 지금 세 사람이 모두 공자의 도에 통달한 후에 당에 오를 수 있다고 하였으니, 분명히 깨우쳐주는 것으로 시를 종결하였다.(曾參, 則責之以孝行, 游夏, 則責之以文學. 子曰, 由也升堂矣. 今言三子皆達於孔子之道, 而後能升堂, 所以終於明戒之也.)

#《두시상주》: (〈원일시종무〉의) 다음 시는 전적으로 아들을 훈도하는 뜻을 말하였다. '시 구절을 찾는다'와 '책을 벌여놓는다'는 종무가 배움을 알게 되었다는 것이다. '경술로 배를 채우면' 그것을 드러내어 문장을 짓게 된다. 이는 한층 더 나아간 말이다. 선현의 효행과 학문을 본받는다는 것은 또 한층 더 나아간 말이다. '청옥안'은 고시를 말하고 '자라낭'은 장난감을 가리킨다. 쉬는 날에야 비로소 술을 마신다고 하였는데 그가 함부로 술을 마시면서 시간을 허비하지 말라고 경계하는 것이다. 오견사 《두시논문》에서 "말구는 이른바 배움에는 선후가

없고 통달한 자가 먼저라는 말이다"라고 하였다.(次章專言訓子之意. 覓句攤書, 武知學矣. 飽經術, 以發爲文章, 此進一層語. 法先賢之孝行文學, 又進一層語. 靑玉案, 謂古詩. 紫羅囊, 指戲具. 暇日方飮, 戒其毋縱酒以曠時. 吳論, 末句, 卽所云學無先後, 達者爲先也.)

《두시상주》에 인용된 호하객胡夏客 설: 시에서 "시 구절을 찾으며 새로 격률을 알게 되었다"라고 하였고 또 "'푸른 옥소반'을 한번 읊조려보라"라고 하였는데, 혹자는 두보에게 아들을 자랑하는 습벽이 있는 것이라고 의심하였지만 그렇지 않다. 종무에게는 진정 재능이 있었으며, 종문 같으면 (〈최종문수계책催宗文樹雞柵〉 시에서처럼) 그저 닭장 울타리나 세우게 하였을 따름이다. 후에 종무의 아들 두사업은 할아버지를 장사 지내며 묘에 쓰는 글을 부탁해 얻을 수 있었기에 그 집안의 명성을 실추시키지 않았다.(詩云, 覓句新知律. 又云, 試吟靑玉案. 或疑公有譽兒癖, 非也. 宗武定是有才, 若宗文, 則但使樹雞柵耳. 後宗武之子嗣業, 能葬祖乞誌, 不墜其家聲云.)

《독두심해》: 앞의 시는 포괄적인 감개이고 이 시는 오로지 아들에 대해 말한 것이다. 호하객은 이 시에 아들을 자랑하는 습벽이 있다고 의심하였다. 내가 생각건대 이것은 아들을 훈계하는 글이다. 종무의 자질이 좋고 가르칠 만하니 그래서 이 시로 보여준 것이다. '시 구절을 찾는다'와 '책을 벌여놓는다'는 고무시켜 이끌어주는 말이다. '한번 읊조려보라'와 '부러워하지 마라'는 하나는 면려하는 것이고 하나는 경계하는 것이다. '술 마시게 내버려둔다'와 '키가 같다'는 또다시 경계시키는 것이다. '응수' 2구는 위아래로 전환하면서 주안점을 두려는 곳이다. '경술로 배부르게 한다'는 배움에 힘쓰는 일의 근본을 말한 것인데 뒤에서 말한 내용이다. '문장을 사랑한다'는 나아갈 만한 기미를 가지고 이끄는 것인데 앞에서 말한 내용이다. 공자의 제자는 경술의 표준이니 이를 들어 모범으로 삼은 것이다. 그러므로 두보는 배움에 근본이 없었던 것이 아니다.(前詩汎慨, 此專語子. 夏客疑此詩有譽兒癖. 愚則以爲訓子書也. 宗武質美, 可教, 故示之以此. 覓句攤書, 鼓舞引進語. 試吟莫羨, 一勉之, 一戒之. 從飮共長, 又復儆惕之. 應須二句, 上下轉側處. 飽經術, 告以務學之本, 後所云云也. 愛文章, 引以可造之機, 前所云云也. 孔門弟子, 經術之準, 故擧以爲法. 然則公非無本之學也.)

(임도현)

86. 遠懷舍弟穎觀等

멀리서 두영과 두관 등의 아우를 생각하다

陽翟空知處[1] 荊南近得書[2] 積年仍遠別[3] 多難不安居[4]

江漢春風起[5] 冰霜昨夜除[6] 雲天猶錯莫[7] 花萼尙蕭疏[8]

對酒都疑夢[9] 吟詩正憶渠[10] 舊時元日會[11] 鄕黨羨吾廬[12]

양적은 그저 있는 곳만 알고
형남에서 최근에 편지를 받았으니,
여러 해 동안 여전히 멀리 헤어져 있고
난리가 많아 편히 살지 못하는구나.

장강 한수에 봄바람이 이니
얼음과 서리가 어젯밤에 없어졌는데,
구름 하늘은 오히려 어지러이 어둡고
꽃받침은 아직도 썰렁하다.
술을 대하니 도통 꿈인가 싶어
시를 읊조리면서 바로 그들을 생각한다.
옛날 원일의 모임 때는
고향 마을에서 우리 집을 부러워하였지.

이 시는 대력 3년 원단元旦에 멀리 떨어져 사는 아우 두영과 두관을 생각하며 쓴 것이다. 떨어져 사는 아우들을 그리워하면서 그들의 불안한 삶을 걱정하는 심사가 담겨 있다.

《보주두시》 시에서 "장강 한수에 봄바람이 이니, 얼음과 서리가 어젯밤에 없어졌다"라고 하였고 또 "옛날 원일의 모임 때는, 고향 마을에서 우리 집을 부러워하였다"라고 하였으니, 의당 대력 3년 원일에 지었을 것이다.(詩云, 江漢春風起, 氷霜昨夜除. 又, 舊時元日會, 鄉黨羨吾廬, 當是大曆三年正月旦日作.)

《두시상주》에 인용된 장원 주　이 시 또한 원일에 지은 것이다. 앞 시(〈원일시종무元日示宗武〉)에 "불견강동제" 구가 있었기 때문에 또 이 시가 있게 된 것이니, 마지막 연의 "구시원일회"를 살펴보면 가히 알 수 있다.(此詩亦元日所作. 因前詩不見江東弟句, 故又有此詩, 觀落句舊時元日會, 可見.)

주 석

1 陽翟(양적) – 지명. 하남성에 있다. 당시 두영이 살고 있었다. 이 구는 두영이 살고 있는 곳을 그저 알고 있을 뿐이라는 뜻이다.

《두시상주》에 인용된 《당서》 양적현은 정관 원년에 허주에 속하였고, 용삭 2년에 낙주에 예속되었다.(陽翟縣, 貞觀元年屬許州, 龍朔二年, 隸洛州.)

《보주두시》 황희黃希 주 《당서·지리지》를 살펴보면, 양적은 처음에 숭주에 예속되었는데, 정관 원년에 허주에 속해졌고, 용삭 2년에 낙주에 예속되었다가 회창 3년에 다시 허주에 속해졌다. 이 시가 대력 3년에 지어졌으니 이때 양적은 낙주에 속하였다. 낙주는 바로 하남부로, 두보의 아우 두영이 살던 곳이다.(按唐志, 陽翟, 初隸嵩州, 貞觀元年屬許州, 龍朔二年隸洛州, 會昌三年復屬許州. 此詩作於大曆三年, 則是時陽翟屬洛州. 洛卽河南府, 公之弟穎所處.)

《두시조차공선후해집교》 '양적'은 영천군에 속한다. 두영이 양적에 있었다.(陽翟, 屬潁川郡. 潁在陽翟也.)

2 荊南(형남)－ 지명. 형주荊州, 즉 강릉江陵으로, 두관이 당시 살고 있었다. 두보가 살던 곳을 말한다는 설도 있지만, 합당하지 않다.

《구가집주두시》 조차공 주 '형남'은 바로 두관이 새로 이사한 곳이다.(荊南, 則觀新所遷居也.)

《두공부시집집주》 '형남'은 바로 강릉으로, 두관이 처자식을 맞이하여 그곳에 있었다.(荊南, 卽江陵, 觀迎妻子在焉.)

《두공부초당시전》 '형남'은 두보가 사는 곳이다.(荊南, 甫所居也.)

3 積年(적년)－ 여러 해.

4 多難(다난)－ 난리가 많다.

《두시상주》 '다난'은 난리를 만났음을 말한다.(多難謂遭喪亂.)

[積年 2구] '적년' 구는 두영에 대한 이야기이고 '다난' 구는 두관에 대한 이야기라는 설이 있다. 단 반드시 그렇게 볼 필요는 없다.

#《두시상주》: 두영과 두관 이야기에서부터 서술하기 시작하였다. 두영이 양적에 있으니 여전히 멀리 헤어져 있게 되었다. 두관이 형남으로 갔으니 편히 살지 못하게 된 것이다. 두 구는 나누어 시상을 잇는다. (從潁觀敍起. 潁在陽翟, 仍遠別矣, 觀赴荊南, 不安居矣. 二句分承.)

5 江漢(강한)－ 장강과 한수.

《두시조차공선후해집교》 장강과 한수 두 강은 형남에서 만난다. 두보가 기주 시에서 누차 '강한'이라는 말을 사용하였는데, 그것이 가까이 있기 때문이다.(江漢二水在荊南而會. 公於夔州詩屢使江漢, 以其相近也.)

6 昨夜(작야)－ 어젯밤. 지난해 섣달그믐 밤을 가리킨다. 除(제)－ 없어지다.

7 錯莫(착막)– 어지럽고 어둡다.

8 花萼(화악)– 꽃받침. 형제를 비유한다. 蕭疏(소소)– 드물다. 처량하다. 이 구는 《시경·상체常棣》에 나오는 말을 활용한 것으로, 형제가 떨어져 있는 것을 암시한다.

《시경·상체》 아가위꽃은 꽃받침이 울긋불긋하네, 모든 지금 사람 중에 형제만 한 이가 없다.(常棣之華, 萼不韡韡, 凡今之人, 莫如兄弟.)

[雲天 2구]

《구가집주두시》 조차공 주 "운천유착막"은 기러기가 날다가 차례를 잃어버린 것 같다는 말이고, "화악상소조"는 상체의 꽃이 서로 나란히 피지 못한 것 같다는 말이니, 모두 형제가 떨어져 있다는 시상을 일으킨다.(雲天猶錯莫, 言若鴻雁之飛而失序, 花萼尙蕭疏, 言若常棣之花不相並, 皆以興兄弟之離隔也.)

9 對酒(대주) 구– 술을 마시다 보니 아우와 떨어져 있는 것이 실제의 일이 아니고 꿈속의 일인가 싶다는 뜻이다.

10 渠(거)– 그. 그들.

《보주두시》 '거'는 '이'라는 말과 같다. 대체로 양나라와 진나라 이래로 쓰인 말이다.(渠猶言伊, 蓋梁陳以來語.)

11 元日(원일)– 원단. 설날.

12 鄕黨(향당)– 마을.

[舊時 2구]

《두시경전》 이전에 모여 살 때의 즐거움으로 지금 헤어져 사는 슬픔을 두드러지게 하였다. 확 뒤집어 시를 맺으니 품은 정이 무한함을 더욱 느끼게 된다.(將前聚首之樂, 襯出今離別之悲, 倒煞作結, 更覺含情無限.)

#《두시상주》: 아래 단락은 바로 원일의 감회이다. 바람이 일고 서리가 없어진 것은 정초의 기후이다. '운천'은 타지임을 말한다. '화악'은 형제를 비유한다. '술을 대하고' '꿈인가 의심하는' 것은 아우를 생각하나 보기 어려워서이다. '착막'은 어지럽고 어둡다는 말이다. '구시원일' 구는 오늘을 마음 아파하면서 예전을 그리워한 것이다.(下乃元日感懷, 風起霜除, 新正氣候. 雲天, 言異地. 花蕚, 比兄弟. 對酒疑夢, 憶弟難見也. 錯莫, 謂紛錯冥莫. 舊時元日, 傷今而思昔.)

##《독두심해》: 제1구와 제2구는 두 아우가 있는 곳을 분명하게 제시하였다. 제3구와 제4구는 떨어져 있음을 지적해내었다. '봄에 (바람이) 일고' '얼음이 없어졌다'고 하여 가볍게 시절을 언급하였다. 그 땅을 헤아려보다 보니 창연히 '운천'을 바라보게 되었고, 그 사람을 그리워하다 보니 공연히 '화악'을 읊조리게 되었다. 이 두 구는 첫 네 구의 뜻을 포괄한다. '의몽'과 '억거'는 바로 (시제에서) 이른바 '원회'이다. 옛날에 즐겁게 모인 일로 시상을 맺어 여운이 길어 다하지 않는다.(一二, 提明兩弟處. 三四, 點出分離. 春起氷除, 輕逗時序. 計其地, 則悵望雲天, 思其人, 則空吟花蕚, 二句括起四意. 疑夢憶渠, 正所謂遠懷也. 以舊時歡聚作結, 掉尾悠然不盡.)

(**이영주**)

87. 續得觀書迎就當陽居止正月中旬定出三峽

관의 편지를 연이어 받았는데 당양 거처로 맞아들이겠다고 하여 정월 중순에 삼협을 나가기로 결정하다

自汝到荊府[1]　書來數喚吾[2]　頌椒添諷詠[3]　禁火卜歡娛[4]
舟楫因人動[5]　形骸用杖扶[6]　天旋夔子峽[7]　春近岳陽湖[8]
發日排南喜[9]　傷神散北吁[10]　飛鳴還接翅[11]　行序密銜蘆[12]
俗薄江山好　時危草木蘇　馮唐雖晚達[13]　終覬在皇都[14]

네가 형주에 도착하고서부터
편지를 보내와 자주 나를 부르니,
산초를 기리면서 읊조리기를 더하고
불을 금할 즈음 즐거울 것을 점치겠지.

배는 남에게 의지하여 움직이고
몸은 지팡이를 써서 부지하는데,
하늘은 기자 협곡에서 돌고
봄은 악양 호수에 가깝다.
떠나는 날 남쪽으로 기쁨을 밀어 가고
슬픈 마음에 북쪽으로 탄식을 흩으리니,
날아 울면서 또다시 날개를 잇고
행렬을 이뤄 가까이서 갈대 머금으리라.

시속이 각박하나 강산은 아름답고

시절 위태한데 초목은 다시 돋아나네.
풍당은 비록 늙어서 현달하였지만
마침내 황도에 있을 것을 바라노라.

이 시는 대력 3년 연초에 지은 것으로 추정된다. 이와 달리 대력 2년 연말에 지은 것으로 보는 설도 있다. 두보가 〈원회사제영관등遠懷舍弟穎觀等〉 시를 짓고 나서 다시 아우 관의 편지를 받았는데, 그가 이미 형주의 당양현에 거처를 마련하였으니 형에게 그곳으로 옮겨 오라고 권하였다. 이에 두보는 정월 중순에 삼협을 나가기로 결정하였고 이 시를 지어 그때의 사정과 감정을 써내었다. 시에서는 삼협을 벗어나 당양으로 가고자 하는 뜻과 함께 종국에는 경사로 돌아가고 싶은 바람이 드러난다.

《보주두시》 당양은 바로 강릉의 속읍이다. 시에서 "산초를 기리면서 읊조리기를 더한다"라고 하였으니 마땅히 대력 3년 설날에 지은 것이다.(當陽, 乃江陵屬邑. 詩云, 頌椒添諷詠, 當是大曆三年元日作.)

《두시상주》 이 역시 대력 3년 연초에 지은 것이다. 《당서》에 의하면 당양현은 형주부에 속하였다.(此亦大曆三年歲初所作. 唐書, 當陽縣, 屬荊州府.)

《독두심해》 공에게는 아우 관이 강릉에 이르러 기뻐하며 부친 시 3수(〈사제관부람전취처자도강릉희기삼수舍弟觀赴藍田取妻子到江陵喜寄三首〉)가 있다. …… 이번에는 두관이 공의 시를 받은 후에 다시 편지를 보내와서 약속한 경우이다. 기뻐서 부친 시에서 "푸른 봄에 누런 소에게 알릴 필요가 없으리라"라고 말하였는데 두관이 여전히 편지를 보내왔으니 그 형제간의 우애가 모두 지극하였음을 알겠다. 이 시는 마땅히 세모에 지은 것이다. 옛날에 대력 3년 연초에 편차한 것은 잘못이다.(公有舍弟觀到江陵喜寄三首. …… 此則觀得公詩後, 復以書來約也. 喜寄詩云, 青春不假報黃牛, 而觀仍有書, 知其兄弟間友愛交至. 詩當是歲底作. 舊編三年歲初, 非.)

주 석

1 自(자) – ~로부터. 汝(여) – 너. 두관을 말한다. 荊府(형부) – 형주부. 형주. 당양현은 형주부에 속하였다.

2 數(삭) – 자주.

3 頌椒(송초) – 산초를 기리다. 정월 초하루에 산초로 담근 술 초주椒酒와 측백나무 잎으로 담근 술 백주柏酒를 가지고 조상에게 제사하거나 가장에게 바쳐서 장수를 기원하고 새해를 축하하는 것을 말한다. 添諷詠(첨풍영) – 읽고 읊조리기를 더하다. 이 구는 삼협을 나갈 생각에 정월 초하루에 술을 마시며 시를 읊는 흥취가 더해진다는 말이다. 만약 이 시를 대력 2년 연말에 지은 것으로 가정한다면 정초의 즐거운 기분을 예상한 말로 볼 수도 있다.

한漢 최식崔寔《사민월령四民月令·정월正月》"各上椒酒於其家長"의 주 정월 초하루에 초주와 백주를 마신다. 산초는 옥형성의 정령으로, 그것을 복용하면 사람이 늙지 않게 된다. 측백 역시 선약이다. 술을 마시는 차례는 당연히 어린 사람부터 시작한다.(正日進椒柏酒. 椒是玉衡星精, 服之令人能老. 柏亦是仙藥. 進酒次弟, 當從小起.)

《독두심해》 신정에 출발 계획을 세운다는 것이다.(新正作計啓行.)

4 禁火(금화) – 불을 금하다. 한식절을 가리킨다. 卜歡娛(복환오) – 즐

거움을 점치다. '娛'는 '呼'로 된 판본도 있다. 이 구는 한식에 아우와 만날 수 있다는 말이다.

《두시상주》《주례》에 "사훤씨는 중춘에 왕성王城 안에서 불을 금하는 명을 실행하였다"라고 하였고 주에 "계춘에 장차 불을 내주려고 하였기 때문이다"라고 하였다.《형초세시기》에 "한식에는 3일간 불을 금한다"라고 하였다.(周禮, 司烜氏, 仲春修火禁於國中. 注, 爲季春將出火也. 荊楚歲時記, 寒食禁火三日.)

《독두심해》 한식에 만나기로 결정한 것이다.(寒食決定聚會.)

《두시경전》 한식의 때에 반드시 서로 만날 수 있음을 말한다.(言寒食時必可相聚.)

#《두시상주》: 첫 단락은 두관의 편지를 연이어 받은 것에 대해 썼다. '송초'는 정월에 속하고 '금화'는 한식에 속한다. 이는 보내온 편지를 받고서 즐겁게 만날 기일을 헤아린 것이다.(首記續得觀書. 頌椒, 屬正月. 禁火, 屬寒食. 此接來書, 而計歡聚之期.)

5 舟楫(주즙) – 배를 말한다. 因人動(인인동) – 사람으로 인하여 움직이다. 이 구는 다른 사람의 도움이 있어야 뱃사람을 고용하여 배를 출발시킬 수 있다는 말이다.

《독두심해》 앉아서 노자를 기다린다는 뜻이 있다.(有坐待行資意.)

《두시경전》 생각건대 노자에 대한 도움을 기다렸으리라.(想待助行資耶.)

6 形骸(형해) – 몸. 이 구는 몸이 노쇠하여 지팡이를 짚어야 한다는 말이다.

7 天旋(천선) – 하늘이 돌다. 천세가 돌다. 여기서는 계절이 바뀌어 봄기운이 돌아옴을 말한다. 夔子峽(기자협) – 기자의 협곡. 구당협을 말한다. '기자'는 춘추시대 기나라의 제후이다. '峽'은 '國'으로 된 판본도 있다.

8 岳陽湖(악양호) – 악양의 호수. 동정호를 말한다.

《두시상주》 '악양호'는 파릉에 있다.(岳陽湖, 在巴陵.)

9 發日(발일) – 떠나는 날. 삼협을 나가는 날을 말한다. 排南喜(배남희) – 남쪽으로 기쁨을 밀어 가다.

《두시상주》에 인용된 《위략魏略》 손권이 신하를 자처하자 태자(曹丕)가 종요에게 준 편지에서 말하기를 "보고를 받고 남방을 기쁘게 하였음을 알았다"라고 하였다.(孫權稱臣, 太子與鐘繇書曰, 得報知喜南方.)

10 傷神(상신) – 슬픈 마음. 상심하다. 散北吁(산북우) – 북쪽으로 탄식을 흩다.

[發日 2구] 이 2구에 대하여 역대 제가들의 다양한 설이 있다.

《두보전집교주》 장진은 "'排'는 '列'과 같다. 강릉은 기주의 남쪽에 있는데, 지금 남쪽으로 가서 함께 모이기 때문에 '남희'라고 말한 것이다. '북우'는 기주를 가리켜 말한 것으로, 이곳을 떠나는 것이다"라고 하였다. 오견사는 "배가 출발하는 날이니 남방의 희락을 벌써 미리 안배하였고, 체류하였던 고통을 돌이켜 생각한즉 북쪽을 바라보며 상심하면서 탄식을 흩을 수 있게 되었다는 말이다"라고 하였다.(張溍曰, 排, 猶列也. 江陵在夔州南, 今往南行共聚, 故曰南喜. 北吁, 指夔州言, 去此地也. 吳見思曰, 言發舟之日, 則南方之喜樂, 已預安排, 回想留滯之苦, 則北望而傷神, 吁嗟可散矣.)

11 飛鳴(비명) – 날면서 울다. 《시경》의 할미새(鶺鴒)에 대한 묘사에서 가져온 말로, 할미새는 형제를 비유한다. 還(환) – 또다시. 接翅(접시) – 날개를 이어 날다. 나란히 날다. 함께 따라가는 것을 말한다.

《시경·소아·소완小宛》 저 할미새 보니 날면서 운다.(題彼鶺鴒, 載飛載鳴.)

《시경·소아·상체常棣》 할미새는 들에 있고 형제는 위난危難에서 서로 구해준다.(脊令在原, 兄弟急難.)

12 行序(항서) - 행렬을 짓다. 기러기가 차례를 지어 날아감을 말하는데, 기러기는 형제를 비유한다. 密(밀) - 기러기끼리 가까이 붙어 있는 상태를 말한다. 《두시언해》에서는 '밀근密近'이라고 풀이하였다. 銜蘆(함로) - 갈대를 물다. 기러기가 사냥꾼의 주살을 피하는 방법이라고 한다.

《구가집주두시》 조차공 주 '서'는 기러기를 가지고 말한 것이다. 고시에 "형제가 기러기처럼 간다"라고 하였다.(序, 以雁言之也. 古詩, 兄弟鴻雁行.)

진晉 최표崔豹 《고금주古今注·조수鳥獸》 기러기가 하북에서 강남으로 건너갈 때는 몸이 말라서 높이 날 수 있으므로 주실을 두려워하지 않는다. 강남은 비옥하고 넉넉하여 매번 하북으로 돌아갈 때면 몸이 살쪄서 높이 날 수 없기 때문에 사냥꾼에게 잡힐 것을 두려워하여 항상 몇 촌 길이의 갈대를 입에 물어 주살을 방비한다.(雁自河北渡江南, 瘠瘦能高飛, 不畏繒繳. 江南沃饒, 每至還河北, 體肥不能高飛, 恐爲虞人所獲, 嘗銜蘆長數寸, 以防繒繳焉.)

[飛鳴 2구] '비명' 구는 할미새, '항서' 구는 기러기를 빌려 형제간에 우애 있게 지내며 앞날의 위험에 함께 대비할 것을 말하였다.

《두시상주》에 인용된 《회남자淮南子》 기러기는 차례대로 줄지어 날아가서 기력을 아끼고, 갈대를 물고 날아서 주살을 피한다.(雁順行以愛氣力, 啣蘆而翔以避矰弋.)

#《두시상주》: 이 단락은 삼협을 나가려는 뜻을 서술하였다. '천선'은 봄의 따뜻한 기운이 막 돌아왔다는 말이다. '발일'은 떠나갈 날이 잡혔다는 말이다. 배를 밀어 남으로 가니 북쪽으로는 헤어져 흩어지게 된 것이다. '접시'는 약간 뒤처져 나란히 가는 것을 비유한다. '함로'는 도중에 환난을 방비하는 것을 비유한다. 《두억》에서는 "공은 본래

북방 사람이므로 강릉을 남쪽으로 여겼다. 한창 기쁘다가 홀연 탄식이 나오는 것은 바로 아래 글의 황도를 바라는 뜻이다"라고 하였다. (此敍出峽之意. 天旋, 陽和初轉. 發日, 發行有日. 排舟而南, 則離散於北矣. 接翅, 喩隨肩而行. 銜蘆, 喩旅中防患. 杜臆, 公本北人, 以江陵爲南. 方喜而忽吁, 卽下文覬皇都意.)

13 馮唐(풍당) – 한 문제 때에 중랑서장中郞署長을 지냈다. 무제 때에는 현량賢良으로 천거되었으나 이미 나이가 90이 넘고 연로하여 대신 아들에게 벼슬을 내렸다. 여기서는 두보 자신을 비유한다.

14 覬(기) – 바라다.

《두시경전》 잠시 거처에 의지하였다가 마침내 함께 북으로 돌아갈 것을 기약한다는 말이다.(言暫依居止, 終期同北歸也.)

#《두시상주》: 마지막 단락은 당양 풍토에 대해 언급하면서 마침내 북으로 돌아갈 것을 생각하였다.(末及當陽風土, 而終思北歸也.)

##《두억》: "배는 남에게 의지하여 움직인다"라 하였으니 그 상황이 가련하다. 오래도록 삼협을 나가지 못한 것은 이 때문이다. '발일' 구와 '상신' 구는 난해한데, 내 추측으로 그것을 해석해보면 출발 일정이 잡혔다는 말일 것이다. 남쪽을 밀친다는 것은 나란히 날아서 남쪽으로 간다는 말과 같으니, 이것을 기쁨으로 여긴 것이다. 공은 북방 사람이니 강릉을 남쪽으로 여긴다. 다만 남쪽에서 모이니 북쪽에서는 흩어지는 것이요, 고향으로부터 멀어지는 것이다. 그렇기 때문에 그가 상심한 것은 북쪽에서 흩어진 것을 탄식한 것이다. "마침내 황도에 있을 것을 바란다"라는 말로 맺고 있으니 그 뜻을 알 수 있다. (舟楫因人動, 其情可憐, 久不出峽以此. 排南散北句難解, 余臆解之, 謂發有日矣, 排南猶云並飛而南. 以此爲喜. 公北人, 則以江陵爲南也. 但聚於南則散於北, 去故鄕遠矣, 故所傷神者以散北爲吁, 而結以終覬在皇都, 意可見矣.)

《두시상주》: 이 시는 시작과 마지막이 각 4구이고 중간이 8구이다.(此章, 起結各四句, 中間八句.)

《독두심해》: 위 8구는 시제를 서술하였고 아래 8구는 뜻을 드러내었다. 대체적인 뜻은 몸은 남쪽으로 가려는데 마음은 종내 북쪽을 그리워한다는 말이다. 첫 4구는 서술이 명료하다. '남에게 의지하다', '지팡이를 쓰다'는 행장을 꾸리는 상황을 나타내었다. '기자 협곡에서 돌다', '악양 호수에 가깝다'는 두 지역을 각각 떠나고 나아가는 것으로 분명하게 돌아가며 한 번 시상을 맺었다. '기쁨을 밀다', '탄식을 흩다'는 후반부에 제시하는 내용이다. 만남에 대한 기쁨이 막 떠나려는 처음에 드러나고, 고국에 대한 탄식에는 끝내 남몰래 슬퍼하는 정취가 있다. 새를 한번 바라보았는데 바야흐로 날개를 이으며 남쪽으로 날다가 얼마 뒤에 갈대를 물고 북쪽으로 향하니, 이는 생각해볼 만한 일이다. 저 당양의 거처는 강산이 비록 아름답지만 초목이 점차 다시 돋아날 것이니 우리들 역시 당연히 기쁘게 따라 움직이려는 생각이 있게 될 것이다. 결어에서 의사를 분명하게 밝혀내었다.(上八敍題, 下八發意. 大旨謂身將就南, 心終戀北也. 起四, 敍述明了. 因人用杖, 表出束裝情狀. 旋夔近湖, 淸還兩地去就, 作一束. 排喜散吁, 爲後半提筆. 會面之喜, 形於方發之初, 故國之吁, 終有暗傷之致. 試觀禽鳥, 方接翅而南翔, 旋銜蘆而北向, 伊可懷也. 彼當陽居止, 江山雖好, 而草木漸蘇, 吾輩亦當有欣欣順動之思矣. 結語點破.)

(**이석형**)

88. 太歲日

태세일

楚岸行將老[1]　巫山坐復春　病多猶是客　謀拙竟何人[2]

閶闔開黃道[3]　衣冠拜紫宸[4]　榮光懸日月[5]　賜予出金銀[6]

愁寂鴛行斷[7]　參差虎穴隣[8]　西江元下蜀[9]　北斗故臨秦[10]

散地逾高枕[11]　生涯脫要津[12]　天邊梅柳樹[13]　相見幾回新

초 땅 강 언덕을 누비며 늙어가는 몸
무산에 앉아 또 봄을 맞네.
병은 많건만 여전히 나그네 신세인데
꾀가 서투니 도대체 무엇을 하는 사람인가.

궐문이 황도를 열면
백관들 자신전에서 절하였으며,
천자의 광채는 해와 달을 매단 듯 빛나고
하사품은 금과 은이 나왔지.
원추새 행렬과 끊어짐을 시름하며
호랑이 굴혈을 이웃하여 세월을 허송한다네.
서강은 본시 촉 땅을 내려가고
북두성은 원래부터 진 땅에 임하였지.

한산한 땅에서 더욱 베개를 높게 하나니
삶의 길은 긴요한 나루터를 벗어났노라.

하늘가 매화와 버드나무
새로워지는 것 몇 번을 보았던가.

이 시는 대력 3년 정월 태세일에 기주에서 지었다. 과거 태세일에 조회에 참여했던 기억을 떠올리며 지금은 늙고 병든 채 타향에 머물러 있는 자신의 신세를 한탄하였다. 태세일은 한 해가 시작된 뒤 처음으로 세차歲次의 간지干支와 날짜의 간지干支가 일치하는 날을 일컫는 말로 보인다. 대력 3년은 세차歲次가 무신년이었고, 초삼일이 무신일이었으므로 정월 초사흘이 태세일이 된다. 그러나 이와 달리 태세일을 정월 초하루로 보기도 한다. 두보 당시에는 태세일을 길한 날로 여긴 듯하다.

《보주두시》 대력 3년의 간지는 무신이니 지금 제목에서 말한 태세일은 또한 무신일이다. 《구당서》의 대력 3년 봄 정월 병오 초하루라는 기록에 의거하면 무신일은 바로 초사흘이 된다. 혹자는 "무산에 앉아 또 봄을 맞는다"라는 구절을 대력 2년에 있었던 일로 보는데, 대력 2년의 간지는 정미이고 정월 초하루는 임자일이므로 정미일은 2월 하순에나 있게 된다. 이 시에서 "궐문이 황도를 열면 백관들 자신전에서 절하였다"라고 했으니 바로 새해 원단을 말한 것이다. 의당 대력 3년 정월 초사흘에 지은 것이다.(大曆三年太歲戊申, 今題云太歲日, 則又是戊申日. 按舊史大曆三年春正月丙午朔, 則戊申乃初三日.或以巫山坐復春之句爲在二年, 然二年太歲丁未而正月朔爲壬子, 則丁未日乃在二月下旬矣. 此詩云, 閶闔開黃道, 衣冠拜紫宸, 正以新元而言, 當是三年正月初三日作.)

《두시조차공선후해집교》 정월 초하루를 태세일이라고 한다. 대개 그해의 갑자가 시작되는 날일 것이다.(正月一日謂之太歲日, 蓋當年太歲之始日也.)

《두억》 주석에서는 초사흘 무신일을 태세일로 여기고 있으나 "백관들 자신전에서 절한다"라는 구절은 정월 초하루의 시이다. 반드시 다시 바로잡아야 한다.(註以初三日戊申爲太歲日, 然衣冠拜紫宸, 乃元日詩也, 須再訂.)

《두시상주》에 인용된 반홍潘鴻의 설 태세일은 아마도 당시에 경사스러운 날로 여겨진 듯하다. 그래서 시에 '창합' 구, '의관' 구 등이 있게 된 것이다.(太歲日, 疑當時以是爲慶, 故詩有閶闔衣冠等句.)

주 석

1 楚岸(초안)– 초 지역의 강 언덕. 여기서는 두보가 머물던 장강 삼협 일대를 가리킨다. 將老(장로)– 장차 늙어가다.

2 謀拙(모졸)– 꾀가 서툴다. 竟何人(경하인)– 끝내 어떤 사람인가. 이 구절은 자신이 누구와도 비교가 되지 않을 정도로 못났다고 자책한 것이다.

《두시상주》 '경하인'은 어떤 사람과도 견줄 수 없음을 말한 것이다.(竟何人, 言不得比於何人.)

《두시경전》 나라를 위해 한 가지 계책도 낼 수 없음을 말한 것이다.(言無能爲國家效一籌也.)

#《두시상주》: 이 단락은 세시를 맞아 감회가 있게 된 것이다.(此撫時有感.)

3 閶闔(창합)– 궐문. 黃道(황도)– 태양의 궤도. 여기서는 천자가 다니는 길을 비유한다.

4 衣冠(의관)– 의관을 갖추고 조회에 참석한 백관들을 가리킨다. 紫宸

紫宸(자신) — 자신전紫宸殿. 당나라 대명궁 내에 있던 전각 이름이다.

[閶闔 2구]

《두시조차공선후해집교》 여기서부터 아래로는 대개 조회에서 천자를 알현하여 새해를 축하함을 말한 것이다. '창합'은 천제의 문이다. 〈이소〉에서 "내가 천제의 문지기에게 문을 열라 하였더니, 문지기가 궐문에 기대어 나를 바라본다"라 하였는데, 천자의 문 역시 '창합'이라 부른다. '황도'는 해가 다니는 길인데, 천자의 길은 그 위에 황토를 깔기 때문에 역시 '황도'라 일컫는다. '의관'은 백관을 가리켜 말한 것이다. '자신'은 정전의 이름으로, 동내 대명궁에 있었다.(自此而下蓋言朝見賀正矣. 閶闔者, 上帝門也. 離騷云, 吾令帝閽開關兮, 倚閶闔而望余, 故天子之門亦謂之閶闔. 黃道, 日所行之道, 而天子之道布黃土於上, 亦謂之黃道. 衣冠, 指言百官也. 紫宸, 正殿名, 在東內大明宮.)

5 榮光(영광) — 하늘에 나타난 오색의 상서로운 빛. 황금색의 상서로운 빛으로 보기도 한다. 여기서는 천자의 얼굴빛을 형용한 것이다. 懸日月(현일월) — 해와 달이 걸려 있다. 이 구절은 천자의 얼굴빛이 해와 달처럼 빛난다는 말이다.

《두시조차공선후해집교》 천자의 얼굴을 해와 달의 광채라 일컫는다. '영광' 구는 천자의 얼굴을 바라본 까닭에 한 말이다.(天子之容, 謂之日月之光. 榮光懸日月, 則瞻天顔故也.)

《두시상주》 《상서중후》에 "요임금 때에 '영광'이 황하로부터 나왔으며 아름다운 기운이 사방에 가득 찼다"라는 기록이 있다. 강엄의 시 〈예건평왕상서詣建平王上書〉에 "푸른 구름이 낙수에 떠 있고, '영광'이 사방에 가득 찼다"라는 말이 있다. 《제서》에 "영명 연간에 하늘에서 갑자기 누런빛이 땅을 비추니 왕융이 〈금천송〉을 바쳤다. 왕리가 말하기를 '이는 금천이 아니고 이른바 '영광'이라는 것입니다'라고 하니 무제가 크게 기뻐하였다"라는 기록이 있다.(尙書中候, 帝堯之時, 榮光出河, 休氣四塞. 江淹詩, 青雲浮洛, 榮光四塞. 齊書, 永明

中, 天忽黃色照地, 王融上金天頌. 王摛曰, 是非金天, 所謂榮光. 武帝大悅.)

6 賜予(사여) – 하사하다. '予'를 '與'로 쓴 판본도 있다.

7 愁寂(수적) – 수심이 있고 적적하다. 鴛行(원항) – 조회에 참석하는 신하들의 행렬. 원추새와 백로의 줄이라는 뜻의 '원로항鴛鷺行'과 같은 말이다. '鴛'은 '鵷'과 같다. 이 새들은 날아갈 때 차서次序에 따라 대오를 이루는 까닭에 조관朝官의 비유로 쓰인다. 이 구절은 조정에 참여하지 못하는 자신의 신세를 한탄한 것이다.

8 參差(참치) – 세월을 허송하는 모습. 《두시언해》에서는 '어지러운 모습'으로 풀이하였다. 虎穴(호혈) – 범굴. 이 구절은 기주와 같이 산간벽지 외진 곳에서 세월을 허송한다는 말이다.

《두시조차공선후해집교》 '호혈린'은 기주에 살고 있으니 호랑이와 표범의 굴혈과 서로 가깝다고 말한 것이다.(虎穴鄰, 則言其在夔州, 乃與虎豹之穴相近也.)

9 西江(서강) – 기주 일대를 흐르는 장강을 일컫는 말. 下蜀(하촉) – 촉을 내려가다.

10 北斗(북두) – 북두성. 故(고) – 예부터. 원래부터. 臨秦(임진) – 진 땅에 임하다.

《두시상주》 옛 주석에 "장안성은 위로 북두성에 해당한다"라고 하였다.(舊注, 秦城上直北斗.)

[西江 2구] 장강을 따라 촉 땅을 떠나 조정이 있는 장안으로 돌아가고자 했던 두보의 마음을 적은 것이다.

《두시조차공선후해집교》 《장자》의 "격서강지수"의 주소에 이르기를 "초 지역 사람들은 촉강을 서강으로 부르니, 강이 서쪽으로부터 내려오기 때문이다"라 하였다. 공은 촉으로부터 형주로 가고자 했는데 지금 아직도 기주에 머물러 있다. 그래서 "서강은 본시 촉 땅을 내려간다"라 한 것은 배를 타고 갈 수는 있다는 것이다. "북두성은 원래부터 진 땅에 임해였다"라 한 것은 갈 수는 있으나 그렇게 할 수 없는 곳을 멀리서 바라보는 것이니, 그래서 스스로 탄식하였다. 장안을 북두의 도성으로 일컫는다.(莊子, 激西江之水. 疏云, 楚人指蜀江爲西江, 以其從西而下也. 公由蜀而欲往荊渚, 今尙在夔, 故曰, 西江元下蜀, 則可以乘舟而往矣. 北斗故臨秦, 則可以往而瞻望其所不能, 故自歎也. 長安謂北斗城.)

#《두시상주》: 이 단락은 조반朝班에 참여하지 못함을 슬퍼한 것이다. 위 4구는 조정의 일을 생각한 것이요, 아래 4구는 경사로 돌아갈 것을 생각한 것이다.(此傷不與朝班也. 上四思朝事, 下四念歸京.)

11 散地(산지) – 한산한 땅. 당시 두보가 머물고 있던 기주 지역을 가리킨다. 逾(유) – 더욱. 高枕(고침) – 베개를 높게 하다. 벼슬에서 물러나 집에 머무는 것을 뜻한다. 병들어 누운 것으로 풀이하기도 한다.

《두시상주》 옛 주석에 "'산지'는 한산한 땅이다"라 하였다.(舊注, 散地, 閑散之地.)

《두시조차공선후해집교》 '고침'은 단지 여기서 잠을 잘 뿐임을 말한 것이다.(高枕, 言止就此一睡耳.)

12 脫要津(탈요진) – 중요한 나루터를 벗어나다. 이 구절은 두보의 삶이 벼슬길에서 멀어졌다는 말이다.

《두시조차공선후해집교》 조관朝官의 반열에 있지 않음을 말한다.(不在鴛鷺之列也.)

13 天邊(천변) – 하늘가. 여기서는 기주를 가리킨다.

[天邊 2구]

《두시조차공선후해집교》 '천변'은 또한 기주를 가리켜 말한 것이다. 그곳이 중원에서 멀리 떨어져 하늘의 한 가장자리가 됨을 말한 것이다. 공이 기주에 있은 지 또한 3년이 되었으므로 몇 번이나 새롭냐고 한 것이다.(天邊, 又指言夔州. 言其去中國遠, 爲天之一邊也. 公在夔亦三年矣, 故云幾回新.)

#《두시상주》: 마지막 단락은 기주의 강변에서 체류하고 있음을 탄식하였다. '고침'은 병이 많음을 말한 것이요, '탈요진'은 조정에서 벼슬할 수 없음이다. '천변'은 첫 구의 '초안'을 가리키고, '기회신'은 둘째 구의 '좌부춘'에 조응한다.(末歎流滯夔江也. 高枕, 謂多病. 脫要津, 不得仕朝. 天邊, 指楚岸, 幾回新, 應坐復春.)

##《두억》: 한산한 땅이니 더욱 베개를 높이 할 수 있다는 것은 '서강' 구와 '호혈' 구에 근거하여 나온 말이다. 그러나 삶은 중요한 나루터를 벗어나게 되었다는 것은 '북두' 구와 '원항' 구에 근거하여 나온 말이다.(散地而逾得高枕, 根西江與虎穴句來. 然生涯則脫去要津矣, 根北斗與鴛行句來.)

《두시경전》에 인용된 이자덕李子德 설: 앞 4구는 협곡을 말하였고, 그다음 4구는 장안의 일을 추억하였고, 마지막은 세시를 맞아 스스로 슬퍼한 것이다. 시 전체가 씁쓸한 가락이므로 온화한 표현으로 맺고 있다.(前四峽中, 次四憶長安事, 末則撫時自傷也, 通篇苦調, 故以和語結之.)

《독두심해》: 전체 시는 모두 객살이의 감개이다. 처음 4구는 늙어서 타향에 체류하는 뜻을 제시하였다. 다음 4구는 과거 이날 태세일에 조반의 행렬을 따랐던 일을 술회하였다. 또 다음 4구는 벼슬을 떠나서 대궐을 바라봄을 슬퍼하였다. 마지막 4구는 앞 2구로 중간 단락에 응하였고, 뒤 2구로 시 맨 앞 단락에 응하였다.(通首皆羈棲之感. 起四句, 提出老而留滯意. 次四句, 述當年是日隨班之事. 又次四句, 傷去官而望闕. 結四句, 兩應中幅, 兩應篇首.)

(**김성곤**)

89. 人日二首

인일 2수

元日到人日[1] 未有不陰時[2] 冰雪鶯難至[3] 春寒花較遲[4]
雲隨白水落[5] 風振紫山悲[6] 蓬鬢稀疏久[7] 無勞比素絲[8]

설날부터 인일까지
흐리지 않은 때가 없어,
얼음 눈에 꾀꼬리는 못 오고
봄 추위에 꽃도 좀 더디다.
구름은 백수 따라 떨어지고
바람은 자산을 흔들어 슬프다.
쑥대머리도 드물어진 지 오래
흰 실에 비기려 애쓸 게 없네.

설날부터 인일까지 날이 계속 흐려서 받은 감회를 읊었다. 날이 흐리니 춥고, 추우니 꾀꼬리도 오지 않고 꽃도 더디 핀다. 강물 위에 구름이 낮게 드리우고 산에는 바람 소리가 구슬픈 지경에 흰 머리조차 얼마 남지 않았다. 두보가 늙음을 한탄하는 차에 기주 사람들은 명절을 맞아 웃고 떠들며 즐긴다. 두보는 사람들을 멀리한 채 마음을 다잡고 삼협을 나가기로 결성하였다. 그러고 나니 험난한 세상살이가 별로 걱정되지 않는다. 대력 3년 기주에서 지었다는 설이 있지만 확실하지는 않다. 인일은 정월 초이렛날이다.

《보주두시》 후편에서 "이른 봄에 강호의 흥치 다시 당긴다"라고 하였으니 대력 3년에 지었다.(後篇云, 早春重引江湖興, 大曆三年作.)

《두시상주》 황학의 주에 이 시는 대력 3년에 지었다고 하였다. 채조의 《서청시화西淸詩話》에 이렇게 말하였다. "도성 사람 유극은 전적에 해박하여 일찍이 손과 논하여 말하였다. '자미의 〈인일〉 시에 설날부터 인일까지 흐리지 않은 때가 없다고 하였는데 사람들은 그 하나만 알고 둘은 모르오'라고 말하고는 일어나서 서가에서 책을 꺼내 손에게 보여주며 말하였다. '이 책은 동방삭의 《점서》이외다. 설날 후 8일은 초하룻날은 닭, 이튿날은 개, 사흗날은 돼지, 나흗날은 양, 닷샛날은 소, 엿샛날은 말, 이렛날은 사람, 여드렛날은 곡식이오. 날이 맑으면 그날이 생장을 주관하는 사물이 잘 자라고, 흐리면 재앙을 당한다고 하였소. 소릉은 천보 연간의 난리로 사방이 동탕하여 사람과 사물이 해마다 모두 재앙을 당했다고 말하는 듯하오. 아마도 《춘추》에서 왕정월이라고 쓴 뜻이겠지요.'" 신함광이 말하였다. "이 시 첫 2구는 사실을 기록하였다. 옛 주에서 동방삭의 《점서》를 인용하여 천보 연간에 난리가 나서 사람과 사물이 모두 재앙을 당했음을 증명하였는데, (이는) 천착의 극치이다. 정말 그렇다면 정월 여드렛날은 곡일이니 나머지 날보다 더욱 중요한데 유독 흐리다고 말하지 않은 것은 무슨 까닭인가?"(鶴注, 此大曆三年作. 蔡絛詩話, 都人劉克窮該典籍, 嘗與客論云, 子美人日詩, 元日到人日, 未有不陰時, 人知其一不知其二. 起就架上取書示客曰, 此東方朔占書也. 歲後八日, 一日爲雞, 二日爲狗, 三日爲豕, 四日爲羊, 五日爲牛, 六日爲馬, 七日爲人, 八日爲穀. 其日晴, 主所生之物育, 陰則災. 少陵意謂天寶離亂, 四方雲擾, 人物歲歲俱災, 豈春秋書王正月意耶. 申涵光曰, 此詩首二句, 紀實也. 舊注引東方朔占書以證天寶亂離, 人物俱災, 鑿之極. 果爾則八日爲穀, 較餘日尤要,

獨不言陰, 何耶.)

송 채조蔡絛《서청시화西淸詩話》 도성 사람 유극이라는 자는 전적에 해박하여 사람들이 보기 드문 책이나 모르는 일이 있으면 다들 가서 물었다. 일찍이 두보와 이상은李商隱의 문집에 주를 달았다. 손에게 논하여 말하였다. "'설날부터 인일까지 흐리지 않은 때가 없다'라는 구에 대해 사람들은 알 수가 없었소. 400여 년 후에 오직 자미와 내가 뜻이 통하였소." 그리고는 책을 꺼내 손에게 보여주며 말하였다. "이 책은 동방삭의 《점서》이외다. 설날부터 여드렛날까지 초하루는 닭, 이튿날은 개, 사흗날은 돼지, 나흗날은 양, 닷샛날은 소, 엿샛날은 말, 이렛날은 사람, 여드렛날은 곡식이오. 날이 맑으면 그날이 생장을 주관하는 사물이 잘 자라고, 흐리면 재앙을 당한다고 하였소. 소릉은 천보 연간의 난리로 사방이 동탕하며 사람과 사물이 해마다 재앙을 당했다고 말하는 듯하오. 이는 아마도 《춘추》에서 '왕정월'이라고 쓴 뜻이겠지요." 옛사람의 마음 씀을 깊이 얻음이 이와 같다.(都人劉克者窮該典籍, 人有僻書疑事, 多從質之. 嘗注杜子美李義山集, 與客論云, 元日至人日, 未有不陰時, 人不能知. 四百餘年來唯子美與克會耳. 因取書示客曰, 此方朔占書也. 歲旦至八日, 一雞二犬三豕四羊五牛六馬七人八穀, 其日晴, 所主之物育, 陰則災. 少陵意謂天寶流離, 四方雲擾, 人物歲災. 此豈春秋書王正月意耶. 深得古人用心如此.)

주 석

1 元日(원일) - 설날. 정월 초하루. 人日(인일) - 정월 초이렛날.
종름宗懍《형초세시기荊楚歲時記》 정월 7일이 인일이다. 일곱 가지 채소로 국을 끓이고, 비단을 오려 사람을 만들거나 금박에 새겨 사람을 만들어 병풍에 붙이고 또 머리에 쓴다. 또 화승을 만들어 서로 주며, 높은 곳에 올라 시를 짓는다.(正月七日爲人日, 以七種菜爲羹, 剪綵爲人, 或鏤金箔爲人, 以貼屏風, 亦戴之頭鬢. 又造華勝以相遺, 登高賦詩.)

2 不陰時(불음시)– 흐리지 않은 때. 이 구는 흐리지 않은 날이 없음을 말한다.

[元日 2구]

《두시조차공선후해집교》(수정본) 설날 후 8일의 명칭은 동훈의《답문예속答問禮俗》이라는 책에서도 그렇게 말했고,《초학기》에도 실렸으니 유극 이전에 사람들이 다 본 바였다. 그가 전적으로 동방삭의 점서라고 지적한 것은 또한 옳기는 하지만 굳이 천보 연간에 난리를 만나 해마다 모두 재앙을 당한 것을 말한다고 한 것은 옳지 않다. 공은 이 시를 금년 대력 3년에 지었고, 천보 14년 안녹산의 난부터 지금까지 무릇 열세 번 봄을 보았으니 어찌 해마다 정월에 8일이나 맑지 않을 수가 있었을까. 아마 공이 촉에서 기주로 온 이후로 여기서 인일을 두 번 맞았고, 올해 본 바가 꼭 이와 같아서 공이 기록했을 뿐이리라. 그러므로 아래 구에서 그 일을 표출하였다.(歲八日之名, 董勛問俗禮之書云然, 已載初學記, 在克之前, 人所共見. 其專指東方占書, 雖亦是矣, 必謂天寶罹亂, 歲歲俱災, 則非. 蓋公作此詩在今歲大曆三年, 自天寶十四載祿山之亂抵此, 凡十三次見春矣, 豈有歲歲正月不晴八日者乎. 蓋公自蜀來夔, 於此兩見人日, 而今所見恰限如此, 而公紀之耳, 故有下句出之也.)

3 冰雪(빙설)– 얼음과 눈. 추위가 심함을 말한다.

4 花較遲(화교지)– 꽃이 조금 늦다. 즉 꽃이 늦게 핀다는 말이다.

《두시조차공선후해집교》(수정본) 해는 벌써 봄이 되어서 새 꾀꼬리가 와야 하지만 얼음과 눈 때문에 오지 않았다. 이른 꽃은 피어야 하지만 봄 추위 때문에 늦게 핀다. 이는 위 2구에서 흐리다고 한 말의 뜻을 완성한다. "흐리지 않은 때가 없다" 구는 지금 맞은 해에 초하루부터 이튿날, 사흗날, 나흗날, 닷샛날, 엿샛날, 이렛날까지 하루도 흐리지 않은 날이 없음을 말할 뿐이지 해마다 모두 재앙을 당했음을 말하는 것은 아니다. 유극의 설이 틀렸다.(歲旣春矣, 新鶯當至, 以冰雪而未至. 早花當開, 以春寒而開遲. 此所以成上兩句之言陰也. 未有不陰時, 止言見今所逢之歲, 自一日至二日, 至三日, 至四日, 至五日, 至六日, 至七日, 無一日而不陰, 非言歲歲俱災. 劉克之說非矣.)

5 白水(백수) – 백수. 강 이름. 또는 흰 물. 落(낙) – 여기서는 구름이 낮게 떠 있다는 말이다.

《산해경山海經》 백수는 촉에서 나와서 동남으로 장강으로 흘러서 강주성 아래로 들어간다.(白水出蜀而東南注江, 入江州城下.)

6 紫山(자산) – 자산. 형주의 산 이름. 착자산着紫山이라고도 한다. 또는 보랏빛 산으로 보기도 한다.

청 목창아穆彰阿《대청일통지大淸一統志》 형주부荊州府 자산紫山의 주 지강현 남쪽 5리에 있다. 두보의 시에서 "구름은 백수 따라 떨어진다"라 한 곳이 바로 여기이다. 착자산이라고도 한다. 산 앞에 문필봉이 있다.《대명일통지大明一統志》에 "한나라 소열제가 촉으로 들어가면서 일찍이 여기에서 말을 쉬게 하고 옷을 갈아입어서 이 이름이 붙었다. 소열제는 그 산수의 수려함을 좋아하여 경제의 사당을 세웠다. 사당 앞에 우물이 있어 신정이라고 한다"라고 하였다.(在枝江縣南五里. 杜甫詩, 雲隨白水落, 風振紫山悲, 卽此. 一名著紫山. 山前有文筆峰. 明統志, 漢昭烈入蜀, 嘗於此息馬更衣, 因名. 昭烈愛其山水秀麗, 建景帝祠. 祠前有井, 曰神井.)

[雲隨 2구]

《두시조차공선후해집교》(수정본) 백수와 자산은 지명이 아니다. 백수는 물이 흰색임을 말하니 (《좌전·희공僖公24년》에) 진문공이

"외숙부와 마음을 함께하지 않는다면 흰 물이 알 것입니다"라고 말한 바와 같다. 자산은 공이 앞 시(〈우사수雨四首〉 기일其一)에서 "자줏빛 벼랑 내닫는 곳은 어둑하다"라고 한 곳이다. '바람이 흔든다'는 말은《장자·제물론》의 "바람이 바다를 흔들어도 놀랠 수 없다"라는 구절에서 나왔다.(白水紫山, 非是地名. 白水, 蓋水之白色, 如晉文公云, 所不與舅氏同心, 有如白水. 紫山, 則公前篇云紫崖奔處黑也. 風振字, 莊子云, 風振海而不能驚也.)

《독두심해》 살펴보건대 산과 물은 반드시 특정한 곳을 가리키지는 않는다.(按, 山水不必專指.)

7 蓬鬢(봉빈)－ 쑥대머리. 稀疏(희소)－ 희소하다. 드물다.

8 無勞(무로)－ 애쓸 게 없다. 애쓰지 말라. 比(비)－ 비기다. 비교하다. 가지런히 하다. 素絲(소사)－ 흰 실. 백발白髮.

[蓬鬢 2구]

《두시조차공선후해집교》(수정본) 머리칼이 흰 실 같은 것은 노인의 형상이다. 그것이 희소하여 흰 실에 비기려 해도 할 수 없으니 거듭 스스로 아파하였다. '소사'는《시경》에서 나왔으며, 〈고시古詩〉에서도 "희디희기가 흰 실 같다"라고 하였다.(髮如素絲者, 老人之狀, 以其稀疏, 則欲比素絲而不得, 所以重自傷也. 素絲, 祖於毛詩, 而古詩亦云, 皎皎白素絲.)

#《두시상주》: 첫 수는 인일이 흐리고 추움을 느끼고 지었다. 위 4구는 음참한 기상을 묘사하였고, 아래는 경물에서 촉발되어 시름을 더하였다.《두억》에서 "이전에는 흰 실에 비겼어도 쑥대머리가 그래도 있었지만 지금은 또 드물어졌으니 흰 실에 부끄러웠던 것이다"라고 하였다.(首章, 感人日陰寒而作也. 上四, 寫陰慘氣象, 下乃觸景而增憂. 杜臆, 昔比素絲, 蓬鬢猶在, 今又稀疎, 愧於素絲矣.)

《두억》: 앞 시는 인일에 지었으므로 시제로 삼았다. 시는 설날을 겸하여 인일까지를 읊었다. 얼음과 눈, 봄 추위는 모두 날이 흐렸기 때문이다. 꾀꼬리가 오기 어렵고 꽃이 더디 피는 데다가 또 물이 떨어지고 산이 슬픔을 겸하였다. 새해가 되고 봄이 왔지만 광경이 쓸쓸하니 노인의 슬픔이 더욱 늘어난다. 예전에는 흰 실에 비겼어도 쑥대머리가 그래도 남아 있었지만 지금 또 드물어져 흰 실조차도 잃어버렸다.(前首乃人日之作, 故以爲題. 詩則兼元日至人日而賦者. 冰雪春寒, 皆因天陰來. 鶯難至花開遲, 又兼水落山悲. 開歲發春, 光景蕭索, 故益增老人之悲. 昔比素絲, 蓬鬢猶在, 今又稀疏, 併失素絲矣.)

《독두심해》: 이 시는 연일 흐리고 추운 데서 뜻을 표현하였으며, 노쇠하였다는 말로 끝을 맺었다.(此就連日陰寒寫意, 以衰老作結.)

《두시천》: 동방삭의 《점서》에 설날 뒤 첫째 날은 계일이고, 일곱 번째 날에 이르러 인일이며, 설날부터 인일에 이르기까지 백성과 사물이 모두 그 안에 있어서 날이 맑으면 그 사물이 생육하고, 흐리면 재앙을 당한다고 하였다. 흐리지 않은 날이 없으니 재앙을 당하지 않은 사물도 없다. 흐리면 얼음과 눈이 많아 꾀꼬리가 오기 힘들고, 꾀꼬리가 오지 않으니 모든 조류도 (오지 않음을) 알 수 있다. 흐리면 봄빛이 차가워서 꽃이 좀 늦게 피고, 꽃이 피지 않으면 모든 곡식과 열매도 (열리지 않음을) 알 수 있다. 흐리면 물의 세력이 장대하고 구름 빛이 물을 따라 모두 떨어진다. 흐리면 산의 기운도 가라앉고 바람 소리가 산을 흔들어 역시 슬프니 산과 물이 쓸쓸하지 않은 것이 없다. 내 한 몸은 늙어서 머리카락이 드물어져 이미 흰 실에 부끄러우니 어찌 비교할 수 있겠는가. 7일은 인일이니 사람은 벌써 이와 같다. 천보 이래로 대력 연간에 이르기까지 조정에서는 모두 소인들이 일을 하여 흐린 기운이 자라고 밝은 기운이 사라져 천도는 흐림이 일상이 되었다.(東方占, 一日爲雞, 至七日爲人. 自元日以到人日, 民物皆在其中. 是日晴, 其物生育, 陰則災. 無日不陰, 則無物不災矣. 陰則氷雪多而鶯

難至, 鶯不來, 凡屬禽鳥可知. 陰則春色寒而花較遲, 花不開, 凡爲穀實可知. 陰則水勢壯, 雲光隨之俱落, 陰則山氣沉, 風聲振之亦悲, 山水無不蕭條矣. 我一身垂老, 鬢髮稀疎, 已愧素絲, 何堪相比. 七日爲人, 人已如此. 天寶以來至大曆年間, 朝廷皆小人用事, 陰長陽消, 天道以陰爲常.)

其二

此日此時人共得[1]　　一談一笑俗相看[2]
樽前柏葉休隨酒[3]　　勝裏金花巧耐寒[4]
佩劍衝星聊暫拔[5]　　匣琴流水自須彈[6]
早春重引江湖興[7]　　直道無憂行路難[8]

이날 이때를 사람들이 함께 얻어
얘기하며 웃으며 풍속 따라 서로 만난다.
잔 앞의 백엽은 술에 넣지 않고
화승 안 금꽃은 추위를 잘 견디지.
허리에 찬 검 기운이 별을 찌르니 잠시 뽑으며
갑에 든 금 곡조는 물 흐르듯 하니 절로 타야 하리.
이른 봄에 강호의 흥치 다시 당겨
길 가는 데 어려움을 걱정하지 않는다고 곧장 말하리라.

주 석

1 此日此時(차일차시) – 이날 이때. 여기서는 인일을 말한다. 人共得(인공득) – 사람들이 함께 명절을 맞아 즐긴다는 뜻이다.

《독두심해》 '공득'에는 명절을 만나 함께 즐긴다는 뜻이 있다.(共得, 有遇節相樂意.)

2 一談一笑(일담일소) – 담소하다. 俗相看(속상간) – 풍속을 따라 서로 만나다. 이와 달리 '속'을 '속인'으로 보아 기주 지역 사람들이 서로 만난다 또는 풍속을 서로 살펴본다는 뜻으로 풀이하기도 한다. 이 구는 세상 사람들이 서로 만나 웃고 떠들며 인일을 쇤다는 뜻이다.

《두시경전》 나에게는 흥취가 없음을 말한다.(言於我無興.)

3 柏葉(백엽) – 측백나무 잎. 休隨酒(휴수주) – 술에 수반하지 않다. 즉 측백나무 잎을 술에 넣지 않는다는 뜻이다.

《두시조차공선후해집교》(수정본) 백엽은 설날의 일이다. (최식의) 《사민월령》에 "설날에 초백주를 바친다. 초는 옥형의 정기이며, 복용하면 사람의 몸을 가볍게 하고 잘 늙지 않게 한다. 백은 선약이다"라고 하였다. 백엽이라는 어휘는 유견오의 〈세진응령시歲盡應令詩〉에 "잠시 백엽주를 함께 하고, 또 오신반을 차린다"라고 한 데서 나왔다. 지금 '술에 넣지 않는다'고 한 것은 설날이 지나갔으니 백엽을 술에 넣기를 멈추었다는 뜻이다.(柏葉, 乃元日事. 四民月令曰, 元日進椒柏酒. 椒, 是玉衡精, 服之令人體輕能老. 柏, 是仙藥. 而柏葉字, 則庾肩吾歲盡詩云, 聊同柏葉酒, 且奠五辛盤. 今言休隨酒, 則元日過矣, 故休止柏葉之隨酒也.)

《독두심해》 살펴보건대 '휴'는 멈춘다는 뜻이지 금지한다는 말이 아니다.(按, 休者, 停也, 非戒辭.)

4 勝裏金花(승리금화) – 화승華勝에 달린 금꽃. 화승은 머리 장식으로, 정월에 이를 만들어 서로 선물하는 풍속이 있었다.

《한서·사마상여전司馬相如傳》"暠然白首戴勝"구의 안사고顏師古 주 '승'은 부인의 머리 장식이다. 한나라 때는 화승이라고 하였다.(勝, 婦人首飾也, 漢代謂之華勝.)

종름《형초세시기》 정월 7일은 인일이다. 일곱 가지 채소로 국을 끓이고, 비단을 잘라 사람 형상을 만들거나 혹 금박에 아로새겨 사람 형상을 만들어 병풍에 붙이거나 머리에 쓴다. 또 화승을 만들어 서로 주고, 높은 곳에 올라 시를 짓는다.(正月七日爲人日, 以七種菜爲羹, 剪綵爲人, 或鏤金箔爲人, 以貼屏風, 亦戴之頭鬢. 又造華勝以相遺, 登高賦詩.)

송 진원정陳元靚《세시광기歲時廣記·조화승造華勝》 동훈의《답문예속》에 "정월 초하룻날에는 화승을 만들어 서로 주는데, 서도와 금승의 형상을 본뜬다"라고 하였다.(董勛答問禮俗, 正月一日, 造華勝以相遺, 像瑞圖金勝之形.)

5 佩劍(패검)— 허리에 찬 검. 衝星(충성)— 별을 찌르다. 聊暫(요잠)— 잠시.

《진서·장화전張華傳》 애초 오나라가 멸망하지 않았을 때 두우 사이에 늘 자기가 있었다. …… 뇌환雷煥이 말하였다. "제가 관찰한 지 오랩니다만 두우 사이에 이상한 기운이 자못 있습니다." 장화가 말하였다. "이는 무슨 상서인가?" 뇌환이 말하였다. "보검의 정기가 위로 하늘을 뚫었습니다."(初, 吳之未滅也, 斗牛之間常有紫氣. …… 煥曰, 僕察之久矣, 惟斗牛之間頗有異氣. 華曰, 是何祥也. 煥曰, 寶劍之精, 上徹於天耳.)

《독두심해》 '충성'은 검의 기운이 두우를 쏜다는 전고를 사용하였다. 또 별을 침범하며 (새벽에) 길을 떠난다는 말을 암용하였다.(衝星, 用劍氣射斗事. 又暗用侵星出行語.)

6 匣琴(갑금)— 갑 안에 든 금. 流水(유수)— 흐르는 물. 물을 따라 흘러가다. 금곡琴曲의 이름이기도 하다. 自須彈(자수탄)— 스스로 연주해

야 하다. 이 구는 장강을 따라 협곡을 내려가야 한다는 뜻을 담고 있다.

《여씨춘추呂氏春秋·본미本味》 백아가 금을 타고 종자기가 들었다. 막 금을 타며 뜻을 태산에 두었더니 종자기가 말하였다. "좋구나, 금 연주여. 우뚝하기가 태산 같다." 잠시 후에 뜻을 유수에 두었더니 종자기가 또 말하였다. "좋구나, 금 연주여. 탕탕하기가 유수 같다." 종자기가 죽자 백아는 금을 부수고 줄을 끊고 종신토록 다시 금을 타지 않았으니, 세상에 다시 금을 연주해줄 만한 사람이 없다고 여긴 것이다.(伯牙鼓琴, 鍾子期聽之. 方鼓琴而志在太山, 鍾子期曰, 善哉乎鼓琴, 巍巍乎若太山. 少選之間, 而志在流水, 鍾子期又曰, 善哉乎鼓琴, 湯湯乎若流水. 鍾子期死, 伯牙破琴絶弦, 終身不復鼓琴, 以爲世無足復爲鼓琴者.)

《독두심해》 살펴보건대 이 구절은 협곡을 내려가려는 뜻을 바로 비춘다.(按, 此正映下峽.)

[佩劍 2구] 검의 기운이 두우를 찌르고, 백아가 흐르는 물을 생각하며 금을 연주했다는 고사를 이용하여 마음을 다잡고 협곡을 내려가겠다는 뜻을 은근히 담았다.

7 重(중)– 거듭. 引江湖興(인강호흥)– 강호의 흥치를 이끌어내다. 강호의 흥치는 장강을 따라 내려가 삼협을 나가고 싶은 마음을 말한다.

8 直道(직도)– 곧장 말하다. 또는 곧은 길, 정도正道로 보기도 한다. 行路難(행로난)– 길을 가기 어렵다. 세상 살기 힘들다. 고악부 곡명이기도 하다.

[早春 2구]

《두시조차공선후해집교》(수정본) 강호의 흥치를 끌어낸다는 말은 협곡을 나가서 가겠다는 뜻이다. "직도무우행로난"은 '행로난'이 옛 곡조 이름이며, 곧은 도로 실행하면 가지 못할 곳이 없고, 그래서 길이 험난함은 걱정거리가 되지 않음을 말한다. '직도'는 《논어·미자微子》의 "곧은 도로 남을 섬기면(어디 간들 세 번은 쫓겨나지 않겠는가)"이라는 구절에서 나왔다.(引江湖興, 則將出峽而往也. 直道無憂行路難, 行路難是古曲名, 言以直道行之, 無地而不可往, 故路難爲不足憂也. 直道字, 論語云 以直道而事人.)

《독두심해》 '직도'에는 시원스레 한번 가서 다시는 돌아보지 않겠다는 뜻이 있다.(直道, 有浩然一往, 不復回顧意.)

#《두시상주》: 둘째 수는 인일을 맞아 협곡을 나가려 함을 읊었다. '인공득'은 온 세상이 이 인일을 함께한다는 뜻이고, '속상간'은 풍속을 서로 따라 즐긴다는 뜻이다. '백엽을 술에 넣지 않는다'는 것은 설날이 이미 지나갔음을 말하고, '금꽃이 추위를 견딘다'는 것은 인일에도 여전히 흐림을 보인다. 《두억》에서 "금과 검은 나그네가 되었을 때 가지고 다니는 물건이니, 취한 뒤 검을 뽑고 금을 울리면 강호의 흥취가 일어나 길 가는 데 어려움이 없다고 곧장 말했던 것이다"라고 하였다. '직도' 구는 이전에는 "충과 신으로 풍파를 건널 수 있다"는 구절을 인용하여 곧은 도로 행동한다고 풀이하였지만 옳지 않다. 곧은 도로 처세하는 것은 참으로 올바른 이치에 속하지만, 이 시에 그것을 쓰면 도리어 본의가 아니다. 당시 두보는 방관을 한번 구원하였다가 10년을 떠돌았다. 일찍이 (〈과소수서작사북과림지만황예정흘이상삼수課小豎鋤斫舍北果林枝蔓荒穢淨訖移牀三首〉 시에서) "각박한 풍속은 사람 얼굴을 경계하게 한다"라고 하였고, (〈추협秋峽〉 시에서) "삶을 보전하려 초 땅 아이와도 가까이 지낸다"라고 하였으니 가난과 고생을 모두 맛보았다. 어찌 감히 그 곧음으로 세상과 더불어 지냄에 근심이 없다고 자랑할 수 있겠는가. 이몽양의 (〈앙두우우야박감증仰頭遇友夜泊感贈〉 시) "중년에 물가 고을이 편안함을 홀로 깨달았으니 곧은 도면 누군들 길 가기 어렵지 않으리"라는 구절은 두보의 시구를 뒤집어 사용하였지만 오히려 두보의 시구를

잘못 본 것이다.(次章, 當人日而思出峽也. 人共得, 擧世同此人日, 俗相看, 流俗相沿爲樂. 柏葉休隨, 言元日已過, 金花耐寒, 見人日尙陰. 杜臆, 琴劍乃作客隨行之物, 醉後拔劍鳴琴, 則江湖興動, 直謂行路無難矣. 直道句, 舊引忠信可涉風波, 解作直道而行者, 非是. 直道處世, 固屬正理, 但用之此詩, 却非本意. 當時一救房琯, 十載流離. 嘗云薄俗防人面, 又云全生狎楚童, 艱難險阻, 備嘗之矣. 豈敢自矜其直與世無患哉. 李夢陽詩, 中年獨覺滄洲穩, 直道誰非行路難, 是翻用杜句, 却是錯看杜句.)

《두억》: 둘째 시는 인일 시로서, 또 앞 시에서 다하지 못한 뜻을 펴냈다. 살펴보건대 인일은 인승절이라고 하며 한위 시대부터 진나라에 이르기까지 사람들은 채승을 차거나 금박에 새겨서 승을 만들었으니 사람들이 남을 이긴다는 뜻을 취한 것이다. 그러므로 "이날 이때를 사람들이 함께 얻다"라고 하였다. 사람들이 각자 이기기를 바라지만 어찌 남을 이길 수 있는가. 풍속을 서로 살펴보면서 담소거리로 삼았을 뿐이다. 올 설날은 흐렸고, 백엽을 술에 넣는 것은 이미 쓸데없는 일이 되었다. 인일에 또 흐려서 꽃은 추위가 무서워 피지 않고, 오직 화승 안의 금꽃만 추위를 잘 견디니 무슨 흥취가 있는가. 그렇기는 하지만 쑥대머리가 성글어졌어도 늙을수록 더욱 건장해야 한다. 허리에 찬 검은 기운이 일찍이 별을 쏘았으니 그저 잠시 뽑아본다. 세상에 지음이 적지만 갑 안의 금으로 〈유수〉 곡조를 스스로 타야 한다. 금과 검은 나그네가 되었을 때 가지고 다니는 물건이고, 때는 벌써 이른 봄이니 검을 뽑고 금을 타서 강호의 흥취를 다시 끌어내 길 가는 데 어려움을 걱정하지 않는다고 곧장 말하였다. 그러니 남을 이기는 까닭이 혹 여기에 있는가.(次首乃人日詩, 又發前章未盡之意. 按人日謂之人勝節, 自漢魏迄晉人佩綵勝, 或鏤金爲之, 取人勝人之意. 故謂此日此時人所共得. 人各求勝, 安能勝人, 不過流俗相看資談

笑耳. 今元日陰矣, 柏葉隨酒已爲多事. 人日又陰, 花畏寒不開, 獨勝裏金花巧能耐寒, 有何趣耶. 雖然, 蓬鬢雖疎, 老當益壯. 所佩之劍, 氣嘗衝星, 聊爲暫拔. 雖世少知音, 而匣中之琴, 流水之調自須彈也. 琴劍乃作客隨行之物, 時已早春, 因拔劍彈琴, 而重引江湖之興, 直說無憂行路之難. 所以勝人, 倘在茲乎.)

《두시천》: 이날은 인일이니 귀천을 막론하고 각자 이날을 즐긴다. 다만 이날이 기쁜 줄만 알지 이날이 흐리면 매우 걱정스러움을 몰라서 이에 이 사람은 얘기하고 저 사람은 웃으며 재이를 우스갯거리로 삼는 듯하다. 술잔 앞 백엽은 인일이라서 차렸지만 이처럼 늘 흐리니 방종하게 마실 때가 아니라서 잠시 저 술에 넣지 않는다. 화승 안의 금꽃은 인일이라서 오렸지만 이처럼 늘 흐리니 고움을 다투는 날이 아니지만 잠시 저 추위를 잘 견딘다. 저들은 풍속에 절로 담소하지만 내가 어찌 풍속을 따르겠는가. 내게 허리에 찬 검이 있어 그 빛이 별을 찌를 수 있으니 잠시 뽑아서 내 뜻을 씩씩하게 만든다. 내게 갑에 든 금이 있어 그 소리가 흐르는 물 같으니 잠시 연주하여 내 시름을 쏟는다. 나의 검은 오직 장화만이 알지 세상에서 반드시 알지는 않을 것이라 뽑아도 잠시 뽑고, 나의 금은 종자기만 알지 세상에서 반드시 알지는 않을 것이라 연주해도 스스로 연주할 뿐이다. 이 이른 봄에 나는 검을 짚고 금을 가지고 떠나리라. 저 길 가기의 어려움은 산과 물에 있지 않고, 뒤집었다 또 뒤집는 인정의 변덕에 있다. 곧은 도로 간다면 도처가 탄탄하리니 길 가기 어려움을 또 왜 걱정하겠는가. '직도' 구는 공이 얘기하고 웃는 사람들에게 일침을 놓은 것이다. 얘기하고 웃는 자들은 위험을 편안으로 여기고 재앙을 이익으로 여기니, 그 근심하지 않음이 매우 근심스럽다. 곧은 도로 가는 사람은 길함을 좇고 흉함을 피하니 많던 근심이 없어진다. '강호흥'은 협곡을 나가 강릉으로 내려가는 것이다.(此日爲人日, 微論貴賤, 各有此日,

但知此日爲可喜, 不知此日之陰爲大可憂, 乃此談彼笑, 若以災異爲可謔浪者然. 尊前栢葉爲人日設, 如此恒陰, 非縱飮時, 且休隨夫酒. 勝裏金花, 爲人日剪, 如此恒陰, 非爭姸日, 且巧耐夫寒. 彼俗自談笑, 我豈隨俗者. 我有佩劍, 光可衝星, 暫拔以壯我志. 我有匣琴, 音如流水, 且彈以寫我憂. 夫我之劍, 惟張華識耳, 俗未必識也, 拔亦聊拔. 我之琴, 惟鍾期知耳, 俗未必知也, 彈只自彈. 乘此早春, 我將仗劍携琴逝矣. 夫行路之難不在山水, 在人情之反覆. 若使直道而行, 到處坦坦, 又何憂乎行路難哉. 直道句, 公正爲談笑者下砭. 談笑者, 安危利菑, 其不憂者大可憂. 直道而行者, 趨吉避凶, 其多憂者所以無憂. 江湖興, 卽出峽下江陵.)

##《두시상주》: 두 수는 본래 동시에 지은 것으로, 앞 수는 과실에 대한 보응을 보여주어 시대를 걱정하는 뜻이 있고, 이 수는 풍속을 대하고서 세상을 우습게 보는 심정이 있다. 다른 주에서는 앞 시에 비추어 개탄하는 말로 보았지만 너무 얽매였다.(兩詩本同時所作, 前見咎徵, 有憫時之意. 此對習俗, 有玩世之情. 他注照上章作慨歎語者, 太拘.)

《독두심해》: 앞 수는 인일을 맞아 경물을 썼고, 뒤 수는 협곡을 나가려는 흥취를 썼다.(前就人日寫景, 後寫出峽之興.)

(**이창숙**)

90. 喜聞盜賊總退口號五首

도적이 모두 물러갔다는 소식을 듣고 기뻐 즉흥으로 읊은 시 5수

蕭關隴水入官軍[1]　青海黃河卷塞雲[2]
北極轉愁龍虎氣[3]　西戎休縱犬羊羣[4]

소관과 농수로 관군이 들어가니
청해와 황하에 변새 구름 걷혔구나.
북극이 용과 호랑이의 기세를 오히려 근심하고 있으니
서융은 개와 양 무리를 풀어놓지 말라.

이 시는 두보가 토번의 세력이 모두 물러갔다는 소식을 듣고 이를 기뻐하여 지은 것이다. 토번 세력이 영주 지역에 침략한 것은 대력 2년 9월이었고, 이를 물리친 것은 10월이었다. 이 시는 그다음 해인 대력 3년 봄 기주에서 지어졌다. 5수로 구성된 이 시는 토번이 모두 물러간 사실을 언급하고, 전란이 일어나게 된 원인과 경과를 짚어보았으며, 이민족을 다루는 방법을 설명하면서 이러한 태평성대가 지속될 수 있기를 희망하였다.

《두시상주》 토번이 퇴각한 것은 대력 2년 겨울이다. 시가 (대력) 3년 봄에 지어졌음은 마지막 장을 보면 알 수 있다.(吐蕃之退, 在大曆二年冬, 詩作於三年之春, 觀末章可見.)

《보주두시》 시에서 "대력 3년 옥촉이 조화롭다"라고 하였으니,

응당 그해에 지은 것이다. 살펴보건대 《구당서》에서 "(대력) 2년 9월에 토번이 영주를 노략질하고, 진격하여 빈주를 노략질했는데, 10월에 영주에서 토번 군사 2만 명을 격파하였다고 상주하여 경사의 계엄이 풀렸다"라고 하였다. 《자치통감》에서는 "10월 노사공이 영주에서 토번을 격파하여 성 아래에서 2천여 명을 참수하니 토번은 군대를 끌고 퇴각하였다"라고 하였다. 지금 시에서 "올봄 기쁜 기운이 천지에 가득 차서, 동서남북 모두 지존을 받든다"라고 하였으니, 마땅히 토번 도적들은 대력 2년에 물러갔고 시는 다음 해 봄에 지어졌기에 '삼년'이라고 한 것이다. 어떤 판본에는 '이년'으로 되어 있는데, 양권도가 이를 따라서 시를 대력 2년에 편재하였다. 하지만 원년에는 토번의 난이 없었다. 비록 《신당서》에서 9월에 토번이 원주를 함락하였다고 했지만, 《구당서》와 《자치통감》에는 모두 이러한 언급이 없다. 《지리지》를 살펴보면 원주는 광덕 원년에 이미 토번에 함락되었다.(詩云, 大曆三年調玉燭, 當是其年作. 案舊史, 二年, 吐蕃九月冠靈州, 進冠邠州, 十月, 靈州奏破吐蕃二萬, 京師解嚴. 通鑑云, 十月, 路嗣恭破吐蕃於靈州, 城下斬首二千餘級, 吐蕃引去. 今詩云, 今春喜氣滿乾坤, 南北東西拱至尊, 當是蕃冠二年退, 而詩作於明年之春, 故云三年. 一本作二年, 而梁權道從而編詩於二年. 然元年無吐蕃之亂, 雖新史云, 九月吐蕃陷原州, 而舊史通鑑俱不言. 案志, 原州廣德元年已陷吐蕃.)

주 석

1 蕭關(소관)－ 관새의 이름. 隴水(농수)－ 강 이름. 入官軍(입관군)－ 관군이 들어가다. 이 구는 관군이 토번의 군대를 물리치고 소관과 농수를 차지했다는 말이다.

《두시조차공선후해집교》 '소관'은 영주 옆에 있다. '농수'는 바로 농주의 강물이다. '입관군'은 토번이 물러가고 관군이 들어와서 차지하였다는 것이다.(蕭關, 在靈州之傍. 隴水, 則隴州之水. 入官軍, 則吐蕃退而官軍進入居矣.)

《독두심해》 '소관'과 '농수'는 모두 영주의 남쪽 지역에 있다.(蕭關隴水, 俱在靈州南境.)

2 靑海(청해) – 지명. 당시 토번이 차지하고 있던 지역. 卷塞雲(권새운) – 변새의 구름이 걷히다. 변새에 전쟁이 그쳤음을 말한다.

《두시경전》 청해는 서역에 있으며, 황하 또한 변새 밖을 가리키니 바로 토번을 말하는 것이다. '권새운'은 전쟁의 연기가 이미 가라앉았음을 말한다.(靑海在西域, 黃河亦指塞外者, 正謂吐蕃也. 卷塞雲, 謂烟塵已靜.)

《두시조차공선후해집교》 '청해'는 서쪽에 있으며, 토번의 땅이다. '황하'는 적석산에서부터 흘러내려간다. '권새운'은 다시는 전쟁이 없어서 변새의 구름이 걷혀 흩어졌다는 것이다.(靑海, 在西, 吐蕃之地. 黃河, 則自積石而往. 卷塞雲, 則無復戰殺而塞雲卷散矣.)

3 北極(북극) – 북극성. 여기서는 황제를 가리킨다. '極'은 '闕'로 된 판본도 있다. 轉(전) – 오히려. 갈수록. 愁(수) – 근심하다. '深'으로 된 판본도 있다. 龍虎氣(용호기) – 황제를 호위하는 금군禁軍인 용호군龍虎軍의 기운을 가리킨다. 이 구는 당시 환관의 무리가 지휘하던 용호군의 세력이 커져서 황제가 이를 근심한다는 뜻이다. 이와 달리 토번의 무리가 당나라 용호군의 기운이 성대함을 보고 근심한다고 보는 설도 있다.

《두시조차공선후해집교》 북극은 황제의 자리를 가리켜 말하였다. '전수용호기'는 토번이 바라보고 더욱 근심한다는 것이다.(北極, 指言帝座. 轉愁龍虎氣, 則吐蕃望之, 轉加憂愁矣.)

4 西戎(서융) – 서쪽 오랑캐. 토번을 가리킨다. 休縱(휴종) – 풀어놓지

말라. 방종하지 말라. 즉 힘을 믿고 중국을 넘보지 말라는 것이다.
犬羊輩(견양군) - 개나 양 같은 무리. 당시 외적을 경시하여 부르던 호칭이다.

[北極 2구]

《두보전집교주》에 인용된 장원 주 '용호'는 바로 용호군이니, 대개 금군이다. 당시 어조은 무리가 금병을 관리하며 안팎이 통제를 받았기에 그것을 심히 근심한다고 언급하면서 개와 양을 풀어놓지 말라고 경계하였다. 대개 변방의 한란이 제거되면 내부의 병권은 해산하지 않아도 절로 거두어지기 때문이다. 종래에 아무도 주해한 이가 없어 자세히 이야기하였다.(龍虎, 卽龍虎軍, 蓋禁軍也. 時魚朝恩輩典禁兵, 中外受制, 故云深愁之, 而以休縱犬羊爲戒, 蓋邊患除則內之兵權不罷而自戢也. 從來無人注及, 故詳之.)

《독두심해》 장원은 '전수용호'를 어조은이 금병을 관리하며 안팎이 통제를 받아서 말한 것이라고 하였다. 내가 살펴보건대 시는 바로 적을 소멸하여 기뻐한 내용이다. 이러한 뜻을 굳이 끼워 넣으면 글의 기운이 연결되지 않는다. 대개 '수'는 처참하다는 뜻이니, 우리 군대의 살기가 바야흐로 성대함을 보고 적군이 침범하지 못한다는 것이다.(張遠以轉愁龍虎爲魚朝恩掌禁兵中外受制而發. 愚謂, 詩正以殲賊而喜. 鯁入此意, 則文氣不屬. 蓋愁乃愁慘之義, 見我軍殺氣方盛, 賊不得犯也.)

#《두시상주》: 첫 장은 임금의 군대가 도적을 막을 수 있음을 기뻐한 것이다. 소관과 농수에 군대가 들어간다는 것은 노사공이 이곳에서 오랑캐를 섬멸하였음이다. 황하와 청해에서 구름이 걷혔다는 것은 변방의 전란이 이미 안정되었음이다. 당시 환관이 군대를 관리하면서 내부의 근심이 바야흐로 절박해져서 북극이 오히려 근심한다고 한 것이다. 토번이 잠시 물러났지만 화근이 제거된 것은 아니어서 '서융은 풀어놓지 말라'고 한 것이다. 살펴보건대 장원의 주에서는 "용호군

은 대개 금병이다. 이때 어조은이 금병을 관리하여 안팎이 통제를 받아 공이 이를 심히 근심한 것이다. 이러한 사실을 종래에 누구도 주해한 사람이 없었다"라고 하였다.(首章, 喜王師能禦冦也. 蕭隴軍入, 路嗣恭殲虜於此也. 河海雲卷, 塞外之風烟已靜矣. 時宦官典兵, 內憂方切, 故云北極轉愁. 吐蕃暫退, 而禍根未除, 故曰西戎休縱. 按, 遠注, 龍虎軍, 蓋禁旅也. 此時魚朝恩掌禁兵, 中外受制, 公故深愁之. 此從來無人注及者.)

《두시경전》: 첫 장은 임금의 군대가 도적을 제압할 수 있음에 기뻐한 것이며, 아울러 성할 때 어려움을 대비하는 '거안사위居安思危'의 뜻을 제시하였다.(首章喜王師能禦寇, 並即致憂盛危明之意.)

《보주두시》에 인용된 사씨 주: '소관'과 '농수'는 모두 진 땅이다. '북극'은 군주를 비유하며, '전수용호기'는 중국의 기운이 성대하여 호인들이 근심하며 두려워한다는 것이다.(蕭關隴水, 皆秦地. 北極喻君, 轉愁龍虎氣, 言中國氣盛, 胡人愁恐也.)

其二

贊普多教使入秦[1]　數通和好止烟塵[2]
朝廷忽用哥舒將[3]　殺伐虛悲公主親[4]

토번의 군장이 여러 번 사신을 장안으로 들여보내
자주 우호를 맺고 전쟁을 그쳤었지.
조정에서 갑자기 가서한 장군을 기용하니
죽이고 정벌하여 공주로 인한 화친을 헛되이 슬퍼하게 하였구나.

주 석

1 贊普(찬보) – 토번의 군장君長을 부르는 호칭. 秦(진) – 여기서는 장안 지역을 가리킨다.

《구가집주두시》 찬보는 토번의 주장主將이다.(贊普, 吐蕃主師.)

2 數(삭) – 자주. 止(지) – 그치다. '尙'으로 된 판본도 있다. 烟塵(연진) – 전쟁을 뜻한다.

3 哥舒將(가서장) – 가서 장군. 가서한哥舒翰을 가리킨다.

4 殺伐(살벌) – 죽이고 정벌하다. 虛悲(허비) – 헛되이 슬퍼하다. 公主親(공주친) – 공주로 인한 화친. 혹은 공주의 친족을 가리킨다고 풀이하는 설도 있다. 여기서 공주는 금성공주金城公主를 가리킨다.

《구당서》 (개원) 29년 봄 금성공주가 죽었다. 토번은 사신을 보내 부고를 전하면서 화친을 청하였으나 주상(당 현종)은 허락하지 않았다. …… (천보) 7년에 가서한을 농우절도사로 삼아, 석보성을 공략하여 빼앗고 이를 바꾸어 신무군으로 삼았다.(二十九年春, 金城公主薨, 吐蕃遣使來告哀, 仍請和, 上不許之. …… 七載, 以哥舒翰爲隴右節度使, 攻而拔之, 改石堡城爲神武軍.)

《구가집주두시》 조차공 주 가서한이 비록 군공은 세웠으나, 토번의 원망을 산 것이 심하였다. 그 후 안녹산이 난을 일으켜 변방의 초소가 텅 비게 되었기에 토번이 기회를 틈타 노략질을 할 수 있었다. 그런즉 두보의 뜻은 조정이 가서한을 기용하여 전란을 불러온 것을 비난하는 것이며, 이는 나라가 공주의 죽음을 헛되이 슬퍼하였을 뿐이라는 것이다.(翰雖有功, 而結吐蕃之怨深矣. 其後祿山之亂, 邊候空虛, 故吐蕃得乘隙暴掠, 則公之意, 不美朝廷之用翰以招殺伐矣, 是則國家虛悲公主之死而已.)

《두보전집교주》에 인용된 노원창 주 후에 가서한을 기용하여 농서절도사로 삼고 석보성을 공략하여 구곡의 땅을 수복하였다. 이 일로부터 토번이 앙심을 품으면서 공주로 인한 화친이 무위로 돌아갔다. 무릇 공주가 (토번으로) 시집을 간 것은 본래 전쟁을 그치게 하고자 함인데, 가서한이 변방을 공략하면서 전쟁의 빌미가 생겨난 것이니, 이는 지난 일 중에 한탄할 만한 일인데, 다행히 지금은 이미 퇴각하였다.(後用哥舒翰節度隴西, 攻拔石堡, 收九曲地, 從此吐蕃生心, 公主之和親爲虛矣. 夫公主下嫁, 本欲罷兵, 哥舒窮邊, 適以開釁, 此往事之可嘆者, 幸今已退耳.)

#《두시상주》: 이 장은 변방의 장수 중 전쟁의 빌미를 제공한 자를 돌이켜 탓한 것이다. 당시 토번이 화친을 청하여 마침 전쟁을 멈출 수 있었는데, 가서한이 주상의 뜻에 영합하면서 마음대로 병사를 풀고 살상을 하여 변방에서 전란의 빌미가 이로부터 시작된 것이다. 이 장의 내용에 의거하면 가서한은 마땅히 싸움 잘하는 자에게 가하는 형벌을 받아야 한다. 앞서 가서한에게 보내는 시(〈투증가서개부한이십운投贈哥舒開府翰二十韻〉)는 또한 그의 무공을 대단히 칭찬했으니 아첨하는 말임을 면할 수 있겠는가.(此追咎邊將之起釁者. 當時吐蕃請和, 正可息兵, 自哥舒翰迎合上意, 縱兵恣殺, 而邊釁從此開矣. 據此章, 則哥舒翰當服善戰之刑, 前贈哥舒翰開府詩, 又盛誇其武功, 能免諛詞乎.)

《독두심해》: 둘째 장은 전쟁이 발발한 연유를 궁구하였다.(次章, 原開釁之由.)

其三

崆峒西極過崑崙[1]　駝馬由來擁國門[2]

逆氣數年吹路斷[3]　　蕃人聞道漸星奔[4]

공동산 서쪽 끝에서 곤륜산을 지나는데
낙타와 말이 원래 수도의 성문을 에워쌌지.
반역의 기운 여러 해 불어 길이 끊겼었는데
듣자 하니 토번 사람들 점점 별처럼 사라졌다지.

주 석

1 崆峒(공동) – 공동산. 감숙성甘肅省 평량시平涼市에 소재한 산이다. 西極(서극) – 서쪽 끝. '極'은 '北'으로 된 판본도 있다. 崑崙(곤륜) – 곤륜산.

《구가집주두시》 조차공 주 공동산은 서군의 서쪽에 있고, 곤륜산은 다시 공동산 서쪽 끝의 서쪽에 있다. 지금 두보의 이 구절은 시인이 그 말을 과장되게 한 것으로, 귀순한 땅이 먼 곳까지 미쳤음을 말한 것이다.(崆峒, 在西郡之西, 而崑崙又在崆峒西極之西. 今公此句, 詩人廣大其言, 謂其從化之地遠也.)

2 駝馬(타마) – 낙타와 말. 토번이 바친 공물을 가리킨다. 또는 공물을 싣고 온 운송수단을 가리키는 것으로 볼 수도 있다. 國門(국문) – 수도의 성문.

《독두심해》 낙타와 말은 토번이 바친 것이다.(駝馬, 吐蕃所貢.)

3 逆氣(역기) – 반역의 기운.

4 蕃人(번인) – 토번. 漸(점) – 점점. 점차. 차례차례. 星奔(성분) – 유성이 날아가다. 신속함을 비유하는 말인데, 이 구에서는 토번의 무리가

유성이 사라지듯 빠르게 흩어졌음을 말한다.

[逆氣 2구]

《두보전집교주》에 인용된 주전 주 '역기'는 들어와 도적질한 것을 말하는 것이다. '성분'은 물러나서 가는 것을 말한다. '취'는 반역의 기운이 부는 것이다.(逆氣, 謂入寇. 星奔, 謂退去. 吹, 爲逆氣所吹也.)

《두보전집교주》에 인용된 소보 주 여러 해 반역하며 순종하지 않아서 중원으로 연결된 길이 끊어졌으니 진실로 슬퍼할 일이다. 지금은 별처럼 흩어져 먼 곳으로 갔으니 다시 서쪽을 돌아볼 근심이 사라졌다.(數年之間, 以逆犯順, 中原路斷, 誠若可悲, 今則星奔遠去, 無復西顧之憂矣.)

《두시상주》: 이 장은 토번의 반역과 복종이 일정하지 않았음을 기록하였다. 낙타와 말을 가지고 들어와 조공한 것은 예전에 귀순한 일이다. 명령에 반항한 지 여러 해였는데, 지금에야 달아나 흩어졌기에 이를 기뻐한 것이다.(此記吐蕃叛服之不常也. 駝馬入貢, 往時歸順, 自逆命數年, 而今乃奔散, 喜之也.)

《독두심해》: 제3장의 위 2구는 받들어 조공한 때의 일을 돌이켜 서술하여 아래 2구를 위한 맥락을 설치해두었다. 이 장의 대의는 반란의 햇수를 총계하고 금일 물러난 일까지 언급한 것이다.(三章, 上二, 追述奉貢時事, 爲下二引脈. 此首大意, 乃總計叛亂之年數, 以及於今日之引退也.)

其四

勃律天西采玉河[1]　　堅昆碧碗最來多[2]

舊隨漢使千堆寶　　少答胡王萬匹羅[3]

발률국 하늘 서쪽에 옥을 캐는 강이 있고
견곤국의 푸른 그릇은 가장 많이 들어왔었네.
예전에는 한나라 사신을 따라 천 무더기 보배가 들어오면
적게 답례해도 오랑캐 임금에게 만 필 비단을 주었네.

주 석

1 勃律(발률)－ 서역에 있던 나라 이름. 당대에는 대발률大勃律과 소발률小勃律이 있었는데, 천보天寶 연간에 고선지高仙芝가 소발률을 정복하고 국호를 귀인歸仁으로 바꾸었다. 采玉河(채옥하)－ 옥을 캐는 강. '옥하'는 서역 우전국于闐國에 있는 강으로, 이 강에서 여러 가지 아름다운 옥이 나왔다고 한다.

《두시상주》에 인용된 《당서》 대발률은 토번의 서쪽에 있는데, 소발률과 접해 있다. 소발률은 경사에서 9천 리 넘게 떨어져 있다.(大勃律, 直吐蕃西, 與小勃律接. 小勃律, 去京師九千里而贏.)

《양서梁書·서북제융전西北諸戎傳》 우전국은 서역에 속한다. …… 옥이 나오는 강물이 있는데, 그 이름은 '옥하'라고 한다.(于闐國, 西域之屬也. …… 有水出玉, 名曰玉河.)

《두시조차공선후해집교》에 인용된 두전杜田 《두시보유정류杜詩補遺正謬》 진나라 평거회가 장업이 우전으로 사신 갈 때 판관이 되어 《우전국행정기》를 지었는데, 그 내용은 다음과 같다. 그 나라는 옥을 캐는 곳이다. 옥하는 우전성에 있고, 그 수원은 곤륜산에서 나와 서쪽으로 1,300리를 흘러 우전국 우두산에 이르면 세 갈래 하천으로 흐른다. 첫째는 백옥하인데 성 동쪽 30리에 있고, 둘째는 녹옥하인데

성 서쪽 20리에 있으며, 셋째는 오옥하인데 녹옥하 서쪽 7리에 있다. 그 원류는 비록 하나이지만 그 옥은 강물을 따라 이른다. 옥의 많고 적음은 물의 크기에 달려 있는데, 가을이 되어 물이 빠지면 옥을 캘 수 있다. 그 사람들은 이를 두고 옥을 건진다고 한다.(杜時可補遺云, 晉平居誨爲張鄴使于闐判官, 作行程記云, 其國采玉之地也. 玉河在于闐城, 其源出崑山, 西流一千三百里, 至于闐界牛頭山, 乃流爲三河, 一曰白玉河, 在城東三十里, 二曰綠玉河, 在城西二十里, 三曰烏玉河, 在綠玉河西七里. 其源雖一, 而其玉隨流而至. 玉之多寡, 由水之大小. 至秋水退, 乃可采. 彼人謂之撈玉.)

2 堅昆(견곤)－ 옛 부락의 이름. 碧碗(벽완)－ 파란 그릇. 파란색 유리그릇을 가리킨다.

《두시상주》《당서》에 "견곤국은 강거 서쪽, 총령 북쪽에 있다"라고 하였다. 《환우기》에 "'힐알사'는 서북방의 먼 나라이다. 본 이름은 '결골'이고, '거이', '견곤'이라고도 한다"라고 하였다.(唐書, 堅崑國, 在康居西, 葱嶺北. 寰宇記 黠戞斯, 西北荒之國也. 本名結骨, 又名居易, 又謂之堅昆.)

《두보전집교주》에 인용된 이덕유李德裕《힐알사조공도전서黠戞斯朝貢圖傳序》 힐알사는 본래 견곤국이다. 정관 21년 그 추장이 입조하자 장군의 인을 주고 견곤도독으로 배수하였다. 천보 말년에 이르기까지 조공이 끊이지 않았다.(黠戞斯者, 本堅昆國也. 貞觀二十一年, 其酋長入朝, 授以將軍印, 拜堅昆都督. 逮于天寶季年, 朝貢不絶.)

《두시상주》 '벽완'은 유리그릇이다.(碧碗, 琉璃碗也.)

[勃律 2구]

《두시조차공선후해집교》 '발률'과 '견곤'은 모두 서강의 나라 이름이다. 발률의 하늘 서쪽이 곧 '채옥하'의 소재지인데, 마땅히 우전국일 것이다. 벽완은 견곤국에서 나온다.(勃律堅昆, 皆西羌國名. 勃律天之西, 乃采玉河所在, 應是于闐國也. 碧盌出堅昆國.)

3 少答(소답) – 적게 답례하다. '少'는 '小'로 된 판본도 있다. 胡王(호왕) – 오랑캐 임금. '胡'는 '朝'로 된 판본도 있다. 이 구는 주변국의 공물에 대하여 적게 답례를 해도 비단 만 필을 보냈다는 것으로, 그들을 후하게 대접하여 우호관계를 유지하였음을 말한다. 이와 달리 단지 비단 만 필 정도의 약소한 물건으로 적게 답례하였다는 의미로 보는 설도 있다.

[舊隨 2구]

《두시조차공선후해집교》 옛날에 천 무더기 보배를 가지고 한의 사신을 따라와 조공을 바쳤는데, 중국에서 답례한 것은 다만 비단 만 필뿐이었다. 무릇 오랑캐가 바친 공물은 많고, 중국이 내린 물건이 약소한 것은 복종하여 의를 따른 것이기에 그런 것이 아니겠는가.(舊日以千堆寶隨漢使入貢, 而中國所答者特萬匹羅爾. 夫以蠻夷入貢之多, 而中國賜遺之不費, 自非服化從義而然乎.)

《두시경전》 적게 보내도 또한 반드시 만 필이라는 것은 바로 조정에서 보답하는 예가 융숭하였음을 말한 것으로, 먼 곳의 오랑캐를 달래서 그들이 예전의 우호를 다시 지키기를 기대하였음이다.(少酬亦必萬匹, 正言朝廷報禮之重, 以綏遠夷, 冀其復循舊好也.)

《두시상주》: 이 장은 예전에 서융과 화해함에 방도가 있었음을 기억한 것이다. 발률에서 캔 옥과 견곤의 푸른 그릇이 많이 와도 답례를 적게 하는 것, 이것이 조정이 먼 곳의 오랑캐를 조정하는 방법인데, 지금은 다시 그것을 볼 수 없음을 애석해할 따름이다.(此憶往時和戎之有道也. 勃律采玉, 堅昆碧碗, 來多答少, 此朝廷羈縻遠夷之法, 惜今不可復見耳.)

《독두심해》: 제4장은 평소 왕래하며 보답하는 예의 상도를 영탄하면서 이러한 예전의 우호관계를 다시 지키기를 기대한 것이다. 위 2구는 토번 서쪽의 여러 나라를 번갈아 거론하여 토번 공물의 성대함을 개괄하였는데, 모두 다 '최래다' 세 글자에 집어넣었다. 제3구는 이를 이어서 이야기하였고, 마지막 구는 조정을 주로 이야기한 것이다. '소답'은 가볍게 한다는 뜻이 아니니, 그들의 예에 대하여 적게 갚아도 또한 반드시 만 필임을 말한 것이다.(四章, 詠歎平時往來報禮之常, 冀復循此舊好也. 上二, 錯擧吐蕃西境諸國, 以概吐蕃貢物之盛, 俱趕入最來多三字中. 第三, 承此說下. 末句, 主朝庭說. 小答, 不作輕微解, 言少酬其禮, 亦必萬匹.)

其五

今春喜氣滿乾坤[1]　南北東西拱至尊[2]
大曆三年調玉燭[3]　玄元皇帝聖雲孫[4]

올봄 기쁜 기운이 천지에 가득 차서
동서남북 모두 지존을 받드는구나.
대력 3년 옥촉이 조화로우니
현원황제의 성스러운 후손이시다.

주석

1 喜氣(희기)－ 기쁜 기운. 토번의 무리를 물리친 일을 가리킨다.

2 拱(공)－ 받들다. 옹위하다. 至尊(지존)－ 임금.
《논어 · 위정爲政》 덕으로 정치를 하는 것은, 비유하면 북극성이 제자리에 있으면 뭇별이 그것을 향하는 것과 같다.(爲政以德. 譬如北辰, 居其所, 而衆星共之.)

[今春 2구]

《두보전집교주》에 인용된 소보 주 '기쁜 기운'은 도적이 물러감을 기뻐한 것이다. '지존을 받든다'는 것은 천하 일통을 말한 것이다.(喜氣, 喜寇退也. 拱至尊, 言天下一統也.)

3 三(삼) - '二'로 된 판본도 있다. 玉燭(옥촉) - 사시四時의 기운이 조화로운 것이다. 태평성대를 형용하는 말이다.

《구가집주두시》《이아》에 "사시의 기운이 조화로움을 옥촉이라고 한다"라고 하였는데, 그 소에서 "사시의 조화로운 기운이 온화하고 부드러우며 밝게 비추니, 그래서 옥촉이라고 한다"라고 하였다.(爾雅, 四氣和, 謂之玉燭. 疏云, 四時和氣, 溫潤明照, 故曰玉燭.)

4 玄元皇帝(현원황제) - 노자老子. 당나라는 노자를 시조로 추숭하여 현원황제에 봉하였다. 雲孫(운손) - 먼 후손.

《두시상주》 당나라는 노자를 성조로 삼고 현원황제에 봉하였다. 《이아》에서 "현손의 아들이 내손이고, 내손의 아들이 곤손이며, 곤손의 아들은 잉손이고, 잉손의 아들은 운손이다"라고 하였다. 그 주에서 "가볍고 먼 것이 뜬구름과 같음을 말한 것이다"라고 하였다.(唐以老君爲聖祖, 封玄元皇帝. 爾雅, 玄孫之子爲來孫, 來孫之子爲晜孫, 晜孫之子爲仍孫, 仍孫之子爲雲孫. 注, 言輕遠如浮雲也.)

#《두시상주》: 마지막 장은 기뻐하며 경하하는 뜻을 갖추어 서술하였다. '남북동서'는 천자가 다스리는 왕국의 범위에 모두 포함됨을 기뻐한 것이고, '옥촉'과 '운손'은 태평성대의 기상이 있음을 기뻐한 것이다. (末章, 備述喜慶之意. 南北東西, 喜皇圖無外. 玉燭雲孫, 喜太平有象.)

《독두심해》: 마지막 장은 전반적으로 기쁨의 뜻을 그렸다. 찬양하고 칭찬하면서 표현이 나는 듯하니 비로소 다섯 수를 결말짓게 되었다.

모르는 사람들은 너무 익숙하고 속된 표현이라고 여길 것이다.(末章, 全寫喜意, 頌揚讚歎, 著字欲飛, 纔結得五首住. 不知者以爲熟俗.)

##《두보전집교주》에 인용된 주전 설: 제1수는 토번을 물리친 일을 말하였고, 제2수는 화해를 잃게 된 연고를 되짚어 말하였으며, 제3수는 토번이 본래 해가 되지 않았는데, 그들을 접대함에 실책을 범하면서 근심이 비로소 깊어졌음을 말하였다. 이제는 이미 달아났기에 마땅히 사후 처리를 잘하기 위한 방도를 생각해야 할 것이므로 제4수와 제5수에서 마침내 예전에 먼 오랑캐를 달래던 방법을 말하고 옥촉의 조화를 지존이 바라는 일로 삼았다.(第一首言破走吐蕃, 第二首追言所以失和之故, 第三首言吐蕃本不爲害, 自待之失策以其患始深. 今旣破走, 宜思善後之術, 故第四第五首遂言昔日柔遠之道, 而以玉燭之調爲至尊望也.)

《두시상주》: 시는 절구의 형식으로 일을 기록하며 원인과 결말을 상세하고도 분명하게 밝혔는데, 이는 당나라 절구 중 새로운 수법을 연 작품이다.(詩以絶句記事, 原委詳明, 此唐絶句中, 另闢手眼者.)

(**박홍준**)

91. 送大理封主簿五郎親事不合却赴通州主簿前閬州賢子余與主簿平章鄭氏女子垂欲納采鄭氏伯父京書至女子已許他族親事遂停

대리시주부 봉오랑이 혼사가 성사되지 않아 통주로 되돌아가는 것을 전송하다. 봉주부는 전 낭주자사의 아들이다. 나는 봉주부에게 정씨의 여식을 중매하고 곧 납채를 하려고 하였다. 정씨 백부가 경사에서 보낸 편지가 왔는데, 정씨의 여식이 이미 다른 가문과 정혼하였다고 하기에 혼사가 마침내 중단되었다.

禁臠去東牀[1]　趨庭赴北堂[2]　風波空遠涉[3]　琴瑟幾虛張[4]
渥水出騏驥[5]　崑山生鳳凰[6]　兩家誠款款[7]　中道許蒼蒼[8]
頗謂秦晉匹[9]　從來王謝郎[10]　青春動才調[11]　白首缺輝光[12]
玉潤終孤立[13]　珠明得暗藏[14]　餘寒折花卉[15]　恨別滿江鄉[16]

임금님 고기가 동쪽 평상을 떠나
뜨락에서 종종걸음 놓으려 북당으로 가는구나.
풍파에 공연히 멀리 왔으니
금과 슬을 거의 헛되이 벌인 셈이다.

악와수에서 천리마가 나고
곤륜산에서 봉황이 났으니,
양가의 정성이 지극하여
중간에 하늘을 두고 허혼하였네.

진秦나라와 진晉나라가 짝이 된다고 자못 생각하였거니와
원래 왕씨와 사씨 가문의 자제라네.

청춘의 젊은이는 재기가 꿈틀거리는데
백발의 늙은이는 빛을 잃었네.
반들거리는 옥이 끝내 홀로 서게 되었지만
밝은 구슬이 어둠 속에 묻혀 있겠는가.
남은 추위 속에 꽃이 피는데
이별의 한이 강 마을에 가득하다.

이 시는 두보가 중매에 나섰던 정씨 딸과의 혼사가 성사되지 않아 다시 통주로 돌아가는 봉오랑을 전송한 것으로, 대력 3년 정월 기주에서 지은 것으로 보인다. 통주는 지금의 사천성 달천시達川市에 치소가 있었다. 시제에 보이는 '평장平章'은 당나라 때의 구어로, '혼사를 주선한다'는 뜻이다. 봉오랑과 정씨 딸이 잘 어울리는 한 쌍이라고 생각하여 두보가 적극 혼사를 주선하였던 모양이다. 정씨 딸이 그의 백부와 함께 경사에 있었는지 기주에 와 있었는지는 분명치 않은데, 신랑 측에서 신부 측에 결혼 예물을 보내는 것이 '납채'이므로 정씨 딸이 있던 기주에 봉오랑이 온 것으로 짐작된다. 그러나 결과적으로 봉오랑이 헛걸음을 하게 되었기에 두보가 이 시를 통해 아쉬움과 미안함을 전달하고 있다.

《보주두시》 양권도는 대력 3년에 편재하였는데, 지금 시에서 "남은 추위 속에 꽃이 피는데, 이별의 한이 강 마을에 가득하다"라

하였으니 응당 이해 정월 아직 협곡을 나서기 전에 지은 것이다.(梁權道編在大曆三年, 今詩云, 餘寒折花卉, 恨別滿江鄉, 當作是年正月未出峽前作.)

《두시상주》 '송대리'에서 '통주'까지의 세 구에서 시제는 이미 끝났고, 아래 여러 구는 혼사가 성사되지 않은 까닭을 거듭 밝힌 것이다. 이 시는 황학 주에서 대력 3년 정월 아직 협곡을 나서기 전에 지은 것으로 편재하였다. 《구당서》(〈직관지職官志〉)에서 "대리시의 주부는 2인이며 종칠품상이다"라고 하였고, (〈지리지〉에서) "통주는 (수나라 때) 통천군이었으며 산남서도에 속한다"라고 하였다. 《태평광기》에 "천보 연간에 범양의 노자가 꿈에 그의 종고모를 배알하였니. 종고모가 노자에게 미혼인지 묻고는 이렇게 말하였다. '내게 외질녀가 있는데 성은 정씨이고 꽤 용모와 자질이 있으니 마땅히 널 위해 중매를 서야겠다'"라고 하였다. 이에 따르면 '평장'은 당나라 사람들의 '중매 선다'는 말이다.(送大理至通州三句, 詩題已盡, 下數句, 申明親事不合之故. 此詩, 鶴注編在大曆三年正月未出峽時作. 唐書, 大理寺主簿二人, 從七品上. 通州通川郡, 屬山南西道. 太平廣記, 天寶中, 范陽盧子夢謁其從姑, 姑訪盧未婚, 曰, 吾有外甥女, 姓鄭, 甚有容質, 當爲兒平章. 據此, 則平章, 唐人通好語也.)

《독두심해》 정씨의 딸은 당시에 응당 기주에 있었을 것이다. 봉오랑은 바로 혼인을 위해 온 사람이다. 도착하여서는 혼사가 이미 잘 안되었기에 통주로 가려는 것이다. 통주는 혹 그의 부친이 낭주에서 관직을 옮긴 곳이거나 혹은 관직을 그만두고 옮겨 살던 곳일 것이다.(鄭氏女, 時當在夔. 五郎乃就婚而來者. 至則事已不諧, 因赴通州. 通州或是其父閬州移官處, 或是罷官移寓處.)

주 석

1 禁臠(금련)— 임금이 먹는 맛있는 고기. 사혼謝混 같은 훌륭한 사윗감을 가리킨다. 東牀(동상)— 동쪽 평상. 왕희지王羲之 같은 훌륭한 사윗감이 있는 곳을 가리킨다. 이 구절은 혼사가 이루어지지 않아 떠나간다는 말이다.

《진서·사혼전謝混傳》 효 무제가 진릉공주에게 배필을 구해주고자 하여 왕순에게 말하였다. "부마는 다만 유담劉惔이나 왕헌지王獻之만 같으면 족하겠소. 왕돈王敦과 환온桓溫도 진실로 괜찮기는 하나 조금 부귀해지자마자 다른 집 일에 간여하고 있소." 왕순이 대답하였다. "사혼이 유담에게는 못 미치지만 왕헌지보다 못하지는 않습니다." 효 무제가 말하였다. "그 정도면 됐소." 얼마 후 효 무제가 붕어하고 원숭袁崧이 딸을 그(사혼)에게 시집보내려 하자 왕순이 말하였다. "경께서는 임금님 고기를 가까이하지 마십시오." 당초에 원제가 막 건업에 진주하였을 때 공사 간에 모두 곤궁하였다. 매번 새끼돼지 한 마리를 얻으면 진귀한 음식으로 여겼으며, 목덜미 위의 고기 한 덩어리를 특히 맛있게 여겨 매번 임금에게 바치고 아랫사람들은 감히 먹지 못하였다. 당시 이를 '임금님 고기'라 불렀기에 왕순이 그 말로 농을 한 것이었다. 사혼은 결국 공주에게 장가들고 아버지의 작위를 물려받았다.(孝武帝爲晉陵公主求婿, 謂王珣曰, 主婿但如劉眞長王子敬便足. 如王處仲桓元子誠可, 才小富貴, 便豫人家事. 珣對曰, 謝混雖不及眞長, 不減子敬. 帝曰, 如此便足. 未幾, 帝崩, 袁山松欲以女妻之, 珣曰, 卿莫近禁臠. 初, 元帝始鎭建業, 公私窘罄, 每得一㹠, 以爲珍膳, 項上一臠尤美, 輒以薦帝, 群下未嘗敢食, 于時呼爲禁臠, 故珣因以爲戲. 混竟尚主, 襲父爵.)

《세설신어·아량雅量》 치감郗鑒 태부가 경구에 있을 때 문생을 보내 왕도王導 승상에게 사윗감을 구한다는 편지를 보냈다. 왕도가 치감의 심부름꾼에게 "동쪽 곁채로 가서 마음대로 고르시오"라고 하였다. 문생이 돌아와서 치감 태부에게 "왕씨 집안의 자제들은 정말로 모두 대단합니다. 사윗감을 찾으러 왔다는 말을 듣고는 모두 스스로 몸가짐을 의젓하게 하였습니다. 오직 한 자제만이 동쪽 평상에 배를 드러내고 누워 있었는데 소문을 듣고도 못 들은 양하는 것 같았습니다"라고 하였다. 치감이 "바로 이 사람이 좋겠다"라고 하고, 찾아가보니 그가 바로 왕희지였다. 그래서 그에게 딸을 시집보냈다.(郗太傅在京口, 遣門生與王丞相書求女壻. 丞相語郗信, 君往東廂, 任意選之. 門生歸白郗曰, 王家諸郎亦皆可嘉, 聞來覓壻, 咸自矜持, 唯有一郎在東牀上坦腹臥如不聞. 郗公云正此好. 訪之乃是逸少, 因嫁女與焉.)

《두시조차공선후해집교》 '금련' 구는 혼사가 이루어지지 않았다는 말이다.(禁臠去東牀, 言親事不合也.)

2 趨庭(추정)- 뜨락을 종종걸음으로 걷다. '趨'는 어른 앞을 걸어 지나갈 때 쓰는 말이다. 부모의 집에 가 있는 상황을 가리킨다. 北堂(북당)- 모친의 거처를 말한다.

《논어·계씨季氏》 공리孔鯉가 종종걸음으로 뜨락을 지나갔다.(鯉趨而過庭.)

《두공부시집집주》 봉주부가 통주로 가서 모친에게 문안하려 하기에 '북당으로 간다'고 한 것이다.(封主簿至通州省母, 故曰赴北堂.)

3 遠涉(원섭)- 먼 길을 오다. 봉오랑이 혼사를 위해 통주에서 기주까지 먼 길을 왔다는 뜻이다.

4 琴瑟(금슬)- 금과 슬. 모두 악기의 이름으로, 부부간의 화목함을 비유한다. 幾(기)- 거의. 虛張(허장)- 헛되이 벌이다. 이 구절은 혼사가 이루어지지 않았다는 말이다.

《시경·주남·관저關雎》 아름답고 정숙한 여인이여, 금과 슬로 벗을 삼으리라.(窈窕淑女, 琴瑟友之.)

《두시상주》 '기'는 '이르다'라는 뜻이다.(幾, 及也.)

《두시상주》: 첫 단락에서는 일을 서술하며 제목으로 돌아갔다. '풍파' 구는 '북당'을 이어받고, '금슬' 구는 '동상'을 이어받았다.(首段, 敍事還題. 風波句, 承北堂. 琴瑟句, 承東牀.)

5 渥水(악수) - 악와渥洼의 물. 감숙성甘肅省 안서현安西縣에 있으며, 준마가 나온 것으로 알려져 있다. 騏驥(기기) - 준마. 하루에 천 리를 달린다는 명마.

《한서·예악지禮樂志》 원수 3년에 말이 악와의 물속에서 나왔기에 〈천마〉 노래를 지었다.(元狩三年, 馬生渥洼水中, 作天馬之歌.)

6 崑山(곤산) - 곤륜산. 신선이 산다고 전해지는 곳이다.

7 兩家(양가) - 봉씨와 정씨 두 집안. 誠款款(성관관) - 정성이 지극하다.

8 中道(중도) - 중간에. 혼담이 오가던 중에. 蒼蒼(창창) - 푸르디푸르다. 하늘을 가리킨다. 이 구절은 혼담이 오가던 중에 하늘에 대고 허혼하였다는 말이다.

9 秦晉匹(진진필) - 진秦나라와 진晉나라가 필적하다. 여기서는 두 집안이 통혼할 만한 사이라는 말이다.

《좌전·희공僖公23년》 진秦나라와 진晉나라는 필적하는데 어째서 나를 업신여기려 하는가?(秦晉匹也, 何以卑我.)

10 王謝郎(왕사랑) - 동진의 명족인 왕씨와 사씨의 자제.

《두시상주》 진나라 때 강동에서는 왕씨와 사씨를 명족이라 여겼으며, 일찍이 (이 두 집안은) 통혼하였다.(晉江左以王謝爲冑族, 嘗通婚姻.)

《두시상주》: 이 단락은 봉씨와 정씨가 혼인을 약조한 일을 기록하였다. '기기'는 낭주자사의 아들이다. '봉황'은 정씨의 딸이다. '창창'은 하늘에 대고 맹세하는 것이다. '진진'과 '왕사'는 인친姻親으로 서로

필적함을 비유한다.(此記封鄭約婚之事. 騏驥, 閬州子. 鳳凰, 鄭氏女. 蒼蒼指天以誓也. 秦晉王謝, 比姻婭相敵.)

11 靑春(청춘) – 청춘. 젊은이. 여기서는 봉오랑을 가리킨다. 動(동) – 발동하다. 才調(재조) – 재기才氣.

12 白首(백수) – 백발. 늙은이. 여기서는 두보를 가리킨다. 缺(결) – 잃다. 사라지다. 輝光(휘광) – 찬란한 빛. 이 구절은 혼사가 이루어지지 않아 두보의 체면이 손상되었다는 말이다.

13 玉潤(옥윤) – 옥이 반들반들하다. 여기서는 봉오랑을 가리킨다. 孤立(고립) – 외로이 서다. 쓸쓸하다.

《진서·위개전衛玠傳》 (위개가) 총각으로서 작은 수레를 타고 저자에 들어가니 보는 사람들이 모두 옥인이라고 여겨 온 도읍 사람들이 그를 구경하였다. …… 위개의 장인인 악광은 온 천하에 명망이 두터워 논자들이 "장인은 얼음처럼 맑고, 사위는 옥처럼 반들반들하다"라고 말하였다.(總角乘羊車入市, 見者皆以爲玉人, 觀之者傾都. …… 玠妻父樂廣, 有海內重名, 議者以爲, 婦公氷淸, 女婿玉潤.)

14 珠明(주명) – 구슬이 밝다. '명월지주明月之珠'로 풀이하는 설도 있다. 여기서는 봉오랑의 배필이 될 만한 다른 여인을 가리킨다. 이와 달리 정씨의 딸을 가리키는 것으로 풀이하는 설도 있다. 得暗藏(득암장) – 어찌 어둠에 묻히겠는가. 다시 새로운 배필감이 나타나리라는 말이다. 이와 달리 혼담이 오갔던 정씨의 딸이 어둠에 묻히겠냐는 것으로 풀이하는 설도 있다. '得'을 반문으로 풀이하지 않고 정씨의 딸이 어둠에 묻힐 것이라고 본 구조오의 설은 적절하지 않다고 여겨진다.

《두시조차공선후해집교》 '명주'는 '명월지주'를 가리킨다.(明珠, 言明月之珠也.)

15 餘寒(여한) – 남은 추위. 拆(탁) – 터지다. 꽃이 피다. 花卉(화훼) – 꽃이 피는 풀과 나무.

16 恨別(한별) – 이별의 한. 江鄕(강향) – 강 마을. 여기서는 기주를 가리킨다.

《찬주두시택풍당비해》 '한별'은 응당 '별한'이 되어야 한다.(恨別應作別恨.)

《두시경전》 꽃이 추위 속에 피었으니 또한 활짝 피지 못하였다는 뜻을 띠고 있다. 아래 구의 '한' 자를 일으킨다.(花以寒放, 亦帶未舒之意. 起下恨字.)

《두시상주》: 이 단락에서는 그가 혼사를 중단하고 떠나는 것을 안타까워하였다. 젊은이는 재기를 자부하건만 늙은이가 일을 처리하지 못하였으니, 봉오랑 쪽에서는 외로이 서서 짝이 없게 되고 정씨의 딸 쪽에서는 어둠에 묻혀 있을 곳이 사라지게 되었다. '꽃이 핀다'는 것은 이별의 시점을 기술한 것이고, '강 마을'은 이별의 지점을 기술한 것이다.(此惜其停婚而去也. 靑年負才, 而白首未諧, 在封郞則孤立無耦, 在鄭女則暗藏失所矣. 花拆, 記別時. 江鄕, 記別地.)

《독두심해》: 첫머리 4구가 대의를 총괄한다. '악수' 4구는 봉오랑과 정씨 딸이 혼인을 약조하였던 일을 되짚어 서술한 것이다. '파위' 4구는 혼사가 중단된 것을 안타까워한 것이다. '결휘광'은 남을 위해 혼사를 주선하였으나 헛되이 오간 일이 되었기에 빛이 줄어들었다고 느끼는 것이다. 뒤 4구는 그를 위로하며 전송한 것이다. '옥이 홀로 선다'는 것은 그의 홍이 깨진 것을 가엾게 여긴 것이다. '구슬이 어둠 속에 묻히랴' 하는 것은 그의 다른 만남을 축원한 것이다. '남은 추위 속에 꽃이 핀다'는 것은 이별할 때의 경치로, 또한 그것을 빌려 혼사가 멈춰졌음을 반영하였다. 무릇 이런 것들은 모두 봉오랑의 한이면서 또한 두보의 한때의 한이다. 이번 이별은 유난히 부끄럽다.(起四句, 總挈大意. 渥水四句, 追述封鄭約婚事. 頗謂四句, 惜其停婚. 缺輝光者, 爲人平章婚事, 而虛費往來, 故覺減色. 後四句, 慰而送之. 玉孤立, 憐

其敗興. 珠暗藏, 祝其他遘. 餘寒拆卉, 別時景色, 亦借映停婚. 凡此皆五郎之恨, 亦公一時之恨也. 此別殊自恧然.)

(김준연)

92. 將別巫峽贈南卿兄瀼西果園四十畝
장차 무협을 떠나려 하면서 남경 형에게 양서의 과수원 40무를 주다

苔竹素所好　萍蓬無定居[1]　遠遊長兒子　幾地別林廬
雜蕊紅相對[2]　他時錦不如　具舟將出峽　巡圃念攜鋤[3]
正月喧鶯末[4]　茲辰放鷁初[5]　雪籬梅可折　風榭柳微舒
託贈卿家有[6]　因歌野興疏[7]　殘生逗江漢[8]　何處狎樵漁

이끼와 대나무는 평소에 좋아하는 것인데
부평초와 쑥대는 안정된 거처가 없네.
멀리 유랑하는 속에 아이들을 키우면서
몇 곳에서 숲속 오두막을 이별하였나?

온갖 꽃이 붉게 핀 것을 대하였을 때
그때는 비단도 이만 못하였지.
배를 갖추어 장차 무협을 나서려 하면서
밭을 돌면서 호미질을 생각하네.
꾀꼬리 울음 시끄러운 정월 말
이때가 배를 출발시킬 때인데,
눈 덮인 울타리의 매화는 꺾을 만하고
바람 부는 정자의 버들은 잎이 조금 폈네.

그대 집에 맡겨 주어 가지게 하고서

들의 흥취의 소방疏放함을 노래하네.
남은 생은 장강과 한수에서 머물 것인데
어느 곳에서 나무꾼과 어부를 가까이할까?

이 시는 대력 3년 정월 두보가 기주를 떠나려 할 때 양서의 과수원 40무를 남경 형에게 주며 쓴 것이다. 평소 아끼던 과수원을 지인에게 주고서 떠나는 심정과 앞길의 막막함을 표현하였다. '南卿兄'은 '南鄕兄'으로 된 판본도 있는데 누구인지는 확실치 않다.

《보주두시》 제목에서 "장차 무협을 떠나려 한다"라고 하였고, 또 시에서 "꾀꼬리 울음 시끄러운 정월 말, 이때가 배를 출발시킬 때이다"라고 하였으니 마땅히 대력 3년 정월에 지은 것이다.(題云將別巫峽, 又詩云正月喧鶯末, 玆辰放鷁初, 當是大曆三年正月作.) 《두시조차공선후해집교》 옛 판본에 '남향형'으로 되어 있다. 오직 사민첨 본에서만 '남경형'으로 되어 있는데 옳다. 아마도 '남향'은 지명 같은데 별로 뜻이 없다. 시에서 "탁증경가유"라고 하였으니 제목의 '남경'이라는 글자와 상응한다. 만약 "탁증향가유"라고 하면 또한 별로 뜻이 없다. '남경'의 뜻에 대해 혹자는 말하길, 두보의 일족에 커서 경이 된 자가 한 사람이 아닌데, 어쩌면 남택의 경이거나 어쩌면 남위의 경일 것이라고 한다. 혹자는 또 말하길, 양 무제가 여러 경의 지위를 두어 춘경, 하경, 추경, 동경의 명목이 있는데, 태부경, 소부경, 태복경이 하경이라고 하였다. 아마도 두보의 족형이 이 하경 3관 중 하나에 순서대로 충원되었기에 두보가 그를 지목하여 남경이라고 한 것이리라.(舊本作南鄕兄, 唯師民瞻本作南卿兄, 是. 蓋南鄕, 則似地名, 無義. 句云託贈卿家有, 則與題南卿

之字相應矣. 若作託贍鄕家有, 又無義也. 南卿之義, 或云, 公之族大, 爲卿者非一人, 或南宅之卿, 或南位之卿也. 或又曰, 梁武帝置諸卿之位, 有春卿夏卿秋卿冬卿之目, 而太府卿少府卿太僕卿是爲夏卿. 豈公之兄取次充是夏卿三官之一, 而公目之爲南卿乎.)

주석

1 萍蓬(평봉) – 부평초와 쑥대. 無(무) – '不'로 된 판본도 있다.

목화木華 〈해부海賦〉 부평초는 흐르고 쑥대는 구른다.(萍流而蓬轉.)

#《두시상주》: 첫 단락에서는 행적을 서술하고 있다. '기지'는 진주秦州에서 촉으로 왔고, 또 낭주에서 기주로 온 것을 말한다. 《두억》에서 "'태죽'과 '평봉'은 함께 모아두니 신선함이 있다"라고 하였다.(首述行踪. 幾地, 自秦而蜀, 又自閬而夔也. 杜臆, 苔竹萍蓬, 湊合生新.)

2 蕊(예) – 꽃술.

《두시상주》에 인용된 황생 주 '예'는 마땅히 '과'로 써야 한다.(蕊當作菓.)

3 攜鋤(휴서) – 호미를 휴대하다. 호미질하다.

4 末(말) – 포기룡은 '未'로 보고 있다.

5 鷁(익) – 물새 이름. 예전에 뱃머리에 익조鷁鳥의 형상을 그렸기에 배를 가리키는 말로 쓰인다.

#《두시상주》: 여기서는 과수원의 승경을 서술하고 있다. 위 4구는 예전의 경색을 추억한 것이고, 아래 4구는 현재의 경물을 가리킨다. '구주'라 하고, '방익'이라 하면서 작별에 임하여 머뭇거려지는 심사를 이기지 못한다. '훤앵말'은 꾀꼬리가 시끄럽게 우는 정월 말을 말한다. '말' 자는 달에 해당하지 꾀꼬리에 해당하는 말이 아니다.(此敍果園之

勝. 上四, 憶已往景色. 下四, 指現在景物. 曰具舟, 曰放鷁, 臨別不勝低徊也. 喧鶯末, 謂鶯喧正月之末. 末字, 屬月, 不屬鶯.)

6 卿家(경가) – 경의 집.

《독두심해》 예전에는 나의 물건이었고 지금은 경의 소유가 되었지만 보호하며 홀시하지 말라는 뜻을 기탁하였다.(向爲我物, 今爲卿有, 寓保護無忽之意.)

7 野興(야흥) – 전야田野의 흥취. 疏(소) – 소방疏放하다. 거리낌이 없다. '소원疏遠하다', '적어지다'로 보기도 한다.

8 逗(두) – 머무르다. '逼'으로 된 판본도 있다.

#《두시상주》: 끝 단락에서는 과수원을 증여함을 말하고 아울러 자신에 대해 서술하고 있다. 과수원을 떠나면 숲과 샘물의 흥취가 적어져 아마도 다시는 나무꾼과 어부의 친구가 될 수 없을 것이다.(末贈園而兼自敍. 離園則林泉興少, 恐無復漁樵之侶矣.)

《두억》: '탁증'하여 그대 집의 소유로 삼은 것이 분명함에 증여(贈)하면서 맡긴다(託)고 말하고 있으니 오히려 차마 떼어 주지 못하는 뜻이 있다. 필경 형의 소유는 자신의 소유만 같지 못하니 들의 흥취가 이로부터 적어져 노래로 그것을 발하는 것이다. 대체로 이 과수원이 있어야 비로소 어부와 나무꾼을 가까이할 수 있지만 지금 이곳을 떠나 장차 강한에서 남은 생을 보내면 어디에서 다시 어부와 나무꾼을 가까이할 수 있겠는가? 언외의 정이 얼마나 간절한가! 종성鍾惺은 "과수원을 좋은 친구에게 주었는데 완전히 한 편의 애석해하고 귀중히 여기는 깊은 정과 특별한 정취이니, 이 시가 이 때문에 묘하게 된 것이다. 만약 소유물을 가벼이 버린 것으로 간주한다면 도리어 평범하고 도리어 천박할 것이다. 과수원은 본래 범속한 재물과는 비교할 수 없다"라고 하였다.(明是託贈以爲君家之有, 贈而曰託, 猶有

不忍割之意. 到底兄有不如自有, 便野興從此疎, 而因歌以發之. 蓋有此園才得與漁樵狎, 今此別將逗殘生於江漢, 何處更狎樵漁乎. 言外之情, 何等惓切. 鍾云, 以果園贈好友, 全是一片愛惜珍重深情別趣, 此詩所繇妙也. 若作輕棄所有看, 反尋常反膚淺矣. 果園自比不得財用俗物.)

##《독두심해》: 두보가 평생 두루 떠돌며 자취를 맡긴 것을 스스로 헤아려보면 포기한 것이 많을 것이다. 다시 이번에 내던지고 떠나자니 꽤나 마음 추스르기가 어렵다. 첫 4구는 시의 말뜻이 응집되어 있어 감개가 깊고 길다. '잡예' 4구는 과수원에 해당되는 말인데, 장차 떠나려 하면서 마음에 걸리는 것이다. '정월' 4구는 장차 떠나려 할 때의 과수원 속 경물을 서술하였다. 마지막 4구에서 비로소 과수원을 주며 시를 지었음을 말하였다. 그러나 쓸쓸히 한번 가면 진정 어디에 의지해야 할지 알 수 없으니 가히 슬프도다. 전반부는 모두 연연해하는 말을 썼으니 절로 정이 유장하다. 종성은 "만약 소유물을 가벼이 버린 것이라고 말한다면 도리어 천박할 것이다"라고 하였다. 과수원을 증여함을 말하는 곳에서 말을 많이 하지 않는 것이 또한 어렵다. 다른 사람이 이런 상황에 이르면 장황하게 떠벌림을 면치 못하였을 것이다. 이번에 한번 버리고 나서부터 이후로 결국 의탁할 곳이 없었다. 영락한 선비는 삶의 최후에 대부분 자신을 거두어들일 장소를 얻지 못하였다. 이 때문에 탄식한다.(公自計生平託迹周流, 所拋棄者多矣. 復此撇去, 殆難爲懷. 起四句, 詞旨湊泊, 感慨深長. 雜蕊四句, 落到果園, 將去而繫念也. 正月四句, 敍將別時園中之景. 結四句, 纔說到贈園作詩. 而蕭然一往, 正不知何處因依, 可悲也已. 前半皆作戀戀語, 自爾情長. 鍾氏云, 若說作輕棄所有, 反膚淺也. 說贈園處, 又難在着語不多. 他人至此, 不免侈張矣. 自此一棄, 後來竟無棲託之所. 落拓之士, 末梢多不得收場. 爲之喟然.)

《두시설》: 이 시는 마땅히 〈원園〉 시 4운과 함께 보아야 한다. 저 〈원〉 시는 사서 기뻐하고 있지만 이 시는 작별하고 떠나면서 아쉬워하는 것인데 모두 세상 밖의 고아한 흥치가 보인다. 그러나 처음에는 샀다가 끝에는 주었으니 또한 이는 달관한 선비의 탁 트인 흉회인데, 그가 천하의 물건을 봄에 어느 것을 자기의 소유로 여기겠는가? 만약 속인의 경우라면 과수원 40무를 반드시 가슴의 창고에 가득 담아 둘 것이다. 두보는 이를 전부 친구에게 주면서 복숭아를 보내고 대추를 따게 하는 것과 같이 보니, 그 마음의 창고가 텅 비어 얽매이는 사물이 없음을 알겠다. 공연히 최고의 시인이 된 것은 아니다.(此詩當與園詩四韻同看, 彼以買得而喜, 此以別去而惜, 皆見物外高致. 然始而買, 終而贈, 又是達士曠懷, 彼視天下之物, 何者爲我所有哉. 若在俗人, 果園四十畝必將襟府塞滿, 在公擧以贈友,只與餽桃撲棗同觀, 想見靈府空洞無物, 不虛作第一詩人.)

(**강민호**)

93. 巫山縣汾州唐使君十八弟宴別兼諸公攜酒樂相送率題小詩留於屋壁

무산현에서 동생인 분주자사 당씨가 작별연회를 열어주었고 아울러 여러 공이 술과 음악을 준비하여 와서 나를 전송하였기에 대충 짧은 시를 지어서 집 벽에 남겨놓다

臥病巴東久[1]　今年强作歸[2]　故人猶遠謫[3]　玆日倍多違[4]
接宴身兼杖[5]　聽歌淚滿衣　諸公不相棄[6]　擁別借光輝[7]

파동에서 오래도록 병들어 누웠다가
올해에야 애써 돌아가네.
친구는 오히려 멀리 폄적되었기에
오늘 곱으로 어긋남이 많아졌네.
연회에 참석하는데 몸은 지팡이를 곁들였고
노래를 듣자니 눈물이 옷에 가득하네.
여러 공은 나를 버리지 않고
북적이며 헤어짐에 빛을 빌려주었네.

이 시는 대력 3년 기주를 출발해 무산현에 도착하여 당씨가 베풀어준 작별연회에 참석하고 지은 것이다. 먼 곳으로 폄적되어 가고 있는 당씨와 만났다가 헤어지는 아쉬움과, 작별연회를 위해 술과 음악을 준비해준 여러 공에게 감사하는 마음을 표현하였다. 당씨는 당민唐旻이라는 설이 있지만 확실치 않다. 시제의 '십팔'은 친척 형제간의 순서이다. 분주는 지금의 산서성 분양汾陽이다.

《보주두시》 시에서 "파동에서 오래도록 병들어 누웠다가, 올해에야 애써 돌아간다"라고 하였으니 마땅히 대력 3년 정월에 지은 것이다.(詩云, 臥病巴東久, 今年强作歸. 當是大曆三年正月作.)

《두시상주》 《당서》에서 "무산현은 기주에 속한다"라고 하였고 《구역지》에서 "현은 기주 동쪽 72리에 있다"라고 하였다. 주학령의 주에서 "당씨는 먼저 분주자사가 되었다가 당시에 시주로 폄적되었다"라고 하였다.(唐書, 巫山縣屬夔州. 九域志, 縣在夔州東七十二里. 朱注, 唐十八, 先爲汾州刺史, 時貶施州.)

《독두심해》 이 시는 협곡을 내려가는 시작이다.(此, 下峽之始.)

《두보전집교주》 '당사군'은 당민이다. 숙종 때 감찰어사가 되었다. 광덕, 영태 연간에 분주자사가 되었으며 영태 2년에 벌을 받아 제명되었고 시주로 유배되었다.(唐使君, 卽唐旻, 肅宗時, 爲監察御史. 廣德永泰間, 爲汾州刺史, 永泰二年, 得罪除名, 配流施州.)

주 석

1 巴東(파동) – 기주를 가리킨다.

2 强(강) – 억지로. 애써. 作歸(작귀) – 돌아가는 일을 결행하다. 장강을 따라 내려가서 장안으로 돌아가는 것을 말한다.

《두보전집교주》에 인용된 주전周篆 주 당시 두보는 협곡을 나갔는데 다만 강릉에 가고자 하였을 뿐만 아니라 돌아갈 계획을 아울러 하고 있었다. 그래서 '귀'라고 하였다.(時公出峽, 不僅欲至江陵, 並欲作歸計, 故曰歸也.)

《두보전집교주》에 인용된 석려거사石閭居士 주 '강' 자에는 두 가지 의미가 담겨 있는데, 하나는 병세가 낫지 않았다는 것이고 하나는 돌아갈 여비를 갖추지 못하였다는 것이다.(强字中有兩義, 一是病勢未痊, 一是歸資不備也.)

3 故人(고인) – 친구. 당씨를 가리킨다. 遠謫(원적) – 멀리 폄적되다. 시주로 폄적된 것을 말한다.

4 玆日(자일) – 오늘. 違(위) – 어긋나다. 마음에 안 좋다는 뜻이다. 여기서는 당씨와 헤어지는데 그가 폄적되었기에 더욱 마음이 안 좋았음을 뜻한다.

5 接宴(접연) – 연회에 참석하다. 杖(장) – 지팡이.

[接宴 2구]

《두시설》 제5구는 광경이 진실되고 표현이 공교로우니 제6구는 대를 맞추기가 절로 어렵다. 하지만 술과 음악으로 나누어 적시하였으니 '여러 공'과 직접적으로 이어져, 제목을 서술함에 지극히 두루 갖추었음을 보여준다. 그러니 이 구는 본디 억지로 끼워 맞춘 것이 아니다. 내가 예전에는 이 구에 대해 답답하였는데 지금 비로소 풀렸다.(五, 景眞而語工, 六, 自難乎爲對, 然分點酒樂, 直接諸公, 敍題極見周匝, 則此句本非强湊, 余昔常爲此句悶悶, 今始釋然耳.)

6 諸公(제공) – 시제에 언급된 자들로, 술과 음악을 준비하여 두보를 전송한 이들이다.

7 擁別(옹별) – 많은 사람이 모여서 송별하다. 借光輝(차광휘) – 빛을 빌려주다. 연회자리를 흥겹게 하며 빛내주었다는 말이다.

《두시상주》 '옹별'은 모여 송별하는 자가 많다는 말이다.(擁別, 會別者多人也.)

《두시설》 '옹' 자는 가지고 온 것이 성대함을 보여준다. 말은 간단하지만 뜻은 깊다. '광휘' 자는 늙고 병들었다는 내용을 반대의 의미로 호응하여 드러내니 연결되지 않으면서도 연결된다.(擁字, 見所携之盛, 言簡而意透. 光輝字, 反映老病, 不綰而綰.)

#《두시상주》: 첫 2구는 무산현을 지나간다는 말이고, 3, 4구는 당사군과 헤어지는 것이다. 5, 6구는 연회할 때의 술과 음악에 관한 것이고, 7, 8구는 여러 공이 송별하는 것이다. 황생이 말하기를, "당씨를 일컬으면서 '친구'라 하고 나머지 사람은 '여러 공'이라는 말로 개괄하였는데 표현에 절로 구분이 있다. 친구에 대하여는 표현이 지극히 구슬프고 여러 공에 대하여는 표현이 은혜에 기뻐하는 것과 같은데, 구슬픈 것은 정이 진실되고 은혜에 기뻐하는 것은 뜻이 범연하다. 두보의 시(〈장적오초류별장사군류후겸막부제공將適吳楚留別章使君留後兼幕府諸公〉)에서 "우정의 깊이에 따라 작별을 고하는 것도 다르다"라고 한 것이 이것을 말하는 것이리라"라고 하였다.(首二, 經巫山縣. 三四, 別唐使君. 五六, 宴時酒樂. 七八, 諸公送別. 黃生曰, 稱唐爲故人, 其餘以諸公概之, 筆下自分涇渭. 對故人, 語極悲涼. 對諸公, 語如欣荷. 悲涼者情眞, 欣荷者意泛. 公詩言取別隨厚薄, 其此之謂歟.)

《독두심해》: 이때는 양서와 동둔을 떠나 무산을 지나게 되었다. 이 여정은 장차 강릉에 가는 것인데 '강작귀'라고 말한 것은 그의 동생 두관의 집으로 가서 그를 데리고 북쪽으로 올라가려 하였기 때문이다.(時則別瀼屯而經巫山矣. 此行將到江陵, 而曰强作歸者, 以就其弟觀居止, 意欲相將北上也.)

(임도현)

94. 敬寄族弟唐十八使君

족제인 당사군에게 삼가 부치다

與君陶唐後[1] 盛族多其人[2] 聖賢冠史籍[3] 枝派羅源津[4]

在今氣磊落[5] 巧僞莫敢親[6] 介立實吾弟[7] 濟時肯殺身[8]

物白諱受玷[9] 行高無汚眞[10] 得罪永泰末[11] 放之五溪濱[12]

鸞鳳有鎩翮[13] 先儒曾抱麟[14] 雷霆劈長松[15] 骨大却生筋[16]

一失不足傷[17] 念子孰自珍[18] 泊舟楚宮岸[19] 戀闕浩酸辛[20]

除名配淸江[21] 厥土巫峽隣[22] 登陸將首途[23] 筆札枉所申[24]

歸朝跼病肺[25] 敍舊思重陳[26] 春風洪濤壯[27] 谷轉頗彌旬[28]

我能泛中流[29] 唐突鼍獺嗔[30] 長年已省柁[31] 慰此貞良臣[32]

그대와 더불어 도당씨의 후예이니

번성한 일족으로 훌륭한 인재가 많다오.

성현은 역사 전적에서 으뜸이고

지파는 원류源流에서 펼쳐졌다오.

오늘에도 그 기상이 호매하여

간교하고 그릇된 자 그 누구도 감히 가까이하지 못하는데,

청고한 절조를 가진 이는 실로 내 아우여서

시절을 구제하려 기꺼이 자신을 죽이고자 한다오.

사물이 희면 흠을 입는 것 꺼리고

행실이 고상하면 참됨을 더럽히는 일이 없는 법이거늘,

영태 말년에 벌을 받아
오계의 물가에 추방되었구려.
난새와 봉새에게도 깃이 잘리는 일이 있고
선유가 기린을 안은 적이 있지만,
벼락이 큰 소나무를 쪼개어도
큰 골간에는 도리어 힘줄이 자란다오.

한번 잘못된 것 마음 아파할 게 못 되니
생각건대 그대는 자신을 잘 돌보겠지만,
배를 초나라 궁전 언덕에 정박하고서
궁궐을 그리워하며 쓰리고 시린 심사 가득하리라.
제명되어 청강에 유배되었으니
그 땅은 무협과 이웃한 곳.
뭍에 올라 여정을 시작하려고 하면서
외람되이 서찰로 마음을 펼쳐 보여주었다오.

조정에 돌아가려 해도 폐병으로 움츠리고 있는 처지
옛일을 다시 말하였으면 하는데,
봄바람에 큰 파도 거세어
골짝이 도는 듯한 지가 열흘이나 된다오.
나는 강물에 배를 띄워
성내는 악어와 수달에게 부딪혀 갈 수 있기에,
사공이 이미 키를 점검하였으니
이 곧고 바른 신하를 위로하리라.

이 시는 당사군에게 보낸 시로, 저작 시기는 대력 3년 초로 추정된다. 당시 두보는 기주를 떠나 삼협을 벗어나려 하던 참인데, 무산현에서 보내온 당씨의 서신을 받고 그 답으로 이 시를 부쳤다. 당씨는 전에 분주자사汾州刺史였는데 처벌을 받아 시주施州로 유배되었고, 시주로 유배되어 가던 길에 잠시 무산현에 머물고 있었다. 그의 이름은 미상이다. 두씨와 당씨는 모두 요堯임금의 후예이기에 그를 '족제'라고 칭하였다. 두보는 시에서 자신과 그가 모두 요임금의 후예라는 사실을 거론하며 말머리를 연 뒤, 그가 뛰어난 인재라는 사실, 그가 억울하게 유배 가게 되었다는 사실 등을 지적하고 자신이 곧 그를 찾아가서 위로하겠다는 뜻을 밝혔다. 당씨는 무산현에서 두보와 만난 뒤 다시 길을 떠나는 두보를 위해 전별연을 마련해주었는데, 두보는 이 사실을 〈무산현분주당사군십팔제연별겸제공휴주악상송솔제소시류어옥벽巫山縣汾州唐使君十八弟宴別兼諸公攜酒樂相送率題小詩留於屋壁〉 시에서 읊었다. 다수의 주석가는 이 시를 그때 그와 헤어진 후 그를 다시 생각하며 쓴 것으로 간주하여 그 시 다음에 편차하였지만, 포기룡은 그럴 경우 시 말미 부분의 내용과 부합하지 않는다는 점을 근거로 당씨를 만나러 갈 때에 쓴 것으로 보았다. 포기룡의 설이 합당하다.

> 《보주두시》 살펴보건대 두보에게 〈무산현분주당사군십팔제연별겸제공휴주악상송솔제소시류어옥벽〉 시가 있다. 아마도 공이 대력 3년 삼협을 내려갈 때 당씨와 무산에서 서로 작별하였을 것인데, 이 시에서 "봄 강에 큰 파도 거세어 골짝이 도는 듯한 지가 열흘이나 된다"라 하였고, 또 "뭍에 올라 여정을 시작하려고 하면서 외람되이 서찰로 마음을 펼쳐 보여 주었다. 돌아갈 시기에 폐병으로 움츠

리고 있는 처지, 옛일을 다시 말하였으면 한다"라 하였으니, 작별 후 당씨가 편지를 부쳤기에 공이 이 시를 읊어 그에게 편지를 보낸 것임이 확실하다. 이때는 아직 삼협을 벗어나지 않았다.(案, 公有巫山縣汾州唐使君十八弟宴別詩, 蓋公大曆三年下峽時, 與唐相別於巫山, 而此詩云, 春江洪濤壯, 谷轉頗彌旬, 又云, 登陸將首途, 筆札枉所申, 歸期蹋病肺, 敍舊思重陳, 當是別後唐寄書而公賦此以簡之, 是時猶未出峽也.)

《두시상주》 공의 〈당고만년현군경조두씨묘지唐故萬年縣君京兆杜氏墓誌〉에서 "그 선조의 계보는 요임금에 통괄되고 당씨와 두씨로 성이 나뉘었다"라고 하였다. 사고는 "'당'은 태원 진양현이다. '두'는 경조 두현이다"라고 하였다. 살펴보건대, 《좌전》에서 "시위씨, 당씨, 두씨 그리고 유씨는 모두 요임금에서 나왔다"라고 하였다. 그래서 당사군과 유판관에 대해 모두 아우라고 칭하고 (이 시와 〈중송류십제판관重送劉十弟判官〉 시 등에서) 각기 연원을 서술하였다.(公萬年縣君杜氏墓銘, 其先系統於伊祁, 分姓於唐杜. 師古曰, 唐, 太原晉陽縣也. 杜, 京兆杜縣也. 按, 左傳, 豕韋唐杜與劉氏, 皆出陶唐後, 故於唐使君劉判官, 皆稱爲弟, 而各敍淵源.)

《두공부시집집주》 〈무산현분주당사군십팔제연별겸제공휴주악상송솔제소시류어옥벽〉의 주 당씨는 앞서 분주자사였는데, 이때에 시주에 폄적되었다.(唐十八先爲汾州刺史, 時貶施州.)

주 석

1 陶唐後(도당후) - 도당씨의 후예. 도당은 요임금이 다스리던 지역의 이름으로, 요임금을 대칭한다.

《보주두시》 《당서·재상세계표》에서 "두씨는 기성에서 나왔다. 요임금의 후예인 유루의 후손인데, 주나라 때에는 당두씨였다. 성왕이 당나라를 멸망시키고 아우 숙우를 그 나라에 봉하고서 당씨의 자손은 두성으로 옮겨 봉하였으니, 경조 두릉이 그곳이다. 그런즉 당씨와 두씨는 대체로 동족이다.(唐宰相世系表云, 杜氏出祁姓, 帝堯裔孫劉累之後, 在周爲唐杜氏. 成王滅唐, 以封弟叔虞, 改封唐氏子孫於杜城, 京兆杜陵是也. 然則唐與杜蓋同族也.)

《좌전 · 양공襄公24년》 범선자范宣子가 말하기를 "예전 나 (범)개의 선조는, 순舜임금 이전에는 도당씨였고 하나라 때에는 어룡씨였고 상나라 때에는 시위씨였고 주나라 때에는 당두씨였다"라고 하였다.(宣子曰, 昔匃之祖, 自虞以上爲陶唐氏, 在夏爲御龍氏, 在商爲豕韋氏, 在周爲唐杜氏.)

2 盛族(성족) – 번성한 일족. 其人(기인) – 여기서는 훌륭한 사람을 뜻한다.

[與君 2구]

《두시조차공선후해집교》 당씨와 두씨는 모두 요임금에게서 나왔다. …… "성족다기인"은 당씨와 두씨 두 번성한 일족에 훌륭한 사람이 많다는 것이다.(唐杜皆出於陶唐. …… 盛族多其人, 則唐杜兩族之盛, 多有其人.)

3 聖賢(성현) – 요임금과 그 이후 훌륭한 사람을 뜻한다. 冠(관) – 으뜸이다.

4 枝派(지파) – 분파分派. 지손支孫을 뜻한다. 羅源津(나원진) – 원류에서부터 펼쳐져 나오다. '원진'은 수원지水源地를 의미한다. 이 구절은 요임금의 후손들이 여러 갈래로 나뉘어 요임금에 귀속된다는 뜻이다.

[與君 4구]

《두시언해》 이는 번성한 일족의 많은 지손이 모두 성현에게서 나왔음을 말한다.(此言盛族枝派之多, 皆出於聖賢也.)

5 氣(기) – '最'로 된 판본도 있다. 磊落(뇌락) – 사소한 것에 얽매이지

않는 모습. 기개가 출중한 모습.

6 巧僞(교위) - 여기서는 간교하거나 거짓된 사람을 뜻한다.

7 介立(개립) - 홀로 높이 서다. 절조가 청고淸高하다. 吾弟(오제) - 내 아우. 여기서는 당사군을 가리킨다.

8 濟時(제시) - 시세時世를 구하다.

#《두시상주》: 첫 단락은 당씨의 세보와 인품을 서술하였다. '성현'은 '성족'을 잇고 '지파'는 '당후'를 잇는다. '뇌락'은 기개가 비범하다는 것이고 '개립'은 절조가 남을 능가한다는 것이다. '제시'는 그가 자신을 잊고 세상을 구할 수 있음을 말한다.(首敍唐之世譜人品. 聖賢, 承盛族. 枝派, 承唐後. 磊落, 氣概不群. 介立, 節操過人. 濟時, 謂其能忘身救世.)

9 諱受玷(휘수점) - 흠을 입는 것을 꺼리다.

《시경·대아·억抑》 흰 구슬의 흠은 그래도 갈아낼 수 있지만, 이 말의 흠은 어찌할 수 없다.(白圭之玷, 尙可磨也. 斯言之玷, 不可爲也.)

10 汚眞(오진) - 참됨을 더럽히다.

《두시경전》 생각건대 당시에 필시 무고한 일이 있었을 것이다.(想當時必有誣謗之事.)

11 永泰末(영태말) - 영태 말년. 영태 2년일 것이다. 이해 11월에 '대력'으로 개원하였다. '영태'는 당나라 대종代宗 때의 연호이다.

12 放(방) - 방축放逐하다. 추방하다. 五溪濱(오계빈) - 오계의 물가. 오계는 지명으로, 웅계雄溪, 만계樠溪, 유계酉溪, 무계無溪, 신계辰溪를 말한다. 웅계, 포계蒲溪, 유계, 원계沅溪, 신계라는 설도 있다. 한나라 때 무릉군武陵郡에 속한 지역으로, 소수 민족이 살던 곳이다. 지금의 호남성 서부와 귀주성 동부에 해당한다.

《구가집주두시》 조차공 주 오계의 오랑캐는 모두 반호의 자손이다.

지금 신주 지역에 있다.(五溪蠻夷, 皆盤瓠子孫, 今在辰州界.)

[得罪 2구] '오계빈'에 대해 당씨가 이전에 폄적된 곳으로 보는 설과 현재 가고 있는 유배지인 시주施州를 가리키는 것으로 보는 설 두 가지가 있다. 오계의 물가에 추방된 것이 영태 말년인데, 이 시를 쓴 시기는 대력 3년이라는 점을 고려하면 전자의 설이 옳은 것으로 보인다.

《독두심해》 당시 당씨는 시주에 폄적되었다.(時唐貶施州.)

《두시경전》 생각건대 당씨가 먼저 이곳(오계)에 폄적되었다가 다시 제명되어 시주에 유배되었을 것이다. 그래서 (〈무산현분주당사군십팔제연별겸제공휴주악상송솔제소시류어옥벽〉 시에) "친구는 오히려 멀리 폄적되었다"라고 한 것이다. 옛 주는 옳지 않다.(想唐先貶此, 復除名配施州, 故曰故人猶遠謫. 舊注非是.)

[物白 4구]

《구가집주두시》 조차공 주 위 두 구는 그가 벌을 받게 된 연유가 더러운 흠을 받아들이지 않았기에 그렇게 되었던 것임을 밝혔다.(上兩句, 明其得罪之由, 以不受汚玷而致然也.)

13 鸞鳳(난봉) – 난새와 봉새. 鎩翮(쇄핵) – 깃이 잘리다.

14 抱麟(포린) – 기린을 끌어안다.

《두공부시집집주》 유곤의 시(〈중증로심重贈盧諶〉)에 "공자는 기린을 잡은 것을 슬퍼하였으니, 서쪽 사냥에 공자가 울었다"라는 말이 있는데, 그 주에서 "공자 또한 기린을 끌어안고 울었다"라고 하였다.(劉琨詩, 宣尼悲獲麟, 西狩涕孔丘. 注, 孔子亦抱麟而泣.)

15 雷霆(뇌정) – 벼락. 劈(벽) – 쪼개다.

16 骨(골) – 골간骨幹. 筋(근) – 힘줄. 옹이를 두고 한 말인 듯하다.

[雷霆 2구] 소나무가 벼락을 맞아 쪼개져도 죽지 않고 다시 견고하게

살아난다는 뜻으로, 큰 인물은 시련을 겪어도 그것을 극복하고 다시 일어설 수 있음을 비유한다.

#《두시상주》: 이 단락은 그가 기주에 이른 까닭을 서술하였다. '행고' 구는 평소 자신의 몸가짐을 바르게 지킬 수 있었음을 말하니 오계로 추방된 것이 그의 죄가 아님을 알려준다. '깃이 잘리다', '기린을 끌어안다' 등은 때를 만난 것이 불행하였음을 말한다. 긴 소나무의 근골은 곤궁할수록 더욱 견고해짐을 말한다.(此敍其到夔之故. 行高無汚, 言素能自守, 知五溪放逐, 非其罪也. 鎩羽抱麟 言遭時不幸. 長松筋骨, 言窮而益堅.)

17 一失(일실)- 한번 실패하다. 한번 잘못되다.

18 孰自珍(숙자진)- 자신을 잘 아끼다. '孰'은 '熟'과 같은 뜻이다. 이와 달리 '어찌 스스로 아낄까'라는 뜻으로 풀이하는 설도 있다.

《두시상주》 채몽필이 말하기를, "'熟'과 같은 뜻이다"라고 하였다.(蔡云, 與熟同.)

《두시조차공선후해집교》 '숙熟' 자는 '임숙稔熟(잘 알고 있다는 뜻)'의 '숙' 자이니, 그가 자신 아끼는 것을 이미 잘 알고 있음을 말한다.(熟字, 稔熟之熟, 言其自珍, 已詳熟矣.)

[一失 2구]

《두시경전》 채몽필은 '숙孰'이 '熟'과 같은 뜻이라고 하였지만, 지금 살펴보건대 글자의 원래 뜻대로 풀이해야 한다. '숙자진'은 '자신을 아끼지 않는다'고 말하는 것과 같으니, 바로 "제시긍살신"의 뜻이다. (이 두 구는) 파직당한 것은 마음 아파할 게 못 되고, 분발하여 자신을 돌아보지 않고 세상 구하는 것을 마음에 품은 이런 이가 지금 있다는 사실만이 특히 생각할 만한 것임을 말한다.(蔡云, 孰與熟同. 今按, 當作如字解. 孰自珍, 猶云不自愛, 卽濟時肯殺身意. 言罷官不足傷, 當今有此奮不顧身以救世爲懷者, 殊爲可念耳.)

[雷霆 4구]

《구가집주두시》 조차공 주 소나무는 골간이 커서 힘줄이 생기기에 벼락도 다 부술 수 없다. (이는) 당씨가 벌을 받아도 상하게 할 수 없음이 그가 자신을 잘 아끼기 때문임을 비유한다.(松骨大而生筋, 則霹不能盡破, 喻唐雖得罪, 未能傷, 以其熟于自珍也.)

19 楚宮岸(초궁안) – 초나라 궁전이 있는 강 언덕. 여기서는 무산현을 말한다.

《독두심해》 무산의 길에 들어선 것이다.(入巫山之路.)

20 浩酸辛(호산신) – 마음이 아주 괴롭고 쓰라림을 뜻한다.

21 除名(제명) – 관직의 명적名籍에서 제적되다. 配(배) – 유배되다. 淸江(청강) – 시주에 속한 현 이름. 현재의 호북성 은시恩施이다.

《두시상주》 '배'는 유배되는 것이다.(配, 乃流配.)

《구가집주두시》 조차공 주 앞에서 "영태 말년에 벌을 받아, 오계의 물가에 추방되었다"라 하였는데, 영태 말은 을사년이고 오계 가는 신주이다. 지금 공이 삼협을 벗어난 것이 무신년인 대력 3년인데, 이 시를 부쳐 "제명되어 청강에 유배되었다"라고 하였으니 재차 폄적된 것이다.(前云, 得罪永泰末, 放之五溪濱. 永泰末則歲在乙巳, 五溪濱則辰州. 今公出峽, 乃戊申大曆三年, 寄此詩而云, 除名配淸江, 則再貶責矣.)

22 厥土(궐토) – 그 땅. 청강을 가리킨다.

[泊舟 4구]

《구가집주두시》 조차공 주 '초궁'은 기주를 가리킨다. 아마 초 양왕이 놀던 궁일 것이다. 악사의 《태평환우기》를 보면 무산현에 초궁의 이름이 기재되어 있다. 시주 청강현은 기주 남쪽에 있다.(楚宮指夔州, 蓋襄王所游宮. 樂史寰宇記, 於巫山縣載楚宮之名. 施州淸江縣在夔州南.)

23 首途(수도) – 길에 오르다. 여정을 시작하다. 이 구는 당씨가 무산현에

서부터는 육로를 통해 폄적된 곳인 청강으로 갈 것임을 말한다. 두보 자신이 여정을 시작할 것임을 말한다는 설도 있으나 옳지 않다.

《두공부시집집주》 '수도'는 시주의 폄적된 곳에 가려고 함을 말한다.(首途, 言將赴施州貶所.)

《두억》 '등륙'은 자신의 일을 말한다.(登陸, 自謂.)

24 枉所申(왕소신) – 외람되게 뜻을 진술한 것. 이 구는 당씨가 자신의 뜻을 서찰에 진술하여 두보에게 주었다는 뜻이다.

#《두시상주》: 이 단락은 그가 시주에 가게 된 때의 심정과 일을 기록하였다. '자진'은 곤궁할 때 자신을 아껴야 함을 말한다. '산신'은 떠나면서도 군주를 잊지 않음을 말한다. 청강에 폄적되었기에 떠도는 행적을 마음 아파하고, 외람되이 서찰을 보내주니 옛 지인을 생각해주는 정에 감동한다.(此記其往施情事. 自珍, 言窮當愛身. 酸辛, 謂去不忘君. 貶淸江, 憫流離之迹. 枉手札, 感念舊之情.)

25 跼病肺(국병폐) – 폐병 때문에 몸을 움츠리다.

26 敍舊(서구) – '옛날에 교유하던 일을 말하다' 또는 '옛정을 펴다'의 의미로, 당씨가 보낸 서신의 내용을 가리킨다. 思重陳(사중진) – 거듭 진술하고자 생각하다. 이 구는 당씨가 서신에서 언급한 옛일이나 옛정을 거듭 말해보고자 한다는 뜻이다.

27 洪濤(홍도) – 큰 파도.

28 谷轉(곡전) – 골짝이 돌다. 물결의 소용돌이가 큰 것을 비유한다. 彌旬(미순) – 열흘을 채우다. 열흘이나 계속되었음을 말한다.

곽박郭璞 〈강부江賦〉 소용돌이 물결은 골짝이 도는 듯하고 큰 파도는 산이 무너지는 듯하다.(盤渦谷轉, 凌濤山頹.)

29 中流(중류) – 물결 가운데.

30 唐突(당돌) – 곧바로 부딪치다. 위험을 무릅쓰고 부딪쳐 가는 것을

뜻한다. 鼉獺(타달)— 악어와 수달. 물속의 여러 생물을 말한다. 嗔(진)— 성내다.

31 長年(장년)— 사공. 省舵(성타)— 키를 살피다. 이 구는 배를 타고 곧 출발한다는 뜻이다.

《구가집주두시》 '장년'은 사천 사람이 사공을 말하는 것이다.(長年則川人謂操舟者.)

《두시경전》에 인용된 왕수 주 '성'은 살피는 것이다. 키를 살피면 곧 출발하게 된다.(省, 視也. 視舵則將行矣.)

32 此貞良臣(차정량신)— 당씨를 가리킨다.

《두시조차공선후해집교》 '정량신'은 당사군을 가리켜 말하니, 그것으로 전편에서 칭찬한 뜻을 종결한다.(正良臣, 指言唐史君也, 所以終一篇稱異之意.)

[我能 4구] 당사군을 곧 만나러 가겠다는 뜻으로, 이 시가 당사군과 아직 만나지 않았을 때 지은 것임을 알 수 있다. 일부 주석가의 풀이처럼 당사군과 전별식에서 헤어진 뒤 다시 그에게 부친 시라면, 헤어진 뒤 그를 만나러 바로 되돌아가겠다는 뜻이 되니, 무리한 해설이다.

#《두시상주》: 마지막 단락에서 시를 바친 뜻을 드러내었다. 병중에 벗을 생각하여 막 그에게 가서 문후問候하고자 하는데 풍파에 막힌 것이 애석할 뿐이다. 이제 물결에 배를 띄워 위험을 무릅쓰고 장차 키를 움직여 갈 것이니, 먼저 이 시를 부쳐 옛 친구를 위로한다.(結出贈詩之意. 病中思友, 方將往候, 惜爲風濤所阻耳. 今泛流觸險, 將理舵而行矣, 先寄此以慰故人也.)

##《독두심해》: 공에게 〈무산현분주당사군십팔제연별겸제공휴주악상송솔제소시류어옥벽〉 시가 있는데, 황학은 (그 시의 일이 있고) 헤어진 뒤에 다시 이 시를 부쳤다고 하였다. 내가 보건대 이 시를 부친 것은 도리어 당씨와 무산에서 만나기 전이니, 시 말미의 말뜻을 고찰

하면 분명하다. 만약 황학 설대로라면 풀이할 수 없는 점이 많다. 시의 내용을 상고해보면, 당씨는 영태 말년에 견책을 받고 이때에 이르러 시주로 폄적되었는데, 폄적된 곳에 가까이 갈 무렵 편지를 보내와 옛정을 말하고 아울러 공을 불러 옛정을 펴고자 하니, 공이 마침내 이 시로 그에게 편지를 한 것이다. 당시 공은 막 삼협을 내려가 여정을 시작하려던 때이다. 당씨가 북쪽에서 시주로 가려면 반드시 무산을 경유해야 하고 공이 기주에서 삼협을 벗어나려면 또한 반드시 무산을 경유해야 하니 여기에서 만나기로 약속한 것이다. 첫 단락은 두 집안의 계보를 서술하고 아울러 당군의 인품과 기개를 표현하여 하나의 서두로 삼았다. 다음 단락은 당씨가 벌을 받아 추방된 일을 서술하였는데, 말 하나하나가 모두 빼어나고 힘이 있다. '뇌정' 2구는 그가 좌절을 당하고서도 꺾이지 않음을 비유한다. 셋째 단락은 당씨가 폄적된 곳으로 가면서 서찰을 보내어 초청한 일을 서술하였다. '연궐'은 그의 편지글 속에 있는 말이다. 마지막 단락은 마침 삼협을 벗어나려던 참이니 그 김에 무산에 가서 손잡고 만나겠다는 뜻을 담아 답한 것이다. '정량신'은 '개립', '행고' 등의 말과 서로 조응한다. (公有巫山縣唐使君宴別詩, 黃鶴謂別後復寄以此. 愚按, 此詩之寄, 乃在未與唐巫山相遇之前, 考詩尾語意了然也. 若如鶴說, 便多不可解. 詳詩意, 唐以永泰末詿誤, 至是被謫施州, 將近貶所, 書來道故, 幷邀公敍舊, 公遂以此簡之. 時公正在下峽啓行之會也. 唐自北到施, 必經巫山, 公自夔出峽, 亦必經巫山, 故約晤於此. 起段, 敍兩家譜系, 幷表唐君品概, 作一冒, 次段, 敍唐得罪被放事, 語語淸勁, 雷霆二句, 比其受挫而不撓也. 三段, 敍唐赴貶惠札相邀事, 戀闕, 其書中語也. 末段, 答以正欲出峽, 便道就巫握晤意. 貞良臣, 與前介立行高等語相照.)

(이영주)

95. 春夜峽州田侍御長史津亭留宴得筵字
봄밤에 협주 전시어장사의 나루터 정자에서 연회에 머물며 '연' 자를 운자로 얻다

北斗三更席　西江萬里船[1]　杖藜登水榭[2]　揮翰宿春天[3]
白髮煩多酒[4]　明星惜此筵[5]　始知雲雨峽[6]　忽盡下牢邊[7]

북두성 비치는 삼경의 자리
서강에는 만 리 가는 배.
명아주 지팡이 짚고 물가 정자에 올라
붓 휘두르고 봄 하늘에 자노라.
백발의 나는 많은 술이 성가신데
밝은 별은 이 술자리를 아끼누나.
비로소 알았네, 구름 비 많던 협곡이
홀연 하뢰 가에서 다한다는 것을.

이 시는 대력 3년 정월 협주에서 지었다. 당시 두보는 기주를 출발하여 강동으로 나가는 길이었는데, 협주에 이르자 협주의 전시어장사가 나루터 정자에서 연회를 마련해주었다. 이에 '연筵' 자를 운자로 하여 이 시를 지은 것이다. 전반은 연회에 참여하게 된 것을, 후반은 그때의 감회를 말하였다. '시어'는 전중시어사殿中侍御史의 약칭이다. '장사'는 자사刺史 아래에 있는 관직 이름이다.

《보주두시》 진정은 협주에 있었다. 바로 앞 시(〈대력삼년춘백제성

방선출구당협구거기부장적강릉표박유시범사십운大曆三年春白帝城放船出瞿唐峽久居夔府將適江陵漂泊有詩凡四十韻〉)에서 말한 "현 성곽의 남쪽 기내는 아름답고, 진정의 북쪽으로 바라보니 외롭다"의 '진정'이니 대체로 잠깐 사이 의도를 스쳐 지난 뒤에 위치한다. 그렇기 때문에 시에서 또 "구름 비 많던 협곡이 홀연 하뢰 가에서 다한다는 것을 비로소 알았다"라고 한 것이다. 당지를 살펴보건대 "협주는 본래 치소가 하뢰수이다"라고 하였고 또 "이릉현에 하뢰진이 있다"라는 기록이 있다. 마땅히 대력 3년 10월(정월의 잘못)에 지은 것이다.(津亭在峽州, 卽前詩所謂縣郭南畿好, 津亭北望孤, 蓋在轉眄拂宜都之後也. 故詩又云始知雲雨峽, 忽盡下牢邊. 按唐志, 峽州本治下牢戍, 又有夷陵縣, 有下牢鎭, 當是大曆三年十月作.)

《두시상주》에 인용된 황학 주 이는 대력 3년 정월에 지었다.(此大曆三年正月作.)

주 석

1 西江(서강) – 장강을 말한다. 萬里船(만리선) – 만 리 가는 배.

2 水榭(수사) – 물가의 정자. 시제의 '진정'을 가리킨다.

3 揮翰(휘한) – 붓을 휘두르다. 시를 짓는 것을 말한다.
《두시경전》 '휘한'은 함께 시를 짓는 것을 말한다.(揮翰, 謂同賦詩.)

4 煩(번) – 성가시다. 번거롭게 여기다. 피곤하다. '須'로 된 판본도 있다.

5 明星(명성) – 밝은 별. '명성'을 샛별로 보아 이 구를 새벽까지 연회가 이어졌음을 말한 것으로 보는 설도 있다.
《두시경전》 새벽이 되려는데도 여전히 차마 이별하지 못함을 말한다.(言向曉猶不忍別也.)

6 雲雨峽(운우협) – 무산의 협곡을 말한다.

7 下牢(하뢰) – 지명. 협주에 있다.

《두억》 공의 시(〈추풍이수秋風二首〉) "상뢰 하뢰에서 수관을 다스린다"에서 주석가들은 그 장소에 대하여 자세히 밝히지 않았다. 이 시를 읽고서 하뢰가 이곳 협주에 있고 무산의 여러 협곡이 또한 여기에서 다한다는 것을 알게 되었다.(公詩, 上牢下牢修水關, 註者不詳其處, 讀此詩知下牢在此, 而巫山諸峽, 亦盡於此.)

[始知 2구] 무산의 협곡이 하뢰 가에서 홀연 다한다는 것을 비로소 알게 되었다. 협주에 이르러 비로소 오래 머물렀던 기주를 떠난다는 것을 실감하게 되었다는 뜻을 포함하고 있다.

《두율계몽》 말련은 두 가지 뜻을 겸하고 있다. 한편으로는 석별의 뜻을 드러내고, 한편으로는 협곡을 나가게 된 것을 기뻐하였다.(末聯兼二意. 一見惜別, 一喜出峽.)

#《두시상주》: 위 4구는 연회에 머무른 일이고, 아래 4구는 이별을 아쉬워하는 정이다. 삼경에 술자리에 머물러 있었던 것은 먼 길을 전별하기 때문이다. '수사'는 '진정'을 가리킨다. '휘한'은 함께 시를 짓는 것이다. 협곡이 하뢰에서 다하니 여기에서 이별하게 된 것이다.(上四留宴之事, 下四惜別之情. 三更留席, 爲餞長行也. 水榭, 指津亭. 揮翰, 同賦詩也. 峽盡下牢, 從此分手矣.)

《독두심해》: 아마도 이 시는 연회가 파하고 배로 돌아간 뒤에 지은 것이고, 술자리에서 지은 것은 아닐 것이다. '삼경'은 술자리가 끝난 것을 들어 말한 것이다. 산보하며 고개 들어 바라보니 북두성의 자루가 가리키는 것이 보였고 그래서 시간을 알게 되었다. 다음 구는 이미 배에 오른 것이다. '장려' 구는 연회에 갔을 때를 다시 생각하며 쓴 것이다. '휘한' 구는 바로 배에서 묵으면서 흥이 일어났다는 뜻이다. 5, 6구는 취한 뒤에 돌이켜 생각하는 말이다. 결련의 뜻은 다만 배안에서만 이런 일이 있는 것으로, 창연히 그곳을 버리고 떠나는 아쉬운 뜻이 있다.(恐是宴罷入舟後所成, 非席上作. 三更, 擧席終而言. 散步仰觀, 見斗柄所指, 而識更次也. 次句, 已登舟矣. 杖藜, 追寫就宴時. 揮翰, 正舟宿興來之趣. 五六, 醉後回思語. 結意惟在舟中有此, 有悵然相捨意.)

(**이석형**)

시구 찾아보기

ㄱ

ㅁ

ㅂ

ㅅ

ㅇ

ㅈ

ㅊ

ㅌ

ㅍ

ㅎ

Abstract

An Annotated Translations of Du Fu's Poems from His Kuizhou Period 4

Yeongju Lee, et al.

This collection is the eleventh volume of annotated translations published by the Du Fu reading group in the Korean Du Fu Society. This book is titled *Annotated Translation of Du Fu's Poems from His Kuizhou Period*, Book 4. Du Fu arrived in Kuizhou(夔州) in late spring, A.D. 766, and left there in the early spring A.D. 768. Kuizhou is equivalent to Fengjie-xian(奉節縣) in Chongqing(重慶) today. It is located in the Three Gorges(三峽) and is a rugged and secluded place. That place has a unique scenery and many historical sites including Baidi Castle(白帝城).

Du fu of old age wrote poems with great gusto and the poems that were written during the time account for nearly one-third of his all poetry works. This volume is the last in total of four books for Kuizhou poetry.

During this time, Du Fu was at the most mature level in poetry creation, but sought new changes. There are many masterpieces in the population and many new experimental works. Therefore praise and criticism coexist to the poetry of this period. He created many poems that seemed unprincipline, but were more strict in their intensity.

This volume contains 134 poems poems written from the fall of

A.D. 767 to the spring of A.D. 768, when he left Kuizhou and arrived at Xingzhou(荊州). This book stands out as a poem that describes the scenery and life of Kuizhou. In particular, there are many poems that express their emotions by paying attention to the changes in the landscape seen every day or the changes in the landscape that vary from time to time.

Du Fu ran an orchard in Kuizhou and cultivated rice. There are various poems that recited the orchard in detail and sincerity. These poems are accompanied by a desperate description of the experience and the emotions felt while harvesting rice and tangerines in the fall.

Formally, there are more or less ancient poems. Among them, there are series poems with similar titles like as 〈Song of Hoa(虎牙行)〉 and 〈Song of Silk Tree(錦樹行)〉, 〈Night two poems(夜二首)〉 and 〈Morning two poems(朝二首)〉. There are many unique and outstanding Yulsi during this period like as 〈Climb high(登高)〉, 〈Sent to Wu again(又呈吳郞)〉, 〈Being deaf(耳聾)〉, 〈Baidi castle pavilion(白帝城樓)〉.

역해자 소개(가나다순)

강 민 호

서울대학교 중어중문학과 졸업
서울대학교 대학원 졸업(문학박사)
서울대학교 중어중문학과 부교수
저서: 『두보 배율 연구』(서울대학교출판문화원), 『두보 고체시 명편』(서울대학교출판문화원, 공저), 『두보 근체시 명편』(서울대학교출판문화원, 공저), 『풀어쓴 대학한문(초급편)』(서울대학교출판문화원, 공저), 『유장경 시선』(지식을만드는지식, 역서), 『두보 기주시기시 역해1, 2, 3』(서울대학교출판문화원, 공저), 『두보 초기시 역해1, 2』(서울대학교출판문화원, 공저), 『중국 고전시의 해학과 웃음』(역락)

김 성 곤

서울대학교 중어중문학과 졸업
서울대학교 대학원 졸업(문학박사)
한국방송통신대학교 중어중문학과 교수
저서: 『두보 초기시 역해1, 2』(서울대학교출판문화원, 공저), 『두보 위관시기시 역해』(서울대학교출판문화원, 공저), 『두보 진주동곡시기시 역해』(서울대학교출판문화원, 공저), 『두보 성도시기시 역해』(서울대학교출판문화원, 공저), 『두보 재주낭주시기시 역해』(서울대학교출판문화원, 공저), 『두보 2차 성도시기시 역해』(서울대학교출판문화원, 공저), 『두보 기주시기시 역해1, 2, 3』(서울대학교출판문화원, 공저), 『두보 고체시 명편』(서울대학교출판문화원, 공저), 『두보 근체시 명편』(서울대학교출판문화원, 공저), 『사불휴－두보의 삶과 문학』(서울대학교출판문화원, 공저), 『중국역대시가강독』(한국방송통신대학교출판부, 공저), 『김성곤의 한시산책』(에피스테메), 『김성곤의 중국한시기행1, 2』(김영사), 『리더의 옥편』(김영사)

김 준 연

서울대학교 중어중문학과 졸업

서울대학교 대학원 졸업(문학박사)

고려대학교 중어중문학과 교수

저서: 『당대 칠언율시 연구』(역락), 『두보 기주시기시 역해1, 2, 3』(서울대학교출판문화원, 공저), 『두보 고체시 명편』(서울대학교출판문화원, 공저), 『두보 근체시 명편』(서울대학교출판문화원, 공저), 『100개의 키워드로 읽는 당시』(학민사), 『고금 횡단 한자여행』(학민사), 『사불휴－두보의 삶과 문학』(서울대학교출판문화원, 공저), 『중국, 당시의 나라』(궁리), 『당나라 뒷골목을 읊다』(글항아리, 공역), 『이의산시집(상·중·하)』(학고방, 공역), 『세상을 움직이는 네 글자』(궁리), 『문화를 잇다 중국을 짓다』(뿌리와이파리, 공저), 『시인, 사랑을 노래하다』(고려대학교출판문화원, 공저)

박 홍 준

서울대학교 중어중문학과 졸업

중국 화동사범대학 대학원 졸업(문학박사)

성신여자대학교 중국어문·문화학과 교수

저서: 『두보 초기시 역해2』(서울대학교출판문화원, 공저), 『두보 위관시기시 역해』(서울대학교출판문화원, 공저), 『두보 진주동곡시기시 역해』(서울대학교출판문화원, 공저), 『두보 성도시기시 역해』(서울대학교출판문화원, 공저), 『두보 재주낭주시기시 역해』(서울대학교출판문화원, 공저), 『두보 2차 성도시기시 역해』(서울대학교출판문화원, 공저), 『두보 기주시기시 역해1, 2, 3』(서울대학교출판문화원, 공저), 『두보 고체시 명편』(서울대학교출판문화원, 공저), 『두보 근체시 명편』(서울대학교출판문화원, 공저), 『유영사선』(지식을만드는지식), 『동양고전주의 미학과 이론』(박이정, 공저)

이 석 형

서울대학교 중어중문학과 졸업

서울대학교 대학원 졸업(문학박사)

중앙대학교 아시아문화학부 중국어문학전공 교수

저서: 『두보 초기시 역해1, 2』(서울대학교출판문화원, 공저), 『두보 위관시기시

역해』(서울대학교출판문화원, 공저), 『두보 진주동곡시기시 역해』(서울대학교출판문화원, 공저), 『두보 성도시기시 역해』(서울대학교출판문화원, 공저), 『두보 재주낭주시기시 역해』(서울대학교출판문화원, 공저), 『두보 2차 성도시기시 역해』(서울대학교출판문화원, 공저), 『두보 기주시기시 역해1, 2, 3』(서울대학교출판문화원, 공저), 『두보 고체시 명편』(서울대학교출판문화원, 공저), 『두보 근체시 명편』(서울대학교출판문화원, 공저), 『유종원집1, 2, 3, 4』(소명출판사, 공역)

이 영 주

서울대학교 중어중문학과 졸업
서울대학교 대학원 졸업(문학박사)
서울대학교 중어중문학과 명예교수
저서: 『한자자의론』(서울대학교출판부), 『두보 초기시 역해1, 2』(서울대학교출판문화원, 공저), 『두보 위관시기시 역해』(서울대학교출판문화원, 공저), 『두보 진주동곡시기시 역해』(서울대학교출판문화원, 공저), 『두보 성도시기시 역해』(서울대학교출판문화원, 공저), 『두보 재주낭주시기시 역해』(서울대학교출판문화원, 공저), 『두보 2차 성도시기시 역해』(서울대학교출판문화원, 공저), 『두보 기주시기시 역해1, 2, 3』(서울대학교출판문화원, 공저), 『두보 고체시 명편』(서울대학교출판문화원, 공저), 『두보 근체시 명편』(서울대학교출판문화원, 공저), 『한문독해법』(명문당, 공저), 『한국시화에 보이는 두시』(서울대학교출판부), 『사불휴－두보의 삶과 문학』(서울대학교출판문화원, 공저), 『이태백 시집(7권)』(학고방, 공저), 『완역 한유시전집(상, 하)』(역락, 공저), 『두시의 장법과 격률』(명문당), 『유원총보역주6, 7, 8, 9, 10, 11, 12』(서울대학교출판문화원, 공역)

이 창 숙

서울대학교 중어중문학과 졸업
서울대학교 대학원 졸업(문학박사)
서울대학교 중어중문학과 교수
저서: 『중국공연예술』(한국방송통신대학교출판문화원, 공저), 『중국고대음악사－상고 시대부터 송대까지』(솔), 『영원한 대자연인 이백』(이끌리오, 공역), 『두보 진주동곡시기시 역해』(서울대학교출판문화원, 공저), 『두보

성도시기시 역해』(서울대학교출판문화원, 공저), 『두보 재주낭주시기시 역해』(서울대학교출판문화원, 공저), 『두보 2차 성도시기시 역해』(서울대학교출판문화원, 공저), 『두보 기주시기시 역해1, 2, 3』(서울대학교출판문화원, 공저), 『두보 고체시 명편』(서울대학교출판문화원, 공저), 『두보 근체시 명편』(서울대학교출판문화원, 공저), 『사불휴－두보의 삶과 문학』(서울대학교출판문화원, 공저), 『중국고대음악사고(하)』(소명출판, 역서), 『북상기』(민음사, 공역), 『모란정』(소명출판, 공역), 『열하기유－조선 학자의 눈에 비친 열하와 북경』(아카넷, 역서), 『중국 현대 오페라의 문화적 정체성』(모노폴리, 공저)

임 도 현

서울대학교 금속공학과 졸업
영남대학교 중어중문학과 졸업
서울대학교 대학원 졸업(문학박사)
영남대학교 인문과학연구소 연구교수
저서: 『쫓겨난 신선 이백의 눈물』(서울대학교출판문화원), 『두보 초기시 역해1, 2』(서울대학교출판문화원, 공저), 『두보 기주시기시 역해1, 2, 3』(서울대학교출판문화원, 공저), 『이태백 시집(7권)』(학고방, 공저), 『완역 한유시 전집(상, 하)』(역락, 공저), 『시의 신선 이백 글을 짓다－이태백 문집』(박문사, 공저), 『유원총보역주7, 8, 9, 10, 11, 12』(서울대학교출판문화원, 공역), 『협주명현십초시』(학고방, 공저), 『사령운 사혜련 시』(학고방, 공저), 『진자앙 시』(학고방, 공저), 『악부시집－청상곡사1, 2』(학고방, 공저), 『한유시선』(학고방), 『하늘이 내린 내 재주 반드시 쓰일 것이니－이백의 시와 해설』(학고방), 『건재 한시집－오리는 잘못이 없다』(학고방)

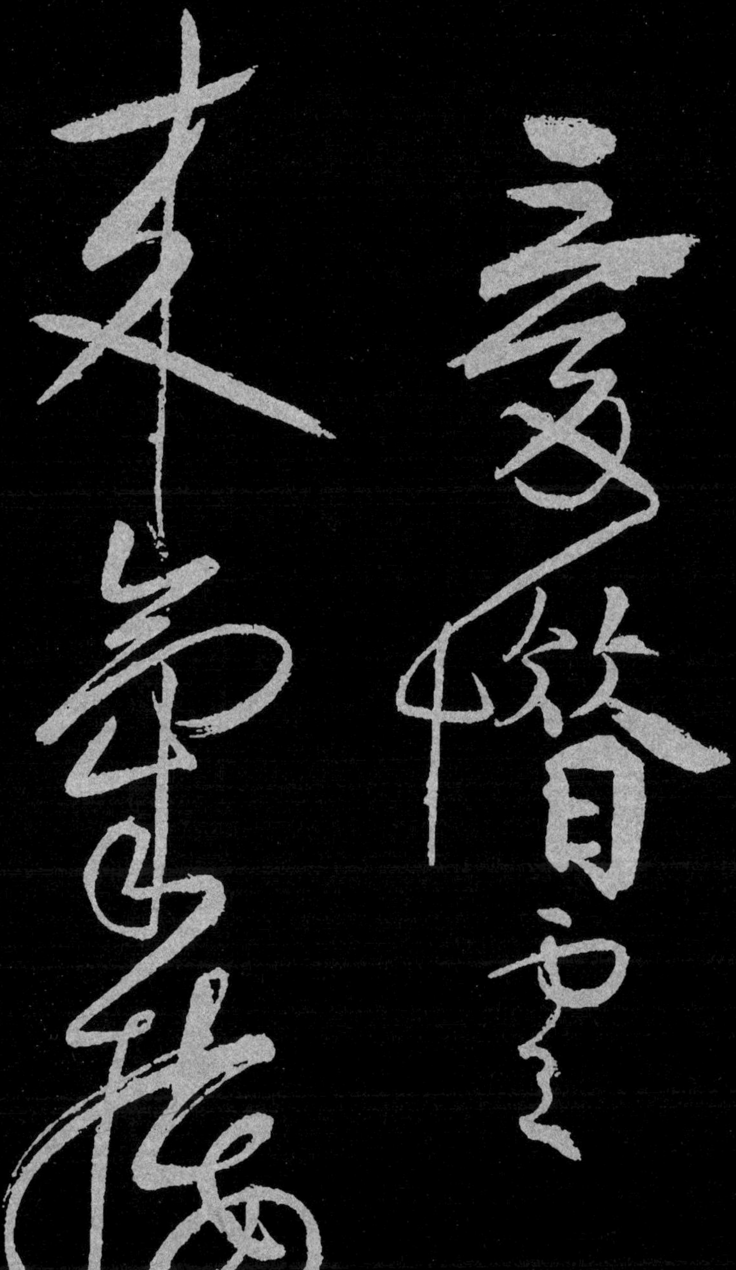